화폐전쟁 5

| 탐욕경제 |

CURRENCY WARS

화폐전쟁 5

| 탐욕경제 |

쑹훙빙 지음 | 홍순도 옮김 | 박한진 감수

RHK
알에이치코리아

"언제 터널을 벗어날까?" "이것이 회복세인가?" "지금 이 상황은 또 뭐지?" 글로벌 금융위기 발생 후 지난 6년간 세계는 해답 없는 질문을 끝없이 던져왔다.

그런 가운데 집중 조명을 받은 사람이 미국의 폴 크루그먼과 중국의 쑹훙빙이다. 크루그먼은 국제무역과 경제지리학을 통합한 공로로 2008년 노벨경제학상을 받았지만, 불황(depression)의 원인과 해법을 다년간 연구한 경험이 수상 배경에 적지 않게 작용했다는 후문이다. 과거 무명에 가까웠던 쑹훙빙은 2007년 금융 음모론을 제기하며 일약 스타덤에 올랐다.

두 사람은 내게 전혀 다른 각도에서 경제위기를 생각해보는 계기를 제공해주었다. 나는 1997년 이후 나온 크루그먼의 저작들을 거의 다 읽으면서 그의 팬이 되기도 했고, 다른 한편으로 2007년 이후 '화폐전쟁 시리즈'를 감수하며 쑹훙빙과 교류하기도 했다.

출신 배경과 관심 분야, 연구 관점이 서로 다른 두 사람을 동일 선상에서 볼 수는 없지만, 한국 내 대중적 인지도 면에서는 쑹훙빙이 상대적으로 높다. 《화폐전쟁》이라는 강렬한 책 이름 덕분이기도 하겠지만 그가 내놓은 굵직굵직한 예측과 전망들이 잇따라 맞아떨어졌기 때문이다. 그는 2007년에 2008년 미국발 서브프라임 모기지 사태를 예견했고, 2009년에 2010년의 금값과 은값 흐름을 예측했다. 2011년에는 이듬해 유럽 채무위기의 전개 방향과 중국의 수출 부진을 예언하기도 해 스포트라이트를 받았다.

쑹훙빙이 이 책을 통해 내놓은 예측에는 팽팽한 긴장감이 흐른다. "산에 비가 오려 하니 바람이 누각에 가득하다(山雨欲來風滿樓)." 중국어 원저의 부제이기도 한 이 말은 당나라 시인 허혼(許渾)이 쓴 〈함양성동루(咸陽城東樓)〉에서 따온 구절이다. 글로벌 금융위기 이후 계속된 미국의 양적완화 정책(QE)과 유동성 과잉, 초저금리 정책은 미국과 세계 경제의 회복을 이끌었다기보다는 더 큰 위기의 온상이 됐다는 것인데, 한국어판에서는 '폭풍전야'라는 말로 옮겨졌다. 그는 2014년 1월 중국에서 발간한 원저에서 "뉴욕의 연방준비제도(Fed)가 QE를 가능한 빨리 종료해야 하며, 그런 다음에 금리 급등세를 막지 못한다면 2008년 위기는 서막에 불과할 것"이라고 적었다.

2014년 7월 중순, Fed에서 새로운 소식이 전해졌다. QE 종료 시점을 2014년 10월로 사실상 확정한 것이다. 그런데 재닛 옐런 의장이 여운을 남겼다. "미국 경제가 개선되고 있지만 회복이 완전하지 않아 완화적 통화정책이 지속될 필요가 있다." QE 종료 후에도 일정 기간 초저금리를 유지하겠다는 뜻으로 해석된다.

이 대목에서 쑹훙빙의 예언이 하나 더 연결된다. 그는 Fed가 QE 종료 후 금리 급등의 충격을 줄이려는 과정에서 국부적인 전쟁이나 사회 동란, 지정학적 충돌과 같은 중대한 국제위기가 발생할 가능성이 있다고 주장했다.

'화폐전쟁 시리즈'를 감수하며 매번 독자들에게 조언과 제안을 드렸는데, 이번에도 역시 이 책을 좀 더 유용하게 읽을 수 있는 방법을 몇 가지 권해드리고자 한다.

첫째, 시야와 관점을 확장했으면 한다. 전작들이 역사적 사실에 상상력을 덧붙인 팩션(faction) 장르의 국제금융 역사서라면 5권은 정치경제학(political economy) 서적에 가깝다. 저자는 유사 이래 인류의 모든 활동은 '부의 창조'와 '부의 분배'라는 틀 속에서 이루어졌다고 강조한다. 전자의 전제는 경제학의 주요 연구 대상인 생산성 향상이고, 후자의 기본 원칙은 정치학의 관심 분야인 공평성과 합리성이다. '부의 창조'와 '부의 분배'를 동시에 보는 것이 바로 정치경제학의 영역이다. 정치경제학에서는 인간의 탐욕적인 속성을 중요시한다. 저자는 바로 이런 틀을 가지고 글로벌 금융위기 이후, 특히 2013년 4월 이후 전개된 미국 경제의 미시적 흐름은 물론, 1천 년 전 북송(北宋)과 2천 년 전 고대 로마의 쇠망사를 설명해 나간다. 복잡한 현실 세계는 경제 문제도 정치와의 접목이 필요하며, 정치 문제도 경제와 연결된다.

둘째, 미국과 중국의 관계에 착안하고 한국까지 연결해보았으면 한다. 두 가지 이유가 있다. 하나는 양국이 체제와 역사가 서로 다름에도 불구하고 매우 유사한 고민을 갖고 있다는 것이다. 이 책에서 지적한 미국 경제의 심각한 문제점 가운데 극소수 부자의 독점적 부의 지배, 화폐 범람 속 돈가뭄 사태 그리고 주식시장과 실물경제의 부조화, 그림자금융까지, 이런 현상들은 마치 중국 경제의 아킬레스건을 이야기하는 듯하다. 다른 하나는 중국의 금융산업 성장과 위안화 국제화 추세에 따라 미중간 화폐전쟁의 충돌 가능성이 갈수록 커지고 있다는 것이다. 이런 가운데 2014년 한중 정상회담에서 양국은 원-위안화 직거래시장 개설, 청산 시스템 구축, 위안화 표시 채권 발행 장려 등을 포함한 금융 부문 협력에 합의했는데, 당시 예상되는 미중간 화폐전쟁의 소용돌이 속에서 한국이 과연 어떤 영향을 받을지 초미의 관심사였다. 이런 이유로 중국인이 중국에서 미국을 바라보고 집필한 책을 한국인이 미국에서 중국을 바라보고 감수했다는 것은 개인적으로도 색다른 경험이었다.

셋째, 이 책은 글 잘 쓰는 저자와 역자의 열정과 노력에 힘입어 전작 못지않게 읽어볼 가치가 충분하며 각 장절의 연결도 부드럽고 매끄럽다. 특히 저자는 책 곳곳에서 다양한 비유법을 동원해 복잡한 개념을 명쾌하게 설명하고 있는데, 역자의 번역 또한 뛰어나 더욱 빛을 발한다. 다만 경제와 금융 분야의 기초 지식이 부족한 독자라면 미국 경제에 대한 부분이 다소 어려울 수가 있다. 이럴 경우 경제금융 용어집과 관련 신문기사를 통해 사전 지식을 습득한 후 다시 한 번 이 책을 읽는다면 훨씬 수월할 것이다.

넷째, 저자의 주장에 대해 독자들은 동의하지 않을 수도 있고, 얼마든지 다른 견해를 가질 수 있다. 그 점은 감수자도 마찬가지이다. 이 책을 하나의 완벽한 교과서라기보다는 글로벌 경제를 어떤 측면에서 어떻게 관찰할 것인지의 틀을 알려주는 지침서로 읽어주면 좋겠다. 바로 이런 방식이다. "황금시장을 통해 화폐를 투시하고 주식시장을 통해 경제를 분석하며, 채권시장을 통해 자본을 이해하고 환매시장을 통해 금융을 탐색하며, 금리시장을 통해 위기를 탐지하고 주택시장을 통해 거품을 통찰하며, 취업시장을 통해 회복을 구분한다."

원저의 중국어로나 역서의 한국어로나 마치 운율이 맞는 듯한 이 구절은 글로벌 경제 분석법의 정석이자 공식이라고 생각한다.

마지막으로 결론 부분에 대한 말씀을 드리고자 한다. 저자는 화폐경제가 발달했던 로마와 북송 시대의 드림(dream)이 인간의 탐욕 탓에 종말을 고했듯이 '아메리칸 드림'도 같은 운명이 될 수 있다고 경고한다. 그러면서 '차이나 드림' 즉 '중궈멍(中國夢)'과의 연결을 시도하는데, 이 대목의 전개가 다소 모호해 보인다. 무엇이 차이나 드림인지에 대한 설명 대신 무엇이 차이나 드림이 아닌지에 대한 이야기를 하면서 약간 비켜서는 듯한 느낌이다. 이것이 이 책의 부족한 부분이라고는 생각하지 않는다. '중궈멍'의 개념이 중국 지도부에서 아직 완전히 정립된 단계가 아니기 때문에 저자가 말줄임표를 한 것이리라. 앞으로 '화폐전쟁 시리즈'가 계속된다면 그때 이 부분이 보다 구체화될 것으로 보인다.

박한진

필자가 이 책의 한국어판 서문을 쓰기 위해 펜을 들었을 때까지도 머릿속으로는 오랫동안 풀지 못한 문제의 해답을 찾으려고 고민 중이었다. Fed가 QE를 점진적으로 종료하는 과정에 왜 미국 국채 수익률은 대폭 상승하지 않는 것일까? 미국뿐만 아니라 유럽 각국의 국채 수익률도 놀랄 정도로 낮은 수준을 유지하는 데다 미국 증시 역시 강세장 속에서 누차 사상 최고 기록을 경신하고 있다. 그렇다면 세계 경제는 정말 강한 회복세를 보이고 있다는 말인가?

미국의 1분기 GDP는 무려 -2.9퍼센트의 성장을 기록하고, 포르투갈 최대 은행은 디폴트를 선언했다. 그러나 이 와중에도 미국 금융시장은 '지구의 인력'을 벗어난 듯 여전히 호황을 누리고 있다. 호재에 힘입어 증시가 상승하는 것은 두말할 필요도 없고 악재도 호재로 해석돼 증시 상승에 일조하고 있다. 마치 2007년으로 되돌아간 듯한 느낌이다.

이처럼 극도의 혼란에 빠진 세계 경제를 합리적인 논리로는 전혀 설명할 수 없다. 경기 침체가 경기 회복으로 오독되고, 고용 참여율 하락이 실업률 하락으로 해석되고 있다. 부채 규모가 2008년 금융위기 당시보다 크게 급증했는데도 걱정하는 사람이 전혀 없다. 그 이유는 Fed가 QE 종료 후의 '뉴 노멀' 시대에도 2퍼센트의 저금리 기조를 유지할 것이라고 장담했기 때문이다. 한편 장기 금리도 QE 종료 과정에 의외로 2013년의 수준을 넘지 않고 있다.

미국은 물론 유럽, 일본 및 중국까지도 천문학적인 채무의 노예로 전락한 지 오래다. 금리가 조금이라도 정상 수준을 회복하면 이들 국가는 큰 타격을 입는다. 향후 각국의 재정적자와 채무 규모는 인구 노령화로 인해 더 악화될 것이 뻔하다. 따라서 이들 국가는 가급적 오랜 기간 초저금리 기조가 유지되기를 바란다. 통화가치 절하와 만성 인플레이션 조치를 통해 산더미처럼 쌓인 채무 상환 압력에서 벗어나려고 애쓰는 중이다. 이로 인해 국가의 장구한 저축과 투자는 희생양으로 전락한다. 이는 사실상 서민들에게 역사상 유례없는 금융 압박을 가하고, 강제적으로 예금자의 돈을 고액 자산가에게 이전하는 것이나 다름없다. 부의 분열은 더 이상 거스를 수 없는 세계적인 추세로 자리 잡았다. 프랑스 경제학자 토마 피케티(Thomas Piketty)의 《21세기 자본(Le Capital au XXIe siècle)》이 동서양을 아울러 폭발적인 반향을 불러일으킨 것도 모두 이 때문이다.

부의 분열은 중산층의 소비력을 근본적으로 약화시켰다. 이는 2008년 금융위기가 발발한 지 6년이 지난 지금까지도 세계 경제가 회복하지 못한 근본 원인 중 하나이다. 저금리 통화정책은 실물경제에 대한 재투자 열정을 이끌어내지 못했을 뿐 아니라 고소득 일자리 창출에도 전혀 도움이 되지 못했다. 오히려 인간의 내면에 숨겨진 탐욕이라는 악마 같은 본성을 다시 일깨웠을 뿐이다. 금융시장은 자산 거품의 유혹에 끌려 2008년보다 더하면 더했지 덜하지 않을 정도로 이미 이성을 잃었다. 금융자산 투자 수익률이 사업 경영 이윤보다 훨씬 더 높아지면서 대량의 염가 자금이 자본적 지출과 고용 창출 분야에서 빠져나온 것이 세계 경제 회복을 저해하는 또 다른 근본 원인이다.

누가 이 모든 일에 대한 책임을 져야 하는가? 정부의 정책적 실책은 부차적인 원인이다. 금융 세력 집단이 주도한 화폐정책이야말로 만악(萬惡)의 근원이다.

1971년 달러와 금의 연결 고리가 끊어지면서 금본위제의 속박에서 벗어난 화폐는 점차 경제를 좌지우지하는 막강한 힘을 가졌고, 금융 세력 집단의 국가 정책에 대한 지배적인 영향력도 전 세계적으로 크게 확대됐다. 2차 세계대전 종식 후부터 1970년대 초까지는 Fed 의장의 발언에 귀기울이는 사람이 거의 없었다. 그런데 지금은 전 세계가 Fed 회의 요지에 대한 다양한 해석에 귀를 쫑긋 세우고 있다. 각국 중앙은행은 이미 정부 위에 군림하면서 경제에 깊이 개입하고 있다. 이들의 연설은 언론 매체의 1면 톱을 장식하고, 이들의 의사는 곧 정부의 정책 방향을 결정한다. 또 이들의 관점은 모든 시장 참여자를 들었다 놨다 한다. 이들은 사실상 세계 경제의 운명을 지배하는 '중앙 정치국'으로 자리 잡았다.

본문 첫머리에 제시한 질문을 되짚어보자. 구미 경제가 여전히 첨예한 갈등을 안고 있는 상황에서 Fed의 QE 종료 발표는 무슨 이유로 국채 수익률의 급등을 유발하지 않았는가? 또 유럽 각국의 국채 수익률은 왜 한심할 정도로 하락했는가? 이는 당면한 세계 금융시장을 이해하는 데 가장 핵심적인 키워드라고 할 수 있다. 이 문제에 대한 가장 설득력 있는 해답은 '유럽과 미국, 일본을 비롯한 각국 중앙은행이 상호 통화 스와프 거래 연합을 통해 금리 상승세를 억제했다는 것'이다.

2013년 10월 31일, 미국, 유로존, 스위스, 영국, 캐나다, 일본 등 세계 주요 6개국 중앙은행들은 상호 장기간 무한대의 유동성 공급 공조에 합의하고 다각적 통화 스와프 협정을 체결했다. 이로써 Fed를 중심으로 세계 주요국 중앙은행으로 구성된 초대형 국제 준비통화 네트워크가 구축됐다. 이 네트워크는 향후 국제 화폐 시스템의 기본 토대가 될 가능성이 크다. 이 새로운 통화 체제 아래 Fed와 유럽 중앙은행은 통화 스와프를 통해 달러화를 유럽, 유로화를 미국에 수출한 뒤 각자의 세력 범위에서 일부 에이전트를 거쳐 양자 간의 국채를 매입할 것이다. 이 방법으로 미국과 유럽의 국채 수익률을 통제할 수 있으니, 누이 좋고 매부 좋은 일이 아닐 수 없다.

2013년 11월 이후, 유럽의 소국 벨기에는 미국 국채 최대 보유국 중 하나로 자리매김했다. 벨기에는 중국, 일본, 러시아 등이 매각한 미국 국채를 대부분 매입했다. 그 규모와 기세를 보면 Fed가 QE 규모를 매달 일정액씩 줄이면서 국채시장에 나타난 자금 부족분을 충당하고도 남을 듯하다. 어떤 금융기관이 벨기에에서 미국 국채를 대량 매입하는지, 그리고 그 자금이 어디서 났는지 확실히 알 수 있다면, 세계 금융시장의 최대 의문점도 환히 드러날 것이다.

과연 각국 중앙은행은 금리 상승을 장기간 억제할 수 있을까? 이는 다음번 금융위기의 발발 시기를 가늠하는 중요한 척도라고 판단된다.

쑹훙빙

인간의 사고력은 쇄도하는 방대한 정보와 온갖 잡다한 관점들 앞에서 때때로 마비 상태에 빠진다. 뇌에 저장된 핵심 데이터는 쓸모없는 데이터에 의해 묻혀 버리고, 중요한 디테일은 지엽적인 부분과 뒤섞여 혼동을 빚는다. 또한 병의 뿌리가 표면적인 증상에 가려지거나 문제의 핵심이 자질구레한 논리에 발목을 잡혀 제대로 된 분석과 올바른 판단이 불가능해진다. 결국 환각이 진실을 대체하는 현상이 발생한다.

이런 문제점은 경제 분야에서 더욱 두드러진다.

2008년 글로벌 금융위기 발생 후 지금까지도 향후의 경제 추세에 대한 논쟁은 분분하다. 미국의 양적완화 정책은 과연 경기 회복에 효과가 있을까? 전 세계적인 유동성 과잉은 득일까, 실일까? 금융시장은 점차 안정 기조에 들어가고 있는가 아니면 위험한 길로 빠져들고 있는가? 경기 회복은 연기처럼 잠깐 나타났다가 사라질 것인가?

이런 논쟁들의 초점은 한마디로 세계 경제가 지난번 침체에서 멀리 벗어나고 있느냐 아니면 새로운 위기에 빠르게 빠져들고 있느냐는 것으로 요약될 수 있다.

모순적인 시장 상황, 서로 어긋나는 경제 데이터, 터무니없는 경제난 해결 방식, 얽히고설킨 관점과 태도, 논란을 초래하는 정책, 아직도 혼돈 상태에 있는 세계 경제 등 바로 그 소란스러운 현장으로 여러분들을 초대한다.

사람들이 경제 활동의 본질을 제대로 인식하지 못하는 이유는 다른 데 있지 않다. 심층적, 통일적인 논리의 틀을 갖추지 못했기 때문이다. 사람은 대체로 고도의 이성적 판단에 따라 경제 활동에 참여하는 것이 아니다. 그저 강한 욕망의 지배 아래 부를 추구한다. 인간의 본성, 특히 그 속에 깊숙이 자리 잡은 탐욕은 예로부터 지금까지 경제를 이끄는 근본적인 힘이었다.

유사 이래 인류의 모든 활동은 '부의 창조'와 '부의 분배'의 범주를 기본적으로 벗어나지 않았다. 다른 활동도 모두 이 두 가지로부터 파생됐다. 또 부의 창조와 분배의 모든 과정에 처음부터 끝까지 개입되면서 궁극적인 원동력으로 작용한 것은 바로 인간의 '탐욕'이었다.

인간의 탐욕적인 속성은 '편한 것만 좋아하고 일하기를 싫어하는 것'과 '끝없이 과욕을 부리는 것'으로 나타난다. 전자의 경우 체력 소모 감소, 시간 절약, 작업 강도 완화 및 작업 과정에서의 즐거움 배가 등을 특징으로 하는 기술 진보를 이끌었다. 결과적으로 생산성을 지속적으로 향상시킴으로써 활발한 부의 창조가 가능하도록 만든 것이다. 반면 후자는 수단과 방법을 가리지 않는 약탈, 투기와 사기, 눈앞의 이익 추구, 과소비와 사치 등 일련의 문제를 초래했다. 그 결과 생산성 진보에 걸림돌로 작용하거나 기형적인 부의 분배가 나타났고, 더 나아가 사회의 경제적 활력을 떨어뜨렸다.

이 책은 '부의 분배'라는 큰 메스를 들어 경제 활동을 해부하는 데 중점을 뒀다. 시공간을 초월해 오늘날의 '차이나 드림'과 과거의 '로마 드림' 및 '북송 드림'을 비교 분석하여 미래의 중궈멍, 즉 차이나 드림에 역사적인 잣대를 제공하고 있다.

1장부터 6장까지는 미국 경제의 현황을 미시적 관점에서 분석했다. 황금시장을 통해 화폐를 투시하고 주식시장을 통해 경제를 분석하며, 채권시장을 통해 자본을 이해하고 환매시장을 통해 금융을 탐색하며, 금리시장을 통해 위기를 탐지하고 주택시장을 통해 거품을 통찰하며, 취업시장을 통해 회복을 구분한다. 한마디로 부의 분배를 통해 인간의 탐욕을 조명했다고 볼 수 있다.

2013년 4월, 금 가격이 폭락했다. 그러자 미국 경제에 대한 긍정론이 널리 퍼지기 시작했다. 경제가 회복세를 보이면서 위험 회피 수단으로서의 금 수요가 줄어들었다는 논리였다. 미국 경제 회복을 낙관할 수 있는 근거로는 연일 사상 최고치를 기록한 증시가 거론됐다. 그러나 조금만 깊게 분석해보면 사실 증시 폭발의 원동력은 다른 곳에 있었음을 알 수 있다. 다시 말해 주가 상승을 부추긴 근본적인 원인은 상장기업의 자사주 매입 행위였다. 상장기업들이 자사주 매입에 이용한 자금은 채권시장에서 조달한 것이었고, 채권시장의 활성화는 QE 정책의 결과물이었다. 한마디로 금융시장의 비정상적인 호황은 모두 미국의 QE 정책에 기인한 초저금리 환경 덕분이라고 해도 과언이 아니었다.

QE 정책에 의한 유동성 증가는 정말로 실물경제의 회복을 이끌었는가? 대답은 단연코 'No'라고 해야 한다.

기업의 매출은 사실상 둔화세를 보인 데다가 인플레이션율까지 감안하면 마이너스 성장이나 다름없었다. 또한 기업의 자본적 지출이 감소해 취업시장의 장기 침체, 실물경제 핵심 자산의 심각한 '노령화' 및 노동생산성의 급속한 저하를 초래한 근본적인 원인이 되었다. 부동산 가격의 회복세는 월스트리트 부동산 투기꾼 부대의 걸작임에 틀림없다. 그러나 부동산 가격의 상승세는 오래 지속되지 못한다. 고용 기회가 줄어들면서 부동산 잠재 구매자인 젊은 층의 구매 비중이 줄어들기 때문이다. 미국 사회 주류 계층인 중산층의 고소득 일자리 수 증가 속도도 느리다 못해, 2025년에도 2000년의 수준을 회복하기 어려울 것으로 예상되고 있다.

QE 정책은 실물경제를 구하지 못한다. 더 정확하게 말하면 염가 화폐는 경제 성장을 추진하는 것이 아니라 자본의 형성을 파괴하고 있다.

그러나 잘못된 정책이라고 해서 말처럼 쉽게 종료할 수 있는 것도 아니다. 양적완화를 종료하면 '금리 화산'이 폭발한다. 그렇다고 억지로 유지할 경우 'RP 빙산'에 부딪치게 된다. 결국 두 갈래 길 모두 그 종점은 더블딥이다. Fed는 이러지도 저러지도 못하는 진퇴양난에 빠졌다. Fed가 결단을 내리지 못하고 방황하는 이 순간에도 실물경제는 절망의 나락으로 치닫고 있고, 금융시장은 위험한 절벽 끝으로 내몰리고 있다.

금리의 무제한 인하 가능성 여부는 다음 번 금융위기를 가늠하는 풍향계라고 할 수 있다.

미국은 이미 극소수 사람들에게만 득이 되고 절대다수 사람들에게 독이 되는 길을 선택했다. 기득권층과 부자들의 과도한 탐욕은 부의 양극화를 되돌릴 수 없는 지경으로까지 몰아갔을 뿐 아니라 경제를 곤경에 몰아넣었다.

이 책의 7~9장은 관찰의 시야를 2천 년 전까지 넓혔다. 미국 경제에 대한 근거리 관찰에서부터 시작해 그 역사적 맥락을 짚어 보는 것으로까지 범위를 확대했다. 또 로마와 북송의 흥망성쇠 과정을 슬로 모션으로 그려내면서 "탐욕이 과하면 부의 집중이 생긴다. 토지 집중은 조세 체계를 기형적으로 변화시킨다. 또 국고가 비면 화폐 가치가 떨어진다. 국민의 재력이 고갈되면 내란과 외환이 따른다"는 이치를 설명했다.

'아메리칸 드림'과 '로마 드림' 및 '북송 드림'의 붕괴는 독자들에게 '차이나 드림'이 무엇인지 명쾌한 해답을 제시하지 못한다. 그러나 적어도 어떤 것이 차이나 드림이 아닌지는 분명하게 가르쳐준다.

만약 중국이 역사 교훈을 받아들이고 미국이 걸어 온 실패의 전철을 밟지 않는다면 '부민강국(富民强國)'으로 향하는 중국의 앞길을 그 누구도 가로막지 못할 것이라고 생각한다.

차례

제1장   황금 대학살, 달러 보위전의 서막을 열다

제2장 거품의 공간 너머에서 밝혀지는 진실

제3장 돈가뭄 사태와 그림자금융의 실체

제4장 자산 붕괴가 불러온, '최후의 심판'

제5장 돌변하는 형세, 월스트리트 부동산 투기꾼 부대가 떴다

제6장 부의 양극화, 날개 잃은 아메리칸 드림

제9장 차이나 드림이 아닌 것들

황금 대학살,
달러 보위전의 서막을 열다

미국은 처음부터 빚 갚을 생각이 없었다.
설령 갚으려고 해도 대대로 노력해도 다 갚지 못한다.
_피터 쉬프

2013년 4월, 금시장에 폭풍우가 몰아쳤다. 금 가격의 갑작스런 폭락은 전 세계를 충격에 빠뜨리기에 충분했다.

이에 따라 여기저기에서 '금 사망론', '금 무용론', '주식시장 강세 종결론', 더 나아가 '버블 붕괴론' 등의 비관론이 고개를 쳐들었다. 심지어 금 가격이 온스당 500달러 이하로 떨어질 것이라는 극단적인 전망도 나왔다.

당연히 금은 하룻밤 사이에 뭇사람들에게 추앙받던 '투자계 스타'에서 여론의 천대를 당하는 '천덕꾸러기' 신세로 전락했다.

'위기의 시대에는 달러보다 금'이라는 사람들의 신념도 흔들리기 시작했다. 금과 은의 투자 가치에 대해 믿어 의심치 않던 투자자들 역시 깊은 회의에 빠지면서 비관론이 빠르게 확산됐다. 심지어 "과잉 유동성은 최종적으로 인플레이션을 유발한다"라는 가장 기본적인 논리마저 불분명해졌다. 실제 시장 상황과 이성적인 논리 사이에 큰 괴리가 생기고, 가격의 신호는 사람들의 부의 가치에 대한 직감적인 판단에 오히려 혼란을 조성했다. 한마디로 금에 대한 인식이 지금까지 없었던 혼란 상태에 빠져들고 말았다.

그렇다면 금은 더 이상 희망이 없는 것일까?

절대 그렇지 않다.

2013년, 미국 정부와 월스트리트는 금시장에 대해 지난 30년 동안 유례를 찾아볼 수 없을 정도로 무자비한 탄압을 가했다. 미국 정부와 월스트리트의 이런 광기 어린 행동은 역설적으로 금에 대한 달러의 두려움이 30년 이래 최고조에 달했다는 의미로 해석할 수 있다.

한마디로 달러화 신용의 실추를 만회하기 위해 달러화의 최대 라이벌인 금을 탄압할 수밖에 없었다는 말이 아닐까?

이 장에서는 미국이 주도한 '4.12 금 탄압 사건'의 전말과 달러화가 곤경에 처한 근본 원인을 상세하게 밝혔다. 예로부터 금은 모든 자산 중 가장 안전한 '노아의 방주'처럼 인식돼 왔다. 또 현재의 금 시세를 분석해보면 금의 생산 원가가 바로 금시장의 바닥 가격이라는 사실을 알 수 있다. 따라서 미래에는 금이 달러화 위기의 최대 수혜자가 될 것이라고 단언해도 좋다.

'4.12 황금 대학살'의 전말

금융과 경제 재앙이 미국인들의 코앞에 닥치고 말았다. Fed와 Fed의 믿음직한 협력자인 금융기관들이 투자자를 위협하기 위해 손을 잡고 금·은 가격에 타격을 입힌 것이 그 명백한 증거라고 할 수 있다.

_폴 크레이그 로버츠(Paul Craig Roberts), 전 미국 재무부 차관보, 2013년 4월 4일

(미국) 정부는 금 가격의 폭등을 극도로 싫어한다. 이것은 틀림없는 사실이다. 특히 이들이 역사상 최대 규모의 화폐 절하 정책을 실시하는 시기에는 더욱 그렇다……. 우리는 (4월 12일에 발생한 금 가격 폭락이 의도적인 조작에 의한 것인지 여부에 대해) 그 진실을 영원히 알 수 없다.

_피파 맘그렌(Pippa Malmgren), 전 미 대통령 경제정책 특별보좌관, 2013년 6월 7일

2013년 4월 12일은 아마도 금의 역사에서 가장 암울한 하루로 기록될 것이다.

금 가격은 연초부터 온스당 1,700달러 선에서 요동치다가 4월 11일에

어느새 커다란 심연의 변두리까지 미끄러져 내려왔다. 4월 12일 8시 30분 (미국 동부시간)에는 금 가격이 온스당 1,542달러에 머물렀다. 이것은 폭풍 전야의 마지막 평화였다.

이날은 마침 금요일이었다. 뉴욕상품거래소(COMEX)가 개장하자마자 갑자기 100톤짜리 매도 주문이 날아들었다. 그야말로 마른하늘에 날벼락이 따로없었다. 갑작스럽게 쏟아진 어마어마한 매도 물량은 마치 거대한 파도처럼 사전 준비가 전혀 없던 시장을 순식간에 덮쳤다. 매수 세력이 황급히 상황 수습에 나서기도 전에 금 가격은 대폭 하락했다. 이후 두 시간 동안 시장은 잠시 숨을 고르면서 안정을 찾았다. 트레이더들은 사전 징후 없이 들이닥친 매도 공격에 정신을 차리지 못했다. 일시에 뜬소문이 무성해지고 시장 분위기도 흉흉해졌다. 그런데 시장을 한동안 소란스럽게 만들었던 대규모 매도 물량은 언제 나타났느냐는 듯이 갑자기 종적을 감추고 시장은 다시 안정을 회복했다.

그러나 이것은 큰 지각 변동을 앞둔 잠깐 동안의 평화에 불과했다. 왠지 모를 불길한 기운이 시장 전체를 감돌았다.

10시 30분, 드디어 대재난이 들이닥쳤다. 300톤의 매도 물량이 쏟아진 것이다. 이는 2012년 전 세계 금 생산량의 11%에 달하는 엄청난 규모였다. 100톤의 물량이 10미터 높이의 큰 파도라면 이것은 30미터 높이의 쓰나미라고 해도 과언이 아니었다. 트레이더들은 놀라서 할 말을 잃었다. 순간 사람들의 마음은 극도의 공포로 인해 싸늘하게 얼어붙었다. 급기야 머리가 뜨거워진 사람들은 이성을 잃기 시작했다. 달아나야 한다는 생각은 마치 강렬한 생존 본능처럼 투자자들의 집단 행동을 이끌어냈다. 시장의 형세가 순식간에 역전되고 공매도 주문이 홍수처럼 쏟아져 나오기 시작했다.

1,525달러 지지선이 순식간에 무너졌다. 2000년 이

공매도(空賣渡)
해당 물건을 보유하지 않은 채 매도 주문을 내는 기법으로 주로 초단기 매매 차익을 노림.

후 줄곧 강세를 유지해오던 금시장이 약세로 돌아선 것이다. 이 선에 자동 손절매 기능을 설정한 투자자들 역시 마치 악마의 주문을 듣고 깨어난 미이라 전사들처럼 매도 행렬에 가담했다. 졸지에 예전의 매수 세력들이 매도 세력으로 변해 자기편끼리 맞싸우는 아수라장이 연출됐다.

이 시각 뉴욕 금시장은 유동성이 가장 활발한 시간대였다. 그러나 런던을 비롯한 유럽의 주요 금 거래소들은 막 개장한 상태였다. 뉴욕에서의 금 가격 폭락 소식은 다른 금시장을 극도의 공포 속에 몰아넣기에 충분했다. 매도 세력은 분 단위로 시간을 정확하게 계산해 공격을 개시한 것이 틀림없었다.

금 가격 폭락으로 인한 충격파는 순식간에 전 세계로 퍼져나갔다. 런던 시장도 피해를 면치 못했다. 그나마 런던 시장은 뉴욕 금 선물시장과 달리 선물 거래보다 현물 거래가 주를 이루어서, 현물 인수를 원하는 투자자 입장에서는 선물 폭락 소식이 금을 낮은 가격에 매입할 수 있는 호재로 작용했다. 그런데 매수 세력들이 런던 시장의 금 현물을 싹쓸이하려고 옷소매를 걷어붙일 때 갑자기 온라인 거래 시스템이 먹통이 돼버렸다. 이는 매우 드문 경우였다. 전화로 주문을 넣는 것은 가능했지만 온라인상으로는 팔 수도 그렇다고 살 수도 없게 된 것이다. 시세가 요동치는 민감한 시각에 런던 시장의 금 현물은 동이 날 수도 있었다.

매수자들은 대경실색했다. 도대체 시장에 무슨 일이 벌어졌다는 말인가? 그러나 그 시각에도 뉴욕 시장의 금 가격은 여전히 가파르게 하락하고 있었다. 금 가격이 계속 폭락할 경우 절대다수의 매수 포지션 시장이 마진 콜을 당할 가능성이 다분했다. 그렇게 되면 금 시세는 악화될 수밖에 없었다. 런던의 매수자들은 금

매수 포지션
보통 미래에 더 높은 가격으로 되팔 수 있다는 기대를 가지고 매입하는 행위.

마진 콜(Margin Call)
선물 거래에서 최초 계약 시 개시증거금의 예치를 요구하거나 선물 계약 기간 중 예치하고 있는 증거금이 선물 가격의 하락으로 인해 유지 수준 이하로 하락할 경우 추가적으로 자금을 예치해 당초 증거금 수준으로 회복시키도록 요구하는 것을 일컬음.

현물 보유에 따른 손실을 최대한 줄이기 위해 리스크 헤지(위험 분산)가 필요했다. 그런데 런던 시장에서 현물을 매입할 수 없게 됐으니 뉴욕 시장에서 공매도하는 수밖에 다른 방법이 없었다. 1분 1초가 아까운 상황에서 이들은 어떻게 해서든 용단을 내려야 했다. 결국 생존 본능이 또 다시 모든 이들의 행동을 지배했다.

"일단 공매도를 하고 나중에 대처하자."

이렇게 해서 런던의 트레이더들도 공매도 행렬에 가담해 매수 세력을 무자비하게 짓밟기 시작했다.

뉴욕 금 선물시장이 폭락할 경우 런던 현물시장이 반격에 나서는 것은 당연한 일이었다. 그러나 이번에는 아이러니하게도 양대 시장 사이에 '유혈 사태'가 발생하지 않았다. 런던의 금 현물 보유자들은 고분고분 두 손을 들고 '항복'한 것도 모자라 공매도 행렬에까지 가담해 자기편에게 총부리를 겨눴다.

매도 세력의 전례 없는 막강한 공격에 1,525달러의 지지선이 맥없이 무너진 후, 뉴욕 선물시장은 말할 것도 없고 런던 현물시장에서도 대량의 매수 포지션이 매수에서 매도로 돌아서면서 매도세는 점점 더 거세졌다.

"공매도, 공매도, 공매도만이 살 길이다."

매도 세력은 마치 무인지경에라도 빠진 듯 아무런 저항도 받지 않고 파죽지세를 이어갔다.

뉴욕에서 시작된 금 가격 폭락 사태는 런던을 비롯해 싱가포르, 홍콩, 상하이 및 도쿄까지 빠르게 확산됐다. 금 투자자들은 극도의 공포 속에서 속수무책으로 당할 수밖에 없었다. 각국의 시장은 투자자들의 유혈로 낭자해졌다.

〈월스트리트 저널〉은 이 사태에 대해 "금 가격이 자유 낙하하듯 폭락했다.", "매도 세력은 마치 예리한 칼로 부드러운 크림을 자르듯 거칠 것이 없었다"라고 표현했다.

공개호가

상품의 매수 및 매도 가격을 공개적으로 크게 외쳐 거래 상대방을 찾는 호가 방법.

금시장의 심리적 마지노선은 철저하게 무너졌다. 공개호가에 의한 장내 거래가 끝난 뒤 전자거래 시스템을 이용한 장외 거래가 계속됐다. 오후 5시 7분, 금 가격은 온스당 1,476.1달러까지 하락했다. 일일 최대 낙폭은 무려 88.8달러에 달했다.

이는 더 큰 위기가 뒤에 소리없이 닥쳐오고 있다는 경고였다.

금 선물시장은 소액의 증거금을 내고 거액을 거래하는 레버리지 시장이다. 레버리지 비율(차입금 비율)이 최대 1대20에 달할 때도 있었다. 따라서 가격이 하락하면 레버리지 효과에 의해 증거금의 손실도 확대된다. 이날 금 가격의 하락 폭으로 봐서 대량의 증거금 계좌가 깡통이 된 것은 두말할 필요도 없었다. 은행과 중개회사들은 주말 내내 고객들의 계좌를 점검하느라 평일보다 더 바쁘게 움직였다. 불행한 예감은 빗나가는 법이 없다. 놀란 가슴을 채 추스르지도 못한 수많은 투자자들에게 추가증거금을 납부하라는 '최후통첩'이 날아들었다. 이들에게 주어진 시간은 단 24시간이었다. 이 시간 안에 반드시 결단을 내려야 했다. 거래소에 의해 강제 청산을 당하느냐 아니면 주말까지 거액의 추가증거금을 납입하느냐 여부를 결정해야 했다.

매수자들에게는 그야말로 설상가상이 따로없었다. 참담한 투자 손실을 입은 것도 모자라 추가증거금 때문에 속을 끓여야 했으니 말이다. 언론들도 주말 내내 쉬지 않고 떠들어댔다. '금 가격 폭락', '강세 시장 종결', '버블 붕괴', '우스운 꼴이 된 금의 눈물', '마진 콜', '맹렬한 매도 공세' 등 자극적인 제목들이 방송, 신문과 인터넷 매체의 메인 뉴스를 장식했다. 시장에서 조성된 공포 분위기는 매스컴에 의해 이처럼 한껏 부풀려진 후 더 빠르게, 더 크게 확산됐다. 투자자들의 절망적인 정서는 주말 동안

▎ 2013년 4월 12일 오전 8시 30분 및 10시 30분, 두 차례의 맹렬한 '매도 공격'을 당한 뉴욕 금 선물시장

의 '심리적 발효' 과정을 거쳐 4월 15일 월요일에 드디어 금시장을 '멸종'
위기로 몰아넣었다.

4월 15일, 200만 년 만에
금시장에 들이닥친 초특급 공포

10년에 한 번 만나는 불행은 '재난'이라고 할 수 있다. 또 50년에 한 번 직
면하는 불행은 '중대 재난', 100년에 한 번 만나는 엄청난 불행은 '초특급
재난'이라고 부를 수 있다. 그렇다면 200만 년에 한 번 꼴로 직면하는 불
행은 무엇이라고 불러야 할까? 아마 '전 지구의 멸종급 재난'이라는 표현
이 적당하지 않을까 보인다.

2013년 4월 15일, 세계 금시장에 이런 엄청난 재난이 들이닥쳤다!

주말 동안 추가증거금 납부 통지서가 마치 눈발처럼 금 매입자들에게 날아들었다. 높은 레버리지 탓에 치명적인 재난을 당한 투자자들은 그야말로 부지기수로 늘었다. 월요일 아시아 시장이 개장했을 때는 막다른 골목에 몰린 투자자들 사이에 서로 죽고 죽이는 참혹한 전쟁이 벌어졌다. 여기저기에서 사상자가 속출했다. 금 역사상 가장 참혹한 수난 시대가 시작됐다고 해도 틀리지 않았다.

런던 시장이 폭락하고 미국 시장 역시 무너졌다. 금 가격이 얼마나 빨리 하락하는지 리얼 타임으로 성가가 높은 TV조차도 뉴스에서는 실시간으로 미처 다 보도할 수 없을 정도였다. 전 세계 사람들은 모든 재산 중 가장 안전한 것이라고 믿어 의심치 않았던 '노아의 방주'가 짧은 몇 시간 사이에 맥없이 가라앉는 모습을 아연실색한 표정으로 바라볼 수밖에 없었다.

이날 뉴욕의 금 선물 가격은 금요일 종가(1,501달러)보다 무려 140달러나 하락한 1,361달러에 마감했다. 하락폭은 9.3%로 무려 30년 만에 일일 최대 낙폭을 기록한 것이다.

시장의 파장성을 놓고 볼 때, 이날의 장중 거래는 사람들을 공포로 몰아넣었다. 영국 신문 〈데일리 텔레그래프〉가 4월 16일에 "정규분포 이론에 근거해 계산한 결과 월요일(금시장) 같은 움직임은 5억 거래일, 다시 말해 200만 년에 한 번 나타난 것이다"라는 놀라운 결과를 발표한 것은 절대 괜한 엄포가 아니었다.[1]

이 정도의 재난이면 공룡도 멸종하지 않고는 견디지 못한다고 단언할 수 있다.

그러니 월스트리트의 매체들이 "금은 끝났다"라고 크게 떠든 것도 당연한 일이었다.

'중궈다마'들의 월스트리트 역습

그러나 금 투자자들은 '멸종'하지 않았다. 더구나 뒤이어 발생한 사태는 전 세계를 깜짝 놀라게 했다.

4월 16일 금 선물 가격이 바닥으로 추락하는 와중에 다른 한 편에서는 더욱 놀라운 일이 벌어졌다.

금 현물 매수자들이 마치 출발 신호를 알리는 총소리를 듣기라도 한 듯 거의 같은 시각에 여기저기에서 폭발적으로 뛰어나온 것이다. 각 대도시의 금은방과 은행은 금을 사기 위해 몰려든 인파로 그야말로 북새통을 이뤘다. 반세기 이래 최대 규모의 금 사재기 열풍은 사전 징후도 없이 이렇게 전 세계를 휩쓸었다.

중국 대륙에서는 '중궈다마'들이 가장 먼저 소문을 듣고 행동을 개시했다. 이들은 〈월스트리트 저널〉이 뭔지도 몰랐다. 상당한 전문 지식을 필요로 하는 뉴욕 금 선물시장의 그래프도 당연히 읽을 능력이 없었다.

중궈다마(中國 大媽)
중국의 아주머니 또는 큰어머니라는 뜻. 일본의 와타나베 부인과 미국의 스미스 부인과 같은 투기꾼을 의미함.

그저 금 가격의 하락 소식에 귀가 번쩍 띄어 매입을 결정한 것뿐이었다. 마치 베이징 중심 지역인 싼환(三環)의 집값이 1평방미터당 5만 위안(元, 1위안은 약 170원)에서 3만 위안으로 떨어지면 앞다퉈 부동산 사재기에 나서는 것처럼 말이다. 금 선물이 뭐든 간에 수지만 맞는다면 일단 사고 보는 것이 이익 아닌가? 서민들의 생각은 너무 소박했다. "금이 지폐보다 귀하다. 땅을 사두면 돈을 가지고 있는 것보다 마음이 편하다"라는 심리라고 해도 좋았다.

장소도 일부 지역에 편중되지 않았다. 베이징을 비롯해 상하이(上海), 광둥(廣東)성 광저우(廣州)와 선전(深圳) 등 대도시는 말할 필요도 없었고, 성도(省都, 성의 수도)를 비롯한 거의 모든 크고 작은 도시에서 사재기가 만

연했다. 금은 바로 품절됐다.

도대체 구매 규모가 얼마나 엄청났기에 금이 동이 나는 사태까지 발생했을까? 상하이 금거래소의 데이터를 보면 그 답을 알 수 있다.

상하이 금거래소는 중국 정부가 허가한 유일의 금 현물거래소이다. 국내에서 생산한 것이든 회수한 것이든 또는 외국에서 수입한 것이든 간에 실물 금은 모두 상하이 금거래소를 통해 합법적 거래와 운송이 가능하다. 소매시장에 유통되는

| 2013년 4월 16일 금 사재기에 나선 중궈다마들

금 제품 역시 상하이 금거래소가 최초의 공급처라고 할 수 있다. 상하이 금거래소 회원에는 금융기관을 비롯해 금·은 및 백금 등 귀금속의 생산, 제련, 가공과 도매, 무역에 종사하는 기업법인 등이 있다. 한마디로 상하이 금거래소의 출고량이 곧 중국 시장에서 합법적으로 거래되는 금의 총량이라는 말이 된다.

2013년 4월, 상하이 금거래소의 출고량은 무려 236톤에 달해[2] 전년 동기 대비 182%나 급증했다. 2012년의 연간 출고량이 1,138톤이었는데, 2013년 4월 출고량은 2012년 1분기 출고량과 거의 맞먹었다.

4월 말에 이르러 중국 국내의 금시장은 현물이 거의 바닥나 상하이 금거래소의 현물 금값 프리미엄은 국제시장가격에 비해 그램당 10위안이나 더 높았다. 정상적인 상황에서는 이 수치가 1위안을 초과하지 않는다.

이는 중국 국내의 금 가격이 국제시장보다 온스당 50달러나 더 비싸다는 것을 의미했다.

국내 금 가격이 대폭 상승하자 중궈다마들은 앞다퉈 홍콩으로 달려갔다. 그 결과 홍콩 금은업무역장(Chinese Gold&Silver Exchange Society, CGSE)의 재고 물량은 깡그리 바닥나버렸다. 총 거래액은 1,600억 홍콩달러(1홍콩달러는 약 134원)라는 신기록을 달성했고, 거래량은 무려 400톤에 달했다. 이로 인해 4월 24일 홍콩의 실물 금 재고가 고갈 상태에 직면해 할 수 없이 런던과 스위스로부터 부족 물량을 조달해야 했다.

5월 1일 메이데이 황금 연휴를 맞아 중궈다마들은 다시 한 번 거액의 현금을 지닌 채 우르르 홍콩으로 출동해 금 싹쓸이에 나섰다. 홍콩의 금은방들이 다시 떼돈을 번 것은 물론이었다. 홍콩 매체의 보도에 따르면, 4월 29일부터 5월 2일까지 홍콩 전 지역 1,200개 금은방의 금 매출은 전년 동기 대비 50%나 급증했고, 매출량은 무려 40톤에 달했다.

중궈다마들은 일거에 전 세계에 이름을 날렸다. 국제 금 선물 가격이 폭락하고 금의 인기가 바닥으로 떨어진 위기 속에서 중국 대륙과 홍콩의 실물 금을 싹쓸이한 이들의 행각은 금융시장을 완전히 충격에 빠뜨렸을 뿐 아니라 월스트리트 큰손들까지 깜짝 놀라게 만들었다.

4월 10일, 골드만삭스는 금 강세장이 끝났다면서 고객들에게 적극적인 금 매도를 권장하는 리포트를 발표했다. 그러나 전 세계적으로 실물 금 사재기 열풍이 일자 13일 만에 태도를 바꿨다. "금은 여전히 약세를 유지할 것이나 단기 급락에 따른 반등이 기대된다"면서 매도 의견을 철회했다.

사실 중국에서만 금 사재기 열풍이 분 것은 아니었다. 세계 각지에서 실물 금과 은에 대한 투자 수요가 산불 번지듯 갑자기 급증하기 시작했다.

계기는 역시 뉴욕 금 선물 가격의 폭락이었다. 이 사태가 발생하자마자 미국 투자자들은 실물 금과 은을 대량 매입하기 시작했다.

4월 16일, 미국 최대 귀금속 거래상이자 재무부가 지정한 금은화 제조 원료 납품업체인 아마크(Amark)와 CNT는 은 재고가 모두 매진됐다고 발표했다. 미국의 주요 귀금속 온라인 주문 사이트인 SD BULLION도 이날 메인 페이지에 '매진(SOLD OUT!)'이라는 대문짝만 한 제목을 달고 그 아래에 "오늘 역사상 유례없는 판매 폭주로 인해 주문 물량 배송이 20일 늦어진다"라는 공지를 실었다.

41년째 귀금속업계에 종사한 빌 헤인(Bill Hayne)은 이 사태를 보면서 "이토록 큰 규모의 금·은 부족 사태는 처음이다. 미국의 대다수 귀금속 도매업자들이 매진을 발표했다. 주문한 물량은 4주 내지 6주 후에나 받게 될 것이다. 실물 금·은의 매수자와 매도자 비율은 이미 50대1에 달했다. 참으로 놀라운 일이다. 이 때문에 모든 귀금속의 매입 수수료도 폭등했다"라고 감개무량한 소감을 언론에 밝히기도 했다.

세계 최대 금·은화 공급자인 미국 재무부 조폐국의 4월 17일자 보고서에 의하면, 이날 미국의 금화 매입량은 6만 3,500온스, 금으로 환산하면 2톤에 달해 가볍게 사상 최고 기록을 경신했다. 그러나 이는 중궈다마들의 매입량에 비하면 새 발의 피였다. 메이데이 황금 연휴 때 홍콩 시장을 싹쓸이한 이들의 하루 매입량은 무려 10톤에 달했다.

4월 24일, 홍콩 시장에서 실물 금이 매진됨과 동시에 미국 조폐국은 재고 부족으로 10분의 1온스짜리 금화 판매를 일시적으로 중단한다고 발표했다. 그러나 금화 공급 중단 기간은 한 달 넘게 지속됐다. 10분의 1온스짜리 금화는 미국의 일반 가정에서 선호도가 가장 높은 투자 품목으로 2013년 이래 판매량이 전년 동기 대비 118%나 급증했다. 이로 인해 4월 한 달 동안 미국 조폐국의 금 판매량은 무려 21만 온스(6.8톤), 매출액은 3억 1,100만 달러에 달해 조폐국 설립 이래 최고 기록을 세웠다.

다른 주요국들의 케이스도 살펴봐야 할 것 같다. 우선 세계 최대 금 소비국인 인도는 4월에 142.5톤의 금을 수입했다. 이는 앞서 3개월 동안의 평균 수입량보다 66%나 증가한 수치였다. 오스트레일리아의 퍼스 조폐국(Perth Mint)의 경우는 4월에 전년 동기 대비 434.4% 증가한 11만 2,000온스(3.6톤)의 금을 판매해 새로운 판매 기록을 세웠다. 일본 도쿄 긴자(銀座) 거리의 금은방 앞 역시 금을 사기 위한 사람들로 장사진을 이뤘다. 줄을 서서 세 시간 이상 기다리는 고생도 마다하지 않고 말이다.

이스탄불, 아부다비, 뭄바이, 두바이, 북아메리카, 유럽, 오스트레일리아, 스위스, 싱가포르, 홍콩, 베이징에서 도쿄에 이르기까지 전 세계의 실물 금 투자자들은 금 선물 가격이 바닥으로 떨어진 두 주 사이에 실물 금을 대규모로 매입했다.

이처럼 금시장에는 '얼음'과 '불'이 동시에 나타나는 기현상이 연출됐다. 금 선물시장은 '멸절'될 정도로 얼어붙었으나 실물 금시장은 '손이 데일' 정도로 후끈 달아올랐다.

이쯤에서 다음과 같은 의문이 들 것이다. 사람들 사이에서 회자되고 있는 것이 같은 물건이 맞는가? 무엇 때문에 실물 금은 없어서 팔지 못하는데 금 선물은 사는 사람이 없어 가격이 곤두박질치는가? 금 가격은 도대체 어떤 시장을 기준으로 정하는 것인가?

해답을 찾으려면 먼저 세계 금시장의 발전사부터 알아봐야 한다.

런던 금시장: 고귀한 신분, 은밀한 활동

19세기 초 영국은 세계 최초로 금본위제를 확립했다. 금 1온스의 가격은 법적으로 3파운드 17실링 10.5페니로 정해졌다. 간단하게 설명하면 잉글랜드은행이 온스당 3파운드 17실링 9페니의 가격에 금을 일괄 수매해 법정 가격인 3파운드 17실링 10.5페니의 가격으로 시장에 금을 무한정 공급한다는 얘기였다. 잉글랜드은행은 당시 세계 최대 금 거래업자로 금 가격을 지키고 금본위제의 안전을 확보하는 직책을 수행했다.

물론 잉글랜드은행이 직접 나서서 실무를 담당하지는 않았다. 시중의 금을 수매하고 잉글랜드은행의 금을 다시 시중에 공급하는 도매 업무는 런던의 5대 금 거래상이 도맡았다. 또한 이들은 막강한 유통망에 기반을 둔 소매업까지 병행했다. '유통망이 경쟁력'이라는 말은 사실 금융에도 적용된다. 다만 금융 분야에서는 일반 상품이 아닌 '금융상품'이 유통되는 것이 다를 뿐이다.

런던의 5대 금 거래업자들은 대체로 200년에서 300년의 역사를 가진 전통 있는 금융 가문이었다. 이 가운데 로스차일드 가문이 단연 두각을 나타냈다. 이들은 유럽 각국의 공채시장을 통제했을 뿐 아니라 세계 금시장도 쥐락펴락했다. 19세기에 '유럽에서 여섯 번째로 강력한 세력'으로 불렸을 정도니 더 말할 것이 있을까. 로스차일드가에 버금가는 가문은 모카타(Mocatta) 가문이었다. 런던에서 금 사업에만 9대째 종사해온 이들은 로스차일드가보다 오랜 전통을 유지했다. 나머지 3대 가문으로는 1750년부터 금은 품질 검사에 종사한 존슨 매티(Johnson Matthey), 샤프스 픽슬리(Sharps Pixley) 및 새뮤얼 몬태규(Samuel Montagu) 등이 있었다.[3]

19세기 이후 영국은 산업혁명으로 구축한 기술적 우위와 해상 패권 및 막강한 금융력을 바탕으로 유럽, 아메리카, 아시아, 아프리카 및 대양주를 아우르는 거대한 식민지 시스템을 구축했다. 이로써 세계 원자재와 에너지 공급을 독점하고 세계시장을 통제했을 뿐 아니라 원양무역 항로를 장악하고 국제자본의 흐름을 좌지우지했다. 남아프리카, 캐나다, 미국, 러시아, 브라질, 오스트레일리아 등 세계 주요 금광에서 생산된 금은 모두 런던으로 유입됐다. 잉글랜드은행은 이런 막대한 금 보유고를 토대로 세계적인 통용화폐 파운드화를 만들어냈다. 이후 파운드화 자본과 공산품은 영국으로부터 세계시장의 구석구석까지 흘러들었다. 최종적으로 거액의 이익과 대량의 금이 다시 런던으로 유입되면서 국제 자본의 대순환이 완성됐다.

금본위제는 영국이 경제를 발전시키고 세계 패권을 장악하는 데 튼튼한 토대로 작용했다. 하지만 후발주자 독일이 영국이 주도한 부의 창출 시스템에 도전장을 던지면서 영국은 몰락의 길로 접어들었다.

1차 세계대전이 발발해 런던을 중심으로 한 금의 순환 시스템이 파괴되자 참전국들은 도리 없이 지폐와 금의 교환을 일시적으로 중단해야 했다. 전쟁 중 남아프리카를 비롯한 영국 식민지에서 생산된 금은 직접 잉글랜드은행의 금고에 귀속돼 영국의 전시 준비금으로 충당됐다.

1차 세계대전이 끝난 후 영국과 미국은 희비가 엇갈렸다. 영국은 군사적으로 독일을 이겼으나 그 대가로 경제가 큰 타격을 입었다. 이에 반해 미국은 전쟁을 방관하다가 어부지리를 얻었다. 유럽에 있던 금이 위험을 피하기 위해 미국에 대량 유입되면서 미국의 산업 경쟁력과 금융력이 대폭 향상된 것이다. 이때에 이르러 달러화의 파워는 파운드화를 압도했다.

전쟁은 분명 영국의 승리로 끝났다. 그러나 전쟁 기간에 발행한 대량의 화폐가 영국을 궁지로 몰아넣었다. 비록 악성 인플레이션은 발생하지 않았지만 거액의 달러화 채무를 짊어지게 된 것이다. 전쟁 전에 미국의 채권국이었던 영국은 전쟁이 끝난 후 미국의 채무국으로 전락했다. 런던은 세계 금융 중심지의 지위도 뉴욕에 빼앗겼다. 기축통화 위치에 있던 파운드화도 달러화의 위세에 눌려 힘을 잃었다. 영국은 금융 원기를 크게 상한 이후로 오랫동안 파운드화 기반의 금본위제를 회복하지 못했다. 영국이 수백 년 동안 심혈을 기울여 경영해온 국제무역 질서와 세계 분업 시스템은 완전히 혼란 상태에 빠져들고 말았다.

파운드화가 약세를 나타내고 달러화가 강세로 돌아선 것은 누가 말하지 않아도 이미 분명해진 사실이었다. 1차 세계대전 발발 이전인 1913년에 미국을 비롯해 영국, 독일, 프랑스 등 4대 경제 강국의 금 보유고는 총 50억 달러에 달했다. 그중 미국이 20억 달러를 보유했고, 그 밖에 영국이 8억 달러, 독일이 10억 달러, 프랑스가 12억 달러를 나눠 가지고 있었다. 그러나 전쟁이 끝난 후 4대 강국의 금 보유고는 60억 달러로 증가했는데, 그중 미국의 금 보유고는 영국의 다섯 배 이상인 45억 달러로 절대적인 우위를 차지했다. 그럼에도 불구하고 대영제국은 금본위제의 맹주 욕심을 버리지 못했다. 이 무렵 달러 대비 파운드화 가치가 뚜렷이 하락하는 상황에서도 잉글랜드은행은 여전히 파운드화로 금 가격을 표시할 것을 고집했다.

이렇게 되자 남아프리카를 비롯한 금 생산국들이 가만있지 않았다. 금 가격은 분명히 상승하고 있는데 잉글랜드은행은 여전히 전시 상태에서의 고정가격에 금을 태환했으니 금 생산국 입장에서는 손해가 이만저만이 아니었다. 물론 종주국인 영국을 배신하고 미국의 품에 안길 생각은 하지 않았다. 그러나 더 큰 손해를 피하기 위해서는 런던에서 금의 시장가격을 정확하게 반영할 수 있는 새로운 길을 모색해야만 했다.

런던에서 가장 막강한 금융력을 과시하고 금 업계의 최고 지위를 차지하는 가문은 단연 로스차일드 가문이었다. 1919년 9월 12일, 로스차일드 가문은 여러 금 생산국과 금 브로커들의 공동 추대를 받아 런던의 5대 금 거래업자들을 한자리에 소집하고 '런던 금값 책정' 제도를 시행했다.

이날 5대 거래업자들은 금의 시장가격을 4파운드 18실링으로 정했다.

이날부터 오전 10시 반마다 런던 5대 금 거래상 대표 다섯 명이 런던시티에 있는 로스차일드가 사무실

런던시티
영국에서 거래되는 증권·외환·선물 거래의 대부분이 이루어지는 영국의 금융가.

에 모여 금의 거래 가격을 토론했다. 밀실에는 이 다섯 명 외의 외부인 출입이 통제됐다. 다섯 명의 대표 앞에는 각자 소속회사 거래실과 연결된 직통전화가 놓여 있었다. 그리고 이들 거래실은 또 세계 각지의 크고 작은 금 브로커들과 연결돼 있었다. 로스차일드가의 딜링룸은 전 세계 금 거래의 신경 중추나 다름없었다. 남아프리카의 7대 금광, 구소련의 금 수출업자, 남아메리카와 오스트레일리아를 비롯한 세계 주요 금 공급업체, 홍콩, 중동, 인도 및 도쿄 등지의 금 수입업자와 세계 각국의 금 투기상들은 이 밀실을 중심으로 세계적인 금 생산·공급·판매 유통망을 구축했다. 이날부터 이 밀실에서 통보되는 금 거래 가격은 전 세계의 집중적인 관심을 받았다.

다섯 명의 대표들은 똑같은 지위를 가졌다. 이 가운데 위원장은 당연히 로스차일드가의 대표가 맡았다. 가격 책정 방식은 다음과 같다. 다섯 명이 한자리에 모이면 위원장이 먼저 일정한 가격을 제시한다. "여러분, 오늘은 498달러부터 시작합시다"라는 말로 시작한다(1968년 이후부터 런던 금값 책정 시 달러화로 표시하고 뉴욕 시장의 종가를 참고했음). 이어서 다섯 명의 대표들이 시작 가격을 전화로 각자 소속 회사의 거래실에 통보하면 트레이더들은 즉각 주요 고객들에게 매매 최고가와 최저가를 문의한다. 이때 더 많은 고객들은 수화기 옆에서 결과를 기다린다. 거래실에서는 고객의 매매 주문을 정리해서 네팅을 계산한 뒤 그 결과를 신속히 로스차일드 가문의 딜링룸에 있는 대표에게 보고한다. 다섯 명의 대표들은 각자 거래실에서 보고한 네팅 결과에 근거해 매수 혹은 매도를 결정한다. 이 과정은 몇 초밖에 걸리지 않는다. 일반적으로 어떤 가격에서 다섯 명의 대표가 제시한 매매 희망량이 수톤에 달하고(이 수치는 줄곧 비밀에 부쳐졌음) 팔겠다는 양과 사겠다는 양이 일

네팅(netting)
둘 혹은 그 이상의 거래자 사이에 특정 날짜에 결제해야 할 채권자 및 채무자가 상호 존재하는 경우 이를 상계 처리하는 계약을 말함.

치하게 되면 그것이 바로 고시 가격이 된다. 만약 매매 희망량이 일치하지 않을 경우 위원장은 새로운 가격을 제시하고 다섯 명은 매매 희망량이 일치할 때까지 협의를 계속한다.[4]

이렇게 다섯 명의 대표가 모두 만족하는 가격이 정해지면 그것이 곧 런던 금 가격이 됐다. 이 가격은 즉각 전화로 트레이더들에게 전달되고, 트레이더들은 전광석화처럼 빠르게 이를 세계 곳곳에 통보했다. 거대한 국제 금시장은 이때부터 힘찬 가동을 시작했다.

금값이 비교적 안정적일 때에는 협상 한 번만으로도 가격이 정해지지만 가격 파동이 심해지면 무려 20~30차례나 가격을 조율해야만 했다. 1979년 10월에는 금 가격을 책정하는 데 1시간 39분이나 걸린 날도 있었다. 시간이 가장 오래 걸린 날은 1990년 3월 23일이었다. 이날 중동의 한 은행이 최소 14톤의 금을 팔겠다고 선언한 후 시작된 가격 협상은 2시간 26분 만에 겨우 끝났다. 이 사이에 금값은 20달러나 하락했다. 최대 거래량은 1968년 3월에 기록됐다. 당시 미군이 베트남전에서 계속 밀리고 있는 데다가 파운드화까지 대폭 평가절하되자 유럽 금시장에서는 대규모의 금 투기가 일어났다. 주요 서방 선진국 은행들로 구성된 금풀은 2,000톤이 넘는 금을 잃었다. 런던 금시장은 이 사태로 인해 2주 동안 폐장됐다. 그리고 런던 시장이 재개장했을 때 금 가격은 파운드가 아닌 달러화로 책정, 발표됐다.

금풀(Gold Pool)
런던 자유 금시장에서의 금 가격을 공정 가격인 1온스당 35달러 가까이 유지함으로써 투기적인 변동과 그에 따른 국제적 환시세의 혼란을 방지하기 위해 구미 8개국의 중앙은행들이 1961년 10월에 합의한 제도.

로스차일드 가문은 2004년에 돌연 런던 금 가격 책정 체제에서 물러나겠다고 선언했다. 주지하다시피 런던 시장의 금 거래량은 하루 수천 톤, 연간 백만 톤에 달하고, 거래액은 20조 달러가 넘는다. 가격 책정권은 바로 이런 대형 시장의 정보를 먼저 알 수 있는 권리라고 할 수 있다. 주식시장에서는 초단타매매(High frequency trading) 종사자들이 시세를 0.001초라도 먼저 알기 위해 수억 달러도 기꺼이 투자하는 것이 관례이다. 그런데 로스차일드 가문은 금 가격을 남보다 0.001초, 아니 그보다 더 빨리 알 수 있는, 남들은 가지고 싶어도 도저히 가질 수 없는 권력을 스스로 포기했다. 어쩌면 로스차일드 가문은 사람들의 상상을 초월하는 부를 보유하여 금시장에서의 돈벌이가 성에 차지 않았을지도 모른다.

스위스 금시장의 비약적 확장

2차 세계대전의 발발로 세계 금시장을 독점하던 런던 금시장의 호시절은 끝났다. 1939년부터 1954년까지 전쟁의 포화와 전후의 혼란 속에서 런던 금시장은 어쩔 수 없이 문을 닫고 말았다. 대영제국은 1차 세계대전 종식 후에 가까스로 세계 금융 중심지 위치를 고수하는 데에 성공했다. 그러나 2차 세계대전은 완전히 달랐다. 전쟁 과정에서 인명 피해와 물질적 손실이 엄청났고, 특히 식민지들이 미국에 의해 강제로 해체된 뒤로 런던은 금융 맹주의 지위를 회복할 기회를 영영 잃어버렸다. 이 기회를 틈타 런던 금시장의 강력한 맞수로 떠오른 국가가 있었다. 바로 스위스였다.

스위스는 2차 세계대전 당시 나치독일과 동맹국이 비밀리에 진행한 비즈니스의 중추 기지로 활용됐다. 이에 히틀러는 의도적으로 스위스를 '보호'해 '중립국'으로 만들었다. 스위스 국내 은행들이 재무부에 제출한 장부를 종합해보면, 스위스의 금 보유고는 1941년 3억 3,200만 달러에 지나지 않았다. 그러나 1945년에는 8억 4,600만 달러로 급증했다. 말할 것도 없이 이 가운데 최소 5억 달러는 나치독일로부터 유입된 것이었다. 이 수치는 클린턴 정부 시기 미국 의회가 발표한 조사 보고서와 거의 일치한다. 이 보고서에 따르면 2차 세계대전 기간에 나치독일로부터 4억 4,000만 달러의 순금이 스위스에 흘러들었다. 그중 3억 1,600만 달러는 나치독일이 다른 나라로부터 약탈한 것이었다.

스위스 은행들은 1945년부터 1954년까지 영국 런던 금시장이 폐장된 기회를 틈타 여기저기에서 활발한 마케팅 활동을 펼쳤다. 스위스는 세계 각지의 금 유통망을 통합해 스위스를 중심으로 한 글로벌 금시장을 구축한다는 야심찬 목표를 가졌다. 실제로 스위스인들은 황금을 공급받을 수 있는 곳이라면 이데올로기 따위에는 신경도 쓰지 않고 달려들었다. 한편으로는 구소련 및 동구권 사회주의 국가들과 돈독한 파트너 관계를 구축하면서 다른 한편으로는 영국의 오랜 파트너인 남아프리카에까지 촉수를 뻗쳤다. 또 금에 대한 엄청난 수요를 자랑하는 아시아 시장에도 판매 네트워크를 성공적으로 확장했다. 특히 중국에 금을 공급해 떼돈을 벌었다.

1949년에 중국 국민당 정권이 붕괴 직전에 몰리면서 베이징, 상하이 등지의 금값은 50~55달러로 폭등했다. 반면 같은 시기 유럽 시장의 금 가격은 38달러에 불과했다. 그럼에도 국민당 정부의 고관대작과 부호들은 유럽 시장보다 훨씬 더 높은 가격에 금을 사재기한 후 스위스 은행에 저축했다. 매매 차익은 당연히 스위스인의 차지였다. 스위스는 중국과의 거래를 통해 어렵지 않게 큰돈을 벌었다. 더불어 중국인들에게 '스위스 은행은 가장 신용 있는 은행'이라는 믿음을 심어줬다. 1949년 신중국 건국 후에도 중국 정부는 금과 관계된 모든 국제 업무를 스위스 은행을 통해 진행했다.

스위스 금시장은 빠르게 확장됐다. 세계 각지의 크고 작은 황금 거래 업자들이 소문을 듣고 스위스로 몰려들었다. 게다가 금 정제 기술이 발달한 덕분에 스위스 골드바는 금 투자자들 사이에서 가장 인기 있는 품목으로 부상했다. 그 결과 1970년대 초 남아프리카 산 황금 중 무려 80%가 영국이 아닌 스위스로 유입됐다. 1972년부터 1980년까지 구소련에서 수출한 2,000톤의 황금 역시 모두 스위스에 집중됐다. 1970년대 중반 미국과 IMF는 금의 '비화폐화'를 강력히 추진하기 위해 대량의 골드바를 시중에 풀었다. 그런데 총명한 스위스인들은 이중의 3분의 1을 암암리에 사들였다. 이밖에 스위스는 해마다 이탈리아와 중동의 장신구 업계에 황금 500톤을 수출했다. 이렇게 해서 로마, 테헤란, 이스탄불, 리야드, 싱가포르, 홍콩에 이르기까지 도처에서 스위스 골드바를 목격하는 것은 그리 어려운 일이 아니었다.

스위스의 금 보유고는 방대한 규모의 금시장 덕분에 빠르게 증가했다. 스위스 중앙은행의 1인당 금 보유고는 13.2온스(411g)로 세계 최대 금 보유국인 미국의 11배에 달했다.[5] 가치가 총통화량의 1.1배에 달하는 골드바 덕분에 스위스 프랑은 자연스럽게 서방 세계에서 가장 강세를 보이는 화폐가 될 수 있었다.

영국은 강력한 라이벌 스위스의 등장으로 인해 무려 300년 동안 고수해온 세계 황금의 집산지라는 지위를 잃고, 급기야 단순한 황금 거래 중심지로 전락했다.

그러나 런던은 금 가격을 정하는 데 있어서의 우위만큼은 결코 잃지 않았다. 영국은 스위스가 미처 발견하지 못한 세계적 추세를 간파하고 있었다. 장기적인 달러화 유동성 과잉 상태로 인해 금시장에서 거액의 자금을 장악한 금융기관과 투기꾼의 자금력이 이미 실물 금의 최종 수요자보다 훨씬 막강해졌으므로 금융 자본의 투자 수요를 꽉 틀어쥐는 것이 금의 유통망을 통제하는 것보다 훨씬 더 많은 이익을 얻는다는 사실을 깨달았다. 실물 금을 운반하는 '운반공'이 되느니 차라리 세계 금 가격을 정하는 '가격 책정자'가 되는 편이 낫다는 것이다.

한마디로 "스위스, 자네는 육체노동을 하게. 나는 사장이 되겠네"라는 말이 된다.

런던과 스위스의 이런 조합을 '전점후장'식 시스템에 비유하면 런던은 '점포', 스위스는 '공장'이라고 할 수 있다. 이후 런던은 유럽 금융의 중심지라는 지위를 이용해 금값 책정 중심지로 일약 신분 상승을 했다. 반면 운송, 보관, 검사, 정제 등 힘든 일은 모조리 스위스에 '하청'을 맡겼다. 또 더 많은 황금 투자자를 확보하고 이들 투자자를 위한 맞춤형 상품 제조와 공급에 총력을 기울였다. 당연히 금시장의 거래 장부를 자기 손에 꼭 틀어쥔 채 현물 인수, 결제 등 자질구레한 일은 모두 스위스가 맡아 처리하도록 했다.

한마디로 스위스는 '마님'의 신분을 꿈꿨으나 결국 '무수리' 팔자를 면치 못했다.

전점후장(前店後場)
건물 앞에는 상품을 파는 점포가 있고, 건물 안쪽에는 물건을 만드는 공장이 있는 형태.

뉴욕 금시장: 카우보이의 낙원, 도박꾼들의 천국

1975년 1월 2일은 금의 역사에 한 획을 긋는 중요한 하루였다. 이날 미국 정부가 40여 년 동안 시행해온 금 보유 금지령을 폐지하면서 미국인들은 합법적으로 금을 소지할 수 있게 됐다.

달러는 중국어로 '메이진(美金)'이라고 부른다. 달러의 발행 담보물이 금이기 때문이다. 주지하다시피 미국은 총기 보유도 금지하지 않을 만큼 자유를 주장하는 국가로 유명하다. 그런데 도대체 왜 금 보유를 금지했을까? 금이 총기보다 더 위험해서일까?

그렇다. 총은 사람의 목숨을 빼앗지만 금은 사람의 마음을 빼앗는다. 미국 정부는 사람의 목숨보다 사람의 마음을 통제하기가 더 어렵다는 사실을 잘 알고 있었던 것이다.

영국은 19세기 초에 세계 최초로 금본위제를 도입했다. 유럽 각국도 영국의 뒤를 따라 연이어 금본위제를 시행했다. 당시만 해도 유럽의 눈에 비친 미국은 금융 문명과는 완전히 동떨어진 '미개지'였다. 당시 미국에는 현대화된 중앙은행도 없었고, 안정적인 통화 제도 역시 존재하지 않았다. 식민지 때부터 식민지 지폐는 물론이고 금화와 은화, 링컨 시대의 그린백에 이르기까지 그야말로 각양각색의 화폐가 속출했다. 심지어 은행마다 각자 화폐를 발행할 수 있는 합법적인 권리까지 가지고 있었다.

이처럼 19세기는 미국의 화폐 제도가 대혼란과 논쟁의 소용돌이 속에서 실험적으로 발전한 시대였다. 아이러니한 것은 이런 화폐의 혼란이 경제 발전에 걸림돌로 작용하지 않았다는 사실이다. 오히려 미국 경제는 이 시기에 비약적인 성장을 구가했다. 덕분에 한때 영국의 식민지였던 미국은 19세기에 유럽의 내로라하는 선진국들을 제치고 일약 세계 최강대국으로 부상했다.

사람들은 벼락부자가 되면 생전 생각도 한 번 안 해본 귀족 흉내를 내고 싶어 한다. 미국도 경제 강국으로 부상한 다음 혼란스러운 화폐 제도가 다소 보기 좋지 않다는 사실을 깨달았다. 부와 권력이 끊임없이 집중되는 것은 좋으나 화폐 제도의 혼란상이 경제 강국의 이미지에 어울리지 않는다고 판단한 것이다. 결국 미국 역시 1900년에 금본위제를 도입했다. 금값은 법적으로 온스당 20.67달러로 정했다.

미국은 1차 세계대전으로 벼락부자가 되었다. 유럽의 대량의 금이 미국으로 유입되면서 1920년대 미국 경제의 번영과 잇따른 거품을 만들어 냈다. 급기야 1929년 미국 증시가 붕괴했고, 1931년에는 미국 은행들이 줄줄이 파산하기 시작했다. 질겁한 예금자들은 달러로 금을 바꾸기 위해 은행에 몰려들었다. 수천 개 은행이 이로 인해 문을 닫았다. 미국인과 외국인의 대규모 예금인출 사태로 루스벨트 대통령 취임을 하루 앞둔 3월 3일 뉴욕연방준비은행의 금준비금 역시 완전히 거덜나버리고 말았다.[6] 만약 루스벨트 대통령이 3월 4일에 과단성 있는 조치를 취하지 않았더라면 아마 미국의 중앙은행마저 파산했을 것이다. 더구나 뉴욕연방준비은행은 정부 기관이 아닌 개인 기업이기 때문에 실제로도 파산 가능성을 안고 있었다.

1933년 3월 4일, 루스벨트는 대통령에 취임하자마자 전국 은행에 10일 동안의 휴무를 명령했다. 세계 최대 경제대국이 열흘이나 은행 및 화폐와 담을 쌓고 지낸 것은 역사적으로 전례가 없는 일이었다. 3월 11일, 루스벨트는 경제 안정을 내세워 은행의 금 교환을 금지하는 행정명령을 발표했다. 곧이어 4월 5일에 미국인은 보유 중인 금을 모두 내놓으라는 명령을 받았다. 정부는 온스당 20.67달러로 이를 강제 수매했다. 희소한 금화와 금 장신구 외에 몰래 금을 소장한 사람에게는 10년 중형과 벌금 25만 달러를 선고했다. 또 1934년 1월에 '금준비금 법안'이 통과된 후 달러화가 대폭 평가절하돼 금 가격은 온스당 35달러로 상승했다. 그러나 미국 국민은 금을 교환할 권한이 없었다. 그들이 몇 달 전에 금을 정부에 바치고 받은 달러화의 가치가 반 토막이 난 셈이었다.

루스벨트가 급한 불을 끄기 위해 실시한 금 보유 금지령은 놀랍게도 40년 넘게 유지됐다. 더 믿기 어려운 것은 이 법안이 전쟁이 끝난 뒤에도 계속 유효했다는 사실이다. 세계 금 보유고의 3분의 2를 독점한 나라, 한때 세계 GDP의 절반 이상을 차지한 나라인 미국이 이렇게 긴 시간 동안 정당한 이유 없이 국민의 금 보유를 금지한 이유는 과연 무엇 때문이었을까? 바로 금이 미국인의 일상생활에 영향을 끼치지 못하도록 장기 '격리'시킨 것이다. 사실 미국은 오래전부터 '금을 끼고 스스로 독립'해 달러화로 천하를 제패하기 위한 야심을 품고 있었다.

'장기 격리' 정책은 확실히 효과를 거두었다. 1975년에 미국 정부가 국민의 금 보유를 합법화한 후 우려했던 대규모의 금 사재기 사태는 발생하지 않았다. 일반 서민들이 금에 대한 좋은 기억을 완전히 상실했기 때문이다. 기껏해야 200년밖에 안 되는 미국의 역사는 중국과 달리 매우 짧다. 중국인들은 수천 년 역사 속에서 반복되는 경험과 교훈을 통해 "난세에는 금을 소장해야 한다"는 진리를 분명하게 깨달았다. 이에 반해 미국인들은 진정한 의미에서의 대국의 흥망성쇠 과정을 경험하지 못했고, 미국의 몰락 내지 역사의 윤회는 있을 수 없는 일이라는 인식을 가지고 있었다. 솔직히 말해 미국인의 사고방식으로는 '성극이쇠', '물극필반'의 이치를 절대 이해하지 못한다. 상응하는 경험이 없기 때문이다. 미국인들은 미국 제도가 인류 역사를 통틀어 가장 완벽한 제도라고 믿는다. 따라서 미국이 세계 패권을 영원히 장악하는 한, 달러화가 인류 화폐의 궁극적인 형태가 될 것이므로 금의 가치를 운운할 필요가 없다고 생각한다. 이것이 미국식 사고방식이다.

성극이쇠(盛極而衰)
왕성함이 극에 달하면 쇠약해지기 시작함.

물극필반(物極必反)
어떤 일이 극에 달하면 반드시 반전의 흐름이 생김.

1975년에 미국은 금시장을 개방했다. 그러나 사람들은 금 투자에 별로 관심을 갖지 않았다. 수익을 목적으로 금에 투자하는 사람들을 오히려 이상한 눈길로 바라봤다. 상품거래소에서도 금 선물에 관심을 가지는 사람은 거의 없었다. 금 트레이더는 당시 가장 인기 없는 비주류 직업이었다. 근무시간에 할 일이 별로 없었기 때문에 체스나 두면서 시간을 때우기 일쑤였다.

물론 일시적인 달러화의 안정 국면은 허상에 지나지 않았다.

1971년, 달러와 금의 연결고리가 끊어진 후 금 가격은 온스당 35달러에서 42.22달러까지 상승했다. 인플레이션이 서서히 고개를 들기 시작한 것이다. 그러나 미국인들은 1973년에 발생한 오일 쇼크로 인플레이션이 왔을 뿐, 물가가 곧 제자리를 회복할 것이라고 여겼다. 사실 미국 물가는 1971년 이전까지 170년 넘게 안정 수준을 유지해왔다. 물론 세계대전의 영향을 받아 물가가 요동친 적이 있었지만 금본위제 아래에서 대체적으로 장기간 하락세를 유지했던 탓에 미국인에게 인플레이션은 매우 생소한 개념이었다. 그러나 오일 쇼크가 끝난 지 한참 지났는데도 미국의 인플레이션은 호전될 기미를 보이지 않고 오히려 더 악화되자 시장에서는 불안 심리가 서서히 형성되기 시작했다.

1977년부터 국제 외환시장에서 달러화 가치가 하락하기 시작했다. 1978년 미국의 인플레이션율은 1971년 전후의 4%에서 10%로 상승했고, 1979년에는 무려 14%에 육박했다. 미국인들은 더 이상 평정을 찾을 수 없었다. 불안 심리는 급기야 공포 심리로 바뀌어 예전에는 거들떠보지도 않던 금에 관심이 집중되기 시작했다. 신문, 방송과 TV를 비롯한 대중매체가 가장 먼저 반응을 보였다. 금 시세는 언론의 헤드라인을 장식하기 시작했다. 게다가 마침 발생한 이란 인질 사태와 소련의 아프간 침공 사건은 불에 기름을 끼얹듯 가뜩이나 뜨거운 금시장을 더 뜨겁게 달궜다.

한때 찬밥 신세였던 금 트레이더들은 선물시장에서 드디어 각광을 받기 시작했다. 뉴욕 금 선물시장의 거래량은 1978년 12월 한 달 동안에만 100만 계약 건을 돌파했다. 1975년과 1976년의 연간 평균 거래량이 80만 건에 머문 데 비하면 그야말로 비약적인 성장세였다.[7]

3년 사이에 금 선물 거래량이 무려 10배 넘게 증가하면서 미국 금시장에서는 일대 투자 혁명이 일어났다. 스위스 금시장에서 이뤄지는 칙칙하고 답답한 현물 거래는 금전적 여유가 많은 미국 투자자의 적성에 맞지 않았다. 또 런던 금시장의 진부하고 보수적인 비즈니스 모델 역시 미국 투기꾼의 욕심을 만족시키기에는 역부족이었다. 미국인은 선천적으로 모험과 혁신을 좋아하고 도박꾼의 기질을 타고났다고 해도 과언이 아니었다.

뉴욕상품거래소(COMEX)에서 가장 먼저 순도 99.5%, 중량 100온스짜리 표준 골드바를 거래 대상물로 한 획기적인 선물상품을 출시했다. 이 상품은 런던 시장의 400온스짜리 골드바보다 더 작고 저렴하다는 특징을 지녔다. 가격 우위는 기본 고객의 규모를 확대하는 데 큰 도움이 됐다. 더 중요한 것은 선물 거래에 증거금 제도를 도입했다는 사실이었다. 고객은 선물 포지션을 취할 때 증거금으로 거래 금액의 5%만 내면 됐다. 예를 들어 금 가격이 온스당 1,000달러라면 1계약의 거래 금액은 10만 달러가 된다. 10만 달러는 개미 투자자들에게 적은 액수가 아니었으나 증거금 제도를 도입한 후에는 거래 금액의 5%, 즉 5,000달러만 내면 10만 달러의 선물을 매매할 수 있었다. 레버리지가 20배에 달하니 도박꾼들이 흥분하지 않을 수 있겠는가!

COMEX는 골드바의 사이즈를 런던 금시장의 4분의 1로 줄이고 레버리지를 20배로 확대해 금에 대한 투자 문턱을 80배나 낮췄다. 예전에 스위스인들은 스위스를 세계 금 거래의 중심지로 만들기 위해 그야말로 안간힘을 다했다. 전 세계의 탄광업자와 장신구 사업자들을 찾아다니면서 입에 침이 마르도록 금에 대해 떠벌리고 다니는 한편, 아무리 힘들어도 허허 웃으며 금 정제에 나서고 보관 창고 및 운송 시설들도 건설했다. 그러나 수십 년 고생은 결국 런던 금융가들에게 좋은 일만 해준 꼴이 되었다. 반면 미국은 향후 금시장의 주요 추세를 미리 예측해 과감하게 금 투자의 문턱을 크게 낮춤으로써 탐욕스럽고 도박을 좋아하는 인간의 본성을 충분히 자극했다. 이에 자연스럽게 런던 금시장의 고객들을 빼앗아올 수 있었다.

뉴욕 금시장이 자유롭고 도전적인 카우보이 정서를 대변한다면 런던 금시장은 귀족적인 스타일이 돋보이는 곳이다. 금 투자는 매우 은밀한 비즈니스로 고객과 거래업자는 비공식적이고 감독과 감시를 받지 않는 편안한 분위기에서 흥정해야 한다는 것이 런던 금융가들의 주장이었다. 그들은 엄격한 감독과 관리가 뒤따르고 전쟁터처럼 격렬한 거래가 이뤄지는 선물시장은 심리적 압박감이 너무 크다고 싫어했다. 한마디로 금 거래는 신분과 은밀성을 따지는 거래로 진정한 부호는 런던 금시장처럼 쾌적한 환경에서 우아하게 거래하기를 원한다는 것이었다. 또 금 투기는 졸부나 하는 짓이고, 명문가는 금을 투기가 아닌 소장 개념으로 본다는 주장을 펼쳤다.

그러나 뉴욕의 카우보이들은 달랐다. 큰 부자든 작은 부자든 돈만 벌수 있으면 최상이라는 논리였다.

COMEX 공개호가 시장은 개장 과정부터 런던 금시장과 확연히 다르다. 런던 금시장처럼 귀족적인 스타일이나 은밀함과는 거리가 멀어 개장부터 폐장까지 극도로 긴장되고 열기 띤 분위기가 이어진다. 전 세계 방방곡곡의 매매 정보는 메릴린치, 골드만삭스 등 대형 거래업자들에 의해 방대한 양의 주문을 형성한다. 주문을 내리려면 일단 전화로 거래소 장내의 회원 부스에 주문 명령을 전달한다. 접수 담당자(desk clerk)는 1인당 보통 15개의 전용 전화를 상대한다. 이들은 전화로 주문을 전달받는 동시에 주문 내용을 주문지에 기입하고 시간 도장(time stamp)을 찍는다. 주문지를 전달하는 역할을 맡은 러너(Runner)는 옆에 대기하고 있다가 주문지가 완성되면 그것을 들고 백 미터를 달리는 속도로 장내의 트레이더에게 달려간다. 주문이 많을 때에는 마치 거미줄처럼 얼기설기 얽힌 수백 갈래의 전화선이 회원 부스에서 트레이더가 있는 장내까지 쭉 연결된다. 러너들은 빼곡한 '거미줄' 사이를 쏜살같이 지나다니지만 줄에 걸려 넘어지는 사람은 단 한 명도 없다.

뉴욕 금 선물시장은 고강도, 빠른 템포, 대량 주문 및 저원가를 무기로 전례 없는 성공을 거뒀다. COMEX는 자석처럼 전 세계 금 투자자들을 강력하게 끌어당겼다. 투자자들의 일과표가 COMEX의 거래 시간에 맞춰지면서 유럽인들은 저녁 늦게까지 사무실을 지켜야 했고, 중동 투자자들은 자정이 돼야 저녁식사를 할 수 있었다. 가장 불쌍한 것은 홍콩을 비롯한 아시아 지역의 투자자들이었다. COMEX의 거래 시간에 맞추려면 새벽 세 시가 지난 후에야 잠자리에 들 수 있었다.

뉴욕 금 선물시장은 1980년대 초부터 규모나 유동성 면에서 모두 런던 실물 금시장을 능가하기 시작했다. 그리고 10년 전부터는 뉴욕 금시장이 세계 금 가격에 더 결정적인 영향을 미치고 있다. 사실 금 선물시장의 투자자 대부분은 투기꾼이다. 이들은 불안정하고 항상 긴장을 늦출 수 없는 이 시장에서 스릴을 즐긴다. 금 선물시장에서 실물 금 결제량은 거래량의 1%에도 미치지 못한다. 투기꾼, 즉 '도박꾼'들은 실물 금을 원하지 않는 것이다. 간혹 부득이한 경우에 실물 금을 인출하기는 하나 이는 상당히 체면이 깎이는 일이 아닐 수 없다.

어떤 상품을 거래하는 시장이 여러 개일 경우 거래량이 큰 시장일수록 상품 가격에 더 큰 영향을 미친다. 거래량이 큰 시장은 유동성이 크고 현금화가 쉬울 뿐 아니라 가격을 가장 정확하게 반영하기 때문이다. 금시장 역시 예외가 아니다. 그러나 이른바 금 선물시장에서 선물, 선물옵션 따위의 '종이 금(paper gold)' 거래량이 실물 금 거래량의 100배를 초과한다면 이 시장은 더 이상 '금 선물'시장이라 할 수 없다. 그저 '금'이라는 명칭을 가진 선물시장일 뿐이다. 더 정확하게 말하면 '금 가격'을 판돈으로 건 '도박장'에 불과하다.

중궈다마를 비롯한 전 세계 실물 금 투자자들이 금을 대량 구매해도 국제 금 가격이 흔들리지 않는 이유가 바로 여기에 있다.

종이 금을 판돈으로 건 도박장에서 도박판이 커지고 판돈 규모가 증가하는데도 최종 결제에 필요한 실물 금이 부족하다면 어떻게 될까? 두말할 것 없이 도박장은 문을 닫아야 한다.

금시장에 잠재해 있던 이 위험은 2012년 말과 2013년 초에 점차 하나로 뭉쳐 급기야 거센 풍랑을 몰고 왔다.

큰 파장을 일으킨 QE3, 흔들리는 달러화 위상

2012년 9월 14일, 미국은 3차 양적완화(QE) 조치를 발표했다. 이에 Fed는 즉각 매달 국채 450억 달러와 모기지채 400억 달러 등 총 850억 달러 규모의 채권을 사들이기로 결정했다. 여기서 주목할 것은 Fed가 취업시장이 호전될 때까지 QE3 정책을 지속하고, 동시에 인플레이션 목표치 조정 가능성을 암시했다는 사실이다. 이로써 QE3은 무기한, 무제한, 무하한선의 '삼무(三無) 정책'이 돼버렸다. 이렇게 되면 2013년 한 해에만 1조 달러의 본원통화가 증발하고, 2013년 말에는 Fed의 대차대조표 규모가 4조 달러에 이를 수도 있었다. 이는 2008년 금융위기 발생 전보다 무려 5배 불어난 수치였다.

양적완화
(QE, Quantitative Easing)
기준금리 수준이 이미 너무 낮아서 금리 인하를 통한 효과를 기대할 수 없을 때 중앙은행이 다양한 자산을 사들여 시중에 통화 공급을 늘리는 정책.

모기지채(MBS, Mortgage-Backed Securities)
자산유동화증권의 한 종류로, 대상 자산이 저당권이 있는 부동산에 대한 대출이라는 점에서 부동산대출증서담보부 채무증서라고도 한다.

QE1과 QE2는 사람들이 가장 우려했던 물가 폭등을 유발하지 않았다. 그러나 삼무 정책인 QE3도 인플레이션을 불러일으키지 않는다고 아무도 장담하지 못한다. 통화량 증발(增發)이 즉각 인플레이션으로 이어지지 않는 이유는 새로 증가한 유동성이 금융 시스템의 '늪'에 일시적으로 빠져들어 무의미하게 공회전하기 때문이다. 하지만 이런 상태가 영원히 지

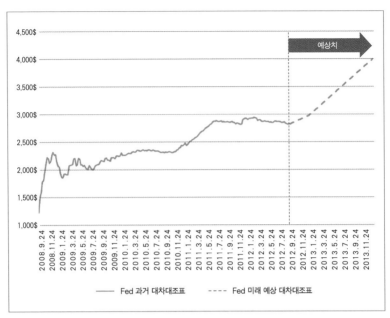

Fed 과거 및 미래 예상 대차대조표

| Fed 과거 대차대조표 | ---- Fed 미래 예상 대차대조표 |

❚ QE3으로 인해 2013년 말 Fed 대차대조표 규모는 4조 달러로 늘어날 것으로 전망됐다. (출처: Zero Hedge)

속되는 것은 불가능하다. 매달 850억 달러씩 유동성이 증가할 경우 취약하게나마 유지되던 안정이 깨질 수밖에 없다. 최종 결과가 기적적인 경기 회복으로 나타나든 아니면 비극적인 경제 붕괴로 이어지든 인플레이션은 피해갈 수 없는 결과임에 틀림없다. 이토록 방대한 규모의 유동성은 이미 거대한 화폐 '언색호'를 형성해 사람들을 두려움에 떨게 했다.

언색호(堰塞湖)
산사태로 생기는 토사나 화산의 분출물, 하천의 퇴적 작용 따위로 골짜기나 냇물이 막혀서 생긴 호수.

피터 쉬프(Peter Schiff) 유로퍼시픽캐피털(Euro Pacific Capital) CEO는 QE3이 세계 경제에 악영향을 끼칠 것을 크게 우려했다. 그는 미래 미국 대통령의 가상 TV 연설을 벤치마킹해 이렇게 말했다.

"국민 여러분, 정부는 공공지출 대폭 삭감, 세수 증대, 기초 의료보장 취소, 양로금 축소 등 일련의 정책을 시행할 예정입니다. 중국의 빚 독촉이 심해진 상황에서 어쩔 수 없는 조치입니다. 우리가 빚을 갚을까요? 절대 그럴 리 없습니다. 미국 국민들은 이렇게 말합니다. '가증스러운 중국인들아, 채무 상환 능력이 없는 줄 번연히 알면서도 억지로 우리에게 돈을 빌려주다니. 당신들은 흡혈귀 같은 고리대금업자이다. 우리는 영원히 빚을 갚지 않을 것이다'라고 말입니다."

피터 쉬프는 중국의 문제점도 신랄하게 지적했다.

"중국인은 모래 속의 타조 같다. 미국은 처음부터 빚 갚을 생각이 없었다. 설령 갚으려고 자손 대대 노력해도 다 갚지 못한다. 이런 사실을 알려줘도 중국인들은 믿지 않는다. 마치 머리를 모래 속에 파묻고 자기 최면을 거는 타조처럼 말이다. 중국인들은 미국 국채가 세계에서 가장 안전한 자산이라고 우긴다. 또 예전과 다름없이 중국의 자원을 미국에 수출해 시퍼런 종잇조각을 얻고 다시 그것으로 미국 국채를 매입하는 바보짓을 반복한다. 중국에는 아직도 빈곤한 인구가 1억 명을 헤아리지만 이들의 삶은 미국 국채보다 전혀 중요하지 않다. 세계에서 중국인을 가장 멸시하는 사람은 바로 중국인 자신들이다."[8]

솔직히 말해 QE3 정책은 미국이 자국의 위기를 다른 나라에 전가하기 위해 부린 수작임을 모르는 사람은 없다. 세계 각국은 이 사실을 알면서도 서로 다른 반응을 보였을 뿐이다. 마치 급전이 필요한 암흑가의 두목이 시퍼런 칼을 들고 버스에 올라 승객들에게 '보호비'를 요구하는 경우와 흡사하다. 승객들은 속으로 분노하면서도 말은 못하고 고분고분 돈을 내놓는다. 또 조폭이 버스에서 내린 후에는 너도나도 다시는 이런 모욕을 받아서는 안 된다고 떠들어댄다. 미국의 횡포에 대한 각국의 반응도 이와 비슷하다. 미국을 제외한 세계 각국이 서로 통화 스와프를 체결하

통화 스와프(currency swaps)
두 거래 당사국이 계약일에 약정된 환율에 따라 해당 통화를 일정 시점에서 상호 교환하는 외환 거래.

고 자국통화 결제 방식을 도입하는 등 갖은 노력을 기울이는 이유도 조폭 두목이나 진배없는 미국에 대항하기 위해서라고 할 수 있다.

다행히 QE3은 세계 각국이 아무에게도 말을 못하고 혼자 끙끙 앓던 미국에 대한 불만을 급기야 공개 석상에서 표출하고 성토하게 만든 기폭제가 됐다.

물론 Fed도 QE3의 부정적 결과를 분명히 인지했다. 그러나 미국에게 남은 카드가 QE3밖에 없는 이상 포기할 수는 없었다. 그 경우 경기 회복의 꿈은 말 그대로 신기루가 돼버릴 터였다.

미국은 앞으로도 달러화 환율 문제가 중대 위기로 이어지지 않도록 혹은 다른 국가들이 달러화를 배제하고 다른 방안을 추진하지 못하도록 화폐, 경제, 시장, 언론과 지역 분쟁 등의 복합적인 요소들을 모두 이용해 '콤비네이션 블로'를 꾸준히 선보일 것이다. 달러화를 남발하면서 그 달러화를 빼앗기 위해 서로 싸우도록 하는 것은 고난도의 기술을 요하는 전략이라고 할 수 있다.

달러화 위상이 이미 바닥으로 떨어진 바에야 다른 화폐 가치도 바닥으로 떨어뜨려야 한다. 또 신흥 국가들이 달러화를 배제하려는 움직임을 보이면 선수를 쳐서 이들 국가의 경제를 혼란에 빠뜨려야 한다. 이것이 미국의 원칙이라면 원칙이다.

선진국 사이에 불붙는 통화 평가절하 경쟁

과거 미국은 다른 국가의 통화 평가절하를 제일 싫어했다. 걸핏하면 '환율 조작'의 죄명을 뒤집어씌워 비난하거나 위협했다. 그야말로 원님은 방화를 해도 되나 백성은 등불조차 켜서는 안 된다는 못된 심보였다. 특히 미국의 최대 무역 파트너이자 최대 채권국인 중국과 일본에 대해서는 온갖 회유와 협박을 동원해 통화절하를 막았다.

2013년 1월 22일, 일본 정부와 중앙은행은 '디플레이션 탈피와 지속적인 경제성장의 실현을 위한 정책 제휴에 대해'라는 제목의 공동성명을 발표했다. 요지는 물가상승률 목표치 2% 설정, 2년 내 본원통화 공급을 2배로 늘린다는 것이었다. 이 목표를 달성하기 위해 연간 60~70조 엔 규모의 본원통화를 증액할 것이라고 했다. 한마디로 '50년 이래 가장 혹독한' 엔화 절하를 실시한다는 얘기였다.

일본이 출범시킨 슈퍼 울트라 QE 정책에 대한 각국의 반응은 다양했다. 독일은 분노를 표했다. 브라질은 욕설을 퍼부었다. 러시아는 짜증을 부렸다. 한국은 두려워했다. 중국은 어리둥절했다. 그렇다면 미국은 어떤 반응을 보였을까? 전혀 관심 없다는 듯 제 할 일에 몰두했다.

솔직히 미국의 지지 내지 암암리의 조장이 없었다면 아베 신조(安倍晋三) 정권이 쉽게 엔화 절하를 결정하지 못했을 것이다. 엔저는 미국에 적지 않은 손실을 발생시키기 때문이다. 그렇다면 미국은 무슨 이유로 일본의 양적완화를 용인했을까? 미국 입장에서는 수출기업의 환손실은 작은 일이나 달러화 위상의 추락은 큰일이기 때문이다. 이렇게 해서 엔화 가치는 크게 하락했다. 반면 달러화는 상대적으로 강세를 나타내기 시작했다.

아베노믹스의 핵심은 바로 인플레이션 기대를 높여 지난 20년 동안 지속돼온 디플레이션에서 벗어난다는 계획이었다. 즉 일본 국민의 소비 욕구를 자극해 경제 부흥을 꾀하는 것이라고 볼 수 있다.

그러나 이런 사고방식은 논리적으로 말이 안 된다.

일본의 디플레이션은 경기 침체의 결과이지 원인이 아니다. 일본 물가가 하락한 근본 원인은 소비 부진 때문이었다. 또 급격한 인구 고령화는 소비를 위축시키는 주요 요소였다. 노인들의 은퇴 후 생활은 저축에 크게 의존한다. 때문에 맹목적으로 통화 공급량을 늘리는 것은 고령 인구의 구매력을 한층 더 약화시키는 꼴이 된다. 따라서 물가가 일시적으로 상승할지는 몰라도 결국 더 심각한 소비 부진으로 이어져 근본적인 문제 해결이 불가능하다. 아베노믹스의 본질은 부의 재분배를 통해 고령 인구의 자산을 젊은 세대에게 이전시킴으로써 젊은 인구의 소비력에 힘입어 경기 진작을 꾀한다는 것이었다. 그러나 고령화가 심각한 일본에서 젊은 세대의 소비 성장에 의존해 고령 인구의 소비 위축 문제를 해결한다는 것은 어불성설이다.

일본의 엔저 전략의 또 다른 문제점은 다른 국가들의 보복, 심지어 포위 공격을 당할 수 있다는 사실에 있다. "네가 하는데 나라고 못하겠는가"라는 경쟁 심리로 너도나도 자국 통화를 평가절하하면 엔저 전략은 절대로 성공할 수 없다. 이밖에 무역장벽을 높여 일본에 반격을 가하는 국가도 나올 수 있다. 이렇게 되면 이익 한 푼 얻지 못하고 세상에 오명만 남기는 꼴이 된다.

미국은 경제 분야에서 꼼수를 부린 것에서 그치지 않고 정치 분야에서도 계략을 꾸몄다. Fed가 QE 정책을 발표하기 며칠 전인 9월 10일, 일본 정부는 20억 5,000만 엔을 주고 사유지인 센카쿠(尖閣) 열도(중국명 댜오위다오釣魚島)를 '국유화'하기로 결정했다. 이 일로 인해 중일 영토 분쟁은 절정으로 치달았다.

이 세상에 '완전한 우연'이란 없다.

센카쿠 열도를 둘러싸고 중일 간 갈등이 첨예화되면서 아태 지역의 긴장도 크게 고조됐다. 중일 간 영토 분쟁, 남북한 갈등, 남중국해 영유권 분쟁 등 일련의 사건이 불거졌다. 이 덕분에 달러화의 위험 회피 기능은 한층 더 강화됐다. 더 중요한 것은 아태 지역에서 이처럼 각국 간 대결 국면이 지속되면서 아무도 감히 달러화의 통제를 벗어나 '독립'을 꾀하지 못했다는 사실이다.

미국의 아태 지역 전략은 분명했다. 위안화를 공격하고 엔화를 방어하여 동아시아에서 갈등을 부추긴 다음 달러화 위상을 높이는 동시에 QE3의 원활한 출범과 실시를 보호하는 것이었다.

그러기 위해서는 엔화의 평가절하를 부추기는 것 외에 유로화를 동참하도록 유도하는 것도 대단히 중요했다.

각국 정부는 자국 통화의 평가절하에 강한 유혹을 느낀다. 특히 부채가 많은 국가일수록 더욱 그렇다. 단기적으로는 위기 완화, 채무 불이행, 수출 자극, 고용 개선, 정치 업적 과시 등의 효과를 볼 수 있다. 문제는 아무도 하지 않는데 혼자 나섰다가 다른 국가의 비난을 받고, 심하면 무역 보복을 당할 수도 있다는 것이다. 그런데 미국과 일본이 앞장서서 총대를 멨으니 채무 위기 때문에 몸살을 앓고 있는 유럽연합으로서는 이보다 더 반가울 수 없었다. 이 좋은 기회에 유로화의 숨통을 틔어주지 않고 또 어느 때를 기다린다는 말인가.

2012년 12월 6일, 유럽중앙은행은 예금 금리를 마이너스로 낮추는 문제에 대해 협의 중이라는 소문을 흘렸다. 금리를 낮추면 은행들이 자금을 중앙은행에 예치하는 대신 다른 곳에 사용해 경제 활성화에 도움이 되리라는 기대 때문이었다. 마리오 드라기(Mario Draghi) 유럽중앙은행 총재는 이사회 후 가진 기자회견에서 은행들이 중앙은행에 예치하는 예금 금리를 마이너스로 인하할 가능성을 처음으로 검토했다면서 "기술적인 준비는 마쳤다"고 밝혔다.[9]

유로화는 과거부터 강세 화폐로 정평이 났다. 더구나 유럽중앙은행에 막강한 영향력을 행사하는 독일의 경우 인플레이션에 대해 거의 병적일 정도의 예민함을 보였다. 아마 지난 100년 동안에 세 차례나 화폐 시스템 붕괴를 경험한 트라우마 때문이 아닌가 싶다. 유로화를 평가절하하지 않으면 이후의 위기를 감당할 자신이 없어져버리고, 그렇다고 평가절하하면 신용이 바닥에 떨어질 것이 뻔했다.

목숨이 더 중요한가 아니면 체면이 더 중요한가? 독일은 진퇴양난에 빠졌다.

반면 미국은 유로화가 마이너스 금리에 대해 개방적인 태도를 표시한 후 달러 약세 흐름이 역전되고 있다는 사실에 안도의 한숨을 돌렸다.

그러나 미국이 방심할 때가 아니었다. 달러화를 겨냥한 더 큰 위험이 눈앞에 닥쳐오고 있었다.

달러화를 배제하기 위한 각국의 화폐 '반란'

중국 역사를 보면 중앙정부의 집권력이 약해질 때마다 지방 군벌들이 할거해 혼전 국면을 형성했다. 전 세계적인 화폐 패권 다툼도 이와 유사하다. 패권을 장악한 화폐의 힘이 약해지면 본원통화의 공급이 수요를 초과해 인플레이션, 자산 거품, 경기 침체 및 금융위기를 초래하고 급기야 여기저기에서 화폐들의 '반란'이 일어난다. 1950년대에는 루블화와 달러화의 대치 국면이 조성된 바 있었다. 1960년대에는 프랑화가 달러화에 도전장을 던졌다. 1970년대에는 금이 패권을 잡았다. 1980년대에는 엔화 강세가 두드러졌다. 1990년대에는 상대적으로 안정적인 상태를 유지하다가 뒤이어 유로화가 달러화를 위협하는 새로운 세력으로 부상했다.

유로화의 성공적인 화폐 '봉기'는 세계 각국에 커다란 자극제가 됐다. 심지어 일부 소국들까지 당돌하게 화폐 '자립'을 꾀하다 미국에게 된통 당하기도 했다.

가장 먼저 미국의 손에 희생양이 된 것은 이라크의 사담 후세인이었다. 유로화의 출범은 미국으로부터 온갖 탄압을 받고 있던 사담 후세인에게 가뭄에 단비 같은 소식이었다. 2000년 11월, 이라크 중앙은행은 이라크 원유 결제 통화를 달러화에서 유로화로 전환하고 100억 달러의 외화 준비금을 유로화로 교체할 것이라고 발표했다. 이 소식을 듣고 유로존이 출범하자마자 횡재한 유럽인들은 크게 기뻐했다. 그러나 미국은 크게 분노해 이라크에 대한 제재를 한층 더 강화했다. 12월에 알 아자위 이라크 부총리 겸 재무장관은 미국의 적대 행위에 대한 항의 차원에서 2002년 초부터 유로화를 이라크의 공식 무역결제 통화로 사용한다고 발표했다. 이라크 정부는 정책 시행을 위해 이라크 경내의 모든 국유기업과 민간 기업에 반드시 이 규정을 지키라고 통보했다. 2001년 여름, 달러 대비 유로화 가치는 꾸준히 상승했다. 이라크는 사담 후세인의 유로화 결제 도입에 힘입어 두둑한 이익을 챙겼다. 석유수출국기구(OPEC) 회원국들 역시 잇달아 유럽연합에 원유를 수출해 유로화를 얻으려고 하면서 가치가 하락한 달러화는 졸지에 찬밥 신세가 돼버렸다.

미국의 분노는 극에 달했다. 중동 원유 수출국들이 모두 사담 후세인을 따라 배운다면 달러화는 '강산의 절반'을 잃게 될 수도 있었다. 더구나 달러화로 원유조차 사지 못한다면 누가 약세 달러를 보유하려 하겠는가?

사담 후세인은 시기를 잘 포착했지만 형세를 제대로 살피지는 못했다. 달러화의 급소를 찾아내 일격을 가한 것까지는 좋았으나 그는 "전쟁에서 최고의 상책은 모략으로 이기는 것이고, 차선책은 외교로 이기는 것이다"라는 이치를 몰랐다. 약소국인 이라크는 대국들 간의 치열한 기 싸움, 또는 무력 충돌이나 전쟁이 발생해야 그 틈을 타서 어부지리를 얻을 수 있다. 그러나 사담 후세인이 믿고 의지하는 유럽연합과 러시아는 미국과 싸울 의사가 없었을 뿐 아니라 그럴만한 실력도 없었다. 더구나 후세인은 중동에서도 인심을 크게 잃은 터라 OPEC 회원국의 전폭적인 지지도 기대하기 어려웠다. 이렇게 독불장군 식으로 미국에 도전장을 던졌으니 치명적인 보복을 피할 길이 없어졌다.

2003년 3월, 이라크는 유로화를 결제 통화로 도입한 지 1년 만에 미국의 무자비한 침공이라는 재앙을 맞이했다.

달러화의 패권에 무모하게 도전했다가 파국을 재촉한 사람은 또 있었다. 바로 리비아의 최고 통치자 무아마르 카다피였다.

카다피는 1970년대부터 아프리카연합 창설의 꿈을 품었다. 중동과 아프리카는 세계 체제의 주변부에 위치해 있었지만 풍부한 석유자원과 많은 인구, 넓은 시장을 보유하고 있어서 만약 이 지역이 신앙에서 시장에 이르기까지 완전한 통합을 이룬다면 구미 세력을 몰아내고 이 지역의 주변화 문제도 해결될 수 있다고 믿어 의심치 않았다. 그러나 훗날 오일달러 체제가 확립되면서 중동 국가들은 그의 구상에 시큰둥한 반응을 보였다. 그는 홧김에 아랍연맹에서 탈퇴하고 아프리카연합을 건설하는 데 총력을 기울였다.

아프리카연합의 꿈을 현실로 만들려면 당연히 막대한 자금이 필요했다. 카다피는 전략의 중점을 화폐에 두고 새로운 통화 시스템의 구축을 적극적으로 계획하기 시작했다. 그는 마하티르 말레이시아 총리 및 기타 이슬람 국가들과 손잡고 이슬람권 공용 화폐인 디나르 금화 발행을 추진했다.

디나르 금화의 역사는 서기 632년까지 거슬러 올라간다. 1922년 튀르케예 제국이 멸망하기 전까지 이슬람권 국가들은 디나르를 무역결제 통화로 사용했다. 1디나르의 법정 중량은 4.22g으로 순금 0.135온스에 상당했다. 카다피의 디나르 금화 출범 계획은 분명 이슬람권 국가들의 역사적 사명감과 현실적 수요를 동시에 이끌어낼 수 있는 그럴싸한 방안이었다.

2003년 디나르 금화가 정식으로 발행됐다. 비록 화폐의 역사에 획기적인 돌풍을 일으킬 정도로 큰 영향을 미치지 못했으나 미국과 IMF에게는 엄청난 충격을 가져다줬다. 금의 '화폐화'를 시도한다는 것 자체가 IMF의 규정에 위배되었을 뿐 아니라 더욱이 IMF를 무시하고 완전히 새로운 통화 시스템을 시도하는 것은 있을 수 없는 일이었다. 더구나 디나르 금화는 이데올로기적 색채가 짙어 아랍권 국가들의 광범위한 호응을 받을 가능성 역시 농후했다.

카다피는 디나르 금화 발행 외에도 아프리카중앙은행, 아프리카통화기금, 아프리카투자은행 등 3대 금융기구 설립도 적극적으로 추진했다. 디나르 금화를 가치척도로 삼아 아프리카 통일 화폐를 발행함으로써 아프리카와 아랍권 국가들의 화폐 통합을 이루는 것이 그의 최종 목표였다.

카다피는 중동과 아프리카 지역에서 원유와 기타 자원을 수출할 때 디나르 금화를 공식 결제통화로 사용해 달러화와 유로화의 지배에서 완전히 벗어나길 바랐다. 화폐 통합과 관련한 그의 야심은 사담 후세인을 훨씬 뛰어넘는 것이었다. 그의 계획은 달러화와 유로화를 배격하는 데 그치지 않았다. 아프리카와 아랍권 지역을 전부 아우르는 독립적인 통화 시스템을 구축하는 것까지 포함하고 있었다.

하지만 카다피의 계획은 달러화와 유로화라는 양대 강적의 벽에 부딪혔고, 카다피 역시 사담 후세인처럼 강대국을 든든한 배경으로 두지 못했다. 카다피의 웅대한 청사진은 결국 양대 강권 세력의 무자비한 연합 공격에 스러지고 말았다.

달러화는 미국 패권의 중요한 초석이다. 따라서 달러화의 패권 지위에 도전하려면 우선 강대한 국제연합을 등에 업어야 한다. 아울러 유사시에 전쟁이 벌어져도 지지 않을 정도의 위협적인 힘을 갖춰야 한다. 그렇지 않으면 계란으로 바위를 치는 실패가 기다릴 뿐이다.

2013년 3월 27일, '브릭스'로 일컬어지는 중국, 인도, 러시아, 브라질,

남아프리카공화국의 신흥경제 5개국은 자국 이익 보호 차원에서 브릭스 개발은행 설립에 뜻을 같이했다. 브릭스 내 국가들이 달러나 유로가 아닌 자국 통화로 서로 돈을 빌려주고 무역 거래도 각국 통화를 사용한다는 취지였다.

이처럼 브릭스 5개국도 마침내 화폐 반란의 길에 들어섰다.

브릭스 5개국을 제외하고도 달러화의 '폭정'에 불만을 품은 나라들이 많다. 남아메리카 대륙의 12개 국가로 구성된 남미국가연합은 2011년 11월 25일, 화폐 '봉기'를 선언하고 남미은행을 설립했다. 지역 내 자국 통화 결제 제도를 추진하고, 매년 1,200억 달러 규모의 지역 내 무역에서 점차 '비달러화' 결제 통화를 도입하기로 했다.

지난날의 경험은 오늘날의 교훈이 된다. 브릭스, 남미국가연합, 상하이협력기구(SCO), 걸프협력회의(GCC)를 막론하고 진정한 화폐 '독립'을 달성하기 위해서는 힘을 합치는 방법밖에 없다. 이들 지역의 화폐가 달러화 판도에서 탈출해 진정한 독립을 이루는 날이 곧 달러화, 더 나아가 미국의 패권 지위가 종결되는 날이다.

이것이야말로 미국 달러가 가진 가장 큰 우환거리이다.

달러화 가치가 위기에 빠진 이때, 엎친 데 덮친 격으로 독일이 다시 말썽을 일으켰다.

독일, 자국 보유 금을 본국으로 회수하다

2013년 1월 16일, 독일 중앙은행인 분데스방크는 뉴욕연방준비은행 금고에 보관 중인 금 300톤과 프랑스은행이 보관하고 있는 금괴 전량인 374톤을 회수할 계획이라고 밝혀 전 세계를 깜짝 놀라게 만들었다.

미국 경제 전문지 〈포브스〉는 이 조치가 귀금속 투기꾼에게 중앙은행들 간의 신뢰가 악화됐을 가능성이 크다는 중요한 신호를 줬다고 분석했다. 동시에 "지폐 가치의 신용 위기는 실물 금을 보유하려는 인간의 본능적인 반응을 이끌어냈다"고도 평가했다.[10]

| 독일 중앙은행의 금 보유고 분포도

그러나 독일 중앙은행 대변인은 〈포브스〉와의 인터뷰에서 독일이 해외 보관 중인 금을 회수하려는 목적은 매각을 위해서가 아니라 향후의 '통화 위기'에 대비하기 위해서라고 밝혔다. 앞서 몇 달 전 독일 중앙은행은 뉴욕연방준비은행에 보관된 금 중 일부를 가져다 순도와 중량 검사를 한 바 있었는데, 최종적으로 대량의 금을 회수하기로 결정하자 시장에 온갖 추측이 난무했다.

실제로 영국의 〈데일리 텔레그래프〉는 1월 15일자 보도에서 "독일의 결정은 서방 중앙은행들 간의 신뢰가 이미 무너졌음을 의미한다"고 대서특필했다. 또 세계 최대 채권투자 펀드업체인 핌코(Pimco)의 최고투자책임자이자 '채권왕'으로 불리는 빌 그로스(Bill Gross) 역시 트위터를 통해 "독일이 뉴욕과 파리에 보관 중인 금괴를 회수한다고 들었다. 각국 중앙은행은 서로에 대한 믿음을 잃었다는 말인가?"라며 탄식을 연발했다.

2012년 11월, 독일 시사 주간지 〈슈피겔〉의 보도에 의하면 독일이 미국에 보관 중인 금괴를 보여달라고 요구하자 미국 측은 금고의 안전 문제와 절차상의 이유를 들어 독일의 요구를 거절했다고 한다. 이 때문에 독일 국내에서 "우리 금을 집으로 가져오자"라는 주장이 큰 호응을 얻었을 것이라는 분석이다.

냉전 시대에 소련군은 많은 병력을 독일 중앙은행 금고의 지척에 배치해놓고 호시탐탐 기회를 노렸다. 당시 독일(구서독)은 소련군이 손만 내밀면 닿을 가까운 곳에 많은 금을 두고 있는 것이 부담스러웠다. 이에 걱정을 놓을 수 없었던 독일은 보유 금 중 일부를 미국, 프랑스, 영국에 나눠 보관했다. 이렇게 해서 유사시에 밑천을 송두리째 빼앗기는 불상사를 방지했다. 그러나 냉전 종식 후 독일은 다른 국가에 보관해둔 금이 슬슬 걱정되기 시작했다. 회수까지는 아니어도 '내 재산'이 무사히 잘 있는지 두 눈으로 확인만 해도 걱정이 놓일 것 같았다. 그런데 미국은 이런 합당한 요구에 말도 안 되는 핑계를 대면서 계속 거절했다.

그러자 독일 국민들이 해외에 예치해둔 보유 금의 안전에 대해 의문을 품기 시작했다. 이 의혹은 2011년부터 꾸준히 제기되다가 2012년에 걷잡을 수 없이 퍼져나갔다. 〈슈피겔〉은 "분데스방크는 (독일 감사원의 해외 보유 금 감사 요구를) 거절했다. 각국 중앙은행은 서로의 보유 자산을 감사하지 않는 것이 관례라면서 독일 감사원의 요구가 이 관례에 부합하지 않는다는 이유를 들었다. 나아가 외국 중앙은행들의 신뢰성에 대해 전혀 의심하지 않는다고 말했다"라고 보도했다.[11]

이 보도를 통해 독일 중앙은행이 Fed와의 관계가 껄끄러워지길 원하지 않고, 서방 중앙은행 사이에 말로는 명확하게 설명할 수 없는 모종의 커넥션이 있음이 분명해졌다. 그러자 독일 의회가 가만히 있지 않았다. 한 의원은 직접 뉴욕연방준비은행까지 찾아가 독일의 금괴를 확인시켜달라고 요구했다. 물론 이 의원을 접대한 은행 측 인사는 금괴 보관 장소를 알려주지 않았다. 그리고 얼마 지나지 않아 유럽의 다른 중앙은행이 여론의 압력에 못 이겨 "보관 중인 금괴를 이미 다른 곳에 대량으로 빌려줬다"고 폭로했다. 이렇게 되자 갈수록 많은 독일인들은 자국의 금이 미국에 의해 벌써 매각됐을 것이라는 강한 의구심을 품었다.

이런 상황에서도 독일 중앙은행은 여전히 금을 미국에 보관하는 이점에 대해 구구절절 변명을 늘어놓았다. 특히 독일에 경제위기가 발생할 경우 미국에 보관한 금을 담보로 즉각 융자를 얻을 수 있다는 사실을 강조했다. 이에 독일 의원들은 독일과 미국 중앙은행이 서로를 크게 신뢰하는 상황이니 금괴를 미국이 아닌 독일에 보관해도 융자를 얻는 데 아무 문제가 없지 않느냐고 맞받아쳤다.

결국 독일 중앙은행은 의회를 비롯한 국민과 여론의 압력에 못 이겨 해외에 유치한 금을 회수하기로 결정했다.

독일의 걱정은 전혀 근거가 없는 것이 아니었다. 사실 미국에도 독일과 똑같은 의문을 가진 사람이 적지 않았다. 1950년대 아이젠하워가 대통령에 취임한 이후로 지금까지 반세기가 넘는 동안 Fed의 금고는 단 한 번도 감사를 받지 않았다. 론 폴(Ron Paul)을 비롯한 많은 미국 의원들이 Fed 금고 감사 법안을 여러 번 상정했지만 번번이 무산되고 말았다.

급기야 2013년 1월 9일, 미국 국민들은 백악관 사이트에 다음과 같은 내용의 청원을 올렸다.

"미국 재무부는 2012년 12월 31일 미국의 금 보유고가 2억 6,100만 온스에 달하고, 이 금을 덴버, 포트녹스, 웨스트포인트 및 뉴욕연방준비은행에 보관하고 있다고 밝혔다. 그러나 이 금고들에 대한 전면적인 감사는 1953년을 마지막으로 더 이상 이뤄지지 않았다.

지금이 바로 미국의 보유 금에 대해 공개 감사를 해야 할 시기이다. 감사 결과가 나온 후 서면으로 금의 '주인'이 누구인지 확인해야 한다. 이를테면 금 거래업자 혹은 금융기관에 얼마나 빌려줬는지, 또 매각한 것이 얼마이고 통화 스와프을 통해 재무부 외의 다른 실체(외국 정부 망라)에 공급한 것이 얼마인지 구체적으로 밝혀야 한다."

청원서에서는 감사관의 자격에 대해서도 '미국 조폐국, 재무부, 감사원, 검찰총장 및 Fed 시스템 이외의 전문 감사관'으로 제한할 것을 요구했다.

아니 땐 굴뚝에 연기 날 리 없듯, 얼마 전에는 벨기에 중앙은행이 금 보유고 중 41%를 0.3%의 초저금리로 외부에 빌려줬다고 시인해 정부와 국민을 충격에 빠뜨렸다. 호기심 많은 연구자들의 조사 결과에 의하면, 서방 중앙은행의 '금 보유고' 계정에는 전량 실물 금만 포함된 것이 아니다. 실물 금과 '미수(未收) 금(Gold Receivables)'이 모두 포함돼 있다. 더구나 미수 금 액수는 정확히 명시돼 있지도 않다. 회계학을 배운 사람이라면 현금과 미수금이 서로 다른 개념임을 분명히 알 것이다. 마찬가지로 금과 미수 금 역시 같은 개념이 아니다.

벨기에 중앙은행이 외부에 금을 빌려준 것은 특별한 사건이 아니었다. 뉴욕연방준비은행과 독일 중앙은행은 벨기에 중앙은행보다 훨씬 앞서 보유 중인 금을 초저금리로 금 거래업자들에게 대여해준 바 있었다. 금 거래업자들은 이 금을 시중에 풀어 현금을 얻고, 이 현금으로 미국 국채에 재투자했다. 이렇게 해서 금값 하락을 유도했을 뿐만 아니라 국채 이자율과 금 대여금 사이의 차액을 챙겼다. 금 거래업자들이 중앙은행에서 빌린 금을 시장에 모두 팔고 차용증을 '굴려' 돈을 챙김으로써 중앙은행의 대차대조표에 기입된 미수 금은 영원히 돌려받을 수 없게 됐다.

만약 국민들이 금 보유고에 대한 감사를 끈질기게 요구할 경우 일이 커져버린다. 서방 중앙은행들이 보유한 금 가운데 절반 이상은 이미 오래 전에 사라져버렸을 가능성이 크기 때문이다. 미국 국민들은 Fed의 금고를 감사해야 한다고 고집을 부렸다. 또 독일 의회는 해외에 예치한 금을 본국으로 회수해야 한다고 목소리를 높였다. 이외에 스위스 국민들은 국민투표를 통해 중앙은행이 보유 금을 매각하지 못하도록 요구하고 나섰다. 네덜란드, 폴란드, 스웨덴 등에서도 유사한 움직임이 포착됐다. 뉴욕연방준비은행과 분데스방크를 비롯한 각국 중앙은행은 식은땀을 뻘뻘 흘렸다. 여론과 사회 각계각층의 압력에 못 이겨 정말로 금고 감사를 실시한다면 죄상이 낱낱이 드러나 후폭풍을 감당하기란 불가능했다.

이에 뉴욕연방준비은행과 독일 중앙은행 사이에 흥정이 시작됐다. 언론은 이를 두고 "중앙은행 사이의 믿음이 깨지기 시작했다"고 완곡하게 표현했다. 뉴욕연방준비은행은 독일 중앙은행의 요구를 공공연히 거절할 수 없게 되자 조건부로 매년 40톤씩 금을 돌려주겠다고 약속했다. 만약 독일이 더 많은 금을 요구한다면 너 죽고 나 죽자는 식의 협박과 함께 말이다.

독일 중앙은행은 매년 40톤씩 총 7년에 걸쳐 금 300톤을 회수한다고 선포했다.

그런데 7년이라니? 2011년 9월, 우고 차베스 베네수엘라 대통령이 미국과 유럽에 보관하고 있던 금 211톤을 회수한다고 발표한 후 2012년부터 운송 작업이 이뤄졌다. 그리고 전량을 회수하는 데 4개월이 채 걸리지 않았는데 말이다.

어쨌든 독일의 금 회수 사건은 국제 사회에 큰 반향을 불러일으켰다. 그러자 덩달아 뒤가 켕긴 중앙은행이 나타났다. 다름 아닌 잉글랜드은행이었다.

연쇄반응: 여왕을 이용한 잉글랜드은행의 자작극

독일과 미국이 금 회수 문제를 논의하고 있을 때 영국은 안절부절못하고 있었다. 당시 독일은 잉글랜드은행 금고에도 무려 금 440톤을 보관해두었다. Fed마저 독일 국민들에게 신뢰를 잃은 판국에 잉글랜드은행이라고 의심의 눈초리를 피할 수 있었겠는가?

영국은 생각할수록 뒤가 켕겼다. 도둑이 제 발 저리는 것처럼 독일의

| 2012년 12월 13일, 잉글랜드은행 금고를 참관한 영국 여왕

눈치만 슬슬 살폈다.

2012년 12월 13일, 독일 중앙은행과 Fed가 여전히 협상을 진행 중일 때 갑자기 영국 공영방송 〈BBC〉가 영국 여왕의 잉글랜드은행 시찰 소식을 대서특필했다.

영국 여왕은 평소 거의 정치에 관여하지 않았다. 더구나 통화정책과 금 보유고에 대해서는 더 말할 나위도 없었다. 이런 여왕이 15년 만에 처음으로 잉글랜드은행을 시찰하고 이례적으로 은행 금고까지 참관하다니. 2008년 글로벌 금융위기가 발발해 세계 경제가 아수라장이 됐을 때도 영국 여왕은 단 한 번도 위기에 빠진 잉글랜드은행을 찾아가 격려한 적이 없었다. 그런데 이렇다 할 큰일도 없었던 2012년 12월에 여왕 폐하께서 갑자기 무슨 흥이 나서 잉글랜드은행 금고를 방문할 생각을 다 하셨을까? 수상쩍은 일에는 반드시 수상쩍은 원인이 있는 법이다.

영국 언론들은 여왕의 잉글랜드은행 시찰 행적에 대해 일제히 보도했다. 특히 은행 금고에 빼곡하게 쌓아놓은 금괴에 카메라 초점을 맞췄다.

화면 속의 여왕은 무더기로 쌓인 금괴를 쓰다듬으면서 "여기에 있는 금이 모두 우리 것이 아니라는 사실이 아쉽군요"라고 탄식했다.[12] 여왕의 이 말은 두 가지 뜻을 담고 있었다. 하나는 금이란 참 좋은 물건이라는 것이고, 다른 하나는 "영국은 다른 국가가 영국에 보관한 금을 성실하게 잘 지키고 있다"는 의미였다.

다시 말하지만 이 세상에 '우연'이란 없다.

우리는 이 사건을 통해 다음과 같은 추론을 해볼 수 있다. 먼저 여왕은 잉글랜드은행 금고를 참관할 마음이 전혀 없었지만 잉글랜드은행의 절박한 요청에 마지못해 응했다는 사실이다. 미리 손발을 맞춘 언론 매체들은 여왕의 은행 금고 참관 소식을 크게 떠들어대며 금고에 보관 중인 어마어마한 양의 금괴를 보여줌으로써 "우리 은행은 금괴를 안전하게 보관하고 있다"라는 요지의 메시지를 전달한 것이다. 한마디로 영국 여왕은 잉글랜드은행의 전시 효과에 이용된 '도구'에 지나지 않았다.

"마음에 부끄러운 일을 하지 않으면 귀신이 찾아와도 겁날 일이 없다"라는 속담이 있다. 능력 뛰어난 사람은 일부러 능력을 과시하지 않는다. 굳이 가진 것을 드러내 보이는 사람은 무능한 사람이다.

독일이 뉴욕으로부터 금을 회수한다고 법석을 떤 행동은 영국의 민감한 신경을 건드린 것이 틀림없었다.

유럽연합의 공공연한 약탈, 사이프러스 예금자들 공포 심리 확산

2013년 3월 16일, 사이프러스 전체가 발칵 뒤집혔다. 유로그룹이 위기에 빠진 사이프러스 은행 시스템을 구제해주는 대가로 은행 예금자들에게 전대미문의 저축세를 과세하라는 '최후통첩'을 보냈기 때문이다.

영국 일간지 〈데일리 메일〉은 이에 대해 'EU가 획책한 위대한 은행 강탈 사건'이라며 깜짝 놀라는 반응을 보였다. 알다시피 은행 예금은 채권이나 주식을 기반으로 하는 투자 상품이 아니라 국민 사유재산의 가장 기본적인 존재 방식이다. 예금은 예금자가 일정한 계약에 의해 돈을 은행에 맡기는 일이다. 따라서 예금의 본질은 '재산의 보관'이다. 예금자는 아무에게도 이 돈을 손실 위험이 있는 투자 활동에 사용할 수 있는 권한을 부여하지 않는다. 은행이 예금자의 예금 인출 요구를 아무 때나 무조건적으로 만족시켜야 하는 이유도 모두 이 때문이다. 은행의 투자 실패는 예금자와 전혀 관계없는 일이므로 예금자가 은행의 손실을 분담해야 할 이유가 없다.

물론 현실 사회에서 은행의 손실 위험은 피할 수 없는 일이다. 이에 대비해 구미 각국은 예금보험제도를 도입해 예금자의 합법적인 이익을 보호하고 있다. 이것은 예금자를 배려하기 위한 최소한의 도덕 마지노선이라고 할 수 있다.

'사유재산의 신성불가침' 원칙은 오래전부터 서방 사회의 가치 토대를 형성했다. 그런데 유로그룹과 유럽 중앙은행, IMF로 구성된 구제금융의 트로이카는 예금자의 동의, 사회적 공론화 과정, 정당한 사법 절차도 거치지 않은 채, 협박과 회유를 동원해 사이프러스 정부에 굴욕적인 조약을 강요했다. 이는 강도짓보다 더 악랄한 행위이다. 사람이라면 누구나 지켜야 할 사회도덕을 공공연히 무시했으니 말이다.

이 소식이 전해지자 공포에 휩싸인 사이프러스 예금자들은 앞다퉈 은행으로 달려갔다. 그러나 은행의 예금 계좌는 이미 동결된 상태였다. 이에 분노한 군중들이 소란을 피우기 시작했다. 심지어 불도저를 몰고 와 은행 정문을 부수는 사람도 있었다.

결론부터 말하면 사이프러스의 은행 저축세 과세 방안은 실현되지 못했다. 그러나 은행 예금의 상당액을 보유한 부자들의 피해는 피할 수 없게 됐다. EU의 이 조치는 향후 다른 회원국들에 제공하게 될 구제금융 방안의 본보기로

2013년 3월 26일, 사이프러스 대통령궁 앞에서 EU의 가혹한 원조 조건에 항의해 시위를 벌이는 학생들 (출처: Reuters)

해석됐다. 이에 유럽의 부호 사이에는 공포 심리가 서서히 확산되기 시작했다.

은행조차 재산을 안전하게 지켜주지 못하는데 요동치는 주식시장, 거품이 가득 낀 채권시장, 예측이 불가능한 외환시장이야 더 말할 나위가 있겠는가.

사람들은 가지고 있는 재산 중 일부라도 지키기 위해 금융 시스템에서 멀리 떨어진 안전한 피난처를 간절히 찾아 나서야 했다.

2012년 말과 2013년 초 미국의 QE3 출범으로 촉발된 통화위기는 엔화의 급격한 평가절하와 유로화의 마이너스 금리를 등에 업고 크게 확대됐다. 브릭스 5개국의 달러화 배제 움직임은 달러화의 혼란 국면을 더욱 가중시켰다. 게다가 독일의 보유 금 회수 사태, 영국의 눈 가리고 아웅 식의 어설픈 자작극에 이어 사이프러스 은행 예금과 관련한 아수라장까지 벌어지면서 세계 모든 화폐에 대한 극도의 불안감이 고조됐고, 보이지 않는 곳에서 부자들의 금 사재기 열풍은 뜨거워지기 시작했다.

COMEX 금 재고, 적색경보 발령

페이퍼 골드(Paper gold)
실제로 금의 입고나 인출 없이 통장에 거래 기록만 남는 것.

반대매매(covering)
신용거래에 있어서 결제 방법 중 하나로 상환 기한 전에 융자분은 매도, 대주분은 매수하여 그 차금을 수수해 융자분을 상환하는 방법을 말한다. 신용거래의 이용은 주로 소량의 자금으로 다량의 거래를 하기 위한 것으로 어느 정도 투기를 목적으로 하고 있기 때문에 반대매매가 성행하는 편이다.

뉴욕상품거래소(COMEX)에서는 페이퍼 골드의 거래량을 원하는 대로 늘였다 줄였다 할 수 있다. 하지만 세상 모든 일에는 장단점이 다 있다. 병은 100개인데 뚜껑을 하나만 만들어 사람을 기만하는 속임수는 언젠가는 들통 나게 마련이다.

선물계약의 결제 방법에는 현물 결제도 포함된다. 정상적인 상황에서 99%의 계약 보유자는 현물 결제를 원하지 않는다(반대매매에 의한 차액을 이득으로 얻기 위해서라고 할 수 있다). 그런데 특정 상황에서 선물계약 보유자들이 갑자기 무더기로 현물 결제를 요구할 때가 있다. 이것이 금 대량 인출 사태가 발생할 수 있는 잠재적 위험 요소이다. 이밖에 투자가 아닌 보관을 목적으로 금을 COMEX 금고에 맡겨둔 고객들도 사이프러스에서 일어난 것과 같은 황당한 사태의 영향을 받아 수시로 실물 금 인출을 요구할 수 있다. 은행에 예금한 돈마저 안전하지 못한데 선물거래소 금고에 보관한 금이라고 안전하다는 보장은 없지 않은가.

정상적인 상황에서 사람들은 현금을 가지고 있기보다 은행에 예금하려고 한다. 그러나 일단 위기가 발발하면 너도나도 은행으로 달려가 예금을 인출하려 한다. 이는 선물시장에서도 크게 다르지 않다.

뉴욕 COMEX의 금 재고는 '적격금(Eligible Gold)'과 '등록금(Registered Gold)' 두 부분으로 이뤄져 있다. 적격금은 COMEX의 순도 및 중량 기준에 부합하는 것으로 아무나 COMEX 금고에 보관할 수 있는 금괴를 말한다. 이 적격금은 보유자가 언제든지 처분, 인출할 수 있으나 금 선물시장에서 실물 결제에 사용하지 못한다. 등록금은 반드시 적격금이어야 할 뿐 아니라 선물시장에서의 실물 인도 요청에 대비해 COMEX에 등록해둔 금을 뜻한다.

정확하게 말하면 COMEX는 자체 금고를 보유하고 있지 않다. 이른바 'COMEX 금고'라는 것은 5대 금 거래업자의 금 보관 창고를 합쳐서 말하는 것이다. 5대 금 거래업자는 JP모건 체이스를 비롯해 HSBC, SCOTIA MOCATTA, BRINK'S INC 및 MANFRA를 가리킨다. 이들 금 거래업자가 매일 COMEX에 금 재고 정보를 제출하면 COMEX는 이 정보들을 종합해 COMEX 일일 재고 보고서를 발표한다.

주목할 점은 COMEX가 단지 5대 금 거래업자들이 제출한 재고 정보를 한데 모아 종합할 뿐이라는 사실이다. 정보 내용의 진실성에 대해서는 확인하지 않는다.

2010년 이래 COMEX의 금 재고는 1,100만 온스(약 354톤)의 안정적인

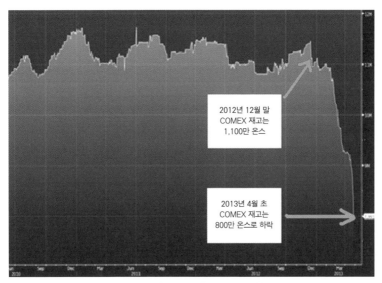

2012년 12월 말
COMEX 재고는
1,100만 온스

2013년 4월 초
COMEX 재고는
800만 온스로 하락

▌2013년 1~4월 사이에 뉴욕 COMEX에서 대규모 금 인출 사태가 발생했다.

수준을 유지해왔다. 적어도 겉으로는 아무런 문제가 없어 보였다. 그런데 2012년 말부터 갑자기 상황이 급변해 COMEX의 금 재고가 마치 눈사태가 터지듯 급감하기 시작했다.

그러자 2012년 12월부터 미국 금 선물시장에서 실물 금의 인도 요청이 쇄도했다. COMEX의 금 재고는 1,100만 온스에서 4월 초에 800만 온스(257톤)로 줄어들었다. 무려 백 톤에 달하는 금이 빠져나간 것이다(주의: 4월 12일 개장하자마자 쏟아진 400톤의 매도 물량은 이미 COMEX의 재고 총량을 초과한 규모임). 4개월도 안 되는 사이에 COMEX의 금 손실량은 무려 27%에 달했다. 상황이 이대로 계속 악화될 경우 COMEX의 금 재고는 연말에 바닥날 가능성도 있었다.

만약 COMEX 금고에 금이 없다면 어떻게 될까? 두말할 필요도 없이 선물시장에서 대규모 디폴트 사태가 발생한다. 디폴트 사태가 발생하면 어떻게 될까? 개별적인 디폴트 행위는 '사고'로 치부되지만 대규모 디폴트 사태는 바로 '위기'이다. 금융시장은 신뢰가 생명이다. 신뢰를 잃은 금융시장은 무너질 수밖에 없다.

사실 디폴트는 이미 발생했다. 4월 초 네덜란드 최대 은행인 ABN AMRO는 고객들에게 인도할 실물 금이 부족해지자 고객들에게 사과 편지를 보내고 대신 현물 가격에 해당하는 지폐로 지급하겠다고 약속했다. 정상적인 상황에서 금 가격의 하락은 금의 공급 과잉을 의미한다. 따라서 ABN AMRO는 고객들에게 인도할 금을 시장에서 쉽게 매입할 수 있어야 맞다. 그런데 상황은 반대로 흘러가고 있었다.

만약 COMEX가 선물시장의 룰을 '현물 인도'가 아닌 '현금 결제'로 바꾼다면 위의 문제가 해결될까? 아니다. 선물시장에서 현물 인도가 완전히 없어져버리면 금 선물시장은 '금'과 아무런 관계도 없는 도박장이 되고 말 것이다. 결국 순수하게 금에 대한 수요 때문에 시장에 뛰어든 고객들은 시장을 떠나게 된다. 나머지 '도박꾼'들 역시 라스베이거스의 도박장을 찾아가는 편이 훨씬 더 나을 것이다. 그곳에 가면 더 통쾌하게 도박을 즐길 수 있을 테니까 말이다.

또한 COMEX 금 선물시장에서 실물 금이 사라지면 미국은 금 가격에 대한 책정권을 잃게 되고, 나아가 환율시장에서도 가격 결정권을 상실할 것이다. 최종적으로는 달러화의 기축통화 지위도 흔들릴 수밖에 없다.

혹자는 금이 화폐와 아무런 관계도 없는 상품의 일종에 불과하다고 말한다. 사실 틀린 말은 아니다. 법적으로 봐도 금은 1970년대 초에 이미 IMF에 의해 강제적으로 '비화폐화'의 운명을 맞았다. 그러나 우리가 잊지 말아야 하는 것이 있다. 바로 법은 반드시 민심에 순응해야 한다는 사실이다. 민심을 얻지 못하는 법은 쓸모없는 종잇조각에 불과하다. 이른바 "누구나 어기는 법은 법으로 처벌할 수 없다"는 말과 같다. 금은 법적으로 화폐가 아니다. 그러나 세상 사람의 마음속에서는 화폐로 인식돼 있다. 이는 법으로도 어찌할 수 없는 일이다. 세계 각국 중앙은행도 금을 준비금으로 비축하지 철강이나 다이아몬드를 비축하지 않는다. 이를 두고 '야만 시대의 흔적'이라고 비난해서는 안 된다. 사람들의 마음속에 황금은 영원히 모든 재산을 대표하는 궁극적인 '화폐' 자리를 차지하고 있기 때문이다.

예를 들어 거리에서 미녀가 내게 걸어온다고 상상해보자. 이때 거의 모든 사람들은 자신도 모르게 미녀의 얼굴을 몇 번 더 쳐다보게 된다. 그것이 인지상정이다. 초정밀 의학기기를 이용해 실험해봐도 미녀를 봤을 때 사람 체내의 각종 호르몬이 미묘한 변화를 일으킨다는 사실을 알 수 있다. 같은 이치로 사람들은 황금을 손에 쥐었을 때 똑같은 반응을 보인다. 황금의 샛노랗게 반짝거리는 부드러운 색감, 매끄럽고 묵직한 촉감 역시 미녀 못지않게 사람 체내의 호르몬 분비를 변화시켜 한시도 눈을 떼지 못하게 만든다.

한 가지 실험을 해보자. 눈부시게 번쩍이는 1kg짜리 금괴와 시커먼 쇳덩이 1kg을 번화한 거리에 나란히 놓고 행인들의 반응을 살피면 어떤 결과가 나타날까? 두말할 나위 없이 사람들은 약속이나 한 듯 모두 금괴 쪽으로 달려갈 것이다. 반면 쇳덩이는 누군가의 발길에 채이거나 아무도 거들떠보지 않는 찬밥 신세가 된다. 이 상황에서 경제학 이론이나 심오한 지식 따위는 필요 없다. 사람들은 그저 본능에 의해 똑같은 반응을 보일 뿐이다. 사람들이 앞다투어 가지려는 물건을 상품 교환의 매개체로 사용하면 아무도 거부하지 않는다. 이것을 바로 통화라고 한다. 진정한 의미에서의 통화는 법으로 지정할 필요 없이 자연적으로 생겨난다. 더불어 자발적으로 진화하면서 스스로 유통한다. 이것이 곧 세상 사람들이 모두 인정하는 화폐이다. 요컨대 금은 타고난 화폐적 속성을 지니고 있다. 이 속성은 그 어떤 강제적 힘에 의해서도 파괴되지 않는다. 이와 반대로 모든 강력한 권력은 반드시 금의 힘을 빌려야 민심을 얻을 수 있다.

금은 예로부터 모든 법정 통화의 '천적'이었다. 법정 통화는 법률에 의해 강제적으로 통용력(通用力)을 가지는 반면, 금은 민심에 의해 자연적으로 부여받았다. 때문에 법정 통화가 시대의 흐름에 역행할 때마다 사람들은 본능적으로 금을 찾았다. 세상의 이치는 민심에 있으나 화폐의 이치는 금에 있다고 해도 과언이 아니었다.

미국의 QE 정책은 확실히 화폐 분야의 악정(惡政)이다. 경제를 구한다는 명목 아래 부를 약탈하고 화폐를 남발하여 언젠가는 반드시 민심의 응징을 받을 것이기 때문이다. 미국은 금 선물시장을 통해 금 가격을 떨어뜨리는 데 성공했다. 그러나 대중들의 실물 금 사재기 열풍을 막기에는 역부족이었다.

2012년 12월부터 2013년 4월 초까지 COMEX 금고는 몇 번이나 고갈 위기에 처했다. 특히 5대 금 거래업자 중에서 JP모건 체이스의 금 재고는 280만 온스(90톤)에서 100만 온스(약 30톤) 미만으로 빠르게 줄어들어 하락폭이 무려 70%에 달했다. 이 정도면 심각한 금 뱅크런 위기에 직면한 것이나 다름없었다.

JP모건 체이스는 금시장뿐 아니라 금리, 환율까지 아우르는 전반적인 금융시장의 최대 큰손이었다. 2013년 1월과 2월에 COMEX 실물 금 인도량 중 JP모건 체이스가 차지하는 비중은 각각 67%와 60%였고, 3월과 4월에는 무려 95%와 83%까지 이르렀다.

단언컨대 JP모건 체이스는 COMEX 금 선물시장의 운명을 좌지우지하는 위치에 있었다.

만약 이 속도로 금이 빠져나간다면 JP모건 체이스의 금고는 2개월도 채 지나지 않아 바닥을 보일 것이 뻔했다. 이는 COMEX를 떠받치는 기둥이 무너져 대규모 디폴트 사태가 발생함을 의미했다. 더 나아가 세계 금 가격 책정 체제에서 주도적 역할을 하는 미국이 큰 타격을 입음은 물론, 달러화는 '달러 강세, 금 약세'의 허상이 벗겨지는 즉시 '벌거벗은 임금님' 신세가 되고 말 터였다.

기울어진 대세를 만회하고 무너져가는 달러화 제국을 다시 일으켜 세우는 유일한 방법은 금 가격을 폭락시키는 '백색 테러' 감행이었다. 구체적인 방법은 다음과 같았다. 우선 선물시장에서 벼락같은 기세로 어마어마한 매도 물량을 쏟아내 매수 세력의 저항 의지를 완전히 꺾어놓는다. 이 경우 금 가격은 수직 하락하고 시장은 크게 동요한다. 공포에 질린 투자자들은 보유하고 있던 실물 금을 모두 내놓을 수밖에 없다. 이로써 한편으로는 월스트리트의 큰손들이 공매도를 통해 폭리를 얻는 동시에 다른 한편으로는 JP모건 체이스가 낮은 가격에 시중의 실물 금을 모두 흡수해 고갈 직전에 처한 금 재고를 보충할 수 있다. 더불어 금 가격의 지속적인 폭락은 투자자들의 금 사재기 열풍을 미연에 막는 역할도 한다.

그야말로 일석삼조의 묘책이라고 해도 과언이 아니었다.

이것이 바로 미국이 '4.12 황금 대학살'을 발동시킨 진짜 이유이다!

이 계획은 달러화의 위상에 비상이 걸린 미국 정부, QE3에 대한 논란을 황급히 잠재워야 하는 Fed, 금 보유고에 대한 감사를 의도적으로 회피하는 재무부, 나아가 발등에 불이 떨어진 월스트리트의 큰손들까지 모두의 이익을 완벽하게 만족시킬 수 있는 그야말로 최선의 방안이었다.

이렇게 해서 '우연의 일치'라고 할 만한 일련의 사건들이 잇달아 일어나기 시작했다.

4월 초, 월스트리트의 매체들은 일제히 금 약세론자로 돌아섰다. 금값 거품설이 여기저기서 쏟아져 나오며 금은 만인의 사랑을 받던 '총아'에서 졸지에 만인의 지탄을 받는 '천덕꾸러기'로 전락했다.

4월 10일, 버락 오바마 미국 대통령은 이 와중에 세계 금융계의 거물 14명을 소집해 극비 회합을 가졌다.

또 이날 골드만삭스는 금값 약세를 전망하는 보고서를 발표했다(그 이전까지는 줄곧 금값 강세를 주장했었다). 이는 투자자들에게 금 공매도를 명령하는 '나팔소리'나 진배없었다. 일순간 금시장에는 먹구름이 잔뜩 드리워졌다.

4월 11일, 사이프러스가 금 13.9톤을 매각할 계획이라는 소문이 떠돌기 시작했다. 잇따라 포르투갈과 이탈리아가 각각 382톤 및 2,451톤의 금을 매각할 것이라는 유언비어도 터져 나왔다. 금시장은 삽시간에 공포에 휩싸였다.

4월 11일, Fed의 회의 리포트가 '뜻밖에' 유출되는 불상사가 발생했다. 리포트에 따르면 Fed 내부에서 QE3의 사전 종료를 주장하는 목소리가 나왔다고 한다. 이 소식이 전해지자 금에 대한 비관적 전망이 확산되기 시작했다.

이 모든 것은 4월 12일의 '황금 대학살'을 위한 전주곡이었다.

재고 의혹

월스트리트의 큰손들은 선물시장에 대한 기술적 분석력이 상당히 뛰어나다. 이들은 4월 12일에 400톤의 금 매도 물량이 갑자기 쏟아질 경우 시장에 얼마나 큰 충격을 가져다줄지 정확하게 예측하고 있었다. 그러나 금값 폭락이 실물 금 구매자들에게 어떤 영향을 줄 것인지는 제대로 예측하지 못했다.

월스트리트의 큰손들이 선물시장에서 매수 세력들을 궁지에 몰아넣고 일방적으로 공격을 퍼부을 때였다. 실물 금시장에서는 중궈다마를 필두로 한 일부 세력의 금 사재기 열풍이 일어났다. 월스트리트의 큰손들이 미처 손 쓸 새도 없이 순식간에 벌어진 사태였다. 선물시장에서 획득한 전리품을 실물로 바꾸기도 전에 실물시장의 금은 중궈다마들에 의해 싹쓸이를 당했다. 이는 아무도 미처 예상 못한 일로 지난 2000년 동안 금값이 폭락할 때마다 실물 금 판매량도 따라서 급감했던 것과는 사뭇 다른 양상이었다.

일반 투자자들이 가격이 하락한 틈을 타서 대량으로 금을 매입한 것은 말할 것도 없고, 각국 중앙은행 역시 은밀히 금 보유고를 늘리기 시작했다. 2012년 4분기에 전 세계 중앙은행의 금 매입량은 48년 만에 최고치를 기록했다. 또 2013년 1분기와 4.12 금값 폭락 사태 이후에도 금 보유고는 대폭 증가했다. 더구나 신흥 시장국가의 경우 이 기회를 이용해 오랫동안 소극적으로 일관했던 금 보유 확대에 박차를 가했다. 대표적인 국

2013년 6월 11일, 산둥(山東)성 지난(濟南) 취안청루(泉城路)의 한 금은방.
금 장신구 할인 소식에 무려 만 명이 넘는 인파가 가게로 몰려들었다.

가로는 러시아, 튀르케예, 한국, 카자흐스탄, 아제르바이잔 공화국, 벨라루스, 키르기스스탄, 몽골 및 우크라이나 등을 꼽을 수 있다. 이들 국가의 중앙은행들은 금 보유 확대에 전례 없이 높은 관심을 보였다.

월스트리트의 큰손들은 실물 금이 불티나게 팔리자 깜짝 놀랐다. 테렌스 더피(Terrence Duffy) CME 그룹 CEO는 2013년 4월 29일 인터뷰에서 다음과 같이 말했을 정도였다.

"금과 관련해 한 가지 흥미로운 현상은 2주 전 금 가격이 폭락하면서 각종 금 상품(페이퍼 골드) 거래량은 대폭 하락했다. 그러나 금화와 실물 금 거래량은 반대로 증가했다. 이는 금 통장, 금 증서 등 (페이퍼 골드와 같은) 물건을 선호하지 않고 단지 실물 금만 선호하는 대중 심리를 반영한다."[13]

요컨대 월스트리트의 큰손들은 금 선물시장에서 공매도를 통해 떼돈을 버는 데는 성공했지만 가장 중요한 전략적 목적인 COMEX 재고 보충 계획은 수포로 돌아갔다. 여기서 그치지 않고 COMEX 재고는 4월 12일 금값 폭락 전보다 더 빠르게 줄어들었다. 4월 25일 하루에만 COMEX 재고는 7%나 유실됐다. 심지어 JP모건 체이스의 적격금 재고는 이날 65%나 감소했다.

5월 7일까지 JP모건 체이스의 등록금 재고는 13만 7,000온스(약 4.3톤)로 감소해 사상 최저치를 기록했다. 5월 7일 하루에만 총 재고의 28.5%인 5만 4,000온스가 인출됐다.

6월 10일, JP모건 체이스의 금 재고 수준은 더욱 위태로워졌다. 등록금은 13만 6,000온스로 감소했고, 적격금은 더 빠른 속도로 줄어들었다. 금 재고는 55만 온스(17.7톤)도 채 남지 않았다.

등록금 재고가 고작 4톤 남짓이라면 이미 대단히 위태로운 상황이었다. 설사 적격금까지 동원한다고 해도 17톤밖에 안 되니 이 정도 재고로 전 세계의 실물 금 인출 수요를 만족시키기란 어불성설에 가까웠다.

COMEX가 가장 두려워한 것은 당연히 대규모 '결제 통지'가 갑자기 날아드는 것이었다.

그런데 우려했던 결과가 닥치고 말았다.

6월 10일, COMEX에 대규모 '결제 통지'가 날아들었다. 고객들이 JP모건 체이스에 6월 안으로 6,208계약의 실물 금 인도를 요구한 것이다. 무려 62만 온스(약 20톤)로, 정상 결제량(1, 2월분)의 10배에 달하는 어마어마한 양이었다.

당시 JP모건 체이스의 금 재고 물량은 끌어 모아도 55만 온스밖에 되지 않았다.

다시 말해 JP모건 체이스가 계약 불이행의 오명을 쓰지 않으려면 어떤 경로를 통해서라도 부족한 금 물량을 긴급 조달해야 했다. 세계 금 선물 시장의 제일인자가 디폴트 위기에 몰리는 일만은 반드시 막아야 했다.

JP모건 체이스의 재고 물량이 6월물 선물 결제 수요도 충족시키지 못한다는 사실은 JP모건 체이스를 비롯한 5대 금 거래업자의 재고 보고서가 심각하게 과대 포장됐음을 의미했다. 사실 5대 금 거래업자의 재고에 대한 의혹은 오래전부터 제기돼왔다. 이를테면 고객이 맡긴 금을 대여 혹은 스와프(SWAP) 거래 등의 다른 목적으로 유용했을 것이라는 의혹이었다. Fed 금고조차 믿을 수 없는 마당에 5대 금 거래업자의 재고에 대해 의심하는 것은 당연한 일이었다. 2013년 1월 독일이 보유 금을 자국으로 회수한다고 선언한 후, COMEX 금고에 금을 보관한 수많은 고객들 사이에 공포 심리가 확산되면서 너도나도 금을 인출해 자체적으로 보관하고자 했다. 그나마 실물이 있다면 재고에 대한 의심은 그냥 의심으로 치부할 수 있지만 JP모건 체이스의 재고가 실물 인도가 불가능할 정도로 부족한 경우에는 '사기'나 다름없었다.

이렇게 해서 다시 한 번 기묘한 '우연의 일치'가 나타나게 된다.

6월 3일, COMEX의 일일 금 재고 리포트에 갑자기 다음과 같은 문구가 명시돼 사람들을 놀라게 했다.

"해당 리포트의 내용은 신뢰할 만한 기관에서 제공한 것이다. 그러나 COMEX는 해당 리포트 내용의 정확성과 완전성에 대해 그 어떤 책임도 지지 않는다. 해당 보고서는 참고용일 뿐이다."

COMEX는 왜 하필이면 이런 민감한 시기에 돌연 위와 같은 내용의 성명을 발표했을까? 금 거래업자의 재고 정보가 거짓인지 진실인지조차도 알 수 없다면 COMEX의 감독 기능이 무슨 소용이 있단 말인가? 금융기관은 거짓말을 하지 않는다고 어느 누가 장담할 수 있는가? 모든 금융기관이 성실하게 본분을 지켰다면 2008년의 금융위기가 과연 발생했겠는가?

JP모건 체이스의 금 재고가 바닥을 보이고 COMEX 금 선물시장에 디폴트 위기가 나타났다는 소식은 원래 금 가격 상승을 부추기는 호재여야 마땅했다. 그러나 이상하게도 6월 금 선물 가격은 꾸준히 하락세를 보여 온스당 1,000달러 선에 육박했다.

이는 JP모건 체이스가 새로운 금 조달 경로를 확보하고 있다는 사실을 의미했다. 그것이 바로 금 상장지수펀드이다.

상장지수펀드
(ETF, Exchange Traded Funds)
주식처럼 거래가 가능하고, 특정 주가지수의 움직임에 따라 수익률이 결정되는 펀드.

금 ETF, 월스트리트 큰손들의 '비자금'

1910년 어느 날이었다. 당시 병원에 입원해 있던 독일 기상학자 알프레드 베게너는 무료함을 달래기 위해 벽에 붙어 있는 세계지도를 뚫어지게 쳐다봤다. 그러던 중 갑자기 유럽과 아프리카 대륙의 끝부분 윤곽이 북아메리카와 남아메리카 대륙의 끝부분 윤곽과 매우 비슷하다는 사실을 깨달았다. 그는 지도를 가위로 자른 다음 이 두 대륙의 해안선을 붙여놓았다. 그러자 마치 퍼즐처럼 조각이 완벽하게 맞춰졌다. 이후 그는 다년간의 기상, 지질학적인 고증을 거쳐 '대륙이동설'이라는 대담한 학설을 내놓았다. 기상학자 베게너는 우연한 발견으로 현대 지질학 판구조론의 창시자라는 명성을 얻었다.

같은 맥락으로 금 ETF(SPDR 골드 트러스트)의 실물 금 유출 그래프와 같은 시기 COMEX 재고의 유실 그

SPDR 골드 트러스트
세계 최대의 금 ETF. 약칭은 GLD이다.

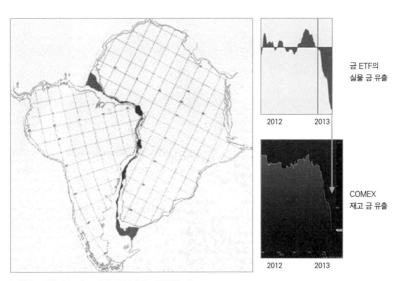

왼쪽 그림은 알프레드 베게너의 '대륙 퍼즐 맞추기',
오른쪽 그림은 금 ETF와 COMEX 재고의 그래프 퍼즐 맞추기

래프를 비교해보면 이 두 그래프의 형태가 매우 비슷하다는 놀라운 사실을 발견할 수 있다.

그렇다면 JP모건 체이스는 발등에 떨어진 불을 끄기 위해 금 ETF를 이용해 부족한 재고를 보충했을 가능성이 있지 않을까?

대답은 '예스'다.

최근 12년 동안 이어진 금 강세장은 전 세계 투자자들의 금 보유 욕망에 불을 붙였다. 투자자의 심리는 소비자 심리와 완전히 다르다. 그들이 금을 보유하는 목적은 소유하기 위한 것이 아니라 돈을 벌기 위해서다. 금은 단지 돈을 벌기 위한 수단일 뿐이다. 그런데 실물 금은 매입, 검사, 운송, 보관 및 매도에 이르기까지 모두 별도의 비용이 지출되기 때문에 상당히 번거롭다는 문제가 있다. 물론 실물 금을 보유하지 않고도 돈을 벌 수 있는 금 선물과 같은 상품도 있다. 그러나 선물거래는 위험성이 매우 높기 때문에 심장이 약한 사람에게는 적합하지 않다. 실물 금을 보유한 것과 똑같은 기능을 가지고 별도의 비용이나 시끄러움을 감수하지 않으면서 수시로 매매가 가능한 상품은 없을까? 이런 시장 수요에 따라 깜짝 등장한 것이 바로 '금 ETF'이다.

금 ETF의 원리는 다음과 같다. 금 생산업자가 금 ETF 펀드 운용사에 실물 금을 위탁판매하면 ETF 펀드 운용사는 이 금을 담보로 거래소에서 ETF '증권'을 발행한다. 최소 매매 단위는 10분의 1온스로 투자 문턱을 대폭 낮췄다. ETF 증권은 주식처럼 실시간 거래가 가능하고 수수료가 매우 싸다는 장점이 있다. 금 ETF는 2003년에 출시되자마자 전 세계 투자자들의 폭발적인 환영을 받았다. 현재 금 ETF 가운데 가장 유명한 상품은 뉴욕증권거래소에 상장돼 있는 SPDR 골드 트러스트(GLD)이다. GLD ETF는 2004년 상장 이후 신속히 규모를 확장해, 2012년 12월 금 보유고가 무려 1,350톤에 달하기도 했다. 국가 차원의 금 보유고에 버금가는 어마어마한 규모였다. 2012년 9월, 전 세계 금 ETF 펀드의 금 보유고는 2,330톤에 달했다. 주목할 점은 일부 금 ETF 펀드는 실물 금을 보유하지 않고 선물계약이나 다른 골드 페이퍼의 형태로 금을 보유하고 있다는 사실이다.

월스트리트 매체들은 금시장의 약세를 전망할 때 흔히 GLD ETF의 금 보유고 감소를 근거로 든다. 다시 말해 투자자들의 비관적인 전망으로 금 시장에서 자금이 빠져나간다는 얘기라고 보면 된다.

자금이 유입되면 GLD 펀드는 이 돈으로 실물 금을 매입하고 투자자들에게 ETF 증권을 발행한다. 이 과정은 이해하기 쉽다. 그렇다면 자금이 빠져나간 경우에는 어떤 상황이 발생하는가?

여기에 꼼수가 숨겨져 있다.

이치대로라면 GLD '증권' 보유자는 아무 때나 증권을 다른 사람에게 양도하거나 GLD에 실물 금 인도를 요구할 수 있다. 양도하는 경우에는 GLD의 금 보유고가 변하지 않으므로 문제가 없다. 그러나 투자자들이 실물 금을 요구하는 경우에는 문제가 다르다. 이 과정을 '환매'라고 한다. 이렇게 되면 GLD는 고객에게 실물 금을 내주고 증권을 회수해 무효화한다. 이로써 서로에게 빚을 진 것 없이 양측의 거래는 깨끗하게 끝난다. 이때 GLD의 금 보유고는 감소하게 된다.

월스트리트 큰손들은 GLD 상품을 설계할 때 일부러 꼼수를 부렸다. 즉 주요 은행 15개만 GLD 펀드의 신탁 관리자(Trustee)인 뉴욕멜론은행과 수탁은행(Custodian)인 HSBC은행과 거래하도록 규정한 것이다. 이들은 처음부터 한패거리였다. 또 최소 10만 계약의 증권을 가져와야 실물 금을 내준다는 조건을 내걸었다.

그야말로 GLD 펀드에 투자한 개미 투자자들을 골탕 먹이려는 수작이 아닐 수 없다. 만약 금 가격이 폭락하면 일반 투자자들은 보유하고 있던 증권을 헐값에 15개의 주요 은행에 양도하는 수밖에 다른 방법이 없다. 그러면 개미 투자자들의 피를 빨아 기분이 한껏 흡족해진 은행가들은 같은 패거리인 위탁인을 찾아 GLD 장부를 청산한다. 그런 다음 실물 인수증을 가지고 역시 같은 패거리인 HSBC은행 금고를 찾아가 실물 금을 인수한다. 또 한 건 멋지게 성공한 기념으로 서로를 축하하면서 축배를 든다. 원래 GLD 펀드 보유자에게 돌아가야 할 실물 금은 이렇게 해서 최종적으로 COMEX 선물거래 고객에게 인도된다. GLD 개미 투자자들의 자금을 깡그리 강탈하고 또 COMEX 선물시장의 디폴트 위기까지 막아냈으니, 그야말로 일석이조의 효과를 거둔 셈이라고 할 수 있다.

그렇다면 GLD의 금은 어디에 숨겨져 있는가? 현재 런던 HSBC은행의 위탁 관리 하에 스위스 취리히의 UBS그룹 금고에 보관돼 있다. 이 금은 COMEX 재고 리포트에 절대 등장하지 않는다.

월스트리트의 큰손들은 가장 비열하고 간사한 상인의 표본이고, GLD의 룰은 전형적인 사기의 예이며, GLD ETF에 투자한 개미 투자자들은 세상에서 가장 운 나쁜 머저리라고 할 수 있다.

GLD ETF의 묘미는 바로 개미 투자자의 돈으로 개미 투자자 본인을 곤경에 빠뜨리는 데 있다. 금융가들의 '양털 깎기' 수법은 시대와 더불어 꾸준히 진화하고 있다. 끊임없이 새로운 수단과 방식을 만들어내 아무리 대비하려고 해도 할 수 없게 만든다. 가령 투자자들이 모두 실물 금만 보유하고 있다면 금융가들은 세계 각지에 산재해 있는 수많은 사람들의 손에서 금을 빼내기 쉽지 않다. 그러나 GLD ETF라는 새로운 상품은 인간의 탐욕스러운 본성을 자극해 개미 투자자들로 하여금 돈과 금을 고분고분 금융가들에게 바치게 했다.

2013년 6월, JP모건 체이스는 COMEX 시스템의 자체 힘으로는 해결이 불가능한 금 인출 사태에 몰렸다. 이런 상황에서 GLD는 JP모건 체이스가 수시로 금을 조달할 수 있는 '인출기' 역할을 톡톡히 했다. 만약 금 값이 상승하거나 변하지 않았다면 GLD 개미 투자자들은 수중의 증권을 고분고분 바치지 않았을 것이다. 금값이 폭락해야만 공포심에 사로잡혀 가지고 있던 증권을 모두 처분할 것 아닌가. 6월 말 금 가격이 재차 폭락한 이유가 바로 이 때문이었다.

금 ETF와 COMEX의 금 재고 그래프를 종이 위에 나란히 올려놓으면 모든 의문이 풀린다. 2013년 1월 독일이 자국 금 회수를 선포한 뒤 금 가격은 역전되기 시작했고, COMEX와 금 ETF의 재고는 '우연히'도 같은 비율로 동반 하락했다. 다른 말로 하면 COMEX 금 재고의 유출 분은 금 ETF의 재고에 의해 보충됐을 가능성이 매우 크다는 얘기이다.

장기적으로 볼 때 금 ETF의 재고 감소는 결코 나쁜 일이 아니다. 물론 월스트리트 매체들은 그렇지 않다고 우길 테지만 금 ETF의 '출혈'은 COMEX의 실물 금이 매우 부족한 상태라는 사실을 반영한다. 금 ETF의

금 가격 vs CODEX 재고량 vs ETF 보유고(2011년 7월~2013년 7월)

❙ 독일이 자국 금의 회수를 선포한 뒤 COMEX와 금 ETF의 재고는 동시에 감소했다. (출처: Bloomberg)

실물 금이 월스트리트 큰손들의 속박에서 벗어나 다시 세계 각지로 흩어지고 최종적으로 아시아와 신흥시장국가의 '아줌마 부대' 주머니에 흘러들면 게임은 끝이다. 이들은 진짜로 가치 있는 '보물'을 꼭 움켜쥐고 내놓지 않을 테니 말이다. 그때가 되면 월스트리트 큰손들이 이들의 주머니 안에 있는 금을 속여서 빼앗기란 말이 쉽지 하늘의 별따기나 다름없다.

인사이드 스토리

바람이 새지 않는 벽은 없다는 말이 있다. 그런데도 4월부터 시작된 '황금 대학살'에 대해 정말 아무도 모르고 있었다는 말인가?

물론 대답은 'No'이다.

4월 4일(황금 대학살이 시작되기 8일 전), 누군가 인터넷에 '금에 대한 돌연한 습격(The Assault On Gold)'이라는 제목으로 장문의 글을 올렸다. 이 글은 미국이 곧 발동하게 될 '4월 만우절 공세'를 정확하게 '예측'해 화제를 불러일으켰다.

이 사람은 바로 폴 크레이그 로버츠(Paul Craig Roberts) 미국 전 재무부 차관보였다.

로버츠는 레이건 행정부 시절에 재무부 차관보를 맡아 미국의 경제 정책을 주관했다. 그래서 레이건 경제학의 창시자로 불리는 인물이다.

그는 자신의 글에서 2011년 금 가격이 온스당 500달러 폭등하자 Fed와 미국 재무부는 큰 충격에 휩싸였

| 폴 크레이그 로버츠 미국 전 재무부 차관보

필자는 2013년 4월 7일, 인터넷 포털 사이트 신랑(新浪)의 미니 블로그를 통해 폴 크레이그 로버츠의 '금 위험 경보'에 대해 소개한 바 있다(조회수 60만 회). 4.12 금값 폭락 사태 발생 5일 전의 일이다.

고, 달러화의 패권 지위를 지키기 위해 미국 정부가 금·은 가격 폭락을 주도했다고 밝혔다.

"미국 금융과 경제 분야에 큰 재난이 닥친 듯하다. Fed와 Fed가 믿고 의지하는 금융기관들이 금·은 가격 하락을 조작해 투자자들을 놀라 뒷걸음치게 만든 것이 명백한 증거라고 할 수 있다.

Fed가 금값 타격을 목표로 발동한 4월 만우절 공세는 금 거래업자들에게 언질을 주면서부터 시작됐다. 금 거래업자(JP모건 체이스 등)들은 (Fed의) 의도를 신속히 고객들에게 전달했다. 또 헤지펀드를 비롯한 대형 투자기관들이 보유하고 있던 금 포지션을 곧 매도할 것이니 이에 앞서 신속히 귀금속시장에서 철수하라고 권유했다. 이런 내부 정보는 정부 차원의 전략이었기 때문에 투자자들은 이들의 행위를 법에 호소할 수 없었다.

Fed의 귀금속 가격 타격 조치는 후폭풍을 전혀 고려하지 않은 행동이었다. 만약 대중들에게 알려질 경우 이 정책은 실패할 수밖에 없었기 때문이다. 앞에서도 말했지만 미국이 금과 은 가격의 하락을 동시에 조작한 이유는 달러화의 붕괴를 막기 위함이었다. 금과 은이 (달러를) 위협하지 않았더라면 미국 정부는 금·은 가격 하락에 나서지 않았을 것이다.

Fed는 해마다 1조 달러 규모의 화폐를 찍어낸다. 그런데 달러화를 국제무역 결제통화 및 준비통화로 사용하는 국가가 점점 줄어들고 있다. 그 결과 (달러화) 공급은 늘고 수요는 줄고 있다. 이는 달러 환율의 점진적인 하락을 의미한다. 수입 가격의 상승으로 인해 인플레이션이 악화되고, 이로 인해 금리 상승 및 채권과 주식, 부동산시장의 붕괴로 이어질 것이다.

Fed의 금·은 가격 타격 행동은 결론적으로 성공하기 어렵다. 이들의 목적은 단지 좀 더 많은 시간을 벌어 이 기간 동안 더 많은 지폐를 찍어내 연방정부의 재정적자 축소에 기여하고, 더불어 저금리 기조를 유지하고 채권 가격을 안정시킴으로써 은행의 대차대조표를 현 상태로 유지시키는 것이다."[14]

시장을 수단으로 잘 활용한 것이 미국 정부의 뛰어난 능력이라면 능력이다. 미국 정부는 언론 매체의 영향력과 월스트리트의 거대한 힘을 빌려 시장 심리를 조종하고 금·은 가격에 대한 전망을 변화시켰다. 그럼으로써 아무런 티도 내지 않고 설정한 정책 목표를 달성했다. 이런 유연한 방식은 구매 제한 등의 강압적인 행정수단보다 훨씬 더 큰 효과를 거둘 수 있었다.

'우연의 일치'인지는 몰라도 금 가격이 심하게 요동칠 때마다 미국 정부는 금 가격 전망에 대해 항상 영향을 미쳤다.

2008년 3월, 금값은 사상 최초로 1,000달러를 돌파해 온스당 1,011달러에 이르렀다. 4월, IMF는 최빈국 구제자금을 마련하기 위해 보유 중인 금 일부의 매각을 검토하고 있다고 발표했다. IMF가 말도 안 되는 엉터리

이유를 댄 목적은 말할 것도 없이 금값 전망에 영향을 주기 위해서였다. 과연 이 소식이 나오자 금값은 9월에 740달러로 폭락, 낙폭이 무려 27%에 달했다.

2009년 2월, 금 가격은 온스당 984달러로 상승해 재차 1,000달러 선에 육박했다. 그러자 3월에 열린 G20 회담에서는 남은 기간 동안 IMF의 금 매각에 대해 논의하기로 결정했다. IMF가 매각하기로 한 규모는 무려 403톤에 달했다. 이 소식이 전해지자마자 4월에 금값은 온스당 870달러로 하락하며 12%의 낙폭을 보였다.

2009년 11월, 금값이 1,175달러를 돌파하며 사상 최고가를 경신했다. 같은 달 IMF는 '발등에 떨어진 불을 끄기 위해' 금 200톤을 인도에 매각할 것이라고 발표했다. 이 결과 3개월 뒤 금값은 10% 하락한 1,058달러로 떨어졌다.

2010년 6월, 금값은 다시 사상 최고치인 1,261달러에 이르렀다. 7월 7일, 〈월스트리트 저널〉은 갑자기 국제결제은행과 상업은행 간의 금 스와프 거래 내용을 공개했다. "만약 (상업은행이) 모종의 이유로 금을 담보로 BIS로부터 빌린 돈을 갚지 못할 경우 BIS는 이 금을 시중에 매각하는 방법을 선택할 수 있다. 이 정도 규모라면 시중의 금 공급이 대대적으로 증가할 것이다"라는 내용이었다. 이 결과 7월말 금 가격은 1,157 달러로 하락, 낙폭이 8.2%에 달했다.

국제결제은행(BIS)
1930년 헤이그 협정에 따라 각국 중앙은행 간의 협조를 증진하고 국제금융 안정을 위한 자금 제공을 목적으로 설립된 국제기구.

오퍼레이션 트위스트
(Operation Twist)
장기 국채를 사들이고 단기 국채를 매도함으로써 장기 금리를 끌어내리고 단기 금리는 올리는 공개시장조작 방식.

2011년 9월 5일, 금 가격은 사상 최고가인 1,920달러에 이르렀다. 2월의 온스당 1,328달러에서 7개월 만에 무려 600달러 상승한 것이다. 그러자 금 선물시장에서 수상한 움직임이 나타나기 시작했다. 9월 21일, 미국 정부는 4,000억 달러 규모의 오퍼레이션 트위스트를 실시했다. 금 가격

조지 W. 부시 대통령 행정부에서 경제정책
특별보좌관을 지낸 피파 맘그렌

이 폭등할 것이라는 기대감에 부풀어 있던 시장에는 그야말로 날벼락이 떨어졌다. 4.12 황금 대학살과 유사한 비극이 발생하자 금값은 미친 듯한 선물 매도 공세로 인해 22일과 23일 연이어 1,800달러 선과 1,700달러 선 아래로 떨어졌다. 쇠뿔도 단김에 빼랬다고 9월 23일 COMEX는 더 독한 규정을 내놓았다. 금과 은의 선물거래 증거금을 각각 21%와 16% 올린다고 선포한 것이다. '때마침' 이날 역시 금요일 이었다. 다음날이 주말이었던 탓에 매도 세력은 어찌할 방도를 찾지 못하고 속수무책으로 무너졌다. 4.12 금값 폭락 사태가 재연된 뒤 일주일 사이에 금 가격은 9.7%나 하락했다.

이처럼 우연의 일치라고 보기에 지극히 확률이 낮은 사건들이 금시장에서 빈번히 발생하고 있었으니, 그야말로 귀신이 곡할 노릇이 아닐 수 없었다.

금시장의 부정 조작을 눈치 챈 사람은 폴 로버츠 외에 미국 행정부의 고관을 지낸 피파 맘그렌(Pippa Malmgren)이 있었다.

피파 맘그렌은 조지 W. 부시 대통령 행정부에서 경제정책 특별보좌관을 역임했다. 대통령에게 금융시장의 동향을 보고하는 책임자이자 백악관과 Fed, 미국상품선물거래위원회(CFTC) 및 미국증권거래위원회(SEC) 등 금융감독 기관의 조정자 역할도 맡고 있었다.

2013년 6월 7일, 피파 맘그렌은 언론과의 인터뷰에서 금시장의 부정 조작과 관련된 많은 내막을 폭로했다. 다음은 당시의 인터뷰 내용이다.

기자 : 4월 12일의 금값 폭락 사태에 대해 어떻게 생각하는가?

피파 맘그렌(이하 맘그렌) : 솔직히 (미국) 정부는 금 가격 폭등을 매우 싫어한다. 이는 부인할 수 없는 사실이다. 특히 미국이 사상 최대 규모의 통화절하 정책을 실시하는 시기에는 더욱 그렇다. …… 이렇게 많은 선진 산업국들이 동시에 이런 정책(통화절하 정책)을 추진한 경우는 처음이라 각국 정부가 긴장한 것도 당연하다. 일부 대형 은행은 악의적으로 (금을) 공매도하면서 (금 가격이) 무조건 폭락할 것이라고 떠벌렸다. 이런 행위가 사람들을 놀라게 했을지는 의문이다. 그러나 잇따라 엄청난 규모의 (금) 매도 물량이 쏟아진 것은 사실이다. 세계 역사에서 보기 드문 대규모 매매는 금요일(4월 12일) 30분 이내에 이뤄졌다.

기자 : 그것은 명백한 시장조작 행위였다. 그렇지 않은가?

맘그렌: 당신의 말뜻을 알겠다. 많은 사람들이 미국 정부에 진상 조사를 요구했다. 하지만 아마 결과는 없을 것이다. 한마디로 우리는 영원히 (진상을) 알 수 없다.

기자 : 만약 CFTC가 미국 정부의 이름을 빌려 진상을 조사한 뒤 "이것은 명백한 범죄 행위다. 혐의자는 정부와 Fed다"라고 정부에 보고한다면 어떻게 되는가?

맘그렌 : (웃으면서) 글쎄, 아마 스스로 수갑을 차야 하지 않을까?

기자 : 그래서 실제로는 진상 조사가 이뤄질 리 없다는 말인가?

맘그렌 : 그렇다. 조사할 수 없다. 내가 고문을 맡고 있는 수많은 기관들이 금 투자에 각별히 주의하는 이유도 모두 이 때문이라고 생각한다. (금시장의) 부정 조작은 비밀이 아닌 비밀이다. (금 가격은) 변동이 너무 심해 사람들이 받아들일 수 없을 정도라고 단언해도 좋다."[15]

의심할 바 없이 폴 로버츠와 피파 맘그렌은 모두 미국 정부의 시각에서 금시장을 살폈다는 데 의심의 여지가 없다. 특히 대통령의 특별 보좌관을 지녔고, 미국 선물시장을 감독 관리하는 직책을 맡은 피파 맘그렌은 금융시장의 동향과 이상 신호에 대해 누구보다 더 면밀하게 파악해야만 했다. 미국 정부가 금시장에 지대한 관심을 보이는 것은 주지의 사실이다. 이는 달러화의 위상과 밀접한 관련이 있기 때문이다.

한 가지 흥미로운 것은 피파 맘그렌이 또 다른 인터뷰에서 위안화의 국제화 문제에 대한 관점을 밝혔다는 사실이다. 그녀는 이렇게 말했다.

"그들(중국)은 위안화가 금을 담보로 하는 세계적인 강세 화폐가 되기를 바란다. 이에 반해 다른 국가들은 인플레이션과 통화절하를 선택했다. (중국은) 오스트레일리아, 프랑스, 러시아, 싱가포르 등 많은 국가들과 양자 간 통화 스와프를 체결했다. 이는 (위안화가) 달러화를 대체해 세계 기축통화가 되고자 하는 야심을 보여준다."

미리 짚어보는 금과 은의 미래

어떤 이는 4.12 황금 대학살을 일컬어 전형적인 '심리전(Psychological Operation)'의 사례라고 표현했다. 금을 대상으로 한 심리전은 수용자들의 가치 체계, 신앙 체계, 정서, 동기와 논리 특히 행위에 일정한 영향을 끼침으로써 가격 파동을 직접 유발한 전략이라고 할 수 있다.

금 가격의 급격한 하락은 금을 대상으로 한 심리전이 기대한 효과를 거뒀음을 의미한다. 이에 따라 '위기 시대에는 달러보다 금'이라는 사람들의 신념이 흔들리기 시작했다. 금과 은의 투자 가치에 대해 믿어 의심치 않던 투자자들도 깊은 회의에 빠졌다. 비관론이 빠르게 확산하면서 심지어 "과잉 유동성은 최종적으로 인플레이션을 유발한다"는 가장 기본적인 논리마저 불분명해졌다. 실제 시장 상황과 이성적인 논리 사이에 큰 괴리가 생기자 가격의 신호는 사람들의 부의 가치에 대한 직감적인 판단을 흩뜨려놓았다. 한마디로 사람들의 금에 대한 인식이 지금까지 없었던 혼란 상태에 빠지게 된 것이다.

이런 상황에서는 전면적이고 신중한 분석이 더욱 필요한 법이다.

먼저 수요 측면을 살펴보자. 사람들의 금에 대한 사랑은 하루 이틀의 일이 아니다. 이는 5000여 년의 인류 문명사가 입증한다. 관건은 사람들이 어떤 가격대에서 금 보유 욕망을 구매 행동으로 옮기느냐이다. 이를 공급 측면에서 보면 금 생산업자들이 어떤 가격대에서 금을 기꺼이 공급하느냐는 문제가 된다.

이는 금의 생산원가 문제와 관련되어 있다.

금의 생산원가 계산 방법은 '현금원가(Cash Costs)'와 '총원가(Total Costs)' 두 가지로 나뉜다. 전자의 경우 금광을 정상적으로 운영하는 데 필요한 가장 기본적인 비용만 계산한다. 이를테면 채광, 가공, 정련 등에 필요한 비용이다. 금광의 총생산량을 위의 비용으로 나눠서 얻은 것이 바로 온스당 채굴 원가이다.

그러나 이 계산법은 금의 종합 원가를 낮게 잡았다는 단점이 있다. 금을 생산하려면 위의 비용 외에도 다른 여러 가지 비용이 발생하기 때문이다. 모든 금 생산기업은 꾸준한 이윤 확보를 위해 지속적으로 새로운 금 광자원을 시추하고 기존의 금광을 더 깊이 발굴해야 한다. 이런 비용은 액수가 매우 크나 반드시 지출해야 하는 것이다. 이밖에 기업의 재무 비용(채무 이자 등), 세무 비용 등도 금의 생산비에 포함돼야 한다. 마지막으로 파생상품의 헤징 비용, 자산 라이트다운(write down, 장부상 탕감), (금의 생산과 무관할지라도) 기타 투자 손익 등의 비용까지 포함시켜야 한다. 이렇게 분석해야 기업의 재무 상황을 정확하고 전면적으로 반영할 수 있다. 이처럼 금의 생산과 직접적인 연관은 없으나 기업이 지속적인 존속을 위해 반드시 지출해야 하는 비용을 종합적으로 산정한 것이 총원가 계산법이다.

현금원가 계산법에 따르면, 금의 생산원가는 온스당 600~800달러가 나오기도 하고, 온스당 1,000~1,100달러가 되기도 한다. 이는 상황별, 금광별에 따라 비용이 다르기 때문이다.

헤바투자회사(Hebba Alternative Investments)는 총원가 계산법에 근거해 전 세계 모든 상장 금기업에 대해 체계적인 연구를 진행한 바 있다. 이에 따르면 이들 회사의 2012년 금 생산량은 총 800톤으로 2012년 전 세계 금 생산량(2,700톤)의 약 3분의 1을 차지했다. 가히 금 생산업계 대표 기업들이라고 할 수 있다.

계산을 통해 이들 상장 금기업들의 평균 총원가는 2011년에 온스당 1,168달러였고, 2012년에는 온스당 1,287달러로 나타났다.

놀라운 것은 2012년 4분기에 금 생산원가가 온스당 1,399달러로 상승했다는 사실이다.

새로운 금광을 발견하고 기존 금광을 지속적으로 개발하기 위한 기술적 난이도는 점점 커진다. 때문에 금 채굴 원가도 수직 상승하는 추세에 있다. 예를 들어 남아프리카 금광의 갱 깊이는 이미 3,200미터를 넘었다. 채굴 원가가 상승한 것 외에 2009년 이후에는 통화 공급량 과잉으로 인해 인건비, 에너지 비용, 설비비, 운임, 유통비 등 각종 비용도 대폭 상승했다. 이밖에 사람들이 흔히 간과하는 환경보호 비용, 법률과 정책의 잠재적 비용 등도 이 생산원가에 포함되어 있다.

세계 최대 광산기업인 바릭골드(Barrick Gold)는 남아메리카의 파스쿠아 라마(Pascua Lama)에서 금광 프로젝트를 추진한 바 있었다. 그러나 공교롭게도 광맥이 칠레와 아르헨티나 국경 지역에 걸쳐 있었기 때문에 2013년 4월 칠레 정부가 환경보호 차원에서 개발을 중지시켜버렸다. 바릭골드가 앞서 투자한 거액의 자금은 말 그대로 물거품이 되고 말았다. 이와 같이 금 생산기업들이 부담하는 대규모의 잠재적 비용은 전통적인 '현금원가' 계산법에 포함되지 않는다. 그러나 실제로 발생하는 비용인 것만은 확실하다.

이밖에 헤바투자회사는 총원가 계산법으로 은의 생산원가도 분석했다. 그 결과 2012년 4분기 전 세계 모든 상장 은기업(총생산량은 7,000만 온스로 전 세계 은 총생산량의 약 10% 차지)의 평균 총원가는 온스당 23.04달러였다. 2011년의 온스당 20.80달러에 비해 약 10.8% 증가한 것이었다.

2012년 말, 금의 총원가는 온스당 1,400달러에 육박했다. 만약 2013년 6월에 금 가격이 온스당 1,250달러로 하락한다면, 이는 전 세계 금 생산업체들이 대부분 적자 상태에 빠지게 된다는 사실을 의미했다.

그런데 이런 상황이 실제로 일어났다.

2013년 6월 21일, 미국 증시에 상장된 금 생산기업 골든 미네랄스 컴퍼니(Golden Minerals Company, AUMN)는 멕시코 베라르데나(Velardena) 광구에 있는 작업장 470곳을 폐쇄한다고 발표했다. 앞서 5월 이 회사는 금값이 온스당 1,500달러, 은값이 온스당 25달러를 기록한다는 가정 하에 2~4분기에 마이너스 500만 달러의 현금흐름이 발생할 것이라는 예측을 내놓았다. 그러나 금·은 가격은 6월에 이미 총 생산원가 이하로 떨어져 불가피하게 감원과 감산에 나설 수밖에 없었다.

6월 22일에는 세계 최대 금 생산기업 바릭골드가 네바다주와 유타주에 있는 55개 광구의 직원을 대량 감원할 것이라고 선포했다. 회사의 기존 생산 규모를 유지하기 어려울 정도로 금값이 하락했기 때문이었다. 거의 같은 시기에 유명한 금광 채굴 전문업체인 뉴몬트(Newmont Mining Corporation)도 콜로라도주의 금광 직원을 33% 해고한 데 이어 네바다주 금광 직원 감원 계획을 내놓았다. 이 회사 역시 원가 상승 및 금값 하락이

기업의 감산을 초래한 원인이라고 밝혔다.

6월 24일, 금 생산업체 중 세계 5위 기업인 뉴크래스트(Newcrest Mining Ltd)는 55억 달러의 라이트다운을 실시한다고 선포했다. 이는 세계 황금 역사상 최대 규모의 자산 라이트다운 사례였다.

당연한 말이지만 금값이 금의 총 생산원가보다 낮은 현상이 장기적으로 지속될 경우 금 생산량은 하락할 수밖에 없다.

2001년 이후 금값은 이미 5배 이상 상승했다. 상식적인 수급 관계 이론으로 보면 이윤이 증가할 때 생산량 역시 같은 수준으로 증가해야 한다. 그러나 실제로는 지난 12년 동안 매년 금 생산량에 뚜렷한 변화가 없었다. 2001년 세계 금 생산량은 2,560톤, 2012년에는 2,700톤이었다.

현재 가동 중인 초대형 금광은 매우 적다. 금을 캐고 있는 금광이 전 세계에 모두 400개에 이르지만 이 가운데 연간 생산량이 10만 온스(약 3톤)를 초과하는 금광은 156개, 50만 온스(약 16톤) 이상인 금광은 21개이며, 100만 온스(32톤) 이상인 초대형 금광은 6개에 지나지 않는다. 인류의 금

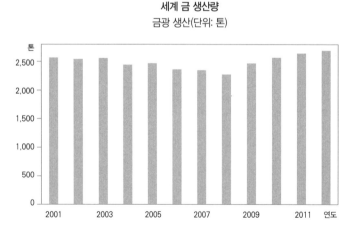

세계 금 생산량
금광 생산(단위: 톤)

2001~2012년 세계 금 생산량 표시도, 총생산량 변화가 뚜렷하지 않다는 사실을 알 수 있다.
(출처: U.S, Geological Survey)

광 개발 역사는 수천 년에 달한다. 따라서 채굴이 쉬운 금광은 이미 모두 개발됐다고 봐도 무방하다. 물론 최근 10년 사이에 가끔 대형 금광들이 발견되기는 했다. 그러나 금 매장량이 2,000만 온스(약 643톤)를 넘는 초대형 금광은 하나도 발견되지 않았다.

혹자는 금의 생산원가가 중요하지 않다고 주장한다. 이미 생산된 금 중 대부분이 그대로 보존되어 있고, 금 보존량이 증가량보다 훨씬 더 많으며, 금값이 금 보존량에 의해 결정된다는 것을 이유로 꼽는다. 사실 이 문제는 새집과 중고 주택에 비유해 설명하면 이해하기 쉽다. 부동산시장에서 새 주택 공급이 딸릴 경우 중고 주택 소유자도 집을 팔길 원치 않아 부동산 가격은 상승하게 된다. 마찬가지로 새로 증가한 금이 시장의 수요를 따라가지 못하면 기존의 금 보유고에 의존할 수밖에 없다. 그런데 금값이 너무 낮으면 금 보유자들은 팔려고 하지 않는다. 물론 세계 각국이 자국의 보유 금을 매각한다면 시장의 수급 관계를 크게 변화시킬 수 있다. 그러나 현재 세계 각국 중앙은행은 금을 사려고만 하지 팔려고 하지 않는다. 더구나 독일 분데스방크가 보유 금을 자국으로 회수하면서부터 세계 각국에 금을 매각하도록 설득하는 일은 더욱더 어려워졌다.

2013년 4월 금값이 폭락한 이후 중국 상하이 금거래소의 출고 명세서를 보면 중국이 같은 시기 세계 금 생산량의 대부분을 매입했다는 사실을 알 수 있다. 인도의 금 소비량도 중국과 큰 차이가 없었다. 중국과 인도 양국이 2013년에만 약 2,000톤 이상의 금을 매입했을 것으로 추정된다. 또 중동과 세계 각국 중앙은행의 매입량도 최소 1,000톤 이상은 될 것이다. 이밖에 금값 하락에 따라 다른 지역에서도 실물 금 사재기 열풍이 빠르게 확산되고 있다.

주목할 것은 금값이 이미 금 생산원가 이하로 떨어졌는데도 금 생산원가는 연간 10%씩 증가한다는 사실이다. 이로 인해 점점 더 많은 금 생산

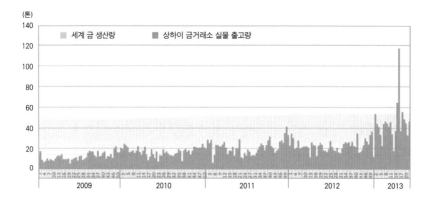

상하이 금거래소 실물 금 출고량(연 누계 964톤) vs. 세계 금 생산량(연 누계 1,188톤)

❙ 상하이 금거래소 주간 출고량이 세계 금 출고량에서 차지하는 비율 (출처: sge.sh, usgs.gov(2013.6.14))

업자들이 감산 혹은 폐업을 선택할 수밖에 없어서 금 공급은 빠르게 위축
되고 있다.

이렇게 되면 새로 증가한 금 공급량이 빠르게 성장하는 수요를 만족시
키지 못해 기존 금 보존량의 재분배 추세가 불가피해진다는 문제가 발생
한다.

사실 이런 추세는 40여 년 전부터 지금까지 줄곧 지속돼왔다. 1971년
달러화와 금의 연결고리가 끊어진 뒤로 금의 이동 방향은 서방에서 동방,
기존의 선진국에서 신흥시장국가로 바뀌었다. 이는 인류 문명의 흥망성
쇠가 번갈아 일어날 때 발생하는 현상과 완전히 일치하다. 금의 이동 방
향은 부의 창조력의 이전, 번영과 자신감의 이전 및 글로벌 권력의 이전
방향을 보여준다.

금은 영원히 부의 창조를 존중하는 곳으로 이동한다.

맺는말

여명 전의 어둠은 사람들에게 절망을 느끼게 한다. 그러나 그 어둠이 걷히면 곧 새날이 밝아온다.

2013년, 미국 정부와 월스트리트는 지난 30년 동안 유례를 찾아볼 수 없을 정도로 금시장에 대해 무자비한 탄압을 가했다. 이는 역설적으로 또 다른 문제를 설명한다. 즉 미국 정부와 월스트리트의 광기 어린 행동은 금에 대한 달러의 두려움이 30년 이래 최고조에 달했다는 의미로 해석할 수 있다.

한마디로 달러화 신용의 실추를 만회하기 위해 달러화의 최대 맞수인 금을 탄압할 수밖에 없었다는 얘기가 된다.

폴 로버츠의 말처럼 Fed의 금·은 타격 행동은 성공하기 어렵다. 이들의 목적은 단지 시간을 좀 더 벌기 위한 것이다. 이 기간 동안 더 많은 지폐를 찍어내 연방정부의 재정적자 축소에 기여하고 아울러 저금리 기조를 유지하여 채권 가격을 안정시킴으로써 은행의 대차대조표를 현 상태로 유지시키겠다는 것이다.

2013년 미국의 금융 시스템은 2008년 때보다 더 취약해졌다. Fed의 양적완화 정책이 막다른 골목에 이르렀다는 것은 알 만한 사람은 다 아는 사실이다. 막다른 골목의 끝에는 바닥이 보이지 않는 심연이 자리하고 있다. 달러화의 무분별한 양적 팽창은 실물경제의 성장을 이끌어내지 못하고 오히려 전 세계적이고 더 큰 규모의 거품을 만들어냈다. 자산의 거품을 유지하기 위해서는 양적완화 확대가 필요하고, 양적완화 확대 정책은 최종적으로 더 큰 버블의 붕괴를 초래할 수밖에 없다.

현재의 문제는 위기의 발발 여부가 아니다. 위기가 언제, 어디에서부터 발발하느냐에 있다. 2008년의 금융위기는 금융기관의 위기였다. 다행히 정부가 화폐 남발을 통해 금융 시스템의 숨통을 틔워주면서 가까스로 위기를 모면할 수 있었다. 그러나 이제 곧 닥쳐올 위기는 화폐 자체의 위기이기 때문에 아무도 해결하지 못한다.

미국도 QE 정책이 좋은 결과를 낳지 못하고 통화위기가 곧 닥칠 것이라는 사실을 분명히 알고 있다. 위기 발발 후의 폐허 속에서도 달러화가 확고부동한 위상을 유지하는 유일한 방법은 먼저 다른 국가의 위기를 유발하는 것이다.

미국은 달러화를 대체할 가능성이 있는 그 어떤 화폐도 용납할 용의가 없다. 그것이 유로화, 엔화, 위안화, 금 혹은 비트코인이건 말이다. 미국은 이미 일본을 압박해 엔화의 평가절하를 이끌어냈다. 또 유로화 역시 남을 돌볼 겨를조차 없이 약세로 돌아섰다. 금값도 폭락했다. 비트코인도 설 자리를 찾지 못하고 이리저리 헤매는 신세가 돼버렸다. 그런데 아이러니하게도 미국은 중국의 위안화에 대해서는 '위삼궐일'의 전략을 취하고 있다. 위안화 평가절상을 꾸준히 압박하는 것이 그 증거라고 할 수 있

위삼궐일(圍三闕一)
3개 방향만 막고 1개 방향은 도망갈 수 있는 길을 터주는 것.

다. 물론 이는 위안화 가치를 높여 위안화로 하여금 달러화의 기축통화 지위를 대체하게 하려는 의도에서 나온 것이 절대 아니다. 미국의 진정한 목적은 먼저 위안화를 중국 본토의 견고한 방어막에서 이탈시킨 다음 적당한 기회를 엿봐 일거에 섬멸하려는 것이다.

미래에 발발하게 될 글로벌 화폐전쟁의 근본 원인은 달러화의 타락 때문이라고 볼 수 있다. 달러화의 타락은 1971년 달러화와 금의 연결고리가 끊어지면서부터 시작됐다. 이때부터 달러화를 강하게 제약할 수 있는 제도적 장치도, 상호 제약을 통해 균형을 이루게 하는 메커니즘도 모두 사라져버렸다.

달러화의 패권은 결국 달러화의 독주로 변질됐다. 절대적인 권력은 절

대적인 부패를 초래한다. 화폐 권력 역시 예외가 아니다.

세상의 모든 열매는 만유인력에 따라 아래로 떨어진다. 그리고 세상의 모든 화폐는 가치가 하락하게 돼 있다. 바로 탐욕이라는 인간의 본성 때문이다.

인간의 탐욕에 의해 모든 화폐가 생명력을 잃은 뒤에도 폐허 속에서 끝까지 살아남는 것은 오로지 하나밖에 없다. 그것은 바로 금이다.

제2장

거품의 공간 너머에서 밝혀지는 진실

도덕적 필요를 채우고 경제적 정의를
구현하기 위해 상속세 대폭 인상이 불가피하다.

_워런 버핏

　4.12 금값 폭락 사태의 원인 가운데 월스트리트 매체들이 자주 입에 올리는 것이 바로 미국 증시의 큰 호황이다. 기업 이윤의 증가와 주가지수의 연이은 신기록 경신은 미국 경제의 장밋빛 전망과 막을 수 없는 달러화 강세를 의미하고 있다. 금을 보유하는 목적은 경기 침체와 달러화 가치 하락에 따른 리스크를 줄이기 위한 것인데, 미국 증시가 시종 호조를 보이고 있으니 금 가치의 하락은 당연한 일이라고 볼 수 있다.

　사실 미국 경제에 대한 낙관적인 전망은 어제오늘 일이 아니다. 월스트리트 매체들은 일찍이 미국 경제가 2009년 하반기에 강한 회복세를 보일 것이라고 예측했으나 현실은 예측대로 움직이지 않았다. 그러자 이듬해인 2010년에는 반드시 대규모 경제 성장이 이뤄질 것이라고 말을 바꿨다. 하지만 이 예측 역시 빗나가 미국 경제는 여전히 성장 부진을 면치 못했다. 미국 경제에 대한 밝은 전망은 2011년, 2012년과 2013년에도 계속됐다. 지난 5년 동안 미국이 양적완화에 투입한 금액은 무려 3조 달러에 달했고, 재정적자 규모도 5조 달러를 넘어섰다. 미국 건국 이래 이토록 무분별하게 돈을 찍어내고 써댄 것은 처음이었다. 그러나 이 모든 것들의 대가는 무엇인가? 여전히 뜨뜻미지근한 경제와 해마다 치솟기만 하고 내려올 줄 모르는 실업률뿐이었다. 미국의 통화 및 재정 정책은 사상 최악이라는 혹평까지 받고 있다. 2014년이면 미국 경제가 QE라는 '호흡기'를 달고 목숨을 연명한 지 6년째가 된다. 그리고 아직도 호흡기에 의존해야 하는 상태에 있다.

　증시는 꾸준히 신기록을 경신하는데 경기 회복은 부진하다. 도대체 어떤 것이 현실이고 어떤 것이 환각인가?

　이 장에서는 독자들을 거품의 공간 너머 저편에 있는 진실의 터널로 안내한다.

증시 속의 검은 독수리

2009년 12월 어느 날, 햄 보드커(Ham Bodker)는 뉴욕의 한 전자주식거래 업체가 주최한 모임에 참석했다. 그곳에서 그는 수개월 동안 자신을 괴롭혀온 중요한 문제의 해답을 찾게 됐다.

햄은 골드만삭스와 UBS에서 주식 트레이더로 일하다가 2007년에 초단타매매(HFT) 전문회사를 설립했다. 이른바 초단타매매는 인간의 뇌보다 빠르게 반응하는 컴퓨터의 특성을 이용해 0.001초 내에 자동으로 주문을 내서 수익을 얻는 알고리즘 매매 방식 중 하나이다. 초창기에 햄의 회사는 수익이 괜찮았으나 시간이 흐를수록 상황은 점점 나빠져만 갔다. 이 회사의 주문은 항상 좋은 가격에 거래되지 못해 거래 이윤으로 수수료를 지불하면 남는 것이 없었다.

알고리즘 매매
일정 가격에 자동 주문을 내도록 컴퓨터 프로그램을 짜 매매하는 거래 방식.

그는 혹시 회사의 거래 코드에 문제가 있지 않을까 싶어 수개월 동안이나 검사를 실시했다. 그러나 거래 코드에는 이상이 없는 것으로 나타났다. 햄이 뉴욕의 이 모임에 참석한 것도 전자주식거래 플랫폼 공급업체

제한주문(Limit Order)
특정한 가격이나 그 이상으로
증권을 매매해줄 것을 요청하
는 주문.

대표를 만나 자사의 상황을 설명하고 문제점과 해결
책을 찾기 위해서였다.

햄은 여기저기 기웃거리다가 마침 옆을 지나가는
판매부장을 잡고 상담을 요청했다. 햄의 사정을 딱하
게 여긴 판매부장이 햄에게 물었다.

"귀 회사에서는 어떤 유형의 주문을 사용하십니까?"

"제한주문입니다."

판매부장은 햄의 말에 허허 웃더니 고개를 흔들었다.

"귀사는 제한주문을 사용하면 안 됩니다."

햄은 판매부장의 말을 듣고 더 큰 의혹이 생겼다. 제한주문은 펀드 매
니저부터 개미 투자자까지 거의 모두가 사용하는 가장 보편적인 주문 방
식이 아니던가? 간단하게 설명하면 투자자가 주식 가격이 10위안이면 적
당하다고 생각해서 10위안 또는 그 이하로 매수 주문을 넣을 경우 10위
안을 최고 가격으로 그 이하로만 매수하게 해주는 것이 제한주문이다.

문제는 전자주식거래 플랫폼의 매치 시스템에 있었다. 가장 흔히 사용
되는 주문 시스템에 '트로이 목마'가 깔려 있었던 것이다.

햄은 판매부장의 상세한 설명을 듣고 정신이 번쩍 들었다. 사실 e-트
레이딩 플랫폼의 매치 시스템은 모든 주문에 대해 순서를 배열하도록 프
로그래밍이 돼 있다. 매수 주문의 경우 이치대로라면 호가가 가장 높은
주문을 맨 앞, 호가가 같을 때에는 선착순으로 먼저 받은 주문을 앞에 놓
는 것이 마땅하다. 즉 가격 우선, 시간 우선의 원칙에 따라야 하는 것이다.
그런데 문제는 대다수 초단타매매 플랫폼이 주문 순서를 배열할 때 '뒷
문'을 열어놓는다는 데에 있다. 특별 주문은 항상 주문 리스트의 맨 앞에
'숨겨져' 있고 일반적인 제한주문은 뒤로 밀려난다. 따라서 매매 체결 시
에 특별 주문은 언제나 맨 먼저 가장 좋은 가격에 거래된다. 특별 주문은

또 호가 변화와 상관없이 항상 제한주문보다 우선시된다. 매도 주문의 경우도 마찬가지라고 할 수 있다. 특별 주문은 매도 주문의 맨 앞에 배열돼 있기 때문에 매도 호가의 등락과 상관없이 가장 좋은 가격에 가장 먼저 거래가 이뤄진다. 한마디로 특별 주문은 벌기만 하고 밑질 때는 없다는 얘기가 된다.[1]

그렇다면 이미 내린 주문이 시세 변화로 인해 '잘못된 주문'으로 판단되는 경우 특별 주문도 손실을 입지 않을까? 대답은 '노(No)'라고 해야 한다.

초단타매매 알고리즘은 0.001초 사이에 매도 주문 리스트의 우위를 분석해 시세가 곧 역전될 것이라고 판단되면 주가가 아직 변하기 전에 특별 주문의 주식을 원래 값에 매수자에게 팔아넘기고 빠르게 '주문 취소'를 해버린다.

본업인 초단타매매에 관해서는 남보다 아는 것이 훨씬 많다고 자부하던 햄이었다. 그런데 매치 시스템에 뜻밖의 꼼수가 숨겨져 있을 줄은 꿈에도 생각하지 못했다. 판매부장은 햄에게 이 비밀을 아무에게나 얘기하지 말라고 부탁했다. 주식 거래의 먹이사슬에서 제한주문은 가장 하위 단계에 있다. 이들이 상위층인 초단타 트레이더들에게 먹잇감이 되는 비밀은 바로 여기에 있다.

물론 모든 거래소가 다 이 같은 꼼수를 부리지는 않는다. 그러나 초단타매매의 핵심 이념이 '부정 출발'이라는 것은 부인할 수 없는 사실이다. 스타트 라인에 선 주자들이 모두 출발 총 소리를 기다리는 사이에 부정 출발자들은 이미 앞으로 내달리고 있는 것과 같은 이치라고 할 수 있다.

초단타매매 트레이더들은 부정 출발을 위해 온갖 수단과 방법을 동원한다.

미국의 양대 금융 중심지인 뉴욕과 시카고는 서로 700마일이나 떨어져 있지만 케이블을 이용한 데이터 전송 속도는 0.007초밖에 되지 않는다. 그런데 초단타매매 트레이더들은 0.007초도 너무 늦다고 생각한다. 그래서 한 초단타매매 회사는 거금 3억 달러를 들여 애팔래치아 산맥을 관통하는 케이블 터널을 구축했다. 이 방법으로 케이블의 길이를 줄이고 데이터 전송 속도를 0.006초로 단축했다. 이렇게 볼 때 초단타매매에서 0.001초의 가치는 3억 달러를 넘는다고 말할 수 있다.

과거에 미국의 주식거래소는 모두 공평, 공정, 공개의 '3공' 원칙을 기반으로 회원제로 운영되는 비영리 기관이었다. 그런데 영리 기관으로 개편한 이후에는 수익 창출이 모든 거래소의 최고 목표가 됐고, 3공 원칙은 거래소들의 지대추구 수단으로 변질됐다. 초단타매매 회사들 중에서 회사 서버가 거래소의 데이터 센터와 가깝게 위치한 곳일수록 부정

지대추구(Rent seeking)
기업이 독점적 지위를 확보, 유지하기 위해 취하는 행동.

출발이 더 쉬운 것은 당연했다. 여기에서 돈벌이 방법을 발견한 거래소들은 초단타매매 회사들이 서버 클러스터를 거래소 데이터 센터 옆에 설치하도록 허용했다. 이에 대한 보답으로 초단타매매 회사들은 대량의 주문을 거래소에 제출했다.

미국 주식시장에서 초단타매매의 거래 비중이 30~50%에 달하자 모든 거래소들은 대량 주문을 넣는 새 고객들을 소홀히 대하지 않았다. 거래소들은 이들의 환심을 사기 위해 더 큰 대역폭을 제공하는 등 경쟁에 열을 올렸다. 대역폭이 크면 클수록 데이터 전송 속도는 빨라진다. 심지어 일부 탐욕스러운 플랫폼 공급업체들은 초단타매매 회사들의 부당한 요구를 받아들여 매치 시스템에 '트로이 목마'를 심기도 했다. 이렇게 하면 주식시장에서 일반 주문을 내는 개인 투자자들을 마음대로 짓밟을 수 있다.

거래소 데이터 센터와 가장 가까운 곳에 서버를 둔 초단타매매 회사는 거래 데이터 전송 속도에서 자연스럽게 우위를 점했다. 이런 회사들은 부정 출발은 말할 것도 없고 반칙을 자행하는 것도 가능했다.

IT 버블이 최고조에 달한 1990년대 증권거래소의 데이터 처리 속도는 초당 1,000개의 호가를 처리하는 수준에 불과했다. 그러나 2013년에 이르러 초당 200만 개의 호가를 처리할 정도로 빨라졌다. 초단타매매는 주식시장 호가 중 90~95%의 거래 비중을 차지했다. 사실 대량의 호가는 거래 목적이 아닌 '소음'에 불과하다. 대량의 소음을 만들어내는 이유는 거래소의 데이터 처리 속도를 늦춰 일반 투자자들의 채널을 강점하고 시장이 실제 거래 데이터를 제때에 얻지 못하도록 방해하기 위해서였다. 인터넷 상의 '디도스 공격(DDOS ATTACK)'과 비슷한 원리라고 보면 된다.

'부정 출발'은 그 자체가 '불공정'하다는 사실을 의미한다. 따라서 초단타매매는 불공정 거래의 소지가 다분하다. 이는 마치 검은 독수리가 주식시장의 상공을 배회하면서 수시로 아무런 저항력도 없는 먹잇감을 낚아채는 것과 같다. 시장이 안정적일 때에는 모든 주식 투자자들의 돈을 긁어모으고, 시장에 유동성이 부족할 때는 신속히 자취를 감춰 큰 혼란을 조성한다.

초단타매매는 주식시장의 일면일 뿐이다. 그러나 하나를 보면 열을 알 수 있듯 증시의 추악한 면을 고스란히 보여주는 대목이라고 할 수 있다.

탐욕은 시장을 왜곡시키고 불공정을 초래한다. 염가 화폐의 자극 아래 한껏 팽창한 탐욕은 경제 전체를 왜곡시키고 더 큰 부의 불평등을 만들어냈다.

벤 버냉키가 화들짝 놀란 이유

2013년 6월 19일, 벤 버냉키 Fed 의장은 경제 상황이 개선된다면 하반기 중 채권 매입 규모를 적당히 축소할 것이라는 의견을 내놓았다. 또 처음으로 실업률 7%대를 경제 회복의 기준으로 본다는 사실을 시사했다. 실업률이 7%대로 내려가면 5년 동안에 걸친 양적완화를 점진적으로 종료할 것이라는 얘기였다.

어쩌면 버냉키는 경기 회복에 큰 자신감을 가지고 있었거나 아니면 양적완화를 지속할 경우 더 큰 위험이 닥칠 것이라는 사실을 인지했는지도 모른다. 버냉키는 2014년 초 퇴임하기 전까지 전 세계에 자신의 화폐정책이 성공했다는 것과 QE의 도움 없이도 미국 경제가 정상적인 성장이 가능하다는 사실을 증명하고 싶었을 것이다. 실제로 그렇게 됐다면 그는 세계 최초로 '화폐정책을 통해 세계 경제를 구한 영웅'으로 등극할 수 있었다.

그러나 벤 버냉키의 예상과 달리 QE 종료 소식에 시장은 발칵 뒤집혔다. 시장의 예상치 못한 반응에 버냉키 의장 역시 깜짝 놀랐다. 세계 금융시장은 양적완화를 종료할 것이라는 버냉키 의장의 말이 떨어지기 무섭게 바로 공황 상태에 빠져들었다. 금값은 5.4% 하락했다. 양적완화 축소는 미국 경제의 회복을 의미하므로 위험 회피 수단으로서의 금 수요가 줄어드는 것은 당연했다. 그런데도 버냉키 의장이 화들짝 놀란 이유는 경기 회복에 강한 자신감을 드러내던 주식시장까지 폭락했기 때문이다. 미국 S&P500지수는 2.5% 폭락, 20개월 만에 최대 일일 낙폭을 기록했다. 유럽과 일본 및 중국의 증시도 액운을 면치 못했고, 기타 신흥시장의 상황은 더욱 심각했다.

이쯤에서 의문이 생기지 않을 수 없다. 양적완화의 종료는 경기 회복을 의미하지 않는가? 경기가 회복되면 증시가 상승해야 마땅한데 왜 오히려 폭락했는가?

이에 대해 월스트리트 매체들은 양적완화 조기 종료 소식에 경기 회복 중단을 우려한 주식시장이 잠시 자신감을 잃었기 때문이라고 해명했다.

주지하다시피 QE 정책은 이미 5년 넘게 지속돼 왔다. 그런데 2013년에 QE를 종료하는 것이 시기상조라면 도대체 어느 시점에 종료해야 한다는 말인가?

2008년 글로벌 금융위기 발생 당시 미국의 금융 시스템은 마치 중태에 빠진 환자처럼 목숨이 경각에 달려 있었다. 이때 Fed가 먼저 '응급조치'를 취한 데 이어 의회가 긴급 소집되고 재무부가 '치료'에 나섰으며 납세자들은 '수혈'을 했다. 금리라는 '모르핀', 재정적자라는 '심장 박동기', 화폐라는 '전기 충격기' 등 온갖 수단과 방법이 동원된 뒤에야 겨우 생명을 건졌다. 이어 QE라는 '호흡기'를 단 이후 점차 숨을 돌리면서 회복되기 시작했다. 바닥을 치던 증시가 반등한 이 몇 년 사이에 월스트리트 큰손들은 떼돈을 벌고 살이 피둥피둥 쪘다.

미국의 금융 시스템이 항상 QE라는 '호흡기'에 의존해 있는 모습은 꼴불견임에 틀림없다. 그러나 시장에서 곧 양적완화를 종료할 것이라는 유언비어가 나돌 때마다 월스트리트는 죽느니 사느니 큰 소란을 피우며 전세계가 조마조마해 하는 모습을 지켜본다. 정말로 호흡기를 뗀다면 월스트리트는 계속 호시절을 유지할까 아니면 다시 '중환자실'로 돌아가게 될까?

월스트리트 매체들이 만들어낸 가상 세계에서 사람들은 매일 기분 좋은 소식에 둘러싸여 산다. 실업률이 점점 낮아지고 소비시장이 활성화되고 있다는 것, 부동산 가격이 강한 반등세를 보이고 은행이 막대한 수익을 얻고 있다는 것, 석유가스 산업이 밝은 전망을 보이고 자본이 제조업 쪽으로 역류한다는 것, 팔이 아플 정도로 염가 화폐를 찍어냄에도 인플레이션율이 너무 낮아 벤 버냉키가 걱정할 정도라는 소식, 기업의 수익률이 최고조에 달해 CEO들이 자사주 매입에 열을 올리고 있다거나 자본시장이 누차 신기록을 경신하고 경제 성장이 선순환 궤도에 진입했다는 보도

미국 증시가 누차 최고치를 경신한 것이 경기 회복의 확실한 증거가 될 수 있을까?

들이 이에 해당한다.

그런데도 벤 버냉키는 무엇이 두려워 양적완화 종료를 단행하지 못했을까? 월스트리트는 무엇 때문에 기를 쓰고 양적완화 종료를 반대하는가?

대다수 사람들은 미국 증시가 누차 최고치를 기록한 것이 경기 회복의 확실한 증거라고 믿고 있다. 이 말이 사실이라면 미국 증시를 철저히 해부해 미국 경제의 '건강' 상태를 살펴볼 필요가 있다.

미국 증시, 진짜 호황 아니면 거짓 번영?

이론적으로는 다우존스지수가 미국 증시의 평가 척도라고 할 수 있다. 그러나 다우존스지수보다 활용도가 더 높은 것은 S&P500지수이다. S&P500지수는 미국 경제의 각 분야를 대표하는 500개 대형기업의 주식을 포함한 지수이다. 2013년 1분기까지 이들 500개 기업의 시가 총액은 13조 8,000억 달러, S&P500지수와 연결된 총자산 규모는 무려 5조 1,400억 달러로 집계됐다.

S&P500지수는 2013년 3월 28일에 1569포인트를 기록해 사상 최고치를 경신했다. 2009년 3월에 667포인트의 최저점을 찍은 후 4년 사이에 무려 135% 상승하며 2008년의 금융위기는 그저 역사의 한 페이지로 사람들의 기억 속에서 잊히는 듯했다.

주가 상승의 이유는 상당히 충분해 보였다. S&P500 상장기업의 주당 순이익(EPS, Earning Per Share)이 2007년의 85달러에서 2013년에 29.4% 상승한 110달러를 기록했기 때문이다. 만약 S&P500 상장기업들을 하나의 회사로 간주한다면 이 회사의 주당 수익 능력이 대폭 상승하고 있고, 회사 가치 역시 자연적으로 상승하고 있다는 얘기가 된다.

주당 순이익은 주식 가치를 결정하는 핵심 요인이다.

주가지수의 상승폭이 주당 순이익의 상승폭을 초과했으나 주가수익 비율은 2007년 10월의 15.2배에서 2013년에는 13.8배로 하락했다. 바꿔 말해 2013년의 주식 가격이 2007년보다 더 싸다는 것이다. 100달러를 투자해 주식을 사면 2013년에 7%의 수익을 올릴 수 있었다는 얘기였다. 이처럼 주식 투자 수익률이 은행의 예금 금리와 국채 이자를 훨씬 초과했으니 증시가 호황을 이루지 않으면 이상한 일이었다.

> **주가수익 비율**
> (PER, Price Earning Ratio)
> 주가를 1주당 당기 순이익으로 나눈 비율로 주가가 1주당 순이익의 몇 배인가를 나타내는 지표. PER이 높으면 기업이 벌어들인 이익에 비해 주가가 고평가되었고, PER이 낮으면 이익에 비해 주가가 낮게 평가되었음을 의미하므로 주가가 상승할 가능성이 크다.

여기서 비밀의 열쇠는 주당 순이익의 상승이 어떻게 이뤄졌는지에 있다.

기업을 잘 경영하려면 수입을 늘리고 지출을 줄이는 것이 우선이다. 매출 증대를 통해 수입을 늘리는 것과 내부 지출을 최대한 줄이는 것, 이 두 가지를 병행해야 한다.

2008년 9월, 금융위기 발생 후 세계 경제가 크게 쇠퇴하면서 기업의 매출액이 대폭 하락했다. 2009년 3분기에 이르러 S&P500 상장기업의 매출 상승폭은 -15.81%로 악화됐다. 그야말로 생사존망의 갈림길에 선 대기업들은 본능적으로 대규모 감원을 단행했다. 직원 한 사람에게 두 사람 몫의 일을 맡김으로써 기업 경영원가를 줄이고 생산성도 향상시켰다. 같은 시기 미국의 실업률이 가파르게 치솟은 이유가 바로 여기에 있다.

이때 Fed가 마침 6,000억 달러 규모의 1차 양적완화(QE1)를 실시해 붕괴 위기에 처한 은행 시스템을 구제했다. 주식시장에 강한 자신감과 금전적 지원이라는 이중 지원을 제공한 것이다. Fed는 또 단기 금리를 0~0.25%의 초저금리 수준으로 낮추고, 국채와 모기지채를 대량으로 매입하는 방법으로 장기 금리도 낮췄다. 덕분에 기업들은 재무 비용을 대폭 절감할 수 있었다.

QE 정책은 달러화 환율의 대폭 하락으로 이어졌다. S&P500 상장기업은 미국 각 경제 분야의 선두 기업들이며 해외 시장 매출액이 총매출의 30~50%를 차지했다. 달러화 가치의 하락은 이들 기업의 국제경쟁력 향상에 호재로 작용해 해외 시장 매출액이 큰 폭으로 상승했다. 이밖에도 해외 수익을 달러화로 환산해 기업 재무제표에 반영하면 환율에 의한 자산 확대 효과까지 얻을 수 있었다. 한마디로 해외 매출 성장과 '환율에 의한 플러스 효과'에 힘입어 기업의 이윤이 크게 늘어났다.

2009년 이후 기업의 주당 순이익이 대폭 상승한 원인으로 다음의 다섯 가지를 꼽을 수 있다. 대규모 감원에 의한 기업 운영 원가 절감을 비롯해 생산성 향상, 재무 비용 절감, 달러화 가치 하락에 따른 해외 매출 성장, 환율에 의한 플러스 효과가 가져온 장부상 이윤 증가 등이다.

이 다섯 가지 요인이 동시에 작용하면서 S&P500 상장기업의 주당 순이익은 2009년부터 2010년까지 1년 사이에 39.4% 폭등했다. 그럼에도 불구하고 2010년 1분기 S&P500 상장기업의 매출 증가율은 -8.35%로 여전히 마이너스 성장을 벗어나지 못했다.

수익이 늘어나지 않고 지출을 줄이는 데도 한계가 있자 문제가 생겼다.

미국 경제는 QE1이 종료되자마자 다시 빠르게 악화됐다. 미국 증시도 잠깐 반등하는 듯싶더니 폭락하기 시작했다.

이것이 Fed가 2010년 11월에 2차 양적완화(QE2)를 실시해야만 했던

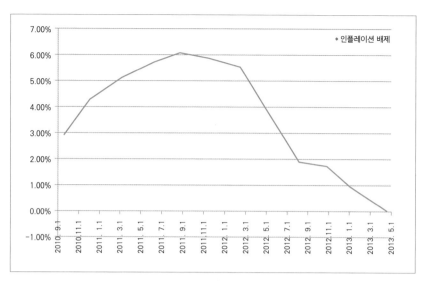

┃ 미국 S&P500 상장기업의 매출 증가율(Standard&Poor's) [2]

이유이다. 2차 양적완화를 통해 6,000억 달러의 자금이 새로 흘러들면서 S&P500 상장기업의 매출 증가율은 드디어 마이너스에서 플러스로 돌아섰다. QE2 실시 초기에 3%대였던 매출 증가율은 QE2 종료 시에 6%로 상승했다. 당기 순이익은 2010년부터 2011년까지 1년 사이에 14% 상승했다.

2011년 9월, 그리스 디폴트 위기설이 증폭되면서 유로권의 채무 위기는 한층 더 고조됐다. 이 시기는 마침 미국 경제의 중요한 전환점으로 QE1과 QE2의 '긍정적인 에너지'가 모두 소진된 시점이기도 하다.

S&P500 상장기업은 매출 성장을 더 이상 기대할 수 없는 상황에 이르렀다. 설상가상으로 지출 절감도 한계에 다다랐다. 감원에 의한 생산성 증대 효과는 2009년 4분기에 5.8%라는 최고점을 찍은 후 수직 하락해 2013년에 0.6%로 떨어졌다. 이는 경제 침체기에 나타나는 전형적인 현상이다. 획기적인 기술 혁명이 일어나지 않는 한 직원들의 피땀을 짜내

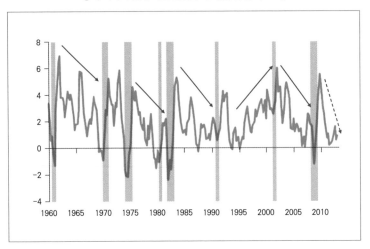

경기 회복 부진에 따른 생산성 하락(연 단위 비교 %)

2010년 이후부터 미국 기업의 노동생산성은 급격히 하락하기 시작했다. 감원에 의한 지출 절감 효과도
완전히 끝이 났다.[3] (출처: Bureau of Labor Statistics, BofA Merrill Lynch Global Research)

생산성을 올리는 것은 한계가 있었다. 더불어 양적완화에 의한 지출 절감
효과도 한계에 이르렀고, 유동성 증가 역시 초기에는 미국 기업에 플러스
요소로 작용하는 듯했으나 세계 각국이 앞다퉈 자국통화 무역 결제를 추
진하면서 더 이상 효과를 보지 못했다.

2011년 6월 30일, QE2 종료 후 미국 증시가 재차 폭락한 것은 당연한
일이었다.

그런데 만약 2011년 9월 이전에 미국 경제가 두 차례의 양적완화와 다
섯 가지 요인에 힘입어 바닥을 찍고 회복 움직임을 보였다면 이후 주식시
장은 경제 현실을 이탈해 허황된 공간으로 나아갔을 것이다.

2011년 3분기부터는 주당 순이익 증가의 원동력에 근본적인 변화가
생겼다. 상장기업의 자사주 매입이 점차 주당 순이익의 증가를 주도하는
힘으로 자리 잡은 것이다.

자사주 매입의 진짜 이유

대부분의 주식 투자자들은 기업의 증시 상장 목적이 자금을 조달하기 위한 것이며, 기업은 상장을 위해 데이터 위조, 재무제표 조작, 프로젝트 과대평가, 관계망 동원, 여론 조성 등 온갖 수단과 방법을 가리지 않는다고 생각한다. 그런데 어렵게 상장을 마친 기업이 자기자본으로 자사 주식을 다시 매입하는 것은 어찌된 일일까? 이는 입에 들어온 고기를 도로 뱉어내는 꼴이 아니고 무엇인가? 바보가 아닌 이상 누가 이런 일을 하겠는가?

당연히 미국 S&P500 상장기업의 CEO는 바보가 아니다. 이들은 대부분 창업자가 아니라 전문 경영인인 경우가 많다. 따라서 이들이 자사 주식을 매입하는 목적은 자기 주머니에 더 많은 돈을 챙기기 위해서이다.

1990년대부터 미국 IT업계에서는 직원의 사기 진작을 위해 스톡옵션을 제공하는 열풍이 불기 시작했다. 당시 IT산업은 신흥 고부가가치 산업으로 각광받았다. IT기업은 회사의 모든 자금을 업무에 투자할 경우 매우 높은 미래 수익률을 기대할 수 있었기 때문에 가급적 임금 형태로 빠져나가는 현금 지출을 줄일 필요가 있었다. 나아가 미래 수익을 담보로 인적 자원을 유치하는 것이 IT회사의 보편적인 수단이 됐다. 이런 상황에서 스톡옵션은 인재를 끌어들이는 가장 매력적인 미끼였다. 스톡옵션은 수익권의 일종이다. 스톡옵션을 받은 임직원은 일정 기간 내에 사전에 정한 협의 가격으로 일정 수량의 자사 주식을 매입할 수 있다. 주가가 상승하면 자사 주식을 소유한 임직원은 이를 매각해 차익금을 챙기거나 협의 가격으로 재매입해 장기간 보유가 가능했다. 만약 주가가 협의 가격 이하로 하락하면 옵션을 행사하지 않으면 된다. 스톡옵션은 회사 주식의 현재 가격을 지지점으로 하고 미래 가격을 레버리지로 삼는 특징을 가지고 있다. 이를 통해 임직원의 적극성과 잠재력을 자극하고 회사의 발전과 개인의 이익을 밀접하게 연결시켰다. 위로는 CEO, 아래로는 일반 직원에 이르기까지 누구나 스톡옵션을 받을 기회가 있다.

S&P500 상장기업의 CEO들은 연봉을 용돈 정도로 생각한다. 이들의 주된 수입원은 바로 스톡옵션이다. 이사회는 회사 CEO를 초빙할 때 매년 그들에게 수억 달러의 연봉을 주는 것이 아니라 동등한 가치의 스톡옵션을 부여한다. 여기에는 이유가 있다. CEO가 회사를 잘 경영해 주가가 상승하면 CEO에게 지급하기로 약속한 천문학적인 인센티브를 주식시장에서 조달하는 것이 가능하므로 회사의 현금을 쓸 필요가 없기 때문이다. 스톡옵션은 이사회가 CEO의 눈앞에 매단 당근과도 같은 것이다. CEO는 그 당근을 먹으려면 반드시 회사 주가를 높여야 한다.

분기별로 회사 실적을 발표할 때마다 월스트리트와 상장기업 CEO들은 상품이 걸린 '실적 맞히기 게임'을 성대하게 준비한다. 그중에서도 큰 경품을 탈 수 있는 주요 종목은 바로 주당 순이익 맞히기이다.

2011년 9월부터 상장기업 CEO들은 회사 내부의 잠재 자원 발굴에 어려움을 겪은 데다 글로벌 경제 침체로 말미암아 대외 매출도 부진했다. 그럼에도 기업 실적을 발표할 날짜는 코앞에 다가오고 있었다. 기업 실적이 월스트리트의 기대에 못 미칠 경우 정신적인 스트레스에 경제적 어려움은 물론 다음 분기까지 그 악영향이 미칠 것이 뻔했다. 이런 상황에서 단기간 내에 주당 순이익을 올릴 수 있는 가장 효과적인 방법이 바로 자사주 매입이었다. 개인의 돈도 아니고 회사의 돈을 쓰는 것이니 걱정할 것도 전혀 없었다. 자사 주식을 재매입하면 유통주가 감소해 공급이 딸리게 된다. 특히 거액의 자금으로 주식을 매입할 경우 유통주가 급감해 당연히 주가가 상승하게 된다. 이것이 바로 자사주 매입이 주가 상승을 부추기는 첫 번째 원동력이다.

매체들은 기업이 자사주 매입을 선포할 때마다 "자사 주식이 저평가됐다고 생각하기 때문이다"라고 여론을 조성한다. 다른 의미에서 이는 기업의 주가가 향후 상승 가능성이 크다는 말로 해석될 수 있다. 누가 뭐래도 기업의 경영 상황은 기업 내부 사람들이 더 잘 알 것이 아닌가? 회사 CEO가 자사 주식에 대해 강한 자신감을 드러내니 다른 투자자들 역시 귀가 솔깃해져 주식을 매입하는 것은 당연한 일이다. 이것이 자사주 매입이 주가 상승을 이끄는 두 번째 원동력이라고 할 수 있다.

회사의 총수익이 변하지 않는 상황에서 자사주 매입을 통해 유통주 규모를 줄이면 주당 평균 수익은 상승하게 된다. 바꿔 말해 주당 순이익은 조작이 가능하다는 것이다. 이 방법으로 주당 순이익을 상승시켜 월스트리트의 기대치를 만족시키면 언론 매체들은 한바탕 호평을 쏟아낸다. 그러면 더 많은 투자자들이 주가 상승의 유혹을 이기지 못하고 앞다퉈 주식을 매입한다. 이것이 주가 상승을 부추기는 세 번째 동력이다.

이 세 가지 원동력을 바탕으로 자사주 매입을 통한 주가 상승 전략은 큰 성공을 거뒀다. 이사회와 주주들은 회사 주가가 올라 신바람이 났고, CEO는 거액의 상여금을 챙겨 웃음주머니가 열렸다. 월스트리트도 증시가 반등하고 자산 가치가 상승하는 과정에서 융자, 자사주 매입, M&A, 신주 발행 등 수많은 업무를 통해 떼돈을 벌었으니 즐겁지 않겠는가.

자사주 매입 요인을 감안하지 않고 기업의 실제 수익 상황만 본다면, 2011년 9월 이후 S&P500 상장기업의 실제 수익은 거의 정체 상태에 머물렀다는 놀라운 사실을 알 수 있다. 증시 상승은 기업의 실제 수익 상승에 힘입어서가 아니라 '회계 기술 혁명'에 기인한 것이었다.

2011년 3분기부터 2013년 1분기까지 S&P500 상장기업의 주당 순이익은 3.7달러 증가했다. 그중 자사주 매입을 통해 증가한 것이 2.2달러로 기여율이 60%에 달했다. 이에 반해 자체 노력을 통한 증가액은 겨우 1.5달러였다.

회계 기술 혁명에 힘입은 '주당 순이익 올리기' 수법에는 수익을 고평가하는 방법 외에 비용을 저평가하는 방법이 있다.

S&P500 상장기업의 주당 순이익이 사상 최고 기록을 경신할 때 이들 기업의 퇴직연금 부족액도 사상 최고치를 기록했다. 2012년에는 2011년 대비 무려 27%나 상승한 4,517억 달러의 갭이 발생했다. 그 원인은 양적 완화로 조성된 초저금리 환경에서 퇴직연금의 주된 수입원인 채권 수익이 크게 줄어들었기 때문이다. 이에 대한 대안으로 최근 미국 기업들은 개인 퇴직연금 제도인 '401K 플랜'을 적극 추진하고 있다. 이 플랜에 가입하면 회사와 개인이 연봉의 일정 비율을 정년 때까지 갹출해 개인이 직접 투자 상품을 골라 노후에 대비하게 된다. 이는 전통적인 퇴직금 제도에 비해 회사의 부담이 크게 줄어드는 방안이다. 그러나 전통적인 퇴직금 제도에 가입한 취업 인구는 9,100만 명에 달해 401K 플랜 가입자 수보다 훨씬 많았다.

401K 플랜
미국의 기업연금 제도. 401K
란 명칭은 미국의 근로자 퇴
직소득보장법 401조 K항에
규정돼 있기 때문에 붙여진
것이다. 매달 일정액의 퇴직
금을 회사가 적립하면 근로자
가 이를 운용해 스스로의 투
자 결과에 책임지는 확정기여
형(DC) 퇴직연금이다.

자본적 지출
(CAPEX, Capital Expenditures)
미래의 이윤 창출, 가치의 취
득을 위해 지출된 투자 과정
에서의 비용.

퇴직연금 불입은 회사의 정상적인 지출 범위에 속한다. 그런데 많은 회사들이 인위적으로 주당 순이익을 올리기 위해 이 항목의 지출을 아무렇지도 않게 빼버렸다. 포드사의 경우 2012년 퇴직연금 지출 비용이 무려 50억 달러로 당사의 자본적 지출과 거의 맞먹는 수준이었다. 그러니 퇴직연금 지출에 무거운 족쇄를 채운다면 주당 순이익이 자유를 얻어 훨훨 날지 않겠는가.

그런 의미에서 퇴직자들은 QE 정책의 가장 큰 피해자라고 할 수 있다.

2013년 1분기 S&P500 상장기업 중 66%에 달하는 328개 기업이 자사주 매입을 선포했다. 매입 계획 액수는 2,080억 달러로 1985년 이후 1분기 최고 기록을 세웠다. 자사주 매입을 선포한 기업의 비율과 매입 액수 및 범위는 2007년 증시 버블이 막 붕괴하기 직전의 상황과 똑같았다. 이들 기업 중에서 212개 기업이 자사주 매입을 통해 유통주 감소를 실현시켰다. 이로써 회사 매출 실적이 증가하지 않는 상황에서도 주당 순이익은 자연스럽게 상승했다.

2013년에 공개된 자사주 매입 규모와 속도로 비춰보건대, 2013년 한 해 동안의 자사주 매입 규모는 8,330억 달러에 달할 것으로 추정된다. 이는 2012년의 4,770억 달러를 훨씬 상회하는 수준이며, 2007년에는 약간 못 미친다. 월스트리트가 2013년 주당 순이익이 110달러를 쉽게 넘어설 것이라고 호언장담한 이유도 모두 이 때문이다. PE 비율이 적정 수준인 18배만 돼도 S&P500지수는 2000포인트에 접근한다. 이는 연간 약 18%의 상승 공간이 있음을 의미한다.

PE(Private Equity)
소수의 투자자로부터 자금을 모아 특정 기업 지분을 대량 인수해 경영에 참여하는 방식으로 기업 가치를 높여 되팔아 수익을 남기는 투자.

기업들 사이에 자사주 매입 열풍이 뜨거운 가운데 워런 버핏이 경영하는 버크셔 해서웨이는 독보적인 행태를 보였다. 원래 버핏은 자사주 매입을 비롯한 인위적인 주가조작 행위를 일관되게 반대해온 사람이다. 또 버크셔 해서웨이의 주가가 장부가의 110% 이하로 떨어지지 않는 한 자사주 매입 따위는 절대 고려하지 않을 것이라고 자신만만하게 말한 바 있다. 그러나 2012년 12월 12일, 그는 갑자기 장부 가격보다 20% 높은 12억 달러에 자사주를 매입한다고 선포했다. 놀라운 것은 그가 단 한 명의 '익명' 투자자를 위해 자사주 매입을 단행했다는 사실이다. 한마디로 버핏이 12억 달러의 수익을 특정 주주에게 몰아줬다는 얘기였다. 익명의 투자자가 누군지는 아무도 모른다. 아마 버핏의 장기 투자자일 것이라는 추측만 무성할 뿐이다.

흥미로운 것은 버핏이 자사주를 매입한 시기이다. 이때는 미국 정부가 '재정 절벽' 문제를 해결하기 위해 안간힘을 쓰던 시기로, 주요 쟁점인 상

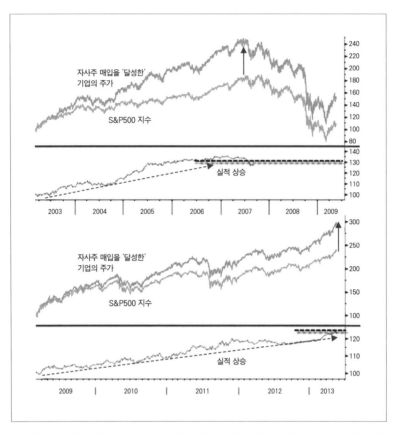

자사주 매입을 '달성한'
기업의 주가

S&P500 지수

실적 상승

2003 | 2004 | 2005 | 2006 | 2007 | 2008 | 2009

자사주 매입을 '달성한'
기업의 주가

S&P500 지수

실적 상승

2009 | 2010 | 2011 | 2012 | 2013

12개월 이내에 자사주 매입 규모가 자사주의 5%를 초과한 기업의 주가와 S&P500지수를 비교한 결과, 2007년에 자사주 매입을 통한 주가 상승 효과가 가장 뚜렷하게 나타난 시기는 바로 증시 거품이 가장 심각한 때였다는 결론이 도출됐다. 그런데 2013년에도 똑같은 현상이 재연됐다.

속세율과 자본이득세율 인하가 중단되면 2013년부터 과세 부담이 대폭 늘어나는 것은 주지의 사실이었다. 워런 버핏이 이 시기에 '신비한 인물'이 보유하고 있던 주식을 고가에 매입했으니 부자들의 세금 회피에 일조했다는 비난을 면하기 어려웠다. 아이러니한 것은 버핏이 자사주 매입을 하루 앞두고 "부자들이 세금을 더 많이 내야 한다"거나 "도덕적 필요성과 경제적 정의를 위해 상속세의 대폭 인상이 필요하다"는 등의 발언을 했다는 점이다. 이런 말을 한 지 고작 하루 만에 부자 친구를 도와 수억 달러

의 세금을 회피하게 했으니 사람들로부터 '위선자'라는 비난을 받아도 마
땅하다.

S&P500 상장기업이 2009~2012년까지 자사주 매입에 투자한 자금과
2013년 투자 계획 자금을 합치면 주식시장 시가 총액의 14.5%인 2조 달
러에 육박한다.

상장기업은 이미 미국 주식시장의 최대 매수자로 떠올랐다. 또 주가지
수 상승의 주요 원동력이기도 하다. 이들은 주식시장에 가격 하한선을 정
해놓고 주가가 이 밑으로 떨어질 것 같으면 즉시 주식시장에 대규모로 개
입해 주가를 상승시킨다. 이는 Fed가 미국 국채시장의 최대 매수자인 것
과 같은 이치다. 이들의 독점적인 힘은 이미 시장가격을 마음대로 조종할
수 있는 경지에 이르렀다. 충분한 자금만 뒷받침된다면 언제든지 주가 상
승을 현실로 만들어낼 수 있다는 얘기이다. 그러나 이 사실을 아는 사람
은 많지 않다.

물론 상장기업이 자사주 매입에 사용하는 거액의 자금은 매출 수익에
의한 것이 아니다. 그렇다면 이 자금은 어디에서 나온 것일까?

빚으로 산 주식의 미래는?

2013년 4월, 현금 1,440억 달러를 보유한 애플사는 600억 달러에 달하는
사상 최대 규모의 자사주 매입 계획을 발표해 전 세계를 놀라게 했다. 더
놀라운 것은 이 계획을 완성하기 위해 약 170억 달러의 빚을 내기로 한
것이다. 이쯤에서 의혹이 생기지 않을 수 없다. 어마어마한 현금을 보유
한 애플사가 자사주 매입을 위해 굳이 빚까지 내야 할 이유는 무엇인가?
애플사가 보유한 현금 중 70%(1,023억 달러)가 해외에 있어서 국내 자금인

424억 달러로는 자사주 매입을 실현할 수 없었기 때문이다. 그렇다면 애플사는 무엇 때문에 해외에 있는 현금을 국내로 조달하지 않았을까? 그 이유는 미국의 현행법에 있다. 연방소득세 세율이 최고 35%에 달하기 때문에 애플사가 해외 자금을 국내로 반입하려면 무려 350억 달러의 소득세를 납부해야 했던 것이다. 애플사가 바보가 아닌 이상 이 돈을 고분고분 정부에 바칠 리는 만무했다.

그래서 혹자들은 미국 정부에 해외 소득 반입에 한해 '면세 기간'을 정하자고 건의하기도 했다. 이렇게 하면 미국 기업들의 해외 소득을 유치해 경제 회복에 도움이 될 것이라는 주장이었다. 그러나 이런 생각은 너무 단순했다. 미국 정부는 2004년에 '텍스 홀리데이(tax holiday)' 정책을 시행해 약 3,120억 달러의 해외 자금을 국내로 반입시킨 바 있다. 그러나 조사에 따르면 이 자금은 창업 지원이나 고용 창출에 사용되지 않고 자사주 매입 및 수익 배당에 사용됐다.

애플사의 경우 해외 시장의 매출액은 빠르게 성장하고 있는 데 반해, 미국 국내 매출은 최근 2년 동안 정체 상태에 머물렀고 심지어 2013년 1분기부터는 위축되기 시작했다. S&P500 상장기업의 총매출도 2011년 9월부터 증가세가 점차 둔화되기 시작했다. 인플레이션 요인을 배제하면 2013년 6월에는 이미 마이너스 성장으로 돌아섰다고 할 수 있다. 이익을 좇는 것은 자금의 본성이다. 미국 국내 실물경제 상황이 상당히 나쁜데 해외 자금이 국내로 들어오려 하겠는가? 설사 자금이 유입되더라도 그 자금은 투자 내지 투기에 이용되지 전망이 불투명한 실물경제에 투입되는 일은 없다.

기업 부채는 여러 가지 용도로 활용된다. 우선 빚을 내서 자사주를 매입하면 기업 주가를 신속히 끌어올릴 수 있다. 또 빚을 내서 수익이나 이익을 배당하는 것도 좋은 방법이다. 이렇게 하면 이익 배당금과 채권 이자소득 사이의 '차익금'을 얻을 수 있다. 중국의 상장기업은 현금 배당을 하는 경우가 적다. 그러나 미국에서는 S&P500 상장기업 중 80%가 현금 배당을 할 정도로 흔하다. 이익 배당금은 투자자들을 특정 기업에 열광하게 만드는 주요 원동력 중 하나이다.

인텔은 2011년까지도 현금 250억 달러를 보유한 채 거의 빚을 지지 않았다. 그러나 QE 정책에 의한 초저금리 유혹을 못 이겨 2012년에 60억 달러의 돈을 빌려 자사주 매입을 실시하고 이익 배당을 단행했다. 만약 더 좋은 투자 기회를 찾지 못한다면 향후 더 큰 규모의 자사주 매입을 단행할 가능성이 크다. 인텔사의 속셈은 뻔하다. 이익 배당 비용은 4%, 부채 금리는 1.55%이니 빚을 내서 이익 배당을 할 경우 2.45%의 차익을 얻을 수 있기 때문이다. 상황이 이러하니 기업들이 앞다퉈 빚을 내는 것도 당연한 일일 수밖에 없었다.

이처럼 이익 배당금과 자사주 매입은 상장기업이 주주들에게 이익을 분배하는 양대 통로가 됐다. QE 정책에 의한 초저금리 환경에서 상장기업 사이에 빚을 이용한 이익 배당과 자사주 매입 열풍이 크게 불었다. 이 두 가지 중 하나를 선택하라면 대다수 상장기업은 자사주 매입이 이익 배당에 비해 재무 비용이 훨씬 낮기 때문에 자사주 매입을 선택한다.

미국의 세법은 채무에 대해 관대한 경향이 있다. 채무 이자로 과세소득을 공제해도 되나 이익 배당금에 대해서는 이중과세를 부과하도록 규정하고 있다. 예를 들어 한 기업의 소득이 100달러라면 먼저 연방정부에 35달러의 소득세를 납부하고, 남는 돈 65달러로 이익 배당을 할 경우 또 20%의 이득세를 내야 한다. 결국 주주들에게는 52달러밖에 남지 않는다. 이에 반해 빚을 이용하면 많은 혜택을 얻을 수 있다. 우선 채무 이자로 향후의 과세소득을 공제할 수 있다. 또 연방정부에 소득세를 내고 남는 돈 65달러를 채권 이자 명목으로 채권자들에게 지급하면 채권자들의 손에는 65달러가 그대로 남게 된다.

QE 정책을 통해 인위적으로 조성한 저금리 환경에서 자사주 매입이나 이익 배당은 하나같이 상장기업의 부채 증대를 부추길 수밖에 없다. 미국 상장기업의 부채 규모와 자사주 매입 규모는 높은 정적 상관관계를 보인다. 간단하게 설명하면 미국의 상장기업은 자사주 매입과 이익 배당을 위해 거액의 채무를 진다는 얘기가 된다.

미국 은행 시스템의 대차대조표 변화 상황을 봐도 최근 몇 년간 미국 실물경제가 악화되었다는 사실을 알 수 있다. 2012년부터 미국 은행 시스템의 신용 창조 속도가 느려지기 시작했는데, 이는 미국의 경제성장이 둔화한다는 명백한 증거였다. 주목할 점은 자사주 매입에 이용된 거액의 신용대출까지 경기지표에 반영됐다는 사실이다. 투기성 채무 요인을 빼면 실물경제의 신용 위축 상태는 더욱 심각할 것이다.

은행 대출이나 채권 발행을 통한 자금 조달을 막론하고 S&P 상장기업

자사주 매입을 위해 돈을 빌리는 미국 기업들(연평균 비율, 단위: 10억 불)

| 상장기업의 부채 규모와 자사주 매입 규모의 높은 정적 상관관계를 표시한 그래프 (출처: Datastream)

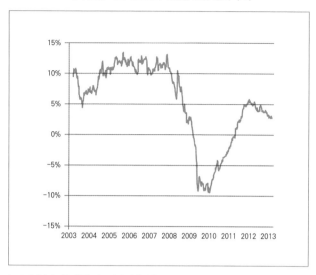

미국 은행 대차대조표의 대출금 연간 변화 추이

2012년부터 미국 은행 시스템의 신용대출 증가세가 둔화되기 시작했다. 이는 실물경제 성장이 둔화한다는 명백한 증거였다.

이 자사주 매입을 위해 부채 규모를 대폭 늘리고 있는 것은 분명한 사실이다. 주가는 변동성이 있으나 부채는 변동성이 없다. QE 정책이 만들어낸 저금리 온상에서 투기와 탐욕의 바이러스가 빠르게 확산돼 증시와 실물경제는 이미 각기 제 갈 길을 가고 있다.

갈수록 심각해지는 기업 자산 '노령화' 문제

상장기업들은 왜 거액의 현금을 가지고 있으면서 일부러 빚을 지는가? 무엇 때문에 빌린 돈을 고용 증대, 자본적 지출 확대 및 경쟁력 강화에 쓰지 않는가?

돈은 영원히 이익을 좇아 움직인다. 더 정확하게 말하면 돈의 배후에 있는 인간의 본성이 이익을 좇아 움직인다.

S&P500 상장기업이 큰돈을 빌려 통 크게 주주들에게 이익을 배당하고 즐겁게 자사주를 매입하는 목적은 오로지 하나뿐이다. 주주들을 만족시키고 이사회의 환심을 사서 최종적으로 더 많은 돈을 제 주머니에 넣기 위해서이다. 회사의 향후 발전과 채무 상환 문제는 후임에게 맡기면 되니까 걱정할 필요가 없다.

그러나 회사 측에서는 '자본적 지출'과 '생산적 투자(productive investment)' 부족이라는 심각한 문제가 발생한다. 기업은 핵심 자산에 의존해 수익을 창출한다. 안정적이고도 꾸준히 성장하면서 끊임없이 현금흐름을 창조할 수 있는 우량자산은 마치 황금알을 낳는 거위처럼 정성어린 보살핌과 관심을 필요로 한다. 그러나 황금알을 낳는 거위도 수명은 분명히 제한돼 있다. 따라서 더 많은 황금알을 낳게 하려면 심혈을 기울여 거위의 수명을 연장시키고 건강을 지켜주는 것이 중요하다. 마찬가지로 모든 기업의 우량자산도 각각 생명 주기가 따로 있다. 당연히 기업은 꾸준한 투자를 통해 우량자산을 보호, 개선, 최적화하고 수명을 연장시켜야 수익 극대화를 실현할 수 있다. 이것이 자본적 지출의 중요한 역할이다.

농업 시대의 핵심 자산은 토지였다. 토지의 수명은 무한대에 가깝다. 토지에 대한 자본적 지출에는 경지 확대, 토질 개선, 비옥도 유지, 관개 수리, 우량종 선별, 농기구 개량 및 심경세작(深耕細作) 등이 있다. 그 목적은 땅에서 최대한 많은 농산물을 수확하기 위한 것이다. 산업 시대에는 공장과 생산라인이 핵심 자산이었다. 이 시대에는 작업장 증설, 설비 가동, 기계 정비, 작업 공정 최적화, 기술 개조, 기능 향상 등의 조치를 통해 생산성을 향상시켰다. 목적은 매출을 늘려 더 많은 이익을 얻는 것이다. 지식경제 시대의 핵심 자산은 특허, 상표권, 저작권 및 창의력이다. 이중 지적재산권은 법적인 보호를 받으면서도 불법 복제의 위험에 노출돼 있어서 유효 수명이 매우 짧다. 따라서 지적재산권에 대한 투자는 규모가 크고 리스크도 더 높지만 그만큼 최종 수익률이 높다. 예를 들어 영화 한 편을 제작하려면 촬영, 홍보부터 상영에 이르기까지 어마어마한 비용이 소요된다. 다행히 흥행에 성공하면 큰돈을 버나 그렇지 못하면 본전도 찾지 못한다. 또한 신약 하나를 개발하려면 연구개발, 임상 전 테스트, 심사 합격 및 생산에 이르기까지 짧게는 수 년, 길게는 수십 년의 시간이 필요하다. 소요되는 자금도 수십억 달러 단위로 어마어마하다. 그러나 개발에 성공하기만 하면 그 제품은 황금알을 낳는 거위처럼 제약 그룹을 몇 년, 심지어 수십 년 먹여 살리는 우량자산이 된다.

시대나 업종을 막론하고 핵심 자산의 수명과 수익을 결정하는 것은 바로 자본적 지출이다.

자본은 이익을 좇는 특성상 수익성이 높은 곳으로 흘러든다. 역사적으로 볼 때 획기적인 기술혁명은 항상 생산성 향상으로 이어졌고, 또 생산성 향상은 이윤율의 상승을 의미했다. 자본은 당연히 이윤율이 높은 생산 분야에 유입되고, 더 나아가 새로운 기술혁명과 생산성 향상을 이끈다. 이와 같은 선순환 구조가 완성되면서 사회적 부(富)도 대폭 증가했다. 이 시기에는 경제성장의 원동력이 제대로 힘을 발휘하고 고용 기회가 충분했다. 또 국가 재정이 흑자 상태였고 정치는 맑고 투명했으며 인플레이션이 없었다. 그러나 기술혁신이 이뤄지지 않는 '갈수기'에는 생산성이 점차 정체되고 실물 산업의 이윤율이 낮아진다. 그러면 자본적 지출의 수익률도 따라서 악화되기 마련이다. 이 시기에 자본은 점차 자산합병 분야로 이동하면서 사회적 부를 재분배하는 방식으로 더 높은 수익을 얻으려고 한다.

1990년대의 IT 혁명은 생산성의 대폭 향상을 이끌었다. 2009~2011년에도 미국 기업들의 생산성은 크게 개선된 바 있으나 양자 사이에는 본질

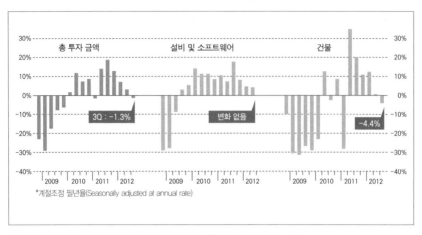

전 분기 대비 비즈니스 투자액 변화 비율

총 투자 금액 / 설비 및 소프트웨어 / 건물

3Q : -1.3% / 변화 없음 / -4.4%

*계절조정 필년율(Seasonally adjusted at annual rate)

| 2011년 9월부터 시작된 자본적 지출의 분기별 하락 상태 (출처: 〈Wall Street Journal〉)

적인 차이가 있다. 전자는 기술혁신에 힘입은 바가 컸지만 후자는 감원으로 몸집 줄이기를 단행한 결과였다. 또 전자의 경우 자본적 지출과 생산성 사이에 상부상조하는 선순환 구조가 형성됐으나 후자의 경우에는 감원 조치의 약발이 떨어진 후 자본적 지출이 위축되는 현상이 나타났다.

2011년 9월에 이르러 미국 경제의 자체 회복력은 한계에 다다랐다. IT 혁명처럼 생산성 향상을 크게 이끌 만한 획기적인 혁명을 기대할 수 없는 상황이었다. 이런 시기에는 상장기업이 아무리 많은 자금을 가지고 있거나 금융시장의 유동성이 아무리 충분해도 그 자금이 자본적 지출로 이어지지 않는다. 정부의 통화정책과 재정정책은 이익을 좇아 움직이는 자본의 특성을 영원히 바꾸지 못한다.

자산은 감가상각의 특성이 있어서 시간이 흐를수록 효율이 떨어진다. 따라서 자본적 지출을 통해 끊임없이 새로운 우량자산을 만들어내는 것이 최선의 선택이다. 새로운 자산일수록 부를 창출하는 능력이 더 강하기 때문이다. 다음으로 노화하는 자산의 유지 보수에 투자하여 효율 체감 속도를 늦추는 것도 중요하다. 자본적 지출을 중단하거나 지출이 급격히 줄어들면 새로운 자산이 부족해지고 낡은 자산의 감가상각 손실이 수익을 초과하면서 기업 이윤은 필연적으로 감소하게 된다.

2011년 9월부터 S&P500 상장기업에 위와 같은 상황이 나타났다. 회사의 자본적 지출 규모와 설비, 소프트웨어, 건설 등 세부적인 항목을 분석한 결과, 2011년 9월은 자본적 지출이 대폭 위축되기 시작한 전환점이라는 결론이 도출되었다. 2012년에는 상황이 더 악화됐다. Fed의 오퍼레이션 트위스트 조치나 2012년 9월의 3차 양적완화 노력에도 불구하고 기업의 자본적 지출 붕괴 추세를 돌려세우지 못했다.

자본적 지출이 부족해지면 기업 자산의 '노령화' 문제가 발생한다. 이는 구미 각국과 일본 경제가 깊은 수렁에 빠진 중요한 원인이기도 하다.

자산 사용 연한이 늘어가는 나라

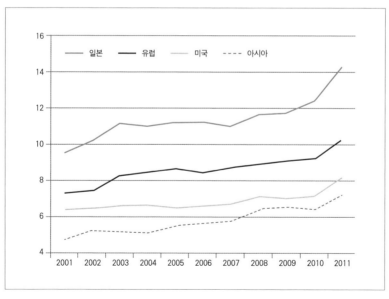

구미와 일본, 아시아의 기업 자산 사용 연한 비교 그래프. 일본이 가장 높고 유럽, 미국, 아시아 일부 국가 순으로 사용 연한이 젊다. (출처: Goldman Sachs Research estimates, Datastream)

자산 노령화 국가 중 일본의 상태가 가장 심각하다. 일본 기업의 자산 평균 연한은 14년에 달한다. 금융위기 발생 후 일본 기업의 평균 이윤율은 1~2.5%로 하락해 세계 평균 수준보다 훨씬 낮았다. 유럽 기업의 자산 사용 연한은 평균 10년 이상, 미국의 경우 8년 이상, 아시아 기업은 평균 7년으로 사용 연한이 가장 젊었다.

2001년 이후부터 일본, 유럽, 미국 및 아시아 일부 국가에 자산 노령화 문제가 존재했다. 2010년 이후에는 이 문제가 점점 심각해지면서 아시아 국가의 자산 노령화 속도는 미국을 거의 따라잡고 있다.

세계 경제가 침체에서 벗어나지 못하는 원인은 대단히 많다. 자산 노령화도 그중 하나로 눈덩이처럼 불어나는 채무 규모는 날로 노쇠하는 자산의 수익을 크게 압박하고 있다. 그런데도 증시는 실물경제와 무관하게 계속 강세를 보이는 것이 지금의 현실이다.

사람은 언젠가는 자신의 근시안적인 행위에 대해 대가를 지불하게 될 것이다.

호흡기 제거 후 증시의 미래

2008년 금융위기 발생 이후부터 지금까지 6년 사이에 미국 증시는 Fed가 양적완화를 종료할 때마다 어떤 변화를 나타냈을까?

미국 재무부의 공개 데이터를 보면 Fed의 채권 매입 규모가 주식시장에 끼치는 영향이 그대로 드러난다. Fed가 채권을 매입할 때마다 Fed 대차대조표는 크게 개선된 양상을 보였고, 그중에서도 만기 5년 이상인 채권 보유고와 미국 증시의 추세는 높은 정적 상관관계를 나타냈다.

물론 상관관계가 인과관계를 의미하는 것은 아니다. 그러나 QE에 의

한 채권 매입이 증시의 반등을 이 끈 것만은 확실하다. S&P500 상장 기업이 발행하는 회사채는 대부분 만기 5년 이상의 중장기 채권이고, 채권 발행 목적은 자사주 매입을 위한 자금 조달이다. Fed는 QE 정 책을 실시할 때 마구 찍어낸 돈으 로 채권시장에서 중장기 국채와 MBS 채권을 집중 매입했다. 특히 두 차례의 오퍼레이션 트위스트와

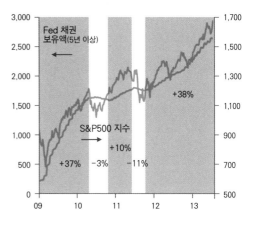

S&P500지수와 Fed가 보유한 만기 5년 이상 채권 규모가 동시에 성장하고 있다. (출처: Department of the Treasury)

3차 양적완화를 실시할 때는 정도가 더욱 심했다. 채권 투자자들은 수중 의 중장기 국채와 MBS를 중앙은행에 팔아 큰돈을 번 뒤 그 돈으로 다시 중장기 투자에 나섰다. 그런데 국채는 공급이 제한돼 사기 힘들었던 탓에 대신 중장기 회사채가 국채의 필수적인 대체 품목이 됐다.

이처럼 국채 대신 회사채를 매입하는 자산 전환 행위는 Fed의 자금과 주식시장의 연결 통로를 열어놓았다. QE에 의해 새로 증발된 화폐가 끊 임없이 주식시장으로 유입되면서 증시의 상승을 이끌었다.

1월 9일~4월 13일, 주간 Fed 채권 매입량과 신용 및 주식 시장의 변화

Fed 매입 (10억 달러)	S&P 지수 변화	변화율(%)	미국 뉴욕증권거래소 베이시스 포인트(BP) 변화	개수(주간)
>50억 달러	570	54%	−401	159
<50억 달러	141	15%	55	62
<0	−51	−2%	36	29

2009년 1월부터 2013년 4월까지 매주 Fed의 채권 매입량과 S&P500지수의 변화 상황 (출처: Department of the Treasury)

미국 재무부의 분석 보고서에는 Fed의 채권 매입 규모가 증시에 미치는 영향력이 1주일 단위로 정확하게 기록돼 있다. 2009년 1월부터 2013년 4월 사이에 Fed의 주간 채권 매입 규모가 50억 달러 이상에 달한 159주 동안 S&P500지수는 540포인트나 폭등해 상승폭이 무려 54%를 넘어섰다. 반면 채권 매입 규모가 50억 달러에 못 미친 62주 동안 증시는 겨우 141포인트 상승에 그쳤다. 상승률 역시 15%에 머물렀다. 이밖에 Fed가 채권 매입을 중단한 29주 동안의 주가지수는 51포인트 하락해 낙폭이 2%에 달했다.

2008년 금융위기 발생 이후 미국 증시의 상승 과정은 대체로 다음과 같은 두 단계를 거쳤다. 첫 단계는 2009년 초부터 2011년 9월까지로 양적완화에 힘입은 '조건반사적 회복' 단계라고 할 수 있다. 이 시기에 S&P500 상장기업은 조건반사적으로 감원 조치를 취해 효율성을 높였다. 또 본능적으로 저금리와 저환율이라는 '구명보트'를 붙잡았기 때문에 금융위기의 거친 파도 속에서 살아남을 수 있었다. 비용 절감과 생산성 향상에 주력하는 것 외에 환율 변동 기회를 충분히 활용해 이윤을 높이면서 증시는 강한 반등세를 보였다.

2011년 9월부터 증시는 두 번째 상승 단계로 확장되었다. 지속적인 양적완화 정책에 힘입어 증시는 '극도로 흥분된' 강세장에 진입했다. 주가지수와 실물경제 사이에는 자연스럽게 괴리가 생기고 그 차이는 점점 확대됐다. 주가 상승의 주요 원동력도 기업의 실적 증가에서 자사주 매입을 통한 '회계 기술 혁명'으로 바뀌었다.

이익을 좇는 자본의 특성상 상장기업의 장부에 기재돼 있는 거액의 현금은 기업의 장기적이고 원대한 성장 잠재력을 이끌어낼 수 있는 자본적 지출에 투입되지 않는다. 대신 주주들의 근시안적인 욕망을 만족시켜주기 위한 이익 배당과 자사주 매입에 투입된다. 이를 위해 절대다수 기업들이 기꺼이 거액의 채무를 감수한다. 그 결과 기업 자산의 노령화를 가속화시키고 미래 수익의 창출 능력을 약화시켰다. 이런 회사는 거액의 채무 부담과 금리 변동이라는 이중 위험에 노출될 수밖에 없다.

자사주 매입 자금은 대부분 은행 시스템과 채권시장에서 나온 것이다. 양적완화를 실시하면 채권시장에는 염가 자금이 범람하게 되는데, 수익률 지상주의를 추구하는 펀드 매니저들은 S&P500 상장기업의 양질의 회사채에 눈독을 들였다. 이는 역으로 자사주 매입에 필요한 자금을 가장 낮은 원가에 조달할 수 있다는 얘기가 된다. 실제로 이들 기업의 융자 비용은 역사상 유례없는 최저 수준으로 떨어진 바 있다.

증시가 '극도로 흥분된' 강세장에서 '흥분' 상태가 얼마나 오래 지속될지는 기업 자체의 실적 증대와 무관하다. 자사주 매입을 꾸준히 지속할 수 있는 자금의 사슬이 끊어지지만 않으면 되는 것이다.

자본은 이익을 좇는 특성뿐만 아니라 위험을 혐오하는 본능도 가지고 있다. 염가 화폐를 남발한 QE 정책 덕택에 주식시장은 충분한 자금 공급에 이미 습관이 돼버렸다. 채권시장 역시 초저금리 환경에 익숙해져 리스크 분석력이 마비됐다. 채권시장은 주식시장보다 거품이 훨씬 더 많은 도박장으로 변질되고 말았다.

그럴 리는 없지만 만약 Fed가 서서히 양적완화를 종료한다면 가장 먼저 붕괴 위험에 처하는 것은 바로 채권시장이다. 이에 채권 투자자들이 리스크에 대한 새로운 인식으로 더 높은 이자 보상을 요구해 금리가 심리적 마지노선을 돌파할 경우 채권 투자자들로서는 감당하기 어려운 리스크가 발생한다. 이때는 채권 매도 열풍이 뜨거워져 채권시장의 심각한 자금난으로 이어진다. 채권시장은 상장기업에 자사주 매입을 위한 염가 자금을 지속적으로 공급하는 역할을 하는데, 이 자금줄이 끊기면 회사 CEO들은 융자 비용의 대폭 상승으로 인해 자사주 매입 규모를 줄이거나 매입을 중단하는 수밖에 없다. 결국 증시 호황을 지탱해주던 자금 사슬은 끊어지고 만다. 이때에 이르면 주당 순이익이니 PE 비율이니 온갖 지표를 동원해 호황을 만들어내려 해도 때는 이미 늦는다. 주요 자금 사슬이 끊어진 이상 주식시장은 투자자들이 앞다퉈 빠져나오는 도살장이나 진배없어지기 때문이다.

소란스러운 채권시장

중국에서는 자본시장을 말할 때 '주식시장'을 가장 많이 언급한다. 중국 주식시장은 1990년대 초에 형성돼 수억 명에 달하는 주식 투자자들이 지난 20여 년 동안 무수한 비바람을 겪으면서 중국 증시의 성장 과정을 함께했다. 그중에는 하룻밤 사이에 벼락부자의 신화를 만들어낸 사람도 있고, 또 살을 베어내는 심정으로 손해를 보면서 비싼 교훈을 얻은 사람들도 많았다. 요동치는 주가가 투자자들의 신경을 자극하고 열정을 불러일으키며, 승부도 중요하지만 반복적인 주가 등락에 따라 느낄 수 있는 흥분, 긴장, 고통, 쾌감 등 오만 가지 감정이야말로 주식시장에 완전히 매료될 수밖에 없는 요인이다. 이에 반해 채권시장은 일반인들에게 다소 생소한 느낌을 준다. 채권을 사서 무엇을 할 수 있는가? 반년 또는 1년 만기 후 이자를 받기 위해서인가? 투자 액수가 적은 경우에는 가치 증식이 뚜렷하게 보이지도 않는다. 이밖에 채권은 가격 변동성이 주식시장처럼 강렬하지 않다. 따라서 이미 주식 거래의 스릴과 흥분에 길들여진 투자자들은 단조롭고 무미건조한 채권 거래를 선호하지 않는다.

사실 미국의 채권시장은 주식시장보다 규모가 훨씬 크고 상품 종류와 거래 방법 역시 훨씬 더 다양하다. 거의 모든 금융 혁신이 채권시장에서 시작된다고 해도 과언이 아니다.

　미국 채권시장의 규모는 약 38조 달러에 달해 주식시장 시가 총액의 약 2배쯤 된다. 상품 종류를 보면 국채, 정부기관채, 전환지방채, 회사채, MBS, 자산담보부 채권, 단기어음 등 매우 다양하다. 이 가운데 회사채 규모는 9조 달러에 지나지 않는다. 하지만 지금까지 8만여 개 기업이 만기일과 금리가 각기 다른 3만 7,000여 종의 회사채를 발행했고, 그중에서 거래 활성도가 높은 채권은 적어도 5,000여 종에 이른다. 채권시장은 규모나 복잡한 정도를 막론하고 모두 주식시장을 훨씬 능가한다. 이밖에 채권 거래에 투입된 자금 규모도 주식시장보다 방대하다. 거래 활성도가 비교적 높은 채권의 거래액은 보통 주식 거래액의 70배쯤 된다.

　주식시장에서는 투자자들이 수천 개 상장업체의 주식을 쉽게 조회할 수 있다. 모든 주식은 유통량과 상관없이 품질이 똑같아 기업 소유권의 일정 비율을 담당하고 있다. 주가의 계산 방법도 상대적으로 간단하다. 주식시장은 또 거래가 집중되고 정보가 투명하며, 전자화 시스템을 사용하기 때문에 투자가 용이하고 거래 비용이 저렴하다는 특징을 가진다.

　이와 반대로 수만 개 기업의 채권을 거래하는 채권시장은 주식시장보다 훨씬 더 복잡하다. 신용 등급, 상환 기간, 금리 및 환율이 끊임없이 변하는 상황에서 만기일과 금리가 서로 다른 수만 가지 채권 상품의 가격을 계산하기란 매우 복잡하다. 가장 골치 아픈 일은 채권시장에 주식거래소와 같은 집중거래 플랫폼이 없다는 사실이다. 채권 거래는 아직도 마켓메이커를 주축으로 하는 전통 방식에 의존한다. 채권 매니저와 트레이더는 채권시장의 '영혼' 격인 인물이다. 이들의 인맥관계가 곧 채권시장의 유통망을 형성한다.

　예를 들어 한 퇴직연금펀드의 매니저가 2,500만 달러로 5년 만기 미국 국채를 매입한다고 하자. 그러면 그는 먼저 안면 있는 마켓메이커의 채권 매니저에게 전화를 건다. 비록 알고 있는 채권 판매자는 많지만 다년간의 거래를 통해 몇몇 믿음직한 판매자들과 깊은 협력관계를 구축하고 있으니까. 이들은 5년 만기 국채 시세에 해박할 뿐만 아니라 풍부한 고객 자원을 확보하고 있고 채권 판매가격도 다른 곳보다 낮다.

마켓메이커의 채권 매니저는 퇴직연금펀드 매니저의 가격 문의 전화를 받은 후 즉시 가장 합당한 가격에 거래를 성사시키겠노라고 약속한다. 채권 매매 거래를 성공시키면 연말에 두둑한 보너스를 탈 수 있기 때문에 의욕이 넘친다.

채권 매니저는 구매자에게 전화를 끊지 말고 잠깐 기다리라고 말하고는 큰소리로 옆에 앉아 있는 소속 회사 트레이더에게 가격을 묻는다.

"5년 만기 25 가격?"

여기에서 25는 2,500만 달러의 줄임말이다. 트레이더는 채권 매니저의 오랜 파트너이자 5년 만기 국채 거래의 베테랑이기 때문에 '국채'라는 말을 빼도 정확하게 알아듣는다. 시간은 곧 돈이다. 1초라도 절약해야 비용을 줄일 수 있다. 트레이더는 즉석에서 대답한다.

"10!"

여기에서 10은 '101-10'을 가리킨다. '101'은 최근 시장가격, '10'은 10/32%P의 줄임말이다.

트레이더와 채권 매니저는 모두 수익을 목적으로 한다. 그러나 수익에 접근하는 관점이 약간 다르다. 실적을 평가할 때 채권 매니저는 판매액, 트레이더는 매매 이윤을 따진다. 트레이더의 목표는 싸게 사서 비싸게 팔아 차익을 챙기는 것이다. 따라서 트레이더는 비록 채권 매니저와 오랜 친분을 가지고 있으나 밑지는 장사는 하지 않는다. 시장 시세와 고객 심리에 대해 훤히 꿰고 있는 채권 매니저는 트레이더의 호가가 약간 높다고 생각해 흥정을 시작한다.

"9와 3/4는? 오랜 고객이요."

채권 매니저가 트레이더에게 가격을 1/128% 낮춰달라고 요구한다.

유대계 금융가들은 어릴 때부터 1/8, 1/16, 1/32, 1/64, 1/128…… 등의 수치에 대응하는 미세한 가격 차이를 술술 외우도록 훈련받는다. 금융 사업은 단위당 마진은 매우 적으나 거래 금액이 엄청나 보통 사람들이 상상 못할 정도의 신속한 반응이 필요하기 때문이다. 그야말로 전광석화처럼 빠르게 거래가 이뤄지는 탓에 한가하게 계산기를 두드릴 시간이 없다. 두뇌 회전이 약간만 느려도 고객을 빼앗기거나 원가와 수익을 잘못 계산해 낭패를 볼 수 있다. 2,500만 달러짜리 거래에서 1/128%를 양보하면 1,953.125달러를 손해 본다는 계산이 나온다.

오랜 고객의 중요성을 잘 알고 있는 트레이더는 잠깐 머리를 굴리다가 오랜 파트너인 채권 매니저의 흥정에 선선히 대답한다.

"9와 3/4, 오케이!"

채권 매니저는 즉시 전화기에 대고 퇴직연금펀드 매니저에게 말한다.

"시장 시세는 10이지만 9와 3/4의 가격에 드릴 수 있습니다."

퇴직연금펀드 매니저는 기쁘게 받아들인다.

"좋소, 거래 성사!"

채권 매니저는 전화기에 대고 '거래 성사'를 외치고 나서 트레이더를 향해 소리친다.

"25 판매, 가격은 9와 3/4, ××펀드와 거래 성사!"

트레이더는 빛의 속도로 주문을 내린 뒤 큰소리로 대답한다.

"거래 성사!"

채권 매니저는 퇴직연금펀드 매니저와 최종 확인을 하고 전화를 끊는다. 이 모든 과정은 몇 십 초밖에 걸리지 않는다.

퇴직연금펀드 매니저는 최저 가격에 사려고 하는 반면, 트레이더는 최고 가격에 팔려고 한다. 또 채권 매니저는 거래가 신속하게 성사되기를 바란다. 1분이라도 시간을 끌면 구매자는 전화를 끊고 다른 마켓메이커에게 가격을 문의한다. 따라서 채권 매니저는 반드시 즉석에서 절충 가격을 찾아내 결단을 내려야 한다. 트레이더는 동시에 여러 채권 매니저와 거래하기 때문에 머릿속으로 빠르게 계산하고 신속하게 판단해 중요도에 따라 구매자 순위를 나열한 후 각각의 가격 차이를 계산해내고 매입원가와 변동 위험까지 분석해야 한다. 이어 1, 2초 내에 최종 결정을 내려야 한다. 베테랑 트레이더의 대뇌는 데이터 처리 속도에서 선천적으로 일반 사람들과 다른 구조를 지녔다고 해도 좋을 듯하다.

확정된 주문은 즉시 채권 마켓메이커의 '리스크 관리 부서(middle office)'로 전달된다. 이들의 직무는 신용과 리스크를 관리하는 것이다. 거래 상대의 신용등급에 따라 거래 액수와 거래 횟수가 달라진다. 리스크 관리 부서는 모든 비즈니스 파트너에게 서로 다른 '신용 한도'를 정해놓고, 이 한도를 넘어서는 거래에 대해서는 본사에 리스크 경보를 발동할 수 있다. 동시에 이들은 회사 전체의 리스크에 대해 총량 규제와 실시간 모니터링을 한다.

리스크 관리 부서의 확인을 거친 주문은 '후선 지원 부문(back office)'으로 옮겨진다. 이 부서는 거래량과 거래액 기장, 결제 시간과 결제 방식, 지급 수단 확인 등 후선의 업무를 책임진다. 또 주문서에 혹시 존재할 수 있는 문제점을 찾아내고 회사의 손익을 통계 내는 것도 이들의 업무에 속한다. 이 모든 일은 당일로 처리해야 한다. 마지막으로 회계 부서에서 거래명세서를 장부에 기입하고 채권 이자소득의 발생 계산서와 미수금을 정리하면 모든 절차가 끝난다.

마켓메이커의 역할은 채권시장의 유동성을 촉진하고 매매 당사자의 거래 원가를 낮추는 것이다. 이중 상위 21개는 국채시장의 1급 마켓메이커로 Fed와 직접 거래가 가능하다. 미연방공개시장위원회(FOMC)에서 제정한 금리정책은 21개의 1급 마켓메이커를 통해 실시된다. 이들의 지위는 금본위시대 잉글랜드은행의 큰 신뢰를 받았던 5대 금 거래업자와 대등하다. 마켓메이커들은 채권시장에서 때를 가리지 않고 채권을 사고팔아 일정한 매매 차익을 얻는다. 정상적인 상태에서 5년 만기 국채의 매매 차익은 1/128%에 불과하다. 즉 100만 달러가 거래될 때 마켓메이커가 얻는 수입은 78.125달러에 지나지 않는다. 게다가 실제 거래에서는 대체로 매수 호가와 매도 호가의 중간 가격에 거래되기 때문에 이들이 얻는 이윤은 절반인 39.06달러로 더욱 줄어든다.

이 39.06달러에서 다시 융자 비용, 프런트 데스크와 리스크 관리 부서 및 후선 지원 부문의 비용, 직원 연봉, 매출 상여금, 마케팅 비용, 시스템 지원비 등 잡다한 비용을 공제해야 한다. 이렇게 온갖 직간접 비용을 공제하고 남는 순이익도 고스란히 주머니에 들어오기 힘들다. 여러 가지 리스크가 도사리고 있기 때문이다. 그 가운데 수익에 영향을 주는 최대 변수는 금리 변동이다. 국제 뉴스, 경제 데이터, 돌발 사건 등 금리의 등락을 유발하는 요인은 너무나 많다. 거래 도중 금리 변동으로 인해 국채 가격이 1%만 변해도 100만 달러면 1만 달러의 손해를 보게 된다. 따라서 트레이더들은 반응이 조금만 늦어도 39달러의 순이익을 얻기 위해 1만 달러의 손실을 입는 위험에 빠질 수 있다. 1만 달러는 100만 달러짜리 거래를 250번이나 성사시켜야 얻을 수 있는 이익이다.

이처럼 마켓메이커는 칼날에 묻은 피를 핥듯 보잘것없는 매매 차익에 의존해 생계를 유지한다. 때문에 어떤 수단을 써서라도 거래 규모를 늘리는 것이 아주 중요하다. 2012년 달러화 표시 국채의 유통시장 규모는 10조 달러, 일일 거래량은 무려 5,320억 달러에 이르렀다. 이는 일일 거래량이 4조 달러인 외환시장 다음으로 많았다. 국채 외에 회사채 거래량도 만만치 않다. 회사채 총 유통 규모는 8조 달러, 일일 거래량은 약 1,800억 달러에 달했다. 이밖에 20조 달러 규모의 기타 유형 채권도 시장에서 활발하게 거래되고 있다.

마켓메이커가 대규모의 채권 거래량을 소화하려면 반드시 상당 규모의 채권 재고와 엄청난 자금 조달 능력을 갖춰야 한다. 그래야 시장에 충분한 유동성을 공급할 수 있다. 미국의 경우 자사주 매입은 증시 상승을 이끄는 중요한 원동력이다. 자사주 매입에 필요한 자금은 상장기업의 채권 융자에 의존하는 바가 크다. 그런데 만약 마켓메이커의 회사채 재고가 일정 수준으로 감소한다면 채권시장에 유동성이 부족해지고 거래 원가가 상승하게 된다. 이는 결국 상장기업의 융자 비용 대폭 상승과 자사주 매입 능력 약화를 불러와 최종적으로 주식시장의 상승세가 꺾이고 만다.

한마디로 마켓메이커의 회사채 재고는 증시 변화를 관찰하는 풍향계라고 할 수 있다.

회사채 재고 위축, 위기에 몰린 마켓메이커

주지하다시피 호수는 수계(水系)의 평형을 유지하는 중요한 역할을 한다. 홍수가 범람할 때면 넘쳐나는 물을 받아들여 하천의 수위가 갑자기 높아지는 것을 막고, 반대로 하천에 물이 부족할 때에는 저장해둔 물을 공급해 강줄기가 마르지 않게 한다.

마켓메이커의 채권 재고는 호수와 같은 역할을 한다. 채권 가격이 너무 높게 상승할 경우 마켓메이커는 대량의 재고를 풀어 매매 차익을 얻는 동시에 채권 가격의 급등세를 억제시킨다. 반대로 채권 가격이 지나치게 낮으면 낮은 가격에 채권을 사들여 재고를 확충했다가 가격 반등을 기다려 이익을 얻는 방법으로 채권 가격을 끌어올린다. 따라서 채권시장에서 마켓메이커는 대단히 중요한 가격 안정장치 기능을 수행한다.

그런데 2008년 금융위기 발생 이후로 마켓메이커의 채권 가격 조절 기능이 효력을 상실했다. 그 결과 채권시장에 '홍수가 범람해' 수익률이 말도 안 되는 정도까지 떨어졌다. 그중 가장 큰 문제는 회사채였다.

2007년 10월, 미국 마켓메이커의 회사채 재고는 2,350억 달러에 달해 사상 최고치를 기록했다. 주식시장에도 낙관론이 팽배해 마켓메이커는 채권 자산을 대량으로 매점해두고 가격이 오르기만을 기다렸다. 그러나 결과는 참담했다. 금융시장이 붕괴하면서 마켓메이커들은 막대한 손실을 입었다.

자라 보고 놀란 가슴 솥뚜껑 보고도 놀란다는 속담처럼 마켓메이커들은 금융위기 발생 후 더 이상 회사채를 사재기하지 않았다. 2012년 2월, 회사채 재고는 424억 달러로 역대 최고 규모에 비해 82%나 하락했다. 2013년 3월에도 560억 달러 정도밖에 되지 않았다.

마켓메이커의 회사채 재고가 심각하게 위축되면 다음과 같은 후폭풍을 초래한다. 하나는 회사채 가격 상승을 막을 브레이크가 없어진다는 것이다. 가치 상승 효과가 매우 뚜렷해 다양한 자금이 채권시장에 홍수처럼 밀려들면 심각한 거품을 유발하게 된다. 마치 호수가 마르면 장마철에 하천

미국 국채 전문 딜러(Primary Dealer) 회사채 보유고(2001~2003년)

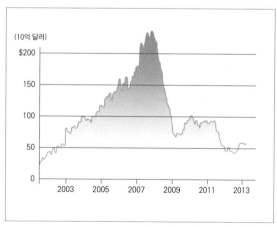

미국 마켓메이커의 회사채 재고가 크게 위축됐다. (출처: New York Federal Reserve, 2013.5)

수위가 갑자기 상승하는 것과 같다. 다른 하나는 마켓메이커의 재고 부족이 채권시장의 유동성 부족을 초래한다는 것이다. 결국 회사채를 사기는 쉽지만 팔기는 어려운 현상이 생긴다. 이는 호수에 물이 부족하면 가물철에 하천이 마르는 것과 같은 이치라고 할 수 있다.

마켓메이커들은 회사채 재고를 줄이는 대신 국채 재고를 대폭 늘렸다. 2011년 5월 말부터 국채 재고는 약 2배 증가해 747억 달러에 달한 데 반해, 회사채 재고는 반으로 줄어 611억 달러밖에 되지 않았다. 이로써 마켓메이커의 국채 재고가 처음으로 회사채 재고를 초과했다. 그 이유는 매우 단순했다. 국채 수익률이 회사채 수익률보다 높았기 때문이다. 물론 이것은 Fed의 양적완화 정책 덕분이었다. Fed가 QE 정책을 실시할 때 국채와 MBS만 사들였기 때문에 국채 가격이 대폭 상승한 것은 당연한 일이었다. 2007년 중반부터 2011년 말까지 국채 수익률은 38%, 회사채 수익률은 37%였던 데다가 국채는 회사채보다 더 안전하고 새로운 금융 규제 원칙에도 더 부합하는 자산이었다.

여기서 우리는 채권 가격과 수익률이 정반대로 움직인다는 사실을 분명히 알아야 한다. 부동산 투자를 예로 들어보자. 보통 집을 살 때 구매자는 가격과 임대료 이 두 가지 요소를 고려한다. 예를 들어 집값이 100만 위안, 연 임대료 수입이 5만 위안이라면 부동산 투자의 연 수익률은 5%이다. 그런데 만약 집값이 110만 위안으로 오르고 연 임대료 수입이 변하지 않을 경우 투자 수익률은 4.5%로 줄어든다. 반대로 집값이 90만 위안으로 하락하고 연 임대료 수입이 변하지 않을 경우 투자 수익률은 5.6%로 상승한다. 한마디로 투자 수익률은 부동산 가격에 반비례한다. 채권의 원리도 이와 비슷하다. 채권 가격과 부동산 가격, 채권의 이자소득과 부동산 임대료, 채권 수익률과 부동산 투자 수익률을 바꿔놓고 생각하면 이해하기 쉽다. 채권 구매자가 많을수록 채권 가격이 상승하지만 수익률은 하락한다. 반대로 채권 판매자가 많을수록 채권 가격은 하락하고 수익률은 상승한다. 이 과정에서 채권 이자는 변하지 않는다.

Fed는 양적완화를 실시한 이후 거의 매달 채권시장으로부터 대량의 국채와 MBS를 흡수했다. 방법은 간단했다. 조폐국의 조폐기를 돌려 21개 1급 마켓메이커의 채권과 교환한 것이다. 물론 조폐기를 돌린다는 말은 비유적인 표현이다. Fed는 조폐기를 돌릴 필요 없이 그저 자판을 두드려 컴퓨터에 일련의 숫자를 입력한 다음 엔터키만 누르면 원하는 액수만큼 돈을 만들어낼 수 있다. 힘들게 공장을 설립하거나 머리 아프게 경영할 필요도 없었다. 이런 양적완화 조치의 결과는 마켓메이커의 채권 재고가 Fed의 대차대조표에 기입되고, 그들이 뉴욕연방준비은행에 개설한 계좌 잔액이 상응한 액수만큼 늘어났다는 것이다. 이렇게 해서 마켓메이커의 손에 거액의 돈이 들어오고 금융시장의 통화량이 크게 확대되었다. 이것이 Fed가 QE 정책을 통해 금융시장에 자금을 주입하는 과정이다.

수중에 돈이 생긴 마켓메이커는 그 돈을 가지고 미국 재무부에 가서 신규 발행 국채 경매에 참가했다. 이 결과 이번에는 정부가 돈을 벌었다. 이것이 발행시장이다. 이후 마켓메이커는 자체 유통망을 통해 수중의 국채를 세계 각지에 유통시켰다. 요약하면 국채 매매는 최종적으로 마켓메이커를 통해 이뤄졌다. 이것이 유통시장이다. 앞에서 예로 든 퇴직연금펀드 매니저의 국채 매입 사례도 유통시장에서 발생한 것이다.

마켓메이커들은 동시에 최대 투자은행이기도 했다. 이들은 기업을 도와 회사채를 위탁판매할 때 종종 본인의 돈을 먼저 내서 회사채를 전액 구매했다. 현금을 받은 기업은 그 돈으로 자사주를 매입해 주가를 올린 다음 CEO들에게 상여금으로 지급했다. 마켓메이커는 매입한 회사채를 보유하거나 연금펀드, 뮤추얼펀드, 헤지펀드, 화폐기금 및 대기업이나 외국기관 등 채권 투자자들에게 되팔기도 했다.

금융시장의 유동성이 대폭 증가하면서 펀드 매니저들은 계좌에 유입된 거액의 자금을 어떻게 처분해야 할지 몰라 갈팡질팡했다. 돈은 투자하지 않으면 아무 쓸모없는 유휴 자금이 되기 때문이다. 이런 상황에서 모기업이 채권을 발행했다는 소식이 들리면 펀드 매니저들이 한꺼번에 몰려가 미친 듯이 채권을 매입했다. 그 결과 채권 가격은 수직 상승하고 수익률은 수직 하락했다. 양적완화 횟수가 거듭될 때마다 유동성 과잉은 유동성 범람으로 변질됐다. 이렇게 되자 펀드 매니저들은 마치 굶주린 늑대처럼 수익률이 조금이라도 괜찮아 보이는 채권을 앞다퉈 매입했다.

양적완화 정책에 힘입어 회사채 발행 규모는 해마다 10% 이상의 성장률을 보였다. 기업이 채권 발행을 통해 얻은 염가 화폐는 금세 자사주 매입 자금으로 탈바꿈했다. 주가가 상승할 것이라는 강한 기대감 속에 S&P500지수의 상승폭은 16.7%에 달했다.

2008년 이래 회사채 발행 규모는 5조 7,000억 달러에 달한 반면, 수익

대붕괴
경제위기 이후 지속된 중앙은행의 경기부양책은 미국의 전통적인 채권 수익률을 추락하게 만들었다.

바클레이스 미국 종합 채권 지수(최저 예상 수익률 기준), 과거 5년간 주간별 자료

┃ 미국의 종합채권 수익률은 5년 사이에 50% 이상 하락했다. (출처: Bloomberg LP)

률은 5.7%에서 2.0%로 하락했다.

수익률이 50% 이상 폭락했다는 것은 채권 가격의 폭등을 의미한다. 마켓메이커가 대규모의 채권 재고를 보유했더라면 지금이 바로 재고를 풀어 폭리를 취할 수 있는 좋은 기회였다. 또 이런 매도 행위는 채권 가격의 상승을 효과적으로 억제함으로써 가격 조절 역할도 가능했다. 그러나 안타깝게도 마켓메이커에게는 채권 재고가 많지 않아서

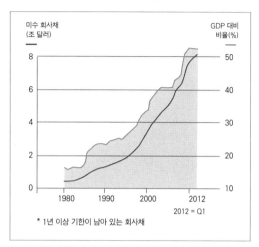

미국 회사채시장

미수 회사채
(조 달러)

GDP 대비
비율(%)

* 1년 이상 기한이 남아 있는 회사채

1980년대 이후부터 미국의 회사채 발행 규모는 꾸준히 상승. 2012년에는 미국 GDP의 50%를 차지했다. (출처: SIFMA, Thomson Reuters Datastream, Federal Reserve Bank of New York)

호수가 넘치는 강물을 받아들여 하천 수위를 조절하는 역할을 하지 못했다. 그 결과 채권시장에 화폐가 범람하는 대재앙이 일어났다.

채권 투자기관들은 귀하기 이를 데 없다는 회사채를 기쁜 마음으로 매입한 후 이 채권들을 보유하고 있어봤자 득보다 실이 크지 않을까 하는 걱정이 슬슬 들기 시작했다. 채권 투자기관이 채권을 매매하려면 반드시 마켓메이커를 거쳐야 한다. 그런데 마켓메이커들은 채권 매도를 원하는 투자기관에 터무니없이 낮은 가격을 제시했다. 반면 매입을 원하는 투자기관에는 너무 높은 가격을 제시해서 투자자들을 실망시켰다. 마켓메이커가 제시한 매수 호가와 매도 호가의 차이가 점점 더 커지면서 채권 투자자들의 분노도 날로 높아졌다. 이는 마치 신규 주택시장이 호황을 누리고 중고 주택시장이 불경기일 때 가지고 있는 집을 팔기도 어렵고 새집을 사기도 어려운 것과 같은 이치이다. 채권시장에서 매수자와 매도자의 정보를 모두 가지고 있는 마켓메이커는 채권 재고를 늘릴 생각도, 융자를

해줄 생각도 없었다. 마켓메이커의 태도는 "나에게 재고가 없으니 팔지 못하겠다. 또 돈이 없어서 사지도 못하겠다"는 식이었다.

마켓메이커의 회사채 재고 부족은 채권시장에 큰 걸림돌로 작용했다.

2013년에 이르러 국채와 회사채 유통 규모는 각각 11조 달러 및 9조 달러로 늘어났다. 규모는 비슷했으나 일일 거래량은 회사채 거래량이 국채 거래량의 3분의 1밖에 되지 않았다. 회사채시장의 유동성이 점점 악화되자 분노한 채권 투자자들은 마켓메이커들에게 항의를 제기했다. 그러나 양측의 반복적인 협상에도 불구하고 마켓메이커들은 마음만 있을 뿐 도와줄 수 없다고 딱 잡아뗐다. 궁지에 몰린 채권 투자자들은 각자 전자화 거래 시스템을 구축해 이미 채권 거래의 걸림돌이 된 마켓메이커를 거치지 않고 매수측과 매도측의 직접 거래 플랫폼을 마련했다. UBS, 골드만삭스, 블랙스톤 등이 전자화 채권 거래 플랫폼 구축에 앞장섰다. 그러나 아직까지 뚜렷한 성과를 거두지 못하고 있다. 2013년 UBS의 채권 거래 시스템을 통한 일일 거래량은 30건 정도로 애처로운 수준이었다.

사실 마켓메이커 제도는 합리적인 면이 매우 많다. 채권시장은 주식시장, 외환시장이나 금시장과 다르다. 주식, 외환 및 금시장에서 급격한 가격 변동은 정상적인 현상으로 하루에도 가격이 상하로 10% 내지 20% 변화하는 현상이 흔하다. 고위험 투자에 익숙해진 투자자들이 스릴과 자극을 맛보기 딱 좋은 시장이다. 그러나 채권시장은 완전히 다르다. 채권 투자자들은 안정적이고 안전한 수익을 원한다. 이런 채권시장에서 마켓메이커는 과잉 유동성을 흡수하는 '호수'와 같은 역할을 한다. 따라서 채권시장에 꼭 필요한 존재이다. 만약 채권 가격이 주식 가격처럼 하루에도 몇 번씩 폭등과 폭락을 반복한다면 누가 감히 미국 국채에 투자하겠는가? 또 퇴직연금이나 보험사처럼 높은 안전성을 요하는 투자기관들이 감히 채권에 투자하려 들겠는가? 전자화 거래 플랫폼은 매수자와 매도자의 수요를 직접 매칭시켜 거래 원가를 절감하는 장점이 있다. 그러나 동시에 필연적으로 채권시장에서 공진 효과를 일으킨다. 즉 채권시장의 전망이 밝을 때에는 모두가 우르르 몰려가서 사기 때문에 가격이 폭등하나 시장에 비관론이 확산되면 채권 가격이 폭락하게 된다. 마치 흙으로 호수를 메워버리면 정상적인 상황에서는 하천의 흐름에 문제가 없으나 장마철에는 홍수가 지고 가물철에는 하천이 말라버리는 것과 같은 이치이다.

회사채 재고 부족으로 인해 '사기는 쉽고 팔기는 어려운' 문제가 심각해지자 투자자들이 채권 발행 기업을 찾아가 보상을 요구하는 지경에까지 이르렀다. 이 모든 문제의 근원은 역시 Fed의 QE 정책에 있다. Fed가 최대 매수자 역할만 하지 않았더라도 국채의 투자 수익률이 회사채 수익률을 초과하는 일은 생기지 않았을 것이다. 또 리스크가 클수록 수익률이 높은 것은 당연한 이치이므로 마켓메이커가 회사채 재고를 한껏 줄이는 일도 없었을 것이다. 한마디로 QE 정책을 오래 지속할수록 채권시장의 기형적인 구도는 점점 더 심각해질 수밖에 없다.

심각한 기형 상태에 빠진 미국 회사채시장에서 정크본드는 말 그대로 쓰레기 같은 채권이다.

정크본드, 회사채 중의 '서브프라임 모기지론'

정크본드는 이름 그대로 쓰레기 채권이다. 정크본드의 본질은 서브프라임 모기지론과 똑같다. 2008년 금융위기로 인해 일약 키워드로 떠오른 '서브프라임 모기지론'은 미국의 주택담보 대출 중 '직업, 소득, 자산'이

'세 가지가 없는 사람'들에게 해준 대출을 일컫는 용어이다. 서브프라임 모기지론은 미국 부동산 가격이 폭락하면서 심각한 디폴트 사태를 몰고 왔다. 미국에서 부동산시장이 호황을 누릴 때 은행들은 앞다퉈 서브프라임 모기지론을 공급했다. 바이러스에 감염된 돼지고기를 생산해내는 업체처럼 말이다. 투자은행은 간도 크게 이것을 MBS와 CDO로 가공해 발행하는 과도한 위험투자를 단행했다. 바이러스가 든 돼지고기를 감쪽같이 '통조림'으로 정밀 가공한 것처럼 말이다. 품질 검사를 책임진 신용평가 회사들은 알면서도 모르는 척 이 상품들에 양질 상품에만 붙이는 AAA 등급을 매겼다. 사람이 병든 돼지고기를 먹으면 치명적인 해를 입는 것과 마찬가지로 '병든' 금융상품을 구매한 전 세계 투자자들 역시 대규모로 '중독'돼 파산을 면치 못했다.

CDO
(Collateralized Debt Obligation)
부채담보부 증권. 회사채나 금융회사의 대출 채권 등을 한데 묶어 유동화한 신용 파생상품.

쓰레기 채권을 발행하는 기업은 당연히 쓰레기 회사이다. '경쟁력 있는 제품, 고정 고객 및 안정적인 현금흐름' 이 '세 가지가 없는' 기업이 이에 해당한다. 소비자는 경기가 좋을 때 제품의 브랜드나 가격 대비 성능을 따지지 않고 돈을 헤프게 써서 쓰레기 회사의 상품까지도 잘 팔린다. 그러나 경기 침체기에는 소비자가 허리띠를 졸라맨다. 물건을 살 때는 가격 대비 성능을 꼼꼼히 따지고, 같은 가격대라면 브랜드 인지도가 높은 제품을 고른다. 쓰레기 회사들은 대부분 핵심 기술이 부족하고 상품 경쟁력이 떨어지며 관리 수준도 부실하다. 또 상품의 질이 낮은데도 가격이 비싸기 때문에 치열한 시장경쟁에서 살아남기 어렵다. 게다가 현금흐름이 매우 불안정한 탓에 부채 규모가 지나치게 높아 디폴트 위험도 대폭 상승한다.

Fed가 인위적으로 조성한 초저금리 환경에서 쓰레기 기업들은 물 만난 고기처럼 행여 뒤질세라 쓰레기 채권을 남발했다. 미국의 정크본드 규모는 눈덩이 불어나듯 크게 확대돼 2009년에는 금융위기 발생 이후 1,000억 달러의 문턱을 넘어섰다. 2010년에는 사상 최초로 2,000억 달러를 돌파했고, 2012년에도 신화를 이어가며 2,500억 달러라는 최고치를 기록했다. 2013년 역시 연초부터 좋은 출발을 보여 5월 초까지 1,500억 달러의 쓰레기 채권이 발행됐다. 2013년의 전체 발행 규모는 2012년의 기록을 쉽게 초과할 것으로 보인다. 정크본드의 총규모는 이미 1조 1,000억 달러에 육박, 회사채시장(9조 2,000억 달러 규모)에서 12%의 비중을 차지하고 있다.

역사는 항상 비슷한 패턴을 반복한다. 그러나 시장에서 이 사실은 늘 잊히기 마련이다. 글로벌 금융위기 발생 전인 2006년 미국의 MBS 시장 규모는 약 10조 달러였다. 그 가운데 서브프라임 MBS 규모는 15%인 1조 5,000억 달러를 점유했다. 2013년 정크본드의 점유율과 2006년 서브프라임 채권의 점유율은 거의 비슷했다.

2009년부터 2013년까지 정크본드 가격은 연평균 21% 폭등했다. 그러나 수익률은 20%에서 사상 최저치인 5%로 폭락했다. 2013년 5월 8일에는 정크본드 수익률이 5% 미만인 4.97%로 하락, 사상 최저 기록을 경신했다. 미국이 발행한 10년 만기 국채 역시 2007년 7월에 비슷한 상황을 겪은 바 있었다.

미국 국채는 정부 신용을 담보로 발행한 것이다. 따라서 사람들이 미국이 망할 것을 걱정하지 않는 한 국채는 채권시장에서 가장 안전한 상품이라고 봐도 무방하다. 상환 기간이 같은 채권들 중에서 국채는 가격이 가장 높고 수익률이 가장 낮다. 때문에 시장 금리는 국채 수익률을 기준으로 정해지며, 기타 동종 채권의 수익률은 모두 국채보다 높다. 한편 2013년 5월, 쓰레기 기업들의 신용등급은 2007년 당시 미국 정부의 신용등급 수준으로 '승격'됐다. 이는 역설적으로 2007년도 미국의 국가 신용등급이 2013년에 이르러 '쓰레기' 수준으로 떨어졌다는 사실을 의미한다.

역사는 반복되는 법이다. 과거 서브프라임 모기지 채권을 무분별하게 매입했던 뮤추얼펀드와 연금펀드, 보험사들이 2013년에는 정크본드의 최대 구매자로 탈바꿈했다. 2013년 상반기에 뮤추얼펀드에서만 신규 발행 정크본드의 70%를 매입했다. 정크본드가 언젠가는 쓰레기가 되고 만다는 사실을 누구나 알고 있다. 그러나 Fed의 QE 정책이 버젓이 지속되는 한 위기가 곧 닥칠 것이라고 믿는 사람은 아무도 없다. 투자자들은 현재 정크본드를 사지 못해 안달이 나 있다. 하지만 머지않은 장래에는 팔지 못해 골머리를 앓게 될 것이다.

미국의 부동산 가격이 한없이 상승했다면 당시 서브프라임 모기지 사태도 일어나지 않았을 것이다. 해마다 부동산 가치 증식 부분을 담보로 '인상분 공유담보(Appreciation Mortgage)' 대출을 받아 주택 대부금을 상환하면 되기 때문이다. 그런데 갑자기 부동산 가격이 상승을 멈추자 '세 가지가 없는 사람'들의 자금사슬이 끊어지고 대규모 디폴트 사태가 터졌다.

정크본드 역시 마찬가지다. 수익률이 끝없이 하락하면 정크본드의 가격은 끝없이 상승하게 된다. 이렇게 되면 쓰레기 회사들은 시장에서 신규 자금을 흡수해 낡은 채무를 갚는 돌려막기 방식으로 채무 변제가 가능해 디폴트 우려가 없다. 그런데 수익률의 무한 하락은 가능한 얘기일까?

정크본드는 1980년대부터 유행하기 시작했다. Fed가 저금리 기조의 분위기를 유도할 때마다 정크본드 수익률은 따라서 하락했다. 그러나 여전히 국채나 다른 양질의 채권보다 투자자들의 선호를 받았다. 기관 투자자들은 보유한 자금이 많기 때문에 본능적으로 수익성이 높은 정크본드 쪽으로 쏠리기 마련이다. 따라서 자금 조달이 용이한 쓰레기 기업들은 디폴트 발생률이 그다지 높지 않았다. 그러나 일단 위기가 닥치면 상황이 달라진다. 실제로 1991년, 2001년 및 2008년 금융위기 당시 정크본드 수익률이 맨 먼저 상승하는 현상이 나타났다. 이어서 대량의 매도 물량이

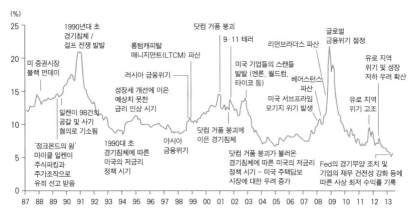

미국 정크본드 수익률 추이

(%)

- 미 증권시장 블랙 먼데이
- '정크본드의 왕' 마이클 밀켄이 주식파킹과 주가조작으로 유죄 선고 받음
- 밀켄이 98건의 공갈 및 사기 혐의로 기소됨
- 1990년대 초 경기침체 / 걸프 전쟁 발발
- 1990대 초 경기침체에 따른 미국의 저금리 정책 시기
- 성장세 개선에 이은 예상치 못한 금리 인상 시기
- 러시아 금융위기
- 롱텀캐피탈 매니지먼트(LTCM) 파산
- 아시아 금융위기
- 닷컴 거품 붕괴
- 9·11 테러
- 닷컴 거품 붕괴에 이은 경기침체
- 미국 기업들의 스캔들 발발 (엔론, 월드컴, 타이코 등)
- 닷컴 거품 붕괴가 불러온 경기침체에 따른 미국의 저금리 정책 시기 – 미국 주택담보 시장에 대한 우려 증가
- 리먼브라더스 파산
- 베어스턴스 파산
- 미국 서브프라임 모기지 위기 발생
- 글로벌 금융위기 절정
- 유로 지역 위기 고조
- 유로 지역 위기 및 성장 저하 우려 확산
- Fed의 경기부양 조치 및 기업의 재무 건전성 강화 등에 따른 사상 최저 수익률 기록

87 88 89 90 91 92 93 94 95 96 97 98 99 00 01 02 03 04 05 06 07 08 09 10 11 12 13

1987~2013년 미국 정크본드의 수익률 변화 추세. 1990~1991년, 2000~2001년 및 2007~2009년에 발발한 세 차례 위기 속에서 정크본드 수익률은 대폭 상승했다.

쏟아짐에 따라 디폴트 발생률도 크게 상승했다.

10년을 주기로 정크본드의 디폴트 비율을 관찰하면 정크본드의 본질을 똑똑하게 알 수 있다. 분석 결과 BB급 정크본드의 디폴트 비율은 19%, B급의 디폴트 비율은 30% 이상, CCC/C급의 경우 60%에 달하는 것으로 나타났다. 한마디로 정크본드는 장기간 보유하면 안 되는 상품이다. 기관 투자자들이 정크본드에 투자할 때 단기 투자에 치중하는 것도 바로 이 때문이다. 수익을 얻은 즉시 팔아버리고 철수하는 것은 이 바닥의 비밀 아닌 비밀이 돼버렸다. 일단 금리가 상승 추세로 돌아서면 정크본드의 가격이 폭락하는 것은 순식간의 일이다.

전염병이 유행하면 노인과 아이들이 가장 먼저 위험에 노출된다. 금융위기가 발발하면 채무사슬의 가장 취약한 고리가 우선적으로 끊어진다. 채무사슬의 붕괴 징후는 금리 추세가 반전되면서부터 나타난다.

2007년 초 서브프라임 모기지론 위기는 '금리 조정'을 계기로 시작됐다. 서브프라임 모기지론 대출자들의 자금사슬이 끊어지면서 2008년에

CDS(Credit Default Swap)
신용부도 스와프, 대출이나 채
권의 형태로 자금을 조달한
채무자의 신용위험만을 별도
로 분리해 이를 시장에서 사
고파는 금융파생 상품의 일종.

전 세계적인 디폴트 쓰나미를 몰고 왔다. 2013년 정크
본드 수익률은 말도 안 되는 수준으로 떨어졌고, 38조
달러 규모에 달하는 채권시장은 곧 끓어 넘치려는 솥
처럼 위태위태해졌다. 정크본드 수익률이 일단 상승
조짐을 보이면 기관 투자자들은 금리 리스크를 과소
평가했다는 사실을 깨닫고 투자에 신중을 기하게 돼 쓰레기 기업들의 자
금줄은 뚝 끊기고 만다. 결과적으로 디폴트 리스크를 측정하는 풍향계인
CDS 프리미엄이 화살처럼 빠르게 폭등하게 될 것이다.

정크본드는 채권시장의 최대 거품이 아니다. 그러나 첫 번째 '희생양'
인 것만은 확실하다.

맺는말

'좀비'를 소재로 한 영화의 인기가 높다. 특정 바이러스에 감염된 사람이
좀비가 돼 정상인을 물면 정상인도 좀비로 변해 도시 전체는 물론 온 국
가까지 좀비로 득실댄다.

미국 채권시장의 현황도 '좀비의 세상'과 크게 다를 것이 없다. Fed의
채권 매입 행위는 시장에 '광기'라는 '바이러스'를 심어놓는 짓이었다. 이
에 따라 시장에서는 양질의 채권이 점점 자취를 감추고 펀드 매니저들은
모두 좀비로 변했다. 이들은 '수익률'이 있는 자산을 빼앗기 위해 서로 물
고 뜯는 싸움을 멈추지 않았다. 그 결과 시장에 정신이 똑바로 박힌 정상
인들이 점점 줄어들고, 채권 가격은 하늘 높은 줄 모르고 치솟았다. 미국
시장에는 이제 정상적인 자산이 더 이상 남아 있지 않다. 이에 좀비들은
아시아와 유럽 및 남미로 몰려가 신흥시장, 더 나아가 전 세계에 '바이러

스'를 확산시키려 하고 있다.

실물경제가 침체돼 회복이 부진한 환경에서 모든 경제체는 현금흐름 성장이 완만한 '노령화 자산'과 같다. 주요 국가들이 동시에 양적완화 정책을 펼치자 넘쳐나는 자금은 제한된 규모의 자산을 빼앗기에 혈안이 됐다. 그 결과 현금흐름은 근본적인 개선을 가져오지 못하고 자산 가격만 고평가되는 심각한 상황이 나타났다. 사람들은 저수익, 저리스크의 이런 현상을 듣기 좋게 '뉴 노멀(new normal, 새로운 표준)'이라고 칭하고 있다.

뉴 노멀 시대에 중앙은행이 무너지지 않고 양적완화 정책을 꾸준히 지속하면 시장에는 더 이상 리스크가 존재하지 않는다. 언뜻 보면 '영구적인 경제기관'을 발명한 듯하다. 조폐기만 꾸준히 돌리면 자산 가격이 무한대로 상승할 수 있으니까! 하지만 '양적완화'-'자산 가치의 무한대 상승'-'영구적인 경제기관'의 발상은 논리적으로 실현 불가능하다. 한 가지 가정을 해보자. 가령 미국 채권시장이 완전히 폐쇄된 상태에서 중앙은행이 끊임없이 돈을 찍어내 채권을 매입하는 방법으로 강제로 시장에 유동성을 공급한다면 궁극적으로 어떤 상황이 벌어질까? 즉 Fed가 채권시장에 있는 38조 달러 규모의 채권을 전부 매입해버려 채권시장에 동등한 액수의 유동성이 범람하고 Fed의 대차대조표도 동등한 규모로 증가하는 '이상적인' 상태가 된다면 채권과 펀드 매니저들은 어떻게 될까? 두말할 필요도 없이 모두 굶어죽고 만다. 시장에 현금흐름을 발생시킬 자산이 더 이상 남아 있지 않아 채권시장이 사라지기 때문이다. 요컨대 양적완화 정책은 이론적으로 한계가 존재한다. 중앙은행이 무한대로 채권을 매입할 수 없기 때문에 자산 가치가 영원히 상승하는 일은 발생하지 않고, '영구적인 경제기관'은 더 말도 안 되는 발상이다. 이 이치를 알기에 Fed는 2013년 5월부터 QE를 종료할 것이라는 소문을 퍼뜨리기 시작했다.

자산 가격이 더 이상 상승하지 않자 수익률도 최저 한계점에 이르렀다. 모두가 자산 가격이 고공 행진하다가 특정 수위에 딱 머물러 하락하지 않기를 바랐으나 현실은 무정했다. 자산 가격은 분사 추진식 제트기에 비유할 수 있다. 제트기는 연료가 소진되면 땅으로 추락하게 된다. 이와 마찬가지로 자산 가격도 자금의 뒷받침이 없으면 수직 하락하고 동시에 수익률은 하늘로 치솟는다. 문제는 자산 가격이 수직 하락할 때 중앙은행이 투자자들에게 '낙하산'을 마련해주지 않는다는 사실이다.

혹자는 양적완화 정책에 힘입어 경제가 정말로 회복된다면 현금흐름이 끊임없이 증가해 자산 가격도 고공행진이 가능하지 않느냐고 물을 수 있다. 그러나 안타깝게도 화폐 역시 자체적인 운동 법칙이 있다. 그것은 사람의 의지로 바꿀 수 없는 것이다. 자금의 흐름을 물의 흐름에 비유한다면 물이 높은 곳에서 낮은 곳으로 흐르듯 자금 역시 '경사도'가 가장 큰 곳으로 이동한다. 이 경사도가 바로 수익률이다.

양적완화가 장기간 지속될 경우 자산 가격 상승에 따른 수익률은 실물경제 수익률을 초과한다. 이 차이가 커질수록 자금은 더 이상 실물경제에 흘러들지 않고 자산 가치 증식만 좇게 된다. 더 극단적인 상황에서는 심지어 산업 자금이 빠져나와 자산 투기에 이용되는 현상까지 생긴다. 만약 정부가 자금이 실물경제에 흘러가도록 장려하거나 자금의 흐름 방향을 강제로 바꾸면 어떻게 될까? 한마디로 둑을 쌓아 물길을 막으려는 것처럼 부질없는 짓이다. 자금은 어떤 상황에서도 장애물을 에돌아 항상 수익률이 높은 산업 쪽으로 이동한다.

미국의 QE 정책은 필연적으로 실패할 것이며, 지속 시간이 길수록 더 참담한 결과를 초래할 뿐이다. 마찬가지로 유럽과 일본을 비롯한 기타 국가들의 화폐 자극 정책도 성공할 수 없다. 인류 역사에 반복적으로 나타난 재난을 또 한 번 재연하는 꼴일 뿐이다.

채권 가격이 미친 듯 상승할 때도 이성을 잃지 않고 명석한 두뇌를 유지하는 투자자들이 있다. 이들은 노련한 사냥꾼처럼 인내심 있게 힘을 기르고 '탄약'을 비축했다가 채권 가격이 최고 한계에 도달했다 싶을 때 별안간 공매도 공격을 퍼붓는다. 이때는 소규모지만 탄탄한 자금력으로 추종자들의 반란을 충분히 선동할 수 있다. 매수세가 매도세로 돌아서면 채권 가격도 역전된다. 채권 가격이 하락하면서 수익률이 빠르게 상승하고 채권 자산 손실에 대한 기대심리가 확산되면서 더 많은 투자자들이 매도 행렬에 가담한다. 이 같은 악순환이 반복되면서 사태는 걷잡을 수 없이 악화된다. 이것이 바로 자산 가격이 일단 최고점을 찍고 나서 더 이상 높은 수위에 머물러 있지 못하는 원인이다.

글로벌 실물경제의 현 상태를 보면 미국의 초저금리 정책으로 인해 주식시장과 채권시장이 심각하게 고평가돼 있어서 수익률의 반전과 더불어 자산 가격의 대규모 조정이 불가피하다. 그런데 만약 자산 가격 조정이 자산 가격 하락으로 변질된다면 새로운 금융위기가 발생할 수도 있다.

금융위기가 발생할 경우 회사채시장에서는 정크본드가 가장 먼저 직격탄을 맞는다. 물론 양질 기업의 회사채도 위기를 면하지 못한다. 이어 상장기업들의 자사주 매입 자금사슬이 끊어지고 최종적으로 주식시장이 붕괴하게 된다.

그러나 정크본드는 채권시장의 가장 위험한 거품 요인일 뿐 가장 심각한 거품은 아니다. 회사채시장과 주식시장의 자산 가격 폭락도 금융시장의 최악의 상황은 아니다. 이들은 어마어마한 규모의 파생금융상품시장과 폭발력이 더 큰 주권신용시장의 붕괴를 촉발하는 도화선일 뿐이다.

화폐정책 자체가 문제이기 때문에 화폐정책으로는 문제를 해결할 수 없다.

제3장

돈가뭄 사태와
그림자금융의 실체

리먼을 믿으십시오. 여러분의 채권을 만기일에
안전하게 돌려드릴 것을 약속합니다.
_마켓메이커

들어가면서

부분지급준비제도를 모르는 사람은 20세기 금융의 본질에 대해 이해할 수가 없다. 마찬가지로 환매조건부채권 담보에 의한 신용 창조 원리를 모르면 21세기 금융시장의 본질을 꿰뚫어보지 못한다.

현행 화폐금융 이론은 여전히 1980년대 수준에 머물러 있다. 이렇게 철 지난 지식과 진부한 분석 방법으로 복잡다단하게 변화하는 오늘날의 세계 금융시장을 분석한다는 것은 어불성설에 가깝다.

혹시 세계 화폐금융 형세를 분석한 글에서 RP 시장, RP 금리, 담보자산 헤어컷, 자산 스와프, 재담보, 그림자금융 및 그림자통화 등의 키워드를 발견하지 못했다면 그 글은 휴지통에 던져버려도 무방하다. 세계 금융시장의 핵심에 접근하지 못한 글은 문제의 본질을 제대로 짚어낼 수 없기 때문이다.

미국의 경우 그림자통화 공급량은 총통화(M2) 공급량의 3배 이상에 달한다. 따라서 그림자통화의 창조 원리를 이해하지 못하면 금융시장의 자산 가격에 대해 이해할 수 없다. 그림자금융의 중요성은 이에 대해 필요한 감독 규제가 부족하다는 데 있는 것이 아니라 그것이 그림자통화의 창조 중심지라는 사실에 있다. 이는 그림자금융을 둘러싼 모든 문제를 압도한다.

완전히 새로운 지식 체계에 의존해야만 전 세계적으로 유동성이 범람하는 시대에 왜 '돈가뭄'이라는 기상천외한 사태가 발생하는지 이해할 수 있다. 또 돈가뭄 사태의 배후에 보다 더 심각한 금융위기의 조짐이 숨어 있다는 사실을 알고 경각심을 가지게 된다.

월스트리트에 내린 단비, 시리아 내전

2013년 8월 21일, 세계의 화약고인 중동 지역에서 시리아 반정부군이 정부군의 화학무기 공격으로 인해 1,300여 명의 사망자가 발생했다는 소식이 전해져 전 세계를 깜짝 놀라게 했다. 8월 23일, 미국 국방부는 중동 지역에 병력을 배치하도록 지시했다. 8월 24일, 버락 오바마 미국 대통령은 시리아 내전이 미국의 '핵심 국가이익'과 관계된다는 내용의 성명을 발표했다. 8월 27일, 미 국방부는 전쟁 준비를 모두 마치고 대통령의 개전 명령만 기다리고 있다고 말했다. 이처럼 시리아 정부군의 화학무기 사용 소식이 터진 이후로 미군이 전쟁 준비를 마칠 때까지 겨우 7일밖에 걸리지 않았다. 이라크 전쟁과 아프간 전쟁 준비에 적어도 1년 반이 걸린 것에 비하면 참으로 놀라운 속도였다.

　이상한 점은 또 있었다. 불과 며칠 전인 8월 18일, 유엔 조사단은 반란군의 화학무기 사용 여부를 조사해달라는 시리아 정부의 요청을 받고 시리아 수도 다마스쿠스에 도착했다. 시리아 정부는 3월 반란군의 화학무기 공격에 의해 대량의 사상자가 발생했다고 주장했으나 반정부군은 이 사실을 즉각 부인하고 오히려 정부군이 화학무기를 사용했다고 주장했다. 유엔 조사단은 이렇게 양측의 주장이 팽팽하게 맞선 가운데 시리아 정부의 요청으로 진상 조사차 달려온 것이었다. 그런데 유엔 조사단의 눈앞에서 화학무기 공격이 감행돼 대량의 사상자가 발생했다. 원흉이 누구든 간에 이런 민감한 상황에서 화학무기를 사용했다면 간이 배 밖으로 나왔거나 머리가 나쁘거나 둘 중 하나일 것이다.

그런데 미군은 진상이 규명되기도 전에 이미 대규모 전쟁 준비를 마쳤다. 전쟁 위기가 이렇게 순식간에 닥친 것은 오바마가 진작부터 시리아에 손을 쓰려고 작정했기 때문은 아닐까?

빅 데이터 시대이니만큼 빅 데이터로 상황 설명을 해보자. 요즘 네티즌들이 흔히 사용하는 구글 트렌드(Google Trend)에 '오바마, 시리아(Obama, Syria)'를 입력해 전 세계 뉴스 제목을 검색해보면 지난 5년 동안 버락 오바마가 시리아 문제에 거의 개입하지 않았다는 사실을 알 수 있다. 구글의 검색 기능을 신뢰한다는 전제 아래, 만약 오바마가 공식석상에서 '시리아'에 대해 단 한마디라도 언급했다면 요즘과 같은 인터넷 시대에 언론의 눈을 피하기 어려웠을 것이다.

검색 결과를 보면 2013년 8월 16일 이전까지 5년 동안 '오바마, 시리아'라는 검색어로 검색된 뉴스 제목은 '0'건으로 나왔고, 8월 16일 이후에야 오바마는 시리아 문제에 대해 큰 관심을 보였다.

오바마 입장에서 시리아 위기는 분명 생각지도 않은 상황에서 찾아와 대처할 마음의 준비가 부족했을 것이다. 그런데 무슨 이유로 며칠 만에 전쟁 발동 여부를 다급하게 결정해야 했을까? 미국의 결정에 대한 세계 각국의 반응도 다양했다. 러시아는 미국이 제시한 증거에 의구심을 표했고 중국 역시 진상 규명을 요청했다. 유엔 내부에서는 갑론을박이 벌어졌고 유럽연합은 전쟁을 반대했으며 나토는 참전을 거부했다. 영국은 우물

구글 트렌드의 검색 결과를 보면, 2013년 8월 16일은 오바마가 시리아 문제에 대해 갑자기 관심을 보이기 시작한 전환점이었다.

쭈물하다가 뒤로 빠졌고 미국 국민들도 전쟁을 반대했다. 전쟁이 끊이지 않는 중동 지역에서는 더욱 전쟁을 원하지 않았다. 이라크전쟁 당시 영미 정보기관은 이른바 "이라크에 대량 살상무기가 있다"라는 거짓 정보로 전 세계를 기만한 바 있었다. 한 번 무너진 신뢰를 다시 회복하기 어려운 법이라 세계 각국도 전쟁에 반대하고 나섰다.

그러나 워싱턴의 정치적 분위기는 짙은 화약 냄새로 가득했다. 미국의 전쟁 준비는 시리아의 화학무기 사용 여부와 상관없이 착착 진행됐다. 오바마 대통령이 전쟁을 선포한 이상 천하에 신용을 잃지 않으려면 반드시 전쟁에 나서야 한다니, 참으로 터무니없는 논리가 아닐 수 없었다. 살인 혐의자에게도 해명할 권리를 주는 것이 미국의 법인데, 미국 정부는 시리아 정부군이 화학무기를 사용했다는 증거도 찾지 못한 상황에서 시리아에 '사형'을 선고하고 7일 뒤에 집행하기로 결정했다.

미국 정부의 유달리 조급한 태도와 번갯불에 콩 볶아먹듯 다그치는 행동에는 수상한 점이 적지 않았다. 전쟁을 준비한다기보다는 마치 전쟁을 빌미로 다른 짓을 꾸미고 있다는 느낌이 강하게 들었다.

사실 시리아 정세가 급격히 악화될 때 마침 월스트리트도 큰 몸살을 앓고 있었다.

벤 버냉키 Fed 의장이 5월에 QE 종료를 언급하고, 6월에 재차 QE 종료에 대해 명확한 태도를 표한 이후 세계 금융시장은 아수라장이 돼버렸다. 더 큰 문제는 금리가 역전되면서 미국 국채 수익률이 빠르게 상승했다는 사실이다.

5월 초 1.66%에 불과하던 10년 만기 국채 수익률은 3개월 만인 8월 16일에 70% 폭등한 2.83%를 기록했다. 국채 수익률이 이처럼 큰 폭으로 상승한 것은 30년 만에 처음이었다.

미국 정부는 시장에서 신용도가 가장 높은 국채 차입자이다. 누구나 파산 가능성을 안고 있지만 미국 정부는 예외라고 할 수 있다. 미국이라는 국가가 존재하는 한 미국 정부는 돈을 찍어 빚을 갚으면 되니까 말이다. 따라서 채권시장에서는 국채 수익률이 가장 낮다. 반면 다른 동종의 채권 수익률은 모두 국채 수익률보다 높다. 국채 수익률이 70%나 상승했으니 다른 채권 수익률은 더 말할 것도 없었다. 그중에서도 정크본드의 수익률이 수직 상승했다.

채권 수익률이 폭등하면 바로 채권 가격이 폭락해 채권시장에 어마어마한 매도 물량이 쏟아질 것이라는 사실을 예고한다. 혹자는 국채 수익률이 2.83%면 여전히 낮은 수준이며, 더 오른다고 한들 문제될 것이 없지 않느냐고 반문할 수도 있다.

국채 수익률의 중요성을 낮게 평가해선 안 된다. 국채 수익률은 미국 금융자산 가격 산정의 기준이 되기 때문에 국채 수익률이 급격하게 상승하면 38조 달러 규모의 채권시장과 19조 달러 규모의 주식시장에 큰 충격을 주게 된다. 10년 만기 국채 수익률이 1.66%일 때 월스트리트 금융자산의 시가 총액이 현재 수준인데, 국채 수익률이 2.83%로 오르면 각종 자산 가격도 상응하게 하향 조정 압력을 받는다. 8월에 미국 증시가 1년 6개월 만에 최대 낙폭을 기록한 것도 모두 이 때문이었다.

그렇다면 Fed가 시중의 채권을 계속 매입해 금리 상승 압력을 줄이면 되지 않을까? 사실 이는 QE 정책의 목적이기도 하다. 그러나 이 방법이 항상 효과를 보는 것은 아니다.

Fed가 양적완화 종료 계획을 발표했으니 향후 국채시장에는 최대 매입자가 사라지는 셈이었다. 신규 국채 발행량의 90%를 소화할 정도로 큰 역할을 하는 Fed가 빠지면 누가 엄청난 규모의 공급량을 떠받칠 수 있을까? 중국과 일본 정부는 물론 외국 투자자들도 바보가 아닌 이상 Fed마저 철수하기로 계획한 마당에 계속 남아 더 큰 손실을 자초할 이유가 없었다. 모두가 한꺼번에 국채시장에서 철수한 결과 국채 가격은 급격하게 하락했고, 국채 보유고가 많을수록 자산 손실은 더 심각했다.

단 3개월 만에 Fed의 대차대조표에는 3,000억 달러의 손실이 나타났다. 거액의 미국 국채를 외환준비금으로 보유한 각국 중앙은행도 대경실색하여 보유 국채를 마구 처분하기에 바빴다. 미국 국채 최대 보유국인 중국과 일본은 6월에 국채 보유고를 420억 달러 감축해 1개월 축소 규모가 사상 최고치를 경신했다. 6월 한 달 동안 외국 투자자들도 미국 국채, 회사채 및 주식을 비롯한 모든 달러화 자산을 대량 매도했다. 미국 금융시장에는 2008년 리먼 브라더스 파산 및 금융위기 발생 당시보다 더 심각한 외국 자본 유출 사태가 벌어졌다.

이 같은 이유 때문에 10년 만기 국채 수익률이 급격하게 상승하면서 채권 매입을 통해 금리를 낮추려던 Fed의 방법도 한계에 다다랐다.

자산 가격이 급격하게 하락함에 따라 항상 고위험 고수익만을 추구하던 월스트리트 펀드 매니저들은 높은 레버리지 효과에 의해 이미 팽창할 대로 팽창한 그들의 자산이 순식간에 가치 폭락과 유동성 고갈 위기에 빠져들었다는 사실을 깨달았다. 자금 압박을 줄이기 위해서는 해외 자산을 대량 매각해 달러화로 바꾸는 수밖에 없었다. 그러자 달러화 양적완화의 온상에서 대량의 핫머니를 끌어들였던 신흥시장국가들, 그중에서도 자본 시장 개방도가 비교적 높았던 인도 등에서 국내에 유입됐던 달러화가 무서운 속도로 빠져나갔다.

8월에 신흥시장은 곡소리로 가득했다. 달러화 역류 현상이 미국 경제 회복에 기인한 것이 아니라 금리 역전으로 인해 미국 금융시장에 자산 가격 대변동이 일어나 달러화 유동성이 고갈 위기에 처했기 때문이었으니 말이다.

벤 버냉키 의장은 시장의 금리 기대가 이토록 급격하게 역전될 줄은 꿈에도 생각하지 못했다. 한쪽에서는 외국 투자자들이 앞다퉈 달러화 자산을 처분하고, 다른 한쪽에서는 미국 투자자들이 월스트리트를 지원하기 위해 신흥시장에서 대거 철수하자 꼼짝없이 사면초가에 몰렸다.

▌ 8월 16일, 미국 10년 만기 국채 수익률은 2.83%로 치솟았다.

시리아 위기 발발을 나흘 앞둔 8월 16일, 미국 10년 만기 국채 수익률은 이미 2.83%로 치솟았다. 다수의 월스트리트 기관들은 보고서를 통해 국채 수익률이 3%를 돌파할 경우 금리 역전 기대가 현실로 나타날 것이고, 3.5%를 돌파하면 주식시장과 채권시장이 약세장으로 돌아설 것이라고 우려했다.

일촉즉발의 위기 상황에서 금리 방어전은 피할 수 없게 됐다.

8월 20일, 버락 오바마 대통령은 월스트리트의 큰손들과 금융 부문 책임자들을 긴급 호출해 대책 마련에 들어갔다. 회의에는 Fed, 재무부, 증권거래위원회(SEC), 소비자금융보호국(CFPB), 연방주택금융청(FHFA), 상품선물거래위원회(CFTC), 연방예금보험공사(FDIC), 전국신용조합감독청(NCUA) 등 내로라하는 부문과 기관의 수장들이 모두 참석했다. 회의 내용은 비밀에 부쳐졌지만 이들 기관에 심각한 충격을 줄 것으로 예상되는 금리 상승 문제를 중점 의제로 다뤘을 것이 틀림없다.

국채 수익률이 오르면 사회 전체의 융자 비용도 상승하게 된다. 2월에 30년 동안 고정금리를 유지했던 3.6%짜리 주택담보대출 금리는 8월에 4.8%로 폭등했고, 다른 산업의 융자 비용도 대폭 상승했다. 금융시장이 한계 상황에 다다르자 실물경제도 더 이상 버티기 힘들었다.

8월 22일, 10년 만기 국채 수익률이 2.9%로 상승하면서 상황은 점점 더 다급해졌다.

미국의 헤지펀드와 뮤추얼펀드, 연금펀드 및 보험사들도 중국이나 일본과 마찬가지로 국채를 비롯한 여러 가지 채권을 대량 보유하고 있었다. 이들은 국채 수익률의 상승과 잇따른 채권 가격의 하락으로 인해 장부상 자산이 큰 손실을 입는 것을 좌시할 수 없었다. 리스크 헤지를 위해 이들이 택한 방법은 국채를 공매도하는 것이었다. 이는 국채 가격의 더 큰 하락을 초래했다.

5월부터 8월까지 4개월 사이에 금리가 대폭 상승하면서 글로벌 금융 시장의 시가 총액은 무려 3조 달러의 손실을 입었다. 금리 상승세를 신속히 막아내지 못할 경우 금융시장에 더 심각한 사태가 발생하는 것은 시간 문제였다.

이런 상황에서 시리아 위기는 월스트리트에 가뭄의 단비 같은 반가운 소식이었다.

버락 오바마 대통령이 시리아 전쟁을 예고하면서 중동 지역은 물론 전 세계가 신경을 곤두세웠다. 해외 자금은 전쟁 위험을 피하기 위해 본능적으로 다시 미국 국채시장에 몰려들었다. 그 결과 2.9%까지 치솟았던 미국 10년 만기 국채 수익률은 2.75%로 대폭 하락했다.

5월부터 거의 통제 불능 상태에 놓였던 금리는 드디어 안정권에 들어섰다. Fed가 4개월 사이에 3,400억 달러의 양적완화 추가 조치를 실시해도 해결할 수 없었던 금리 위기는 미군 군함 몇 척의 무력 시위에 쉽게 해결됐다.

앞으로 Fed가 양적완화를 종료하는 과정에서 국지전, 사회적 혼란, 지역 분쟁 등 중대한 사건이 빈번하게 터질 가능성이 높다. 이런 일련의 사건들은 금리 상승을 효과적으로 억제하는 '완충제' 역할을 할 것이다.

RP(Repurchase Paper)
환매조건부채권. 현물로 증권을 매도, 매수함과 동시에 사전에 정한 기일에 증권을 환매수, 환매도하기로 하는 2개의 매매 계약이 동시에 이루어지는 계약을 말함.

그러나 냉정하게 말하면 그 어떤 위기도 금리 상승을 약간 늦춰줄 뿐 금리 상승세를 변화시키지는 못한다. 금융 시스템 내부에 자체 붕괴를 초래하는 더 큰 위험 요인이 숨어 있기 때문이다. 그중에서도 RP 시장은 금융 시스템의 사활이 걸린 가장 중요한 부분이라고 할 수 있다.

Repo, 채권을 담보물로 삼은 거래

일반인이 국채를 매입하면 만기일까지 기다리거나 중도에 매각하는 것 외에 다른 거래 방법이 없다. 이와 달리 금융기관은 보유하고 있는 '죽은 국채'를 '산 현금'으로 바꿀 수 있다. 이것이 바로 환매조건부채권 매매(Repo, Repurchase Agreement)의 매력이다.

금융기관은 여윳돈이 있는 사람에게 국채를 저당 잡히고 돈을 빌릴 수 있다. 돈을 빌리면서 일정 기간 이후에 더 높은 가격으로 국채를 재매입하기로 약속하는데, 이때 발생하는 차액을 바로 'RP 금리'라고 한다. 투자자는 이 차익을 노리고 돈을 빌려주며, 수요자가 투자자에게 담보로 제공하는 증서가 바로 환매조건부채권(이하 환매채)이다. 국채는 국가 신용을 담보로 발행한 채권이기 때문에 시장에서 쉽게 현금화할 수 있다. 또한 상환 기간이 길지 않아 짧게는 하루, 길어야 수십 일에 불과하다. 여유 자금이 많은 금융기관과 개인의 경우 은행의 정기 예금은 입출금이 자유롭지 못해 불편하고 당좌예금은 금리가 너무 낮아 매력적이지 못하다. 이때 유연한 자금 회전과 비교적 높은 수익 및 안전한 투자, 이 세 가지를 모두 만족시켜주는 것이 바로 RP 시장이다.

환매채 매매는 자금이 필요한 사람이 집에 있는 골동품을 전당포에 맡기고 돈을 빌리는 것과 같다. 환매채 매매에서 담보로 사용되는 국채가 '골동품'에 해당한다. 전당포 점원은 흔히 저당 잡힌 물건의 가치를 낮게 평가한다. 환매채 매매에서는 이를 '헤어컷'이라고 부른다. 전당포에 물건을 저당 잡힐 때 저당 기간이 있는 것처럼 환매채 매매에는 환매 기간이 적용된다.

헤어컷(Haircut)
담보로 제공한 채권 가격을 낮게 평가하는 것.

이 기간에 돈을 빌릴 때 부과하는 금리가 바로 RP 금리이다. 만기일이 지나도록 저당물을 되찾아가지 않으면 전당포 주인은 저당

물을 팔거나 본인이 소유하는 등 마음대로 처분할 수 있다. 환매채 매매역시 똑같다. 차입자가 계약을 위반한 경우 계약 담보물인 국채는 대출자의 소유가 된다.

환매채 매매의 원리는 매우 간단하고 운용 방법도 복잡하지 않다. 그럼에도 불구하고 금융시장에서는 환매채 매매의 중요성이 크게 각광받지못하고 있다. 환매채 매매는 현대 금융시장에서 가장 핵심적인 융자 채널이자 가장 결정적인 유동성 공급 수단, 가장 중요한 화폐 창조 센터의 역할을 하고 있다. 한마디로 전반적인 금융 시스템을 움직이는 엔진 역할을하지만 금융업계 종사자를 제외하고는 이 사실을 아는 사람이 거의 없다.

미국 채권시장에서 21개의 1급 마켓메이커들이 수천억 달러 규모의채권 재고를 보유할 수 있는 것도 바로 이 RP 시장의 융자 채널에 의존하는 바가 크다.

21개의 1급 마켓메이커들은 미국 재무부가 국채를 경매할 때 직접 입찰에 참가할 수 있다. 이것이 국채발행시장이다. 이들은 또한 유통시장의주요 마켓메이커이기도 하다. 뉴욕연방준비은행은 21개 마켓메이커들과밀접한 협력 관계를 유지하고 있다. Fed가 공개시장조작, 국채 및 MBS매입 혹은 매각, Fed 대차대조표 확대 혹은 축소, 양적완화 등 다양한 정책을 펼치려면 반드시 1급 마켓메이커들의 도움을 받아야 한다.

사실 1급 마켓메이커 그룹의 핵심 멤버는 모두 18세기 유럽 17대 금융가문의 자손들이다. 이들은 선조들이 300여 년에 걸쳐 전 세계를 아우르면서 구축한 금융망을 이어받아 관리하고 있다. 이들은 대대로 협력 관계를 맺고 있어서 서로 결탁하거나 관계가 층층이 얽힌 경우도 많다. 매사에 서로 소식을 주고받거나 중요한 정보를 공유하는 끈끈한 관계는 더 말할 필요조차 없다. 후손들은 금융업 입문 초기에 종종 서로 상대 가문의은행에 파견돼 실습에 나서는데, 여기에는 구체적인 금융 실무를 숙련되게 익히는 동시에 서로 간에 신뢰와 우정을 쌓기 위한 목적도 있다. 반면 이들 사이에는 경쟁도 흔히 벌어진다. 기존의 독점적 지위를 강화하기 위해 심할 때는 격렬한 충돌을 빚기도 한다. 간혹 룰을 지키지 않아 집단 전체의 이익에 심각한 위협을 끼치는 자, 경영 능력이 부실하거나 후계자를 제대로 육성하지 못하는 자 등이 나오면 가차 없이 집단 밖으로 쫓아낸다. 이처럼 1급 마켓메이커들은 수백 년에 걸쳐 확보한 고객 자원과 시장 일선에서 쌓은 풍부한 경험을 바탕으로 제때에 가장 정확한 정보를 가장 빠르게 취득한다. 또 이들의 실전 능력은 학자 출신인 Fed 수장들이 따라올 수 없을 정도로 뛰어나다. 1급 마켓메이커들이야말로 미국 금융시장의 진정한 브레인, 심장, 신경, 골격, 근육이자 손발이라고 불려도 전혀 손색이 없다. 이에 반해 워싱턴에 죽치고 있는 Fed의 관리들은 필요할 때에만 언론에 모습을 드러내는 '대변인'일 뿐이다.

　미국의 국채 경매 규모는 툭하면 건당 수억 달러가 오갈 정도로 어마어마하다. 이렇게 엄청난 물량을 매입할 수 있는 능력은 오직 1급 마켓메이커만 가지고 있다. 또 이렇게 많은 국채를 다양한 경로를 통해 다시 팔 수 있는 것도 1급 마켓메이커만 가능한 일이다. 이들은 자기자본의 수십 배에 달하는 자산을 보유할 만큼 능력이 뛰어나고 대담한 인물들이다. 1급 마켓메이커들이 경매를 통해 매입한 국채를 담보로 RP 시장에서 자금을 조달하려 하면 여윳돈이 있는 투자자들은 환매채 발행 소식을 듣고 벌떼처럼 몰려든다. 주로 MMF펀드, 뮤추얼펀드, 다국적기업, 보험사, 주(州) 및 지방정부, 국부펀드, 외국 중앙은행 및 기타 중량급 투자자들이 이에 해당한다. 그렇다면 돈 많은 투자자들은 왜 직접 국채를 매입하지 않을까? 그 이유는 일일물 환매채 금리가 3개월 만기 국채 수익률보다 더 높기 때문이다. 다른 몇 개월 만기 채권상품의 수익

국부펀드
(SWF, Sovereign Wealth Fund)
적정 수준 이상의 보유 외환을 따로 떼어 투자용으로 모아놓은 자금.

률도 환매채 금리에 비하면 새 발의 피라고 할 수 있다. 게다가 환매채는 만기가 매우 짧고 자금 회전이 유연하며 안전성이 높은 국채를 담보로 삼기 때문에 리스크가 거의 제로 수준에 가깝다.

1급 마켓메이커들은 환매채 발행을 통해 얻은 자금을 들고 다시 RP 시장에 쳐들어간다. 이번에는 대출자 신분으로 역환매조건부채권(Reverse Repo, 역RP)을 거래하기 위해서이다. 즉 앞서 RP 시장에서 환매채 매매에 담보로 제공했던 것과 똑같은 종류의 국채를 똑같은 규모로 빌리는 것이다. 언뜻 보면 쓸 데 없는 짓을 하는 것처럼 보인다. 국채를 담보로 돈을 빌리고, 그 돈으로 다시 국채를 빌리니 괜한 법석을 떠는 것이 아니고 무엇인가. 그러나 1급 마켓메이커들이 바보가 아닌 이상 속셈은 따로 있다. 사실 수천억 달러의 채권을 보유하고 있는 것은 매우 위험한 일이다. 금리가 시시각각 변하기 때문이다. 가끔 금리가 급변할 때에는 더욱 위험하다. 금리가 변하면 채권 가격도 따라서 변하는데 거액의 채권 재고를 회전시키려면 일정 기간이 필요하다. 금리가 변하기 전에 채권 재고를 제때 처분하지 못할 경우 차익 거래를 통해 얻은 수익은 몽땅 물거품이 되고 심지어 본전까지 잃을 수도 있다. 그런데 국채를 담보로 돈을 빌리고 그 돈으로 다시 국채를 빌리면 전자의 이자 비용과 후자의 이자 소득이 서로 상쇄된다. 만약 금리가 갑자기 상승하면 먼저 담보로 제공한 국채 가격은 하락하고 약정한 상환 가격은 시장가격보다 높아지기 때문에 손해를 보게 된다. 그러나 후자의 경우 상대방이 담보로 제공한 국채 가격이 똑같이 하락하고 상대방의 상환 가격도 시장가격보다 높아지기 때문에 이 거래에서는 수익을 얻는다. 이렇게 손익을 서로 상쇄하면서 금리 상승에 따른 리스크 위험을 완벽하게 피할 수 있다. 이 방법을 일컬어 대차대조표의 '균형장부(Matched Books)'라고 한다. 이런 방법으로 금리 위험을 배제하고 나서 안심하고 채권 도소매 차익을 챙길 수 있게 되는 것이다.

물론 이 방법은 안전한 것이 장점이기는 하나 국채 도매와 소매를 통해 얻는 이윤은 그야말로 미미한 수준이다. 100만 달러를 거래해야 수십 달러를 버는 정도라 거래량이 1억 달러라고 해도 겨우 수천 달러밖에 벌지 못한다. 아마 배추를 팔아도 수익률이 이보다 훨씬 더 높을 것이다. 어쨌든 1급 마켓메이커들은 양으로 승부하는 사람들이라 미국의 연간 신규 국채 발행 규모가 수조 달러에 달하는 점을 감안하면 수익이 그리 적지는 않을 것이다.

그렇다면 더 많은 돈을 벌 수 있는 방법은 없을까? 물론 있다. 금리가 일정 기간 동안 대폭 상승하지 않을 것이라는 확신만 있다면 국채를 적게 빌리고 남는 돈으로 국채 재고를 늘리면 된다. 2011년 이후 1급 마켓메이커의 국채 재고 물량은 회사채 재고를 훨씬 초과했는데, 이는 Fed가 양적완화 규모를 꾸준히 확대할 것이라는 '확신'이 있었기 때문이다. 양적완화를 계속 확대하는 한 국채 수익률은 지속적으로 하락세를 유지할 것이므로 '매치 헤징' 따위는 필요 없어진다. 그러나 주목할 점은 국채 재고의 매치 헤징 정도가 낮아질수록 금리 상승 위험이 더 커진다는 사실이다.

1급 마켓메이커들은 Fed의 정책에 드러나지는 않지만 막강한 영향력을 끼치는 관계로 그들의 확신은 빗나간 적이 거의 없다.

금리 추세를 정확하게 꿰뚫으면 돈벌이가 가능한 구멍을 얼마든지 만들어낼 수 있다. 무엇 때문에 런던은행간금리(Libor) 조작 스캔들이 심심찮게 터져 나올까? 금리를 조작하면 1급 마켓메이커들의 이윤 공간 확대에 큰 도움이 되기 때문이다. 1급 마켓메이커들은 미국 금융시장을 좌지우지할 뿐 아니라 유럽 금융시장에도 막강한 영향력을 행사한다. RP 시장 금리 조작은 이들이 수익을 얻는 방식 중 하나일 뿐이며, 더 큰 수익은 금리 스와프 및 기타 파생금융상품시장에서 창출한다.

1급 마켓메이커는 입찰을 통해 매입한 수억 달러 규모의 국채를 수백만 달러씩 분할해 하급 거래업자에게 나눠줬다. 그러면 하급 거래업자는 1급 마켓메이커와 똑같은 방법으로 환매채 매매를 통해 자금을 조달하고 역환매채 거래를 통해 리스크를 헤지했다. 그중에서도 배짱 좋은 자들은 아예 리스크 헤지 절차를 생략하고 국채를 전부 움켜쥐고 있다가 채권시장의 인맥 네트워크를 동원해 더 세분화된 시장에 국채를 공급했다. 이로써 국채 자산은 최종적으로 개인 투자자의 대차대조표에 기록됐다.

RP 시장에 나타난 6월의 악몽

벤 버냉키 Fed 의장이 2013년 5월 QE 종료 의사를 밝히자마자 채권시장이 발칵 뒤집히고 채권시장 참여자들은 모두 공포에 떨었다. 국채를 틀어쥐고 있던 마켓메이커들은 수중의 '뜨거운 감자'를 처분하기 위해 인맥관계를 총동원했고, 채권 보유고는 많지만 '매칭 헤지'가 부족한 거래업자들은 뜨거운 솥 안의 개미처럼 안절부절못했다.

6월에 중국과 일본을 비롯한 미국 국채 다량 보유국들이 '대탈주'를 시작하면서 국채 수익률은 가파르게 상승 반전했다. 그러자 이번에는 RP 시장에서 국채를 담보로 돈을 빌린 헤지펀드들이 난리가 났다. 국채 가격이 하락하면서 담보물로서의 가치가 떨어졌기 때문이다. 대출자들은 차입자들에게 기한 내에 추가증거금을 납부하라는 '최후통첩'을 내렸다. 그러나 높은 레버리지 효과에 의해 거품만 잔뜩 생긴 헤지펀드에 현금 자금이 있을 리 만무했다.

궁지에 몰린 헤지펀드는 자산을 팔아 현금으로 바꿀 수밖에 없었다. 이것이 개별적인 상황이라면 별 문제가 아니지만 너도나도 앞다퉈 자산을 매각하려 하자 시장에 유동성이 고갈되고 자산 가격이 폭락해버렸다.

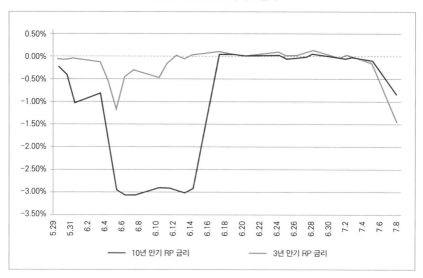

3년 만기 및 10년 만기 리포 금리

5월 말부터 7월 초까지 3년 만기 국채 및 10년 만기 국채의 RP 금리는 마이너스로 내려갔고, 중국과 일본이 미국 국채를 대량으로 매각한 6월에는 10년 만기 미국 국채의 RP 금리가 -3%로 떨어졌다. 보기 드문 기이한 현상이 아닐 수 없었다.

돈을 벌려고 남에게 돈을 빌려준 대출자들은 거래 상대에게 10년 만기 미국 국채를 담보물로 받은 '죄'로 오히려 거꾸로 3%의 돈을 밀어 넣게 된 것이다.

이것은 도대체 어찌된 영문일까?

다시 한 번 전당포를 예로 들어 설명해보자. 당신은 조상 대대로 물려받은 골동품을 들고 전당포를 찾아간다. 그런데 점원은 이런저런 트집을 잡으면서 시중 가격의 50%밖에 쳐줄 수 없다고 한다. 화가 난 당신은 시중 가격의 90%를 주지 않으면 저당을 잡힐 수 없다고 고집하다가 흥정

끝에 시중 가격의 70%에 저당 잡히고 돈을 빌리기로 합의한다. 이는 흔히 볼 수 있는 정상적인 상황이다.

그런데 갑자기 상황이 돌변했다. 몇몇 유명 골동품 수집가들이 당신의 것과 같은 종류의 골동품을 헐값에 처분한다는 소식이 들리면서 골동품 가격이 하락하기 시작한 것이다. 똑같은 골동품을 가지고 있던 사람들은 깜짝 놀라 너도나도 경쟁적으로 수중의 물건을 팔기 시작한다. 골동품 시장에는 수집가보다 투기꾼이 더 많다. 투기꾼은 공매도와 공매수를 전문으로 하는 사람이다. 그들은 즉시 본인이 이런 골동품을 대량 보유하고 있다면서 손해 볼 각오로 최저가에 판매한다는 소문을 퍼뜨린다. 사실 투기꾼의 손에는 물건이 없다. 시장에는 파는 사람이 있으면 사는 사람이 있기 마련이다. 사람들은 소문을 듣고 골동품을 헐값에 사려고 투기꾼에게 몰려들어 현금을 미리 지불한 다음 물건을 기다린다. 투기꾼은 전당포 주인에게 달려가 할증금을 지불하면서 똑같은 골동품을 빌린다.

그렇다면 투기꾼은 왜 돈을 더 주면서까지 골동품을 빌리는 것일까? 여기에는 그럴만한 이유가 있다. 투기꾼은 골동품 가격이 더 하락할 것으로 내다보고 먼저 전당포의 골동품을 빌려 납품한 다음 며칠 뒤 가격이 더 떨어졌을 때 골동품을 사서 전당포 주인에게 돌려주려고 하는 것이다. 이렇게 하면 중간에서 생기는 차익을 얻을 수 있다.

골동품 가격이 폭락하면 시중에 팔려는 사람이 많고 사려는 사람이 적어 공급 과잉 현상이 나타나야 정상이다. 그러나 투기꾼이 개입하면서 상황이 달라진다. 대규모 공매도로 인해 현물 인도가 어려워지면 투기꾼은 할증금을 지불해서라도 전당포의 골동품을 빌릴 수밖에 없다. 그 결과 전당포의 골동품 가격은 오히려 상승한다. 이때 골동품을 가지고 있는 사람은 전당포에 골동품을 저당 잡히고 일부 투기상들의 할증금을 벌어들일 수 있다.

RP 금리가 마이너스가 되는 것도 똑같은 원리이다. 대량의 매도 물량이 갑자기 쏟아지면 국채 수익률은 빠르게 상승한다. 국채 자산을 대거 보유한 은행, MMF펀드, 보험사, 다국적 기업 및 외국기관들은 국채 가격 하락에 따른 손실을 줄이기 위해 무더기로 매각 행렬에 가담한다. 이쯤 되면 국채 가격이 더 하락할 것이라는 공포 심리가 시장에 확산된다. 이 때 공매도를 주업으로 삼는 투기꾼, 이를테면 일부 헤지펀드들은 기회를 놓칠세라 대량의 공매도 주문을 낸다. 국채 매도 물량이 많다고 하나 공매도 규모는 이보다 훨씬 더 크다.

국채 보유자들은 수중의 재고를 팔면 되기 때문에 국채를 빌릴 필요가 없다. 그러나 전적으로 공매도에 의존하는 투기꾼은 반드시 국채를 빌려야 현물을 인도할 수 있다. 문제는 공매도 규모가 엄청나서 한계점에 달했을 때이다. 국채를 빌리지 못해 기한 내에 결제하지 못하면 디폴트 발

미국 국채 교부 불이행 액

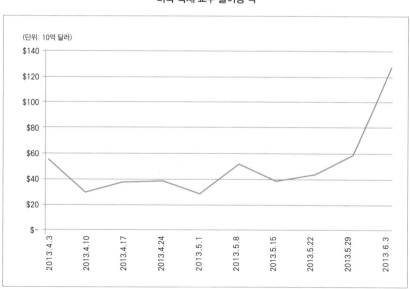

| 2013년 6월 5일, 미국 국채 교부 불이행 규모는 1,300억 달러에 달했다. (출처: Zero Hedge, Federal Reserve)

생률이 대폭 상승하게 되는 것이다.

실제로 이런 상황이 발생해 6월 5일 국채 교부 불이행 규모가 1,300억 달러에 달했다.

벤 버냉키 의장 역시 미국 국채 공매도 열풍이 이렇게 뜨거워질지는 미처 생각지 못했을 것이다.

RP 금리가 마이너스로 떨어지고 국채 교부 불이행 규모가 꾸준히 증가하는 현상은 RP 시장이 이미 극히 비정상적인 상태에 처해 있다는 사실을 의미한다. 이 상태가 계속되면 금융 시스템의 유동성 공급 및 화폐 창조 기능에 심각한 악영향을 끼치고, 더 나아가 수백조 달러 규모의 파생상품시장에도 거센 폭풍을 몰고 온다.

전통 은행 시스템의 화폐 창조 원리

본질만 따지자면 은행 시스템은 일종의 서비스 공급자로 주로 경제 활동에 필요한 화폐 서비스를 공급하는 기능을 한다. 이는 통신업체가 통신 서비스를 제공하고 교통 부문이 운송 서비스를 제공하는 것과 크게 다를 바 없다. 은행 시스템이 사회에 화폐 서비스를 제공하는 대가로 사회로부터 받는 비용이 바로 은행 시스템의 수익이다.

그렇다면 은행 시스템의 화폐는 어디에서 생겨나는가? 답은 간단하다. 은행 화폐는 은행 시스템이 스스로 만들어낸다.

사람들은 매일 화폐를 사용하면서도 화폐의 생성 메커니즘에 대해서는 잘 모른다. 그저 국가 소유의 조폐국에서 찍어낸 지폐가 전부일 것이라고 생각하는 사람이 대부분이다. 사실 현대 국가에서 지폐는 화폐의 극히 일부분만을 차지하고 있다. 화폐의 대부분을 차지하는 것은 바로 은행이 창조하는 은행 화폐(신용화폐)이다.

그렇다면 은행은 어떻게 화폐를 창조하는가?

우선 가장 간단한 형태의 은행 대차대조표를 살펴보자. 초창기라 은행 장부에 자산도, 부채도 없고 소유자 권익(Owner's Equities)도 발생하지 않았다고 가정하면 대차대조표 상태는 다음과 같다.

자산	부채&권익
현금: 0	예금: 0

은행의 대차대조표는 어느 한 시점의 경영 상태를 나타낸다. 이는 마치 스냅 사진과 같다. 은행의 경영 상태를 매 순간 스냅 사진으로 찍어두고 그 사진들을 쭉 연결하면 해당 은행의 성장 상황을 알 수 있다. 위 도표에서 왼쪽의 자산 항과 오른쪽의 부채 및 권익 항 사이에는 항상 등식이 성립한다.

현금이 은행의 자산이라면 예금은 은행의 부채이다. 예금자가 아무 때나 은행에 저축한 돈을 인출할 수 있기 때문이다. 은행은 무조건적으로 예금자의 현금 인출 요구를 만족시켜야 한다. 이는 은행의 책임이자 의무이다.

가령 고객 A가 은행에 현금 100위안을 예금했다면 그 순간 은행의 대차대조표는 다음과 같은 상태로 변한다.

자산	부채&권익
현금: 100	고객 A의 예금: 100

왼쪽의 자산 항과 오른쪽의 부채 및 권익 항 사이에는 여전히 등식이

성립한다. 은행은 예금자인 고객 A에게 종이로 만든 통장, 플라스틱으로 된 은행카드 혹은 인터넷 뱅킹에 필요한 보안카드를 발급하는데, 고객 A는 어떤 방식으로든 수시로 예금을 인출할 수 있는 권리를 가진다. 예금의 본질은 이처럼 은행이 예금자에게 현금 인출권을 부여하는 것이다.

이때 고객 B가 은행을 찾는다. 이 고객은 예금하러 온 것이 아니라 대출을 받으러 왔다. 은행은 고객 B의 신용 정보와 대출 여부를 면밀하게 조사한 뒤 대출해주기로 결정한다. 그러나 중앙은행의 규정상 은행에 있는 현금 100위안 중 최대 90위안만 대출이 가능하다. 나머지 10위안은 비상금으로 은행에 남겨둬야 한다.

대부분의 사람은 은행이 자산 항의 현금 90위안을 고객 B에게 대출해주었기 때문에 은행의 현금 자산이 10위안밖에 남지 않았다고 생각한다. 은행은 예금자의 돈을 필요한 사람에게 빌려주는 곳이 아닌가? 이런 생각을 가진 사람은 현대 은행의 수익 창출 원리를 제대로 이해하지 못한 사람이다. 이 경우 은행은 현금 100위안 중 90위안을 고객 B에게 대출해준 것이 아니라 '무에서 유를 창조하는' 방법으로 새로운 예금을 만들어낸다. 이 순간 은행의 대차대조표는 다음과 같이 변한다.

자산	부채&권익
현금: 100 고객 B의 대출: 90	고객 A의 예금: 100 고객 B의 예금: 90

아직도 잘 모르겠다고? 당연한 반응이다.

은행이 마술사처럼 무에서 유를 창조하는 방법으로 신규 예금을 만들어냈으니 일반인의 사고방식으로는 은행의 이런 기장 방식이 합리적이거나 논리적이라고 믿기 어렵다. 그러나 어쨌든 위와 같은 기장 방식은 19세

기 유럽 금융가 집단에 의해 발명돼 영미 법조계의 승
인을 받은 이후로 지금까지 통용돼왔다. 현재 부분지
급준비제도는 이미 세계적인 통용 표준으로 자리 잡
았다. 물론 이 제도의 합리성이나 공정성 따위는 별로

부분지급준비제도
예금의 일부만 지급준비금으
로 남겨두고 나머지는 대출하
는 제도.

중요하지 않다. 중요한 것은 일반 사람들이 이 제도가 본인에게 부당한
대우를 강요한다는 사실을 인식해야 한다는 데 있다. 오직 은행만 무에서
유를 창조하는 기장 방식을 사용할 수 있다. 실제로 기업들은 이런 특권
을 가지지 못한다. 만약 어떤 기업이 감히 이런 기장 방식을 도입한다면
무조건 사기죄로 고소당하고 기업 법인도 쇠고랑을 차게 된다. 이는 한
가지 중요한 문제를 설명하는데, 은행 시스템이 19세기부터 경제 활동 과
정에서 모종의 특권을 향유하기 시작했다는 사실이다.

　고객 B의 대출금이 은행에 의해 자산으로 분류된 이유는 왜일까? 바로
고객 B의 대출금이 이자소득을 발생시키기 때문이다. 은행은 무릇 현금
흐름을 발생시키는 것은 모두 자산으로 분류한다. 따라서 사회 각 부문이
은행에 진 빚은 모두 은행 자산이다. 지금까지 위에서 예를 든 은행의 총
자산은 190위안, 총부채도 190위안으로 양자의 값은 여전히 같다. 오른
쪽 부채 항에 새로 늘어난 90위안은 은행이 고객 B에게 개설해준 신규
예금 계좌이다. 고객 B는 수표, 계좌 이체 혹은 현금 인출을 통해 이 돈을
쓸 수 있다.

　여기에서 주목해야 할 점은 고객 B의 예금 계좌가 활성화되는 순간 국
가의 통화 총량은 새로 90위안 증가한다는 사실이다.

　고객 B가 이 돈을 어떻게 사용하든 90위안이라는 금액은 은행 시스템
의 또 다른 은행 계좌에 기입된다. 90위안의 예금, 즉 90위안의 현금 자산
이 새로 증가한 은행은 이 가운데 81위안을 대출해주고 다시 81위안의
신규 예금을 창조해낸다. 이런 방식으로 계속 순환하면 나중에 은행 시스

템의 통화량은 10배 이상 증가한다. 100위안의 신규 예금이 최종적으로 1,000위안의 공급량을 만들어내는 것이다.

이것이 은행의 화폐 창조 메커니즘이다. 정상적인 상황에서 새로 증가한 화폐는 지폐처럼 시중에 유통되지 않고 장부에 기입된 숫자 형태로 은행 시스템에 존재한다. 화폐는 은행 장부 숫자의 끊임없는 변화 속에서 보이지 않게 유통되는 것이다.

고객 B의 대출 수요는 실물경제 성장으로 생성되는 화폐 수요와 맞먹는다. 은행 시스템은 화폐 창조를 통해 이 수요를 만족시키고, 은행은 서비스 비용으로 이자소득을 얻는다. 실물경제가 새로운 화폐 수요를 발생시키지 않을 때에도 은행 시스템은 스스로 새로운 화폐 수요를 만들어낼 수 있다. 이때 사회는 은행에 서비스 비용을 지불해야 한다. 단 이 경우에는 서비스 비용이라기보다 은행이 사회에 강제로 부과한 '관리비'라고 하는 편이 더 적절하다.

실물경제가 침체되면 은행도 대출 공급이 어려워진다. 이런 상황에서 은행은 어떻게 관리비를 받을까?

오늘날의 금융 환경에서 보면 은행은 전통적인 예금 화폐 창조 능력을 크게 상실했다. 대신 그림자금융을 통해 그림자통화를 창조하는 새로운 메커니즘이 개발됐다. 대출을 통해 예금(부채)을 창조하던 방식은 이미 한물가고 지금은 담보물을 이용해 환매채(부채)를 창조하는 시대가 도래했다. RP 시장이야말로 오늘날 세계에서 가장 중요한 화폐 창조 중심지가 되었다.

화폐는 끊임없이 진화한다. 그러나 사회적 인식은 화폐 진화 속도를 따라가지 못하고 있다. 지금의 화폐금융학 이론은 여전히 1980년대 수준에 머물러 있다. 이렇게 고루하고 낙후한 지식으로 새로운 화폐 창조 원리를 이해한다는 것은 어불성설이다. 많은 사람들이 화폐, 물가, 환율, 금리 및 금융시장에 대해 분석할 때 심각한 오류가 발생하는 것도 모두 이 때문이라고 할 수 있다.

부분지급준비제도를 모르는 사람은 20세기 금융의 본질을 이해했다고 말할 수 없다. 마찬가지로 RP 시장의 신용화폐 창조 원리를 이해하지 못하면 21세기 금융시장의 본질을 꿰뚫어볼 수 없다.

신개념 화폐 '그림자통화'

현대 금융시장의 화폐 창조 원리를 제대로 알려면 헤지펀드가 은행 예금과 비슷한 부채를 창조하는 과정을 살펴보면 된다. 이것이 가장 간단한 방법이다.

예를 들어 한 펀드회사가 자금 100위안을 모금한 후 요란하게 개업했다고 하자. 이 자금을 방치하면 무용지물이 되므로 펀드 매니저는 이 돈으로 100위안의 국채를 매입한다. 이 경우 펀드회사의 대차대조표는 다음과 같다.

자산	부채&권익	
현금: 0 국채: 100	부채: 0	
	권익: 100	

물론 펀드 매니저는 이자를 얻기 위해 국채를 산 것이 아니다. 이자를 얻기 위해 국채를 만기일까지 보유하는 것은 아주머니들이나 하는 일이다. 그는 더 많은 자금을 조달하고 자산 규모를 확대하기 위해 국채를 매입한다. 펀드 매니저는 100위안의 국채를 담보로 RP 시장에서 현금 90위

안(이해를 돕기 위한 예시일 뿐, 반드시 현금은 아니다)을 조달한다. 환매채 매매를 거친 뒤 이 회사의 대차대조표에 재미있는 변화가 나타난다.

자산	부채&권익
현금: 90 국채: 100	RP 부채: 90
	권익: 100

환매채 매매를 통해 자금을 조달한 뒤 펀드사의 총자산은 190위안으로 증가했다. 새로 증가한 90위안의 현금을 고위험 고수익 상품에 투자하면 환매채 이자 비용과 투자 수익 사이의 차익을 얻을 수 있다.

여기에서 강조할 사실이 있다. 환매채 매매는 '먼저 팔고, 나중에 사들이는' 방식으로 표면상으로는 '진성 매각(실제로 파는 것)'처럼 보이나 실제로는 그냥 '돈을 빌리는 것'에 불과하다는 점이다. 차입자는 환매채 계약을 할 때 담보로 제공한 자산을 1일 혹은 수일 이내로 되살 것을 약속한다. 따라서 자산과 관련해 발생하는 모든 금리 리스크나 디폴트 위험은 차입자가 부담해야 한다. 이 때문에 회계법상 환매채 거래에 담보로 제공되는 자산은 그대로 차입자의 대차대조표에 기입되고 대출자의 대차대조표로 이전하지 못하도록 규정하고 있다.

리먼 브라더스는 환매채 개념을 변형시킨 '리포 105(Repo 105)' 회계조작 사건으로 한동안 화제가 된 바 있다. 사건의 전말은 다음과 같다.

금융위기 발생 전야에 서브프라임 모기지론 문제가 불거지면서 리먼 브라더스의 자산 가치는 빠르게 하락하고 있었다. 이에 대규모 재무 손실을 막기 위해 쓰레기 자산을 얼른 처분해야 했다. 그러나 극도로 악화된 금융시장에서 매입자를 찾기란 쉽지 않았다. 이에 리먼 브라더스는 부채를 숨기기 위해 매번 재무제표를 발표하기 전에 일명 리포 105라는 환매

조건부채권 매매 꼼수를 부렸다. 액면가 105달러짜리 채권을 100달러에 '판매'하고 '판매 수익'으로 얻은 현금 100달러를 부채 상환에 사용한 것이다. 그 결과 회계장부상 자산과 부채 규모가 동시에 대폭 하락하면서 악화된 재무 상황을 숨길 수 있었다. 10여 일이 지나 재무제표 발표가 끝나면 다시 자금을 조달한 다음 자산을 '환매'해 대차대조표를 원상 복귀시켰다. 리먼 브라더스는 이 방법으로 무려 500억 달러의 쓰레기 자산을 대차대조표에서 은폐했다. 이로써 투자자들이 리먼 브라더스의 재무 건전성을 정확히 평가하는 데 심각한 혼란이 조성됐다. 이는 한마디로 금융 사기나 다름없었다.

정상적인 RP 시장에서는 102달러 상당의 채권을 담보로 약 100달러의 돈을 빌릴 수 있다. 그런데 리먼 브라더스는 왜 100달러를 빌리는데 105달러짜리 채권을 담보로 내놓았을까?

그 이유는 '환매채 매매를 통해 돈을 빌리는 과정'을 '진성 매각'으로 위장하기 위함이었다. RP 시장에서는 담보로 제공하는 자산의 평가절하 비율(헤어컷)을 최대 2%로 정한다. 이 비율을 초과할 경우 차입자는 담보자산에 대한 실제 통제력을 잃은 것으로 간주한다. 즉 '자산을 담보로 하는 차입'이 아니라 '자산 매각'으로 인정된다는 얘기이다. 리먼 브라더스의 경우에도 이를 자산 매각으로 처리해 대차대조표에는 현금만 계상했기 때문에 회계법에는 위반되지 않았다. 한마디로 회계 기준의 맹점을 이용해 회계장부를 조작했던 것이다.

리먼 브라더스는 차입금의 105%에 달하는 채권을 담보로 제공한 리포 105 사건으로 전 세계의 비난을 받았다.

여기서는 독자들의 이해를 돕기 위해 담보자산 가치 할인율을 10%라고 설정하자. 과도한 리스크를 싫어하는 대출자의 경우 차입자가 담보로 제공하는 국채에 10%의 할인율을 적용하면 상당히 안전하다. 설령 국채 소유주인 헤지펀드가 파산하더라도 대출자는 시장에서 100위안짜리 국채를 팔아 적어도 90위안의 대출을 회수할 수 있고, 심지어 그 이상도 회수가 가능하다.

헤지펀드가 환매채 매매를 통해 조달한 90위안은 전통 은행 시스템에서는 앞서 언급한 고객 A의 예금과 같다. 또 헤지펀드의 RP 부채는 전통 은행의 예금 부채에 상당한다. 따라서 헤지펀드는 정해진 기간 내에 웃돈을 주고 부채인 담보자산을 회수해야 할 책임과 의무가 있다. 반면 환매채를 보유한 대출자는 만기일에 차입자에게 빌려준 자금의 원리금을 받을 수 있는 권리를 가진다.

그런데 헤지펀드의 대차대조표를 자세히 분석해보면 한 가지 문제점을 발견할 수 있다. 즉 RP 시장이 존재함으로 인해 국채가 거의 현금처럼 사용된다는 점이다.

전통 은행 시스템에서는 은행이 대출을 해주고 예금 부채를 창조하는 방식으로 화폐 창조가 이뤄졌다. 화폐 창조의 토대는 준비금, 다시 말해 국가의 법정 통화였다. 전반적인 은행 시스템을 살펴보면 중앙은행의 본원통화 확대 과정이 곧 화폐 창조 과정이었다.

RP 시장에서는 국채가 본원통화 역할을 한다. 본질적으로는 금융 시스템의 '그림자통화' 창조에 필요한 '준비금'이 국채라는 얘기가 된다.

은행의 예금 부채는 바로 은행 화폐이다. 은행 화폐는 모든 시장 거래에서 지불 수단으로 사용된다. 사람들이 예금 계좌에서 현금을 인출하든 은행 수표를 결제 수단으로 사용하든, 그 본질은 은행 대차대조표 상의 준비금이 이동하는 것에 불과하다. 예금자가 은행에 수표 발행을 요구하는 것은 곧 계좌 개설 은행의 준비금을 다른 은행으로 이전하라는 명령과 같다.

그렇다면 은행의 예금 부채에 상당하는 RP 부채도 시장 거래에서 지

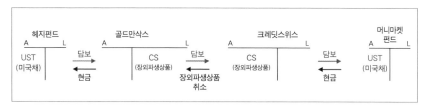

헤지펀드		골드만삭스		크레딧스위스		머니마켓 펀드

■ 원래 헤지펀드가 보유한 국채 자산은 헤지펀드 대차대조표에서 '담보사슬'로 이전돼 융자 담보물로 거듭 사용된다.[1]

불 수단으로 사용할 수 있을까? 또 대차대조표 상의 국채 자산은 이전이 가능할까? 대답은 물론 'Yes'이다.

이것이 바로 RP 시장에서의 '재담보(Rehypothecation)' 거래이다.

위의 그림을 보면 헤지펀드가 원래 보유했던 국채 자산, 즉 그림자통화 '준비금'이 RP 시장에서 융자 담보물로 거듭 사용된 사실을 알 수 있다.

100달러짜리 국채는 본래 헤지펀드의 자산이다. 펀드 매니저는 이 자산을 RP 시장의 1급 거래상인 골드만삭스에 융자 담보물로 제공한다. 그러면 골드만삭스는 이 자산에 대해 '재담보 설정'을 요구할 수 있다. 즉 헤지펀드의 국채가 담보로 잡혀 있는 기간에 이 자산을 다른 사람에게 재담보로 제공할 수 있는 권리를 달라는 말이다. 물론 헤지펀드는 골드만삭스의 요구를 거절할 권리가 있다. 이 낌새를 눈치 챈 골드만삭스는 'RP 금리'를 높이겠다고 선언한다. RP 금리가 상승하면 헤지펀드의 융자 비용도 증가하게 된다. 헤지펀드 매니저는 속으로 주판알을 튕긴다. '골드만삭스가 어떤 기업인가? 금융시장의 큰손 아닌가? 국채 자산을 골드만삭스에 맡기면 절대적으로 안전할 것이다. 골드만삭스가 파산하지 않는 한 국채 자산을 재담보로 사용해도 큰 위험은 없을 것이다. 게다가 더 낮은 금리에 자금을 빌릴 수 있으니 누이 좋고 매부 좋은 일 아닌가?'. 이에 헤지펀드 매니저는 골드만삭스의 요구를 수락한다.

골드만삭스는 이 국채를 지불 수단으로 삼아 크레딧스위스(Credit Suisse)

와 파생상품을 거래한다. 여기서 주목해야 할 것은 원래 헤지펀드 대차
대조표 상의 'RP 부채'가 이제는 골드만삭스의 자산이 되었다는 사실이
다. 이를 전통 은행 업무에 비유하면 헤지펀드가 골드만삭스에게 '예금
계좌'를 개설해준 것과 마찬가지이다. 이로써 골드만삭스는 크레딧스위
스에 수표 결제가 가능해졌다. 골드만삭스가 크레딧스위스에 '수표'를
'지불'하는 것은 헤지펀드의 국채 자산을 크레딧스위스에 이전하라고 명
령한 것과 같다. 이는 전통 은행 시스템에서 은행 수표 발행이 곧 준비금
이전을 의미하는 것과 마찬가지이다. 크레딧스위스도 같은 방법으로 이
국채 자산을 다른 MMF펀드에 '지불'하고 현금을 얻는다. MMF펀드는
국채 자산을 처분하지 않고 잠시 보유하는데, 이는 나중에 다시 언급하
겠다.

반복적으로 '재담보'되는 과정에서 끊임없이 할인율이 하락함에 따라
화폐 창조 에너지는 점점 줄어든다. 이 같은 방식의 재담보 화폐 창조 사

<table>
<tr><td>화폐 승수(Money multiplier)
통화량 M2를 본원통화로 나
눈 것.</td><td>슬에서 국채는 고성능 화폐(본원통화)에 해당하고, 재
담보 횟수, 다시 말해 담보 사슬의 길이는 화폐 승수에
상당하며, 담보자산의 할인율(Haircut)은 준비율과 같
다. 전통적인 은행 시스템은 '부분지급준비제도'를 통</td></tr>
</table>

해 화폐를 창조하나 그림자금융은 '부분 담보자산'을 이용해 그림자통화
를 창조하는 것이다.

그렇다면 RP 부채는 돈이 맞을까? 이 문제의 답안은 대답하는 사람에
따라 달라진다. 장바구니를 들고 시장에 가는 아주머니에게 물어보면 아
니라고 대답할 것이다. RP 부채로 물건을 살 수 없기 때문이다. 그러나 금
융시장의 기관투자자들은 돈이 맞는다고 할 것이다. 이들은 RP 부채를
이용해 필요한 금융자산을 마음대로 살 수 있기 때문이다. RP 부채의 담
보자산은 국채이다. 국채는 거의 현금과 다름없어서 '유사 현금'으로도

불린다. RP 부채는 바로 유사 현금의 인수증이다.

　미국 속담에 "겉모습이나 울음소리, 걸음걸이가 오리와 같다면 그 동물은 오리이다"라는 말이 있다. RP 부채는 은행의 예금 부채와 거의 똑같은 기능을 갖는다. 양자의 유일한 차이점이라면 은행의 예금 부채, 즉 은행 화폐는 모든 경제 분야에서 상품과 용역 결제 수단으로 사용이 가능한 반면, RP 부채 즉 그림자통화는 금융시장에서 금융자산 매매에만 전문적으로 사용된다는 것이다.

재담보, 뚜껑 하나로 여러 개의 병을 막는 묘기

다시 한 번 전당포 예를 들어보자. 당신이 돈을 빌리기 위해 가보로 내려오는 골동품을 전당포에 저당 잡히고 저당 기간을 사흘로 정했다. 그런데 전당포 주인은 저당 기간 내에 당신의 골동품을 다른 사람에게 재담보로 제공하게 해달라고 요구했다. 당신은 사흘 뒤 골동품을 되찾으려 할 때 물건이 전당포에 없을까 걱정되기는 했으나 돈을 빌리려고 어쩔 수 없이 전당포 주인의 요구를 들어주었다. 당신의 우려대로 전당포 주인은 골동품을 시내에 있는 장(張)씨 가문에 재담보로 제공했고, 이어 리(李)씨 가문이 운용하는 금융기관에 넘겨졌다. 전당포, 장씨 가문과 리씨 가문의 금융기관은 모두 유명한 대부호라 정상적인 상황이라면 계약을 어기는 경우가 거의 없다. 하지만 갑자기 경기가 나빠지고 사업이 부도가 나면 문제가 달라진다. 이들은 서로 연쇄적인 채무 관계에 있기 때문에 이들 중 한 사람의 채무불이행은 곧 연쇄 디폴트로 이어져 결국 당신은 골동품을 되찾지 못할 수도 있다.

　재담보 사슬이 길어질수록 디폴트 위험도 기하급수적으로 증가한다.

금융 시스템이 매미 날개처럼 약해지면 나비의 작은 날갯짓 한 번에도 이 사슬이 끊어져 대규모 디폴트 사태와 금융 시스템의 자체 붕괴를 유발할 수 있다.

전통 은행 시스템의 부분지급준비제도 혹은 새로 등장한 그림자금융의 RP 담보 사슬을 막론하고, 그 본질은 뚜껑 하나로 병 여러 개를 돌려 막는 게임에 불과하다는 것이다. 금융 곡예사들은 묘기를 부리면 부릴수록 더욱 대담해지고, 옆에서 구경하던 사람들까지 덩달아 끼어들면서 도박판의 판돈은 점점 더 커진다. 결국 만들어놓은 병의 개수는 대단히 많은데 하나밖에 없는 병뚜껑이 땅에 떨어지면서 이에 연관된 사람들은 모두 쪽박을 차게 된다.

2008년에 실제로 이런 상황이 발생했다.

미국의 금융감독자들은 당연히 금융기관이 부리는 묘기의 본질을 잘 알고 있었다. 그래서 1급 거래상의 재담보 설정 규모에 대한 제한 정책을 내놓고, 고객 부채 총액의 최대 140%까지 재담보로 설정하도록 규정했다. 즉 그림자통화의 승수를 최대 1.4배까지만 허용한 것이다.

이에 반해 영국은 상당히 관대했다. 그들은 유럽연합과 더불어 금융시장에서 더 많은 쿼터를 차지하기 위해 환매채의 재담보 횟수에 법적인 제한을 가하지 않았다.

월스트리트의 도박꾼들은 미국에서 맘껏 수완을 펼칠 수 없게 되자 영국으로 몰려갔다. 영국은 자연스럽게 베테랑 도박꾼들이 마음껏 환매채 재담보를 설정할 수 있는 '천국'이 됐다.

펀드 매니저들은 RP 융자를 받기 위해 속속 월스트리트 1급 마켓메이커들에게 몰려들었다. 1급 마켓메이커 중에서 가장 공격적인 곳은 리먼 브라더스였다. 리먼 브라더스는 찾아온 '도박꾼'들에게 최저 비용으로 RP 융자를 제공하겠노라고 약속했다. 그러면서 살짝 이렇게 귀띔했다.

"당신들이 우리에게 담보로 맡긴 채권을 런던에 가져가 재담보 설정을 하겠습니다. 그리고 영국 법에 따라 우리가 잠시 이 채권의 소유권을 위탁 사용하겠습니다. 영국은 융자 비용이 가장 낮은 편이어서 여러분에게도 득이 될 것입니다. 리먼 브라더스를 믿길 바랍니다. 여러분의 채권은 만기일에 안전하게 돌려드릴 것을 약속합니다."

리먼 브라더스가 어떤 기업인가? 월스트리트의 최대 '전당포'이자 전통 있는 가문이 아니던가. 신용은 두말할 필요도 없고 병뚜껑 하나로 병 30개를 막는 고난도 금융 묘기를 실수 없이 선보였던 금융 마술사 아니던가. 이 세상 모든 기업이 망해도 리먼 브라더스만은 파산할 일이 없을 것이라고 굳게 믿었던 도박꾼들은 경쟁적으로 가지고 있던 채권 자산을 리먼 브라더스에 맡겼다. 얼마 뒤 리먼 브라더스는 이 채권 자산을 모두 런던 지점으로 옮겼다.

그런데 2008년 리먼 브라더스가 파산을 선고했다!

그 누구도 리먼 브라더스가 파산하리라고는 꿈에도 생각지 못했다. 도박꾼들은 리먼 브라더스에 담보로 맡긴 채권 자산이 순식간에 사라져버리자 애가 달아 안절부절못했다. 리먼 브라더스가 청산 절차를 밟는 동안 도박꾼들은 본인의 자산이 대체 누구 손에 들어갔는지 알아내야만 했다. 그러나 이는 말처럼 쉽지 않았다. 자산이 미국에 위탁 관리돼 있다면 문제는 아주 간단했다. 미국 법상 위탁 관리 중인 자산은 보호를 받기 때문에 되찾는 일도 어렵지 않았다. 그러나 약삭빠른 리먼 브라더스는 이미 고객들의 자산을 런던에 있는 자회사 LBIE(리먼 브라더스 인터내셔널유럽)으로 이전한 상태였다. 불행히도 영국의 자산 위탁 관리 보호법은 미국과 완전히 달랐다.

도박꾼들은 후회막급이었다. 애초에 RP 금리를 조금이라도 더 낮추기 위해 리먼 브라더스의 말을 경솔하게 믿고 해외 이전 자산의 소유권을 스스로 포기한 결과 미국 법률의 보호를 받을 수 없게 되었으니 말이다. 런던에서는 해외 자산에 대한 그 어떤 법률적 권리를 행사할 수 없다고 답변이 왔다. 채무자는 파산 선고 후 자산을 배분할 때 채권자의 질권 유무에 따라 채무 변제 순위를 정한다. 그러나 해외 자산에 대한 질권을 행사할 수 없는 관계로 도박꾼들은 우선 변제를 받지 못했다. LBIE가 남은 자산으로 먼저 질권이 있는 채권자의 채무를 변상하면서 후순위로 밀려난 일반 채권자는 마지막 남은 찌꺼기 자산이라도 건지면 그나마 다행이었다. 도박꾼들은 누구에게도 하소연하지 못하고 혼자 속으로 끙끙 앓을 수밖에 없었다.

도박꾼들은 이번 사태를 겪고 나서 1급 마켓메이커의 명성을 함부로 믿어서는 안 된다는 큰 교훈을 얻었다. 천하의 리먼 브라더스마저 무너졌는데 누가 감히 자산의 절대적인 안전을 장담할 수 있단 말인가. 투자자들은 예전에 1급 마켓메이커와 환매채 매매를 할 때 디테일한 부분에는 크게 신경 쓰지 않고 그저 RP 금리의 높고 낮음에만 관심을 가졌다. 그리고 월스트리트와 유럽 금융기관의 환매채 매매 계약서는 통일된 양식이 없어서 거래상들은 각자 기호에 맞게 작성했고, 재담보와 관련된 통일적인 규정 역시 없었다. 리먼 브라더스의 파산은 모든 이들에게 경종을 울렸다. 이후부터 도박꾼들은 거래상과 계약을 체결할 때 재담보 상한선을 규정한다거나 고객 자산 관리 전용 계좌를 개설하라고 요구하는 등 조건을 깐깐히 따져가면서 결정을 내렸다.

그런데 전용 계좌가 있다고 고객 자산을 안전하게 지킬 수 있을까? 금융 마술사들은 코웃음을 쳤다. 사람들은 금융 마술사들의 특기가 남의 돈을 자신의 주머니로 '옮겨 넣는' 것임을 잠시 망각했던 것이다.

'RP 만기' 거래, 금융 마술사의 새로운 묘기

2011년 11월, 또 다른 1급 마켓메이커인 MF 글로벌(Global)이 리먼 브라더스에 이어 파산한 후 고객 전용 계좌에 있던 자산 12억 달러가 감쪽같이 사라져버렸다.

MF 글로벌은 1급 마켓메이커 가운데 규모가 가장 작은 회사로 자기자본 규모가 다른 마켓메이커의 30분의 1에 불과했다. 이처럼 규모는 작았으나 배포가 커 제2의 골드만삭스를 꿈꾸다가 결국 제2의 리먼 브라더스가 되는 비운을 면치 못했다.

MF 글로벌의 최대 특징은 과감한 베팅이었고, 밑천을 전부 다 거는 단판 승부를 즐겼다. 그래서 무려 62억 달러의 자금을 유럽 국가채무(Sovereign Debt), 특히 피그스의 채권에 집중 투자한 것이 MF 글로벌의 파산을 이끈 주요 원인이었다.

피그스(PIIGS)
2008년 세계 금융위기 이후 심각한 재정 위기를 겪고 있는 유럽의 포르투갈, 이탈리아, 아일랜드, 그리스, 스페인의 첫 글자를 따서 만든 조어

MF 글로벌은 보유한 피그스의 채권을 담보로 RP 시장에서 대출을 받았다. 이렇게 얻은 돈으로 채권 매입 규모를 늘린 다음 다시 채권을 담보로 RP 시장에서 자금을 조달했다. 이 짓을 반복하다가 급기야 고객 자산 계좌에까지 마수를 뻗쳤다.

MF 글로벌이 보유했던 피그스의 채권은 시장에서 환대를 받지 못했으나 원리금 상환에는 문제가 없었다. 특히 이자 수익률이 대단히 높아 RP 융자 비용을 제하고도 짭짤한 수익을 올렸다. MF 글로벌로서는 투자 초기에 큰 금맥을 발견한 것 같은 기분을 느꼈다. 하지만 유럽 국채 보유고가 증가할수록 자기자본 부족 문제가 점점 두드러지기 시작했다. 유럽 국채 자산 규모는 이미 회사 자산의 다섯 배에 달했다.

금융 규제를 피하고 회사 대차대조표를 '미화'하기 위해서는 대차대조

표 상의 부채 규모를 줄일 필요가 있었다. 더구나 유로채 위기 발발 후 자산 가격이 점점 하락하는 상황에서는 대차대조표의 미화를 넘어 자산 악화 상황이 외부로 드러나지 않도록 회계장부를 조작하는 일이 더 절실했다. 가장 간단한 방법은 물론 환매채 거래였다. 그러나 리먼 브라더스의 리포 105 사기 수법이 만천하에 공개돼 물의를 빚고 있는 상황에서 MF 글로벌도 똑같은 꼼수를 부릴 수는 없었다. MF 글로벌은 노심초사 끝에 드디어 'RP 만기(Repo-To-Maturity)'라는 새로운 금융 마술을 개발해냈다.

우선 MF 글로벌은 가지고 있는 피그스 채권 중에서 만기일이 똑같은 채권들을 패키지로 묶어 RP 시장에 담보로 내놓고 대출을 받았다. 특별한 점이라면 MF 글로벌이 채권 만기일에 환매채를 환매하겠다고 요구한 것이었다. 이것이 이른바 RP 만기 거래이다. 대출자들은 MF 글로벌이 도대체 무슨 꿍꿍이인지 궁금했다. 그러나 더 깊게 생각하지는 않았다. 담보자산에도 문제가 없고 대출 금리도 높은데 상환 기간이 길고 짧은 것쯤은 별 문제가 아니라고 여겼다. 이렇게 해서 MF 글로벌은 피그스 채권들을 한 묶음씩 묶어 RP 만기 거래에 사용했다.

미국에서 환매채 거래에 적용되는 것은 FASB 140이라는 회계 기준이다. 이 기준에 따르면 금융자산이 실제로 이전돼야 진성 매각으로 인정받았다. 다른 말로 하면 기존 자산 보유자는 자산에 대한 지배권을 포기해야 한다는 것이다. 이 규정의 키워드는 '지배권'이다. 리먼 브라더스는 헤어컷 비율이 102%일 때 자산에 대한 지배권을 행사할 수 있고, 105%라면 지배권을 잃는다는 맹점을 이용해 회계장부를 조작했다. MF 글로벌 역시 이 맹점을 노렸다. MF 글로벌이 피그스 채권을 담보로 내놓을 때 이 자산은 아직 '건재'한 상태이다. 그러나 환매 만기일이 되면 MF 글로벌이 담보로 삼은 피그스 채권은 '자연 사망'해 환매가 불가능해진다.

이 회계 기준을 글자 그대로 해석하면 채권 보유자는 채권이 환매 기간 내에 자연 사망할 경우 채권에 대한 지배권을 잃는다는 것이다. 따라서 RP 만기 거래는 재무제표에 반영하지 않아도 무방하다. 그저 재무제표 아래에 빽빽하게 주석 형태로 기록되고 자세한 설명도 없다. 현미경으로 들여다봐야 겨우 보이는 내용들을 일반 투자자들이 알아볼 리 만무하다. 심지어 신중하기로 소문난 전문 투자자라도 디테일한 상황을 모르기 때문에 그 속에 숨겨진 꼼수를 발견해내기 어렵다. MF 글로벌은 이렇듯 교묘한 수법으로 무려 165억 달러의 자산을 대차대조표에서 '사라지게' 만들었다.

그렇다면 MF 글로벌의 금융 마술은 어떻게 들통이 났을까?

공교롭게도 당시 유럽 환매채 청산결제소인 LCH 클리어넷(Clearnet)이 당일 만기되는 채권의 환매 계약을 제때에 처리하지 못했다. 그러면서 MF 글로벌의 환매 만기일이 이틀 앞당겨졌다. 이는 마치 사람 목숨이 아직 끊어지지 않았는데 부고장이 이틀 전에 발송한 것처럼 난장판이 되고 말았다.

환매 만기일이 채권 만기일보다 이틀 앞당겨진 것은 MF 글로벌이 환매 만기일까지 자산에 대한 지배권을 가지고 있다는 의미였다. 규정에 따라 이 부분의 자산을 대차대조표에 기입해야 하는 상황이 생기면서 거액의 피그스 자산이 2011년 7월 31일에 수정된 재무제표에 새로 나타났다. 자산 부채가 갑자기 50억 달러나 증가하자 MF 글로벌의 자기자본 비율이 지나치게 낮다는 문제가 만천하에 공개됐다. 가뜩이나 피그스 채권에 반감을 가지고 있던 투자자들은 상황이 심상치 않게 돌아가자 재빨리 손을 쓰기 시작했다. 삽시간에 MF 글로벌을 상대로 자금 철수, 자산 매각, 대출 추심 요구가 쇄도하면서 MF 글로벌의 자금 사슬은 끊어질 위기에 놓였다.

MF 글로벌의 자기자본 부족 문제가 불거질 즈음 엎친 데 덮친 격으로 유로채 위기까지 터지고 말았다. 피그스 채권 가격이 바닥을 치면서 MF 글로벌이 RP 시장에 내놓은 담보자산의 가치 역시 크게 하락했다. 대출자들은 대출금을 안전하게 지키기 위해 끊임없이 MF 글로벌에 추가증거금 납입을 요구했다. 그러나 MF 글로벌의 자산은 이미 극도로 부채화, 즉 레버리지화된 상황이어서 회사의 자기자본으로 대출자들의 요구를 만족시키기에는 역부족이었다.

피그스 채권 자체는 디폴트를 발생시키지 않았다. 문제는 지나치게 높은 레버리지가 MF 글로벌을 숨도 못 쉬게 압박했다는 사실이다. 당시 MF 글로벌의 레버리지 비율은 40대1에 달했다.

MF 글로벌 역시 리먼 브라더스와 마찬가지로 대량의 펀드 회사를 고객으로 확보하고 있었다. 리먼 브라더스의 파산으로 큰 교훈을 얻은 펀드 회사들은 자산의 안전성을 기하기 위해 너 나 할 것 없이 MF 글로벌에 고객 자산 관리 전용 계좌 개설을 요구했다. 그런데 MF 글로벌은 빚쟁이들의 성화로 궁지에 몰리자 이 고객 전용 계좌 자금을 빼내 빚쟁이들에게 담보로 내줬다.

결국 MF 글로벌이 파산을 신청했을 때 고객의 자금은 빚쟁이들에게 모두 동결되고 말았다.

정크본드의 '환상적인 표류기'

RP 담보를 통한 화폐 창조 메커니즘에서 국채는 본원통화 역할을 한다. 즉 전통 은행의 지급준비금에 맞먹는다. RP 시장에서 국채는 거의 현금에 가까워 '유사 현금'으로도 불린다. 국채 외에 미국 정부 보증 기업인 패니 메이와 프레디맥의 MBS도 RP 시장에서 융자 담보물로 사용할 수 있다.

만약 국채나 패니메이, 프레디맥의 MBS가 아닌 정크본드를 가지고 있다면? 정크본드도 유사 현금 역할을 할 수 있을까? 물론 가능하다. 월스트리트 금융 마술 세계에서는 생각해내지 못하는 일은 있어도 해내는 못하는 일은 없다. 그래서 발명한 것이 '담보자산 전환(Collateral Transformation)' 수법이다.

정크본드를 보유하고 있는 헤지펀드 회사가 RP 시장에서 자금을 조달하려면 두 가지 선택이 있다. 하나는 제 발로 뛰어다니며 정크본드를 담보물로 받아줄 거래 상대를 찾는 방법이다. 운 좋게 거래 상대를 만나면 당연히 높은 헤어컷 비율과 대출 금리를 감수해야 한다. 정작 더 큰 문제는 헤지펀드가 보유한 고객 자원이 제한돼 있다는 사실이다. 게다가 자산 결제, 재고 관리, 자금 회전, 디폴트 방지, 리스크 통제 등 모든 후선 업무를 스스로 책임져야 한다. 발이 넓은 환매채 판매부장도, 경험이 풍부한 트레이더도 유능한 후선 업무 처리 인원이 없는 상태에서 맹목적으로 환매채 거래 상대를 찾게 되면 가격대 성능비(Cost Performance)가 낮을 수밖에 없다. 이것이 양자 간 환매채 거래(Bilateral Repo)의 폐단이다.

다른 하나는 삼자 간 환매채 거래(Tri-party Repo)를 이용하는 방법이다. 자발적으로 형성된 시장에는 우두머리가 있기 마련이다. RP 시장도 예외가 아니다. 월스트리트의 RP 시장에서는 JP모건 체이스와 뉴욕멜론은행(Bank of New York Mellon)이 양대 우두머리라고 할 수 있다. 이 두 은행이 환매채 거래 청산은행 역할을 담당하기 때문이다. 매매 쌍방은 모두 이 청산은행에 개설한 계좌를 통해 자금과 채권을 조달한다. 또 이 두 은행은 RP 시장의 게임 룰도 정한다. 환매채 거래 당사자들은 매매와 관련된 모든 후선 업무를 청산은행에 '아웃소싱'하면 되므로 다른 걱정 없이 매매 업무 자체에만 몰두할 수 있다.

이에 헤지펀드 매니저는 고민 끝에 안전하다고 생각되는 삼자 간 환매채 거래를 선택한 후 JP모건 체이스를 찾아가 정크본드를 담보로 RP 시장에서 대출을 받겠다고 말한다. JP모건 체이스는 융자 담보물이 정크본드인 것을 알고 더 묻지도 않고 헤지펀드 매니저의 요청을 거절한다. 원래 삼자 간 RP 거래업에는 엄격한 기준이 있어서 국채나 정부 보증의 기관채만 담보물로 받는다. 정크본드는 두말할 필요도 없고 우량 회사채도 그다지 환영을 받지 못한다.

　헤지펀드 매니저는 수심에 잠긴 얼굴로 문을 나오다가 마침 문밖에서 일반 RP 거래업자를 만난다. 거래업자는 사정을 듣고 난 뒤 걱정할 일이 아니라면서 펀드 매니저에게 다음과 같은 방법을 제시한다. 우선 펀드 매니저와 거래업자 사이에 양자 간 환매채 거래를 통해 펀드 매니저는 정크본드를 거래업자에게 담보물로 제공하고 국채를 빌린다. 이어 일정 기간 후 국채를 거래업자에게 돌려주고 정크본드를 돌려받기로 약속한다. 이것이 이른바 '담보물 스와프(Collateral Swap)' 거래이다. 물론 헤지펀드 매니저는 거래업자에게 상응한 비용을 지불하고 보통 때보다 더 많은 담보물을 제공해야 한다. 헤지펀드 매니저는 주판알을 튕겨보고 나서 거래업자의 요구를 흔쾌히 수락한다. 비록 비용이 만만치 않게 들기는 하나 자체적으로 환매채 거래 상대를 찾는 것보다는 수월하기 때문이다.

　그런데 거래업자의 손에 그렇게 많은 국채가 없다. 그는 한 연금기금 매니저가 국채를 보유하고 있다는 소문을 듣고 찾아가 '이미지 스와프(Image swap)' 거래를 제안한다. 즉 헤지펀드가 보유한 정크본드와 연금기금이 보유한 국채 사이에 1 대 1 담보물 스와프를 하고 만기일에 국채와 정크본드를 서로 돌려받으면서 그 대가로 연금기금 매니저에게 상당한 비용을 지불하기로 약속하는 것이다. 물론 거래업자는 헤지펀드 매니저로부터 받은 비용의 일부만 연금기금 매니저에게 지불하고 나머지는 자신의 주머니에 챙긴다. 어쨌든 돈이 되는 거래이므로 연금기금 매니저는 거래업자의 제안에 흔쾌히 동의한다.

그렇다면 연금기금 매니저는 정크본드의 리스크가 국채보다 훨씬 크다는 사실을 모르는 것일까? 대차대조표가 온통 정크본드로 도배돼도 괜찮다고 생각한다는 말인가? 또 무엇 때문에 고위험 투자를 하려는 것일까? 물론 연금기금 매니저도 정크본드의 위험성을 잘 알고 있지만 그다지 걱정하지 않는다.

연금기금 매니저도 상황이 어렵기는 마찬가지이기 때문이다. QE 정책으로 인해 유동성이 범람하면서 그나마 안전하게 투자할 수 있는 채권 가격은 터무니없이 치솟고 수익률은 말도 안 되게 떨어졌다. 퇴직자의 노후 대비 연금을 지급하는 막중한 임무를 맡고 있는 연금기금은 투자 위험률이 절대 크지 않으면서도 수익률이 너무 낮아서는 안 된다. 수익률이 인플레이션율보다 낮을 경우 퇴직자의 노후 생활비가 부족해진다. 또 이 문제 때문에 투자자들이 자본을 철수하면 연금기금 역시 파산할 수밖에 없다. 어떤 방법을 써서든 투자 수익을 올려야 한다는 압박감 때문에 연금기금 매니저는 크게 골머리를 앓는 상황이었다.

이때 거래업자의 제안은 높은 수익을 올릴 수 있는 좋은 기회가 됐다. 연금기금 매니저는 규정상 직접 정크본드를 살 수 없었지만 담보물 스와프 거래를 이용하면 계약서 한 장만 쓰고 초과 수익을 얻는 것이 가능했다. '자산 스와프' 거래는 환매채 거래와 유사하기 때문에 국채를 담보물로 제공한 뒤에도 국채 자산은 여전히 연금기금의 대차대조표에 남게 된다. 따라서 표면상으로는 아무 일도 발생하지 않은 것처럼 보인다. 게다가 만기일이 짧고 리스크가 적으면서도 수익률이 높았다. 대외적으로 문제가 없고 대내적으로 리스크를 통제할 수 있으니 이보다 더 좋은 돈벌이가 어디에 있겠는가. 펀드 수익률이 목표치에 도달하면 배당금과 상여금까지 두둑이 챙길 수 있었다. 정크본드를 며칠만 가지고 있으면 이렇게 좋은 일이 생기는데 누가 마다하겠는가. 며칠 사이에 하늘이 무너지는 것도 아닌데 말이다.

일련의 담보물 스와프 거래가 끝난 뒤 헤지펀드 매니저는 신바람이 나서 JP모건 체이스를 찾아가 대출을 받고, 연금기금 매니저는 편안하게 앉아 초과 수익을 얻으며, 거래업자는 입이 귀에 걸린 채 집으로 돌아가 돈을 센다.

그렇다면 정크본드는 대체 누구의 손에 있는 것일까? 이 문제는 쉽게 설명하기 어렵다. 헤지펀드 매니저는 정크본드로 국채를 교환한 다음 이 국채를 담보로 JP모건 체이스로부터 현금을 대출받았기 때문에 정크본드가 그의 손에 없는 것은 확실하다. 거래업자는 중간상 역할을 했으므로 그 역시 정크본드를 가지고 있지 않다. 또 법률적으로 따지자면 연금기금의 대차대조표에는 국채 자산만 기입돼 있고 정크본드는 없다.

한마디로 정크본드는 감쪽같이 사라져버린 것이다.

'금융 마술＝법률의 맹점＋회계 혁명'이라는 월스트리트의 환상적인 금융 마술의 세계로 여러분을 초대한다!

고위험 채권인 정크본드는 오늘날의 금융시장에서 독성쓰레기 자산이라 해도 과언이 아니다. 일련의 '환상적인 표류' 과정을 거친 정크본드는 금융시장에서 사라진 것이 아니라 헤지펀드의 회계장부에서 연금기금 금고로 이전되었을 뿐이다. 법적 해석이 어떻든 간에 실제 리스크는 이미 연금기금 쪽으로 옮겨간 것만은 확실하다.

정크본드 가격에 문제만 생기지 않는다면 이 게임은 끝도 없이 진행될 수 있다. 그러나 어느 날 갑자기 금리가 급등하면 문제가 심각해진다. 가령 정크본드 가격이 30% 하락한다면 연금기금 매니저는 즉시 거래업자를 찾아가 "당장 내 국채를 돌려주든지 아니면 담보물 가치의 50%에 상당한 추가증거금을 납입하든지 택하라. 그렇지 않으면 내가 직접 당신의 쓰레기를 처분하겠다"라면서 난리를 피울 것이다.

이는 그냥 하는 소리가 아니다. 우려는 충분히 현실이 될 수 있다. 이때 컴퓨터로 채권 시세를 보던 연금기금 매니저는 할 말을 잃은 채 식은땀만 흘리게 된다. 시장에 정크본드를 사는 사람은 없고 온통 파는 사람들로 득실거린다.

연금기금 매니저의 독촉에 미치기 일보 직전인 거래업자 역시 파산을 선고하지 않으려면 법적인 의무를 수행해야 한다. 다시 말해 정크본드를 회수하고 국채를 연금기금 매니저에게 돌려줘야 하는 것이다. 그러기 위해서는 헤지펀드 매니저에게 국채를 빨리 가져오라고 독촉하는 수밖에 없다. 또 다른 방법은 연금기금 매니저의 요구에 따라 추가증거금을 납입하는 것이다. 이때 헤지펀드 매니저도 좌불안석이기는 마찬가지이다. 정크본드가 헤지펀드 대차대조표 상에 버젓이 기입돼 있으니 가격 폭락이 기업 실적에 직접 영향을 미칠 것이 뻔했다. 국채를 돌려달라고? 국채는 JP모건 체이스에 담보로 내준 지 이미 오래였다. 게다가 노련하고 교활한 JP모건 체이스는 이 국채로 벌써 수차례나 재담보를 설정했을 가능성이 농후했다. 국채의 행방은 하늘이나 알 노릇이었다. 추가증거금을 내라고? 환매채 거래를 통해 대출받은 자금은 더 많은 정크본드, 인도 주식과 채권을 매입하는 데 다 써서 여유 자금은 한 푼도 없다. 결국 헤지펀드 매니저는 인도 주식과 채권은 얼마든지 있으니 필요하면 가져가라고 말한다. 당연히 거래업자는 화가 나서 펄쩍 뛰었다. 정크본드가 쓰레기이긴 하나 인도 주식과 채권은 쓰레기보다 더한 쓰레기 자산이 아니던가. 헤지펀드 매니저가 돈이 없으니 배 째라는 식으로 나오자 거래업자도 어찌할 방법이 없다. 물론 이때 헤지펀드는 살길을 도모하기 위해 정크본드를 대량 처분하기 시작한다.

2013년 5월부터 금리 급등세가 가시화됐다. 그러나 이는 향후 금리 화산 폭발의 전주곡에 불과했다. 5월 이래로 전 세계 금융시장의 손실액은 3조 달러에 달했다. 그중에서도 금리 상승의 직접적인 피해자는 인도, 브라질, 남아프리카공화국, 인도네시아를 대표로 하는 신흥시장국가였다.

인도에 유입되는 외부 자금은 중국의 것과 다르다. 중국의 경우 외국인직접투자(FDI)가 외부 자금의 절대다수를 차지한다. 이중에는 위안화 가치의 상승을 노리고 뛰어든 핫머니 투기꾼도 있긴 하지만 대중국 투자 확대를 목적으로 하는 기업이 대부분이다. 이들 기업은 긴 안목으로 장기 투자를 하기 때문에 금리 상승의 영향을 상대적으로 적게 받았다. 그러나 인도에 유입되는 자금은 그렇지 않았다. 최근 몇 년간 '인도식 성장 모델'은 서방 언론 매체에 의해 한껏 각광을 받았다. 그러자 머리가 뜨거워진 인도 정부는 국내 자본시장을 과감하게 개방했다. 특히 외국 자본이 인도 시장에 직접 흘러들도록 허용했다. 그 결과 헤지펀드를 비롯한 '포트폴리오 관리(Portfolio Management)' 형태의 핫머니가 대거 유입됐다. 이 부류의 자본은 인도 자본시장 가치의 상승에 베팅하는 것이 주요 목적으로 산업 투자에는 별 관심이 없었다. 일단 월스트리트에 자그마한 변고라도 생기면 잽싸게 빠져나갈 태세를 갖추고 있었다.

미래의 어느 날 갑자기 금리 화산이 폭발하면 1조 1,000억 달러 규모의 정크본드가 가장 먼저 피해를 입는다. 고위험 헤지펀드는 물론 거래업자들도 재난을 피해가기 어렵고, 거래업자와 마켓메이커의 기능이 마비되면서 채권시장 유동성이 고갈 위기에 처하게 된다. 결국 우량 채권의 거래량이 위축되고 환매채 거래 비용이 급증해 수익률 폭등 범위가 확대되고 위험 회피 혹은 투기 목적의 공매도 열풍이 시장 전체에 확산되면서 채권시장은 내부에서부터 붕괴를 시작할 것이다. 피해자 명단에는 당연히 정크본드의 최종 보유자인 연금기금도 포함돼 있다. 국채는 '실종'되고 정크본드가 막심한 손실을 입는 마당에 회계장부 감사를 통해 담보물 스와프 스캔들까지 폭로되니, 투자기관들은 사기꾼이라고 욕설을 퍼부으며 경쟁적으로 투자 자본을 철수할 것이다.

다른 각도에서 보면 더 큰 위험이 도사리고 있다는 사실을 알 수 있다. 헤지펀드가 보유한 정크본드는 현대 금융의 '연단술'을 거쳐 국채로 탈바꿈한 뒤 RP 담보 사슬을 통해 금융 시스템 전체에 침투하고 독성 자산을 도처에 뿌렸다. 이 독성 자산은 금융 시스템에 뿌리를 내리고 빠르게 자라 더 큰 범위로 확산됐다. RP 담보 사슬이 길수록 향후의 청산 수요 역시 급격하게 증가하게 된다.

사람들에게 남은 유일한 희망은 '전지전능한' 금리가 더 이상 상승하지 않기를 바라는 것뿐이다. 금리가 약간만 상승해도 견디기 힘든데 금리가 폭등하면 다 같이 죽는 길밖에 없다.

그림자통화와 그림자금융

그림자통화는 그림자금융 시스템에 의해 만들어진 통화이다. 그림자통화는 자본시장에 유통되어 금융자산 매매에 사용되고, 또 가상의 부의 효과를 만들어내 자산 팽창을 유도하고 부의 분배를 변화시킨다. 더불어 산업 자금의 흐름에 영향을 주고 사회 전체의 자원 배치를 좌지우지한다.

그렇다면 그림자금융 시스템은 무엇인가?

쉽게 설명하면 전통 은행의 감독과 규제를 받지 않고 그림자통화 창조 기능을 가지며 그림자통화를 지불 수단으로 하는 시스템을 말한다. 전통 은행은 반드시 중앙은행의 감독과 관리를 받아야 한다. 또 법적으로 예금을 받아들이고 은행 화폐를 창조하는 특권을 향유한다. 전통 은행의 예금은 정부의 예금보험제도에 의해 안전하게 보장된다. 이에 반해 그림자금융 시스템은 전 세계적으로 통일된 관리 제도가 없어서 예금을 직접 받아들일 수 없고, 주로 RP 담보 거래를 통해 자금을 조달한다. 또 그림자통화의 공급량은 시장의 수용 상황에 따라 조절된다. 법적 규정이 따로 없고 경영 부실로 인해 파산해도 정부의 보호를 받지 못한다.

그럼에도 불구하고 그림자금융이 버젓이 성행하는 이유는 무엇일까?

그 원인을 찾으려면 1970년대까지 거슬러 올라가야 한다. 1971년 미국이 금본위제를 폐지한 후 통화 공급량에 대한 제약 조건이 사라졌다. 그러자 달러화 공급량이 크게 팽창하면서 자산 가격은 실물경제 수익률보다 훨씬 더 빠른 속도로 상승했다. 기업의 생태 환경에도 큰 변화가 생겨 생존 위협을 느낀 미국 제조업체들은 급기야 낮은 생산원가로 높은 수익을 올릴 수 있는 동아시아와 동남아 지역으로 공장을 대거 이전했다. 미국 화폐정책의 영향으로 유럽과 일본에서도 잇따라 해외 투자 열풍이 일기 시작했다. 이것이 바로 염가 화폐정책이 국내 생산능력을 떨어뜨려 산업의 쇠퇴를 초래한 산업 공동화 현상이다.

지난 40여 년 동안 미국에서는 역사상 유례없는 대규모 산업 이전이 이뤄졌다. 이에 따라 안정적인 현금흐름을 발생시키는 우량 자산이 해외로 빠져나가자 미국 내에 남아 있는 자산은 부동산 대출과 소비자 대출에 점점 더 의존할 수밖에 없었다. 이로써 전통 은행의 수익 모델은 커다란 시련에 직면하고 말았다. 은행의 경우 기업, 특히 수익성이 높은 제조업체에 제공한 대출에 대해서는 별로 걱정하지 않는다. 기업이 더 많은 현금흐름을 창조해 대출을 상환할 것이라고 믿기 때문이다. 그러나 소비자가 주택이나 자동차 구매를 목적으로 대출을 신청한 경우에는 소비자의 수입 상황과 상환 능력을 꼼꼼하게 체크한 후 대출 여부를 결정해야 한다. 소비자 신용대출이 부를 창출하는 데 이용되지 않고 대부분 개인의 소비 욕구를 충족하는 데 사용되기 때문이다. 이때 자금은 '창조'에 이용되지 않고 그냥 소모될 뿐이다. 은행 입장에서 생산성 자산과 소비성 자산에는 본질적인 차이가 있다. 비록 두 가지 다 은행에 수익을 가져다주지만 전자는 경제체에 현금흐름을 창조해주는 데 반해 후자는 현금흐름을 소모한다. 소비량이 창조량을 초과할 경우 경제체는 '내출혈'로 인한 '혈액' 손실을 보충하기 위해 점점 더 해외 자금에 의존할 수밖에 없다. 이것이 곧 '달러화 환류 의존형 경제 모델'이다.

전통 은행은 자산 품질이 총체적으로 하락하고 수익이 예전만 못한 상황에서 달러화 공급 과잉으로 인한 인플레이션 위협이 은행의 대차대조표를 잠식하고 있었다. 이에 은행 시스템은 본능적으로 대차대조표 규모를 대폭 축소해야 한다는 강박감에 사로잡혔다. 이는 자산과 부채를 '쏟아내겠다'는 강렬한 충동으로 이어졌다. 이 추세가 달러화 환류 열풍과 완벽하게 맞물리면서 은행 시스템의 새로운 수익 모델을 만들어냈다. 즉 방대하고 복잡한 금융시장을 새로 창조해내고 이 시장에서 금융자산을 팽창시켜 일반 대출보다 더 높은 수익을 창출하는 방법이었다. 자산의 증권화, RP 융자 등 다양한 금융 혁신이 1970년대 이후부터 우후죽순처럼 나타난 것은 모두 이러한 이유 때문이었다.

은행의 자산과 부채 '쏟아내기' 수요가 급증하면서 일련의 새로운 시장과 서비스가 탄생했다. 1970년대 초에 미국은 은행 수표 계좌(예금자가 수시로 계좌 이체 혹은 현금 인출을 할 수 있는 계좌)에 이자를 지급하지 못하도록 하는 규정을 만들었다. 그러자 금본위제 폐지 후 달러화 유동성의 급증에 힘입어 대폭 늘어난 거액의 신규 예금은 심각한 인플레이션 위협 속에서 안전하게 이자를 발생시킬 수 있는 새로운 피난처가 급히 필요해졌다. 이 수요에 맞춰 등장한 것이 바로 머니마켓펀드(MMF펀드)이다. MMF펀드는 RP 시장에 투자하기 때문에 수익률이 비교적 높고, 은행처럼 금리 규제를 받지 않았다. 그러자 본래 은행에 예금돼야 할 시중 자금이 MMF펀드

쪽으로 대거 몰려들면서 MMF펀드는 점차 RP 융자시장과 상업어음 시장의 주요 대출자로 부상했다. 현재 미국의 MMF펀드 자산 규모는 2조 6,000억 달러에 달한다. MMF펀드는 RP 담보 거래와 같은 초단기 금융상품에 집중 투자하기 때문에 겉으로는 매우 안전한 것처럼 보인다. 그러나 극단적인 상황에서는 오히려 가장 위험한 시장이 될 수도 있다.

2008년 9월 18일, 리먼 브라더스가 파산하면서 여기에 투자한 일부 MMF펀드도 큰 손실을 입었다. 심지어 순자산가치가 1달러 밑으로 떨어지는 어처구니없는 상황까지 벌어졌다. 미국인들은 MMF펀드 계좌를 은행 예금 계좌와 동일시할 만큼 그 안전성에 대해 믿어 의심치 않았다. 그런 MMF펀드에 손실이 나자 시장이 큰 혼란에 빠지고 공포 심리가 빠르게 확산되면서 대규모 자금이 빠져나갔다. 당일 오전 11시부터 한두 시간 사이에 무려 5,500억 달러 규모의 MMF펀드 자산이 투자자들에 의해 '인출'됐다. 미국 재무부가 황급히 1,050억 달러의 자금을 긴급 투입했으나 광기 어린 인출 사태를 막기에는 역부족이었다. 미국 정부는 즉각 모든 MMF펀드 계좌를 동결하도록 지시했다. 단호한 조치를 취하지 않을 경우 오후 2시쯤이면 MMF펀드 자산 중 3조 5,000억 달러가 고갈될 수도 있는 위급한 상황이었다.

MMF펀드는 RP 시장과 상업어음시장의 주요 대출자이고, 이 두 시장은 미국 대기업의 단기 융자 사슬의 가장 중요한 고리이기 때문에 MMF펀드 자금이 고갈될 경우 대규모 기업 채무 불이행 사태가 발생하고 심하면 기업이 파산할 수도 있었다. 1933년에 수천 개 은행과 수만 개 기업이 줄줄이 도산했던 악몽이 재연될 조짐을 보였다.

미국의 상업어음시장은 2008년 9월에 크게 한 번 '놀란' 이후로 다시 원기를 회복하지 못했다. 현재는 RP 시장이 미국 금융기관과 대기업에게 단기 자금을 공급해주는 '생명줄' 역할을 하고 있다.

13조 달러 규모의 자산을 보유한 뮤추얼펀드 역시 그림자금융시장에서 활약상을 펼치고 있다. 뮤추얼펀드는 RP 시장에 대량의 채권과 주식 자산을 담보물로 공급할 뿐만 아니라 RP 융자에 필요한 일부 자금도 공급하고 있다.

그림자금융을 이야기할 때 빼놓을 수 없는 것이 바로 헤지펀드이다. 현재 미국의 헤지펀드 자산 규모는 약 2조 달러에 이른다. 헤지펀드는 RP 시장에서 '채권을 담보로 돈을 빌리고', '그 돈으로 다시 채권을 사는' 방법으로 꾸준히 자산 규모를 늘리고 있다. 헤지펀드는 또 전 세계 다양한 시장을 누비면서 차액 거래, 베팅, 공매도 및 공매수 등 다양한 게임을 즐기는 게이머이기도 하다. 시세 변동이나 중대 사건 발생은 헤지펀드가 높은 레버리지 수익을 창출하는 좋은 기회가 된다.

6조 달러의 자금을 보유하고 있는 연금기금 역시 겉으로는 보수적 투자에 주력할 것 같으나 실상은 그렇지 않다. 연금기금은 채권과 기타 저위험 자산에만 투자할 것이라는 대다수 사람들의 생각과 달리 암암리에 '자산 스와프' 거래에 참여한다. 또 환매채 거래를 비롯한 기타 그림자금융 업무에 간접적으로 손대기도 한다.

이밖에 수조 달러 규모의 자금을 보유한 보험회사와 ETF펀드 및 외국 국부펀드 역시 그림자금융에서 빼놓을 수 없는 중요한 주인공이다.

이처럼 은행은 아니지만 은행과 유사한 기능을 하는 위의 몇몇 기관들이 함께 그림자금융 시스템을 구성한다. 그림자금융 시스템은 대체적으로 다음의 두 가지 사슬에 따라 업무를 전개한다. 첫 번째는 자산 증권화 사슬로서 주 업무는 은행을 도와 자산을 '진성 매각'하는 것이다. 두 번째는 환매채 거래 사슬로서 주 업무는 은행이 보유한 자산을 담보로 제공할 수 있도록 도와주는 것이다. 이 두 사슬은 나중에 하나로 연결된다. 자산 증권화의 최종 결과물은 MBS, ABS, CDO 등이다. 이 증권들은 RP 시장

ABS(Asset Backed Securities)
자산유동화증권. 부동산, 매
출 채권, 유가증권, 주택 저당
채권, 기타 재산권 등과 같은
유형·무형의 유동화 자산을
기초로 하여 발행된 증권.

에서 융자 담보물로 사용 가능하며, 그림자금융의 본원통화 역할을 한다. 동시에 국채, 회사채 심지어 정크본드와 함께 더 큰 규모의 그림자통화 창조 과정에 참여한다.

달러화 환류 추세가 심화되는 와중에 전통 화폐와 그림자통화까지 가세하면서 미국 금융자산 가격이 꾸준히 상승하고 은행 수익률 역시 대폭 올랐다. 덕분에 '유사 은행'들도 떼돈을 벌 수 있었다.

진성 매각과 RP 담보 이 두 갈래 산업 사슬의 근본적인 목적은 은행 자산을 가급적 빠르게 현금화하는 것이다. 이렇게 하면 자산 보유 주기가 줄어들고 자금 회전속도가 빨라지기 때문에 자산 품질의 악화 위험이나 인플레이션으로 인한 자산 가치 하락 위험을 피할 수 있다. 한마디로 수익 창출의 중점을 금융자산 거래 업무에 두는, 자산 자체를 경시하고 거래만 중시하는 수익 모델인 것이다.

이것이 월스트리트가 1990년대에 상업은행과 투자은행의 겸영을 서둘러 추진하게 된 원동력이기도 했다.

1934년에 제정된 '글라스 스티걸 법(Glass-Steagall Act)'은 1930년대 대공황을 유발한 인간의 탐욕스러운 본성을 정확하게 조명한 결과물로 상업은행과 투자은행의 업무를 철저하게 분리시킨 것이 특징이었다. 이 법안은 60여 년 동안 미국 금융 시스템을 안전하게 지켜줬다. 그러나 1999년 클린턴 미국 대통령은 월스트리트 금융가들의 로비를 이기지 못하고 상업은행, 투자은행, 보험회사 등 금융 업종 간 겸업을 허용하는 이른바 '금융서비스 현대화법(Gramm-Leach-Bliley Act)'을 도입했다. 하지만 전 세계가 '금융서비스 현대화' 시대를 맞이한 지 10년도 채 지나지 않아 심각한 금융위기가 도래했다. 2008년 금융위기의 규모와 파괴력은 1930년대 대공황에 못지않았다.

금융위기 발생 후 금융기관들의 자산 증권화와 RP 거래는 크게 위축되었다. 그러나 Fed가 '자산 재팽창'의 기적을 창조하기 위해 단기 금리를 사실상 0%에 가깝게 만드는 정책, 강렬한 정책 기대 효과에 의존해 중기 금리 상승을 억제하는 정책, 양적완화 조치를 통해 장기 금리 상승을 억제하는 정책 등 비상한 3단 콤보 정책을 선보인 덕에 금융시장은 다시 활기를 띠기 시작했다. 달라진 점이 있다면 그림자통화 창조 주역이 서브프라임 모기지론과 회사채에서 국채와 패니메이, 프레디맥의 MBS로 바뀐 것이다. 이로써 금융 리스크는 점차 국가신용(Sovereign credit) 쪽으로 빠르게 집중되는 추세에 있다.

RP 시장의 그림자통화 창조 규모

미국 RP 시장에서는 삼자 간 환매채 거래가 가장 흔한 거래 방식이다. 이 거래에 사용되는 담보자산은 가장 쉽게 '재담보' 설정된다. 2012년 말까지 삼자 간 환매채 거래에 사용된 담보자산 규모는 1조 9,600억 달러에 달했다. 이 자산이 곧 그림자금융 시스템의 본원통화로, 'SM0'라고도 불린다. 1조 9,600억 달러의 본원통화를 기초로 일정한 화폐승수만큼 그림자통화를 만들어내는데, 현재 그림자통화의 화폐승수는 약 2.5배에 이른다.[2] 즉 삼자 간 RP 시장에서 담보자산은 평균 2.5회 재담보 설정되는 것이다. 대충 계산해도 삼자 간 RP 시장의 그림자통화 공급량은 5조 달러에 달한다.

SM0(Shadow M0)
전통 은행의 본원통화인 M0에 대응되는 개념.

바야흐로 금융 글로벌화 시대를 맞이해 전 세계 금융기관의 대차대조표는 말할 것도 없고 수억 가구의 일반 가계 대차대조표까지도 보이지 않지만 무수히 많고 거대한 담보 사슬에 의해 하나로 얽혀버렸다. 예를 들어 처음에 독일 은행이 '피그스 채권'을 보유했다고 하자. 독일 은행은 이 채권을 영국 거래업자에게 재담보로 제공한다. 채권은 영국 거래업자에 의해 런던 시장에서 다시 수차례 재담보 설정에 사용된 후 미국에 있는 MF 글로벌이나 리먼 브라더스 자회사에 흘러든다. 이어 잇따른 '자산 스와프' 거래를 통해 헤지펀드에 넘겨진 뒤 최종적으로 미국 연금계좌에 자리를 잡는다. 일단 위기가 발생하면 미국의 퇴직 노인들이 손실을 입게 되는 것이다. 마찬가지로 미국에서 발행한 정크본드 역시 헤지펀드나 1급 거래업자의 해외 지점을 통해 런던에 유입되거나 다시 홍콩의 금융기관에 재담보로 설정되다가 나중에 중국의 QDII펀드에게 공급될 수 있다. 이로써 중국 서민 가계의 대차대조표에 잠복할 수도 있다는 말이 된다.

QDII
해외 자본시장 투자 자격이
있는 중국 기관투자자.

　유로채 위기 발발 이후 미국은 자국 은행 시스템의 유로채 보유고가 매우 적기 때문에 전혀 문제될 것이 없다고 주장했다. 그러나 국제청산은행은 미국이 보유한 유로채 규모가 적어도 1,810억 달러는 될 것이라고 추산했다. 한편 독일은 자국 은행 시스템이 유럽 대륙에서 가장 튼튼하다고 자부하지만 투자 잡지인 〈그랜트 금리 옵저버(Grant's Interest Rate Observer)〉는 도이체방크의 레버리지 비율이 무려 43대1에 달해 유럽 금융 마술계에서도 독보적인 존재라고 폭로했다.

　RP 담보 사슬은 마치 고무줄처럼 길게 늘어날수록 반발력이 더 커지고 끊어질 위험도 더 높다. 이 '고무줄'의 첫 머리는 중앙은행이 쥐고 있고, 고무줄 끝에는 수십억 가구의 재산이 걸려 있다. 안타깝게도 금융시장의 높은 레버리지 비율은 중앙은행에까지 '전염'됐다. 독일 분데스방크의 레버리지 비율은 2007년 이후 2배로 상승해 75 대 1에 달했다. 전 세계 중앙은행의 평균 레버리지 비율 역시 153 대 1에 달해 사람들을 놀라게 한 바 있다.

　RP 담보 사슬의 고무줄이 끊어지면 금융기관의 파산은 불가피하다. 그렇다면 중앙은행이 '구세주'로 나서야 한다. 그런데 만약 중앙은행마저 채무 초과 상태라면 어떻게 될까? 위기에 빠진 은행 시스템을 구제하려면 전 국민의 재산에 의존하는 수밖에 다른 방법이 없다.

6월 돈가뭄 사태의 발생 원인

협의의 통화 이론으로 분석해보면 2013년 9월 중국의 M2(총통화)는 106조 위안, 미국의 M2는 10조 8,000억 달러였다. 미국의 M2 규모를 당시 위안화로 환산하면 약 67조 위안이 된다(1달러=6.2위안). 사람들이 "중국의 M2가 미국을 월등히 앞섰다"며 놀라는 것도 이상한 일이 아니다.

　하지만 미국 금융시장의 실태를 명확히 알고 난 뒤에는 생각이 바뀔 것이다.

　그림자통화의 등장으로 말미암아 전통적인 화폐경제학에 기초한 화폐 창조 이론은 이미 시대에 뒤떨어졌다. 2013년 미국 재무부 산하 채무관리국(Office of Debt Management)의 통계에 의하면, 미국의 그림자통화 규모는 약 33조 달러(그중 RP 재담보 방식으로 창조된 것이 5조 달러)로 M2의 3배를 넘었고, 유효 통화 공급량은 45조 달러에 이르렀다.[3] 위안화로 환산하면 약 279조 위안에 달한다는 계산이 나온다.

　그림자통화를 잠시 SM2(Shadow M2)라고 부르기로 하자. SM2에는 RP 시장에서 융자 담보물로 사용할 수 있는 모든 채권 자산이 망라된다. 간단히 말해 채권이 곧 화폐인 것이다. 만약 재담보로 설정되지 않았다면 그림자통화의 승수는 1이고, 재담보 설정이 됐다면 설정 횟수가 곧 그림자통화의 승수라고 볼 수 있다.

따라서 한 국가의 유효 통화 공급량은 다음과 같이 정의해야 한다.

유효 통화 공급량 = M2 + SM2

물론 중국에도 그림자금융과 그림자통화 문제가 존재한다. 중국의 그림자통화 규모에 대해서는 20조에서 36조 위안까지 다양한 추산이 나와 있다. 중국의 유효 통화 공급량은 그림자통화까지 합칠 경우 126조~142조 위안 사이로 추정돼 미국의 약 절반쯤 된다. 2012년 중국의 GDP가 미국의 절반이었으므로 통화 공급량과 경제성장 사이의 비율 관계는 대체로 비슷하다고 볼 수 있다.

다른 점이 있다면 미국의 그림자통화 규모가 중국의 5.7~10.2배에 이르는 반면, 중국의 전통 통화량 규모는 미국의 1.6배에 달한다는 사실이다. 자산 형태를 보면 중국에서는 부동산이 주를 이루는 데 반해, 미국에서는 금융자산의 보유 비중이 높다.

M2 규모가 이렇게 큰 중국에서 2013년 6월 갑자기 돈가뭄 사태가 터진 이유는 왜일까?

사실 중국의 은행 시스템은 5월 말부터 자금 부족 현상이 나타나 6월에 이르러 상황은 더욱 악화됐다. 시간적으로 볼 때 Fed가 5월에 QE 종료 계획을 발표한 시점과 대체로 맞아떨어진다. 6월, 미국의 10년 만기 국채 RP 금리는 -3%로 하락했다. 그런데 중국의 RP 금리는 한때 30%까지 치솟았다. 양대 국가에서 어떻게 물과 불처럼 완전히 다른 현상이 나타나게 된 것일까? 주원인은 미국 국채시장에서는 투기꾼의 대규모 공매도가 허용되기 때문이다. 투기꾼의 공매도가 가세하지 않았다면 아마 미국의 RP 금리 역시 국채 수익률과 같은 수준으로 급등했을 것이다.

사실 돈가뭄 사태는 중국뿐만 아니라 미국에서도 나타났다.

미국 금융시장에서는 2013년 5~6월에 금리가 급상승하는 공황성 위기가 발생해 화폐 창조 사슬의 핵심 고리인 RP 시장이 거의 마비 상태에 빠졌다. 수익률 상승은 RP 담보물 가치의 하락을 의미한다. 고도의 레버리지 투자에 의존하던 금융기관들이 도리 없이 자산을 매각하면서 달러화 유동성의 심각한 부족을 초래했다. 월스트리트가 달러화의 '진공' 상태에 빠지자 자연스럽게 신흥국으로 이탈했던 투자 자금이 미국으로 대거 환류했다. 그러면서 신흥국에 증시 폭락, 자본 유출, 화폐 가치 하락 등 일련의 위기가 찾아왔다. 중국 역시 위기를 피하지 못했다. 5월에 외국환평형기금 규모가 대폭 위축된 것이 신호탄이었다.

여기에서 주의할 점이 있다. 달러화 환류 현상이 미국 경제의 강한 회복세에 기인한 것이라고 착각하면 안 된다는 것이다. 해외 자금이 미국으로 대거 환류한 것은 미국 RP 시장의 자체 붕괴 스트레스 지수가 급격히 상승했기 때문이다.

그림자금융이 진짜로 위험한 이유는 화폐 창조 기능 때문이다. 그림자금융의 핵심은 RP 시장에 있다. RP 시장의 존재로 말미암아 1달러짜리 채권이 1달러짜리 '유사 현금'으로 탈바꿈하는 것이 가능하다. 이때 유효 통화 공급량은 배로 증가한다. 여기에 재담보 기능까지 추가되면 통화 공급량은 기하급수적으로 늘어난다. 이 같은 이유 때문에 RP 시장의 중요성은 그림자금융의 다른 모든 문제점을 압도하기에 충분하다.

RP 시장의 화폐 창조 기능은 수많은 금융기관에 의해 악용됐다. 금융기관들은 재고로 남아 있는 채권 자산을 이용해 현금을 얻고 이 현금으로 다시 채권 재고를 확대하는 방법으로 자산 규모를 끊임없이 늘리는 한편, RP 이자 비용과 채권 이자 소득 사이의 차액까지 손쉽게 챙겼다. RP 금리가 비교적 낮은 상황에서는 이 같은 자금 회전 방식이 별 문제가 되지 않았다. RP 시장을 이용한 수익 모델은 부동산이나 주식시장, 산업 부문에 투자할 때보다 더 안전하고 유연하며 매력적이었다.

중국 금융시장에도 헤지펀드의 높은 레버리지를 이용한 월스트리트식 수익 창출 모델이 보편적으로 존재한다. 원리도 거의 똑같다. 다른 점이라면 중국 금융기관은 리스크 헤지를 거의 시도하지 않는다는 것이다. '매치 헤징'이 불가능한 것은 더 말할 나위도 없다. 따라서 RP 시장의 융자 비용이 지속적으로 상승할 경우 상상할 수 없는 결과가 초래된다. 6월 돈가뭄 사태 발생 후 중국 금융기관들이 눈 빠지게 중앙은행의 구제금융만 기다린 것도 모두 이 때문이다. 이때 중앙은행이 만약 유동성 공급을 거절한다면 금융 시스템 위기(Systemic financial crisis)가 발생하는 것은 자명한 사실이다.

재미있는 것은 6월 돈가뭄 사태의 최대 피해자가 채권시장이라는 사실이다. 이때 성투채를 대표로 하는 고수익성 채권들이 대량 매각되고, 채권시장은 거래가 거의 없어 한산했다. 은행 간 채권시장 누계 거래액은 1조 2,000억 위안으로 전년 동기 대비 81.1%나 하락했으며, 전월 대비로는 49.0%나 떨어졌다. 이외에 같은 달 채권 누계 발행 규모는 5,342억 위안으로 전년 동기 대비 34.6% 감소했고, 전월 대비로는 43.3% 하락했다. 주식시장 역시 적지 않은 타격을 입었다. 그림자통화 자금의 일부가 주식시장에 흘러든 것과 무관하지 않았다.

금융기관들이 부동산과 같은 장기 투자에 중점을 뒀더라면, 유동성 고갈 위기에 처했을 때 가장 먼저 신탁, 고수익 저위험을 특징으로 하는 이재 상품 및 기타 부동산 융자 상품을 처분했을 것이다. 이럴 경우 부동산 시장에도 심각한 자금 부족 현상이 나타나게 된다. 그러나 2013년 6월 중국 각 성의 '디왕(地王, 최고가 부동산)' 가격은 잇따라 상승했다. 특히 돈가뭄이 가장 심했던 6월 하순에 상하이를 비롯한 충칭(重慶), 난징(南京), 우한(武漢) 등의 토지 가격이 사상 최고 기록을 갈아치웠다.

중국의 RP 시장은 빠르게 성장하고 있다. 환매채 거래에서 가장 중요시되는 것은 사업채와 기준채의 할인율 문제이다. 사업채에 일정한 할인율을 적용해 기준채로 전환하는 과정은 미국 정크본드의 환상적인 표류 과정과 대단히 비슷하다. 다만 중국에서는 채권의 복잡한 표류 과정을 생략해버린다. 물론 사업채 품질에 문제가 없고 할인율도 충분히 높을 때에는 별 문제가 생기지 않는다. 그러나 향후에도 할인율에 문제가 생기지 않으리라고 장담할 수는 없다. 기준채 헤어컷 제도는 향후 중국 금융경제를 위협하는 잠재 요인이기 때문에 금융감독 부서의 주의를 요한다.

이밖에 중국의 RP 시장에는 아직 재담보 관련 규정이 없다. 그러나 향후에 관련 규정을 제정할 가능성도 배제할 수 없다. 전 세계적으로 통합된 재담보 관련 법률적 기틀이 마련되기까지 재담보 융자 기능은 RP 시장의 위기를 키우는 최대 온상이 되지 않을까 싶다.

더욱 주목해야 할 사실은 2013년 6월의 돈가뭄 사태가 향후 금리 화산 폭발의 한 차례 예행연습에 불과하다는 것이다.

맺는말

은행은 사회에 화폐 서비스를 제공하고 사회로부터 서비스 비용을 받는다. 이것이 은행의 수익이다. 사회는 은행에 각종 자산 관리를 위탁하고 그 대가로 자산 위탁 증표를 받는다. 이것이 바로 유통 통화이다. 화폐 '인수증'은 위탁 자산의 청구권을 의미하고, 사람들은 시장에서 이 화폐 인수증을 지불 수단으로 사용한다. 화폐 인수증의 이전은 대응하는 은행 위탁 자산의 소유권도 다른 사람에게 이전됐다는 사실을 의미한다.

은행이 위탁 관리하는 자산 중에서 유동성이 가장 높은 자산이 당연히 대중으로부터 사랑을 받는다. 이런 자산은 시장 거래에서 모든 사람들에게 쉽게 수용된다. 유동성이 가장 높은 자산이 곧 부의 상징인 '진짜 돈'이다. 따라서 엄밀히 따지면 화폐는 돈이 아니라 돈의 인수증일 뿐이다. 또한 화폐는 재산이 아니라 재산을 가질 수 있는 청구권일 뿐이다.

금본위 시대에는 금이 진짜 돈이고, 은행은 돈을 보관하는 곳이며, 은행이 발행한 은행권은 곧 금의 인수증이었다. 은행권을 보유한 사람은 언제든지 은행에 가서 맡겨놓은 금을 인수할 수 있었다. 1971년 미국이 금본위제를 폐지한 이후부터 국가의 법정통화가 금의 자리를 대체했다. 화폐 인수증에 대응하는 것도 법정통화로 바뀌었다. 화폐 인수증의 형태는 종이로 만든 저축 통장, 플라스틱 재질의 은행카드 혹은 인터넷뱅킹 계좌번호 등 매우 다양하다. 그러나 본질은 모두 똑같이 은행에 국가 법정화폐를 요구할 수 있는 증표가 된다.

금을 화폐의 기준이라고 한다면 은행의 화폐 창조 능력은 금의 증가량과 매칭돼야 하며, 금의 증가량은 산업 성장에 정비례한다. 그런데 가령 특정 산업 부문의 성장 속도가 금의 증가 속도를 훨씬 초과해 이 산업 부문의 상품과 서비스의 거래를 충족시키기에 금이 부족하다면 어떻게 될까? 두말할 것 없이 상품과 서비스 가격이 떨어진다. 혹시 이 때문에 디플레이션이 발생하지 않을까? 그럴 가능성도 있지만 경제에 큰 피해를 주지는 않는다. 요컨대 금은 상품을 교환할 때 가격 비교 역할을 하는 '계산기'와 같다. 계산기 크기는 계산 결과에 영향을 주지 않는다. 따라서 상품과 상품 사이의 가격 관계는 금의 수량과 무관하다. 한마디로 화폐 공급이 안정적일 때에 화폐는 경제에 대해 '중성(中性)적인' 영향을 끼친다.

세계 경제 발전사를 보면 실제로 위와 같은 상황이 발생했다. 영국은

1664년에 물가통계 제도를 도입했다. 당시의 물가지수를 100이라고 설정한다면 250년이 지난 1914년에 물가지수는 91로 하락했다. 금본위제도 아래에서 영국 물가는 장기적으로 하락세를 유지했으나 이는 영국의 산업혁명에 큰 영향을 미치지 않았다. 산업혁명에 힘입어 생산성은 농업시대 때보다 수천, 수만 배 향상됐다. 가히 천지개벽의 변화라고 할 수 있었다. 또 제품 종류와 생산량은 농업시대 기준으로 측정 불가능할 정도로 늘어났다. 사실 경제성장의 본질은 생산성 향상과 생산원가 하락에 있다. 마찬가지로 각종 상품 가격의 하락 현상은 생산력이 상승했다는 증거라고 할 수 있다.

이 현상은 인터넷과 디지털 시대인 오늘날 더욱 명확해진다. 대표적인 예로 컴퓨터와 휴대폰의 가격 하락을 들 수 있다. 컴퓨터와 휴대폰 가격이 끊임없이 하락한다고 해서 사람들이 사지 않고 구경만 하고 있는가? 아니다. 더 자주 새 것으로 바꾸고 더 많이 산다. 이것이 바로 생산성 향상의 결과라고 할 수 있다. 이런 산업은 '가격의 지속적인 하락'으로 인해 침체되는 것이 아니라 더 빠르게 성장한다.

미국을 예로 들어보자. 1800년 미국의 물가지수를 100이라고 설정한다면 1939년의 물가지수는 81로 하락했다. 즉 139년 동안 '디플레이션'이 지속됐다는 얘기가 된다. 그렇다면 이 기간 동안 미국 경제가 퇴보했을까? 아니다. 미국은 변두리 식민지 국가에서 세계 최강대국으로 일약 탈바꿈했으며, 금본위제도 아래에서 경제 '기적'을 이뤄냈다. 서방 사상가들이 금본위 시대를 일컬어 '자본주의의 황금시대'라고 한 것도 어쩌면 당연하다.

화폐제도는 사회적 부의 분배에 대한 일종의 계약이다. 화폐가 안정되면 천하가 태평해지고 화폐가 흔들리면 천하가 병든다.

사람들은 하루 종일 힘들게 일하고 얻은 노동 성과를 은행에 맡기고 은행으로부터 '영수증'을 받는다. 또 퇴직 혹은 실직 후 예전과 비슷한 수준의 생활을 영위하기 위해 이 영수증으로 과거에 사회에 기여했던 것만큼의 노동 성과를 교환한다. 그런데 영수증 가치가 대폭 하락한다면 노동 성과를 남에게 사기당하고 약탈당한 것이나 다름없다. 한 사회를 구성하는 구성원들은 서로 모르는 사이임에도 불구하고 '화폐'라는 계약을 믿기 때문에 서로 믿고 의지하면서 힘을 합쳐 더 많은 부를 창출한다. 그러나 화폐 가치가 하락할 경우 사회적 부의 불공평한 분배와 사회의 심층적인 불신이 초래된다. 더 나아가 사회적 분업 체제가 파괴되고 노동에 대한 적극성에 타격을 주며, 투기와 사기를 조장하고 성실과 신의의 원칙을 파괴해 최종적으로 거래 비용의 상승을 초래한다.

자국 화폐 신용도 지키지 못하는 국가가 어찌 국민들에게 국가에 대한 신뢰를 강요할 수 있겠는가? 또 국민들 사이에 성실과 신의의 원칙을 지키라고 강요할 수 있겠는가? 화폐 평가절하가 국가와 문명에 끼치는 피해는 깊고 오래가며 회복이 불가능하다.

영국은 1914년 금본위제에서 이탈함으로써 쇠퇴의 길을 걷는 운명이 정해졌다. 미국도 1971년 금본위제를 폐지하면서 '성실, 창조, 근면, 절약'의 건국이념을 버리고 탐욕, 투기, 향락, 사치의 타락 기풍을 조장했다.

2008년 금융위기는 앞으로 닥쳐올 더 심각한 경제위기와 사회위기의 서막에 불과하다. 안타까운 것은 달러화를 비롯해 전 세계적으로 통화 평가절하 열풍이 뜨거워지고 있다는 사실이다. 이런 화폐 가치 하락이 그림자금융과 그림자통화를 만들어냈다. 1971년 이전 약 300년 동안의 산업화 시대에는 은행이 수익을 얻는 데 '은행의 그림자'가 필요하지 않았고, 사회도 '화폐의 그림자'를 필요로 하지 않았다.

그림자통화 담보 사슬이 길어질수록 사슬에 내재한 장력도 함께 커지면서 지금은 거의 끊어질 듯 위태한 지경에 이르렀다. 2013년 6월에 발생한 전 세계적인 돈가뭄 사태는 더 큰 금융 지진의 전조일 뿐이다.

금융 글로벌화 시대에 세계 각국은 자산담보 사슬에 의해 하나로 꽁꽁 묶여버렸다. 이는 향후 국부적인 위기가 필연적으로 글로벌 위기로 확산될 수 있음을 의미하고 있다.

제4장

자산 붕괴가 불러온,
'최후의 심판'

2007년과 똑같은 상황이 벌어지고 있다.
일단 금리가 오르기 시작하면
아무도 그 충격을 피해갈 수 없다.
_윌리엄 화이트

경제 및 금융과 관련한 모든 데이터를 통틀어 미국의 10년 만기 국채 수익률보다 더 중요한 개념은 아마도 없을 것이다. 미국 10년 만기 국채 수익률은 금리 화산이 폭발하기 전에 켜지는 마지막 비상등이라고 할 수 있다. 이 비상등이 심하게 깜빡거린다면 시간이 얼마 남지 않았다는 사실을 뜻한다.

아직까지 '금리 스와프(IRS)'란 말을 들어보지 못했다면 구글 사이트에서 검색해보기 바란다. 2008년에 '신용부도 스와프(CDS)'가 유명해진 것처럼 얼마 뒤에는 금리 스와프가 가장 핫한 키워드로 떠오를 것이다. 2008년 미국의 금융 시스템을 무너뜨린 신용부도 스와프 계약 규모가 60조 달러라면, 금리 스와프 규모는 이것의 7배 이상에 달한다. CDS의 위력이 원자탄 수준이라면 IRS는 수소폭탄 급이라는 얘기가 된다.

인류 역사상 세계 각국이 동시에 그것도 자발적으로 이토록 오랜 기간 저금리 기조를 유지한 적은 없었다. 역사상 보기 드문 초저금리 환경은 '자산 거품'이라는 희한한 '괴물'을 만들어냈다. 이 괴물은 Fed의 오퍼레이션 트위스트 조작에 힘입어 기형적으로 성장하면서 산업경제의 '영양분'을 빼앗아 부의 불균형을 조장하고 사회의 건전한 발전을 파괴하고 있다.

양적완화 정책과 자산 거품은 이제 한계에 이르렀다. 세계 각국 중앙은행의 금리 상승을 막기 위한 온갖 노력은 결국 실패하고 말 것이다.

유럽 중앙은행과 Fed의 신임 수장들이 '마이너스 금리'에 대해 점점 더 빈번하게 언급한다면 우리는 경각심을 높일 필요가 있다. 제로 금리 정책으로도 자산 가격의 지속적인 상승을 억제하지 못했는데 마이너스 금리 정책이라니? 이런 말도 안 되는 정책은 전 세계를 더욱 미쳐 날뛰게 만들 것이다.

금리 화산이 폭발하는 날은 곧 자산 거품이 붕괴하는 최후 심판의 날이 될 것이다.

벤 버냉키의 변덕으로
시들어버린 Fed의 테이퍼링 정책

2013년 9월 18일, Fed는 월 850억 달러 규모의 채권을 사들이는 현행 3차 양적완화 정책을 계속 유지한다고 선포했다. 이 소식이 전해지자 월스트리트는 다시 한 번 들끓었다. S&P500지수와 다우존스지수 모두 사상 최고치를 경신했고, 미국 10년 만기 국채 수익률도 2.9%에서 2.7%로 대폭 하락했다. 신흥국의 주식시장과 채권시장, 외환시장이 대폭 상승했을 뿐 아니라 금·은과 석유 가격도 강한 반등세를 보였다.

Fed의 결정은 사실 예상 밖의 일이었다.

벤 버냉키 Fed 의장은 5월부터 양적완화 '테이퍼링(Tapering, 자산 매입 축소)'을 입에 달고 살다시피 했다. 전 세계 금융시장이 겁에 질려 벌벌 떨면서 국채 수익률 폭등에 대한 우려가 확산됐고, 시리아 전쟁은 일촉즉발의 위기에 처했다. 주식시장과 채권시장은 잔뜩 움츠러들어 활기를 잃었을 뿐 아니라 금융 시스템은 돈가뭄 때문에 몸살을 앓았다. 달러화 환류 열풍이 뜨거워지고 신흥시장에는 불안감이 증폭됐다.

버냉키도 깜짝 놀라기는 마찬가지였다. 그가 언급한 테이퍼링은 양적완화 규모의 점진적 축소였지 통화긴축을 의미한 것은 아니었다. 게다가 특정 조건에서 테이퍼링을 실시할 것이라고 '만약', '가령' 등의 수식어까지 붙였음에도 시장은 그의 말을 확대해석했다. 버냉키의 '기대 관리' 수법은 최근 몇 년 동안 시장의 기대치를 의도적으로 통제하는데 한 번도 실수한 적이 없었다. 그러나 이번만은 뜻밖에도 효력을 잃었던 것이다. 특히 국채 수익률이 통제 불능 상태로 급등하자 버냉키를 비롯한 Fed 전체가 간을 졸일 수밖에 없었다.

QE 정책의 실효성에 대해서 Fed 내부에서는 말할 것도 없고 심지어 유럽, 국제통화기금(IMF), '중앙은행의 은행'으로 불리는 '국제결제은행(BIS)' 사이에서도 의견 대립이 첨예했다. 벤 버냉키와 각국 중앙은행 수장을 대표로 하는 비둘기파는 금융 시스템을 구제한 양적완화 정책이 세계 각국 경제도 구제할 수 있다고 주장했다. 시간이 더 필요하기는 하나 언젠가는 경제 회복의 기적이 반드시 일어날 것이라는 생각을 굽히지 않았다. 이에 반해 강경론자인 매파는 Fed가 금융위기 발생 후 5년이라는 귀중한 시간만 낭비했을 뿐이며, 지나친 양적완화 정책이 오히려 세계 각국 경제를 마비시키고 국민을 나태해지게 만들었다고 반박했다. 또한 심각한 경제 불균형 상태 지속, 재정적자 악화, 고용 회복 둔화, 자산거품 범람 등 2007년 위기 상황이 재연되고 있으며, 심지어 더 심각한 금융 위험이 도사리고 있다고 주장했다.

특히 BIS는 QE 정책에 대해 상당히 부정적인 태도를 보였다. 윌리엄 화이트(William White) BIS 선임 수석 이코노미스트는 9월 Fed 회의를 앞두고 다음과 같이 신랄하게 경고했다.

"2007년과 똑같은 상황이 벌어지고 있다. 그때부터 존재했던 경제 불균형 문제가 아직 해결되지도 않았는데 선진국의 GDP 대비 가계, 기업,

정부 부채 비율은 2007년보다 30% 이상 상승했다. 게다가 신흥시장에 형성된 버블이 붕괴 주기에 진입하면서 새로운 난제까지 던져졌다. …… 미국의 (초저) 금리 정책은 전 세계 (자산 버블)의 궁극적인 추진력이다. 일단 금리가 상승하기 시작하면 아무도 그 충격을 피해갈 수 없다."

BIS는 심지어 유럽과 미국 중앙은행의 '기대 관리' 수법에 대해서도 장기금리 상승을 억제하는 데는 "거의 실패했다"고 완곡하게 비난했다.

"(중앙은행이 정책을) 소통 수단으로 삼아 시장을 통제하는 힘은 언젠가는 한계에 부딪치기 마련이다. 그리고 그 한계는 현재 이미 가시화된 상태에 있다."[1]

미국의 초저금리 정책이 전 세계 자산 버블을 조성하는 궁극적인 원동력이라는 말은 문제의 핵심을 찌른 예리한 관점이다.

자산 거품이 커질수록 이를 막으려는 금융 마술사들의 움직임도 신들린 듯 위험 수위를 더해가고 있다. BIS와 IMF 등 이를 지켜보는 관중들은 가슴이 떨리고 손에서 땀이 흐른다. 이들은 유능한 강경론자가 벤 버냉키의 뒤를 이어 Fed 의장에 등극해 광기 어린 금융 게임을 제지해주길 바랐다. 래리 서머스 미국 전 재무장관은 한때 강경론자들의 희망이었다.

벤 버냉키 의장의 임기가 얼마 남지 않은 상태에서 사람들은 래리 서머스의 시대가 올 것이라고 믿어 의심치 않았다. 그런데 후임자로 가장 유력하게 거론되던 그가 갑자기 Fed 의장 지명에서 물러나면서 형세가 급변했다. 결국 비둘기파의 대표 주자인 재닛 옐런이 Fed 수장 자리에 올랐다. 그녀는 벤 버냉키가 명함도 못 내밀 정도로 양적완화 정책의 극단적인 지지자로 유명하다. 또 Fed에서 화폐정책 투표를 진행할 때마다 일관적으로 양적완화를 고집했고, 2010년에는 심지어 기준 금리를 '마이너스'로 낮추라고 요구했다. 그녀는 비둘기파의 맏형님인 벤 버냉키와 선배 격인 일본 중앙은행 총재조차 승복하지 않고는 못 배기는 말 그대로 골수

'비둘기'였다. 여자가 남자보다 못하다는 말은 이제 완전히 옛말이 돼버렸다.

벤 버냉키가 가고 재닛 옐런이 왔다. 물론 이 두 가지 모두 '경축'할 만한 일이기는 하다.

Fed가 공들여 준비한 테이퍼링 정책은 결국 3개월 만에 꽃도 피우지 못하고 시들어버렸다.

RP 빙산에 부딪힌 QE 타이타닉호

2013년 5월, Fed가 곧 QE를 종료하겠다고 강력하게 시사하자 글로벌 시장은 큰 충격에 빠졌다. 이 충격은 당장 미국 국채 수익률의 급격한 상승으로 이어졌다. QE3 정책을 시행한 지 겨우 반년여 만에 미국의 주식시장과 채권시장, 부동산시장에는 오랜만에 호황이 찾아왔고, 자산 리플레이션 효과가 서서히 나타나기 시작했다. 그런데 Fed는 왜 황급히 QE를 종료하려고 했을까?

그 이유를 캐보려고 한 사람은 많지 않았다. 주류 매체는 이 문제에 대해 거의 관심을 가지지 않았고, 뉴욕연방준비은행과 BIS, IMF의 연구원과 소수의 학자들이 연구 보고서 및 인터넷 발표를 통해 관련 화제에 대해 토론했을 뿐이다. 2013년 5월 말이 돼서야 일부 매체들이 꿈에서 깨어난 듯 미국의 일반 대중들이 들어본 적도 없는 '곤경에 빠진 RP 시장'에 대해 언급하기 시작했다.

우선 5월 23일자 〈월스트리트 저널〉에서 Fed가 그림자은행을 지나치게 압박했다고 크게 떠들었다.

"중앙은행이 국채를 대량 매입하면서 그림자금융의 핵심 고리인 RP 시장에 담보물 부족 현상이 나타났다.

지난 30년 사이에 화폐와 신용 창조 방식에는 큰 변화가 일어났다. 우리가 지금까지 배워왔던 교과서를 무용지물로 만들 정도로 말이다."

〈월스트리트 저널〉의 보도는 '재담보'의 개념을 잘못 이해하는 실수를 범했다. 그러나 양적완화 정책의 자가당착 문제는 정확하게 짚어냈다.

"Fed 계좌에 방치돼 있는 1조 8,000억 달러의 국채 자산 때문에 RP 시장에서는 안전한 담보물이 기근에 빠졌다. 이는 재담보의 (통화)승수 효과를 감안하면 약 5조 달러의 신용이 적게 창조됐음을 의미한다. 양적완화 정책이 이런 뜻밖의 결과를 초래한 것은 정말 예상 밖의 결과이다. 벤 버냉키를 수장으로 둔 Fed는 (지폐를 과다하게 찍어내) 미국 정부의 재정적자 폭을 확대시킨 것만으로도 지탄받아 마땅하다. 그런데 한술 더 떠 경제의 혈액을 함부로 다루고 있으니 더욱 큰일이다."[2]

이 이치는 아주 간단하다. RP 시장에는 담보물이 필요하고, 국채는 가장 중요한 담보물이다. 그런데 QE 정책으로 인해 Fed가 RP 시장과 국채 매입 쟁탈전을 벌이는 모순이 나타났다. 한마디로 QE 정책의 시행 기간이 길어질수록 RP 시장의 그림자통화 창조 능력은 점점 더 취약해질 수밖에 없다.

사실 Fed 계좌에는 국채를 제외하고도 약 1조 1,000억 달러 규모의 MBS도 방치돼 있었다. 패니메이와 프레디맥에서 발행한 이 채권은 정부급 신용을 가지고 있기 때문에 국채와 마찬가지로 RP 시장에서 '안전한' 담보자산으로 인정받는다. 만약 국채와 MBS를 모두 그림자통화의 본원통화라고 할 경우 그림자금융 시스템은 QE 정책으로 말미암아 약 7~9조 달러의 그림자통화 확장에 브레이크가 걸린 셈이다.

그렇다면 QE 정책의 RP 담보물 압박 문제는 현재 얼마나 심각한 상태일까? 잠시도 늦출 수 없는 긴박한 문제라고 해도 과언이 아니다.

Fed가 QE 정책의 일환으로 매입하는 국채는 단기 국채에서 장기 국채까지 매우 다양하다. 물론 중장기 채권이 주를 이루지만 말이다. 이렇게 볼 때 Fed의 '국채 재고'는 종류와 만기일 및 매입 규모가 각기 다른 채권들로 복잡하게 구성돼 있다. 과학자들이 흔히 사용하는 연구 방법 중에는 복잡한 시스템 안에서 간단한 대체 변수(Proxy)를 찾아내 이 대체 변수 연구를 통해 전반적인 시스템 상황을 이해하는 것이 있다. '유사 10년 만기 국채(10-Year Equivalents)'가 바로 Fed '국채 재고'의 대체 변수라고 할 수 있다. 유사 10년 만기 국채는 만기일과 수량이 서로 다른 국채의 금리 리스크를 계산해 일정량의 10년 만기 국채로 대체한 것이 특징적이다. 한마디로 유사 10년 만기 국채는 Fed의 국채 보유고를 대표한다는 얘기가 된다.

유사 10년 만기 국채를 대체 변수로 삼아 계산하면, 2013년 8월까지 Fed가 시중 유통 국채의 30%를 보유했다는 결과가 나온다. 계속 이 속도로 국채를 매입할 경우 Fed의 시중 국채 보유 비율은 2014년에 45%, 2015년에 60%, 2016년에 75%, 2017년에 90%에 이를 전망이며, 2018년 말에는 시중의 국채를 전부 흡수할 것으로 보인다. 물론 그 전에 RP 시장은 붕괴할 것이다.

아마 버냉키 본인도 QE 정책이 RP 시장을 심각한 곤경에 빠뜨릴 줄은 예상치 못했을 것이다. RP 시장에서 '요절'하는 그림자통화 규모는 앞에서도 언급했듯 대략 7~9조 달러에 이른다. 이는 Fed의 QE 정책에 의해 증가한 유동성 규모에 상당하다. 게다가 매달 850억 달러 규모로 국채와 MBS를 지속적으로 매입할 경우 RP 시장의 자체 붕괴 위험도 갈수록 커질 수밖에 없다.

이것이 벤 버냉키 Fed 의장이 2014년에 서둘러 QE를 종료하려 한 진짜 이유였다.

RP 시장 게임의 주 종목은 병 10개에 뚜껑 3개를 끼워 파는 고난이도 게임이다. 만약 Fed가 매달 850억 달러씩 시장의 '병뚜껑'을 거둬들이면 1년 후 RP 시장에서는 1조 달러의 담보자산이 사라지게 된다. 미국의 삼자 간 환매채시장의 담보자산 규모가 2조 달러밖에 안 되는 만큼 이 속도로 병뚜껑이 사라진다면 큰일이 아닐 수 없다. 병뚜껑이 꾸준히 감소하면서 RP 시장의 게임 기술도 '병 10개에 뚜껑 1개', 심지어 '병 20개에 뚜껑 1개'로 점점 까다로워졌다. 기술 난이도가 높아질수록 손실 위험은 훨씬 더 커진다.

RP 시장의 수조 달러 규모의 담보물을 얕잡아봐서는 안 된다. 이 담보자산은 전통 은행 시스템의 본원통화와 비슷한 역할을 하며 수십조 달러 규모의 미국 그림자금융 시스템에 유동성을 공급하는 핵심 자산이다. 그림자금융 시스템은 규모가 매우 크나 시장의 신뢰성에 크게 의존하는 경향이 있다. 한껏 당겨져 팽팽한 상태에 있는 담보 사슬은 거래자들의 경미한 변고에도 매우 민감하게 반응한다. 이밖에 그림자금융은 전통 예금을 유치할 수 없고 그저 금융기관의 초단기 융자에만 의존한다. 대출 기간이 짧게는 익일물까지도 가능하다. 전통 은행의 예금은 수천, 수만 명에 이르는 개미 예금자들의 분산된 자금을 집중시킬 수 있으나 RP 융자는 오직 금융기관의 고도로 집중된 거액의 자금을 주요 공급원으로 할 뿐이다. 시장이 크게 요동치면 항상 금융기관이 가장 먼저 소식을 듣고 가장 빨리 투자 철수 결정을 내리므로 유사시에 RP 시장의 자금 철수 속도는 다른 시장보다 훨씬 빠르다.

RP 시장이 평온할 때에는 익일물 융자도 큰 문제가 없다. 대출자와 차입자는 거래 비용을 절감하기 위해 다음날 재계약하는 경우가 거의 대부분이다. 물론 이는 양측이 서로를 완전히 신뢰한다는 전제조건 하에 가능하다. 만약 대출자가 차입자에 관한 안 좋은 소문을 들었다면 다음날 환매채 재계약을 거부할 수 있다. 이렇게 되면 차입자의 자금 사슬은 끊어질 위기에 처한다. 물론 차입자는 다른 대출자를 찾아갈 수 있지만 월스트리트에서는 항상 좋은 소식보다 나쁜 소문이 더 빠르게 퍼진다. 대출을 거부당한 차입자에 대해서는 마치 전염병을 피하듯 멀찌감치 피하는 것이 월스트리트의 생리이다. 1980년 이후 여러 차례 발생한 금융위기 속에서 끝내 살아남지 못하고 파산을 선포했던 금융기관들은 예외 없이 RP 융자의 사슬이 끊어지면서 변고를 당했다. 베어스턴스, 리먼 브라더스, MF 글로벌 등은 대량의 독성 쓰레기 자산을 보유한 것이 문제의 근원이었으나 RP 시장에서 치명타를 입은 것 역시 부인하기 어려운 사실이다.

2007년 정상 상태의 RP 시장에서 자산유동화증권(ABS)과 우량 회사채의 할인율은 3~5%였다. 그러나 2008년 금융위기 발생 후 ABS와 정크본드의 할인율은 한때 40%에 이르렀고, 우량 회사채의 할인율 역시 30%에 달했다. 할인율 급등으로 거액의 추가증거금을 납입해야 했던 대출자들은 더 이상의 자산 확장이 불가능해진 상황에서 헐값에 자산을 처분하느냐 아니면 자금 사슬을 끊고 디폴트를 선언하느냐 두 가지 선택밖에 남지 않았다. RP 시장의 유동성이 순식간에 얼어붙을 수도 있는 위험한 상황이었다.

QE 정책을 지속할 경우 결과는 뻔하다. RP 시장은 점차 위축되다가 갑자기 얼어버릴 것이다. 이는 곧바로 수십조 달러 규모의 그림자금융 시스템의 붕괴로 이어질 수밖에 없다.

그렇다면 주식시장은 무사할까? 주식시장의 호황은 상장기업의 자사주 매입에 힘입은 바 크다. 상장기업의 자사주 매입 자금은 채권시장에서 저금리로 조달한 것이다. 채권시장의 저금리 기조는 마켓메이커가 꾸준히 충분한 유동성을 공급해야 유지 가능하며, 마켓메이커의 자금은 RP 시장에서 충당한 것이다. 역으로 설명하면 RP 시장이 빙산에 부딪칠 경

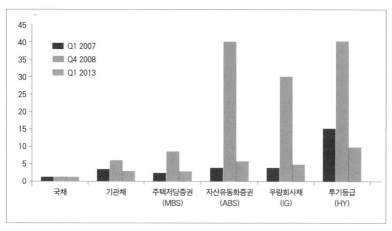

RP 헤어컷 변동 추이(%)

- Q1 2007
- Q4 2008
- Q1 2013

국채　기관채　주택저당증권(MBS)　자산유동화증권(ABS)　우량회사채(IG)　투기등급(HY)

┃ 2007년, 2008년, 2013년 환매채 담보물의 할인율 비교

우 주식시장의 자금 사슬도 끊어진다는 얘기가 된다.

벤 버냉키를 필두로 하는 Fed는 2012년 9월 3차 양적완화 정책을 활기차게 추진할 때까지도 문제의 심각성을 모르고 있었다. 그러나 늦어도 2013년 5월 이전에 알 만한 사람들은 모두 QE라는 '타이타닉호' 바로 앞에 거대한 RP 빙산이 우뚝 솟아 있다는 사실을 깨달았다.

5월, 위기를 예감한 버냉키 선장은 QE 타이타닉호의 항해 속도를 늦추려고 시도했다. 그러나 한창 게임에 빠진 '승객'들은 코앞에 닥친 위험을 눈치 채지 못했다. 버냉키의 결정에 분노한 게이머들이 한바탕 난리를 피우자 장기 금리가 갑자기 급등하고 RP 시장에 광풍이 휘몰아쳤다. 깜짝 놀란 버냉키는 황급히 말을 바꿀 수밖에 없었다. 9월부터 QE 타이타닉호는 원래의 속도와 방향을 유지하면서 계속 빙산을 향해 나아갔다.

벤 버냉키는 진퇴양난의 궁지에 몰렸다. QE를 지속하려니 앞에 RP 빙산이 떡하니 버티고 있고, QE를 종료하려니 금리 폭등이 우려됐다. 버냉키 의장이 우물쭈물하는 사이에도 시간은 조용히 흘러 QE 타이타닉호는 점점 RP 빙산과 가까워지고 있다.

　RP 시장은 유럽과 미국의 거의 모든 금융기관의 단기 자금 명맥이라고 할 수 있다. 이렇게 중요한 시장에 아직도 국제적으로 통일된 법률 제도와 회계 기준이 마련되지 않은 상태이다. RP 담보 사슬은 대서양을 가로질러 멀리 아태 지역, 더 나아가 세계 각지로 뻗어 있다. 따라서 RP 시장의 '건강' 상태는 Fed뿐만 아니라 영국, 유럽연합, IMF 및 국제결제은행까지 모두 침식(寢食)을 잊을 정도로 걱정하는 큰 문제가 되었다.

BIS의 규제로 담보자산 부족 사태가 악화되다

〈월스트리트 저널〉이 RP 시장의 담보물 부족 문제에 대해 보도할 무렵이었다. 오래전부터 이 문제에 대해 고도의 관심을 가지고 관련 조사를 벌여왔던 국제결제은행(BIS)도 5월에 '우량 담보물(HQA, High-Quality Collateral)' 부족 사태에 대한 보고서를 발표했다.[3]

　유럽, 미국과 일본의 양적완화 정책에 대해 줄곧 못마땅한 태도를 보이던 BIS는 일찌감치 새로운 게임 룰을 제정했다. 그것이 바로 '바젤III(은행자본 건전화 방안)'이다.

　BIS는 대체 어떤 기관이기에 전 세계 금융기관들은 BIS가 제정한 협약을 반드시 준수해야 하는가? BIS는 어떻게 '세계 은행감독관리위원회' 자격을 얻었을까?

　BIS의 출범 배경은 간단치 않다. 클린턴 전 미국 대통령의 은사이자 조지아 주립대의 유명한 역사학자인 캐럴 퀴글리(Carroll Quigley)는 BIS에 대해 다음과 같이 평가한 바 있다.

　"금융자본 세력은 지극히 원대한 계획을 가지고 있다. 그것은 바로 금융 시스템을 건립해 세계를 지배하는 것이다. 극소수에 의해 통제되고, 세계 정치 및 경제 시스템을 주재할 수 있는 시스템 말이다.

이 시스템은 봉건 독재 방식으로 중앙 은행가들에 의해 통제된다. 은행가들은 빈번한 회의를 통해 도출된 비밀 협의로 시스템을 조정한다.

이 시스템의 핵심인 스위스 바젤의 국제결제은행은 민간 은행이다. 또 이를 통제하는 중앙은행들도 마찬가지로 민간 기업이다.

각 중앙은행은 재정 대출 통제, 외환 거래 조작, 국가 경제 활동에 개입, 상업 분야에서 협력을 유지하는 정치가의 이익 돌보기 등의 방식으로 각자의 정부를 통제한다."[4]

BIS의 최종 목표는 당연히 국제 은행가들의 전체 이익을 보호하는 것이다. 아울러 국경을 초월해 전 세계 은행 시스템을 자체 관할 범위에 편입시키고 금융의 힘으로 정부를 통제하며 화폐 수단으로 세계를 관리하는 것이다. 이 '웅대한' 목표를 실현하기 위해서는 금융 분야의 근시안적이고 탐욕스러우면서도 기만적이고 무책임한 모험 행위를 단호하게 근절할 필요가 있었다. 국제 은행가들의 자율성은 BIS가 '위대한 목표'를 성공적으로 실현하는 전제조건이다. 따라서 바젤Ⅲ는 자율성 확대에 관한 구체적인 요구를 제시했다.

강제 집행력이 없는 협의는 휴지조각에 불과하다. 가령 은행이 BIS의 감독 관리를 거부하고 바젤Ⅲ의 규정을 지키지 않는다면 어떤 결과가 생길까? 매우 간단하다. 전 세계의 다른 은행들이 모두 이 은행과의 금융 거래를 거부해 금융업계에서 '왕따'로 전락하게 된다. 다른 은행에 송금하려고 해도 감히 돈을 받아주는 은행이 없고, 금융시장에서 환매채 담보로 융자를 받으려 해도 누구 하나 대출을 해주지 않는다. 또 고객에게 대출을 제공하려 해도 이 은행의 수표를 받아주는 곳이 없다. 누가 이런 은행에 돈을 예금하려 하겠는가? 금융 시스템 밖으로 밀려난 왕따는 죽는 길

외에 다른 방법이 없다.

만약 바젤Ⅲ를 거부하는 국가가 있다면? 두말할 필요도 없이 국내 모든 은행이 국제 금융시장 밖으로 밀려난다. 이는 금융 제재에 맞먹는 벌칙이다. 이 국가의 수출입 무역은 다른 국가와의 무역 결제가 불가능한 관계로 중단될 수밖에 없고, 해외 자금을 국내로 반입할 수 없기 때문에 해외 투자도 불가능해진다. 국제무역과 해외 투자가 불가능한 국가가 현대 사회에서 과연 며칠이나 버틸 수 있겠는가? 소국의 경우 이런 '금융 제재'는 옥살이의 고통을 겪는 것과 같고, 대국이라도 이런 상황에 처하면 금융 체제에서 유배당한 것과 다름없는 신세가 된다.

이것이 바젤Ⅲ의 진정한 위력이다. 주권국가의 정부도 바젤Ⅲ에 반드시 복종해야만 한다. 캐럴 퀴글리 교수는 반세기 이전에 벌써 이 모든 것을 꿰뚫어봤다. BIS를 통제하는 극소수 사람들이 곧 전 세계의 진정한 주인이다. 이들은 민주적인 선거를 통해 선출되지 않은 데다 그 어떤 규제도 받지 않는다. 따라서 각국 정부 혹은 국민에 대해 그 어떤 책임을 질 필요가 없다. 이는 국제사회에서 극히 보기 드문 특별하고도 절대적인 권력이다. 예측 가능한 장래에 이들의 권력은 점점 더 강해질 것이다. 이는 또 금융 글로벌화의 궁극적인 목표이기도 하다.

절대 권력을 가졌다고 해서 아무 책임도 지지 않는 것은 당연히 아니다. 적어도 자기 자신에 대해서는 책임을 진다. 절대 권력을 가진 이런 극소수의 사람들이 지혜와 능력마저 뛰어나다면 이들의 관리 아래 생산성이 향상되고 더 좋은 결과가 나타날 수도 있다. 적어도 BIS의 지배자들은 이렇게 생각할 것이다.

바젤Ⅲ는 은행권 유동성 기준을 더욱 강화했다. 모든 은행은 극심한 신용 경색 하에서도 최소 30일 동안 버틸 수 있도록 시장에서 매각이 용이한 우량 담보자산(국채 등)을 충분히 보유하도록 규정했다. 이 조항에 의해

서만 RP 시장에서 2조 3,000억 달러의 우량 담보자산이 줄어들 것으로 예상된다. 이밖에 미국의 '도드 프랭크 법안(Dodd-Frank Act)'은 파생금융상품 거래 증거금을 더 많이 요구했다. 이로써 RP 시장에서 또 1조 6,000억~3조 2,000억 달러 정도의 우량 담보자산이 줄어들게 됐다. 게다가 각국이 외환 관리 및 화폐정책 용도로 보유한 외환 규모도 2007년 말의 6조 7,000억 달러에서 2012년에는 10조 5,000억 달러로 증가해 우량 담보자산에 대한 각국 정부의 수요도 대폭 증가했다. 금융시장이 안정된 상태를 유지한다고 가정할 때, 대충 계산해도 향후 몇 년 사이 우량 담보자산의 손실 규모는 5조 7,000억 달러로 확대될 것으로 보인다.

물론 이는 시장이 정상적인 상태를 유지할 때의 일이다. 미국 재무부의 추산에 의하면, 금융시장이 자금 압박을 받을 경우 우량 담보자산의 손실 규모가 무려 11조 2,000억 달러에 달할 것이라고 전망했다.[5]

고도로 레버리지화된 그림자금융 시스템은 QE 정책으로 인한 우량 담보자산 손실을 감당하기도 벅찬 상태에 놓여 있었다. 이때 바젤Ⅲ과 도드 프랭크 법안까지 우량 자산 쟁탈전에 가담하는 통에 결국 RP 시장의 부담은 더 과중되었다.

RP 빙산은 녹지 않고 오히려 더 커졌다!

그림자은행은 어떻게
겹겹의 포위망을 뚫을 수 있을까?

BIS와 Fed 및 미국 재무부는 그림자금융 시스템의 우량 담보자산 부족 문제가 심각해지는 것을 지켜보면서도 크게 걱정하지 않았다. 유동성 증가를 통해 문제를 어느 정도 해결할 수 있다고 낙관했기 때문이다.

듀레이션(duration)
평균 상환 기간 또는 만기를
의미함.

　이른바 우량 담보물이란 듀레이션, 유동성, 신용으로 구성된 3차원 리스크의 핵심에 가장 접근한 자산을 가리킨다. 듀레이션 리스크는 이해하기 쉽다. 예를 들어 누군가 차용증을 쓰고 당신의 돈을 빌렸다고 가정하자. 그가 다음날 당신의 돈을 갚는다면 듀레이션 리스크는 비교적 작다. 그러나 그가 30년 뒤에 채무를 갚겠다고 선언한다면 듀레이션 리스크는 크게 상승한다. 아마 당신은 그 돈을 받지 못할까 봐 밤잠을 설칠 것이다. 만약 당신이 차용증을 계속 가지고 있기 싫다면 다른 사람에게 이전하면 된다. 시장에서 당신의 이 차용증을 쉽게, 또 가급적 낮은 할인율에 이전 가능한지의 여부가 바로 유동성 리스크이다. 신용 리스크는 차입자가 향후 자금난에 시달릴 확률이 얼마나 큰지를 가늠하는 기준이다.

　아래의 3차원 리스크 그래프를 보면 그래프의 핵심에 가장 접근한 자산은 현금이라는 사실을 알 수 있다. 국가가 망하지 않고 정부가 무너지

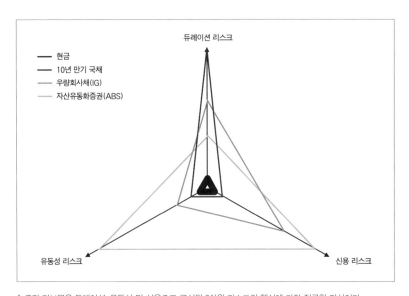

| 우량 담보물은 듀레이션, 유동성 및 신용으로 구성된 3차원 리스크의 핵심에 가장 접근한 자산이다.

지 않는 한, 현금은 오래 가지고 있어도 안전하다. 현금을 마다하는 사람은 없을 뿐더러 현금을 가지고 있으면 디폴트 걱정도 없다. 10년 만기 국채는 유동성과 신용 리스크가 현금보다 약간 높은 데 반해, 듀레이션 리스크는 현금보다 매우 높다. 또 우량 회사채(IG, Investment Grade Bond)의 리스크는 국채보다 높고, ABS의 리스크는 회사채보다 높다.

미국 재무부가 규정한 우량 담보물에는 현금, 국채, 정부 기관채, 패니메이와 프레디맥의 MBS 등이 포함된다. 현금도 당연히 담보물에 속한다. 현금 구매는 '현금을 담보로 어떤 상품을 빌리는 환매채 거래'로 볼 수 있다. 이 경우 '환매 기간은 무한, RP 금리는 0, 할인율도 0'이 된다. 이런 의미에서 보면 QE는 현금이라는 우량 담보물을 또 다른 우량 담보물인 국채와 서로 맞바꾼 것이라고 할 수 있다. 전통 은행 시스템은 현금을 이용해 화폐를 창조하고, 그림자금융 시스템은 국채를 이용해 화폐를 창조한다. 요컨대 QE는 전통 화폐 창조 방식을 그림자통화 창조 방식으로 바꾼 것에 불과하다. 안타까운 것은 효과가 그다지 크지 않다는 사실이다.

이론적으로는 우량 담보물의 대량 증가가 가능하다. 물론 재정적자 규모를 늘려 더 많은 국채를 발행하거나 부동산 가격을 상승시켜 MBS 공급량을 늘리는 데에 불과하지만 말이다. 국가신용을 무한대로 '가불'할 수 있다면 우량 담보물도 무한대로 증가할 수 있다. 따라서 우량 담보물의 절대적인 부족 사태는 일어나지 않는다는 것이 BIS의 주장이다. 다만 지역적 혹은 국부적인 부족 현상은 나타날 수 있다.

문제는 금융 분야의 우량 자산이 실물경제의 우량 자산과 다르다는 사실에 있다. 국채가 우량 자산인 이유는 전 국민의 세수(稅收)로 형성된 현금흐름을 담보로 발행한 것이기 때문이다. 세수 현금흐름은 실물경제 활동에 의해서만 발생한다. 한마디로 우량 자산과 안정적인 현금흐름은 기업 운영과 민간 소비의 양대 경제 활동에 의해 만들어진 것이다. 따라서 국가의 우량 담보물은 정부가 창조한 것이 아니라 개인 경제 부문에서 형성된 자산이라고 해야 한다.

초저금리 환경에서 기업은 헐값에 얻은 자금을 우량 자산 창조에 투입하지 않는다. 대신 빠르게 수익을 올릴 수 있는 다른 금융 활동에 투입한다. 기업의 자본적 지출이 나날이 위축되고 경제체에 '자산 노령화' 문제가 심각해지는 현실이 이를 증명한다. 가령 국가를 하나의 회사에 비유한다면 회사의 현금흐름 증가 속도는 둔화하는데 회사 CEO가 거액의 빚을 내서 현금흐름도 발생시키지 못하는 자산에 대거 투자하는 꼴이다. 이를테면 피카소나 반 고흐의 유화 작품을 대량 매입하고 회계장부상 유화 자산 가격을 100만 위안에서 1,000만 위안 더 나아가 1억 위안으로 계속 높이는 것이다. 따라서 장부만 보면 이 회사의 총자산 가치는 빠르게 상승하고 자산 규모가 부채 규모를 항상 초과하는 것처럼 보인다. 그러나 실제로는 현금흐름이 나날이 위축되고 채무 부담은 숨 쉬기 어려울 정도로 점점 과중해진다. 회사는 정상적인 운영 자금을 마련하기 위해 유화 자산 가치를 끊임없이 부풀리고, 이 자산을 담보로 다른 기업으로부터 돈을 빌리지 않으면 안 된다. 이런 회사는 총자산 규모가 아무리 커도 빛 좋은 개살구일 뿐 신용이 좋아질 수 없다.

국가 신용은 마치 신용카드처럼 자체적으로 신용 한도가 정해져 있다. 그런데 실물경제의 유력한 뒷받침을 받지 못하는 상황에서 신용카드를 마구 긁으면 언젠가는 한도를 초과하게 마련이다. 가장 최근의 사례로 '피그스' 금융위기를 꼽을 수 있다.

미국 재무부와 BIS가 주장하는 '우량 담보물 무한 공급론'은 미국 국채의 신용 한도가 무한대라는 가정 하에서만 성립이 가능하다. 그러나 이런 전제 자체는 시장의 논리에 부합하지 않는다.

이 논리대로라면 미국 정부 재정은 항상 적자 상태를 유지해야 한다.

게다가 재정적자 규모를 끊임없이 확대해야 한다. 적자가 없으면 국채도 없기 때문이다. 국채가 없으면 우량 담보물도 있을 수 없다. 우량 담보물이 없으면 그림자금융 시스템이 어떻게 수십조 달러의 그림자통화를 만들어낼 수 있겠는가?

그렇다면 그림자은행은 QE 정책과 금융감독 부문의 양면 협공 속에서 어떻게 겹겹이 둘러싼 포위를 뚫고 나올 것인가?

가장 간단한 방법은 우량 담보물을 '번갈아가면서 사용'하는 것이다. 그런데 '친환경 무공해'의 그림자통화 창조 모델인 '우량 자산 재담보' 방식은 바젤Ⅲ에 의해 더 이상 사용이 불가능해졌다. 이미 정해진 법을 어길 경우 큰 대가가 따르게 되므로 이 길은 가기 힘든 가시밭길이다.

또 다른 방법은 Fed의 QE 종료를 기다리는 것이다. QE를 종료하면 우량 담보물 공급 압력도 줄어들기 때문이다. 그러나 벤 버냉키는 후폭풍이 두려워 아직도 QE 종료를 망설이고 있다. 담보물이 증가하면 장기 채권에 대한 수요가 사라지므로 Fed로서는 신중에 신중을 기할 수밖에 없다. 물론 Fed가 언젠가는 QE를 종료해야 하지만 경제나 고용 문제가 이를 결심하는 주요 요인이 아니며, 시기 선택이 대단히 중요하다. QE 종료로 인해 장기 금리가 요동치는 일은 없도록 해야 한다. 또 시장 '기대 관리', 경제 데이터, 화폐정책, 지연(地緣) 정치 등의 수단을 종합적으로 동원해 인내심을 가지고 좋은 기회가 오기만을 기다려야 한다.

그러나 문제는 뜨거운 솥 안의 개미 신세가 된 그림자은행이 더 이상 기다릴 수 없다는 현실에 있다.

그림자은행은 바젤Ⅲ에 의해 궁지에 몰릴 경우 정크본드를 대거 유통시키는 모험을 할 수밖에 없다. 연금기금과 보험회사, 국부펀드 장부에 '방치돼 있는' 미국 국채 자산을 '빼내고' 그 자리에 정크본드와 다른 독성 쓰레기 자산을 '채워 넣는' 것이다. 이렇게 하면 바젤Ⅲ의 규제를 피해 우량 담보물을 얻을 수 있다. 더 중요한 것은 장부상으로도 문제점이 발각되지 않는다는 사실이다. 요컨대 금융 게이머들의 강렬한 창조욕을 상대하기에는 금융감독 부문의 반응이 너무 늦다.

시장과 금융감독 부문의 이중 압력 아래, 그림자금융의 '변화'는 불가피해졌다.

아마 더 위험하고 은밀한 '자산 스와프' 거래가 크게 성행하고, 그 규모도 끊임없이 확대될 가능성이 높다. 이것만이 그림자은행의 살길이기 때문이다. 그러나 이 길을 선택하는 즉시 세계 금융시장은 안정을 잃고 막다른 길로 내몰리게 될 것이다.

금리 왜곡, Fed가 심판과 골키퍼의 이중 역할을 하는 게임

2013년 5월, 갑자기 금리가 상승하자 Fed는 화들짝 놀랐다. 여태껏 Fed의 통제 아래 크게 말썽부리지 않았던 금리시장이 왜 별안간 폭주를 시작했을까?

Fed는 단기 금리를 직접 통제할 수 있다. 연방기금(Fed Fund, 페더럴펀드라고도 함) 금리 설정 혹은 공개시장조작 등을 통해 단기 금리를 정책 목표 이자율 부근에 '고정'시키는 것이 가능하다. 여기서 연방기금이란 쉽게 말하면 전통 은행의 지급준비금이다. 은행들은 이 자금을 자체 금고에 보관하거나 Fed에 예치한다. 대다수 지방은행은 고객의 예금을 예치한 후에도 신용도가 높은 차입자를 충분히 확보하기 어렵다. 이런 은행은 화폐 창조 능력을 완전히 발휘하지 못해 남아도는 지급준비금을 계좌에 방치해둔다. 이에 반해 일부 대형 은행은 대출 경로와 대출 기회가 많기 때문에 지급준비금의 부족으로 더 많은 신용을 창출하지 못한다. 남는 것으로 부족한 것을 보충하듯, Fed의 주도 아래 각 은행들이 Fed에 여유 자금을 예치해놓은 것이 바로 연방기금이다. 은행들은 화폐시장에서 여분의 준비금을 '매매'할 수 있다. 그래서 자금이 공급 과잉 상태일 때에는 연방기금 금리가 하락하고, 공급 부족 상태가 되면 금리는 상승한다. Fed는 단기 금리 목표치를 설정한 후 화폐시장에서 국채 매매를 통해 통화량을 조절하고 금융시장의 수급 관계를 조정함으로써 시장 금리를 목표치에 접근하게 한다. 이것이 '공개시장조작'이다.

최근 몇 년간 Fed는 환매채 거래에 유난히 집착하고 있다. 시중에 유동성이 부족할 경우 Fed는 1급 거래업자들과 거래를 한다. 즉 채권을 담보로 거래업자에게 자금을 빌려주는 방법으로 Fed의 자금을 풀어 시장의 유동성 부족 압력을 완화시킨다. 시중 자금이 공급 과잉 상태인 경우에는 Fed가 채권을 발행해 거래업자 수중의 자금을 '빌리는' 방법으로 유동성 긴축을 실현한다.

환매채 매매의 최대 장점은 유연성과 빠른 회전력이다. 가장 짧게는 익일 거래도 가능하다. 즉 하루 만에 아무 일도 없었다는 듯 채권과 자금이 원래 주인에게 돌아간다. 만약 거래를 통해 기대했던 효과를 보지 못했다면 다음날 양측이 만족할 때까지 거래 규모를 늘려 재계약을 하면 된다. Fed에게 환매채 매매 방식은 강력하고 정확한 신식 '병기'나 다름없었다. 게다가 효율성이 높고 부작용도 적어 Fed는 이 방식으로 화폐시장을 더욱 유연하게 관리했다.

단기 금리는 쉽게 조절이 가능하지만 장기 금리 조절은 굉장히 까다롭다. RP 시장에서 환매 기간은 기껏해야 1년을 초과하지 않는다. 빠르게 변화하는 세상에서 누가 채권을 30년이나 저당 잡히고 돈을 빌리려 하겠는가? 게다가 대다수 채권은 수명이 그렇게 길지도 않다.

그렇다면 Fed가 직접 장기 채권을 매입하면 되지 않을까? 그것이 바로 양적완화 조치이다. 양적완화는 전형적인 가격 규제(Price Regulation) 수단으로 금리 자율화 원칙에 명백히 위배된다. 자금의 장기적인 수급 관계는 시장이 자체적으로 결정해야 하는데 중앙은행이 강제로 개입해서야 되겠는가? 더구나 중앙은행이 장기 금리시장에 강제로 개입한 후에는 리스크 관리자가 아닌 리스크 책임자로 역할이 바뀌게 된다. 한마디로 QE와 '오퍼레이션 트위스트' 조치는 그저 돈을 찍어내기 위한 것이 아니라 장기 금리 조절을 궁극적인 목적으로 한다.

오퍼레이션 트위스트란 쉽게 정의하면 시장 금리를 '왜곡'시키기 위한 공개시장조작 방식의 일종이다. 채권 수익률 곡선을 '뒤틀기' 때문에 붙여진 이름이다.

채권시장에서는 채권 가격과 수익률이 시시각각 변화한다. 만기일이 서로 다른 채권의 일정 시점에서의 수익률을 나타내는 것이 곧 수익률 곡선이다. 수익률 곡선은 1개월부터 30년까지 만기가 서로 다른 모든 채권의 특정 시점에서의 수익률을 반영한다.

미국의 양적완화와 오퍼레이션 트위스트 조치는 장기 금리를 떨어뜨리기 위해 중장기 채권 매입에 중점을 뒀다. 이른바 오퍼레이션 트위스트는 Fed가 단기 국채를 팔고 장기 국채를 사들여 장기 금리 인하를 유도하는 방식이다. 수익률 곡선을 보면 장기 금리가 하락하고 단기 금리가 상승해 모양이 뒤틀린 것처럼 보인다.

2007년 1월까지도 금융시장은 코앞에 닥친 위기를 전혀 눈치 채지 못했다. 1개월물 초단기 국채 수익률이 심지어 30년 만기 국채 수익률과 비슷해졌는데도 사람들은 인플레이션 따위는 아랑곳하지 않았다. 여기에 6개월~10년 만기 국채 수익률까지 서서히 하락했지만 그 누구도 곧 닥쳐올 유동성 고갈 위기에 대해 경각심을 가지지 않았다.

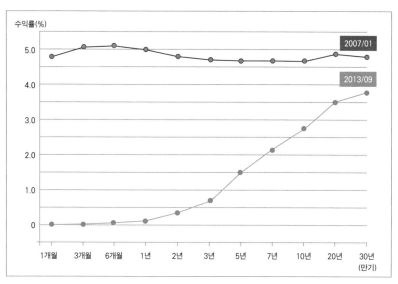

수익률(%)

2007/01

2013/09

| | 1개월 | 3개월 | 6개월 | 1년 | 2년 | 3년 | 5년 | 7년 | 10년 | 20년 | 30년
(만기) |

┃ 2013년 9월과 2007년 1월의 미국 국채 수익률 곡선 비교

　2013년 9월의 수익률 곡선을 2007년의 수익률 곡선과 비교해보면 단기 수익률이 허공에서 바닥으로 뚝 떨어졌다는 사실을 발견할 수 있다. 이는 단기 금리가 Fed의 직접적이고 강력한 개입에 의해 대폭 하락했음을 의미한다.

　반면 중장기 채권 수익률은 상대적으로 조절이 힘들었다. 10년 만기 국채 수익률은 2%P 하락했고, 30년 만기 국채 수익률은 겨우 1%P 하락했다. 물론 QE와 오퍼레이션 트위스트 조치를 통해 장기 금리를 효과적으로 억제한 것은 사실이나 Fed의 부채 규모가 3조 달러나 증가할 만큼 그 대가도 만만치 않았다. 여기에 자산 가격의 거품화, 부채 규모의 지속적인 증가, 재정적자 확대, 글로벌 경제 자원 분배 불균형, 금융시장의 심각한 불균형, 실물경제 회복 부진 및 취업시장 위축 등 부작용도 적지 않았다.

　Fed는 소매를 걷어붙이고 직접 장기 금리 리스크 규제에 나서 시장에서 인기가 없는 장기 채권들을 모조리 사들였다. 장기 금리를 최대한 낮은 수준으로 유지해 모기지론 대출을 확대한다면 부동산시장이 기사회생하고 자산 리플레이션의 꿈도 실현 가능하다고 여겼다. 그 결과 1990년대 말 미국의 정상적인 30년 만기 모기지론 금리는 8~9%였으나 2013년에는 3~4%로 하락했다.

Fed는 현재 심판과 골키퍼의 이중 역할을 담당하고 있다. 공이 자기편 골대 쪽으로 굴러오면 냉큼 나서서 손발을 총동원해 다시 상대편 골대 쪽으로 차 보낸다. Fed가 앞장서자 '대마불사(Too Big to Fail)'를 외치는 은행들도 힘이 나서 앞다퉈 온갖 위험한 투자를 감행한다. 빨리 돈만 벌 수 있다면 그까짓 위험이야 무슨 대수이겠는가. 더구나 Fed가 든든하게 뒤를 봐주고 있으니 더 말할 나위 있겠는가. 그래서 금융시장에는 온갖 반칙과 사기가 난무했다. 까짓것 들키면 벌금이나 좀 내면 되니까 말이다.

리보(Libor) 스캔들, 환매채 사기, 유럽 채권 금리 조작, 석유회사 부정행위, 금·은 가격 조종, 외환시장 음모, '런던 고래' 사태, 금리 스와프의 속임수 등 사람들에게 익히 알려진 사건과 현상의 공통점은 무릇 '시장'이라 불리는 곳에는 그 시장을 조종하는 '검은 손'이 없는 곳이 없다는 사실이다. 그리고 그 검은 손의 배후에는 예외 없이 '대마불사'의 거대한 그림자가 버티고 있다.

런던 고래
2011년 62억 달러 규모의 파생상품 투자 손실이 발생했던 사건. '런던 고래'는 핵심인물인 브루노 익실 전 JP모건 체이스 최고투자책임자의 별명임.

금리 화산, 자산 거품의 궁극적 킬러

Fed가 QE를 계속 추진할 경우 RP 빙산에 부딪힐 가능성이 높은 반면, QE를 종료하면 금리 화산이 폭발하게 된다.

QE가 RP 시장에 가하는 압력은 이미 '치명적'인 수준에 도달했다. 2014년에도 QE를 종료하지 않을 경우 시중 국채의 45%가 Fed의 금고에 들어갈 것이다. MBS의 상태는 국채보다 더 심각해 RP 시장의 담보물은 조만간 고갈될 위기에 처했다. 따라서 Fed는 QE 종료를 더 이상 미뤄서는 안 된다.

벤 버냉키는 2014년에 QE를 종료한다면 기준 금리가 잠시 숨을 고르다가 2015년 이후부터 인상되기 시작해 2016년 말에는 안정적인 2~2.5%를 유지할 것으로 내다봤다. 기준 금리가 이토록 낮으면 경기 회복에 나쁜 영향을 끼치지는 않을 것처럼 보인다.

그러나 이는 문제의 표면일 뿐 절대로 본질이 아니다.

미국의 통화정책을 어떻게 정상화시킬 것인가?

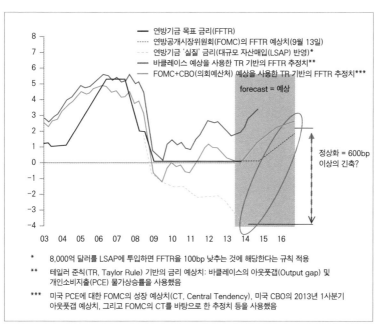

*   8,000억 달러를 LSAP에 투입하면 FFTR을 100bp 낮추는 것에 해당한다는 규칙 적용
** 테일러 준칙(TR, Taylor Rule) 기반의 금리 예상치: 바클레이스의 아웃풋갭(Output gap) 및 개인소비지출(PCE) 물가상승률을 사용했음
*** 미국 PCE에 대한 FOMC의 성장 예상치(CT, Central Tendency), 미국 CBO의 2013년 1사분기 아웃풋갭 예상치, 그리고 FOMC의 CT를 바탕으로 한 추정치 등을 사용했음

양적완화 종료 후 정상 상태를 회복하기까지의 기간 동안 금리는 600bp(베이시스 포인트, 6%p) 급등하게 된다. (출처: Barclays Research)

Fed의 양적완화와 오퍼레이션 트위스트 정책이 장기 금리 억제를 주목표로 하고 있지만 단기 금리에 대한 영향력도 과소평가해서는 안 된다. 계산 방법에 따라 약간씩 차이가 있겠으나 연간 8,000억 달러 규모에 이르는 Fed의 채권 매입 행위가 GDP에 끼치는 영향은 기준 금리를 1%P 낮췄을 때와 비슷하다는 것이 시장의 보편적인 관점이다. 또 2013년까지 양적완화에 의한 채권 매입량은 기준 금리를 3.7%P 낮췄을 때와 같은 효과를 나타낸다는 결론이 나온다. 바꿔 말하면 비록 단기 금리는 0~0.25%에 불과하나 실제로는 Fed가 기준 금리를 -3.7%로 낮춘 것과 같은 경제 효과가 발생한다는 것이다.

미국의 실물경제와 금융시장이 향후 몇 년 사이에 단기 금리가 -3.7%에서 2~2.5%로 상승하는 '대변동' 과정을 겪는다고 상상해보라. 단기 금리 상승률이 자그마치 600bps(베이시스 포인트, 100bps = 1%P)라니, 참으로 끔찍한 일이 아닐 수 없다.

Fed의 국채 매입 행위가 금리에 미치는 영향에 대해서는 두 가지 관점이 엇갈린다. 첫 번째는 Fed가 국채 매입 규모를 선포했을 때 금리는 이미 상응한 조정 과정을 마쳤기 때문에 향후 QE를 축소해도 금리에는 큰 영향이 없다는 주장이다. Fed가 보유한 '정태 자산(Static assets)' 규모, 다시 말해 '확보량'이 금리 수준을 결정한다는 얘기라고 보면 된다. 또 다른 관점은 매달 국채의 '흐름량(매입량)'이 금리에 매우 중요한 영향을 끼친다는 것이다. 즉 흐름량이 금리를 결정한다는 주장이다. 사실 5월 이후 금리의 급격한 변화 상황을 관찰해보면 답이 어렵지 않게 나온다. Fed의 국채 확보량이나 흐름량은 모두 변하지 않았다. 변한 것은 바로 사람의 마음이다. 더 정확하게 말하면 시장의 '흐름량 기대' 변화가 금리 변화에 심각한 영향을 끼쳤다고 말할 수 있다.

그렇다면 QE 종료는 중장기 채권 금리에 어떤 영향을 미칠까? Fed가

QE를 종료하면 매달 850억 달러씩 시중에 공급되던 자금이 사라져버린다. Fed는 국채 및 패니메이와 프레디맥 MBS의 최대 매수자이다. 그런 Fed가 철수하면 시장의 다른 매수자들도 따라서 채권 매입 자금을 철수할 것은 자명한 일이다. Fed의 장기 금리에 대한 영향력은 애초에 비교적 미미했다. 하지만 양적완화 종료에 대한 '기대감'으로 시장은 예상보다 더 격렬하게 반응하고, 더불어 장기 금리 상승폭은 단기 금리 상승폭을 훨씬 더 초과할 가능성이 농후하다.

미국 국회에서 해마다 한 차례씩 불거지는 부채 한도 논쟁은 마치 곡마단의 공연처럼 코믹하면서도 흥미롭다. 미국이 부채 한도를 상향 조정하지 않고 배길 수 있을까? 적자 예산을 유지하지 않고 버틸 수 있을까? 두 가지 다 불가능하다. 미국의 부채 규모는 1990년대와는 차원이 다르게 증가했다. 전통 부채와 그림자 부채를 합치면 무려 60조 달러로, 이미 GDP의 370%를 넘어섰다. 금리가 1%P 상승할 때 현금흐름 압력은 적어도 6,000억 달러가 증가한다. 그런데 금리가 600bps 상승할 것으로 예상되니 현금흐름에 적어도 3~4조 달러의 압력이 발생할 것이다. 이는 무려 미국 GDP의 20%를 차지하고 재정수입을 훨씬 초과하는 규모이다. 이쯤 되면 경기 회복은 꿈도 꾸지 말아야 한다. 곧 닥칠 금융위기에 대비하는 일만 해도 쉽지 않을 테니 말이다.

초저금리 정책은 미국의 이익에 부합한다. 아니 미국의 치명적인 핵심 이익에 꼭 부합한다는 말이 더 정확하다.

미국이 금 가격 상승을 병적으로 싫어하는 이유는 금값이 전 세계의 인플레이션 기대 심리를 반영하기 때문이다. 금값이 상승하면 자금 코스트에 대한 시장 평가가 변하고, 대출자들은 인플레이션에 따른 손실을 보충하기 위해 대출 금리를 올린다. 한마디로 금값은 금리 상승 기대에 직접적인 영향을 미치는 중요한 요소라고 할 수 있다. 반대의 경우도 성립한다. 금리 상승은 인플레이션 기대를 변화시키고, 더 나아가 금값에 대한 평가도 변화시킨다.

물론 미국은 초저금리 기조가 영원히 유지되길 바란다. 초저금리 환경에서는 자산 거품이 꺼지지 않고 무한대로 팽창할 수 있기 때문이다. 2008년 부동산시장이 호황을 누릴 때 모든 투자자들이 부동산 가격의 영원한 상승을 바란 것처럼 말이다. 그 심정은 이해할 수 있지만 언젠가는 현실을 직시해야 하는 상황이 찾아온다. 따라서 Fed는 금리 급등이라는 대가를 지불하더라도 가능한 한 빨리 QE를 종료해야 한다.

금리 급등이 한 단계 더 발전해 금리 '화산'으로 변하면 필연적으로 더 큰 위기를 유발하게 된다.

금리 스와프, 상처 받은 뉴요커들

자동차를 몰고 뉴저지주에서 출발해 맨해튼 입구에 이르면 바로 앞에 길이 1.5마일의 링컨 터널이 있다. 아마도 몇 년 만에 이곳을 지나는 사람은 소스라치게 놀랄 것이다. 2012년 말에 갑자기 통행료가 전보다 무려 50% 상승한 13달러로 올랐기 때문이다. 하지만 이게 끝이 아니다. 맨해튼에 도착해 지하철을 탈 때 또 한 번 놀라게 된다. 지하철 편도 요금이 2.5달러로 금융위기 발생 전보다 60% 상승했기 때문이다. 또 호텔에 돌아와 세수를 하려고 해도 문제는 생긴다. 오전 중에도 수도꼭지를 틀면 물이 나오지 않는 당혹스런 상황이 발생한다. 호텔 데스크에 전화해도 급수 파이프 점검 중이라는 대답만 돌아올 뿐이다. 게다가 일손이 부족해 언제 끝날지도 모른다.

미국 최대 도시인 뉴욕에 오신 것을 환영한다!

뉴욕의 행정서비스에 자금난이 발생한 원인은 대대적인 인프라 건설이나 대폭적인 임금 인상 때문이 아니라 뉴욕시 행정 당국이 사람들에게 잘 알려지지 않은 금리 스와프(Interest Rate Swap) 함정에 빠졌기 때문이다.

정상적인 상황에서 주와 지방정부는 도로, 교량, 터널, 학교, 공공건물 등의 인프라 정비를 주요 목적으로 자금을 차입한 뒤 지방 세수를 통해 채무 원리금을 상환한다. 인프라 프로젝트는 소요 기간이 길고 비용도 많이 들기 때문에 지방정부는 자금을 차입할 때 흔히 20~30년 만기 채권을 발행하고 고정금리와 변동금리 중 임의로 선택할 수 있다. 고정금리채의 장점은 금리 변동 리스크가 거의 없고 비용 예산을 쉽게 짤 수 있다는 데 있다. 단점이라면 대출 금리가 시중 금리보다 높기 때문에 총비용이 증가한다는 것이다. 반면 변동금리채는 대출 금리가 비교적 낮으나 시장 금리가 수시로 변하는 탓에 금리 변동 리스크가 크다.

이때 고객 수요를 재빠르게 파악한 은행들이 정부에 '일석이조'의 방안을 제안한다. 정부가 발행하는 장기 채권에 비교적 낮은 변동금리를 적용하면서도 금리 변동 리스크를 일정 수위 이하로 '고정'시키는 좋은 방안이라고 할 수 있다. 은행의 말만 들으면 그야말로 공짜로 돈을 빌릴 수 있는 방법처럼 보인다. 세상에 공짜란 없는 법인데 안타깝게도 정부는 은행의 말을 곧이듣는다.

지방정부는 발행하는 채권에 대해 변동금리를 적용하기로 하고, 은행의 요구에 따라 은행과 별도의 계약을 체결한다. 대출 자금에 대해 정부는 은행에 고정 이자를 지급하고 은행은 정부에 변동 이자를 지급한다는 내용의 계약이다. 전문 용어로 설명하면 정부의 고정 현금흐름을 은행의 변동 현금흐름과 교환한다는 의미이다. 이것이 바로 '금리 스와프 거래'이다.

금리 스와프의 본질은 사실 금리 보험이다. 지방채는 20~30년 만기의 장기 채권인 데다 금리가 시시각각 변하고 때로는 크게 요동칠 경우도 있다. 따라서 이렇게 오랜 기간 동안 지방채 이자를 지불하려면 매우 큰 어려움과 리스크가 따른다. 은행이 정부에 제안한 것은 이 리스크를 피할 수 있는 일종의 금리 보험 같은 것이다. 예를 들어 정부가 수용할 수 있는 최고 금리가 6.07%라고 가정해보자. 만약 시중 금리가 6.07%보다 낮으면 정부는 은행에 '최고 금리-시중 금리'에 해당하는 차액을 지급한다. 금리 보험료인 셈이다. 반대로 시중 금리가 6.07%를 넘어서면 은행이 정부에 상응한 보상금을 지급한다. 이에 2007년 12월 뉴욕교통국(MTA)은 6.07%를 최고 금리로 하는 금리 보험을 샀다.

이로써 지방정부는 발 쭉 뻗고 편하게 잠잘 수 있을 것이라고 생각했다. 정상적인 상황에서 지방채 시중 금리는 5% 선에서 변동한다. 따라서 정부는 매년 약 1% 정도의 보험료만 지급하면 20년 동안 아무 걱정이 없어진다. 혹여 금리가 8%로 상승하면 은행으로부터 2%에 해당하는 보상금도 받을 수 있다. 요컨대 정부는 금리 상승에 베팅하고 은행은 금리 하락에 베팅하는 것이다.

만약 뉴욕시 정부가 Fed의 생각을 간파했다면 금리 상승에 베팅하는 일은 절대 없었을 것이다. 금리는 미국 금융자산 가격 산정의 가장 중요한 토대이기 때문에 금리의 대폭 상승은 금융시장이 약세장에 진입했다는 사실을 의미한다. 이는 절대 Fed가 원한 결과가 아니다. 장기 금리가 상승하는 경우는 단 한 가지밖에 없다. 바로 Fed가 금리 통제 능력을 잃었을 때이다. 대형 은행들은 이 이치를 누구보다 잘 알고 있었다. 지난 30년 동안 금리는 Fed의 방관 아래 줄곧 하락세를 유지했고 자산 거품도 점점 팽창했다.

결국 은행은 정부의 지방채를 위탁판매해 목돈을 챙겼을 뿐 아니라 얼마 후부터는 날마다 '불로소득'까지 얻었다. 반면에 뉴욕시 정부의 악몽은 이제부터 시작됐다.

2008년 월스트리트 발 금융위기가 발발하자 연방정부는 은행들을 구제하기 위해 금리를 거의 제로 수준으로 낮췄다. 이에 따라 뉴욕시 정부는 울며 겨자 먹기로 은행에 계속 6.07%의 고정금리를 지급해야만 했다. 이에 반해 은행이 정부에 지급하는 보상금 액수는 점점 줄어들었다. 2007년에 3.36%를 지급하던 것이 2008년에는 0.7%로 내려가고 2009년에는 0.09%까지 감소해 은행은 정부로부터 대출액의 6.06%에 해당하는 수익을 벌어들였다. 주목할 점은 이것이 MTA와 은행이 체결한 수십 개 금리 스와프 계약 중 하나에 불과했다는 사실이다. 2000년부터 2011년까지 뉴욕교통국이 은행에 지급한 액수는 누계 6억 5,800만 달러에 달했고, 손실은 여전히 계속되고 있다.

날짜	뉴욕교통국 고정금리	은행의 변동금리	뉴욕교통국이 은행에 지불하는 돈	은행이 뉴욕교통국에 지불하는 돈	뉴욕교통국의 매달 비용
2007.12	6.070%	3.36%	$1,017,130	$563,024	$454,106
2008.12	6.070%	0.70%	$954,002	$110,017	$843,985
2009.12	6.070%	0.09%	$633,809	$9,398	$624,411

❘ 뉴욕교통국의 2000년 CD 스와프 거래에 대한 이자율 및 순 월비용

금리 코스트를 특정 수준에 고정시키는 것은 모든 채권 발행자의 희망사항이다. 그런데 정부는 금리 상승으로 인해 거액의 손실을 입은 것도 모자라 채권 이자까지 꼬박꼬박 지급해야 했다. 은행과의 '윈-윈 거래'를 기대했던 정부는 자신만 이중 손실을 입는 참담한 결과를 맞이했다.

더 중요한 것은 금리 스와프 계약이 대출 계약과 별도의 계약이라는 사실에 있다. 채권 발행자는 금리 스와프 계약과 상관없이 대출액에 따른 변동 이자를 따로 지불해야 한다. 따라서 채권 발행자가 금리 추세를 잘못 판단한 경우 안타깝지만 이중으로 이자를 지불하는 꼴이 된다. 하나는

대출 계약에 따른 통상적인 변동 이자로 채권자에게 지급한다. 다른 하나는 금리 스와프 계약에 따라 은행에 지급하는 거액의 금리 보험료이다.

금리 스와프 거래에 적용되는 변동금리는 Libor(런던은행간기준금리)를 기준으로 하는 반면, 장기 채권 변동금리는 30년 만기 국채 수익률 등 다른 금리를 기준으로 삼는다. Libor가 0.1% 하락하면 장기 채권 변동금리도 따라서 하락한다. 그러나 낙폭이 크지 않고 대부분 3.5% 정도로 Libor보다 높다. 만약 이 상황에서 채권 발행자가 은행과 6.07%를 최고 금리로 금리 스와프를 체결했다면 이중 비용을 지급해야 한다. 하나는 은행에 지급하는 5.97%(6.07-0.1%)의 금리 보험료이고, 다른 하나는 채권 투자자들에게 지급하는 3.5%의 이자이다. 이 경우 채권 발행자의 융자 비용은 9.4%로 상승한다. 장기 채권 금리는 3.5%밖에 안 되는데 9.4%라는 거액의 융자 비용을 감당해야 하니 참으로 환장할 노릇이 아닐 수 없다.

글로벌 금융위기의 원흉인 은행들은 연방정부로부터 수조 달러의 구제금융을 지원받은 것도 모자라 뉴욕 정부로부터 매년 2억 3,600만 달러의 이자소득까지 얻고 있다. 뉴욕시 정부가 금리 스와프의 속박에서 벗어나려면 무려 14억 달러의 '배상금'을 지불해야 한다. 은행은 액수를 좀 낮춰달라는 뉴욕시 정부의 간청을 단칼에 거절했다. 향후 수년 동안의 현금흐름 가치가 계약서에 명시돼 있어서 방법이 없다는 태도였다.

뉴욕시 정부는 채권을 위탁판매하기 위해 이미 은행에 수천만 달러의 비용을 지불한 데다 해마다 거액의 '보상금'까지 지급하고 있다. 주목할 점은 이 돈이 모두 뉴욕 시민의 세금으로 충당된다는 사실이다. 뉴욕 시민들은 2008년 금융위기 당시 월스트리트를 구제하기 위해 '양털 깎기'를 당한 데 이어 또 다시 '양털'을 깎이고 있다. 이번 '양털 깎기' 역시 꽤 오랜 기간 지속될 것이다. 뉴욕 시민들이 왜 월스트리트 점거 시위를 벌였는지 이해가 되는가!

더 한심한 것은 월스트리트 은행들이 파산해도 뉴욕시 정부가 금리 스와프 계약 해지 비용을 지불해야 한다는 사실이다. 금리 스와프 거래를 하려면 원칙적으로 제3자의 담보가 필요하다. 그런데 뉴욕시 정부의 과실이 아닌 제3자의 과실로 인해 계약이 해지되는 경우에도 뉴욕시 정부는 여전히 은행에 지급 의무를 이행해야 한다. 실례로 2008년 리먼 브라더스가 파산했을 때 뉴욕교통국은 금리 스와프 계약 2건을 해지하기 위해 은행에 940만 달러를 지불했다.

뉴욕주와 뉴욕시에서 월스트리트 은행들과 체결한 금리 스와프 계약은 총 86건, 계약 금액은 106억 달러에 달한다. 교통 부문, 공공도서관, 수도관리국, 산업발전국 등 다수의 정부기관이 금리 스와프 거래에 동참했다. 계약 기간은 평균 17년이며, 최장 2036년까지이다.

뉴욕시 인프라 정비에 사용돼야 할 정부 자금은 현재 월스트리트 은행가들의 주머니로 흘러들고 있다. 양털은 결국 양의 몸에서 나는 법이다. 이 결과 1,800여 명이 실직하고 링컨 터널 통행료가 상승했다. 지하철 요금이 상승하고 대중교통 차량은 감소했다. 행정 예산이 줄어들고 호텔에서는 단수가 빈번히 일어났다. 뉴욕시 행정 서비스의 질은 점점 악화되고 있다.

뉴욕시 정부가 금리 스와프의 올가미에 걸려 재정난을 겪는 것은 그나마 약과라고 볼 수 있다. 디트로이트는 이보다 더 엄청난 액운을 겪었다.

디트로이트 파산 사건 배후의 검은 손

2013년 7월 18일, 미국의 '자동차 도시' 디트로이트는 180억 달러가 넘는 부채를 감당하지 못하고 정식으로 파산을 신청했다. 이는 미국 도시

| 2013년 7월 18일 파산을 신청한 미국의 '자동차 도시' 디트로이트

중 최대 규모의 파산이었다.

도시도 파산할 수 있을까? 물론이다. 도시 재정이 극도로 악화돼 회복이 불가능한 경우 파산하는 것도 한 가지 선택이다.

디트로이트는 재정수입이 전혀 없거나 현금흐름이 완전히 끊어진 것이 아니라 거액의 채무 이자를 제때 지불할 수 없는 상황이었다. 또 예측 가능한 미래에 채무를 상환할 능력이 없는 것으로 판단해 파산을 신청했다. 파산 법원은 제때에 채무 지급이 가능한 도시에 대해서는 쉽게 파산을 선고하지 않는다. 해당 도시의 현재 재무 상황과 미래의 지속적인 상환 능력을 종합적으로 감안해 파산 여부를 신중하게 결정한다.

디트로이트가 파산하면 180억 달러에 이르는 채무는 누가 갚아야 할까? 말할 것도 없이 갚을 사람이 없다. 채권자들은 행정 재산을 매각한 얼마 안 되는 돈을 나눠가져야 한다. 그렇다면 누가 채권자인가? 디트로이트 정부가 지급 약속만 하고 돈을 지급하지 않은 모든 사람이 채권자이다. 총 10만 명 정도인데 이 가운데 2만 명은 퇴직자이다. 이들은 당연히 심각한 연금 손실을 입었다. 이밖에 은행, 채권 보유자, 채권 담보인 등도 채권자에 포함된다.

사람은 태어나면서부터 평등하나 채권자들 사이에는 평등이라는 개념이 존재하지 않는다. 채권자 중 정부 재산(건물, 수입 담보 등)을 담보물로 확보한 사람들은 빌려준 돈을 계속 받을 수 있을 뿐 아니라 담보 자산을 자기 소유로 바꾸거나 매각할 수 있는 권리를 향유한다. 반면 다른 채권자들은 특수 상황이 아닌 이상 파산 법원의 판결을 인내심 있게 기다리는 수밖에 없다. 물론 기다리는 동안 땡전 한 푼도 받지 못한다. 디트로이트의 행정 재산은 별 가치가 없더라도 디트로이트 미술관(예술박물관)에 소장된 유화, 공예품과 각종 보물의 가치는 무려 30억 달러에 이른다. 채권자들은 궁지에 몰릴 경우 이 보물들을 경매에 부칠지도 모른다.

한때 자동차 도시로 위용을 자랑하면서 미국 산업 성장의 상징이었던 위대한 도시가 어떻게 이 지경까지 몰락했을까?

가장 중요한 원인은 1971년 미국의 금본위제 폐지를 계기로 악화(배드 머니)가 산업경제를 몰아낸 것과 깊은 관련이 있다. 이로 인해 산업 공동화 현상이 심각해지자 미국 동서 해안에서 안정적인 현금흐름을 만들어내던 우량 산업자산은 해외로 대거 빠져나갔고, 새로 늘어난 우량 자산으로는 손상된 경제를 회복시키기에 역부족이었다. 그 결과 부채 규모가 눈덩이처럼 불어났다. 미국 경제의 쇠퇴를 초래한 이런 러스트 벨트에 디트로이트도 포함돼 있었다.

디트로이트 파산에 치명타를 가한 부채는 2005년에 새로 빌린 14억 달러의 자금이었다. 시정부는 이 자금으로 심각한 손실이 생긴 2개의 연금 계좌를 구제하려고 시도했다. 퇴직자들의 연금 부족 문제는 더 이상 방치할 수 심각한 상황이었다.

새로 빚을 내서 오랜 빚을 갚는다는 발상 자체는 분명히 옳지 않다. 그런데 엎친 데 덮친 격으로 디트로이트 정부는 이 14억 달러의 채무와 관련해 메릴린치, UBS 등의 은행과 치명적인 금리 스와프 계약을 체결했다. 아니나 다를까 금융위기 발생 후 금리 스와프 계약은 디트로이트 재정의 숨통을 죄는 올가미로 작용했다. 해마다 현금흐름이 마이너스를 보인 것은 말할 것도 없고 심지어 마이너스 자산(negative asset) 상태가 지속됐다. 급기야 2009년 디트로이트의 신용등급이 급강하하면서 은행들과의 금리 스와프 계약은 자동적으로 해지됐다. 디트로이트 정부는 은행에 수억 달러의 '보상금'을 강제로 지급해야만 했다.

그러나 이미 자금줄이 말라 돈을 구할 수 없었던 디트로이트시 정부는 메릴린치와 UBS를 찾아가 통사정을 할 수밖에 없었다. 돈벌이에 혈안이 된 은행들이 코앞에 다가온 먹잇감을 놓칠 리 만무했다. 은행들은 디트로이트 정부에 돈을 빌려주는 대가로 재정과 세수를 담보로 제공하라고 요구했다. 궁지에 몰린 디트로이트 정부는 순순히 그들의 요구에 응했는데, 이것이 결국 불구덩이에서 뛰쳐나와 더 큰 불구덩이에 뛰어드는 꼴이 되고 말았다. 메릴린치와 UBS는 이 거래를 통해 담보자산을 확보하지 못한 일반 채권자에서 재정수입을 담보자산으로 보유한 고급 채권자로 탈바꿈했다. 디트로이트가 파산하더라도 파산 기간 동안 지속적으로 채무를 상환 받을 수 있을 뿐 아니라 우량 자산 분할 시 우선권도 행사할 수 있었다.

메릴린치와 UBS의 독수에 걸려든 디트로이트는 묵은 채무를 한 푼도 갚지 못한 것은 둘째 치고 재정과 세수 담보권마저 빼앗겼다.

2013년 6월, 디트로이트는 14억 달러의 채무가 거의 2배 증가한 27억 달러로 불어났다는 통계 결과를 발표해 세간을 놀라게 했다. 이 가운데 7억 7,000만 달러는 금리 스와프 해지 비용이었다. 계약이 유지될 경우 5억 달러의 이자를 지불하면 되는데 배보다 배꼽이 더 커진 것이다. 새로 증가한 채무와 꼭 지급해야 할 연금 지출 등을 합친 액수는 디트로이트의 2017년까지 재정수입의 65%에 달했다.

디트로이트는 절체절명의 위기에 처했다.

메릴린치와 UBS도 본인들의 행각이 너무 지나쳤다고 생각했는지 디트로이트 파산 협상에 참가한 자리에서 이렇게 고백했다.

"그렇다. 우리가 돈을 빌려준 것은 사실이다. 그러나 미국의 위대한 도시를 파산하게 만들었다는 오명을 쓰고 싶은 은행은 하나도 없을 것이다."[6]

금리 스와프는 금리 '함정'

금리 스와프의 피해자는 지방정부뿐 아니라 학교와 병원도 있었다.

　메릴랜드대학 공동의료시스템(UMMS)의 운영 자금 중 58%는 현지 주민의 세수이다. 그런데 이 시스템이 1억 8,000만 달러의 빚을 졌다. 불행히도 이 채무 역시 은행과의 금리 스와프 계약 때문이었다. 메릴랜드대학도 뉴욕시 정부와 마찬가지로 금리 추세를 잘못 판단해 금리 스와프 '함정'에 빠지고 말았다.

　금리 추세에 대한 판단 실수로 거액의 채무를 떠안게 된 UMMS의 횡액은 한 가지 문제점을 말해준다. 금리 스와프 계약을 체결할 때 평가조정 메커니즘(VAM, Valuation Adjustment Mechanism)을 적용할 경우 채무자는 자산을 담보로 제공해야 하는데, 금리가 지속적으로 하락하면서 UMMS의 담보자산 가치가 크게 하락했다는 점이다. 결국 담보자산 부족 문제가 발생하자 채권자인 은행은 즉시 추가 담보자산을 요구했다. 그 결과 UMMS의 자산 9,300만 달러가 은행에 의해 동결됐다. 연수입이 7,000만 달러에 불과한 기관에는 치명적인 타격이 아닐 수 없었다. 매년 수백만 달러의 이자 손실을 보는 것만도 감당하기 힘든데 9,300만 달러의 자산이 동결됐으니 그야말로 설상가상이었다. UMMS의 현금흐름은 절체절명의 위기에 처했다. 신용평가기관도 이때부터 UMMS의 대차대조표를 예의 주시하기 시작했다. 일단 신용등급이 강등되면 융자 비용 증가, 자산 동결 규모 증가, 현금흐름 악화 등 더 심각한 상황이 도래한다.

　메릴랜드주에서 11개 병원을 운영하고 5,000여 명의 의료, 간호 인력을 거느린 UMMS로서는 자산이 동결되고 현금흐름이 부족해지자, 병원 임직원을 대량 감원하고 정상적인 의료 비용 지출도 대폭 삭감할 수밖에 없었다. 주민 세수가 주요 자금원인 의료시스템이 환자를 위해 의사, 간호사, 의약품과 의료기기에 지출해야 할 자금을 은행에 고스란히 바치게 된 꼴이었다. 물론 UMMS는 금리 스와프 계약을 해지할 수 있었다. 은행에 1억 8,300만 달러의 배상금을 지불하면서 말이다. 이는 UMMS의 총부채에 맞먹는 어마어마한 액수였다. 결국 UMMS가 금리 스와프의 함정에서 빠져나올 수 있는 유일한 방법은 파산 신청이었다.

UMMS 외에 존스홉킨스대학 의료시스템 및 500여 개 병원 역시 금리 스와프의 속임수에 빠져 자산을 털렸다.

UMMS는 한 번 무너진 뒤 재기하지 못했다. 돈깨나 있는 존스홉킨스대학은 UMMS보다 더 큰 손실을 입었지만 다행히 아직은 건재하다. 더 놀라운 사실은 하버드대학도 2009년 금리 스와프 함정에 빠져 막대한 손실을 입었다는 것이다. 더구나 하마터면 자금 사슬마저 끊어질 뻔했다.

자산 300억 달러를 보유한 하버드대학은 전 세계의 부자 대학 중 하나로 꼽힌다. 2009년 하버드대학은 은행에 베팅한 금리 스와프 거래에서 엄청난 손실을 입은 것을 알고는 은행에 5억 달러의 배상금을 지불하고 금리 스와프 계약을 해지하는 용단을 내렸다. 우물쭈물했다면 더 큰 후폭풍을 불러왔을지도 모른다. 사실 특정 상황에서는 총자산 규모보다 현금흐름이 더 중요하다. 채무자는 현금흐름이 끊어지면 채권자에 의해 파산법원으로 끌려갈 수밖에 없기 때문이다. 당시 하버드대학 CFO는 금리 스와프라는 말만 들어도 몸서리가 쳐진다고 말했다.

"하버드대학은 가을에 들어선 후 심각한 유동성 부족 문제에 직면했다. 금리 스와프 거래에 의해 담보자산이 동결된 것도 한 가지 원인이었다."

2005년에 하버드대학은 캠퍼스 확장 프로젝트를 추진하기 위해 수십억 달러의 변동금리 채권을 발행했다. 또 금리 리스크를 회피하기 위해 2005년 6월 30일 은행과 무려 37억 달러의 금리 스와프 계약을 체결했다. 당시 하버드대학 총장은 벤 버냉키 Fed 의장의 뒤를 이을 가장 유력한 후보자로 거론됐던 래리 서머스였다. 더 흥미로운 사실은 래리 서머스가 1990년대 미국 재무부 장관을 역임할 때 '글라스 스티걸 법'의 폐지를 적극적으로 주창했다는 사실이다. 그는 상업은행과 투자은행 사이에 경계선을 두는 것은 시대에 맞지 않을 뿐 아니라 파생금융상품시장도 정부의 감독 없이 시장 자율화에 맡기면 된다고 주장했다.

래리 서머스의 주도로 체결한 금리 스와프 계약은 하버드대학의 자금 사슬을 끊을 뻔한 원흉이 됐다. 더욱 안타까운 것은 이 계약을 질질 끌었다는 사실이다. 하버드대학이 만약 래리 서머스가 퇴임한 2006년 말에 이 계약을 종료했다면 2009년 5월에 본 거액의 손실은 피할 수 있었다.

이는 래리 서머스의 금융시장에 대한 판단력이 형편없다는 사실을 보여주는 대목이다.

Libor의 유래

금리 스와프 거래에 적용되는 변동금리는 Libor를 기준으로 하므로 은행의 순이익은 획득하는 고정 이자와 지출하는 변동 이자와의 차액이 된다. 따라서 은행 입장에서는 Libor가 낮을수록 더 많은 수익을 얻을 수 있다. 대형 은행들이 담합해 Libor 조종을 꾀하는 이유가 모두 여기에 있다.

Libor가 대체 얼마나 대단하기에 미국은 말할 것도 없고 전 세계 금융기관들이 Libor를 기준으로 할까? Libor는 Fed의 기준 금리보다 영향력이 더 클까? 이 문제들에 대답하려면 먼저 Libor의 유래부터 알아야 한다.

'런던은행간기준금리'인 Libor의 기원은 1960년대로 거슬러 올라간다. 당시는 유로 달러(유럽 은행들에 예입된 달러)가 막강한 기세로 흥기하던 시대였다. 2차 세계대전 종식 후 폐허 속에서 다시 일어난 유럽은 대미 무역흑자가 점점 증가하는 등 경제가 빠르게 성장했다. 이에 반해 미국은 한국전쟁, 베트남전쟁, 미소 간 군비 경쟁, 글로벌 군사 패권 유지 및 '위대한 사회(Great Society)' 건설 추진 등 대내외적인 활동에 막대한 비용을 투입했다. 그러면서 급기야 재정지출이 수입을 초과하는 지경에 이르러 결국 돈을 찍어내는 방법으로 겨우 문제를 해결할 수 있었다.

이처럼 60년대에 이르러 유럽 각국의 대미 무역흑자 확대, 미국 다국적기업의 해외 투자 증가, 소련과 동유럽 및 중동 석유 수출국의 달러화 예금, 미군 해외 기지에 대한 군비 지출 등 다양한 요소에 힘입어 달러화 자금은 유럽 시장에 대거 집중됐다. 이로써 해외 달러화 자금이 처음으로 미국의 금 준비금을 초과하는 현상이 나타났다. 달러화가 공급 부족에서 공급 과잉 상태가 되자, 이른바 '유로 달러'로 불리던 '방치' 상태의 달러 자금은 새로운 투자 경로를 절실히 필요로 했다.

그러면서 유럽은 달러화 공급 과잉과 하나로 통일되지 못한 금융시장이라는 큰 문제에 직면했다. 당시에 국경을 넘어선 대출과 투자는 거의 불가능했고, 외환과 자금 이동에도 많은 제약이 뒤따라 기업의 금융 업무 일체는 통상적으로 자국 은행이 처리했다. 그렇다면 유로 달러는 왜 미국으로 환류하지 못했을까? 미국의 금융 규제가 유럽보다 더 엄격했기 때문이다. 이에 반해 새로운 금융 중심지로의 부상을 꿈꾸던 런던은 유로 달러의 자유로운 이동에 대해 방임하는 태도를 취했다. 지크문트 바르부르크(Siegmund Warburg)가 런던에서 세계 최초로 유로 달러채 개념을 확립한 뒤 사방에 방치돼 있던 유로 달러는 '금융 자유의 도시' 런던으로 대거 몰려들었다. 다양한 달러화 표시 채권 역시 우후죽순처럼 빠르게 증가했다.

그런데 달러화 표시 채권은 한꺼번에 거액의 자금을 조달하기 어려운 단점이 있었다. 일반적으로 1회 조달 규모가 2,000만 달러를 넘지 못한 데다 투자은행에 무려 2.5%의 위탁판매 수수료를 지급해야 했다. 이유는 유럽 대륙의 달러 자금이 런던까지 오기 쉽지 않았기 때문이다. 한마디로 분할 상태의 금융시장과 외환 규제가 달러의 대규모 이동을 방해했다.

이 문제는 당시의 한 금융 고수의 큰 관심을 끌었다. 그가 바로 'Libor의 아버지'로 불리는 미노스 좀바나키스(Minos Zombanakis)였다.

미노스는 1960년대에 매뉴팩처러스 하노버(Manufacturers Hanover)의 로마 지점에 근무하고 있었다. 매뉴팩처러스 하노버는 이름만 들으면 공장 같으나 사실은 뉴욕 은행업계에 이름이 쟁쟁한 전통 있는 대형 은행이었다. 1913년에 뉴욕연방준비은행의 창업 주주가 돼 한때 최고 7%의 지분을 보유하기도 했다. 1970년대에는 미국의 130개 주요 기업에서 89개의 이사 자리를 확보했다. 훗날 JP모건 체이스가 매뉴팩처러스 하노버를 합병했다. 유로 달러채의 성공 신화를 보면서 깊은 인상을 받은 미노스는 채권 융자 규모가 적은 것에 대한 해결 방법을 고민하기 시작했다.

미노스의 계획은 대형 은행 신디케이트를 만들어 '유로 달러채'와 유사한 '유로 달러 대출'을 공급하는 것이었다. 그는 대규모의 달러화 대출을 통해 대기업과 정부의 융자 수요를 충분히 만족시킬 수 있다고 믿었다. 또 과감하게 혁신을 시도하는 투자은행들을 주요 라이벌로 생각했다. 그는 로스차일드은행을 비롯한 일부 은행과 보험회사를 설득하고 잉글랜드은행의 허락을 받은 후, 1969년부터 획기적인 계획을 본격적으로 추진하기 시작했다.

우선 해결해야 할 문제는 대출 기간을 늘리는 것이었다. 거액의 자금이 필요한 수요자들은 대부분 상환 기간이 5년 이상인 대출을 원했다. 그러나 당시 상업은행에는 5년 이상의 장기 예금이 없었고, 대출자의 수요에 맞춰 장기 대출 상품을 개발하려고도 하지 않았다.

두 번째 문제는 대출 규모를 늘리는 것이었다. 당시까지만 해도 거액의 대출에 따르는 리스크를 혼자 부담하려는 은행은 없었다. 미노스가 은행 신디케이트를 설립하려는 이유도 다 이 때문이었다. 그는 한 은행이 신디케이트의 관리를 책임지고 다른 은행이 구체적인 실무를 담당하면서 대내적으로 대출 조건을 통일하고 대외적으로 협력해 마케팅을 펼치면 된다고 생각했다.

미노스는 대출 기간이 너무 길어지는 문제를 해결하기 위해 은행 신디케이트 회원들에게 일정 기간마다 금리가 변경되는 단기 대출을 새로 제안했다. 3개월 혹은 6개월에 한 번씩 금리를 조정하면서 단기 대출을 같은 기간의 단기 예금에 연동시키는 방안이었다. 미노스는 구체적인 실행 방법도 제정했다. 신디케이트 회원 은행이 단기 대출 만기 2일 전에 연합회에 현재의 융자 비용을 보고하면 8분의 1%P까지 정확하게 가중 평균을 구한 다음 여기에 은행의 이윤 포인트(Profit point)를 합해 다음 단기 대출 금리를 산출하는 방법이었다.

이것이 Libor의 유래이다.

미노스의 혁신적 사고는 큰 성공을 거뒀다. 몇 달 사이에 수억 달러의 유로 달러 대출이 공급됐고, 다른 은행들도 경쟁적으로 이 방법을 본받았다. 이에 1970년대 초 유로 달러 대출 규모는 연간 수십억 달러에 달했고, 수백 개 은행이 이 새로운 대출시장에 적극적으로 참여했다.

미노스의 단기 금리 산출 방법은 순식간에 전 세계로 널리 전파됐다. 이 방법을 활용해 도쿄는 Tibor, 유럽은 Euribor, 싱가포르는 Sibor, 상하이는 Shibor를 속속 탄생시켰다. 런던에 본부를 둔 영국은행가협회(British Bankers' Association)는 1980년대에 Libor라는 명칭을 정식으로 사용했다. 이때부터 Libor는 세계 각국의 금융 간 거래에서 기준 금리로 활용되기 시작했다.

미국에서 발행한 달러화 중 3분의 2는 해외로 유출된다. 따라서 Libor

의 영향력이 Fed 기준 금리보다 훨씬 더 크다. 즉 Libor가 달러화의 수급 관계를 더 진실하게 반영한다는 얘기가 된다. Libor는 Fed 기준 금리보다 약간 더 높고, 세계 달러화 시장의 동향을 판단하는 선행 지표로 이용된다. Libor가 Fed 기준 금리보다 훨씬 높을 때에는 은행 간 신뢰도가 점점 떨어지고 있다는 말이며, 이는 위기의 전조이기도 하다.

Libor를 산출할 때는 10가지 주요 통화에 대해 15가지 만기별 금리가 제시된다. 이 가운데 가장 중요한 것이 바로 3개월물 달러화 금리이다. 현재 이 금리 산출에는 18개 현지 은행이 참여하고 있다. 회원 은행들은 매일 오전 11시 영국은행가협회에 돈을 빌릴 때 지불하길 원하는 금리를 제출한다. 영국은행가협회는 이들의 호가 금리를 받아 최고 호가 2개와 최저 호가 2개를 뺀 나머지 10개 호가를 산술 평균해 당일 Libor를 결정한다.

미노스로서는 단순히 은행 신디케이트를 잘 관리하기 위해 제시한 금리 기준이 은행 간 단기 대출을 포함해 전 세계적으로 다양한 금융 거래에 영향을 미치게 되리란 사실을 아마 꿈에도 생각지 못했을 것이다. 수십조 달러 규모의 주택담보부 대출, 각종 채권, 상업어음, 신용카드는 말할 것도 없고 심지어 석유, 금, 식량 등 벌크스톡(대량 상품) 거래에서도 Libor는 활발하게 이용되고 있다. 이밖에 수백조 달러 규모의 금리 스와프 시장도 Libor와 밀접하게 연동돼 있다.

미노스가 살았던 시대에는 Libor 조작 사건 따위는 없었다. 당시 은행들의 신용도가 지금보다 높아서가 아니라 Libor를 조작해야 할 동기나 이유가 부족했기 때문이다. 당시 Libor는 유로 달러 대출을 발행하는 은행 신디케이트 내부의 금리 원가를 계산하는 데 필요했을 뿐 다른 용도로 활용되지 못했다. 영국 경제 전문지 〈이코노미스트〉는 전 세계에서 Libor를 기준으로 가격을 책정하는 금융자산의 가치가 약 800조 달러에 달한다고 발표했다.

　이런 Libor가 누군가의 손에 의해 조작된다면 0.1bps만 변동돼도 수백만 달러의 손익이 발생할 수 있다.

　Libor는 선천적인 결함을 가지고 있다. 우선 18개 은행의 호가는 자체적인 '추산'에 의한 것이지, 상호 간 실제 거래를 바탕으로 한 것이 아니다. 따라서 문제가 생길 경우 추궁할 만한 '증거'가 없다. 5대 금 거래업자가 고객들의 상호 간 거래를 기준으로 금 가격을 산정하는 런던의 '금값 책정 체제'가 Libor 산출 메커니즘보다 더 합리적이다. 엄밀하게 말하면 Libor는 실제 시장 금리가 아니다. 18개 은행이 한자리에 모여서 만들어 낸 '상상' 금리일 뿐이다. 따라서 모든 참여 은행은 허위 금리를 제시할 만한 강렬한 동기를 가지고 있다. 매일 발표되는 Libor는 이들 은행의 손익에 직접적인 영향을 줄 뿐 아니라 심지어 치명적인 신용 의혹을 불러올 수도 있기 때문이다. Libor 산출 체제는 참여 은행들에게 금리 조작 동기를 부여한 것은 물론이고 그럴만한 조건도 만들어줬다.

　이제 남은 문제는 이들의 금리 조작이 얼마나 더 광란적으로 팽창하느냐에 있다.

누가 금리를 조작하는가

Libor 조작과 관련된 스캔들은 금융권에서 별로 놀라운 일이 아니다. 그보다는 금리 조작자들이 부인할 수 없는 확실한 증거를 잡힌 것이 더 놀라운 일이라고 할 수 있다.

　가장 처음 Libor 조작 의혹을 제기한 곳은 〈월스트리트 저널〉이다. 2008년 4월과 5월, 누군가 〈월스트리트 저널〉에 기고한 몇 편의 글에서 일부 은행들이 고의로 대출 비용을 과소평가했다는 의혹을 제기했다. 급기야 이 의혹을 둘러싸고 치열한 찬반 논쟁까지 벌어졌다. 영국은행가협회는 Libor는 신뢰할 만한 시장 지수로 금융위기 속에서도 이 사실은 변하지 않는다고 주장했다. BIS도 "기존 데이터를 보면 은행들이 금리를 조작해 이익을 얻었다는 가설이 성립되지 않는다"라고 발표했다. IMF 역시 "일부 시장 참여자와 금융 매체는 달러화 Libor 산출 과정에 부정행위가 있을 것이라고 주장한다. 그러나 달러화 Libor는 신뢰할 만한 은행 간 단기 대출 기준 금리임이 사실로 입증됐다"고 여론몰이에 동조했다.

이로써, 정부와 정부, 매체와 매체 및 학술계와 학술계 사이에 금리 조작 의혹을 둘러싼 치열한 논전이 마침내 서막을 열었다.

학술계 인사까지 설전에 동참하면서 금리 조작 문제는 더 강렬한 스포트라이트를 받았다. 연구 결과에서는 은행들이 Libor와 연결된 대규모의 포트폴리오를 보유하고 있고, 거액의 이윤을 얻기 위해 금리를 조작한다고 밝혔다. 2009년 각 대형 은행의 금리 스와프 계약 명목 가치를 살펴보면 알 수 있다. 시티뱅크의 경우 14조 2,000억 달러, 뱅크 오브 아메리카는 49조 7,000억 달러, JP모건 체이스는 49조 3,000억 달러에 달했다. 이처럼 엄청난 규모의 금리 스와프 계약을 체결한 은행들은 리스크 한도가 약간만 낮아져도 Libor 조작을 통해 거액의 이윤을 얻을 수 있다. 시티뱅크는 2009년 1분기 실적 보고서에서 만약 금리가 분기당 0.25%P 하락하면 9억 3,600만 달러의 순 이자소득을 얻고, 1%P 하락하면 순 이자소득이 19억 달러에 달할 것이라고 털어놓았다.

금리 하락은 어떻게 은행에 이처럼 엄청난 수익을 가져다주는 것일까? 앞에서도 언급했지만 미국 각 주, 카운티, 시의 지방정부, 학교, 병원, 도서관, 수도공사, 교통관리국 등 수없이 많은 기관이 은행과 금리 스와프 계약을 체결했다. 금리가 하락할 경우 이들은 은행에 거액의 금리 보험료를 지불해야 한다.

사실 Libor 조작은 비밀 아닌 비밀이다. 정부 측도 이 사실을 잘 알지만 모른 척하고 눈감아준다. 2008년 말, 머빈 킹(Mervyn King) 잉글랜드은행 총재는 영국 의회에 Libor에 대해 소개할 때 "그것(Libor)은 은행들이 상호 간 대출을 거부할 정도로 불합리한 금리이다. 누구나 다 실제로 지불하고 싶어 하는 금리가 아니다"라고 말했을 정도이다.

뉴욕연방준비은행 역시 Libor 조작 문제에 대해 묵과하는 태도를 보인 바 있다. 2008년 바클레이스은행(Barclays Bank)의 직원은 뉴욕연방준비은행에 제출한 리포트에 다음과 같이 썼다.

"우리가 제시한 Libor 호가가 진실하지 않다는 사실을 우리도 알고 있다. 그러나 우리가 그렇게 하지 않으면 도리어 불필요한 관심을 불러올 수 있다."

티모시 가이트너(Timothy Geithner) 당시 뉴욕연방은행 총재는 2008년 잉글랜드은행에 보낸 양해각서에서 머빈 킹에게 Libor 조작 문제에 관심이 있음을 은근하게 피력했다. 그러나 잉글랜드은행에 실질적인 조사를 촉구하지는 않았다. 문제의 바클레이스은행 직원은 가이트너가 양해각서를 보낸 몇 달 후 뉴욕연방준비은행에 'Libor는 쓰레기'라는 내용의 보고서를 제출했다.

〈월스트리트 저널〉은 Libor 사건을 집요하게 물고 늘어졌다. 2011년 3월과 2012년 2월에는 미국 금융감독 부문과 사법부가 Libor 사건에 대한 형사 조사에 착수했다는 소문을 퍼뜨리기도 했다.

여기에서 한 가지 의문이 생긴다. Libor 조작 사건은 런던에서 발생한 일로 미국 사법부의 관할 범위가 아닌데, 미국 사법부는 무슨 권리로 영국의 사건 피의자들을 조사, 기소할 수 있는가? 이유는 Libor가 미국에서도 주택 담보부 대출, 신용카드, 학자금 대출 등 다양한 금융상품의 가격 기준이 되기 때문이다. 따라서 Libor에 관한 위법 행위는 발생 지역과 상관없이 미국 국내법에도 저촉돼 미국 사법부의 조사 대상이 되는 것이다.

이 원칙은 다른 국가에도 적용된다. 얼마 전 중국 윈난(雲南)성 쿤밍(昆明)시의 한 시민이 미국 Fed를 중국 법원에 고소한 사건이 한동안 언론을 뜨겁게 달궜다. 고소 이유는 Fed의 QE 정책이 달러화 가치를 떨어뜨려 자신의 달러화 예금에 손실을 입혔다는 것이다. 이 소송 자체만 보면 중국의 사법 관할권을 벗어난 것이 확실하다. 그러나 원고의 변호사가 달러화 가치 하락이 원고의 합법적 이익을 침해하고 중국 법률을 위반했다는 명백한 증거만 찾는다면 중국 사법부도 사건과 관련한 국제적 조사를 실시할 수 있다. 중국은 아직도 국제적인 경험이 부족하다. 중국 경제가 이미 세계 경제와 밀접하게 연결된 시대에 외국인의 어떤 행위가 중국 국민의 이익을 침해했다면 중국은 자국 이익을 보호하기 위해 상응한 행동을 취해야 한다. 적어도 Libor 조작 사건에 대한 미국의 태도와 움직임 정도는 말이다.

중국의 금융시장은 아직 완전히 개방되지 않았다. 그러나 해외 적격투자자인 QDII펀드를 통해 해외로 흘러나가는 자금 규모가 적지 않다. QDII펀드의 자산 배분 형태가 어떻든 간에 필연적으로 Libor와 연동돼 있다. 따라서 중국의 투자자들도 Libor 조작 혐의가 있는 은행들을 상대로 손해배상을 청구할 권리가 있다.

심층 조사가 이뤄지는 과정에서 조작이 사실이라는 직접적 증거가 속속 드러났다. 스코틀랜드왕립은행(RBS)의 한 트레이더는 "은행 임원들은 Libor를 제출하는 직원에게 은행에 유리한 금리 호가를 제출하도록 요구하고 있다. 또 일부 VIP 고객의 요구에 맞춰 Libor를 조정하는 경우도 흔하다. 이런 일은 은행 내부에서는 공공연한 비밀이다"라고 털어놓았다. 결정적인 증거는 트레이더 사이에 주고받은 이메일, 휴대폰 메시지와 기타 통신 방식에 의한 대화 내용이었다. 이로써 은행의 금리 조작 행위가 만천하에 공개됐다.

전 세계적으로 10개 국가의 금융감독 기관이 Libor 조작에 대한 조사에 착수해 20여 개의 대형 은행이 금리 조작 혐의로 조사를 받고 있다.

사실 조사 결과가 나와 봤자 별로 달라지는 것은 없다. 기껏해야 일부 트레이더를 형사처벌하고 대형 은행에 약간의 벌금만 부과하기 때문이다. 대형 은행의 고위 경영자들은 트레이더들의 금리 조작 행위를 몰랐을까? 경영자들은 금리 조작에 개입하지 않았을까? 물론 대답은 뻔하다. 문제는 이들이 금리 조작에 개입했다는 증거를 찾기 어렵다는 사실이다. 경영자들은 트레이더처럼 결정적인 증거를 휴대폰 메시지에 남기거나 달력에 표시하는 따위의 아둔하고 무모한 짓을 하지 않는다. 그들은 누구보다 법을 잘 알고 자기보호 수단에 뛰어나기 때문에 쉽게 발각되지 않는다.

"윗물이 맑아야 아랫물이 맑다"고 했다. 트레이더들이 함부로 Libor를 조작할 수 있었던 것은 은행 고위층의 암묵적인 동의가 있었기 때문이다. 또 대형 은행들이 아무렇지도 않게 금리를 조작한 것은 Fed를 비롯한 각국 중앙은행이 매일 하는 짓인 공개금리 조작을 본받았기 때문이다. 각국이 적극적으로 추진하는 양적완화 정책은 인위적으로 금리를 낮추는 것이 주목적이다. 은행 시스템의 수장인 중앙은행이 앞장서서 나쁜 짓을 하는데 어떻게 휘하의 은행들에게 나쁜 짓을 하지 말라고 충고할 수 있겠는가? Libor 조작 행위가 들통 난 것은 절대로 각국 중앙은행의 자체 관리 덕분이 아니다. 다른 정부 부서의 적극적인 진상 조사 의지에 힘입어 밝혀졌다.

그렇다면 금리 조작의 최대 수혜자는 누구일까? 분명히 트레이더는 아니다. 트레이더는 이 사건의 희생양일 뿐이다. 대형 은행도 아니다. 이들은 기껏해야 '공범'에 불과하다. 인류 역사상 유례없는 금리 조작 사건의 장본인은 바로 각국 중앙은행이다. 또 이들의 최고 공범은 각국 정부라고 단언해도 좋다.

미국 정부는 초저금리 정책의 최대 수혜자이다. 미국은 거액의 재정적자로 인해 국채의 융자 비용이 끊임없이 절하 압력을 받았다. 2008년 미국의 국채 규모는 10조 달러로 국채의 평균 금리는 4.5%, 연방정부가 매년 지불하는 국채 이자는 4,510억 달러였다. 2012년 미국의 국채 규모는 16조 달러로 증가했다. 그런데 이때 국채의 평균 이자율은 2.3%로 하락해 연방정부의 국채 이자 지출이 3,600억 달러로 하락했다. 미국 채권시장을 대표하는 국채 10년물 평균 수익률도 1.75%에 불과해 심지어 인플레이션율보다 낮았다. 이 모든 것은 Fed의 금리 조작 덕분이었다.

가령 국채 10년물 수익률이 2013년 9월의 2.75% 수준을 유지한다고 가정하면, 국채 평균 금리는 3.6%에 달해 연방정부의 국채 이자 지출도 6,000억 달러를 넘게 된다. 이는 미국 국방부 총예산과 맞먹는다. 만약 국채의 평균 이자 비용이 2008년의 4.5% 수준으로 회귀한다면 이자 지출은 7,650억 달러에 달하게 된다. 2012년 미국 세수 규모가 2조 4,500억 달러인데, 국채 이자에만 세수의 3분의 1을 지출해야 한다면 미국 채권자들이 어떻게 생각하겠는가? 미국 정부의 채무 상환 능력을 의심하지 않을 수 없다. 물론 미국은 돈을 찍어 빚을 갚을 수 있지만 남발되는 달러화를 누가 계속 신뢰하겠는가?

미국 정부가 초저금리 정책의 확고부동한 지지자라는 사실에는 의심의 여지가 없다.

물론 거액의 부채 때문에 허리가 휘는 다른 선진국들 역시 미국 정부와 마찬가지로 초저금리를 옹호하고 있다. 각국 정부는 처음에 금융위기의 피해자였다. 그러나 경제를 살린답시고 재정적자 정책을 도입한 것이 실수였다. 은행들 좋은 일만 시키고 실물경제 회복에는 하등의 도움도 되지 않았기 때문이다. 최종적으로 정부는 은행 시스템의 '인질'로 전락해 헤어 나올 수 없는 채무 함정에 빠져들었다.

재정적자를 줄이려는 미국 정부의 절박함, Fed의 자산 리플레이션에 대한 기대, 은행 시스템의 거액의 이윤을 향한 강렬한 욕망 이 세 가지가 결합해 난공불락의 초저금리 기조를 형성했다. 이들은 서로를 이용하고 함께 행동하면서 상부상조한다. 이런 배경에서 금리 조작은 개별적인 행위가 아닌 집단행동으로 발전할 수밖에 없다. 우선 중앙은행이 금리 추세에 대해 '의도한 방향으로 움직이게끔 개입하고' '정책적으로 압박하면', 이어 은행들이 '시장에 개입하고' '거래를 제한한다.' 마지막으로 미국 정부가 지역 분쟁, 전쟁 위기, 테러 등 다양한 사건들을 끊임없이 유발해 사람들에게 '극도로 불안전한 세계에서 미국 국채만이 유일한 대피처'라는 인식을 심어준다.

Libor를 더욱 낮추면 국채 융자 비용 절감, 국채 가격 인상 및 자산 리플레이션에 큰 도움이 된다. 다만 이들의 행위가 대중의 분노를 불러일으킬 정도로 너무 노골적이라는 점이 문제이다.

사상 최대 자산 거품을 만들어낸 초저금리 정책

은행은 본능적으로 인플레이션을 싫어하고 고금리 기조를 선호한다는 것이 대다수 사람들의 생각이다. 대출자로서의 은행의 기본 목적은 이자 소득 획득이라고 여기기 때문이다. 그러나 이는 틀린 생각이다. 은행은 언제나 저금리를 선호한다. 그것도 초저금리, 영구적 초저금리를 선호한다.

이유는 분명하다. 금리가 낮아지면 모든 금융자산의 가격이 상승하기 때문이다. 이런 의미에서 은행은 저금리 정책의 최대 수혜자라고 할 수 있다.

양적완화 정책의 목적은 자산 리플레이션을 만들어내는 것이다. 서서히 상승하는 자산 가격은 마치 밀물처럼 은행 대차대조표 안팎에 숨겨진 부실 자산이라는 암초를 일거에 덮어버려 사람들 눈앞에는 평온하고 새파란 바다가 펼쳐진다. 그래서 일반인들은 바다 속에 있는 가파른 암초, 세차게 흐르는 암조(暗潮)나 무서운 식인상어를 발견하지 못한다. 이는 포식동물의 번식에 가장 적합한 생태 환경을 만들어준다.

저금리 환경에서는 별의별 이상한 일이 다 발생한다. 이를테면 10년 만기 국채 수익률이 상당 기간 동안 인플레이션율보다 낮을 수도 있다. 이에 정상적인 투자자가 10년 만기 국채를 매입하면 인플레이션에 의해 야금야금 원금을 잃게 된다. 또 GDP 대비 국채 비중도 해마다 상승한다. 이는 채무 상환 리스크가 커진다는 의미로 볼 수 있다. 그런데도 끈질기게 미국 국채에 투자하는 사람들은 이자 소득이 아닌 가격 차익을 얻기 위해 투자하는 것이다. Fed가 꾸준히 국채를 매입하는 한, 국채 수익률은 계속 하락하나 국채 가격은 점점 상승하기 때문이다.

그렇다면 투자자들은 현금흐름 증가를 목표로 하지 않고 국채 가격의 상승만 추구할까? 언뜻 생각하면 부동산 거품에 파묻혀 있는 것과 비슷한 느낌이 든다. 부동산 거품이 최고조에 달하던 시기에 투자자들은 임대료 따위에는 신경조차 쓰지 않았다. 그저 부동산 가격이 영원히 상승할 것이라는 믿음으로 부동산 투자에 열광했다. 증시 거품도 비슷하다. 주식 투자자들은 배당금에는 흥미가 없었다. 주가가 지속적으로 상승할 것이라고 믿었기 때문에 본인이 산 주식을 '바보'들에게 더 높은 가격에 팔려고 앞다퉈 매입했다. 그러나 결과는 참담했다. 바보는 다른 사람이 아닌 바로 자기 자신이었던 것이다.

금리는 끊임없이 흔들리면서 하락해야 시세 변동을 이끌어내고 자산 가격의 지속적인 상승에 원동력이 된다. 시장 금리는 Fed의 빈번한 금리 조정 소문으로 인해 계속 요동치다가 금리 스와프 계약에 의해 하락 추세가 완전히 확정됐다.

은행이 금리 하락에 베팅해 체결한 금리 스와프 계약은 금리 공매도와 다를 바 없다. 이는 금시장에서 페이퍼 골드를 공매도하는 원리와 완전히 똑같다. 금에 대한 공매도 규모가 커질수록 금값 하락 압력도 커질 수밖에 없다.

2007년부터 2012년까지 금리 스와프 계약의 명목 가치는 200조 달러에서 2배 증가한 400조 달러에 육박했다. 이는 Fed가 금리를 낮추기 위해 만들어놓은 QE라는 '지렛대'에 무거운 돌을 하나 더 얹은 것이나 다름없다. 미국은 말할 것도 없고 세계의 많은 국가들이 양적완화와 유사한 정책을 실시하고 있다. 2008년 글로벌 금융위기 발생 후 5년 사이에 Fed, 유럽중앙은행, 잉글랜드은행, 일본 중앙은행 및 중국 중앙은행은 총 10조 달러의 국채 자산을 매입했다. 10조 달러의 국채와 400조 달러의 금리 파생상품의 공동 작용으로 역사상 유례없는 초저금리 환경이 조성됐고, 인류 역사상 가장 심각한 자산 버블이 형성됐다.

중앙은행의 국채 매입과 금리 스와프, 이 두 가지 금리 인하 방식은 '중앙은행이 무대를 설치하고 금리 스와프가 멋진 공연을 펼치는' 장면에 비유할 수 있다.

미국 통화감독청(Office of the Comptroller of the Currency)의 2013년 보고서에 따르면, 극소수 은행이 미국의 파생금융상품시장을 장악하고 있다. JP모건 체이스, 시티뱅크, 뱅크 오브 아메리카, 골드만삭스의 4대 은행은 파생금융상품 거래의 93%를 독점했다. 이 가운데 금리 스와프 상품이 81%를 차지하면서 명목 가치는 무려 188조 달러에 달했다.[7]

극소수 대형 은행은 수백조 달러의 손
실 위험을 담보로 금리가 더 이상 상승하
지 않는다는 데에 베팅을 걸었다. 이 얼
마나 큰 자신감인가. 그런데 여기에는 그
럴만한 이유가 있다. 이들 대형 은행은
Fed의 정책에 막강한 영향력을 행사하
고, 이들 중 많은 사람이 Fed의 공개시장
조작 정책의 제정자 및 집행자이기 때문

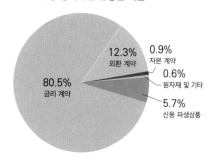

2013년 총 명목자산 유형별 비율

12.3% 외환 계약
0.9% 자본 계약
0.6% 원자재 및 기타
80.5% 금리 계약
5.7% 신용 파생상품

2013년 금리 스와프 시장은 전체 파생
상품시장의 80.5%를 차지했다.

이다. 축구 경기로 치면 심판과 선수의 이중 역할을 맡은 셈이다. 이들은
Fed 내부의 정책 토론에 참여하고 구체적인 계획 실시에도 동참한다. 또
시장 흐름을 먼저 알 수 있는 권리, 심지어 정책 결정권까지 쥐고 있다.
그래서 주저 없이 도박판에 거액의 판돈을 걸었던 것이다. 도박의 룰을
마음대로 정하는 도박장 주인이 무엇이 두렵겠는가.

대형 은행들은 이밖에 다른 우위도 가지고 있다. 바로 '대마불사'로 불
릴 만큼 완벽한 보험 장치이다. 이들이 아무리 엄청난 짓을 저질러도 나
중에는 Fed가 뒤치다꺼리를 해준다. 이들의 생사존망은 미국 금융시장
의 사활, 미국 경제 더 나아가 전 세계 경제의 안전과 직결돼 있기 때문에
누가 백악관이나 Fed의 주인이 되던 간에 이들을 구제하지 않으면 안 된
다. 대마불사라는 비유가 진짜 무색하지 않다.

'절대적인 선제 정보+절대적인 보험 장치=절대적인 탐욕'이란 등식이
자연스럽게 성립된다.

이들 은행이 큰 도박을 망설일 이유가 있겠는가?

일어나야 할 일은 언젠가 반드시 일어난다. 도박판도 끝날 때가 있다.
초저금리 온상에서 부풀 대로 부푼 자산 거품이 붕괴하는 날, 역대 금융
위기보다 더 참혹하고 극심한 재난이 닥칠 것이다.

국채 수익률이라는 '도화선'이 타들어가면서 잠자고 있던 금리 화산이 폭발할 때가 임박했다.

QE 종료냐 유지냐, 그것이 문제로다

2013년 5월, 벤 버냉키 Fed 의장은 글로벌 시장의 반응을 살피기 위해 양적완화 축소 가능성이라는 위험한 발언을 했다. 물론 결과는 끔찍한 금리 폭등으로 나타나 국채 수익률이 통제 불능 상태로 치솟았다. 채권 가격이 급격하게 하락하고 주가지수가 폭락했으며, RP 시장은 자금난에 시달리고 그림자통화 가뭄 사태가 벌어졌다. 신흥시장 역시 막대한 피해를 입었다.

벤 버냉키는 QE 종료가 생각했던 것보다 훨씬 더 위험한 일임을 분명히 깨달았다. Fed가 금리 폭등에 대비해 완벽한 준비를 해놓지 않은 상태에서는 더 말할 필요가 없었다. 결국 그는 9월에 열린 Fed 회의에서 울며 겨자 먹기로 QE를 유지하기로 결정했다.

QE 정책의 최대 장점은 바로 초저금리 금융 환경의 조성이다. 은행들은 장장 5년 동안의 자산 리플레이션을 통해 막대한 이익을 얻었다. 그러나 모든 일에는 장단점이 있는 법이다. 인위적으로 금리를 낮췄으니 인위적인 노력을 제거한 뒤의 금리 반등은 필연적인 결과라 할 수 있다. 금리에 대한 압박 강도가 클수록 반등에 의한 파괴력도 커지기 마련이다.

QE의 경제적 효과를 보면 금리 수준은 정상적인 상태 때보다 적어도 800bps가 왜곡됐다. 이 가운데 제로 금리 정책에 의해 최저 400bps가 왜곡되고, 3조 달러 규모의 양적완화 정책에 의해 다시 400bps가 왜곡됐다. 5월부터 9월까지 국채 10년물 수익률이 겨우 100bps 반등하자 글로벌 금융시장에 공포 분위기가 확산됐다. 그렇다면 금리가 8배 폭등한다는 것은 과연 무엇을 의미할까?

버냉키도 QE 정책을 무모하게 유지할 경우 RP 빙산에 부딪힐 것이라는 사실을 알고 있었다. 그에게는 가급적 빨리 QE를 종료하는 것 외에 다른 선택이 없었다.

QE 종료 후 발생 가능한 상황을 예측해보면 금리 폭등에 따른 세 차례의 충격파가 Fed를 덮칠 것으로 예상된다.

첫 번째 충격파는 Fed가 장기 국채와 MBS 매입량을 축소하면서부터 시작되는데, 우선 장기 금리가 폭등할 것이다.

국채는 실질 수익률이 마이너스 내지 매우 낮은 상태일 때 투자자들의 '안전한 대피처'로 불린다. 국채 가격이 국채시장의 최대 매수자인 Fed에 의해 '다이아몬드 바닥형'에 접근해야 투자자들이 국채 가격의 무한한 상승에 베팅하기 때문이다. 그런데 Fed가 국채 매입 규모를 축소하면 국채 가격이 다이아몬드 바닥형을 보장할 수 없다. 따라서 투자자들은 국채 수익률을 높여 손실 리스크를 최대한 줄이려 하므로 결과적으로 장기 금리는 뚜렷하게 상승한다.

이런 시장 분위기 속에서 더 많은 투자자들이 금리 상승을 필연적인 추세로 인식한다. 이들은 미래의 변수에 사전 대비하기 위해 채권 자산을 대거 매각하거나 투기성 공매도를 통해 이익을 꾀한다. 이때가 되면 설령 Fed가 여전히 제로 금리 기조를 유지하더라도 장기 채권 수익률의 상승을 통제할 수 없게 된다. 결국 더 많은 투자자들이 채권 매각 및 공매도 행렬에 가담한다.

장기 채권 금리가 통제에서 벗어나면 중단기 채권 수익률도 시장 심리의 영향을 받아 비록 경미하지만 채권시장 전체가 공황 상태에 빠지게 된다. 그러면 대규모 채권 자산을 보유한 헤지펀드, MMF, 연금기금 및 보험

회사들은 채권 가격 하락으로 인해 자산 손실이 심각해질 것이라는 압박감에 시달린다. 특히 레버리지 비율이 높은 헤지펀드는 극도의 공포에 빠진다. 헤지펀드 자금이 대부분 RP 시장에 담보로 묶여 있는데 갑자기 담보자산 가치가 폭락할 경우 마켓메이커와 트레이더들은 헤지펀드 매니저에게 추가증거금 납입이나 추가 담보자산 공급을 요구할 수밖에 없다. 궁지에 몰린 헤지펀드는 할 수 없이 보유하고 있던 고위험 자산을 헐값에 매각하게 된다. 다수의 펀드들이 자산을 매각할 때쯤 금융시장에는 '돈가뭄' 사태가 발생한다.

레버리지 비율이 가장 높은 몇몇 헤지펀드의 자금 사슬이 끊어지면 이들의 거래 상대자들은 공포에 떨지 않을 수 없다. 이미 늘어날 대로 늘어난 RP 담보 사슬은 도처에 함정이고 고리마다 수시로 끊어질 듯 위태위태해진다. 런던은 투자자의 공포를 유발하는 중심지가 될 것이다. 독일, 미국, 홍콩, 싱가포르, 남아메리카 등 RP 담보 사슬에 의해 하나로 연결된 모든 지역에서 민심이 뒤숭숭해진다.

장기 금리의 폭등으로부터 시작된 이 사태는 단지 첫 번째 충격파에 불과하다.

두 번째 충격파의 기폭제는 단기 금리의 폭등이다.

Fed, 잉글랜드은행, 유럽중앙은행과 일본 중앙은행은 단기간 내에 단기 금리를 인상할 생각이 없고, 또 그럴만한 상황도 아니다. 그런데 Libor가 중앙은행의 의사와 관계없이 '무릎 반사' 반응을 일으킨다. 2008년 금융위기 발생 후 영국과 미국 중앙은행의 기준 금리는 순식간에 제로 수준으로 하락했다. 그러나 Libor는 한때 4%에 육박하면서 기준 금리와 서로 다른 길을 걸었다. Libor는 순수한 시장 금리로 Libor 책정에 참여한 대형 은행들이 자금난에 시달리면 금융시장에 돈가뭄 사태가 발생해 Libor 호가에 영향을 줄 수밖에 없다. 더구나 얼마 전에 Libor 시장이 '엄한 단

속'을 받은 터라 은행들은 감히 금리 조작을 엄두도 못 내고, 결국 Libor
는 불가피하게 상승하게 된다.

이렇게 되면 문제가 커진다.

무려 400조 달러 규모의 금리 스와프 거래는 대부분 Libor를 기준으로
변동금리를 적용하며, 리스크가 몇몇 대형 은행에 집중돼 있다. 지난 몇
년 동안 짭짤한 수익을 올렸던 대형 은행들은 큰 충격을 받는다. 금융위
기 발생 후 금리 스와프 거래 규모는 2배 증가했고, 200조 달러의 신규
계약은 당연히 초저금리를 적용한 것이다. 은행들은 장부를 보고 나서 깜
짝 놀란다. 그나마 약간 높은 금리를 적용했던 기존 계약의 현금흐름이
급격하게 감소하는 것도 견디기 힘든데 신규 계약은 아예 본전까지 잃을
정도로 손실이 커진다. 더 심각한 것은 계약 가치가 '마이너스'로 변하는
것이다. 이쯤 되면 은행들이 더 많은 자산을 '동결'해 가뜩이나 부족한 현
금흐름이 더욱 부족해진다. 과거 수많은 지방정부와 학교, 병원을 옭아맸
던 계약 조항이 지금은 은행 자신의 목을 조르는 올가미로 돌아왔다. 물
론 '교활한' 대형 은행은 계약을 체결할 때 상대방에게 불리하고 자신에
게 유리한 '불평등조약'을 체결할 수도 있다.

어쨌든 금리가 계속 상승할 경우 올가미는 점점 더 은행들의 목을 조
여 오게 될 것이다.

여기서 잠깐 유의할 것이 있다. 은행들이 Fed 초과준비금 계좌에 2조
달러의 현금을 예치해뒀다고 하지 않았는가? 이 자금은 유휴 상태로 방
치돼 Fed로부터 0.25%의 이자를 받는 용도로 쓰이지 않는가? Fed의 대
차대조표에 2조 달러의 은행 초과준비금이 '존재'하는 것은 사실이나 이
돈이 현금 상태로 Fed에 예치돼 있다고 생각하면 오산이다. 은행들이 바
보가 아닌 이상 쥐꼬리만 한 이자를 얻겠다고 거금을 방치해두겠는가?
이 자금은 명목상으로는 Fed의 대차대조표에 기입돼 있으나 실질적으로

는 벌써 다른 용도로 사용됐다.

이것이 가능한 이유는 RP 거래에 관한 회계 기준 덕분이다. 현금과 채권은 모두 우량 담보자산으로 채권에 재담보 기능이 있듯 현금도 재담보 설정이 가능하다. 2012년 런던 고래 사건 때 JP모건 체이스는 60억 달러가 넘는 손실을 입었다. Fed에 예치해뒀던 '과잉 예금'으로 런던에서 위험한 투자에 베팅했기 때문이다. 예금 계좌는 그대로인데 돈은 다 없어진 것이다.

금리 스와프 시장이 붕괴할 경우 또 다른 심각한 문제가 생긴다. 금리 스와프 거래는 본질적으로 보면 대형 은행의 금리 공매도이다. 그런데 이 시장이 붕괴하면 연속 하락하던 금리가 갑자기 반등하면서 금리 화산의 폭발로 이어진다.

이쯤 되면 채권 투자자들은 채권 가격을 볼 때마다 피가 거꾸로 솟을 것이다.

두 번째 충격파는 금리 스와프라는 '수소탄'의 기폭제가 될 것이다. 2008년 금융위기의 진앙은 CDS 시장이었다. 이 시장의 규모는 60조 달러로 기껏해야 '원자폭탄' 급에 지나지 않는다. 반면 금리 스와프 시장 규모는 CDS 시장의 약 7배에 달한다. 이런 금리 스와프 시장이 무너진다면 2008년 금융위기는 메인 메뉴 전에 나오는 애피타이저에 불과할 것이다.

중앙은행들은 다시 대마불사의 은행들을 구제하려고 나서지만 이제는 무기도 탄약도 다 떨어졌다는 사실을 발견하게 될 것이다. 그렇다면 중앙은행이 돈을 더 찍어내면 되지 않는가? 이는 말도 안 되는 소리이다. 양적완화로 인해 이 사단이 벌어졌는데 통화 공급량을 더 늘려봤자 이미 잃어버린 신용을 되찾을 수는 없다. 붙는 불에 부채질하는 격으로 금융위기만 더 악화시킬 뿐이다.

중앙은행의 가장 중요한 무기는 통화 발행권이 아니라 화폐에 대한 사람들의 신뢰이다. 이 신뢰를 잃으면 통화 발행권을 행사해봤자 아무 의미가 없다. 1923년의 독일 중앙은행, 1949년의 중화민국 중앙은행이 신뢰를 잃은 화폐의 말로를 생생하게 보여줬다.

세 번째 충격파는 가뜩이나 위태위태한 달러화가 완전히 신용을 잃으면서 시작될 것이다.

QE 종료가 이토록 위험한 후폭풍을 초래하는데 QE를 유지한다면 어떤 결과가 생길까?

바로 RP 시장의 우량 담보자산이 중앙은행에게 야금야금 먹히게 된다. RP 담보 사슬 위에서는 뚜껑 하나로 병 5개, 10개, 20개를 덮으려는 위험한 '곡예'가 펼쳐진다. 늘어날 대로 늘어난 RP 담보 고무줄은 강한 수축 장력 때문에 갑자기 끊어지지 않으면 반발력으로 사람을 다치게 한다. 투자자들 사이에 공포 심리가 확산되면서 RP 시장은 갑자기 얼어버리고 유동성도 빠르게 고갈될 것이다.

투자자들이 국채를 대량 매입하는 목적은 RP 담보를 통해 자금을 조달하고 자산 규모를 늘려 더 많은 수익을 얻기 위해서이다. 그런데 RP 시장에 리스크가 지나치게 상승하면 국채 수요량도 빠르게 감소해 Fed가 QE를 종료할 때와 같은 결과가 생긴다. 즉 국채 공급이 수요를 초과해 금리가 상승한다. 아울러 RP 융자에 의존해 채권 재고를 유지하던 마켓 메이커가 어려운 상황에 처하면서 회사채시장에 이미 나타난 유동성 악화 현상이 채권시장에도 등장한다. 채권을 사기 쉽고 팔기 어려워지면 속 상한 투자자들은 손실을 보상하기 위해 수익률을 상향 조정할 수밖에 없다. 수익률의 상승은 곧 금리 상승을 의미한다.

뒤이은 결과는 어떻게 될까?

첫 번째 충격파 발생 상황으로 되돌아가보자.

양적완화 정책은 이제 막바지에 다다랐지만 QE 종료에 대비할 안전망은 부재한 상태이다.

이제 남은 것은 더 심각한 경제위기의 발발이냐 아니면 국부 전쟁이나 사회적 혼란의 발생이냐 두 가지 외에는 없다. 물론 이 두 가지가 다 발생하는 최악의 상황이 올 수도 있다.

시리아 전쟁 위기는 곧 닥칠 글로벌 금융위기의 서막에 불과하다. 향후 중동, 남아시아, 동아시아와 동남아시아 지역은 지역적 충돌의 고위험 지대가 될 것이다. 지난 역사를 돌이켜보면 경제위기와 금융위기가 구제 불능의 상태로 악화될 때마다 항상 전쟁이 위기의 최종 해결 수단으로 등장했다는 사실을 잊지 말자.

맺는말

치안이 좋은 도시에서는 집집마다 육중한 방범용 창이나 문을 설치할 필요가 없다. 이 이치를 모르는 도시 관리자들이 만약 근본적으로 빈곤 상태를 개선하려 하지 않고 방범에 중점을 둬 범죄의 온상을 뿌리 뽑으려 한다면 아무리 비싼 방범 시스템으로도 창궐하는 도둑을 막을 수 없다.

시장 금리 변동의 역사는 적어도 5000년이 넘는다. 메소포타미아 문명 시대부터 금리 리스크는 문명의 진화와 함께 존재해왔다. 이는 현대 역사에만 존재하는 고유한 문제가 아니다. 산업혁명 시대, 증기기관 시대 및 달 착륙 시대에도 금리 리스크는 존재했다. 다만 '유로 달러'가 나타나기 전까지 사람들은 금리 변동에 대해 지나치게 걱정할 필요가 없었다. 화폐 가치가 안정된 덕분에 금리 변동이 금융시장에서 말썽을 일으키지 않았던 것이다.

그러나 미국이 금본위제를 폐지하면서부터 화폐 가치의 안정성은 깨져버렸다. 달러화의 과잉 발행으로 말미암아 전 세계 화폐가 불안정해졌다. 금리가 심하게 요동치고 환율도 기복이 심해졌다. 금융시장은 마치 치안이 나쁜 도시처럼 사람들을 공포에 떨게 만들었다. 투자자들은 너도나도 리스크 헤지에 매진했다. 이는 금리 스와프, 통화 스와프, 신용부도 스와프 및 자산 증권화 등의 파생상품이 빠르게 생겨나고 확장할 수 있었던 근본 요인이었다. 요컨대 파생금융시장의 기형적인 팽창은 경기 회복에 기인한 것이 아니라 화폐 혼란의 결과물이었다.

리스크 헤지는 보험과 같다. 세상이 점점 뒤숭숭해지니 보험이 더 필요해지는 것이다. 요즘 세상을 보면 태평성대이기는커녕 말세가 다가온 것 같은 느낌이 든다.

리스크 헤지를 하려면 비용이 든다. 사회 구성원들이 모두 리스크 헤지를 할 경우 사회적 비용은 기하급수적으로 증가한다. 집집마다 방범용 창이나 문을 설치한다고 해서 치안이 좋아지지 않는다. 오히려 이것을 파는 장사꾼만 좋은 일을 시켜주게 된다. 도시의 주민들은 안전하고 안정된 생활을 갈망하지만 방범용 창이나 문을 파는 장사꾼은 더 많은 돈을 벌기 위해 치안이 더 나빠지기를 바란다.

실물경제 기반의 대국에서는 파생상품시장 규모가 커질수록 산업 부문이 지출하는 보험 원가가 상승한다. 이 비용은 실물경제 성장에 하등의 도움을 주지 못하고 성실하게 본분을 지키는 사람들만 착취를 당한다. 이토록 험악하고 열악한 생존 환경에서는 선량한 사람도 간악하게 변하고 근면한 사람도 교활해지게 마련이다.

아이러니한 것은 리스크 헤지로 인해 금융 리스크가 줄어들지 않고 오히려 더 파괴력이 큰 금융 재앙이 초래된다는 사실이다.

제5장

돌변하는 형세,
월스트리트 부동산
투기꾼 부대가 떴다

거리에 피가 흘러 강을 이룰 때에는
반드시 자신을 사두라.
_로스차일드가

부동산 가격 반등이 미국 경제 회복의 또 다른 '증거'라는 주장은 진실이 환각과 열광에 의해 가려진 전형적인 사례이다. 대다수 사람들이 가격에 현혹되는 이유는 가격 자체만 보고 가격 형성의 심층 원인을 꿰뚫어보지 못하기 때문이다.

2012년 3월은 미국 부동산 가격이 반등을 시작한 전환점으로 장장 6년 동안 지속된 부동산 약세장이 드디어 끝이 났다. 은행 압류주택의 수급 관계 변화가 부동산 가격의 역전을 이끈 주요 원인이었다. 은행들은 주택 압류 유예 방안을 취해 압류주택 경매로 인한 가격 하락 압력을 낮췄고, 월스트리트 부동산 투기꾼 부대는 미국 정부의 지원 아래 부동산시장에 대거 진입해 미국 동서 해안에 있는 5대 부동산 중재해 지역의 압류주택 재고를 싹쓸이했다. 이와 같은 노력에 힘입어 미국의 부동산시장은 몇 달 만에 침체에서 벗어날 수 있었다.

월스트리트의 부동산 투기꾼 부대는 겨우 수백억 달러의 자금으로 수천억 달러에 이르는 투기 자금을 움직이고, 수십조 달러 규모의 부동산시장을 활성화시켰다. 미국 정부가 예전부터 부동산 추세를 변화시키기 위해 다양한 금융 수단을 시도했지만 이렇게 적은 자금으로 짧은 기간에 큰 효과를 본 사례는 처음이었다.

문제는 금융 수단으로 시장가격의 단기적인 변화를 이끌어낼 수는 있지만 그 추세를 장기간 유지하기 어렵다는 것이다. 부동산시장의 미래는 잠재 구매자인 젊은 층에게 달려 있다. 그런데 지금 미국 젊은이들은 꿈을 상실하고 어디로 가야 할지 몰라 방황하는 상태에 있다.

월스트리트 부동산 투기꾼 부대는 금리 화산이 곧 폭발할 수도 있다는 위기감 때문에 '대탈주'를 준비하고 있다. 이들에게 주어진 두 갈래의 퇴로 중에서 한쪽은 이미 막혀버렸고, 다른 한쪽에 대해서는 이제 막 탐사를 시작했다.

월스트리트 부동산 투기꾼 부대가 유일한 퇴로인 '압류주택 담보 채권'을 통해 성공적으로 탈주할 수 있을지 그 결과가 기대된다.

압류주택, 부동산 가격 하락의 원흉

2012년 1월, 중국이 천정부지로 치솟는 부동산 가격을 잡지 못해 속수무책에 처했을 때 미국은 부동산 가격 폭락 때문에 골머리를 앓고 있었다. 중국인들은 집값이 하락할 것이라는 말을 절대 믿지 않는다. 마치 2006년의 미국과 1989년의 일본이 그랬던 것처럼 말이다.

사실 부동산 가격의 하락은 주택 담보대출 부실이 관건이 된다. 은행이 대출 상환이 어려워진 주택을 대거 압류해 낮은 가격에 경매에 부치면서 부동산 가격이 하락한다. 중국의 경우 은행이 부동산을 압류해 경매에 부치는 일은 흔하지 않다. 따라서 중국인들에게 '주택 압류'는 매우 생소한 개념이라고 할 수 있다.

중국이나 미국을 막론하고 주택 담보대출 방식은 비슷하다. 주택 구매자는 다른 담보자산을 보유하지 못하고 있기 때문에 구매한 부동산을 은행에 담보로 제공하고 대출을 받는다. 그리고 대출 상환이 끝나면 은행으로부터 부동산 소유권을 돌려받는다. 주택 구매자가 매달 할부금을 지불하는 것은 부동산 소유권을 조금씩 '취득'하는 연속적인 과정이라고 볼 수 있다. 만약 제때에 대출을 상환하지 못할 경우 은행은 주택 구매자의 주택 소유권 취득 권리를 취소하고 담보물을 매각할 수 있다. 이것이 '압류주택'의 유래이다.

정상적인 상황에서 은행은 압류주택 재고가 쌓이는 것을 원하지 않는다. 인력과 재력이 많이 소모되어 득보다 실이 많기 때문이다. 이때 가장 좋은 선택은 가급적 빨리 압류주택을 매각해 현금화하는 것이다. 압류주택의 경매 가격은 매우 저렴해서 부동산시장에 갑자기 압류주택 매물이 대량으로 쏟아지면 4.12 금값 폭락과 같은 사태가 벌어질 수밖에 없다. 가격을 결정하는 것은 보유량이 아닌 유동량이다. 압류주택 매물이 증가하면 부동산 가격 상승 기대는 약해진다. 또 부동산 가격이 하락하면 압류주택이 매물로 쏟아져 나온다. 미국 부동산시장은 2007년부터 2012년까지 장장 5년 동안 이 같은 악순환을 거듭했다.

2012년 1월 6일, 윌리엄 더들리(William C. Dudley) 뉴욕연방준비은행 총재 겸 CEO는 뉴저지은행가협회 경제 포럼에 참석한 자리에서 다음과 같이 깊은 우려를 표시했다.

"미국 부동산 가격은 2006년에 최고가를 찍은 후부터 지금까지 34%나 하락해 부동산 소유자들이 7조 3,000억 달러의 손실을 입었다. 이는 부동산 가치의 절반이 넘는 액수이다. 신규 주택 건설 규모도 전성기에 연간 175만 채에 달하던 것이 2009년 초에 36만 채로 급감했고, 2012년에는 42만 채에 머물 것으로 예상된다."[1]

2012년 초에 이르러 주택 담보대출 디폴트 건수는 어느 정도 줄어들었다. 그러나 주택 대출 채무가 90일 이상 장기 연체된 가구 수는 150만 가구, 은행에 의해 주택 압류 절차에 들어간 가구 수는 200만 가구에 달해 여전히 심각한 상태였다. 은행이 압류한 부동산은 REO(Real Estate Owned, 유질 처분 부동산)라고 부른다. 이 상황이 근본적으로 개선되지 않는다면 2012년과 2013년에도 추가로 360만 채의 주택이 은행에 압류될 것으로 추산된다.

더 큰 문제는 미국에서 총 1,100만 가구의 주택 대출금 총액이 그들이 보유한 주택 가치를 초과했다는 사실이다. 이런 '깡통주택' 소유자들은 본인의 주택을 '매각'하려는 강렬한 동기를 가지고 있어서 언제든지 채무 불이행 무리에 속할 수 있다. 이렇게 되면 잠재적인 압류주택 규모는 수천만 채에 달한다.

은행이 보유한 수천만 채의 압류주택이 가뜩이나 취약한 부동산시장에 홍수처럼 밀려든다고 상상해보자. 미국 부동산 가격은 또 한 차례의 대폭락을 피하기 어렵고, 10년 이내에 부동산시장이 원기를 회복하지 못할 가능성이 농후하다.

경제가 호황일 때 미국인들은 예금이라는 것을 모르고 살았다. 가격이 끊임없이 상승하는 부동산이 '현금인출기' 역할을 했기 때문이다. 그러나 경제 침체기에는 언제 실직을 당할지 모르는 상황에 실질 소득까지 마이너스 성장을 하다 보니 마음 놓고 소비하는 것은 언감생심이 되었다. 집은 미국인의 가장 중요한 재산이다. 그런데 집값이 끊임없이 하락하자 부의 효과가 줄어드는 것은 물론 소비가 경제를 견인할 수 없게 돼버렸다. 소비가 위축되면 경제가 침체된다. 경제 활동이 부진한데 어떻게 현금흐름과 세수를 창조할 수 있으며, 또 어떻게 주식시장과 금융시장의 거품을 유지할 수 있겠는가?

부동산 가격의 지속적인 하락은 미국 정부의 가장 치명적이고도 골치 아픈 경제 문제이다. 이 문제는 Fed의 두 차례 양적완화 정책에도 불구하고 전혀 호전될 기미를 보이지 않았다.

금리를 낮추면 채권시장과 주식시장이 활기를 띠는 것은 분명한 사실이다. 그러나 미국인 대부분은 주식이나 채권을 직접 보유하지 않고 있다. 금융시장에 형성된 거품은 대량의 금융자산을 보유한 부자들에게 막대한 자산 효과를 가져다줬지만 언제 해고당할까 전전긍긍하면서 수입지출 평형을 위해 안간힘을 쓰는 중산층은 별로 혜택을 보지 못했다. 따라서 증시가 누차 신기록을 경신해봤자 지속적인 소비 성장을 이끌어내기는 어렵다. 게다가 양적완화에 의해 증가한 유동성은 대부분 금융 시스템으로 흘러들어 더 많은 그림자통화 창조에 사용됐으니 일반 서민들에게 QE에 의한 혜택은 먼 나라 얘기에 불과했다. 이런 상황에서 부동산 가격이 반등한다고 부채 압력 때문에 허리가 휠 지경인 중산층에게 무슨 도움이 되겠는가.

2012년 초에 이르러 Fed는 QE 정책과 초저금리 기조에 의존해서는 부동산 하락세를 잡을 수 없다고 확실히 깨달았다. 이에 생각해낸 방법이 오랜 사용으로 효과가 입증된 가격 조종 수단이었다.

여기서 재차 강조할 것은 부동산시장도 금융시장과 마찬가지로 보유량이 아닌 유동량이 가격을 결정한다는 사실이다. 더 정확하게 말하면 유동량의 가격 기대가 시장가격 형성에 결정적인 역할을 한다고 볼 수 있다.

미국 부동산시장의 주택 보유량은 총 1억 3,300만 채, 총가치는 23조 달러에 달한다. 이 가운데 신규 주택과 기존 주택의 연간 판매량은 약 800만 채로 유동량은 보유량의 6%에 불과하다.

부동산 가격의 하락세가 지속되는 상황에서 신규 주택 개발업자는 집을 짓기에 앞서 기존 주택 가격을 기준으로 신규 주택의 경쟁력과 수익률을 평가한다. 이는 즉 신규 주택 가격이 기존 주택 가격에 의해 결정된다는 말이다. 그런데 매년 백만 채에 달하는 압류주택이 은행에 의해 헐값에 매각되면서 700만 채가 넘는 기존 주택의 가격이 큰 타격을 입었다.

가령 한 아파트 단지의 주택 평균 가격이 25만 달러라고 할 때, 이 가운데 '경매가 12만 달러'라고 쓴 압류주택이 몇 채만 끼어 있어도 주택 판매자는 큰 스트레스를 받는다. 더 큰 문제는 이런 가격 차이가 시장 기대를 움직여 구매자는 가격이 더 하락하기를 느긋하게 기다리는 반면 판매자는 팔지 못해 안달하는 상황이 나타난다는 것이다.

유동량이 가격을 결정한다고 하면 압류주택은 유동량의 증가이자 전체적인 부동산 가격을 형성하는 가장 중요한 '급소'라고 할 수 있다.

뉴욕연방준비은행과 미국 재무부에는 금융시장에서 잔뼈가 굵은 전문가들이 대거 포진해 있다. 이들은 금융시장에서 행해지는 다양한 수단과 방법에 대해 손금 보듯 훤하다. 주식, 채권, 금리, 귀금속 시장은 인위적인 조작이 가능한데 부동산시장이라고 그렇게 못하라는 법이 있겠는가? '인위적인 가격 통제'를 듣기 좋게 말하면 '기대 관리'요, 나쁘게 말하면 '기대 조종'이다. '관리'든 '조종'이든 두 가지의 공통점은 '인위적'이라는 것이다.

전체적인 부동산 가격 기대를 역전시키려면 압류주택의 수급 관계를 조절해 먼저 압류주택 가격을 상승시키는 것이 관건이다.

이 목적을 달성하려면 우선 압류주택의 공급 규모를 줄여야 한다.

압류 유예, 부동산 하락세를 진정시킨 지름길

"주택 소유자들이 은행 문 밖으로 밀려나지 않도록 대출 규제를 완화하라" 바로 이것이 압류주택 공급량을 줄이는 첫 번째 수단이었다.

2009년 미국은 HAMP(Home Affordable Modification Program, 모기지 융자 재조정 프로그램)를 가동했다. 프로그램의 목적은 한마디로 납세자의 돈으로 은행의 배를 불리는 것이었다. 주택 소유자로 하여금 이미 '깡통자산'이 돼버린 주택에 계속 돈을 투입하게 만듦으로써 주택 압류를 유예하는 방안이었다. HAMP는 전적으로 은행의 주도 아래 시행됐다. 은행은 정부로부터 재정 자금을 충분히 지원받을 때는 주택 소유자에게 대출 계약 수정을 요구했다. 이를테면 대출 액수를 더 늘리고 할부금 액수를 약간 줄이는 방식으로 계약을 다시 체결했다. 그러나 정부 보조금이 적다고 판단될 때에는 가차 없이 채무 불이행자의 주택을 압류해 경매에 부쳤다.

미국 정부는 HAMP를 통해 깡통주택의 늪에 빠진 400만 가구를 '구제'할 수 있으리라고 여겼다. 그러나 업무 효율성 부족 및 설정 기준 모호 등의 문제로 실제로 대출 계약을 새로 수정한 가구 수는 120만 가구에 지나지 않았다. 안타까운 것은 이 가운데 이미 디폴트에 빠진 가구 수가 30만 6,000가구, 채무 불이행이 머지않은 가구 수가 8만 8,000가구에 달해 재계약 가구의 33%를 넘었다는 사실이다. 통계에 의하면 HAMP에 참여한 기간이 길수록 디폴트 비율이 더 높았다. 이 프로그램을 갓 시작한 2009년에 프로그램에 참여한 가구의 디폴트 비율은 무려 46%에 달했다. 재차 디폴트에 빠진 사람들은 부채가 증가한 것은 말할 것도 없고 신용등급도 크게 하락하는 이중 피해를 입었다.

2013년 4월 말까지 HAMP에 지원된 자금은 191억 달러에 이르렀으나 실제로는 44억 달러밖에 집행되지 못했다. 정부는 2차 디폴트로 8억 1,500만 달러의 손실이 발생한 것을 감안해 프로그램을 2015년까지 연장하기로 결정했다.

효과만 따지자면 HAMP는 '구제' 방안이라기보다 '함정'에 더 가깝다. 주택 압류 위기에 처한 가구들은 대부분 실직으로 인해 채무 상환 능력을 잃은 사람들이다. 취업시장이 위축돼 충분한 수입원을 얻기도 어려운 형편에 대출 규모가 대폭 증가했으니 설상가상이 아닐 수 없었다. 시간이 흐를수록 이들의 디폴트 비율도 대폭 증가할 것이라는 사실은 불 보듯 뻔했다.

HAMP나 다른 구제 방안들이 최종적으로 어떤 효과를 봤는지는 모른다. 하지만 이런 정책들이 압류주택 공급 압력을 크게 완화시켜 시한폭탄처럼 언제 터질지 모르던 수백만 채 압류주택의 '폭발' 시간을 늦춘 것만큼은 확실하다.

정부 외에 은행들도 주택 압류 유예에 동참했다.

2010년 11월, 미국에서 뜬금없이 '로봇이 문서에 서명하는' 사건이 터져 가뜩이나 시운이 불길한 은행 시스템에 스캔들 하나를 보태주었다. 은행이 주택 담보대출 발급 주체이기는 하나 수많은 계약의 수금, 채무 상환 독촉, 주택 압류 통지 발송 등 모든 업무를 직접 처리하기에는 인력과 물자가 딸렸다. 따라서 이런 '잡무'는 대부분 '서비스업자'에게 하도급을 준 경우가 많았다. 디폴트가 발생한 후 서비스업자의 업무량은 폭발적으로 늘어났다. 은행으로부터 쥐꼬리만 한 보수를 받으면서 주택 압류 절차에까지 관여해야 할 정도였다. 실제로 서비스업자는 매일 계약서와 공증서를 비롯해 수천 수만 건에 달하는 문서를 처리해야 했다. 이런 상황에서 편의성과 비용 절감을 위해 문서 내용을 자세히 보지도 않고 마치 '로봇'처럼 서명하는 일이 그야말로 비일비재했다. 심지어 증인과 공증인이 없는 상태에서 공증 수속을 대충 끝내는 경우도 있었다. 결국 이들이 처리한 문서는 오류로 가득했다.

'로봇이 문서에 서명한 사건'은 미국 사회에 큰 파장을 일으켰다. 부동산은 '아메리칸 드림'의 중요한 토대인데, 이 꿈이 날아가게 생겨 가슴이 찢어지는 가구들을 상대로 이런 무성의한 업무 태도를 보였으니 대중들의 은행에 대한 반감은 고조될 수밖에 없었다. 은행은 금융위기를 유발하고 '인명을 초개같이 여긴 것'도 모자라 압류 절차에서마저 사회적인 물의를 일으켰다.

은행이 부동산을 압류하려면 반드시 먼저 압류 조건 부합 여부를 확인해야 한다. 그런데 대부분은 이 과정을 생략한 채 서둘러 주택 압류 통지를 발송했다. 이어 주택 소유자를 쫓아낸 뒤 압류주택을 경매에 부쳤다. 피해자들은 변호사의 도움을 받아 '절차상 불법'을 이유로 단체로 미국 은행들을 법원에 고소했다. 이로써 미국 전체를 휩쓴 기나긴 소송이 시작됐다.

이 사건으로 인해 은행의 주택 압류 업무는 마비 상태에 빠졌다. 수백만 채의 압류 신청 주택 중 어떤 것이 완벽한 수속을 밟았는지 가려내기란 쉬운 일이 아니었다. 은행들은 상황을 제대로 파악하지 못한 상태에서 도리 없이 주택 압류를 유예해야만 했다. 이 결과 무려 250만 채의 주택이 압류 여부가 보류된 채 방치됐다.

부동산 가격을 상승시킬 수 있는 뾰족한 방법을 찾지 못한 Fed와 대형은행들은 은행의 손실을 줄이기 위해 주택 압류 절차가 더 빨리 진행되기를 바라마지 않았다.

2012년 초, 미국 정부와 은행은 로봇이 문서에 서명한 사건과 관련해 합의에 이르렀다. 이때 은행은 압류 유예 주택이 증가하면서 부동산 가격 하락세가 둔화됐다는 새로운 사실을 발견했다.

은행은 마침내 주택 압류가 부동산 가격 역전의 열쇠를 쥐고 있다는 사실을 깨달았다.

이후로 은행은 법적 문제가 이미 해결되고 주택 압류를 유예해야 할 이유가 없어진 뒤에도 여전히 시간을 질질 끌면서 압류 수속을 밟지 않았다. 그 결과 2012년 경매에 부쳐진 압류주택 규모는 2008년 금융위기 발생 후 최저치를 누차 경신했다. 압류 절차 소요 기간도 말도 안 되게 늘어났다. 뉴욕의 경우 1072일(약 3년)로 2007년 당시의 4.3배에 달했다. 플로리다주는 858일, 캘리포니아주는 약 1년으로 증가했다. 다른 주들도 이와 상황이 비슷했다. 은행이 의도적으로 압류주택 경매 규모를 줄이자 부동산 투자자들은 제한된 시장에서 매물 쟁탈에 나설 수밖에 없었다. 이로써 압류주택 경매가 부동산 가격에 가했던 충격파를 크게 낮추었다.

물론 은행은 주택 압류 기간이 늘어나면 손해를 보게 된다. 채무 불이행 상태가 심각한 주택 소유자들은 언젠가 집을 빼앗긴다는 사실을 알고 나서 아예 대출 상환을 거부했다. 은행 역시 압류가 확정되기 전까지는 기존 주택 소유자들을 쫓아낼 권리가 없었다. 양측이 팽팽하게 대치하는 사이, 은행은 주택 소유자들에게 무료로 주택을 공급한 것이나 다름없었다.

하지만 압류주택 공급을 줄여봤자 부동산 가격 하락을 잠시 늦추는 역할만 할 뿐 부동산 가격의 상승을 이끌지는 못했다. 부동산 가격을 상승시키려면 강력한 매수 세력의 개입이 절대적으로 필요했다.

그리고 드디어 부동산 가격의 상승을 이끌 주력군으로 월스트리트 부동산 투기꾼 부대가 떴다.

부동산 가격 역전을 꾀한
월스트리트 부동산 투기꾼 부대

우세한 병력을 집중해 섬멸전을 펼치는 전략은 금융시장에도 똑같이 적용된다. 금융시장에서 매수 세력과 매도 세력 간의 겨룸은 전장에서의 피아 간 싸움과 마찬가지로 주도권을 쟁취하는 것이 목적이다. 이는 곧 전쟁 결과에 대한 기대를 바꾸려는 노력이기도 하다. 승자의 기고만장한 태도와 패자의 걷잡을 수 없는 절망감은 모두 승부가 나기 전에 항상 승리만을 염두에 둔 결과라고 할 수 있다.

대표적인 예로 4.12 금값 폭락 사태를 들 수 있다. 2013년 4월 12일, 월스트리트는 금시장에 어마어마한 매도 물량을 갑자기 쏟아내 매수 세

리츠(REITs, Real Estate
Investment Trusts)
부동산 투자를 전문으로 하는
뮤추얼펀드. 소액 투자자들로
부터 자금을 모아 부동산이
나 부동산 관련 대출에 투자
하여 발생한 수익을 투자자에
게 배당하는 회사나 투자신탁
을 이름.

력의 저항 의지를 완전히 꺾어놓았다. 2012년 초에도 월스트리트는 부동산 가격 추세에 대한 시장 기대를 바꾸기 위해 '압류주택'을 전략적 돌파구로 삼아 부동산시장에서 또 한 차례의 거센 공격을 준비했다. 월스트리트에서도 '전투력'이 높기로 이름난 PE, 리츠와 헤지펀드들이 주력군으로 나섰다. 이 가운데 사모펀드 운용사 블랙스톤 그룹은 주력 중의 주력, 킹 중의 킹이었다.

'부동산시장 역습 작전'은 2011년 8월부터 기획됐다. 당시 압류 신청 유예 건수가 증가하면서 부동산 가격 하락세가 주춤하는 유리한 국면이 형성됐다. 시장 심리를 분석해 봐도 가격 하락 기대가 어느 정도 통제됐음을 알 수 있었다. 이 좋은 기회에 반격을 시도하지 않는다면 향후 압류주택이 대거 부동산시장에 흘러들어 매도 세력의 힘이 커지는 것은 시간 문제였다. 이때는 반드시 시장 전체에 큰 충격을 줄 정도로 강력한 공격을 감행해야만 매도 세력의 저항 의지를 꺾어 부동산 가격의 대폭 반등을 꾀할 수가 있다. 부동산 가격이 상승세에 진입하고 압류주택 공급량이 감소하면 가격 하락세는 완전히 역전될 수 있었다.

2012년 2월 1일, 미국 연방주택금융청(FHFA, Federal Housing Finance Agency)은 Fed, 미국 재무부, 미국 연방예금보험공사(FDIC), 미국 주택도시개발부 및 패니메이, 프레디맥 등과 회동한 후 4,000여 개 투자기관에 '부동산시장 대반격 총동원령'을 내렸다.

2011년 8월부터 FHFA는 은행의 압류주택 재고를 처분하기 위해 개인 투자자들을 유치하는 방안을 연구했다. 이어 2012년 2월 1일에 다음과 같은 내용의 실시 방침을 전격적으로 발표했다. 1) 패니메이, 프레디맥과 연방주택청(FHA, Federal Housing Administration)의 압류주택 재고 물량을 처분한다. 2) 심각한 피해를 입은 지역을 돌파구로 삼는다. 3) 투자기관들의 대량 매입을 환영한다. 가격은 최대한 우대한다. 4) 단, 저가에 매입한 뒤 반드시 일정 기간 보유하거나 임대를 해야 한다.

100만 달러 이상의 순자산을 보유한 펀드, 기업, 투자신탁, 은행, 개인이 모두 이번 '세기의 부동산 향연'에 참가할 수 있었다. 심지어 패니메이와 프레디맥은 투자자들이 압류주택 보유 규모를 늘리도록 대출을 제공하겠다고 유혹했다. 판매 단위는 대개 500~1,000채를 하나의 자산 패키지로 묶었다. 당시 패니메이와 프레디맥 및 FHA가 보유한 압류주택은 약 21만 채였다. 평균 1,000채를 하나의 자산 패키지로 묶을 경우 200개 대형 투자자가 필요하다는 계산이 나온다.

가격은 어느 정도로 할인받을 수 있었을까? 가령 자산 가격이 1달러라고 할 때 패키지 구매자는 동일 자산을 30~40센트에 살 수 있었다. 가격이 20만 달러인 단독 빌라는 겨우 6~8만 달러에 구입이 가능했다. 단순히 계산해서 한 채당 평균 1~2만 달러를 들여 인테리어나 리모델링을 한 다음 임대를 주면 1,000~1,500달러의 임대료 수입을 얻을 수가 있다. 임차인을 찾지 못해 집이 비어 있는 기간을 감안하고도 투자 수익률이 14~20%에 달했다. 수익률 기근에 시달리고 있던 월스트리트 투자자들의 입장에서는 그야말로 호박이 넝쿨째 굴러들어온 셈이었다.

블랙스톤을 필두로 월스트리트 투자기관들은 높은 수익률의 유혹을 못 이기고 압류주택시장에 대거 진출했다.

미국 연방주택금융청이 2월 1일에 내린 '총동원령'은 예상대로 즉효를 봤다. 장장 5년 동안 약세장을 이어오던 미국 부동산시장은 3월부터 기적적인 반등을 시작했다. 금융자본이 부동산시장에서 이토록 큰 효과와 강렬한 반등을 이끌어 내리라고는 정책 입안자들도 미처 생각지 못했다.

그렇다면 월스트리트는 어떻게 부동산시장의 반전을 이끌어냈을까?

첫 번째 실험대로 당첨된 피닉스

미국의 부동산 거품은 2006년 여름부터 꺼지기 시작했다. 부동산 가격은 먼저 고공에서 급강하한 데 이어 요동치면서 계속 하락했다. 2012년 초까지 부동산시장은 말만 들어도 절로 한숨이 나올 정도로 위축됐다. 마치 주도 세력이 사라진 주식시장처럼 인심이 흩어지고 비관론이 시장 전체에 확산됐다. 이런 상태는 장장 6년이나 지속됐다.

그러나 월스트리트의 막강한 자금이 갑자기 밀려들면서 부동산시장에 신기한 '메기 효과'가 나타났다. 비관적이고 지치고 낙담하고 나태하던 분위기는 대번에 사라져버리고, 크고 작은 부동산 투기꾼 부대는 마치 흥분제를 먹은 것처럼 생기를 되찾았다. 월스트리트 자금이 흘러가는 곳마다 현지의 시장은 끓어오르기 시작했다.

미국에서 가장 심각한 피해를 입은 5대 부동산시장은 각각 피닉스(애리조나주의 주도), 캘리포니아 남부, 라스베이거스(네바다주 위치), 플로리다주, 애틀랜타(조지아주의 주도)였다. 이 가운데 월스트리트 자금은 가장 먼저 피닉스를 선택했다.

피닉스는 애리조나주의 주도이자 중요한 산업 중심지 중 하나이다. 도심 인구는 약 430만 명으로 미국 수도인 워싱턴보다 인구가 더 많다. 또한 애리조나주의 정부 소재지 외에 인텔 R&D 센터, 칩 생산기지, 수많은 첨단기술 기업과 통신회사, 아폴로 에듀케이션 그룹 본부, 허니웰 군사용 엔진 생산 공장, 루크(Luke) 공군기지 등 유명한 기업과 기관들이 이곳에 위치해 있다. 고소득층 인구가 집중돼 있고, 수많은 대학과 과학연구 기관에 대량의 인재가 포진해 있다. 겨울에도 날씨가 따뜻해서 관광산업과

2013년 애리조나주 주도 피닉스의 평균 주택 임대료는 1,067달러, 주택 가격은 12만 8,000달러, 압류주택 가격은 11만 1,000달러였다. 부동산 가격의 최대 낙폭은 57%에 달했다.

골프 산업이 매우 발달한 데다 고소득층이 밀집해 있어서 임대료 수입도 짭짤했다.

그러나 피닉스는 금융위기로 인해 막대한 피해를 입었다. 은행의 압류주택 경매가는 부동산시장이 호황을 누릴 때에 비해 57%나 하락했다. 피닉스의 부동산시장은 차마 눈 뜨고 볼 수 없을 정도로 처참하게 무너져버렸다.

로스차일드 가문은 "거리에 피가 흘러 강을 이룰 때에는 반드시 자산을 사놓아라"라는 유명한 명언을 남겼다.

위기란 위험 가운데 기회가 있다는 말 아닌가.

피닉스에서 가장 먼저 기회를 발견한 사람은 스티브 슈미츠(Steve Schmitz)와 그의 파트너였다. 이들은 2008년에 '미국주택건물회사(American Residential Properties)'라는 투자회사를 설립해 자기자본으로 은행 압류주택 10여 채를 사들였다. 이 집들은 대부분 몇 년 전 부동산 거품이 터질 때 지은 것이어서 새것이나 다름없었다. 따라서 별다른 인테리어나 리모델링을 거치지 않고도 쉽게 임대가 가능했다. 압류주택 임대를 통해 짭짤한 수익을 얻은 스티브는 새로운 비즈니스 모델인 '압류-임대' 모델에 큰 흥미를 가지게 됐다. 그는 임대 가구의 상황을 조사하려고 집집마다 방문하는 과정에서 임대 가구의 대부분이 부부와 아이 둘 및 강아지 한 마리로 구성된 전형적인 중산층 가정이라는 사실을 발견했다. 이들은 다양한 이유로 내 집 마련의 꿈을 이루지 못했으나 집에 대한 갈망과 사랑은 여느 주택 소유자들과 다르지 않았다.

2010년에 스티브는 자본시장에서 자금을 조달하기 위해 압류-임대 모델을 복제한 REIT(부동산투자신탁) 기금을 설립했다. REIT 기금은 회사와 개인이 이중으로 납세해야 하는 문제를 피하기 위해 세운 신탁기관으로 기금 이윤의 거의 대부분을 투자자에게 분배했다. 다시 말해 회사는 이윤을 투자자에게 배분하기 위해 통과하는 '창구(Pass-through)' 역할만 한 것이다. 기금 이윤은 회사를 거쳐 투자자의 계좌에 직접 입금되기 때문에 투자자는 개인소득세만 내면 되고 회사는 세금을 낼 필요가 없었다. REIT 기금은 주식과 비슷한 형태의 주권을 발행해 투자자는 편리하게 양도 및 투자를 진행할 수 있었다. REIT 기금이 기업공개(IPO)를 했다면 주권 거래는 더욱 편리해진다.

전통 부동산시장에서는 일반 투자자만 압류-임대 모델을 수익 모델로 활용했다. 그런데 REIT 기금의 등장으로 인해 자본시장의 자금이 이 시장에 대거 밀려들었다. 이는 '유격대'가 정규군을 만난 격이었다. 일반 투자자가 기관 투자자의 자금력을 상대하지 못하면서 시장의 생태 환경에 커다란 변화가 생겼다.

스티브와 그의 '미국주택건물회사'는 업계에서 압류-임대 수익 모델의 선구자로 불렸다. 이런 활약에 힘입어 2010년 피닉스 부동산 판매액의

15%에 불과하던 기관투자자의 투자 자금은 2012년 여름에 26%로 증가했다.[2]

피닉스의 경기 회복 속도가 더딘 관계로 집을 잃는 가구 수가 점점 늘어나면서 단독주택 임대율은 금융위기 발생 전의 8%에서 2013년에 22%로 대폭 상승했다. 이처럼 임대용 주택 매물은 대폭 증가했으나 경쟁은 오히려 점점 더 치열해졌다.

이에 2012년 여름부터 피닉스 현지의 기관 투자자들은 블랙스톤과 같은 PE 거물 및 월스트리트 헤지펀드와 본격적인 자리다툼을 벌였다. 2013년 여름까지 월스트리트 투자자들은 피닉스의 단독주택 23만 채 중에서 1만 1,440채를 확보했다. 양적으로는 많다고 보기 어렵지만 월스트리트 자금이 일으킨 메기 효과는 피닉스의 부동산시장에 활기를 불어넣었다.

자금이 대거 유입되면서 피닉스 부동산시장에는 치열한 주택 쟁탈전이 벌어졌다. 이는 부동산 가격의 폭등 및 투자 수익률의 급격한 하락을 가져왔다. 2013년에 이르러 피닉스의 부동산 임대 수익률은 5~6%대로 떨어졌다. 압류주택 재고도 고갈 위기에 직면해 초저가 주택은 완전히 자취를 감췄다.

그러자 월스트리트 부동산 투기꾼 부대는 미련 없이 피닉스에서 철수했다. 그들은 마치 메뚜기떼처럼 다음 타깃인 서북 지역의 '도박의 도시' 라스베이거스와 캘리포니아 남부로 우르르 몰려갔다. 이후 다시 방향을 선회해 동남 연해의 플로리다주, 조지아주 및 남북 캐롤라이나 지역에도 불을 지폈다. 급기야 시카고, 디트로이트, 덴버, 오하이오 등 중서부 지역의 부동산시장까지 휩쓸었다.

'도박의 도시'에서 벌인 큰 도박

2012년 초, 월스트리트 부동산 투기꾼 부대는 '도박의 도시' 라스베이거스를 지나쳐 직접 피닉스로 진출했다. 그 이유는 라스베이거스의 집값이 피닉스보다 싸고 부동산 가격 낙폭도 더 컸지만 라스베이거스의 경제 모델이 지나치게 단순한 데다 실업률이 무려 10%에 달했기 때문이다. 불경기에는 도박의 도시를 찾는 손님이 대폭 줄어들어 피닉스처럼 지속적으로 임대료 수익을 올리기 어려웠다.

피닉스의 압류주택 공급이 줄고 부동산 가격이 폭등하면서 라스베이거스의 부동산 가격 우위는 더욱 뚜렷해졌다. 이 기회를 놓칠 리 만무한 월스트리트 부동산 투기꾼 부대는 2012년 하반기부터 라스베이거스로 대거 몰려들었다. 11월에는 블랙스톤까지 부동산 투기에 가담해 무려 80억 달러 규모의 엄청난 자금이 라스베이거스 부동산시장에 투입됐다.

도박의 도시 라스베이거스. 평균 주택 임대료는 1,117달러, 주택 가격은 10만 9,000달러, 압류주택 가격은 10만 3,000달러, 부동산 가격의 최대 낙폭은 67%에 달했다.

네바다주의 법(Assembly Bill 284) 하에서는 주택 소유자의 이익이 최우선적으로 보호받는다. 그래서 은행의 주택 압류는 거의 불가능하고, 아무리 심각한 디폴트에 빠진 주택도 시장에 나오기 어렵다. 그 결과 그 누구도 의도치 않게 인위적인 주택 공급 부족 현상이 초래됐다. 현지 전력공사의 데이터에 따르면 유휴 상태로 있는 주택 수는 최저 6만 4,000채, 주택 대출 채무를 90일 이상 장기 연체한 가구 수는 4만 5,000가구에 달했으나 부동산시장에 매물로 나온 주택은 8,000채밖에 되지 않았다.

결과적으로 라스베이거스에서는 대량의 주택이 매각 불가능한 채 방치돼 있는 반면, 기관 투자자들은 제한된 매물을 빼앗기 위해 치열한 싸움을 벌이는 기이한 광경이 연출됐다. 라스베이거스 현지의 한 부동산 중개업자가 압류주택 판매 광고를 내자 사겠다는 사람이 41명이나 나타났다. 중개업자의 예상 판매가는 리모델링 비용 2만 달러까지 합쳐 약 8만 6,000달러였다. 41명의 경쟁은 매우 치열했고, 무려 39명이 현금 결제가 가능하다고 나섰다. 중개업자는 태어나서 처음으로 이토록 치열한 '주택 쟁탈전'을 보고 깜짝 놀랐다. 부동산 거품이 최고조에 달했을 때에도 경매에서 현금 결제 비율이 이렇게 높았던 적이 없었다. 최종적으로 집은 13만 5,000달러에 팔렸다. 그가 예상했던 것보다 무려 50%나 더 높은 가격이었다.

한쪽에서는 수만 채의 압류주택을 팔지 못한 채 방치해두고 있고, 다른 한쪽에서는 수십억 달러의 자금이 8,000채의 기존 주택 재고를 빼앗기 위해 쟁탈전을 벌였다. 그 결과 기존 주택 가격이 자연히 상승했을 뿐 아니라 자금이 신규 주택시장으로 흘러가도록 유도하는 역할도 했다. 2013년 라스베이거스의 신규 주택 판매량은 87%나 급증했고, 착공 허가 주택 물량 역시 52% 증가했다.

월스트리트 부동산 투기꾼 부대는 갓 라스베이거스에 진출한 2012년 하반기에 현지 부동산시장 연간 판매량의 19%를 확보했다. 마지막 몇 달 사이에 거의 반수 이상의 부동산 매물을 싹쓸이했다는 얘기였다. 부동산 판매액 중에서 현금 결제 비율도 무려 60%에 달했다. 월스트리트 부동산 투기꾼 부대의 막강한 자금력과 집중 포화에 2012년 라스베이거스의 부동산 가격은 전년 대비 30%나 폭등했다.

그럼에도 불구하고 라스베이거스 부동산 가격은 금융위기 발생 전보다 56%나 낮았다.

캘리포니아 남부를 전전하다

리버사이드 카운티는 캘리포니아 남부 로스앤젤레스에 위치한 '내륙 제국(Inland Empire)'이다. 총인구는 430만 명으로 캘리포니아 남부에서 두 번째로 큰 카운티이다. 캘리포니아 남부는 기후가 온화하고 사시장철 햇빛이 따사로우며 겨울철 기온이 낮지 않은 데다 독특하고 아름다운 자연

캘리포니아 남부에 있는 리버사이드 카운티. 평균 주택 가격은 17만 2,000달러, 압류주택 가격은 15만 6,000달러였다. 부동산 가격 최대 낙폭은 60%에 달했다.

경관을 자랑한다. 이곳에서는 아침 일찍 바다에서 서핑을 즐기고 낮에 디즈니랜드에 놀다가 마지막으로 샌 버너디노(San Bernardino)에서 스키를 즐길 수 있다. 리버사이트 카운티는 로스앤젤레스, 샌디에이고, 라스베이거스와 인접해 있다. 디즈니랜드, 할리우드, 유니버셜 스튜디오, 팜스프링스, 해변, 사막, 설산 등 다양한 볼거리와 즐길 거리로 유명하다. 지리적 위치의 장점과 아름다운 자연경관 때문에 세계 각지 이민자들이 대거 몰려드는 지역 중 하나로 꼽힌다.

그러나 리버사이드 카운티는 불행하게도 2008년 금융위기 발생 후 캘리포니아 남부에서 부동산 폭락이 가장 심각한 지역으로 전락했다.

2012년 4월, 월스트리트 부동산 투기꾼 부대가 캘리포니아 남부에 진출할 때는 행동 방식이 점차 어셈블리 라인 형태로 바뀌었다. 그들은 모듈화된 처리 방식을 조직해 매일 아침 6시 30분에 당일 압류주택 매입 계획을 세웠다. 그들은 월스트리트에서 주식을 분석하던 내공을 살려 매주 평균 1,000채나 되는 압류주택의 각 조건들을 한 줄로 쭉 늘어선 수십 개의 LCD 화면에 펼쳐놓고 월스트리트 거래실의 분위기를 만들어냈다.

> **어셈블리 라인(assembly line)**
> 여러 부품을 모아 컨베이어 체계에서 제품으로 조립하여 가는 공정.

다음은 매입할 주택에 대한 기준을 정할 순서이다. 투자가 목적이니만큼 주택의 쾌적성 따위는 별로 중요하지 않았다. 비용을 최대한 절감할 수 있고 안정적인 임대료 수입을 낼 수 있는 주택이 필요했다. 수영장이 딸린 집은 실제 거주용 주택을 원하는 사람들에게는 최상의 조건이다. 그러나 부동산 투기꾼 부대의 눈에는 치명적인 약점으로 보였다. 수영장 유지 비용이 만만치 않기 때문이었다. 수영장을 유지한답시고 임대료를 높여봤자 유지 비용으로는 부족한 데다 임대가 더 어려워질 수도 있었다. 최종적으로 치안 상태와 학군이 좋고 교통이 편리하면서도 백화점과 가까운 조건을 만족시키는 주택을 주요 타깃으로 삼았다.

부동산 투기꾼 부대는 이 기준에 따라 매입할 주택을 결정한 다음 철저한 분업 하에 각자 맡은 일을 빠르게 추진했다. 실정 조사팀은 직접 현장에 가서 주택을 보고 주택 소유자들과 면담한 후 리모델링 비용을 계산했다. 주택 평가팀은 각종 세금과 비용을 계산하고 부동산 소유권의 하자 유무를 확인했다. 이를테면 주택 소유자가 주택을 담보로 제2, 제3의 채권자로부터 돈을 빌렸는지 여부를 조사하는 것이다. 주택 소유권이 다른 채권자에게 담보로 설정된 경우에는 해당 집을 매입한 뒤 채무를 청산해야 하기 때문이다. 주택을 매입해 소유권 명의까지 변경한 다음에는 유지 보수팀이 현지 업자들을 찾아 최단시간 내에 페인트칠, 커튼 교환, 카펫 청소, 잔디 정리, 주방 리모델링 등 필요한 부분을 손보도록 했다. 마지막으로는 마케팅팀이 출동한다. 다양한 경로를 통해 임대 광고를 내고 임차인을 만나 신상을 조사한 뒤 계약을 체결했다.

2012년 중반부터 2013년 초까지 월스트리트 부동산 투기꾼 부대는 리버사이드 카운티의 압류주택 중 52%를 석권하는 기염을 토했다. 이 주택들은 심지어 매각 광고도 안 나간 상태에서 이들에게 팔렸다. 월스트리트 자금이 기세도 대단하게 압류주택 매입에 나섰다는 소문이 퍼지면서 현지 투자자들 사이에서는 공포 심리가 확산되기 시작했다. 처음에는 집값이 계속 내려갈까 봐 매입을 망설이던 투자자들이 이때부터는 조금만 늦어도 집을 '빼앗지' 못할 것을 걱정했다. 현지 신문에서 주택을 구매하기 위해 연속 200회 경매에 참여했으나 한 번도 성공하지 못했다는 보도가 나가자 더 많은 잠재 구매자들이 공포와 절망에 빠졌다. 이들은 매물이 나오는 곳마다 돌아다니면서 입찰서를 넣었다. 맹렬한 기세로 들이닥친 이런 '집 사재기 붐'으로 인해 리버사이드 카운티의 부동산 가격은 18~25% 상승했다.

월스트리트 부동산 투기꾼 부대는 캘리포니아 남부의 오렌지카운티에서도 2012년 부동산 총판매량의 22%를 점유했다. 2011년에 매물로 내놓은 주택은 총 1만 600채였으나 2013년 초까지 다 팔리고 3,300채밖에 남지 않았다. 치열한 집 빼앗기 싸움으로 인해 이 지역 부동산 가격은 10% 상승했다. 오렌지 카운티의 압류주택 경매시장에서 기관투자자가 차지하는 비중은 2008년에 10% 미만이었다가 2012년에는 월스트리트 부동산 투기꾼 부대를 중심으로 거의 50%로 상승했다.

리버사이드 카운티를 비롯한 캘리포니아 남부의 집값이 폭등한 이유는 경제 회복에 힘입어서가 아니라 월스트리트 부동산 투기꾼 부대가 시장에 조성한 메기 효과 탓이었다. 이 무렵 캘리포니아 남부의 경제 상황은 사람들의 우려를 자아낼 만큼 대단히 나빴다.

인구 6만 5,000명 이상인 도시를 대상으로 한 조사 결과에 따르면, 2011년 이후부터 캘리포니아 남부 다수 도시의 실업률은 약간 하락했으나 여전히 15% 수준을 상회했다. 이는 2008년 이전 실업률의 2배에 가까운 수치였다. 2011년과 2012년에 일자리 수가 다소 증가하기는 했지만 낮은 임금의 일자리나 겸직 아르바이트가 많았다. 캘리포니아 남부의 경제는 2009년에 침체기를 벗어났다. 그럼에도 불구하고 대다수 도시는 2012년에 더 가난해졌다. 캘리포니아주의 빈곤율은 2008년부터 2012년까지 무려 3.6%P 상승했다. 로스앤젤레스 카운티의 빈곤율은 2008년의 15.5%에서 2012년에 19.1%로 상승했다. 가구당 연평균 소득도 2008년의 5만 9,196달러에서 2012년에는 5만 3,001달러로 줄어들었다.

미국 서남부의 피닉스, 라스베이거스와 캘리포니아 남부는 2008년 서브프라임 모기지 사태의 발원지이다. 그런데 2012년 3월부터는 월스트리트 부동산 투기꾼 부대가 가장 선호하는 '투자의 성지(聖地)'로 탈바꿈했다. 월스트리트 부동산 투기꾼 부대는 위 3개 지역의 부동산시장에서 각각 38.6%, 48.5%, 27.3%의 점유율을 차지했다. 이 가운데 라스베이거스의 부동산시장이 한때 큰 호황을 누렸다. 2012년 10월에는 50.2%의 구매자가 집을 보지도 않은 상태에서 구매 대금을 치르는 기상천외한 상황이 벌어지기도 했다. 또 현금 일시 결제 비중은 무려 52.5%에 달했다.

저장(浙江)성 원저우(溫州)의 부동산 투기꾼 부대가 한때 중국의 각 도시를 휩쓸면서 부동산 가격을 뒤흔든 적이 있었다. 월스트리트 부동산 투기꾼도 이와 마찬가지로 2012년 초부터 미국 동서 해안과 중부 지역을 휩쓸며 부동산 가격의 대폭 상승을 이끌었다. 이들이 가는 곳마다 압류주택 재고는 크게 감소했다. 소문이 퍼지면서 세계 각지의 핫머니까지 대량 유입되자 부동산 쟁탈전은 더욱 치열해지고 부동산 가격은 폭등했다.

금융자본을 이용해 부동산시장의 반등을 이끌어내려던 미국의 목적은 즉시 효과를 나타냈다.

미국 최대 지주, 블랙스톤

월스트리트 부동산 투기꾼 부대의 제1인자는 단연 블랙스톤 그룹이다.

대다수 PE펀드, 헤지펀드 및 자산관리회사의 부동산 투기 목적은 헐값에 대량으로 매입한 주택들을 한동안 임대로 내놓았다가 가격이 오르면 되팔아 현금화하는 것이다. 그러나 블랙스톤의 야심은 이들보다 훨씬 더 컸다. 그들은 미국 국내는 말할 것도 없고 세계 각지의 임대주택시장을 하나로 통합한 후 산업화 방식으로 표준화된 임대주택 상품을 공급함으로써 최종적으로 거대한 '인비테이션 홈스'를 건설하는 원대한 포부를 가졌다. 이 때문에 블랙스톤은 부동산 가격이 상승한다고 보유 주택 한두 채씩 파는 일을 하지 않았다.

2012년 2월, FHFA는 '부동산시장 역습 총동원령'을 내렸다. 얼마 안 지난 4월 블랙스톤 그룹은 인비테이션 홈스를 설립하고 부동산 역사상 유례없는 인수합병 행동을 개시했다.

블랙스톤은 한때 부동산 업종에 종사한 적이 있었다. 그러나 분산된 대규모 임대주택을 직접 관리해본 경험은 없었다. 블랙스톤은 1차 정보 수집을 위해 처음부터 모든 업무를 회사 내부에서 수행했다. 정규 직원이 수천 명에 달하는 인비테이션 홈스는 펀드 산하 회사 치고는 규모가 엄청났고, 5,000여 개의 아웃소싱 서비스업체까지 확보했다. 인비테이션 홈스는 타깃 시장에 진출할 때마다 현지의 시장 분석 전문가를 고용해 인수합병팀을 조직하고 구체적인 매입 업무를 책임지도록 했다. 또 현지 시공팀을 전문 감독하는 유지 보수팀, 일상적인 운영을 책임지는 부동산 관리팀, 현지 중개업자와 호흡을 맞춰 세입자를 유치하는 주택 임대팀까지 완벽하게 체계적인 시스템을 갖췄다.

인비테이션 홈스는 주로 은행의 압류주택이나 일반 투자자들이 현금을 얻기 위해 급하게 내놓은 후분양 주택을 매입했다. 가끔 다른 회사로부터 재판매 주택들을 낮은 가격에 대량 구매하는 경우도 있었다. 구매한 집을 수리, 리모델링하는 비용은 집 가격의 약 10%, 기간은 2~3주가 소요됐다. 인비테이션 홈스가 가장 선호하는 주택 구조는 침실 3개, 욕실 2개, 차고 2개에 잔디가 딸린 주택이었다. 이런 주택이 매입 확률이 가장 높은 세입자의 구미에 딱 들어맞았기 때문이다. 일반 아파트의 경우 평균 1년 반에 한 번씩 세입자가 바뀌는 데 반해, 위와 같은 구조의 단독주택 세입자는 평균 4년 반이나 집을 옮기지 않았다. 이들은 직업이 안정적인 데다 임대로 얻은 집을 자신의 집처럼 잘 관리했다. 또 이웃과 지역사회의 시선을 많이 의식하기 때문에 세입자 중에서도 '양반'으로 불릴 만한 사람들이었다.

인비테이션 홈스의 임대주택은 같은 단지 내에서도 확실하게 시선을 끌었다. 외벽을 새로 칠해 마치 새 건물처럼 보였고, 잔디도 가지런하고 푸르게 잘 다듬었다. 주택 내부 역시 중앙 침실에 일반 사이즈보다 한 치수 더 큰 욕조를 설치하고, 주방 상판도 대리석으로 새로 교체했다. 카펫과 벽면 색깔은 옅은 갈색으로 통일했다. 블랙스톤이 정한 기준에 따라 리모델링한 주택의 월 임대료는 약 1,750달러로 인비테이션 홈스가 보유한 모든 단독 주택 중에서 80%가 넘는 임대율과 평균 6%의 높은 수익률을 자랑했다.

새로 등장한 인비테이션 홈스의 양질의 임대주택은 미국 전역에서 '집 빼앗기' 붐을 일으켰다.

2012년 7월, 인비테이션 홈스는 3억 달러를 투자해 단독주택 2,000채를 확보했다고 발표했다. 이 주택들은 미국에서 부동산 피해가 가장 컸던 5대 지역에 집중됐다.

같은 해 9월, 인비테이션 홈스는 10억 달러라는 거금을 들고 플로리다주의 탬파베이에 상륙했다. 이들은 현지 부동산 중개업자를 대량 고용해 10만~17만 5,000달러 가격대의 주택을 목표로 대규모 매입 행동을 개시했다. 인비테이션 홈스의 '용병'들은 떼를 지어 탬파베이의 구석구석까지 샅샅이 훑었다. 거리에는 '현금 결제, 평가 불필요', '즉시 결제', '빠른 거래' 등의 자극적인 글귀가 적힌 전단지들이 쫙 뿌려졌다. 인비테이션 홈스는 매달 수백 채씩 무서운 속도로 압류주택을 매입했다. 이곳에서의 목표는 3년 이내에 단독주택 1만 5,000채를 확보하는 것이었다.

플로리다주의 부동산 가격은 2006년 최고가 대비 45%나 하락해 은행에 집을 압류당한 사람들은 도리 없이 임대주택을 찾아야 했다. 이에 플로리다주 임대주택시장 규모는 1,000억 달러로 빠르게 성장했다. 집값이 싸고 임대료가 높다는 특징 때문에 플로리다는 임대주택시장의 '미개발 옥토'로 부상했다. 세입자들은 대부분 기존 주택 소유자였기 때문에 집을

알뜰히 관리하고 공동체 의식도 강해 말썽을 부리지 않았다. 투자자들은 이런 세입자를 가장 선호한다. '인비테이션 홈스'가 플로리다주를 중점 타깃으로 삼은 것은 상당히 높은 안목에 기반한 투자 전략이었다.

10월, 블랙스톤은 매주 1억 달러를 투입해 미국의 압류주택시장을 휩쓸고 있다고 발표했다.

11월에는 도박의 도시 라스베이거스를 전전하다가 먼저 자리 잡은 월스트리트 부동산 투기꾼 부대와 함께 80억 달러라는 거금으로 압류주택 쟁탈전에 참가했다.

2013년 4월, 블랙스톤은 거금을 들여 다른 기관으로부터 애틀랜타주의 압류주택 1,400채를 한꺼번에 사들였다. 이는 단일 거래로는 압류-임대 모델 중 최고 기록을 세웠다.

블랙스톤은 2013년 9월까지 총 55억 달러를 투입해 미국의 12개 주요 부동산시장을 석권하며 단독주택 3만 2,000채를 확보했다.

블랙스톤은 임대용 주택 매입 외에도 인비테이션 홈스의 상품 사슬을 보완하기 위해 많은 노력을 기울였다. 이 가운데 아파트 임대업은 인비테이션 홈스의 없어서는 안 될 필수 사업이었다. 〈월스트리트 저널〉은 8월 13일 '블랙스톤, GE캐피털의 아파트 자산 인수'라는 제목으로 미국 사모 펀드 블랙스톤이 금융위기 발생 후 아파트 임대시장에 베팅했다는 내용의 보도를 전했다. 블랙스톤은 제너럴일렉트릭(GE)의 금융 계열사 GE캐피털이 보유하고 있던 아파트 단지 80개를 눈여겨보고 있다가 27억 달러를 투입해 지분 대부분을 매입하기로 결정했다. GE캐피털은 애틀랜타, 텍사스 및 미국 동남 지역의 여러 주에 걸쳐 총 3만 개의 아파트 단지를 보유하고 있었다. 블랙스톤은 구매 대금 27억 달러 중 10억 달러는 자기자본, 나머지 17억 달러는 자본시장에서 조달하기로 했다. 한동안 논쟁을 불러일으켰던 이 거래는 부동산 역사상 최대 규모라고 할 만했다. 블랙스톤은 금융위기 발생 후 내 집을 살 돈도 의욕도 없는 인구가 대폭 증가했지만 이들에게도 주거 공간은 꼭 필요했기 때문에 최선의 선택이 바로 아파트 임대라는 점을 노렸다. 아파트 임대료의 상승과 공실률 하락은 한마디로 아파트 임대시장이 미국 부동산시장의 가장 핫한 분야가 됐다는 사실을 의미했다.[3]

신용평가기관 무디스의 통계에 따르면, 임대아파트 시장 규모는 2009년에 최저점을 찍은 후 무려 59% 상승했다. 이에 반해 전체 부동산시장 규모 상승폭은 35%에 불과했다. 아파트 임대료 상승폭은 2010년에 2.3%, 2011년에 2.4%, 2012년에 무려 3.8%에 달했다. 아울러 아파트 공실률은 2009년의 8%에서 2013년에 4.3%로 하락, 12년 만에 최저치를 기록했다.

단독주택 3만 2,000채와 아파트 3만 채를 보유한 인비테이션 홈스는 '미국 최대 지주'라고 해도 과언이 아니었다.

블랙스톤 외에 월스트리트 부동산 투기꾼 부대도 부동산 쟁탈전에서 적지 않은 성과를 거두었다. 2013년 9월까지의 통계 결과를 보자.

'America Home 4 Rent': 단독주택 1만 9,000채 확보.

'Colony American Homes': 1만 4,000채 확보.

'Silver Bay Realty Trust': 5,370채 확보.

'Waypoint Homes': 4,620채 확보.

......

이밖에 무수히 많은 중소 금융기업, 해외 핫머니, 개인 투자자 심지어 국부펀드까지 거품화된 부동산시장에서 한몫 단단히 챙기려고 월스트리트 부동산 투기꾼 부대의 '전차'에 뛰어올랐다.

2013년 8월, 미국 주택 판매량은 560만 채에 달했다. 이 중 현금 결제 비율은 45%로 2012년 8월의 30%를 훨씬 초과했다. 정상적인 상황에서 부동산시장의 현금 결제 비율은 10~20% 정도였다. 총인구가 100만 명 이상인 대도시 중 현금 결제 비율이 높은 도시로는 마이애미 69%, 디트로이트 68%, 라스베이거스 66%, 플로리다주의 잭슨빌(Jacksonville) 65% 및 탬파베이 64% 순이었다.

두말할 필요도 없이 월스트리트 부동산 투기꾼 부대는 미국 부동산 가격의 상승을 이끄는 주요 원동력이 됐다.

월스트리트 부동산 투기꾼 부대의 희생양은 누구?

미국 부동산시장의 거품 형성 과정은 주식시장과 비슷하다. 양자 모두 경제 기초의 여건 개선에 힘입어서가 아니라 대대적인 자금 투입에 의해 형성됐다. 주식시장에서는 대기업의 2조 달러 규모의 자사주 매입 행위가 새로운 거품을 조장했고, 부동산시장에서는 월스트리트 부동산 투기꾼 부대가 거품 2.0을 만들어낸 장본인이었다.

월스트리트 부동산 투기꾼 부대는 고작 수백억 달러의 자금으로 단시간 내에 23조 달러 규모의 부동산시장을 움직여 큰 효과를 거뒀다. 이는 미국 부동산 역사상 유례가 없는 사건이었다.

2012년 초까지도 뉴욕연방준비은행 CEO는 부동산시장 때문에 깊은 수심에 잠겨 있었다. 당시 거의 모든 사람들은 1989년부터 약 8~9년 동안 장기 침체를 겪었던 상황이 재연될 것이라고 우려했다. 2008년의 금융위기가 1990년의 경제위기보다 더 심각했던 사실을 감안하면 이번 부동산 불경기는 심지어 10년 이상 지속될 것이라는 비관적인 전망도 나왔다. 경제 주기를 살펴보면 정상적인 상황에서는 예측대로 흘러갈 가능성이 높다. 그러나 비정상적인 요소가 너무 많은 상황, 특히 유례없이 비정상적인 화폐정책이 실시되는 상황에서는 어떤 일이 벌어질지 아무도 몰랐다. 사람들은 양적완화 정책에 힘입어 이번 부동산 위기 강도가 약해지고 위기 발발 주기가 단축되기를 간절히 기대했다.

주택 현금 구매 비중의 기형적인 상승은 부동산시장이 극도로 비정상적인 상태임을 말해준다. 골드만삭스는 주택 현금 구매 비중이 금융위기 발생 전보다 3배 상승한 60%에 달한 것으로 추산했다. 이 데이터가 정확하다면 부동산시장의 대다수 참여자가 투기꾼이라는 등식이 성립한다. 중산층이 현금으로 주택을 구매하는 경우는 극히 드물기 때문이다. 부동산시장의 주요 원동력이 투자 자금이고 투기가 주요 수익 모델이라면, 이는 전형적인 거품시장이라고 봐야 한다.

이는 자가 거주 주택 소유자들을 배제한 시장으로, 이들은 이 시장에 참여하고 싶지 않은 것이 아니라 월스트리트 부동산 투기꾼 부대에게 참여 기회를 박탈당한 것이다.

2013년 2월 16일자 〈LA 타임스〉는 일반 구매자들이 어떻게 부동산시장에서 밀려났는지 생생한 사례를 곁들여 소개했다. 주인공은 28세의 남성으로 안정적인 직업을 가지고 있고, 은행의 대출 조건에도 완벽하게 부합했다. 게다가 은행으로부터 주택 담보대출 허가까지 받은 상태였다. 그는 2012년 8월부터 캘리포니아 남부의 리버사이드 카운티에서 집을 사기 위해 200회나 경매에 참가했다. 그러나 한 번도 성공하지 못했다.[4] 리버사이드 카운티의 집값이 폭락한 후 원래 고가의 주택들이 상대적으로 많이 저렴해졌다. 수많은 잠재 부동산 구매자들은 이 기회에 내 집 마련의 꿈을 이루게 되었다고 잔뜩 기대에 들떠 있었다. 그러나 곧 참담한 현실과 마주했다. 집값은 내려갔지만 그들에게 돌아올 집은 없었던 것이다.

월스트리트 부동산 투기꾼 부대는 압류주택시장에서 뒷거래를 통해 과반수의 주택을 확보했다. 일반적인 경우 현금 구매자는 제시 가격이 높고 일시불로 결제하기 때문에 주택 판매자는 당연히 이들을 선호한다. 게다가 은행의 대출 심사로 인한 불필요한 시간 낭비와 리스크까지 줄일 수있다. 이렇게 되니 진짜로 집이 필요한 사람들은 시장 밖으로 밀려나고 단기 차익을 노린 투기꾼이 활개를 쳤다. 이와 관련해 캘리포니아 책임대출센터의 폴 레오나르도 센터장은 "규칙과 본분을 준수한 사람은 내 집 마련을 위해 노력할 기회마저 잃었다"고 탄식했다.[5]

일반 구매자가 리버사이드 카운티에서 집을 사려면 적어도 20~30번 경매에 참가해야 그나마 성공 가능성이 생기고, 가격은 예상했던 것보다 훨씬 높아 다른 소비와 지출을 줄여야 하는 결과를 초

아메리칸 드림의 새로운 정의: 부모 집 지하실에서 나와 블랙스톤의 인비테이션 홈스에 들어가는 것

래했다. 게다가 이런 행운을 가진 사람은 소수에 불과했다. 대다수 사람들은 집값이 감당 못할 정도로 치솟는 것을 무기력하게 지켜볼 수밖에 없었다. 내 집 마련의 꿈을 포기한 사람들에게 남은 것은 임대주택을 찾는 것이다. 실의에 빠진 사람들의 눈에 가장 먼저 띈 것은 월스트리트 부동산 투기꾼 부대의 주택 임대 광고였다.

이것은 비단 캘리포니아 남부 일대에서만 벌어진 현상이 아니었다. 미국 전역에서 이와 비슷한 상황이 매일 연출됐다.

누군가 젊은 층의 '아메리칸 드림'을 일컬어 "부모 집 지하실에서 나와 블랙스톤의 인비테이션 홈스로 이사 가는 것"이라고 해학적으로 정의한 바 있었다. 그다지 틀린 말은 아닌 듯하다.

부동산시장은 소생했는가 아니면 아직도 꿈속을 헤매는가

이 문제의 답을 알려면 먼저 미국 부동산시장의 전반적인 상황을 살펴볼 필요가 있다.

미국의 주택 보유량은 1억 3,300만 채이고, 주거 인구는 3억 1,000만 명이며, 2013년 주택시장의 가치는 23조 7,000억 달러에 달했다. 자가 주택 보유 가구 수는 7,890만 가구로, 이 가운데 4,840만 가구는 대출이 아직 남아 있는 상태이다.

이중 90일 이상 장기 연체된 주택담보대출은 약 330만 건을 헤아린다. 원래 은행 소유가 돼야 할 이 주택들이 압류 유예로 인해 방치되면서 2012년 미국 부동산시장에는 심각한 주택 공급 부족 현상이 나타났다. 이밖에 30~90일 연체된 주택대출 채무도 200만 건에 달했다. 압류주택의 '예비군'이라고 할 수 있다. 요컨대 4,840만 채의 주택 중 채무 불이행에 빠진 주택은 550만 채로, 디폴트 비율이 무려 11.4%에 달해 거의 질식할 수준에 이르렀다.

이뿐만이 아니다. 집을 팔더라도 대출금을 다 갚지 못하는 이른바 깡통주택도 580만 채나 된다. 일반적인 경우 깡통주택 소유자들은 집을 버리고 대출 상환을 아예 포기할 가능성이 크다. 따라서 깡통주택 역시 예비 압류주택이라고 할 수 있다. 디폴트에 빠진 주택과 깡통주택을 합하면 압류주택의 그림자재고 물량은 무려 1,110만 채가 넘는다.

월스트리트 부동산 투기꾼 부대가 2012년부터 2013년까지 미국 내 12개 주요 부동산시장을 휩쓸며 주택 구매에 열을 올렸지만 겨우 10만 채밖에 확보하지 못했다. 이는 그림자재고의 111분의 1 정도에 그치는 수준이다.

부동산 가격이 좀 더 큰 폭으로 상승해야만 '그림자재고' 증가 압력을 낮출 수 있다.

2012년 이후에 부동산 가격이 반등하면서 깡통주택이 압류주택으로 전락하는 속도가 다소 늦춰졌다. 또 은행의 의도적인 압류 유예로 인해 압류주택 규모가 감소하고, 심지어 압류주택 공급 부족 현상도 나타났다. 그러나 문제 자체는 해결되지 않았다.

압류주택은 독성 쓰레기 자산이다. 또 그림자재고는 언제 터질지 모르는 시한폭탄과 같다. 압류주택 자산을 대차대조표 상에서 잠시 은폐한 은행들은 하루하루가 가시방석이나 다름없다. 바젤Ⅲ의 도입으로 금리 상승세를 막기 어려워졌고, 환매채시장에 대한 규제도 강화되면서 언제 갑자기 유동성 고갈 사태가 터질지 모르기 때문이다. 압류주택을 계속 보유하고 있는 한 은행은 곤경에서 빠져나올 수 없다.

뱅크오브아메리카(BOA)는 향후 몇 년 안에 반드시 처분해야 할 압류주택 물량 규모가 엄청나다고 순순히 인정했다. 주택담보대출 전략가의 예측에 따르면, 향후 5년 안에 반드시 처분해야 할 압류주택 물량은 660만 채에 달한다. 이 물량은 2016년 이후부터 점차 줄어들어 정상 수준을 회복할 것으로 전망된다. 앞에서 언급한 550만 채의 디폴트 주택은 이미 압류가 결정된 상태나 다름없다. 나머지 580만 채의 깡통주택을 압류 위기에서 구제하려면 집값이 적어도 현 상태에서 30% 이상 상승해야 한다. 그렇다고 해도 약 60만 채의 깡통주택은 압류를 면하기 어렵다. 2013년에 실질 구매자 대부분이 집값 상승세를 이기지 못해 시장에서 퇴출됐다면, 집값이 30% 상승할 경우 부동산시장에서 투기꾼이 차지하는 비중은 아마 80%를 초과하게 될 것이다.

부동산시장이 정상일 때 은행의 주택 압류 물량은 매달 평균 2만 1,000채로 1년이면 약 25만 채 정도에 불과했다. 그런데 뱅크오브아메리카의 보수적인 계산에 따르더라도 은행이 2016년 이전까지 반드시 처분해야 할 압류주택 물량은 연간 132만 채에 달했다. 이는 정상 상태에서의 처분 물량의 5배를 넘는 수치였다.

Fed가 2016년 이전까지 기준 금리를 조절할 생각이 전혀 없는 것도 당연하다. 금리가 상승하면 자산 가격이 하락하고 유동성이 감소하면서 부동산 구매 비용이 증가하고 구매력은 떨어지게 된다. 게다가 은행이 채 처분하지 못한 압류주택 가격도 하락해 은행 자본금의 부족을 초래할 수 있다.

물론 이 모든 것은 Fed와 은행의 바람일 뿐이다. 금리 화산의 폭발 시간은 결코 그들의 시간표대로 움직여주지 않는다.

부동산시장은 부동산 투기꾼 부대가 이끄는 대로 한동안 꿈속을 헤맬 가능성이 농후하다. 그러나 투기를 통해서는 문제를 해결할 수 없다. 반드시 새로운 구매력 향상을 통해 부동산 가격을 지탱해야 한다. 그렇지 않으면 최악의 경우 부동산 투기꾼 부대도 부동산이 높은 가격대에서 묶여버리는 상황이 발생할 수 있다.

그렇다면 구매력 향상을 이끌 잠재 구매자는 누구일까? 바로 밀레니엄 세대라고 할 수 있다.

그러나 미국 젊은이들의 형편은 대단히 여의치 않다.

밀레니엄 세대의
새로운 트렌드로 떠오른 '캥거루족'

지난 30년 동안의 통계를 보면 미국에서 주택을 처음 구입한 구매자의 연령대는 30~32세였다. 따라서 향후 5~10년 사이에는 20~30세 젊은층의 경제력이 부동산 가격 추세를 결정한다고 해도 과언이 아니다.

그러나 안타깝게도 밀레니엄 세대의 요즘 대세는 부모의 경제력에 의

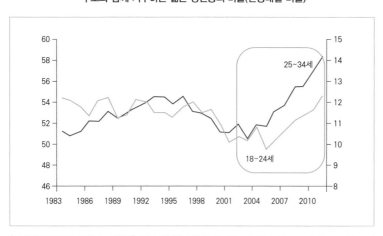

부모와 함께 거주하는 젊은 성인층의 비율(연령대별 비율)

| 미국에서 빠르게 증가하는 젊은 층 캥거루족 (출처: BofA Merrill Lynch Global Research, Census Bureau)

존해 생활하는 '캥거루족'이라는 사실이다.

아메리칸 드림의 전통적 의미는 '30세를 전후해 내 집을 마련하는 것'이었다. 그러나 금융위기가 이 꿈을 잔인하게 짓밟아버렸다. 꿈을 잃은 사람들의 현실적인 선택은 블랙스톤의 인비테이션 홈스에 들어가는 것이다. 문제는 이 임대 주택을 얻으려 해도 상당한 경제력이 필요했다. 미국에서는 경기 침체가 시작된 이래 부모에게 의존해 사는 젊은 층 캥거루족이 해마다 증가하고 있다. 금융위기 발생 후 5년 사이에 25~34세 사이의 '나이 든 청년' 중 캥거루족은 14.2%를 차지했다. 금융위기 발생 전에는 이 비중이 10.5%에 불과했다. 또 18~24세 사이의 '젊은 청년'의 캥거루족 비중은 무려 54.6%에 이르렀다.

젊은 세대가 새로 구할 수 있는 일자리는 대부분 마트의 캐셔, 맥도날드나 바의 웨이터, 호텔 종업원 등이 주를 이룬다. 연봉은 2만 5,000달러 전후에 불과한데, 여기에 세금까지 빼면 월급은 1,700달러 정도에 그친다. 게다가 의료보험이나 사회복지 혜택도 받지 못한다. 이 돈으로는 블랙스톤 인비테이션 홈스의 월 1,750~2000달러에 달하는 임대료를 부담하기 어려워 결국 부모에게 얹혀사는 수밖에 없다.

미국인은 어릴 때부터 자립심과 독립심을 키우도록 교육받으면서 자란다. 예전의 젊은이들은 부모에게 경제적으로 의존하는 경우가 매우 드물었다. 대학 졸업 후에도 부모에게 의존하는 사람은 동년배들 사이에서 놀림거리가 되곤 했다. 그러나 지금은 상황이 180도 변했다. 집을 나가면 비싼 임대료를 부담해야 하고, 금융위기가 발생한 지 5년이 지났지만 대졸 일자리 기근은 여전히 심각하며, 겨우 일자리를 구한다 해도 임금이 형편없다. 게다가 고액의 학자금 대출도 상환해야 한다.

금융위기에 경기 침체까지 겹쳤는데도 미국의 대학 등록금 상승세는 수그러들 기미가 보이지 않는다. 학부의 경우 졸업과 동시에 평균 4만 달러(부모 명의로 받은 학자금 대출 포함)의 채무를 떠안으며, 대학원생은 평균 5만 5,000달러에 이른다.

아직도 대학 졸업 후 창업을 꿈꾸는가? 미안하지만 그런 꿈은 일찌감치 접기 바란다. 지금은 빌 게이츠나 스티브 잡스가 공부하던 시대와 다르다. 그때는 공립대학 등록금뿐만 아니라, 사립대학 등록금도 지금과 비교조차 안 될 정도로 저렴했다. 여기에 연방정부와 각 지방정부로부터 다양한 명목의 장학금을 받을 수 있어서 학생들의 학자금 대출 상환 부담은 그다지 크지 않았다. 그러나 21세기에 들어서 과중한 채무 부담이 미국 젊은이들을 억누르자 창업 활동은 꿈도 꾸지 못했다. 2013년 8월 13일자 〈월스트리트 저널〉에는 "학생들의 기업가 정신을 억누르는 유일하면서도 가장 큰 걸림돌은 학자금 대출 압력"이라는 조사 결과가 실리기도 했다.[6]

미국의 학자금 대출 규모는 이미 1조 달러를 돌파했다. 신용카드 대출과 자동차 대출을 합친 액수보다 더 많고, 대출자 수도 4,000만 명을 넘어섰다. 이 가운데 절반 이상이 25세 정도의 젊은 층이다. 이들은 미국 주택 시장의 주요 잠재 구매층이기도 하다.

경기 침체가 지속되는 상황에서 학자금 대출을 제때 갚고 있는 사람은 과연 얼마나 될까? 안타깝게도 학자금 대출 디폴트 비율은 30년 이래 최고 수준을 기록하고 있다.

학자금 대출을 받은 4,000만 명의 학생 중 일부는 은행 대출을 받고, 나머지 대부분은 연방정부 대출을 받았다. 정부 대출을 받은 학생 수는 2,780만 명인데, 이 가운데 790만 명은 아직 재학 중이라 잠시 대출을 갚지 않아도 된다. 학자금 대출을 제때 갚고 있는 사람은 1,080만 명이며, 나머지 900만 명은 이미 디폴트에 빠졌거나(채무 연체 기간이 1년 이상) 혹은 채무 연장을 신청했다. 다른 말로 하면 제때에 대출 상환이 가능한 사람과 불가능한 사람 수가 거의 같다는 얘기가 된다. 현재 재학 중인 790만 명도 졸업 후에는 선배들과 마찬가지로 반수 이상이 대출 상환 압력에 시달릴 것이다.

은행 대출을 받은 학생들까지 합치면 미국의 학자금 대출 디폴트 비율은 그야말로 최악의 수준에 이르렀다. 30세 이하 학자금 대출자 중 90일 이상 장기 연체 비율은 무려 35%에 달했다. 4,000만 명에 이르는 주택 잠재 구매자 중에서 1,400만 명이 신용 불량으로 주택시장에서 밀려날 가능성이 큰 것이다. 학자금 대출 채무 불이행 기록은 향후 주택담보 대출 신청 시에 대단히 불리한 요인으로 작용하기 때문이다.

미국에서는 집을 살 때는 말할 것도 없고 월세 임대 대출을 신청하는 경우에도 신용 기록을 조회한다. 따라서 1,400만 명의 30세 이하 잠재 구매자들은 집을 사기 어려운 것은 물론이고 임대주택을 얻기도 쉽지 않다. 블랙스톤의 인비테이션 홈스에 들어가기란 언감생심이다. 가히 새로운 '아메리칸 드림'이라고 부를 만큼 이루기 힘든 꿈이다.

상황이 이렇다 보니 미국 젊은이들은 캥거루족이 될 수밖에 없다.

학자금 대출이 있는 25~30세 젊은이 중 2012년에 은행으로부터 주택담보 대출을 받은 사람은 겨우 4%에 지나지 않았다.

밀레니엄 세대의 주택 구매력이 이처럼 크게 하락하면서 신규 주택판매시장도 부진을 면치 못했다. 2013년 미국의 신규 주택 판매량은 40만 채에 불과했다. 부동산 버블 시대에 130만 채, 2000년을 전후해 90만 채였던 것에 비하면 대폭 줄어든 수치이다. 2000년 이후 10여 년 동안 미국 인구는 4,000만 명 넘게 증가했으나 신규 주택 판매량은 2000년의 절반에도 미치지 못했다.

미국 부동산시장의 미래를 전망해보면, 압류주택 공급량은 2016년 이전까지 660만 채 증가하고 공실률이 상승하면서 공급 부족 현상은 나타나기 어렵다. 여기에 신규 주택 착공 건수가 늘어나면 최종적으로 주택 공급량은 대폭 증가하게 된다. 하지만 수요 측면에서 보면 진짜로 집이 필요하고 대출 자격도 갖춘 구매자들은 대부분 월스트리트 부동산 투기꾼 부대에 의해 시장 밖으로 밀려날 것이다. 또 4,000만 명의 잠재 구매자 중 3분의 1은 이미 탈락해 결국 부동산 보유를 포기하는 사람은 더 늘어날 것이다.

이것이 향후 미국 부동산시장의 실제 수급 관계라고 보면 된다. 실제 수요가 부족한 상태에서 부동산 투기꾼 부대가 언제까지 부동산 가격 상승세를 뒷받침할 수 있을지는 의문이다.

곧 부동산시장을 불태울 금리 화산

2013년 7월 12일 금요일, 주택 담보대출 금리가 폭등했다. 일일 상승폭은 부동산 역사상 최고 기록을 경신했다. 전날까지 4.2%에 불과하던 30년 만기 모기지 고정금리는 금요일에 4.575%로 급등했다.

30년 만기 모기지 고정금리는 5월의 3.25%에서 7월에는 5% 수준으로 치달았다.

말할 것도 없이 이 모든 것은 벤 버냉키 때문이었다. 그가 5월에 QE 종료에 관한 암시를 내비치고 6월에 양적완화 축소 발언을 한 뒤, 글로벌 금융시장이 크게 요동쳤다. 신흥시장은 거의 붕괴 상태에 이르렀고, 월스트리트도 큰 충격을 받았으며, 중국에서는 '돈가뭄' 사태가 터졌다. 이는 부동산시장까지 영향을 미쳐 모기지 금리가 사상 최고 수준으로 폭등했다.

사실 Fed는 시장의 반응을 떠본 것에 불과했다. 실제로 채권 매입 규모는 추호도 줄어들지 않았다. 그러나 이번 일을 계기로 시장 심리가 돌변하면서 금융시장에는 재앙에 가까운 악영향을 끼쳤다.

모기지 금리가 상승하면 월부금 액수도 증가하기 마련이다. 금리가 지속적으로 폭등할 경우 주택 소유자들은 월부금 때문에 큰 난리를 겪을 수밖에 없다. 이렇게 되면 채무자들의 디폴트 가능성이 대폭 상승하는 것은 물론 부동산 가격도 감당하기 힘들 정도로 치솟는다. 부동산 관련 업무 경험에 비춰보면 모기지 금리가 1%P 상승할 때 부동산 가격 감당 능력(Affordability)은 10% 하락한다. 5월부터 7월 사이 금리 상승폭을 기준으로 계산해보면 부동산 가격 감당 능력은 17% 하락했다고 볼 수 있다.

일반 가계의 월부금 고정 지출이 매달 2,000달러라고 가정하자. 가계의 부동산 가격 감당 능력은 금리 상승에 따라 하락한다. 30년 만기 모기지 고정금리가 2.5%일 때 가계가 감당 가능한 부동산 가격은 50만 달러인데, 금리가 6.5%로 상승하면 이 가계가 감당 가능한 부동산 가격은 30만 달러로 하락한다.

30년 만기 모기지 금리가 5월의 3.25%에서 7월에 4.75%로 폭등했으니 구매자들이 감당 가능한 액수는 5만 달러 줄어들었다는 얘기가 된다.

금리 상승은 부동산 가격뿐만 아니라 재대출 계약에도 큰 영향을 미친다. 미국인들이 주택을 '현금인출기'로 사용 가능한 이유는 금리가 하락할 때마다 은행에 대출 조건 변경을 신청할 수 있기 때문이다. 대출 조건을 변경하면 한편으로는 이자를 낮출 수 있고, 다른 한편으로는 대출 잔금을 늘리는 방법으로 현금을 인출해 소비할 수 있다. Fed가 경제 활성화를 목적으로 온갖 수단과 방법을 동원해 부동산 가격을 끌어올리려는 이유 중 하나이기도 하다. 그러나 금리가 상승하면 재대출을 통해 돈을 더 빌릴 수 없고, 예금이 제한된 상태에서 사람들은 소비를 줄일 수밖에 없다.

금리 상승은 이미 피할 수 없는 추세이다. 2013년 하반기부터 미국의 대형 은행들은 모기지 부서에 대해 대대적인 감원을 실시했다. 7월, 뱅크

오브아메리카는 모기지론 대손금(貸損金) 업무를 담당하던 직원 2만 명을 감원했다고 발표했다. 8월, 미국 최대 투자은행 웰스파고(Wells Fargo) 역시 모기지 사업부 직원 2,300명을 감원했다. JP모건 체이스도 1만 5,000명 감원 계획을 밝혔는데, 이중 3,000명이 모기지 담당 직원이었다. 9월, 뱅크오브아메리카는 모기지 부서에서 추가로 2,100명을 더 감원한다고 밝혔다. 이밖에 시티뱅크도 2,200명을 감원했다.

신규 주택 판매가 부진함에 따라 처음 집을 사는 구매자를 대상으로 하는 대출 규모도 줄어들었다. 게다가 기존 주택 구매자들은 대부분 현금 결제가 가능한 투기꾼 부대로 모기지론 대출이 필요하지 않았다. 2011년과 2012년에 은행의 모기지 부서는 장사가 잘 돼 떼돈을 벌어들였다. 바로 Fed의 초저금리 정책에 힘입어 대대적인 재대출 붐이 형성됐기 때문이다. 2012년, 미국의 재대출 규모는 1조 2,500억 달러에 달했으나 2014년에는 3,880억 달러로 줄어들 것으로 예측된다.

금리 상승세가 가시화되고 신규 주택과 기존 주택 대출이 모두 증가할 기미를 보이지 않는 데다 재대출까지 한물갔으니, 은행들이 모기지 부서를 대상으로 대대적인 감원을 실시한 것도 충분히 이해가 된다.

금리 상승세를 미리 간파한 은행들에게 대대적인 감원은 사전 대비책에 불과했다.

금리 화산이 폭발할 경우 부동산시장의 전망은 매우 암담해진다.

금리 상승의 충격을 가장 크게 받는 것은 당연히 주택담보 대출이다. 30년 만기 모기지 고정금리는 금융위기 발생 전인 1990년대 말에 9%, 2007년에 7%였다. 2013년 5월에 3.25%인 금리가 정상 수준인 7~9%대로 회복되려면 과연 얼마나 큰 변화가 일어나야 하는가?

미국 중산층의 연 평균 가계소득은 약 5만 달러 정도이다. 여기에서 세금, 보험료 등 강제적 비용을 떼고 나면 가처분소득은 약 3만 5,000달러

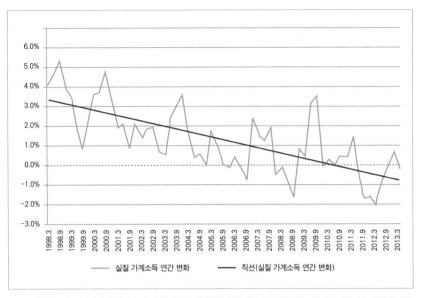

미국 실질 가계소득 연간 변화 추이

인플레이션 효과를 제거하면 미국의 가계 실질 소득 성장률은 하락세이다. 2013년에는 심지어 마이너스 성장이 나타났다. (출처: BLS, Zero Hedge)

로, 월 평균 2,900달러에 불과하다. 4인 가족을 기준으로 볼 때, 이 돈으로 각종 공과금과 생활비 및 통신요금을 지출하고 나면 남는 것은 절반도 안 된다. 할부금으로 사용 가능한 고정 지출은 1,200달러 정도라는 결론이 나온다. 이 가족은 대출 금리가 7~9%일 때 최대 16만~17만 달러의 주택 대출을 감당할 수 있었고, 감당 가능한 부동산 가격은 약 20만 달러였다. 그러나 2013년 8월 미국 신규 주택의 중간 가격은 25만 7,000달러, 기존 주택의 중간 가격은 23만 7,000달러였다. 부동산 가격이 소득 수준에 비해 약 3만~5만 달러 고평가된 것이다. 고평가된 부분은 QE 정책의 결과물로 만약 QE를 종료하면 이 부분만큼 부동산 가격이 하락한다.

금리 화산은 부동산의 실질적인 가격 상승 필요성을 크게 압박할 가능성이 높다.

만약 부동산시장의 구매자 중 60% 이상이 현금으로 결제한다면, 특히 이들이 막강한 재력을 가진 월스트리트 부동산 투기꾼 부대라도 금리 화산의 영향을 받을까?

물론 그렇다.

블랙스톤의 인비테이션 홈스를 비롯한 압류-수익 모델에는 치명적인 결함이 있기 때문이다.

인비테이션 홈스의 치명적인 함정

상식적으로 봤을 때 주택 자가 보유율의 하락은 임대주택이 필요한 사람의 수가 더 늘어났음을 의미한다. 2013년 미국의 자가 보유율은 1980년 수준으로 하락했다. 이는 인비테이션 홈스에게 기쁜 소식이 아닐까? 그러나 문제는 그렇게 간단하지 않다.

인비테이션 홈스의 수익 모델은 표면상으로는 완전무결해 보이지만 내부에 치명적인 결함을 가지고 있다.

경제 여건이 어려운 사람들은 싫든 좋든 임대주택을 선택해야만 한다. 주택 대출을 제때에 갚지 못해 원래 살던 집에서 쫓겨난 사람, 학자금 대출을 비롯해 과중한 부채 때문에 허리가 휘는 새내기 부부 등이 여기에 해당한다. 세입자 대부분이 중산층이라는 가정 아래, 월부금을 갚을 능력이 없는 사람들은 주택 임대료도 감당하기 어렵다고 봐도 무방하다. 따라서 임대주택의 증가 공간은 크지 않다.

월스트리트 부동산 투기꾼 부대의 진두지휘로 저렴한 임대주택 자원은 이미 이들이 나눠 가진 지 오래이다. 그런데 부동산 가격이 급격히 상승하면서 부동산 투기꾼 부대의 투자 수익률은 꾸준히 하락하고 있다. 이들의 임대료 수익률은 2012년 초의 14~27%에서 2013년 하반기에 3~4%로 급락했다. 더불어 평균 임대율도 50%에 불과해 예상에 못 미쳤다. 그나마 블랙스톤의 형편이 가장 나았다. 막대한 자금으로 일찍 손을 써서 낮은 가격대의 물량을 대거 확보한 덕분에 임대율이 80%를 넘었다. 다만 단독주택 임대 수익률은 6%에 불과했다. 어쨌든 다른 부동산 투기꾼 부대는 블랙스톤의 상대가 되기 어려웠다.

미국 전역에 흩어져 있는 주택 수만 채를 관리하기란 결코 쉬운 일이 아니다. 부동산 관리는 전형적인 노동집약형 산업이라 고객을 상대로 하는 호텔 체인점 관리와 차원이 다르다. 인비테이션 홈스의 모든 주택은 개개의 미니 호텔과 같아 일상적인 운영, 관리 및 유지 보수 비용 지출을 대폭 절감하기 어려웠다.

이에 인비테이션 홈스는 맞춤형 상품을 대량 공급함으로써 지리적 위치, 기후 조건, 생활습관, 민족과 풍습이 각기 다른 고객의 수요를 만족시키려고 노력했다. 그러나 천차만별인 개인의 취향까지 주도면밀하게 고려하기란 어려웠다. 거주자는 맥도날드나 호텔에서 소비하는 고객처럼 한 끼 먹거나 하룻밤 묵고 떠나버리는 사람이 아니다. 어떤 집에 머물러 산다는 것은 장기적이고 개성화된 과정으로 거주자 개개인의 기분과 느낌이 가장 중요하다.

미국에서는 1990년대에 부동산 전자상거래로 중개업을 대체하려는 움직임이 있었다. 부동산 전자상거래는 이론적으로는 매우 합리적이나 현실성이 부족하다. 사람들은 집을 고를 때 직접 집을 찾아가 주방 상판을 만져보고 욕실 수도꼭지를 틀어본다. 또 부드러운 카펫을 밟아보고 베란다에서 상쾌한 공기를 들이마시는 등 온갖 감각기관을 동원해 집이 마음에 드는지 여부를 결정한다.

모든 대량생산 제품에는 한 가지 단점이 있다. 사람들이 이 제품에 대해 특별한 감정, 다시 말해 애착심을 가질 수 없고, 또 가질 필요도 없다는 점이다. 특히 주택은 사람들이 특별한 감정을 가지지 않아도 되는 상품이 아니다.

위에서 설명한 것은 단순히 경영 모델에 존재하는 결함일 뿐이다. 더 치명적인 위험은 사실 자금 조달 모델에 잠재해 있다.

블랙스톤과 월스트리트 부동산 투기꾼 부대가 이미 확보한 주택들은 대부분 현금으로 구매했기 때문에 금리 상승의 직접적인 위협을 받지 않는다. 그러나 6%대의 낮은 수익률로는 장래성 있는 비즈니스 모델을 지탱하기 어렵다. 특히 비즈니스 모델 형성 초기에는 더욱 그렇다. 월스트리트 부동산 투기꾼 부대가 인비테이션 홈스의 꿈을 온전하게 이루려면 임대주택 규모를 끊임없이 확대해야 한다. 이런 규모의 효과를 통해 비용을 절감하고, 인원 증가에 따라 늘어나는 지출을 충당해야 한다. 하지만 끊임없이 상승하는 주택 매입 원가와 세입자의 제한된 지불 능력은 인비테이션 홈스의 확장에 걸림돌이 되고, 또 융자 비용 상승 리스크까지 감내해야 하는 부담이 있다.

월스트리트 부동산 투기꾼 부대의 자금원은 자본시장과 대형 은행들이다. 그중에서도 도이체방크는 인비테이션 홈스 모델의 최대 자금 공급자이다. 금리 화산이 폭발할 경우 RP 시장, 금리 스와프 시장, 채권시장과 주식시장은 모두 치명적인 재난을 입어 자본시장 유동성은 고갈 위기에 빠질 가능성이 농후하다. 그때가 되면 대형 은행들은 제 몸도 보존하기 어려워지고, 헤지펀드도 큰 손실을 입고 땅을 칠 것이다. 이런 상황에서 인비테이션 홈스의 '영토'를 넓혀줄 자금이 어디에 있겠는가?

더 위험한 상황은 부동산 투기꾼 부대 내부의 자금 사슬이 끊어져 많은 금융기관들이 현금화를 위해 도리 없이 보유 주택들을 대거 매각하는 것이다. 이때가 되면 주택 소유자 사이에 '월부금 악몽'으로 인한 대규모 디폴트 사태가 터지고, 개미 투기꾼 부대는 놀라서 뿔뿔이 흩어질 가능성이 있다. 이런 판국에 누가 수만 채에 달하는 주택을 매입하겠는가?

인비테이션 홈스는 다음 번 금리 위기가 발생하기도 전에 규모의 효과를 미처 달성하지 못한 채 요절할 가능성이 크다.

대탈주 노선도

부동산 투기꾼 부대는 압류주택시장에서 유리한 위치를 선점하기 위해 거금을 아끼지 않았다. 부동산 가격이 급격하게 상승함에 따라 투기꾼 부대의 초기 투자 비용은 대폭 증가했으나 임대율은 그만저만한 수준을 유지해 불길한 징조가 점점 가시화되기 시작했다. 2013년 5월의 금리 폭등은 부동산 투기꾼 부대의 큰손들을 깜짝 놀라게 만들었다. 융자 비용은 대폭 상승하고 집 빼앗기 경쟁도 갈수록 치열해지는데, 공실률은 떨어질 기미를 보이지 않고 임대료 수입도 증가할 여지가 없어 보였다. 인비테이션 홈스는 꿈을 포기하자니 아깝고 계속하자니 앞날이 보이지 않는 진퇴양난에 빠졌다.

이쯤 되자 월스트리트 부동산 투기꾼 부대는 철수를 고려하지 않을 수 없었다.

가장 먼저 압류-임대 모델을 시도했던 헤지펀드 운용사인 캐링턴 홀딩스(Carrington Holdings)는 심상치 않은 기운을 느끼고 2013년 5월 말부터 압류주택시장에서 철수하기 시작했다. 이 회사 CEO는 "우리가 지속적인 투자를 결심할 만큼 수익률이 높지 않다"고 솔직하게 털어놓았다. 그는 여전히 이 시장에 뛰어드는 투기꾼 부대의 자금을 '눈먼 돈'이라고 칭했다.

그러나 부동산 투기꾼 부대가 시장에서 온전하게 철수하기란 말처럼 쉬운 일이 아니었다. 가장 우둔한 방법은 직접적인 매각을 통해 보유 주택들을 처분하는 것이었다.

헤지펀드와 사모펀드는 처음부터 부동산을 장기 보유할 계획도 없었고, 흥미를 가지지도 않았다. 이들의 목적은 그저 낮은 가격에 사서 높은 가격에 팔아 차익을 얻는 것뿐이었다. 특히 단기 매매를 더욱 선호했다. 그러나 주택 수만 채를 직접 매각하기란 거의 불가능했다. 부동산시장에는 이렇게 많은 매도 물량을 소화할 만한 구매자가 없었기 때문이다.

게다가 부동산을 직접 처분하려면 거래 비용이 기하급수적으로 늘어난다. 팔기 전에 수만 채의 주택을 새로 리모델링하고, 전국 각지의 매스컴과 인터넷에 광고를 내야 하며, 구매자를 담당할 직원을 대거 고용해야 한다. 사겠다는 사람이 나서면 일일이 가계 신용 기록, 직업 상황, 범죄 기록, 은행 거래 기록을 조사해 대출 가능 여부와 대출 금리를 확정해야 한다. 이 과정에서 은행과의 협력은 필수 사항이다. 이어 수만 건의 주택 매매계약서를 체결하고, 현지 지방정부를 찾아가 등기, 명의 변경, 납세 등의 절차를 밟아야 한다. 이 모든 과정을 진행하려면 엄청난 인력과 업무량을 필요로 한다. 따라서 부동산 투기꾼 부대가 시장에서 그나마 온전하게 철수할 수 있는 방법은 어마어마한 매도 물량을 금융시장에 떠넘기는 것이다.

가장 이상적인 철수 방법은 리츠 회사를 증권거래소에 상장시키는 것이다. 이렇게 하면 주식시장에서 자금을 조달해 리스크를 회피할 수 있고, 인비테이션 홈스 게임을 계속 즐기는 것도 가능했다. 한마디로 주식 투자자들의 돈으로 도박을 해서 이기면 자기 주머니에 넣고 지면 투자자에게 손실을 전가하는 방식이었다. 큰손 투자자들은 굿이나 보고 떡이나 먹으면 되니 손해 볼 것이 없었다.

가장 먼저 리츠 상장 방식을 도입한 곳은 실버베이(Silver Bay) 부동산투자신탁회사였다. 이 회사는 2012년 12월에 증권거래소에 상장하고 공모사채를 발행했다. 보유 자산은 임대주택 2,548채, 투입 자금은 총 3억 달러, 주택당 평균 매입가는 12만 달러, 평균 임대료는 1,126달러, 임대율은 46%였다. 이 가운데 2012년 6월 이전에 매입한 900채는 임대율이 91%에 달했다. 2012년 4분기 수입은 400만 달러, 연간 전체 운영비는 2,460만 달러로 2012년에는 순수 적자를 기록했다. 임대율이 포화 상태라고 가정할 때, 연 수입은 4,200만 달러에 달하기 때문에 2013년에는 흑자로 돌아설 것이라고 전망했다.

실버베이의 계획은 상장을 통해 2억 4,500만 달러의 자금을 조달하는 것으로, 35%의 지분으로 주택 매입 자금 3억 달러 중 82%를 회수하기로 결정했다. 공모가는 18.5달러로 정해 회사의 몸값은 즉시 4억 5,500만 달러로 불어났다. 이때는 원시 출자 자본의 82%에 해당하는 리스크가 사실상 투자자에게 전가되면서도 실버베이의 대주주 위치는 바뀌지 않았다. 회사 입장에서는 운 좋게 주가가 상승하면 최대 수혜자가 되는 것이고, 비즈니스 모델의 실패로 주가가 폭락하더라도 증시에서 몸을 빼면 되니 손해 볼 것이 없었다. 부동산시장에서 직접 구매자들을 대상으로 고전하는 일에 비하면 그야말로 누워서 떡 먹기나 다름없었다. 팔리지 않은 집은 주식 투자자들에게 기념으로 남겨주면 될 터였다.

리츠 상장 방식은 부동산 투기꾼 부대가 공격과 수비, 삼십육계 줄행랑을 자유자재로 구사할 수 있도록 해준 그야말로 신의 한 수였다.

그러나 금융위기를 겪으면서 경각심이 한껏 높아진 주식 투자자들은 호락호락 넘어가지 않았다. 실버베이의 상장은 기대했던 것만큼 큰 호응을 얻지 못했다. 주가는 상장 반년 만에 발행가 이하로 떨어진 뒤 다시 원기를 회복하지 못했다.

그러자 실버베이의 상장을 지켜보던 다른 부동산 투기꾼 부대도 움직이기 시작했다.

실버베이보다 더 많은 자산을 보유한 미국식민지부동산회사(Colony American Homes)는 2013년 5월에 상장 준비를 위한 본격적인 작업에 들어갔다. 이 회사는 4월 말까지 피닉스, 캘리포니아, 플로리다, 텍사스 등지에 총 9,931채의 압류주택을 보유하고 있었다. 조달하기로 계획한 자금은 2억 4,500만 달러였다. 미국식민지부동산회사가 기대 반 설렘 반으로 상장할 그날만을 기다리고 있을 때, 갑자기 벤 버냉키가 QE 종료에 관한 암시를 내비쳤다. 비보가 전해지자 월스트리트는 아수라장이 됐다. 금리가 곧 상승할 것이라는 공포감에 사로잡힌 투자자들은 부동산 투자에는 아예 눈길조차 주지 않았다. 실버베이를 비롯해 모든 부동산 관련주는 수직 폭락했다. 대세가 이미 기울어진 상황에서 미국식민지부동산회사로서는 도리 없이 상장을 연기한다고 선포했다.

부동산 투기꾼 부대 중에도 외곬을 고집하는 회사가 있었다. 바로 미국임대주택회사(American Homes 4 Rent)였다. 다른 투기꾼 부대는 상장 계획을 연기 혹은 취소했으나 이 회사는 한사코 6월에 상장하겠다고 고집을 부렸다. 이 회사는 미국식민지부동산회사보다도 규모가 더 컸다. 총 25억 달러를 투자해 1만 4,210채의 주택을 보유했으며, 주택 평균 매입가는 17만 6,000달러로 실버베이 매입가보다 5만 6,000달러나 더 높았다. 그런데 이 회사는 왜 꼭 6월까지 상장을 마쳐야 했을까? 물론 그럴만한 이유가 있었다. 미국임대주택회사는 2012년 11월에 한꺼번에 7억 달러를 주택 매입에 투자했다. 당시 매입가도 전혀 낮지 않았다. 업계 경험에 따르면 주택을 매입해 리모델링을 거쳐 임대하는 데 가장 좋은 시점은 6개월쯤 될 때다. 이 무렵이면 세입자들이 입주 계약에 사인했기 때문에 이사를 가거나 계약을 파기하는 경우가 거의 없다. 한마디로 이 시기는 세입자가 생각을 결정하고 임대율이 높으면서 현금흐름도 가장 좋은 최상의 상태라는 얘기가 된다. 미국임대주택회사는 이 점을 노리고 재무제표를 '미화'하기 위해 6월에 상장하려고 했던 것이다.

의도적인 범죄는 반드시 상응한 대가를 치르게 돼 있다. 돈가뭄이 가장 극심한 6월에 상장했으니 비극은 예정된 것이었다. 미국임대주택회사의 원래 목표는 12억 5,000만 달러를 모집하는 것이었으나 7억 달러밖에 조달하지 못했다. 주가를 44% 할인한 것이나 다름없었다.

증시 상장은 사실 부동산 투기꾼 부대의 가장 이상적인 퇴로이자 실제로 이들이 2012년 초부터 계획한 방안이었다. 그런데 마른하늘에 날벼락처럼 갑자기 금리가 폭등하자 상장 계획은 수포로 돌아가고 말았다.

이 길이 막히자 가장 먼저 인내심을 잃은 곳은 블랙스톤이었다. 이 회사의 원래 목적은 압류주택시장에서 빠르게 수익을 얻고 빠르게 철수하는 것이었다. 세계 최대 사모펀드가 자질구레한 임대 업무나 처리한답시고 부동산시장에 죽치고 있다니 체면이 말이 되겠는가?

사실 블랙스톤도 증시 상장을 최선책으로 꼽았다. 그런데 금리 상승이 대세로 굳어지고 다른 기업들이 이 방법으로 실패한 것을 직접 본 이상 다른 철수 경로를 찾을 수밖에 없었다.

두 번째 퇴로: 주택임대료담보부 채권

미국임대주택회사가 기업공개 실패로 큰 좌절을 겪고 있을 무렵, 블랙스톤은 부동산시장에서 빠져나갈 두 번째 퇴로를 준비하기에 바빴다. 그것은 바로 주택임대료담보부 채권을 발행하는 것이었다.

2013년 7월 31일자 〈월스트리트 저널〉은 블랙스톤과 도이체방크가 압류주택에서 나오는 임대 수입을 담보로 하는 채권, 즉 RBS(Rental Backed Securities) 채권 발행을 공동으로 추진하고 있다고 보도했다. 이 소식이 전해지자 부동산업계와 금융업계에서는 열띤 토론이 벌어졌다.

RBS 채권은 세계 최초로 주택 임대료를 담보로 발행하는 채권이다. 월스트리트의 수많은 자산 증권화 상품 중 최신 형태의 채권이라고 할 수 있다. "미래 현금흐름을 창출할 수만 있다면 지금 당장 채권을 만들어 내일 발행한다"는 월스트리트의 이념에 꼭 부합했다.

이론상으로는 주택 임대료가 상대적으로 안정적인 현금흐름을 창출할 수 있다. RBS 채권은 규모, 신용등급, 만기일과 리스크가 각기 다른 수천만 건의 임대료 수입을 하나로 묶어 표준화된 채권 상품으로 만들었다는 점에서 MBS(주택담보부 채권)와 성격이 같다. 차이점이라면 양자의 담보물이 다른 것이다. MBS의 담보물은 월부금에 의한 현금흐름인 데 반해, RBS의 담보물은 임대료에 의한 현금흐름이다.

금융위기 발생 후 MBS의 명성은 바닥에 떨어졌다. 월스트리트에서는 정부의 간접적인 보증을 받는 패니메이와 프레디맥의 MBS만 그나마 팔릴 뿐, 다른 투자은행들이 발행한 MBS 상품은 거들떠보는 사람이 없었다. 미국에 "한 번 속는 것은 상대의 허물이나 두 번 속는 것은 나의 허물이다"라는 속담이 있다. MBS 발행 기관들이 아무리 눈물 콧물 흘리면서 반성 코스프레를 해도 10년 이내에는 천덕꾸러기 신세를 면치 못할 것이다. 물론 참혹한 손실을 입은 기성세대 투자자들이 역사 무대에서 물러나고 쓰레기 모기지 상품의 위험성을 몸소 체험해보지 못한 차세대 투자자들이 금융시장의 주력군이 될 때쯤 MBS 채권은 다시 인기를 얻을 수도 있다.

현재의 시장 상황에서 RBS는 기껏해야 MBS의 축소판에 불과하다. 규모나 중요성을 막론하고 2007년 이전의 MBS와는 비교가 불가하기 때문이다.

 MBS와 RBS는 모두 주택을 담보물로 하는 채권이다. 블랙스톤이 1차로 발행한 RBS 채권 규모는 약 2억 4,000만~2억 7,500만 달러로 그다지 크지 않았다. 담보로 삼은 주택자산 총가치는 약 3억~3억 5,000만 달러였다. 담보로 제공된 임대주택은 1,500~1,700채로 한 채당 평균 17만 2,000달러의 현금흐름을 발생시킬 것으로 예상됐다. 이는 주택 한 채당 월평균 임대료를 1,500달러라고 가정할 경우 약 10년 치 임대료 수입에 맞먹는 액수였다. 요컨대 RBS 채권이 기대 이상으로 잘 팔린다면 이는 블랙스톤이 보유 주택을 변칙적으로 매각한 것으로 리스크는 모두 채권 매입자에게 전가된다. 만약 채권이 디폴트에 빠진다면 어떻게 될까? 블랙스톤은 담보로 제공한 주택을 투자자에게 기념품으로 넘겨주고 유유히 떠나버리면 그만이다. 이미 챙길 돈을 다 챙겼으니까.

 블랙스톤의 RBS 채권 판매는 유럽 대륙에서 월스트리트와 가장 비슷한 수법을 구사하는 도이체방크가 책임졌다. 2013년 상반기에 도이체방크는 블랙스톤을 위해 36억 달러의 자금을 조달했다. 도이체방크는 대형은행 중에서 압류주택 매입 자금을 가장 많이 조달한 곳으로 꼽힌다.

 블랙스톤과 도이체방크는 성공적인 RBS 발행을 위해 처음부터 '고객 사은 행사'에 큰 공을 들였다. 채권 발행 규모를 최소화하고 담보자산에 대해서도 질적, 양적으로 무척 신경을 씀과 동시에 가격 할인폭도 크게 늘렸다. 약 10년 치 임대료 수입에 맞먹는 현금흐름을 7년 치 임대료 수입에 상당한 가격에 판다면 투자자들이 혹하지 않을 이유가 있겠는가.

 그렇다면 RBS는 신뢰할 만한 채권일까?

 신용평가기관 중 무디스는 적어도 이번만은 예전의 경험을 거울삼아 신중에 신중을 기했다. 오히려 블랙스톤 쪽에서 신용등급이 1차 RBS 발행에 별로 중요한 영향을 끼치지 않는다며 대수롭지 않게 여겼다. 신용등급과 관계없이 수익률 자체로 투자자들을 흡인할 수 있다고 믿었기 때문에다. 당시에는 수익률 기근이 심각한 상태에서 아무거나 얻어먹으려고 자산 '쓰레기더미'를 뒤지는 펀드들이 수두룩했다. 굶주릴 대로 굶주린 이들에게는 "독성 쓰레기를 먹고 나중에 독사하더라도 지금 굶어죽는 것보다 낫다"는 것이 보편적인 심리였다. 따라서 블랙스톤의 RBS 채권은 이들의 구미를 돋우기에 충분했다.

표면상으로 RBS는 참조할 만한 역사적 데이터가 적어 디폴트 위험을 책정하기 어렵다는 것 외에 별다른 위험이 없어 보였다. 그러나 논리적으로 분석해보면 RBS의 품질은 심지어 MBS보다 더 나빴다. 세입자와 주택 소유자의 심리는 본질적으로 다르다. 금융위기 발생 전에 서브프라임 모기지론으로 집을 구매한 사람들은 비록 안정적인 수입원이 없을지라도 본인의 재산인 집에 대한 애착과 정성은 여느 주택 소유자 못지않았다. 그러나 세입자는 현재 주거하는 집이 내 집이 아닌 남의 집이라는 인식 때문에 주택 관리와 보호에 정성을 쏟지 않는다. 따라서 임대주택의 유지 보수 비용이 자가 주택에 비해 훨씬 많이 든다. 사모펀드와 헤지펀드 매니저들은 투자에 관해서는 베테랑이라고 할 수 있다. 그러나 수만 채의 압류주택을 관리하는 일은 엑셀 차트를 작성하는 것처럼 간단하지 않다.

물론 펀드 매니저는 방대한 규모의 부동산을 직접 관리하지 않고 현지의 부동산 관리회사에 구체적인 업무를 하도급으로 맡긴다. 하지만 아웃 소싱업체가 수많은 문제를 다 해결하기는 어렵다. 또 세입자의 신용등급이나 경제력이 다 제각각인데, 경기 하강과 소득 저성장의 '뉴 노멀 시대'에 마음에 드는 세입자를 찾는 것은 복잡하고도 세밀한 과정이 될 수밖에 없다. 펀드 매니저는 이런 것까지 신경 쓸 여력이 없고, 아웃소싱업체는 자신과 무관한 일은 거들떠보지도 않는다.

압류주택이 밀집된 지역에는 대개 빈곤층이 주로 거주하고, 이들의 경제력은 상당히 약하다는 문제를 안고 있다. 사실 임대료와 월부금의 액수 차이는 크지 않다. 심지어 월부금 상환 압력이 임대료보다 더 낮은 경우도 있다. 만약 월부금을 갚지 못해 은행에 집을 빼앗긴 사람이 세입자가 됐다면 제때에 임대료를 지불할 가능성이 높겠는가?

대부분의 임대 계약은 1년을 기준으로 한다. 세입자는 1년을 꼭 채우거나 보증금의 일부를 손해 보면서 만기 전에 나갈 수 있다. 주택을 임대할 때 드는 돈이나 책임져야 할 부분은 주택을 살 때보다 훨씬 적기 때문에 임대주택의 디폴트 비율은 주택담보 대출의 디폴트 비율보다 훨씬 더 높은 것이 당연하다. 새로운 세입자를 찾지 못해 공실 기간이 길어질수록 임대료 손실도 그만큼 증가한다.

세입자는 집주인처럼 주택 관리에 정성을 기울이지 않는다. 따라서 하수구가 막히거나, 지붕에 비가 새거나, 에어컨이 고장 나거나, 난방이 잘 되지 않거나, 바퀴벌레가 생기거나, 지하실에 물이 차는 등 흔히 볼 수 있는 문제에 대해서 즉각적으로 해결되지 않으면 화를 내고 임대료 지급을 거부하기도 한다. 게다가 세입자는 해고, 중대한 질병 등 다양한 원인으로 경제력을 잃은 경우 각 주에서 제정한 세입자 권익 보호법에 근거해 짧게는 수개월, 길게는 1년 이상 원래 살던 집에서 계속 살 수 있다. 이런 우발적인 손실도 과소평가해서는 안 된다.

블랙스톤의 RBS 채권은 부동산시장에서 새로운 모험 게임의 서막을 열었다. 임대주택시장 규모는 무려 1조 5,000억 달러에 달한다. 블랙스톤이 RBS 발행에 성공할 경우 시장에 새로운 RBS 채권이 대량으로 속출할 것이다. 일단 본전만 회수하고 나면 그 다음부터는 걱정 없이 돈 버는 일만 남는다. RBS 발행량이 증가할수록 부동산 가격은 빠르게 상승한다. 부동산 가격이 빠르게 상승하면 임대 수익률은 빠르게 하락한다. 이때가 되면 부동산 투기꾼 부대는 수익률을 일정 수준으로 유지하기 위해 임대료

인상을 담합할 것이다. 이들은 집값 상승, 금리 상승 및 주택담보 대출 조건 강화에 따라 임대주택 수요량이 증가하는 것을 노리고 임대료를 인상할 가능성이 농후하다. 그러나 모든 일에는 한계가 있는 법이다. 세입자에게 끊임없이 압력을 가한 결과가 최종적으로 공실률 상승과 RBS 채권의 붕괴로 이어지지 말라는 법은 없다.

대탈주를 목적으로 하는 부동산 투기꾼 부대에 의해 RBS 채권 가치가 고평가되고 리스크가 저평가되면 전 세계 투자자들은 다시 한 번 이들의 속임수에 걸려들고 말 것이다.

맺는말

미국 부동산시장은 2012년 3월부터 반등을 시작했다. 그러나 이는 부동산시장의 진정한 회복을 의미하지 않는다. 부동산시장은 매수자 시장이 아니라 투기꾼 위주의 시장이기 때문이다. 부동산시장의 반등이 일반 서민들에게는 별로 득이 되지 않는다.

부동산 가격 상승의 최대 수혜자는 주지하다시피 월스트리트 금융기관들이다.

2008년 금융위기 발생 후 중산층은 피땀 흘려 번 돈으로 월스트리트 금융기관들을 구제했다. 그러나 월스트리트 금융기관들은 은혜를 원수로 갚았다. 중산층의 집을 빼앗은 것도 모자라 강제로 인비테이션 홈스에 입성하도록 만들어 중산층의 고혈을 더 짜냈다. 이로써 중산층은 삼중의 피해와 고통을 겪어야 했다.

'국민에 의한 정부'로 널리 알려진 미국 정부는 국민의 이익을 최우선시해야 마땅하다. 그러나 부동산 관련 정책을 보면 정부가 월스트리트 쪽

의 편을 드는 것이 뻔히 보인다. 정부는 월스트리트가 국민의 부를 마음
껏 수탈하도록 묵과하는 태도를 보이고 있다.

미국의 압류주택 문제를 해결하려면 월스트리트 부동산 투기꾼 부대
의 활약을 기대하는 것 외의 다른 방법이 없다는 말인가?

물론 아니다!

논리적, 도의적으로 흠 잡을 데 없는 매우 간단한 방법이 있다. 월스트
리트가 정부와 납세자의 구제를 받은 이상 마땅히 압류주택 소유권을 포
기해야 한다. 이 주택들은 납세자가 자금을 출자해 되찾은 것이므로 이제
는 월스트리트의 소유가 아니라 납세자의 소유가 되는 것이다. 그리고 납
세자는 정부에 압류주택 자산 관리를 위임한다.

압류주택 소유주 중 채무 연체자나 채무 불이행자에 대해서는 주택 소
유권을 정부에 이전하고, 지방정부는 부동산 등기 항목에 '정부 관리 자
산'이라는 사실을 명시한다.

다음으로 지방정부는 압류주택 소유주와 '일정 기간 후 부동산 소유권
을 되찾는 조건'으로 임대 계약을 체결한다. 다시 말해 압류주택을 매우
저렴한 가격에 기존 주택 소유자에게 임대해주는 것이다. 이에 따라 기존
주택 소유자는 일정 기간 동안 임대료를 연체하지 않으면 주택 소유권을
되찾을 수 있다. 이렇게 되면 임대료 수입이 기존의 부동산세를 대신해
지방정부의 수입원이 된다. 이는 자연스럽게 학교, 치안, 병원 등 공공서
비스 분야에 지출될 수 있다.

이렇게 하면 기존 주택 소유주가 집 밖으로 쫓겨날 필요가 없어 시중
의 압류주택 매도 물량 증가세가 둔화돼 부동산 가격 폭락의 큰 원인 하
나가 줄어든다. 압류주택 소유주는 자신의 집이니만큼 집을 알뜰하게 관
리할 것이므로 아파트 단지에 잡초가 무성하거나 도둑이 창궐하는 현상
이 사라진다. 아파트 단지 환경이 개선되면서 단지 내 모든 부동산 가치

도 안정된다.

임대료를 대폭 낮췄으니 압류주택 소유주의 경제적 압력도 크게 줄어든다. 이들은 하루빨리 자신의 집을 되찾기 위해 더 열심히 일하게 된다. 이는 간접적으로 가정의 비극과 사회적 비용을 줄이는 효과도 덤으로 얻을 수 있다.

경기가 점차 호전되면서 실질 구매자의 부동산시장 참여 기회도 증가할 것이다. 부동산시장을 침체의 늪에서 끌어내려면 이들의 광범위한 참여가 반드시 필요하다.

합리적인 정책이 펼쳐지는 한, 월스트리트 부동산 투기꾼 부대가 부동산 가격을 인위적으로 끌어올리는 일 따위는 전혀 필요 없다. 현재의 문제는 부동산시장에 재차 대규모 투기 현상이 속출한 것이다. 지난번에는 부동산 투기의 주체가 일반 투자자라면 이번에는 기관투자자가 주력군으로 등장했다. 이들은 시장에 빠르게 들어왔다가 상황이 좋지 않으면 재빠르게 철수하는 것이 특징이다. 부동산 가격은 안정세로 돌아서지 않고 더 크게 요동치고 있다. 부동산시장은 회복되는 것이 아니라 더 빠르게 다음 위기를 향해 나아가고 있다.

제6장

부의 양극화,
날개 잃은 아메리칸 드림

브루노 익실의 인덱스 투자는
리스크 헤지 차원의 투자였다.
_JP 모건

들어가면서

이른바 아메리칸 드림은 개인의 끊임없는 노력과 도전을 통해 미국에서 더 나은 생활을 영위할 수 있다고 믿는 일종의 신앙이다. 그것은 특별한 계급적 지위나 사회적 신분에 의존하지 않고, 또 부모, 친지 혹은 기타 사회적 관계에 의한 비정상적인 지원을 받지 않은 채 오로지 본인의 근면, 용기, 창의력과 결심에 의지해 꿈을 향해 나아가는 것이다.

생동감 있게 비유하자면 아메리칸 드림은 주차를 기다리는 차량은 2,000대인데 주차 자리가 1,000개밖에 없는 주차장과 같다. 부지런히 일찍 일어난 사람만이 주차장에 차를 대고 자신의 아메리칸 드림을 실현할 수 있다. 게으른 사람은 주차장에 들어가지 못하고 주차장에서 멀리 떨어진 길가에 차를 세울 수밖에 없다. 이런 사람은 꿈이 없거나 악몽만 가지고 있는 사람이다.

2007년 미국의 일자리 수는 1억 3,800만 개였다. 이 가운데 고소득 일자리는 7,180만 개로 약 50%의 비중을 차지했다. 그러나 2013년에 이르러 전체 일자리 수는 250만 개가 줄었고, 고소득 일자리 역시 6,760만 개로 감소했다. 이에 반해 인구는 1,500만 명 증가해 일자리 구하기가 하늘의 별따기처럼 어려워졌다.

소득 수준을 보면 취업인구의 90%를 차지하는 절대다수 미국인의 실질 소득은 1970년 대비 1% 감소했다. 또 실질 소비력도 40여 년 전의 수준으로 돌아갔다. 반면에 상위 10%를 차지하는 부자들은 국민소득의 50%를 장악해 부의 점유율이 1970년보다 17%p나 상승했다.

미국 취업시장을 주차장에 비유하자면 주차를 기다리는 사람은 많은데 주차 자리는 감소했고, 상위 10%의 극소수 사람들이 주차 공간의 절반 이상을 차지한 격이다. 통계적으로 보면 점점 더 많은 사람들이 아무리 노력해도 주차장 밖으로 밀려나는 운명을 면치 못한다. 이로써 아메리칸 드림의 환상은 깨지고 말았다.

생기발랄하고 꿈으로 가득한 사회에서는 취업시장이 더 커지고 취업 기회도 더 많아져 더 많은 사람들이 좋은 일자리를 얻는다. 이는 사람들로 하여금 노력만 하면 더 나은 생활을 영위할 수 있다고 믿게 만드는 전제조건이다.

그렇다면 무엇이 아메리칸 드림을 깨지게 만들었는가? 중국은 아메리칸 드림의 파멸을 보면서 어떤 교훈을 얻을 수 있을까? 이것이 이 장에서 중점적으로 토론할 과제이다.

월스트리트에서 문전박대 당한 대통령

2009년 9월 14일, 버락 오바마 미국 대통령은 자신만만하게 월스트리트를 찾았다. 그의 방문 목적은 두 가지였다. 하나는 월스트리트 큰손들을 따끔하게 혼내는 것이었고, 다른 하나는 이들에게 금융 개혁을 촉구하는 것이었다.

오바마 대통령은 월스트리트 도착 직전까지 굉장한 자신감을 보였다. 그가 대선 당시 내걸었던 '희망과 변화'라는 구호는 사람들 뇌리에 박혀 큰 호응을 얻은 바 있었다. 미국인은 금융위기 속에서 힘들게 몸부림치고 있고, 실업과 막중한 채무가 주는 고통이 아무리 힘들다 한들 집을 잃은 고통에는 비할 수 없었다. 그런데 금융위기의 장본인인 월스트리트 큰손들은 납세자가 피땀 흘려 번 돈으로 구제를 받고도 고마워하기는커녕 거액의 보너스 잔치를 벌였다. 서민들을 약 올리고 있지 않은가? 월스트리트를 향한 서민들의 불만 정서는 급기야 분노를 넘어 증오로 이어졌다. 미국 국민들은 사회의 부조리를 근본적으로 바꿀 수 있는 '영웅 대통령'이 나타나기를 간절히 바랐다. 이 '영웅' 역할을 자처한 사람이 바로 버락 오바마 대통령이었다.

　오바마가 큰 자신감을 가졌던 또 다른 이유는 바로 월스트리트의 '구세주'라는 신분 때문이었다. 대통령을 필두로 미국 정부는 월스트리트를 구제하기 위해 밑천을 아끼지 않았다. 구제금융 조치를 연이어 발동시키고, 국고 안의 막대한 자금을 끝이 보이지 않는 월스트리트 자산 '블랙홀'에 끊임없이 밀어 넣었다. 직접적인 구제금융 규모가 역대 최고를 기록했을 뿐 아니라 간접 구제 규모도 어마어마했다. 월스트리트가 매우 위험한 상황에 처했을 때 Fed가 임시로 증액한 유동성 규모만 해도 무려 16조 달러에 달해 재정 보조금 액수를 훨씬 초과했다. 이밖에 대규모 QE 정책도 월스트리트를 살리는 데 한몫 담당했다. 통화 평가절하와 거액의 재정 적자를 대가로 납세자의 '피'를 뽑아 월스트리트의 탐욕을 채워준 것 역시 따지고 보면 대통령의 공이 컸다. 오바마 입장에서는 본인이 월스트리트에 하해와 같은 은혜를 베푼 구세주라고 자부할 만했다.

　오바마가 월스트리트를 찾은 날은 마침 리먼 브라더스 파산 1주기 '기일'이었다. 대통령이 월스트리트에 금융 개혁을 촉구하기로 한 날이었으니 '길일'이라고 해도 좋았다. 오바마는 미리 예상 시나리오까지 그려봤다. 대통령이 과거를 회상하고 현재의 병폐를 지적하면서 청취자들의 공감대를 이끌어낸 뒤 함께 개혁의 대업을 이루자고 호소하면 월스트리트의 큰손들이 부끄러움에 몸 둘 바를 몰라 할 것이라고 생각했다. 또 눈물로 잘못을 깨우치고 너도나도 개과천선을 결심할 것이라는 동상이몽을 꾸기도 했다. 오바마 대통령은 '국민 영웅'으로서의 강렬한 사명감과 월스트리트의 구세주라는 자신감을 지닌 채 투지 만만하게 연설대에 올랐다. 그가 준비한 연설의 주제는 '월스트리트는 탐욕의 대가를 지불하라'는 것이었다.

　그런데 오바마 대통령이 미처 예상 못한 상황이 벌어졌다. 월스트리트 큰손들이 단 한 명도 오지 않았던 것이다. 〈월스트리트 저널〉의 보도를 그대로 옮기면 "미국 대형 은행의 CEO는 단 한 명도 (대통령의 연설 현장에) 출석하지 않았다."[1]

도대체 어찌된 영문인가?

월스트리트의 큰손들이 대통령의 방문을 몰랐다는 말인가? 물론 아니다. 대통령 연설 통지는 훨씬 전에 이미 그들에게 전달됐다. 또 언론에서도 연일 시끄럽게 떠들어낸 탓에 뉴욕의 어린아이까지 다 알고 있을 정도였다. 그러나 큰손들은 직접 오지 않고 휘하의 임직원들을 파견했다. 연설은 여느 때와 마찬가지였다. 웃음소리와 박수소리에 스포트라이트까지 빠진 것 없이 다 갖춰졌다. 그러나 거물 청취자들은 다 빠져버렸다. 금융 개혁의 대계를 토론하는 자리에 큰손들이 없으니 입 아프게 연설해봐야 무슨 소용이 있겠는가.

대통령의 체면은 말이 아니게 구겨졌다. 오바마는 이때에 이르러서야 비로소 '민심의 대변인', '대통령', '감독 관리', '개혁'이니 하는 것들이 월스트리트 큰손들에게는 아무것도 아니라는 사실을 깨달았다. 하기야 일부러 찾아와서 '탐욕'을 꾸짖는다는데 두 손 들어 환영할 사람이 어디에 있겠는가? 그 사람이 대통령이든 누구든 간에 문전박대를 당하는 것은 당연한 일이었다.

대통령은 큰손들을 따끔하게 혼내려다 오히려 한 방 얻어맞은 셈이 됐다. 그러나 기왕 온 이상 그대로 물러설 수는 없었다. 오바마 대통령은 울며 겨자 먹기로 연설을 시작했다.

"분명히 말합니다. 우리는 과거의 무모하고 방만한 행동으로 되돌아가서는 안 됩니다. 과거의 이런 행동들이 오늘날의 위기를 초래했습니다. 많은 사람들이 빠른 돈벌이와 높은 보너스의 욕망에 사로잡혀 모두를 위험에 빠뜨렸습니다."

오바마는 자신의 연설이 월스트리트 큰손들의 기분을 상하게 하리라는 사실을 잘 알고 있었다. 큰손들은 대통령의 강도 높은 비난을 듣기 싫어 자리에 참석하지 않은 것이었다. 그러나 월스트리트의 탐욕이 미국 경제를 파경 직전으로 몰아넣은 것은 부인할 수 없는 사실이다. 정부가 납세자의 돈으로 월스트리트에 구제금융을 제공하지 않았다면 금융시장이 과연 반등할 수 있었겠는가? 은혜를 몰라도 유분수지, 대통령이 연설하는데 코빼기도 비치지 않다니. 월스트리트 큰손들의 오만방자한 태도에 대통령은 울화통이 터질 지경이었다. 그의 심경은 연설 내용에 그대로 녹아들었다.

"(금융시장이) 정상 상태를 회복했다고 금융권은 자기만족에 빠져서는 안 됩니다……. 불행히도 일부 금융업계 종사자는 지금의 상황을 잘못 이해하고 있습니다. 이들은 리먼 브라더스의 파산 사태와 아직도 현재 진행형인 금융위기를 통해 얻은 교훈을 무시하고 모르는 체하고 있습니다."

큰손들은 구세주로 자처하는 대통령의 태도에 강한 반감을 가졌다. 솔직히 말해 월스트리트가 대선 경비를 대주지 않았다면 오바마는 여전히 말단 국회의원 자리에서 벗어나지 못했을 것이다. 월스트리트의 도움에 힘입어 백악관의 주인이 됐으면 고마운 줄 알아야지 거들먹거려서야 되겠는가.

"요컨대 우리는 대공황 이래 가장 야심찬 금융 개혁안을 곧 출범시킬 예정입니다. 한마디 강조할 점은 이번 개혁은 반드시 투명하고 책임질 수 있는 명확한 규칙에 따라 추진해야 한다는 사실입니다. 그래야만 무모한 행동이 아닌 책임감 있는 행동이 되어 시장의 격려를 받을 수 있습니다. 그리고 규제의 맹점을 악용하는 사람이 아닌, 성실하고 법을 잘 지키는 사람의 격려를 받을 수 있습니다."[2]

오바마가 목이 터져라 '홍보'한 금융 개혁안은 그가 미국 역사에 길이 이름을 남기기 위해 야심차게 준비한 양대 정치 업적 중 하나였다. 그러나 월스트리트 큰손들은 대통령의 금융 개혁안에 전혀 관심이 없었다. 금융기관의 탐욕을 겨냥한 규제안에 대해 오히려 반감만 더 커졌을 뿐이다.

개혁의 대업을 완성하기 위해서는 월스트리트 큰손들의 참여와 지지가 절대적으로 필요했다. 그런데 오바마는 월스트리트에서 그들을 만나지 못했다. 2009년 12월 14일, 오바마 대통령은 월스트리트 큰손들에게 면담을 요청했다. 그러나 몇몇 주요 인물들은 그날 워싱턴에 큰 안개가 낀 탓에 전용기가 뜰 수 없다는 말도 안 되는 이유로 백악관에 코빼기도 비치지 않았다. 사실 워싱턴에서 뉴욕까지 기차를 타면 90분밖에 걸리지 않는다. 전용기보다 겨우 30분 정도 늦을 뿐이었다.

월스트리트 큰손들이 진짜로 시간이 아까워서 오지 않았는지 아니면 대통령의 잔소리가 듣기 싫어서 일부러 오지 않았는지는 아무도 모른다. 아무튼 와야 할 사람이 오지 않았고, 이날도 대통령은 원맨쇼를 했다.

대통령이 월스트리트를 통제할 수 없다면 의회가 입법을 통해 월스트리트의 탐욕을 막을 수는 없을까?

이렇게 해서 오바마 행정부와 의회가 머리를 맞대고 연구해낸 것이 바로 '도드 프랭크' 법안이다. 이 법안은 대공황 이래 규제 강도가 가장 높고 가장 전면적인 금융 개혁 법안으로 꼽힌다. '글라스 스티걸 법'('1933년 은행법')과 더불어 미국의 금융 규제 개혁의 이정표라고 할 수 있다.

볼커 룰

도드 프랭크 법안의 수많은 조항 중에서 글라스 스티걸 법의 이념에 가장 접근한 것이 바로 '볼커 룰(Volcker Rule)'이다. 볼커 룰의 핵심 원칙은 매우 간단하다. 은행이 단기 이익을 얻기 위해 예금자의 돈을 위험에 빠뜨리는 일을 해서는 안 된다는 것이다.

본질만 따지면 은행은 사회 자산을 보관·관리하고, 사회에 화폐 서비스를 제공하는 기관이다. 따라서 서비스를 제공하는 대가로 수취하는 서비스 비용이 곧 은행의 정당한 수익이다. 이를테면 차입자가 은행에 지급하는 대출 이자 등이 포함된다. 그러나 화폐의 특수한 성격 때문에 은행의 전통 업무는 많이 변질됐다. 은행은 화폐 서비스 독점 공급자로서의 특수한 지위를 이용해 다른 분야에서 점점 더 많은 수익을 얻고 있고, 최종적으로 이를 합법화했다.

1930년대 대공황 이전에는 은행의 주식 투기가 허용돼 예금자의 돈이 높은 위험에 노출됐다. 주식 투기를 통해 번 돈은 모두 은행의 수익이 됐지만 주식 투자로 돈을 잃고 은행이 문을 닫으면 그 피해는 고스란히 예금자에게 돌아갔다. 은행의 모험 행위는 예금자의 의지와 상관없이 예금자의 돈을 유용하는 강도짓이나 다름없었다. 이후 예금자의 돈이 이런 불필요한 위험에 노출되는 것을 막기 위해 상업은행과 투자은행을 엄격히 구분하는 글라스 스티걸 법이 제정되었다. 예금보호제도를 도입한 목적은 납세자의 보증을 받는 상업은행으로 하여금 고위험 투기의 유혹을 물리치게 하기 위해서였다. 반면 투자은행은 여전히 위험한 투자를 할 수 있으나 유사시 국민 세금으로 구제금융을 받으려는 기대는 버려야 했다.

대영제국 시대에 은행은 모험의 대가가 상당히 컸다. 은행이 파산할 경우 은행가는 개인 재산을 털어 예금자에게 무한한 배상 책임을 져야 했다. 19세기 중후반에 이르러 비로소 유한책임 형태의 은행이 성행하기 시작했다. 하지만 엄격한 금본위제도 아래에서 은행은 감히 고위험 투자에 손을 대지 못했다. 예전의 영국 은행이 보수적인 전통을 간직했다면 미국 은행은 카우보이처럼 모험을 즐겼다.

1960년대부터 달러화 공급량이 대폭 증가하면서 금융기관의 '돈으로 돈을 벌려는' 욕망도 점점 더 강렬해졌다. 탐욕은 모든 장애물을 밀어 던지고 급기야 사람들의 이성마저 빼앗았다. 1970년대에 금본위제가 폐지되고, 80년대에는 금융 자유화가 추진된 데 이어 90년대 말에는 글라스스티걸 법마저 폐지됐다.

21세기에 이르러 금전만능주의가 팽배하면서 다양한 규제와 국경을 초월해 오직 이익만 좇는 광란의 시대가 열렸다. 18세기의 유럽, 19세기의 영국, 20세기의 미국에서도 지금처럼 금전이 전 세계적으로 거대한 에너지를 발산한 경우는 한 번도 없었다.

끝이 없는 탐욕은 2008년 글로벌 금융위기를 초래했고, 또 다음번의 더 큰 재앙을 부를 수도 있다. 돈을 향한 무분별한 탐욕을 어떻게 다스리느냐는 것은 전 세계적인 난제가 되었다.

오바마 대통령이 제안한 금융 개혁 방안에는 원래 금융 마수들을 길들이는 조항이 없었다. 금융 소비자 보호장치 신설, 시스템 리스크 예방 대책 마련, 파생금융상품 규제 강화, 대형 금융회사의 파산과 청산 절차에 대한 각종 규제책 신설 등의 조항은 모두 탐욕으로 인해 초래되는 최종적인 손실을 통제하는 데 초점을 맞췄을 뿐, 탐욕의 근원을 없애는 것이 목적이 아니었다. 그래서 나중에 금융기관의 탐욕에 대해 실제로 구속력을 갖는 조항인 볼커 룰이 추가됐다.

폴 볼커(Paul Volcker)는 1980년대 초에 '철의 의장'으로 불리면서 Fed를 주름잡았던 인물이다. 그는 인플레이션을 잡기 위해 고금리 정책을 비장의 카드로 내놓은 배짱과 지략을 가진 사람이며, 경기 침체를 감수할지언정 달러화 위상은 반드시 지켜야 한다고 고집부리기도 했다. 또한 은행은 헤지펀드 및 사모펀드와 직접적으로 연결돼서는 안 되며, 은행의 자기자본 거래 규모에 대해서도 엄격하게 규제해야 한다고 주장했다.

폴 볼커는 이미 과거에 권력의 중심에서 밀려난 적이 있는 탓에 오바마 정부의 경제 참모로 복귀한 뒤에도 래리 서머스나 티모시 가이트너의 의견을 따르는 경우가 많았다. 그러나 금융 개혁과 관련한 문제에서는 놀랄 만큼 자신의 주장을 고집했다. 결국 오바마 대통령은 볼커의 의견을 받아들여 금융 개혁 법안에 볼커 룰을 보충해 넣었다.

은행의 헤지펀드나 사모펀드에 대한 투자는 1930년대의 주식 투기처럼 번 돈은 은행 소유가 되고 손실은 납세자에게 전가하는 방식이다. 밑져야 본전인 이런 좋은 벌이를 누가 마다하겠는가. 자기자본 거래(Proprietary Trading) 문제는 비교적 복잡하다. 이는 도드 프랭크 법안의 제반 조항 중에서 월스트리트 금융기관의 반발이 가장 거셌던 조항이기도 하다. 은행의 자기자본 거래가 볼커 룰에 부합하느냐의 여부를 판단하는 기준은 거래 목적이 영리냐 아니면 리스크 헤지냐에 달려 있다. 만약 이익 창출을 목적으로 자기자본 거래를 한다면 예금자의 돈은 위험에 노출될 수밖에 없다. 모든 장사는 벌 때도 있고 밑질 때도 있는 법인데, 번 돈을 은행이 가진다면 손실은 누가 책임져야 할까? 정부가 나서서 납세자의 돈으로 뒷수습을 해야 하는가?

이 문제에 대해 월스트리트 금융기관들은 다음과 같이 항변했다.

"은행이 자기자본 거래를 하는 이유는 보유 자산에 대한 리스크를 헤지하기 위해서지 수익 창출이 목적이 아니다. 그저 보험 하나를 들어놓은 것과 같다. 은행이 위험을 회피할 권리도 가지지 못하면 어떻게 운영을 해나간다는 말인가?"

그렇다면 자기자본 거래의 목적은 어떻게 구분해야 하는가? 이 문제를 분명하게 판단할 수 있는 룰을 제정하기란 말처럼 쉽지 않다.

미국 의회와 금융감독 부문은 볼커 룰의 구체적인 실제 적용과 관련해서 듣기만 해도 머리가 터질 것 같은 복잡한 방안을 만들어냈다. 볼커 룰의 구체적인 실시 문제는 지구 온난화, 빈곤 퇴치, 암 치료 또는 중동 지역 갈등 해결처럼 복잡하기 짝이 없었다.

사실 복잡한 것은 문제 자체가 아니라 문제를 해결하려는 태도이다.

한 의원이 폴 볼커에게 자기자본 거래의 범주에 대해 질의하자 볼커는 이미 작고한 포터 스튜어트(Potter Stewart) 전 연방대법원 대법관의 명언을 인용해 이렇게 대답했다.

"이는 음란물을 정의하는 것처럼 어려운 문제이다. 그러나 나는 그것을 보는 즉시 가려낼 수 있다."

거친 말 속에 '상식을 기준으로 판단하면 된다'는 진리가 담겨 있다.

2012년 전 세계 금융시장을 충격에 빠뜨렸던 '런던 고래' 사건만 봐도 상식적으로 판단하면 볼커 룰에 위배된다는 사실을 금방 알 수 있다.

런던 고래 사건의 전말

런던 고래는 JP모건의 트레이더 브루노 익실(Bruno Iksil)의 별명이다. 그는 런던에 있는 JP모건 최고투자본부(CIO, Chief Investment Office)에서 파생상품 거래를 책임졌다. 최근 몇 년 동안 JP모건을 위해 해마다 수억 달러의 수익을 창출한 신비한 인물이기도 했다.

세계에서 가장 자유롭고 스릴 넘치는 금융시장 런던시티에 위치한 JP모건 CIO는 매우 흥미로운 곳이다. JP모건은 '난공불락의 보루'라는 별칭에 걸맞게 은행 중에서도 탄탄한 대차대조표를 자랑했고, 월스트리트라는 금융 밀림 속의 '라이언 킹'이었다. JP모건이 유치한 예금 규모는 1조 1,000억 달러, 대출 규모는 약 7,000억 달러로 예금이 대출보다 훨씬 더 많았다. 사실 JP모건은 미국 실물경제에 더 많은 대출을 제공해 경기 회복을 촉진할 수 있었지만 그렇게 하지 않았다. 대출 조건에 부합하는 사람을 찾기 어려운 데다 전통 방식인 대출 업무가 수익률이 낮고 리스크가 컸기 때문이다. 이에 예금과 대출의 차액 중에서 3,000억 달러가 넘는 자금을 런던에 있는 CIO 부서에 보내 투자를 진행했다. 요컨대 3,230억 달러의 방대한 자산을 관리하는 CIO는 JP모건 내부의 슈퍼 헤지펀드라고 해도 과언이 아니었다.

여기서 주목할 점은 CIO가 관리한 3,230억 달러의 투자 기금이 예금자의 돈이었다는 사실이다. 이 돈으로 대출을 제공하면 고용 창출에 기여할 수 있고, 또 국채나 우량 채권을 사면 그나마 자산을 안전하게 지킬 수 있었다. 따라서 이 두 가지 용도로 사용하면 볼커 룰에 어긋나지 않는다.

그러나 CIO의 런던 고래는 고위험, 고수익 및 높은 보너스를 지향하는 JP모건의 문화에 물들어 점차 '흡혈 상어'로 변해버렸다.

런던 고래는 이 돈으로 안전한 채권 자산을 매입하지 않고 신용파생상품의 일종인 CDS 시장에 대거 투자했다. CDS는 2008년 금융위기 발생 당시 한동안 논란거리가 됐던 상품으로 AIG, 리먼 브라더스, 베어스턴스 등 쟁쟁한 금융기업들을 파산으로 내몬 장본인이었다. CDS는 신용 디폴트를 대비한 일종의 보험 상품이다. 판매자는 베팅한 기업 채권이 디폴트에 빠질 경우 보험금 형태로 구매자의 손실을 보상해주고, 구매자는 정기적으로 판매자에게 보험료를 지급한다. AIG는 시중에 판매한 보험 상품종류가 너무 많은 데다 금융위기로 인해 회사채의 디폴트 건수가 급증하면서 큰 손실을 입었다. 게다가 투자자에게 판매한 모기지 증권 가격이 폭락하면서 무려 2,000억 달러가 넘는 손실을 감수해야만 했다. AIG의 파산을 막으려면 미국 정부의 구제금융 외에는 다른 방법이 없었다.

이런 난리 통을 겪고도 몇 년 뒤 CDS 투자는 다시 성행했다. 인간의 탐욕은 병이 아니라 본성이어서 치료할 방법이 없다.

물론 런던 고래가 바보가 아닌 이상 AIG와 똑같은 실수를 범할 리 없었다. 그는 특정 회사채의 단일 스와프에 투자하지 않고 더 저렴하면서도 믿음직하다고 판단되는 상품을 찾았다. 그것이 바로 바스켓 형태의 CDS 인덱스였다. 시장 흐름이 그가 베팅한 대로 흘러가기만 하면 큰 수익을 올릴 수 있는 종목이었다.

　런던 고래가 거금을 투자한 문제의 상품은 당시 시장에서 인기가 가장 많았던 'CDX.NA.IG.9'라는 CDS 인덱스였다.

　자동차 번호처럼 명칭도 요상한 이 CDS 인덱스는 대체 무엇인가? IG9는 금융 정보 서비스사인 마크잇 그룹이 발표하는 CDS 인덱스 CDX 시리즈 9의 가격이다. 북미 지역의 121개 투자적격(IG, Investment Grade) 기업의 회사채 CDS 가격을 기준으로 산정된다. 121개 기업에는 맥도날드, 아메리칸 익스프레스, HP, 디즈니 등의 대기업이 포함돼 있다. 예전에는 IG9에 연동된 기업이 125개였으나 금융위기 발생 후 패니메이, 프레디맥 등 4개 기업이 자격 미달로 제명됐다.

　CDS는 채권에서 파생돼 나온 변종 상품이고, IG9는 CDS의 파생상품이므로 런던 고래는 결국 파생상품에 곱으로 투자한 셈이었다.

　그는 왜 다른 CDS 인덱스에 투자하지 않고 IG9에만 투자했을까? 이유는 바로 수많은 CDS 인덱스 중에서 IG9가 거래량과 자금 회전량, 시장 유동성이 가장 높았기 때문이다. 당시 IG9 계약의 명목 가치는 8,860억 달러, 실질 순가치(전체 계약을 실제로 이행할 때 필요한 총 자금)는 1,480억 달러에 달했다.

　런던 고래는 10년물 IG9 인덱스 상품을 대량 매입함과 동시에 단기지수 상품을 일부 처분했다. 리스크 헤지용 자금을 약간만 남겨놓고 자금 대부분을 IG9 인덱스 상품에 투자했다. 한마디로 런던 고래는 미국 경제에 대한 낙관적 인식으로 해당 121개 기업 채권이 디폴트될 가능성이 낮다고 자신해 IG9 인덱스에 대한 CDS 보장 매도자로 나선 것이다. 그의 거래 상대자들, 다시 말해 CDS 보장 매수자들은 정기적으로 그에게 보험료(CDS 프리미엄)를 지급해야 한다. 만약 IG9 인덱스가 계속 하락한다면 해당 기업군 채권의 디폴트 확률이 감소했음을 의미하므로 런던 고래의 보험계약 가치가 올라간다. 거래 상대자들이 지급하는 보험료가 시장의 평균 수준보다 높기 때문에 이때 보험계약을 팔면 런던 고래는 이윤을 얻을 수 있다. 또 보험계약을 팔지 않고 계속 가지고 있으면 장부상 수익을 얻게 된다. 그러나 문제는 만일 IG9 인덱스가 상승하기 시작하면 런던 고래의 수익은 감소하고, IG9 인덱스가 폭등이라도 하면 런던 고래는 막대한 손실을 입게 된다는 것이다.

런던 고래는 적어도 2012년 3월 말까지는 운이 좋았다. 미국 경제는 회복 기미를 보였고, 기업의 디폴트 위험도 줄어들었다. IG9 인덱스가 꾸준히 하락세를 유지하면서 런던 고래의 장부상 수익은 어마어마하게 증가했다.

탐욕은 사람의 본성이다. 특히 탐욕으로 점철된 JP모건의 기업 문화는 극도의 탐욕을 조장하는 결과를 낳는다. 회사의 수익은 개인의 보너스와 직결됐으니 누가 높은 수익의 유혹을 마다하겠는가?

런던 고래는 더 많은 돈을 벌기 위해 끊임없이 해당 인덱스에 대한 투자를 늘렸다. 마치 예전 AIG처럼 광란에 가까울 정도로 엄청나게 많은 보험을 팔아 제쳤다. JP모건의 투자 대표인 그의 뒤에는 3,000억 달러가 넘는 초대형 헤지펀드를 운용하는 CIO가 든든한 버팀목이 돼주었다. 그가 투입한 자금 액수가 증가할수록 시장가격에 끼치는 영향력도 정비례로 상승했다. 이는 마치 대형 은행이 금리 스와프 보험을 팔면 시장 금리 상승을 억제하는 것과 같았다.

어쨌든 런던 고래는 시장에서 가장 영향력 있는 슈퍼 게이머가 되는

데 성공했다. 그의 움직임에 따라 시장가격이 움직이자 시장에 뛰어든 모든 헤지펀드들은 그의 움직임을 살피면서 시세 흐름을 판단했다. 마치 작은 강에 뛰어든 고래처럼 그의 움직임 하나하나가 시장에 큰 파문을 일으켰다. 이때부터 브루노 익실은 CDS 시장에서 런던 고래로 이름을 크게 날렸다.

그러나 이때 런던 고래로 인해 시장가격이 심각하게 왜곡되는 문제가 생겼다. 정상적인 CDS 시장에서는 IG9 인덱스 매입 가격이 해당 121개 기업 회사채 CDS를 개별적으로 매입할 때의 종합 가격과 엇비슷해야 했다. 그렇지 않으면 차익 거래 기회가 생기기 때문이다. 2011년 8월 이전까지 양자의 가격 그래프는 거의 완벽하게 중첩됐다. 다시 말해 이때까지는 CDS 시장이 기본적으로 정상 상태를 유지했다는 얘기였다. 그런데 2011년 말부터 IG9 인덱스 가격과 개별 CDS 가격 사이에 뚜렷한 편차가 생기기 시작해 IG9 인덱스 가격이 훨씬 저렴해졌다.

2012년 1월 초에 1,000만 달러짜리 10년물 회사채의 디폴트에 대비하기 위해 IG9 인덱스를 매입한 경우 연간 보험료는 약 11만 달러 정도였다. 그러나 IG9을 구성하는 121개 기업의 CDS 보험을 개별적으로 매입하면 연간 지출 비용이 13만 9,000달러에 달해 IG9 인덱스 매입가가 2만 9,000달러나 더 낮았다.[3]

이 사실을 알아챈 헤지펀드들은 벌떼처럼 CDS 시장으로 몰려들었다. 보유 자산의 리스크 헤지 비용을 낮추기 위해서였는지 아니면 과감하게 런던 고래와 반대되는 매매를 하고 싶어서였는지 모르겠지만 다들 익실이 저렴한 가격에 매도한 CDS 보장 상품을 대거 사들였다. 그 결과 런던 고래는 시장에서 '외톨이' 신세가 돼버렸고, 거의 모든 투자자들이 그와 라이벌 관계를 형성했다. 2012년 3월까지는 장부상 상당한 이익을 얻었으나 그 이후부터 상황이 점점 나빠지기 시작했다. 시장에서 홀로 독주한 탓에 포지션을 바꾸기 어려운 처지에 빠진 것이다. 포지션을 바꿀 경우 그가 보유한 CDS 보장 상품 가격은 필연적으로 폭락을 면하기 어려웠다.

상상하기도 싫은 끔찍한 것은 일단 시세가 반전할 경우 다른 헤지펀드들에 의해 모든 것을 잃을 수도 있다는 사실이었다. 아무리 큰 '고래'라 한들 상어 수천 마리의 집중 공격을 당해낼 수는 없는 노릇 아닌가.

2012년 3월 하순부터 4월 초 사이에 한동안 잠잠했던 유로채 위기가 다시 불거지고 미국 경제 데이터도 비관적으로 나타났다. 잇따른 악재의 영향으로 CDS 시장은 급격하게 흔들렸다. 이는 CDS 보장 상품을 대량 보유한 CIO에게 마른하늘의 날벼락 같은 비보였다. JP모건의 리스크 통제 부서는 신경을 바짝 곤두세웠다. CIO가 위험에 처했다는 소식에 JP모건의 고위 경영진은 깜짝 놀랐다. 4월 10일, 런던 고래가 시장에서 사라지고 예상했던 재앙을 비껴가지 못했다. 이날 CIO 내부 보고서는 하루당 손실액이 600만 달러에 달했다고 밝혔다. 계약 가격의 폭락과 함께 90분 뒤에는 총손실 규모가 무려 4억 달러로 늘어났다.

2012년, JP모건 산하 CIO 부서는 62억 달러라는 거액의 손실을 기록했다.

IG9에 연결된 회사채의 디폴트 위험 한도는 1,500억 달러여서 IG9 인덱스에 수천억 달러를 투자한 JP모건은 시장 통제 능력을 완벽하게 갖추고 있었다. 그러나 베팅 규모가 커질수록 리스크도 커지기 마련이다. JP모건이 모든 CDS 인덱스와 해당 기업군에 포함되는 개별 회사채의 CDS 가격까지 모두 조종할 수 없다면 전세는 완전히 역전될 수밖에 없었다.

분명히 짚고 넘어갈 점은 JP모건이 이토록 엄청난 위험을 감수하면서까지 IG9 시장에 뛰어든 것은 온전히 '리스크 헤지'를 위한 것이 아니라 이윤 추구라는 분명한 목표를 가졌다는 사실이다. 위험에 빠진 수천억 달러의 자금은 JP모건의 돈이 아니라 예금자의 돈이었다. JP모건은 '잉여 예금(예금과 투자의 차액)' 중 3,000여억 달러를 은밀히 런던에 있는 CIO 부서에 보냈다.

그렇다면 미국에 있는 JP모건의 예금이 어떻게 런던으로 '날아'갔을까? 또 CIO는 어떻게 이 돈을 투자금으로 굴릴 수 있었을까?

추측컨대 환매채 재담보 방식으로 자금을 런던으로 '이전했을' 가능성이 가장 크다.

JP모건은 Fed 계좌에 수천억 달러의 초과지급준비금을 예치해두고 있었다. 그런데 JP모건이 Fed로부터 0.25%의 쥐꼬리만 한 이자 수입을 얻기 위해 이 자금을 대출로 내보내지 않고 그냥 '방치'해둘 리 없었다. 이는 고수익을 좇는 은행의 특성과 전혀 어울리지 않는다. 이들은 환매채시장을 통해 자금을 이전하는 교묘한 수법을 동원했을 것이다.

JP모건은 환매채시장에서 초과지급준비금 계좌의 '유휴 자금'으로 국채를 수취해 담보물로 삼을 수 있었다. 이것이 이른바 '역환매 조작'이다. 회계 기준에 따르면 이 경우에도 유휴 자금은 여전히 JP모건의 대차대조표에 남아 있게 된다. JP모건은 삼자 간 RP 시장의 양대 청산은행 중 하나이기 때문에 담보물을 재담보 설정할 수 있다. 이를테면 국채 자산을 런던의 CIO 부서에 재담보로 제공하는 것이 가능하다. 런던 금융시장에서는 재담보 횟수를 제한하지 않는다. 따라서 CIO는 이 국채를 재담보로 제공하고 런던의 RP 시장에서 자금을 빌린 다음 이 자금으로 고위험 고수익성의 IG9 시장에 투자했다. JP모건이 CIO 부서를 런던에 설립한 것도 이 같은 이유 때문이었다.

이럴 경우 JP모건의 초과지급준비금 계좌에 있는 유휴 자금 액수는 한 푼도 줄지 않으므로 합법적으로 Fed로부터 0.25%의 이자까지 챙길 수 있다. 그러나 실상을 보면 남은 것은 화폐의 '허울'뿐이고, '영혼'은 벌써 RP 담보 사슬을 통해 런던으로 '날아간 지' 오래였다.

JP모건의 사례는 단지 빙산의 일각일 뿐이다. 월스트리트의 다른 큰손들이라고 같은 방법으로 초과지급준비금을 이전하지 말라는 법이 없기 때문이다.

RP 시장의 본질을 제대로 이해하지 못한 많은 학자들은 Fed 계좌에 미국 대형 은행의 초과지급준비금이 아직 2조 달러 이상 '방치'돼 있어서 이 은행들의 재무 상황이 매우 좋을 것이라고 착각한다. 사실 거액의 자금은 벌써 바다 건너 고수익성 도박장에서 투기에 사용되고 있는데도 말이다.

이 자금은 당연히 예금자의 돈이다. 이 돈으로 위험한 베팅을 해서 돈을 따면 열매는 JP모건을 비롯한 은행의 주머니에 들어간다. 반면 투자실패로 파산이라도 하면 불쌍한 납세자만 피해를 입는다.

JP모건은 런던 고래 사건이 터진 뒤에도 여전히 "CIO의 IG9 인덱스 투자는 이윤 창출을 목적으로 한 자기자본 거래가 아니라 리스크 헤지 차원의 투자였다"고 진지하게 주장했다.

그야말로 눈 감고 아웅 하는 식의 파렴치한 변명이 아닐 수 없다.

포터 스튜어트 전 연방대법원 대법관의 명언을 한 번 더 인용해보자.

"이는 음란물을 정의하는 것처럼 어려운 문제이다. 그러나 나는 그것을 보는 즉시 가려낼 수 있다."

무법무천과 유법무천

세상에는 두 종류의 부패가 있다. 하나는 법을 어기면서 타인의 재산을 차지하는 '무법무천(無法無天)'의 부패이고, 다른 하나는 합법적으로 공용재산을 강탈하는 '유법무천(有法無天)'의 부패이다. 여기에서 '천(天)'은 곧 천리, 양심, 정의를 의미한다.

법률 자체에는 정의를 보호하는 기능이 없다. 관건은 법을 제정하고 집행하는 사람들이다. 로스차일드가의 유명한 명언을 들어보자.

"내가 한 국가의 화폐 발행을 관장할 수 있다면 누가 법을 정하든 상관없다."

월스트리트의 탐욕을 겨냥해 제정한 도드 프랭크 법안을 살펴보면 위에서 한 말들의 의미를 쉽게 알 수 있다.

도드 프랭크 법안은 도드 의원이 상정할 당시 56쪽에 불과했다. 그러나 프랭크 의원이 상정한 법안 77쪽을 비롯해 수많은 이해관계자의 주장이 섞이다 보니 분량이 무려 400개 조항 848쪽으로 늘어났다. 이는 미국 금융 역사상 '가장 길고 지루한' 법안으로 불리고 있다.

그전까지 미국의 금융 법안은 대부분 50쪽을 넘지 않는 것이 관례였다. 1864년에 발표한 미국 은행 시스템 구축 법안은 고작 29쪽에 불과했고, 1913년에 통과된 연방제도준비법도 32쪽밖에 되지 않는다. 도드 프랭크 법안의 롤 모델이라 할 수 있는 글라스 스티걸 법 역시 분량이 37쪽이었다. 미국 법학계에서 도드 프랭크 법안을 '머리가 아홉 개 달린 괴물'이라고 비난한 것도 이해할 만하다.

오바마 정부가 2010년 7월 21일 도드 프랭크 법안을 발표한 이후 2년 동안 법안 개정에 관한 논쟁이 수없이 불거졌다. 그럼에도 불구하고 법안이 간소화되기는커녕 월스트리트 이익집단의 훼방으로 인해 더 복잡해졌다. 2010년 7월 발표 당시 848쪽 분량이던 법안은 2012년 7월에 무려 8,843쪽으로 늘어났다.

하지만 법안 실시 세칙은 이제 겨우 3분의 1밖에 완성되지 못했다.

이대로 가다가는 아마 만 쪽 심지어 수만 쪽 분량의 '거대한 괴물'이 탄생할지도 모른다.

조너던 메이시(Jonathan Macey) 예일대 로스쿨 교수는 도드 프랭크 법안의 이런 문제점에 대해 다음과 같이 신랄하게 지적했다.

"법은 당연히 보통 사람을 위한 행위 규칙이어야 한다. 그러나 도드 프랭크 법안은 보통 사람을 대상으로 한 것이 아니라 일부 관료주의자를 위한 강령일 뿐이다. 관료주의자로 하여금 더 많은 법을 만들어내 더 큰 관료주의를 조장할 수 있게끔 지도하는 강령이다."[4]

요컨대 도드 프랭크 법안은 월스트리트 휘하 변호사들의 상투적 수법인 '문산회해(文山會海, 산더미 같은 문서와 매우 잦은 회의)' 전술의 결과물이다. 이 전술은 무수히 많고 복잡한 세부 사항으로 핵심 문제를 교란하고, 산더미 같은 문서로 관련된 인물들을 은폐시킨 다음 끊임없는 분쟁을 일으켜 법안의 본래의 취지를 감춰버린다.

미 법조계에서 "도드 프랭크 법안의 시행 세칙이 전부 마련되면 미국 전역을 통틀어 가장 유능한 변호사 두세 명을 빼고는 이 법안이 도대체 무슨 뜻을 가지고 있는지 제대로 해석하지 못할 것이다"라는 우스갯소리까지 나왔을 정도이다. 금융감독 기관, 각급 정부의 법 집행기관, 금융기관 내 준법 인원 및 금융업계 종사자들도 도드 프랭크 법안 내용을 명확히 이해하려면 상당 기간의 학습과 교육을 필요로 한다. 한마디로 8년 내지 10년 동안의 준비 과정이 없다면 이 법안은 실행 불가능하다는 얘기가 된다.

볼커 룰은 더욱 복잡하고 난해하다.

폴 볼커가 처음에 상정한 의안은 고작 4쪽에 불과했다. 간단한 조항 몇 가지를 제정해 대형 금융기관의 고수익을 추구하는 자기자본 거래 행위를 최대한 규제하자는 것이 그의 당초 취지였다. 그가 제안한 투기 목적의 자기자본 거래와 비투기 목적의 자기자본 거래 구분 방법은 매우 간단했다.

"고객에게 서비스를 제공하기 위해서가 아니라 자기 자신을 위해 돈을 버는 거래는 모두 자기자본 거래이다. 이것은 은행의 매매 포지션을 추적, 계산해보면 쉽게 알 수 있다."

이렇게 간단한 방법은 뜻밖에 월스트리트 금융기관의 강한 반발을 샀다. 이해관계가 걸린 중대차한 사안인지라 월스트리트는 추호도 양보하려 하지 않았다. 골드만삭스의 경우 볼커 룰을 엄격하게 적용하면 자기자본 거래 제한 규정에 의해서만 연간 수입이 37억 달러 넘게 감소한다. 게다가 금융감독 기관이 더 깐깐한 시행 세칙을 제정한다면 수십억 달러의 추가 손실을 감수해야 할지도 모른다. 볼커 룰은 골드만삭스뿐 아니라 JP모건, 모건 스탠리, 뱅크오브아메리카, 시티뱅크를 비롯한 월스트리트 큰 손들에게 심각한 타격이 예상되는 규정이다. 볼커 룰이 2010년 7월에 도드 프랭크 법안에 정식으로 편입되고 2011년부터 시행된다면 월스트리트 큰손들은 2011년에만 500억 달러가 넘는 손실을 입을 수 있었다.

이 때문에 온갖 방해 작전을 펼쳐 볼커 룰의 시행을 지연하는 것이 월스트리트의 급선무가 됐다.

이에 골드만삭스는 미국 정계의 내로라하는 '스타'들로 '로비 군단'을 조직해 정부의 관련 감독기관과 교섭을 시도했다. 로비 군단에는 전 미국 야당 간부를 비롯한 헤비급 인물들이 포함됐다. 골드만삭스는 금융감독 기관을 설득해 볼커 룰의 관련 조항이 금융기관에게 유리한 쪽으로 개정되길 바랐다.

마이클 피스 전 미국 하원 금융서비스위원회 부의장이 로비 군단을 일사분란하게 지휘했다. 군단 멤버에는 상원 은행위원회, 백악관 및 기타 주요 감독기관의 전직 요원들이 대거 포진했다. 이들은 골드만삭스의 '식객'으로 변신한 뒤 높은 보수가 부끄럽지 않도록 열심히 활동했다. 이밖에도 골드만삭스는 정계에 상당한 영향력을 행사하는 전직 국회위원 여러 명을 워싱턴에 '모셔다놓고' 정부와의 소통을 강화했다. 이 가운데에는 로트 전 공화당 상원 원내대표, 존 브루 전 공화당 상원 의원 및 게페르트 전 민주당 하원 원내대표 등 쟁쟁한 인물들도 포함됐다.

월스트리트와 워싱턴 정부는 영욕을 함께하는 공생관계에 있다. 양측의 밀접한 협력 아래 출범하는 법률은 언제나 '월스트리트-워싱턴'을 축으로 한 금권천하를 더욱 공고히 해준다.

오바마 정부는 월스트리트의 거대한 압력을 못 이겨 타협을 선택했다. 그 결과 수많은 이해관계자들이 볼커 룰에 가지각색의 '예외 조항'과 '세부 규정'을 보태 넣었다. '매매 대행', '헤지 거래', '손절매' 등 면제 조항까지 추가하고 나자 볼커 룰은 한층 더 복잡해졌다. 폴 볼커의 말처럼 4쪽 분량이면 충분할 볼커 룰은 금세 298쪽으로 늘어났다. 심지어 폴 볼커마저도 읽다 말고 탄식했을 정도였다.

100개의 '면제 조항'에 1,000개의 '예외 조항'을 곱하면 10만 개의 불가해(不可解)가 만들어진다.

수많은 예외 조항과 면제 조항 중에서 특히 짚고 넘어가야 할 것은 볼커 룰이 미국 국채 및 패니메이와 프레디맥의 MBS 채권을 담보로 하는 자기자본 거래에 대해 규제하지 않았다는 사실이다. 이유는 매우 간단하다. 미국 국채 및 패니메이와 프레디맥의 MBS는 미국과 전 세계 RP 시장의 가장 중요한 담보물이기 때문이다. 만약 이 채권들을 담보로 하는 환매채 융자를 규제하면 그림자금융 시스템이 무너지는 것은 물론이고 금융위기까지 발발하게 된다.

환매채 매매는 은행의 '자기자본 거래'에 속할까? 물론 그렇다. 은행이 이 시장에서 행하는 수많은 거래는 대부분 영리성 활동이다. 그렇다고 이를 금지하는 것은 불가능하다. 더 복잡한 문제가 생길 수 있기 때문이다. 그런데 볼커 룰은 미국 국채 거래는 금지하지 않으면서도 은행이 영리성 목적으로 외국 정부채에 투자하는 것을 엄하게 규제해 물의를 빚고 있다.

이 규정이 시행되면 외국 정부채 발행과 거래의 비용, 리스크, 난도가 한층 더 커지고 유동성이 줄어들게 된다. 영국, 일본과 유럽연합 회원국들은 볼커 룰의 편파 규정에 심기가 불편해졌다. 이렇게 되면 필연적으로 글로벌 금융시장 룰의 통제력에 지장이 생기게 마련이다.

내부의 저항과 외부의 의심 때문에 볼커 룰은 한 발자국도 내딛기 어려운 상황에 처했다.

Fed마저 대형 은행을 감싸고돌았다. 볼커 룰의 세부 규칙을 둘러싼 논쟁이 점점 가열되고 있을 때, Fed 내부에서 은행의 자기자본 거래에 관한 정의가 금융기관 별로 세분화될 것이라는 놀라운 소문이 터져 나왔다. 이 소식은 가뜩이나 원래 모습을 찾아볼 수 없게 된 볼커 룰을 더욱 종잡을 수 없게 만들었다.

이뿐만이 아니었다. 볼커 룰은 원래 2012년 7월 21일부터 발효될 예정이었다. 그런데 Fed가 느닷없이 각 대형 은행에 자기자본 거래를 즉각 중단할 필요가 없고 '관련 업무의 준법성 심사'를 할 수 있도록 2년이라는 유예기간을 준다고 통지했다. 가장 낙관적인 예측에 따르더라도 2014년 7월이나 돼야 볼커 룰의 세칙이 나올 것이다. 또 이 세칙이 구속력을 가지려면 시간이 좀 더 필요하다. 볼커 룰의 발효 일자를 연장할 권력이 있는 Fed가 그때가 돼 또 어떤 변덕을 부릴지 모른다. 설사 볼커 룰이 제때 발효되더라도 안에 면제 조항, 예외 조항이나 연기 조항이 다수 포함될 가능성이 크다. 이 조항들에 근거해 은행은 투기적 성격을 지닌 사모펀드와 헤지펀드 업무를 향후에도 10여 년 이상 지속할 수 있을 것이다. 또 자기자본 거래 관련 규정은 일련의 예외, 면제 조항에 의해 금융 규제의 사각지대가 될 것이다.

그때가 되면 폴 볼커는 포터 스튜어트의 명언을 혼자서 처량하게 읊조리지 않을까.

사실 폴 볼커도 월스트리트의 막강한 힘을 알고 있었다. 그래서 그가 제정한 룰에도 월스트리트를 의식한 내용이 일부 보인다. 이를테면 '2024년 이후의 금융위기를 방지하려면'이라는 문구가 대표적이다. 이 말의 뜻인즉 "2024년 이전의 부정행위는 가볍게 처벌한다"는 얘기이다. 한마디로 해결해야 할 문제를 10년 뒤로 미룬 것이다.

오바마는 대선 연설에서 월스트리트가 탐욕의 대가를 지불하게 될 것이라고 공약했다. 그러나 그는 첫 번째 임기가 끝날 때까지 이 공약을 실천하지 못했다. 최종적인 결과만 놓고 보면 오바마 대통령 역시 '가난한 사람을 위한다고 말만 하고 실제로는 부자를 위해 일하는 대통령'일 뿐이었다.

월스트리트의 대형 은행이 대마불사의 전형이라면 도드 프랭크 법안은 '시행이 불가능할 정도로 복잡한 법안', 볼커 룰은 엄격하다기보다는 우스꽝스러운 '볼커 게임'에 불과하다.

이런 이유 때문에 월스트리트의 큰손들은 도드 프랭크 법안과 볼커 룰을 안중에도 두지 않고 있다. JP모건은 여전히 런던 고래 스타일의 모험 투자를 계속하고, 골드만삭스도 새 법안을 완전히 무시하고 있다. 골드만삭스는 도드 프랭크 법안이 의회를 통과한 뒤에도 에너지펀드, 위안화펀드, 부동산 메자닌펀드를 비롯해 다수의 신규 펀드를 모집했다. 골드만삭스는 새로 투자한 펀드들이 볼커 룰의 규정에 어긋나지 않을 것이라고 자신하고 있다. 설사 볼커 룰에 위배된다 할지라도 기간 연장을 신청하는 등 펀드를 처분하지 않는 방법은 많다.

도드 프랭크 법안과 볼커 룰을 둘러싼 일련의 불협화음은 향후 더 많은 문제가 발생할 것이라는 사실을 암시한다.

메자닌펀드(mezzanine fund) 비교적 안정성이 보장되는 채권의 성격과 향후 주가가 오를 경우 주식으로 전환이 가능한 성격을 동시에 가지는 주식 관련 채권에 투자하는 펀드.

미국 국민들은 월스트리트의 탐욕을 증오한다. 미국 대통령과 미국 의회 역시 월스트리트의 탐욕을 싫어한다. 그런데 무엇 때문에 국민, 대통령, 의회가 힘을 합쳐도 국민을 위한, 국민의 부를 지키기 위한 법안 하나 제대로 제정하지 못한단 말인가?

2008년 글로벌 금융위기를 유발한 장본인은 수십조 달러의 손실을 입히고 수많은 근로자를 거리로 내몰고 수백만 가구의 부동산을 강제로 빼앗았는데도 어떻게 상응한 처벌을 받지 않고 버젓이 활개를 치고 다니는가? 마땅히 징계를 받아야 할 월스트리트 금융기관은 어떻게 더 많은 보너스를 받으면서 더 큰 탐욕을 조장하고 있는가?

무법무천의 부패보다 더 두려운 것이 바로 유법무천의 부패이다. 일개 개인의 탐욕보다 더 가증스러운 것은 이익집단의 탐욕, 법의 보호를 받는 탐욕, 제도적 탐욕이라고 할 수 있다.

법의 비호를 받으면서 탐욕이 기승을 부린 결과, 부의 공정 분배 원칙은 완전히 무너지고 빈부 격차는 전례 없이 심화됐다.

중산층의 몰락

2013년 8월 29일, 미국 60여 개 도시 패스트푸드 업체와 소매업체 근로자들이 대규모 파업을 단행했다. 맥도날드, KFC, 버거킹을 비롯한 패스트푸드 체인점 근로자와 대형 백화점 종업원들은 "7달러 25센트로는 살 수 없다"라는 피켓을 들고 연방정부에 최저임금 인상을 요구하는 거리 시위를 벌였다. 시위자들은 연방정부 기준 7달러 25센트의 최저임금이 그들을 빈곤의 굴레에서 영원히 벗어날 수 없게 만들었다면서 시급을 15달러의 '기본 생활임금' 수준으로 올려달라고 강력히 요구했다.

패스트푸드, 소매, 요식, 엔터테인먼트 등 유동성과 임시성이 강한 이들 업종에는 예로부터 노동조합이 거의 존재하지 않았다. 그래서 이 업종 근로자들이 전국적인 파업을 벌이기란 거의 불가능했다. 그런데 8월에 이들이 전국적인 파업을 단행해 사람들을 깜짝 놀라게 만들었다. 특히 미국 남부는 전부터 파업이 거의 없는 지역으로 알려졌으나 이번 전국적 파업에는 남부 여러 주의 패스트푸드 업체와 소매업체들이 적극 동참했다. 이는 미국 중하층의 어떤 강렬한 정서와 결심을 반영하는 대목이다.

패스트푸드 업계에서도 빈부 격차는 갈린다. 걸핏하면 수백, 수천만 달러씩 보너스를 받는 고위층 경영자의 생활수준은 빈곤선에서 허덕이는 근로자와 선명한 대비를 이룬다. 집단 전체에 형성된 극도의 불만 정서가 강렬한 분노로 바뀌자 노조도 없이 산만한 패스트푸드 업계에서 이처럼 놀라운 에너지가 발산된 것이다.

사람들은 보편적으로 패스트푸드 업종의 임금이 낮다는 인식을 가지고 있다. 그렇다곤 해도 미국 노동부의 데이터를 보면 더 깜짝 놀랄 만한 사실을 알 수 있다. 2013년 7월, 미국의 시간당 최저임금은 7달러 25센트였다. 비농업 부문은 평균 23달러 98센트로 상당히 높았고, 제조업은 20달러 14센트인데 반해 패스트푸드 업종의 시급은 9달러에 불과했다.

더 안타까운 것은 금융위기 종식 후 이들의 실질 임금이 6%나 하락했다는 사실이다. 시급이 낮은 것도 서러운데 근무시간마저 충분하게 제공되지 않고 있다. 예컨대 비농업 부문의 주당 평균 근무시간은 34.4시간이다. 세인트루이스 지구 연방은행의 데이터에 따르면 유흥요식업(패스트푸드 업종 포함)의 주당 평균 근무시간은 26.4시간을 넘지 않았다. 또 패스트푸드 업체 근로자의 세전 연수입은 1만 2,355달러에 불과해 미국 빈곤선 인구의 평균 연수입인 1만 1,490달러보다 약간 높았다. 이는 패스트푸드 업종에 종사하는 350만 명의 취업인구가 겨우 빈곤선을 넘는 데 불과함을 의미한다.

　솔직히 패스트푸드 업종은 인기 직종이 아니다. 그럼에도 불구하고 미국의 패스트푸드 업계에서는 일자리 빼앗기 경쟁이 가열되고 있다. 금융위기 발생 후 맥도날드는 취업시장에서 인기가 가장 높은 직장으로 떠올랐다. 2011년 미국 내 맥도날드 체인점은 총 6만 2,000명을 고용했는데, 구직 신청서를 제출한 사람 수는 무려 100만 명을 넘어 입사율이 6.2%에 불과했다.[5] 이는 같은 해 하버드대학 입학률과 비슷한 수준이며, 다른 일반 대학 입학률보다 더 낮았다. 100만 명 중에서 겨우 6만 2,000명에게만 주어진 일자리의 평균 시급이 9달러밖에 안 된다는 것은 미국 취업시장의 실태를 적나라하게 보여준다.

　예전에는 패스트푸드 업종이라고 하면 학생들이 용돈을 벌기 위해 아르바이트를 하는 직장쯤으로 생각했다. 그러나 2013년 패스트푸드 업체 근로자의 평균 연령은 28세에 이르렀다. 놀랍게도 이 가운데 30%가 대졸자이고, 25%는 자녀를 한 명 이상 둔 학부모였다.

　평균 연수입이 1만 2,355달러라면 부부가 맞벌이를 한다 해도 4인 가구의 총수입은 2만 4,700달러에 불과하다. 월 평균 수입이 겨우 2,000달러 정도인 데다 이것도 세전 수입이다. 블랙스톤의 인비테이션 홈스의 월 임대료는 1,500달러, 좀 더 저렴한 임대주택의 임대료도 1,000달러가 넘는다. 출퇴근 교통비 역시 적어도 200~300달러로 만만치 않고 자가용을 굴리면 지출은 더 증가한다. 이런저런 비용을 공제하고 남는 생활비로 4인 가구가 매일 패스트푸드라도 먹을 수 있을까? 어림도 없다. 패스트푸드점에서 일하는 사람이 패스트푸드를 사먹을 처지도 못 된다는 말이다. 4인 가구 기준으로 아무리 허리띠를 졸라매도 매달 식비 500달러 이상, 수도세를 비롯한 전기세, 전화요금 등 기본 지출이 300달러 이상 든다. 이 상태면 가계부는 이미 적자가 난다. 여기에 아이들 학비까지 지출하고 나면

옷도 사 입지 못하고 인터넷도 끊어야 하고 휴대폰도 정지시켜야 한다. 영화 관람이나 여행, 외식은 꿈도 꿀 수 없다. 이것이 사람들이 그토록 갈 망하는 아메리칸 드림이란 말인가?

패스트푸드 업종의 임금 수준을 보면 '생활 임금'은 둘째 치고 '생존 임금'이라고 부르기에도 부끄럽다. 중국 베이징에서 가정부로 일하는 사람의 임금도 이보다는 많을 것이다. 미국에서는 이런 박봉 일자리마저 6.2%의 소수 사람들에게만 주어진다.

패스트푸드 업종 종사자의 현실은 미국 사회의 주류를 이루는 중산층의 생활상을 반영한다. 금융위기 발생 후 미국 중산층의 생활수준은 호전되기는커녕 오히려 더 악화됐다.

미국 CBS는 2013년 7월 28일자 뉴스에서 '미국 성인 중 80%, 실업과 빈곤 경험'이라는 대문짝만 한 제목 아래 다음과 같은 조사 결과를 발표했다.

"경제 글로벌화가 심화되고 소득 격차와 양극화도 갈수록 심해지고 있다. 고소득 제조업 일자리가 외국으로 이전됨에 따라 미국의 성인 5명 중 4명은 실업과 싸우고 있다. 또 빈곤의 벼랑 가까이에 다가서서 많든 적든 정부의 지원을 받고 있다. 미국의 빈곤선 이하 인구는 4,620만 명으로 총인구의 15%를 차지한다.[6] 미국 역사상 이렇게 많은 빈곤 인구가 존재하는 것은 처음이다."

2012년 말까지 미국에서 푸드 스탬프를 받아 생활하는 인구는 2008년 대비 70% 증가한 4,780만 명에 달했다. 이는 스페인 총인구보다 더 많은 수치로 사상 최고 기록을 세웠다. 정부가 1인당 매달 지급하는 푸드 스탬프 액수는 약 133달러로 상점에서 식량, 육류, 과일, 우유 등 식품을 구매할 수 있다. 1975년에는 푸드 스탬프를 신청한 인구 비율이 8%에 불과했으나 37년 뒤에 이 비율은 2배 가까이 상승했다. 이처럼 빈곤 인구는 끊임없이 증가하는데도 미국 GDP는 성장하고 실업률은 하락하고 부동산 가격은 폭등하고 주식시장은 호황을 누려 선명한 대조를 이루고 있다.

경기는 회복세를 보이는데 빈곤 인구는 꾸준히 증가한다? 도대체 어떤 것이 미국 경제의 실상인가?

빈곤 인구가 급증하는 근본 원인은 갈수록 악화되는 취업난 때문이다. 빈곤선에서 벗어날 만한 일자리를 찾을 수 없는 것이다.

미국 실업률은 2009년 10월에 10%까지 육박했다가 2013년 8월에 7.3%로 떨어졌다. 실업률이 꾸준히 하락했으니 취업시장도 호전되어야 마땅하다. 그런데 왜 빈곤 인구는 더 큰 폭으로 늘어났을까?

미국 취업시장의 현주소

미국 경제가 금융위기 발생 전 최고 호황을 누리던 2007년 12월, 미국 취업시장에는 총 1억 3,800만 개의 일자리가 있었다. 직종의 성격 및 소득 수준에 따라 분류할 경우 일자리는 고소득 일자리, 중간소득 일자리, 저소득 일자리 세 부류로 나눌 수 있다.

이중 고소득 일자리는 미국 경제의 근간이자 경제 활성화와 국제 경쟁력 향상의 핵심 부분이다. 또한 미국 중산층의 주류 직종이자 소비력의 토대이기도 하다. 고소득 일자리 수는 7,180만 개로 전체 취업시장의 52%, 취업시장 전체 소득의 65%를 차지했다. 고소득 직종의 연평균 수입은 5만 달러로 미국 일반 가계의 중간소득 수준이며, 4인 가구가 부족함 없이 생활할 수 있다. 고소득 일자리는 대부분 정규직이고, 매주 40시간 정도 근무하며, 의료보험, 연금, 401K 플랜에 가입돼 있다. 주로 금융업, 화이트칼라 전문직, 정보기술, 경영관리, 제조업, 광업, 건설, 부동산,

공무원, 교통운수, 창고보관 등 양질의 직종이 대표적인 고소득 일자리로 꼽힌다.

중간소득 일자리에는 의료보건, 교육, 사회복지 등의 직종이 포함된다. 연평균 수입은 3만 5,000달러이고, 일자리 수는 취업시장의 21%인 2,890만 개로 고소득 일자리 수의 절반에 못 미친다. 중간소득 일자리 수는 꾸준히 증가하는 추세이나 정부 지출 및 재정 보조에 거의 의존해야 하는 단점이 있다.

유흥요식업, 바텐더, 모텔 종업원, 요가 코치, 정원사, 소매업자, 비정규직 등을 망라한 저소득 일자리의 연평균 수입은 1만 9,000달러이다. 일자리 수는 3,720만 개로 취업시장의 27%를 차지한다. 대부분의 저소득 일자리에는 의료보험을 비롯한 복지 혜택이 제공되지 않는다. 여기에 아이까지 딸렸다면 빈곤 인구로 봐도 무방하다.

이것이 금융위기 발생 전 미국 취업시장의 대략적인 윤곽이었다.

미국 실업률이 2009년 이후부터 하락한 비결은 저소득 일자리 수의 증가에 있다. 월스트리트 매체들이 미국 취업시장에 580만 개의 취업 기회가 새로 생겼다고 요란하게 떠들어댔지만 실상은 신규 취업 자리 중 60%가 저소득 일자리였다.

2013년 7월, 미국의 저소득 일자리 수는 3,750만 개에 달했다. 경기 침체가 끝날 당시의 3,470만 개에서 280만 개의 취업 기회가 새로 늘어난 것이다. 이는 2007년의 3,720만 개와 비슷한 수준이었다. 새로 증가한 280만 개의 저소득 일자리는 새로 '창조'된 것이 아니라 2007년에 있었던 것이 다시 '재생'된 것에 불과했다.

연수입 1만 9,000달러라면 겨우 빈곤선을 벗어난 수준이다. 대표적인 저소득 일자리인 패스트푸드 업종의 근로자는 임금으로 겨우 생계만 유지할 수 있었다. 따라서 4년 동안 저소득 일자리 수는 280만 개 증가했으나 소비력 향상에는 하등 도움이 되지 않았다. 심지어 인플레이션 효과를 배제하면 저소득 일자리의 실질 수입은 6% 하락했다. 요컨대 저소득층에게 미국 경제의 회복을 기대한다는 것은 어불성설과 다름없다.

미국 중산층의 주요 직종이자 소비를 이끄는 주력군인 고소득 일자리 상태는 더욱 심각하다. 글로벌 금융위기로 인해 580만 개의 고소득 일자리가 사라져버렸다. 이후 4년 동안 다시 회복된 것은 겨우 140만 개뿐이다. 연 평균 31만 개밖에 증가하지 않은 셈으로 미국의 인구 증가 규모는 이보다 10배 이상 많았다. 2013년, 미국의 고소득 일자리 수는 6,760만 개로 2000년의 7,190만 개보다 훨씬 줄어들었다. 만약 위의 속도로 증가한다면 고소득 일자리 수는 2025년에 이르러야 2000년 수준을 회복하게 될 것이다. 무려 4반세기가 지난 후에 말이다.

미국 정부는 매년 고소득 일자리를 고작 30여만 개 창출하기 위해 무려 1조 달러의 재정적자(정부 소비)를 기록하고 있고, Fed는 통화 발행액을 해마다 8,000억 달러씩 늘리고 있다. 8,000억 달러를 일자리 수로 나누면 250만 달러라는 계산이 나온다. 즉 연봉 5만 달러짜리 고소득 일자리 하나를 창출하는 데 무려 250만 달러를 투입한다는 얘기가 된다. 이것이 사실이라면 이처럼 한심하고 미련한 고용 창출 방안은 아마 전 세계에 전무후무할 것이다.

따라서 Fed가 돈을 찍어내는 목적은 결코 취업 문제 해결이 아니라는 점은 확실해졌다. 해마다 양적완화로 뿌리는 8,000억 달러를 직접 개인에게 나눠준다면 연봉 5만 달러짜리 고소득 일자리를 1,600만 개 창출하는 것과 맞먹는다. 벤 버냉키가 헬리콥터를 타고 허공에서 돈을 뿌리든, 집집마다 현금을 나눠주든, 아니면 압류주택 채무를 갚아주든지 간에 이 돈을 은행에 주는 것보다 경제적 효과가 훨씬 더 클 것이다. 결론만 본다면 Fed의 성격은 명약관화하다. Fed는 정부나 국민을 위한 기관이 아니고 단지 월스트리트를 위한 기관일 뿐이다.

　2000년 초를 기준으로 미국의 고소득 일자리 수는 2013년에 430만 개나 줄어들었다. 이에 반해 생계 유지비는 대폭 증가했다. 휘발유 가격은 3배 올랐고, 대학 등록금도 2배 이상 올랐다. 기본적인 생활비 역시 대폭 증가했으며, 의료보험료와 병원비도 2000년 수준을 훨씬 상회했다. 2000년 당시 정규직은 의료보험 혜택을 톡톡히 받았다. 직원들은 매달 수십 달러만 내면 온 가족이 보험 혜택을 받아 병원비로 10~20달러만 부담하면 됐다. 그러나 2013년에는 어떤가? 온 가족이 의료보험 혜택을 받으려면 개인이 보험료 수백 달러를 부담해야 하고 병원비도 대폭 상승했다.

　2000년의 고소득 일자리 수는 금융위기 발생 전인 2007년 때와 마찬가지로 7,190만 개였다. 이는 '그린스펀 버블' 기간에 고소득 일자리 수가 사실상 제로성장을 했다는 말이다. 부동산 버블로 상징되는 이른바 '부의 효과'는 실질적인 경제 성장을 이끌지 못하고 오히려 80년 만의 금융 대재앙을 초래했다. '버냉키 버블' 기간에도 부동산 거품을 이용해 재차 경기 회복을 꾀했지만 '그린스펀 버블'보다 더 심각한 위기를 유발하는 결과를 낳고 말았다.

　마지막으로 중간소득 일자리 수 증가 상황을 살펴보자. 금융위기 발생 후 4년 동안 의료, 교육, 사회복지 분야의 취업 기회는 매년 평균 약 25만 개씩 증가해 110만 개가 늘어났다. 2000년부터 따지면 미국의 의료, 교육, 사회복지 산업의 취업률은 줄곧 성장세를 유지했다. 심지어 금융위기 발생 후에도 일자리 수는 계속 증가했다. 오바마 대통령은 '과학, 교육, 문화, 공중위생' 이 네 가지를 미국 취업시장의 성장을 튼튼히 유지해주는 '보루'로 여기고 있다.

　2000년 1월부터 2013년 7월까지 중간소득 일자리 수는 660만 개 증가해 2013년에는 총 3,080만 개에 달했다. 이 가운데 외래건강관리 서비스(Ambulatory Health Care) 분야가 640만 개를 점하고 있다. 외래건강관리 서비스는 외래 진료, 외래 간병, 가정보건 관리기관 등 병원 밖에서 행해지는 의료건강 서비스를 가리킨다. 외래건강관리 서비스 분야의 일자리 수가 640만 개인 데 반해 건설업 일자리 수는 550만 개, 소비품 생산업 일자리 수는 450만 개에 불과했다. 한편 미국 의료 시스템에서 근무하는 간호사, 전문가 및 관리자 수는 800만 명에 이른다.

전체적으로 보면 미국의 의료보건 시스템 고용 인원은 1,460만 명, 유치원부터 대학에 이르기까지 전반적인 교육 시스템 고용 인원은 1,400만 명, 사회복지 분야의 고용 인원은 220만 명이었다.

의료보건 시스템 분야의 취업 기회가 꾸준히 증가하는 가장 중요한 이유는 정부가 이 분야에 어마어마한 자금을 쏟아 부었기 때문이다. 2000년, 메디케어(Medicare, 노인의료보험제도)와 메디케이드(Medicaid, 의료부조) 분야의 정부 지출 규모는 3,000억 달러에 달했다. 2012년에는 이 규모가 8,000억 달러로 증가해 GDP 성장률의 2배 가까운 속도를 보였다.

빌 클린턴 전 대통령이 임기를 마친 2000년에 미국 정부 재정은 흑자 상태였다. 그러나 2009년 오바마 행정부가 들어선 뒤로는 4년 연속 1조 달러 이상의 재정적자를 기록하고 있다. 이는 미국 정부가 의료보건 시스템에 대규모의 이전지급을 한 것과 마찬가지이다. 의료비 지출이 GDP 성장률보다 더 빠르게 증가한 현상은 실물경제에서 창출된 수익이 의료제약 산업에 대량으로 잠식당해 제조업의 성장 토대가 끊임없이 약해지고 있음을 의미한다. 해외로 빠져나간 제조업이 미국 국내로 다시 돌아오지 않는 데는 이런 이유가 있다.

의료보건 부문의 취업이 기형적으로 증가할 경우 이 분야에 더 많은

이전지급
재화나 용역을 주고받음과 관계없이 정부나 기업이 개인에게 지급하는 것. 구호품, 연금, 보조금 등이 있음.

경제자원이 몰려 결국 고소득 고용 창출을 방해하게 된다. 사회복지 분야 상황도 이와 비슷하다. 정부의 이전지급에 힘입어 실물경제의 취업 기회는 사회복지 분야로 대거 이전했다.

교육 부문에서는 사립학교의 폭발적인 팽창에 힘입어 일자리 수가 대폭 증가했다. 2000년 이래 미국 사립학교 취업자 수는 45% 증가했다. 반면 학자금 대출 잔액은 1,500억 달러에서 1조 달러로 급증해 학자금 대출 채무 불이행률이 확대일로에 있다. 교육은 국가의 미래를 위해 꼭 필요한 부문인데, 비싼 등록금과 거액의 채무가 학생들의 장래를 암울하게 만들고 있다.

중간소득 일자리, 특히 의료보건과 사회복지 분야의 일자리 수 증가는 정부의 재정적자에 힘입은 바 크다. 그러나 머지않은 장래에 금리 화산이 폭발하기 시작하면 국채 융자 비용은 뚜렷하게 상승하고, 정부의 부채 상환 능력은 한계에 부딪칠 가능성이 농후하다. 이는 의료보건 분야 취업의 증가를 방해하는 걸림돌로 작용할 수밖에 없다. 한편 교육 부문, 특히 사립학교 시스템의 일자리 수는 주로 학자금 대출에 의한 비싼 등록금에 힘입어 빠르게 증가했다. 미국의 학자금 대출 규모는 1조 달러로 자동차 대출과 신용카드 대출을 합친 액수를 초과했다. 취업시장이 불경기인 학자금 대출 디폴트 비율은 매우 심각한 상태에 놓였다. 만약 금리가 재차 상승하기라도 하면 대규모 학자금 대출 디폴트 사태가 터지는 것은 시간문제일 뿐이다. 이처럼 교육 분야의 취업 증가세는 이미 역전 상태에 직면했다.

저소득 일자리는 증가해봤자 소비의 성장을 이끌지 못한다. 저소득층은 생계를 유지하기에도 빠듯하다. 중간소득 일자리는 향후 증가세가 주춤할 것인 데다 이 소득층의 소비력은 제한돼 있다. 취업시장의 반수 이상을 차지하는 고소득층은 비록 주류 소비층이기는 하나 심각한 타격을 입은 상태라서 원기를 회복하려면 아직 시간이 더 필요하다.

2013년 소매 판매액은 인플레이션 효과를 배제할 경우 2007년 대비 2% 감소했다. 1980년대와 1990년대, 2000년에 세 차례의 위기가 발생한 뒤 5년 후의 소매 판매액은 각각 위기 발생 전보다 20%, 17%, 13% 증가한 바 있었다. 그러나 소매업 중에 일용품과 식품 소비 상황을 살펴보면 2013년 미국인의 실질 소비는 2007년 대비 6% 하락했다. 2차 세계대전 종식 이래 수차례의 경제위기 발생 후 경제 회복 과정에서 이런 현상이 나타나기는 처음이었다.[7] 이는 고용시장이 심각한 골병이 들었다는 사실을 단적으로 보여주는 대목이다.

고용 부진에 의한 소비 위축 효과는 계속되고 있다. 이것이 바로 미국 경제의 회복을 지연시키는 핵심 요인이다.

총체적으로 보면 금융위기로 인해 사라졌던 저소득 일자리는 어느 정도 회복된 상태에 있다. 이에 반해 손실된 580만 개의 고소득 일자리는 140만 개만 회복됐다. 중간소득 일자리는 190만 개가 새로 증가했지만 금융위기 전에 비해 여전히 250만 개가 모자란다. 같은 시기에 미국 인구는 1,500만 명 이상 증가했다. 이런 상황에서 취업 기회가 250만 개 줄어들었으니 젊은 층의 취업 압력은 말하지 않아도 쉽게 짐작할 수 있다.

취업시장 참여율(취업한 상태거나 구직 중인 노동인구 비율)만 봐도 미국 취업시장의 암담한 실태를 어렵지 않게 알 수 있다. 2013년 8월, 미국의 16세 이상 인구의 취업 참여율은 63.2%로 35년 전인 1978년 8월 수준으로 돌아갔다. 또 중간소득 가구의 수입은 인플레이션 효과를 배제하면 2000년보다 7%나 감소했다.

그럼에도 불구하고 정부와 기업에 우호적인 월스트리트의 언론 응원단은 실업률이 하강하고 있을 뿐 아니라 소비자 신뢰가 회복되면서 경제 기초가 개선됐다고 크게 떠들어대고 있다. 취업시장의 암담한 실상을 왜

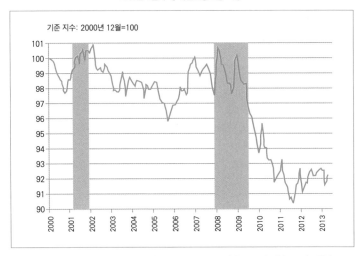

미국 중산층 가구 실질 소득 지수(도시 소비자 물가지수 반영-인플레이션 배제)

2013년 4월까지, 계절변동조정 적용

기준 지수: 2000년 12월=100

2013년 미국 중간소득 가구의 실질 소득(인플레이션 효과 배제)은 2000년 대비 7% 감소했다.
(출처: www.SentierResearch.com)

곡 해석해 경기 회복이라는 '신기루'를 만들어내고 있는 것이다. 고용 부진과 소득 감소 현황이 개선되지 않는 한, 주식시장의 폭등, 부동산시장의 호황, 경제 성장에 대한 낙관적인 전망은 언젠가는 빙산에 부딪히는 날이 올 것이다.

반석 위에 지은 집 아니면 모래 위 집?

버락 오바마 미국 대통령은 취임 후 얼마 안 지난 2009년 4월부터 미국 사회 '개조'에 대한 준비를 서둘렀다. 14일, 조지타운대학에서 장장 45분 동안 행한 일장연설에서는 미국 경제를 붕괴 위험이 있는 집에 비유한 다음 성경의 산상수훈을 인용해 "모래 위에 지은 집은 쉽게 무너지나 반석 위에 지은 집은 무너지지 않는다. 따라서 경제위기에 서 벗어나 새롭게 태어날 경제는 반석 위에 지은 집과 같아야 한다"고 강조했다.

리쇼어링(re-shoring)
해외로 진출한 자국 기업들이 다시 본국으로 돌아오는 것.

이 연설에서 보듯 제조업의 리쇼어링과 신에너지 산업의 성장에 힘입어 미국 실물경제를 반석처럼 튼튼하게 일으켜 세우는 것이 오바마의 웅대한 포부였다.

오바마 대통령은 임기가 시작된 2009년부터 해외로 진출한 미국 제조업 기업들에게 본국으로 돌아오라고 간절히 호소했다. 그러나 4년이 지난 2013년까지 그의 바람은 실현되지 못했다. 미국 제조업 경기 부진은 그를 가장 힘들게 만드는 골칫거리가 되었다.

2011년 2월, 오바마 대통령은 고인이 된 스티브 잡스 전 애플사 CEO와의 만찬 자리에서 아이폰 생산기지를 미국으로 옮겨달라고 요청했다. 그러나 스티브 잡스는 "그럴 생각이 없다"며 일언지하에 거절했다.

사실 이유는 간단하다. 양적완화에 의한 유동성 과잉 시대에 미국 본토에 남아 있는 제조업 기업들은 자본적 지출을 줄이고 채권 발행을 통해 조달한 자금으로 자사주 매입에만 열을 올리고 있다. 이런 판국에 해외로 나간 기업들이 본국에 돌아온들 속된 관습에서 벗어나지 못하고 똑같이 '변질'될 것은 당연한 일이 아닌가.

염가 화폐정책은 산업자본의 형성에 득이 되는 것이 아니라 오히려 독이 되고 있다.

제조업 리쇼어링 희망이 물거품이 된 데 대해 줄곧 불쾌해하던 오바마 대통령은 2013년 2월

| 미국 제조업 리쇼어링은 오바마 대통령의 일방적인 소망에 불과했다.

13일 집권 2기 첫째 해 국정연설에서 제조업의 르네상스와 일자리 창출이 최우선 과제라고 강력하게 주장했다. 미국을 일자리를 유인하는 자석으로 만들겠다고 다짐한 데 이어, 제조업의 리쇼어링을 촉진하기 위해 오하이오주의 영스타운에 설립한 3D 프린팅 연구소인 NAMII와 같은 제조 허브를 3개 더 구축할 계획이라고 밝혔다. 제조 허브의 비즈니스 파트너로는 미국 국방부와 에너지국을 지목하고, 차세대 제조업 혁명이 미국에서 일어날 수 있도록 의회에 15개 제조 네트워크 구축을 도와달라고 요청했다.

참으로 웅대하고 원대한 계획처럼 들리지만 최종 효과만 놓고 보면 "뜻은 크나 재능이 모자라다"라는 말을 들어도 할 말이 없다. 2013년에 창출된 일자리 수는 오바마 대통령도 탄식이 나올 정도로 형편없었다. 오바마 대통령이 국정연설을 발표한 지 반년이 지난 후 일자리 수가 늘기는 했다. 특히 바텐더 일자리는 24만 7,000개가 증가했다. 그렇다면 고소득 직종인 제조업 일자리는 얼마나 증가했을까? 리쇼어링 호소, 제조 허브 구축 같은 원대한 계획이 무색할 정도로 겨우 2만 4,000개 증가해 바텐더 수 증가량의 10분의 1에도 미치지 못했다.

솔직히 말해 미국 정부는 경제 분야에 아무런 강제력도 행사하지 못한다. 자유시장 경제 논리가 이미 정착한 나라에서 화폐의 이익 추구 본성에 위배되는 정책을 펼쳤으니 전제 자체가 틀린 것이다. 게다가 정책 집행력 역시 매우 부족했다.

대통령이 적극적으로 주장하니까 사람들은 그저 입으로만 수긍했을 뿐이다.

오프쇼어링(off-shoring)
기업들이 경비를 절감하기 위해 생산, 용역, 일자리 등을 해외로 내보내는 현상. 리쇼어링의 반대 개념이다.

고소득 제조업의 오프쇼어링 문제는 국가 정책의 의지로 해결할 수 있는 것이 아니다. 미국 제조업의 해외 진출은 자본의 이익 추구 본능에 의해 이루어진 것이기 때문이다. 화폐정책에도 영향력을 행사하지 못하는 대통령이 어떻게 자본의 이동을 통제하겠는가? 제조 허브 구축이니 하는 웅대한 청사진은 더 실현 가능성이 없는 것이다.

미국 대통령은 세계에서 지명도가 가장 높은 동시에 실권은 가장 작은 국가원수 중 한 명이라고 할 수 있다. 다시 말해 '미국 대통령'이라는 타이틀은 권력의 상징일 뿐 권력 자체가 아니다.

오바마가 '반석 위의 집'을 강조하면서 준비한 두 번째 비장의 카드는 '신에너지 혁명'이었다. 그중에서도 특히 '셰일가스' 개발에 대한 기대가 컸다.

국제에너지기구(IEA)는 '세계 에너지 전망 2012 보고서'에서 미국이 셰일가스 개발을 계기로 오는 2017년에 사우디아라비아를 제치고 세계 최대 원유 생산국에 등극할 것이라고 전망했다. 에너지 생산량만 놓고 보면 '자급자족'이 가능할 것으로 예측된다. 미국의 다국적 석유화학 기업인 엑슨모빌은 '2013년 에너지 전망 보고서'에서 세계 천연가스 수요는 2040년까지 65% 성장하고, 북미 지역이 천연가스 공급량 증가분의 약 20%를 차지할 것이라고 예측했다. 그중에서 비전통 에너지, 특히 셰일가스가 세계 에너지믹스에서 가장 중요한 역할을 할 것이라고 주장했다. 또 보고서에서는 2025년에 미국이 셰일가스 혁명에 힘입어 에너지 수출국으로 발돋움할 것이라고 결론 내렸다. 이에 미국국가정보위원회 역시 미국이 2030년까지 에너지 자립을 실현할 것이라며 맞장구쳤다.

오바마 대통령은 셰일가스에 대해 강한 자신감을 보였다. 그는 2012년에 셰일가스 혁명에 대해 언급하면서 "우리는 100년 동안 사용할 천연가스가 있다"고 장담한 바 있다. 에너지 전문가들 역시 셰일가스 개발 붐에 힘입어 적어도 170만 개의 일자리가 창출될 것으로 예측했다. 말할 것도 없이 이 분야의 일자리는 고소득 직종이다. 2020년까지 셰일가스 산업에서 최소 300만 개의 일자리가 창출될 것이라는 낙관적인 전망도 나왔다.

미국의 천연가스 가격이 최근 몇 년 동안 하락을 거듭한 것도 셰일가스 혁명의 시작을 예고하는 듯했다. 이에 월스트리트 언론 응원단은 미국이 '제2의 사우디아라비아'로 급부상 중이라고 목소리를 높이고 있다. 이뿐만 아니라 만약 셰일가스와 셰일오일이 석유를 대체한다면 에너지 원가가 대폭 하락해 제조업 리쇼어링의 직접적인 원동력으로 작용할 것이라고 자신감 있게 말했다. 이로써 더 많은 고소득 일자리를 창출해 소비

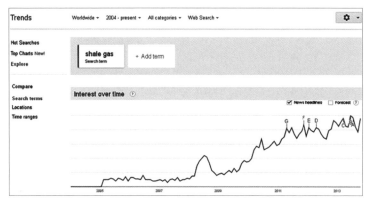

구글 트렌드 분석에 의하면 셰일가스는 2005년부터 언론의 주목을 받기 시작했고, 2011년에 언론 보도에서 가장 많이 언급됐다. 이해에 셰일가스 혁명이라는 단어가 등장했다.

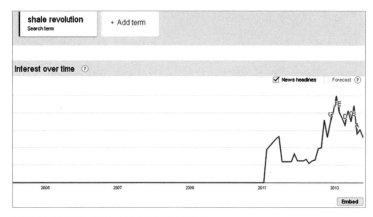

셰일가스 혁명이라는 용어는 2011년에 갑자기 등장했다.

성장을 이끌게 되면 경기 회복도 시간문제라고 결론 내렸다.

그렇다면 셰일가스 혁명은 도대체 언제부터 갑자기 거론되기 시작했을까? 빅데이터 시대이니만큼 빅데이터로 설명해보자.

구글 트렌드를 통해 분석해보면 셰일가스에 관한 보도는 2005년부터 매체에 등장하기 시작해 2011년 이후 언론을 뜨겁게 달궜다. 셰일가스 혁명이라는 거창한 용어도 2011년부터 대량으로 언급되기 시작했다.

그렇다면 2005년에 대체 무슨 일이 있었기에 셰일가스가 각광받기 시작했을까? 이해에 획기적인 셰일가스 개발 기술이 개발됐을까 아니면 우리가 모르는 또 다른 내막이 있을까?

셰일가스는 수평시추법(Horizontal drilling)과 수압파쇄법(Hydraulic fracturing)을 결합해 채굴한다. 대량의 물, 모래, 세라믹으로 구성된 화합물, 즉 '파쇄 용액'을 고압으로 가스층에 분사해 균열을 일으킴으로써 셰일에 유리 상태나 부착 상태로 있는 가스를 채굴하는 기술이다. 그러나 파쇄 용액의 화학첨가물은 유독성이기 때문에 지하수를 오염시킬 위험성을 가지고 있다.

사실 셰일가스 개발 기술은 1980년대부터 존재했다. 그러나 미국에서 셰일가스 생산량은 2005년 이전까지 천연가스 생산량의 3%에 불과할 정도로 매우 적었다. 주요 원인은 높은 개발 비용 때문이었다. 여기에는 경제, 환경, 법률 등 다방면의 비용이 모두 포함된다.

2005년 부통령을 지낸 셰일가스 개발 기술의 선구자 딕 체니 전 핼리버턴(Halliburton) CEO는 정계와 석유업계의 절친한 친구들과 손잡고 미국환경보호국의 엄밀한 감시 아래에 있던 수압파쇄법 기술을 성공적으로 '구출'해냈다. 그 이전까지 미국환경보호국은 '안전음용수법(Safe Drinking Water Act)'에 따라 환경오염 위험이 심각한 수압파쇄법의 확산을 엄격하게 통제했다. 셰일가스 개발 비용이 줄곧 떨어지지 않았던 것도 모두 이 때문이었다. 결국 미국환경보호국은 석유 이익집단의 로비를 견디지 못하고 "유독성 화합물을 직접 지하수에 넣는 것을 엄금한다"는 규정을 깨뜨렸다. 이는 지하 수질 보호를 대단히 중요하게 생각하는 미국 현행법상 유일한 '예외'였다.[8]

2005년, 미국 법조계를 떠들썩하게 했던 '핼리버턴 배제(Halliburton exclusion)' 관련 법안이 출범하면서 마침내 '안전음용수법'에서 수압파쇄 금지 조항이 사라졌다. 한마디로 핼리버턴 배제 관련 법안이 아니었더라면 이른바 셰일가스 혁명도 불가능했을 것이다.

당연히 허술한 법망을 틈타 탐욕이 기승을 부리기 시작했다. 미국의 천연가스 생산량 대비 셰일가스 비중은 6년 만에 3%에서 40%로 급등했다. 2005년은 셰일가스 혁명의 '원년'이라고 해도 과언이 아니었다.

셰일가스 개발 기술은 수자원 오염이라는 부작용 외에 또 다른 치명적인 결함을 가지고 있었다. 바로 가스정 수명이 대단히 짧다는 것이다. 셰일가스 생산량은 보통 두 번째 해에 75~80% 급감하고, 가스정은 5년 뒤에 완전히 폐기 처분된다. 채굴업자들은 셰일가스 생산량과 생산업체의 주가를 일정 수준으로 유지하기 위해 새로운 가스정 개발에 지속적으로 거금을 투입해야 했다. 여기에 소문을 듣고 흘러든 핫머니까지 가세하자 천연가스 시장에는 급기야 공급량 과잉 및 가격 폭락 사태가 벌어졌다.

2005년, 딕 체니가 미국환경보호국으로부터 셰일가스 개발 허가를 받았을 때 1,000입방피트(mcf)당 14달러이던 천연가스 가격은 2011년 2월에 3.88달러

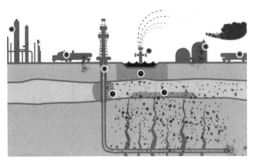

셰일가스 개발 기술인 수압파쇄법은 유독성 화학물질로 지하수 자원을 오염시킬 위험이 있다.

로 폭락한 데 이어 2013년 초에는 3.5달러로 하락했다. 셰일가스 평균 생산원가가 8~9달러 정도임을 감안하면 대부분의 셰일가스 가스정이 심각한 적자 상태에 빠졌음을 알 수 있다.

셰일가스 산업의 지속적인 적자는 급기야 심각한 자금난을 초래했다. 2013년부터 셰일가스 개발업체들은 기존 생산량을 유지하기 위해 해마다 7,000개의 새로운 가스정을 개발해야 했다. 여기에 투입되는 자금은 연간 420억 달러였는데 2012년 셰일가스 생산액은 325억 달러에 불과했다. 만약 가격이 오르지 않으면 셰일가스 산업의 연간 손실액은 100억 달러에 달할 전망이다.[9]

장사꾼이라면 절대로 밑지고 팔지 않는다. 그런데 왜 셰일가스 개발업체들은 생산량을 줄여 가격을 올리지 않았을까?

이는 셰일가스 소유권과 관련이 있다. 미국의 셰일가스정은 대부분 사유지에 있는 터라 토지 소유자와 셰일가스 개발업체가 보통 3~5년 단위로 계약을 체결한다. 개발업체의 착공 여부를 막론하고 일단 계약 기간만 끝나면 개발권은 토지 소유자에게 돌아가게 돼 개발업체가 이 기간 동안에 투입한 계약금이나 다른 자금은 물거품이 되고 만다. 게다가 개발업체들은 대부분 월스트리트로부터 돈을 빌렸기 때문에 가급적 빨리 착공해야 채무 압력을 줄이고 기업 주가를 상승시킬 수 있다. 이런 악성 순환 하에서 셰일가스 생산량이 증가할수록 가격은 빠르게 하락해 개발업체들의 손실 규모는 점점 더 커졌다.

수많은 셰일가스 개발업체들은 심각한 자금난을 견디지 못하고 셰일가스가 매장된 토지를 매각해 현금흐름의 부족분을 메꿨다. 동시에 기업의 실제 재무 적자를 반영하기 위해 회계상의 자산 가치를 감가상각하는 기업도 점점 증가했다. 자금력이 부족한 기업들이 가장 먼저 경쟁에서 밀려나고 탄탄한 자금력을 갖춘 기업들도 힘에 부쳐 간신히 연명하는 처지에 놓였다.

2013년 10월 6일, 세계적인 대형 석유업체인 로열더치쉘 그룹은 셰일가스 개발 사업에서 완전히 실패했다고 선포했다. 페테르 보서 전 로열더치쉘 CEO는 은퇴를 앞둔 인터뷰에서 미국의 셰일가스 혁명을 너무 낙관적으로 전망하고 셰일 자산에 과다 투자한 것이 가장 큰 후회가 된다고 말하기도 했다. 로열더치쉘은 북미 지역 셰일 자원 개발에 무려 240억 달러를 투자했으나 결과는 신통치 않았다. 적자가 커지면서 8월에는 21억 달러의 자본 잠식이 발생했다. 북미 원유 생산 부문이 적자 상태를 벗어나지 못하자 보서 CEO는 "30억 달러의 자산 감가상각을 보전할 매출이 없으니 타격을 받을 수밖에 없었다"라고 털어놓았다.[10]

국제 석유업계에서 내로라하는 로열더치쉘조차 셰일가스 부문에서 수익을 올리지 못했는데, 오바마 대통령의 셰일가스 혁명을 통해 170만~300만 개의 고소득 일자리를 창출하겠다는 꿈은 일장춘몽이 아닐까.

모든 기술 혁명과 사회 혁명은 한 가지 공통점이 있다. 진정한 혁명은 발생 초기에 아무도 그것이 혁명이란 사실을 모른다. 반면 처음부터 혁명이라고 떠들썩하게 거론되는 것은 결국 나중에 흐지부지되면서 사라져버린다. 1990년대부터 혁명이라는 단어는 월스트리트에서 남용돼 왔다. '전기자동차 혁명', '풍력에너지 혁명', '태양광 혁명', '에탄올연료 혁명'에 이어 '셰일가스 혁명'에 이르기까지 어느 것 하나 진정한 의미의 혁명은 없었다. 모두 금융권에서 돈을 끌어 모으기 위해 억지로 가져다 붙인 타이틀에 불과하다. 물론 기술적 방향이 틀리거나 기술 자체가 나쁜 것은 아니다. 단지 자본시장의 지나친 탐욕에 의해 과대평가된 것이 문제라면 문제인 것이다.

굳이 혁명이라는 거창한 타이틀까지 붙여가면서 과대평가하는 이유는 소수의 사람이 다수의 부를 빼앗기 위해서이다. 월스트리트 이익집단의 목적이 재물이라면 석유, 군수산업이라는 특수 이익집단은 재물을 빼앗는 것도 모자라 사람의 목숨까지 해친다. 이익집단이 국가의 정책과 법률을 제멋대로 주무를 때 특정 집단의 탐욕은 제도적 탐욕으로 변질된다.

갈수록 심해지는 부의 양극화, 날개 꺾인 아메리칸 드림

제도적 탐욕을 가장 잘 반영한 지표는 바로 '국민소득 분배 비율'이다. 즉 소수의 부자와 다수의 빈자가 각각 국가의 부를 점유하는 비율이다.

미국에서는 연소득 상위 1% 집단을 '슈퍼 리치'라고 부른다. 이들이야말로 미국의 진정한 지배집단이다. 이들의 연소득(자본소득 포함)은 최저 44만 3,000달러 이상이고, 상위 0.1%인 '최상위 부자'의 연수입은 560만 달러 이상이다. 미국의 슈퍼 리치는 약 152만 가구, 1가구당 4인 기준으로 치면 슈퍼 리치 인구는 약 610만 명으로 미국 총인구(3억 1,000만)의 2%에 불과하다.

미국의 지배집단은 사회 각 분야에서 지배적인 위치에 있을 뿐 아니라 독보적인 발언권, 정책 결정권은 물론 국부를 분배하는 대권까지 거머쥐고 있다. 금융위기 발생 이후의 최대 수혜자를 꼽으라면 단연 이들이다. 이들은 양적완화, 자산 가치 상승, 재정 인센티브, 이전지급 및 달러 발행세 등 다양한 정책의 혜택을 톡톡히 봤다. 이들은 국민소득 증가분의 무려 95% 이상을 점유하고 있다.

상위 1%의 지배집단이 국민소득 증가분의 95%를 독점한 것은 의도적인 정책이나 법률적 지원이 없었다면 절대 불가능한 일이다. 이 같은 극단적인 불평등 현상은 어떤 합리적인 경제 논리로도 설명할 방법이 없다.

이에 영국의 한 학자는 자본주의의 본질에 대해 '기득권층과 부자들의 이익의 필요에 따라 움직이는 제도'라고 명확하게 정의했다.

고기를 먹는 사람이 있으면 국물을 마시는 사람도 있기 마련이다.

미국에서 상위 1%에서 10% 사이에 드는 사람은 고소득 계층이다. 이들도 부자나 엘리트 그룹에 속하지만 지배집단은 아니다. 이들은 사회적 부의 분배와 관련해 일정한 발언권과 영향력을 가지고 있으나 정책 결정권은 없다. 지배집단을 따라다니며 '국물'을 마시는 부자 집단의 인구는 1,360만 명 정도이고, 연수입은 12.7만~44.3만 달러에 이른다. 정확하게 말하면 부자 집단의 생활이야말로 대다수 미국인이 지향하는 아메리칸 드림에 가장 부합한다고 하겠다.

상위 1%의 지배집단과 9%의 부자 집단을 제외한 나머지 90%가 중하층에 속한다. 이들 인구는 1억 3,700만 가구에 이른다. 대부분이 맞벌이인 사실을 감안하면 총인구는 최저 2억 5,000만 명 이상이다. 평균 연봉은 3만 1,000달러로 맞벌이 가정의 경우 연수입은 6만 2,000달러 정도이다. 중간소득 가구의 연수입은 약 5만 달러인데, 중간소득은 중하층의 평균 소득이 아니라 중하층의 상위 소득자와 하위 소득자의 중간에 있는 사람의 소득을 말한다. 따라서 평균 소득보다 더 대표성을 띠고 있다.

소득 수준	인구 수	평균 소득	1970~2008년 사이 변화
상위 0.1%	15만 2,000명	560만 달러	+385%
상위 0.1~0.5%	61만 명	87만 8,138달러	+141%
상위 0.5~1%	76만 2,000명	44만 3,102달러	+90%
상위 1~5%	600만 명	21만 1,476달러	+59%
상위 5~10%	760만 명	12만 7,164달러	+38%
하위 90%	1억 3,720만 명	3만 1,244 달러	-1%

▌ 1970년 이후 40여 년 동안 미국 중하층 실질 소득은 증가하기는커녕 오히려 1% 감소했다.

4인 가구 기준으로 연수입이 5만 달러 정도인 중하층 가정의 생활 실태를 한 번 살펴보자. 각종 세금과 보험료 등 강제성 비용을 납부하면 매달 가처분소득은 3,000달러 남짓이다. 여기서 모기지 대출이나 임대료 지출 1,200달러, 자동차 두 대의 유지비 500달러, 4인 가족의 식비 1,000달러, 인터넷을 비롯한 휴대폰, TV 수신료, 수도세, 전기세, 가스요금, 주택 유지보수 비용 등 일상적 지출 300달러를 공제하면 남는 돈이 없다. 위의 지출은 생활에 꼭 필요한 것이기 때문에 더 절약할 여지도 없다. 요컨대 4인 가구는 연수입 5만 달러로 가장 기본적인 생활만 가능할 뿐 남는 돈이 거의 없다.

이밖에 자동차 대출, 학자금 대출, 신용카드 부채 등 채무 압력에 시달리는 가구도 대단히 많다. 게다가 영화 관람, 외식, 쇼핑, 여행, 경조사 등으로 인한 지출까지 나가면 저축은 꿈도 못 꾸고 오히려 가계 부채만 증가할 뿐이다. 미국 인구의 절대다수가 은행 예금보다 급료 지급 수표(Payroll-check)에 극단적으로 의존하는 것도 다 이 때문이다.

미국 인구의 90%를 차지하는 중하층의 실질 소득은 1970년 이후 40여 년 동안 증가하기는커녕 오히려 1% 감소했다. 200년이 조금 넘는 미국 역사에서 이런 현상은 처음이었다.

상위 1%는 고기를 먹고 9%는 국물을 마시지만 나머지 90%는 '잡아먹히고' 있다. 이것이 바로 미국 사회의 적나라한 실태이다. 이 같은 부의 양극화는 1971년 금본위제 폐지 이후로 금융위기를 거쳐 장기적인 추세로 굳어졌다. 2013년, 미국 400대 부자가 미국 총인구의 절반이 넘는 1억 5,000만 명보다 더 많은 부를 소유한 데는 다 이유가 있다.

아메리칸 드림은 무엇인가? 일자리는 꿈을 이루는 기본 토대이고, 꿈의 날개를 펼치려면 소득이 증가해야 한다. 그러나 미국 국민의 90%는 아메리칸 드림을 이룰 길이 막연하다. 꿈을 이룰 수 있는 토대가 크게 흔들리고 꿈의 날개가 꺾였기 때문이다. 지난 40년 동안 점점 심해진 부의 양극화는 아름답던 아메리칸 드림을 완전히 악몽으로 바꿔놓았다.

2011년 9월, 미국에서 '월스트리트 점령' 시위가 일어났다. 1960년대 민권운동 이래 반세기 만에 발발한 가장 심각한 계급 대립 충돌이었다. 이번 시위는 미국 역사상 유례없는 지속 시간, 파급 범위, 참여 규모로 전 세계를 놀래게 만들었다. 시위에 참가한 사람들은 '1%의 재벌에 맞서는 99%의 행동'이라는 미국 역사에서 보기 드문 명확한 정치적 구호를 내걸었다. 미국인의 반 월스트리트 시위는 전 세계적 공감을 불러일으켰다. 런던, 파리, 프랑크푸르트, 로마, 홍콩, 시드니에 이르기까지 거의 모든 선진국의 주요 도시에서 동시다발적으로 동조 시위가 열렸다. 전 세계적으로 빈부 격차와 계급적 갈등이 이토록 심해진 것은 냉전 종식 후 처음이었다. 이는 빈부 격차 문제가 이미 미국을 넘어 전 세계적인 문제로 확산됐다는 사실을 의미한다.

탐욕에 의해 짓밟힌 꿈

미국에서 부의 양극화 현상은 1927년에 처음으로 절정에 달했다. 이 시기에 상위 10%의 부자들이 국민소득의 50%를 차지한 데 이어 미국 역사상 가장 심각한 대공황이 발생했다. 1929년 대공황과 2008년 금융위기의 발생 원인은 크게 다르지 않다. 양자 모두 지나친 양적완화로 인해 자산 가격이 급격하게 치솟으면서 사회적 부가 부자들 쪽으로 집중되고 가난한 사람들이 주변으로 밀려난 것이 원인이었다.

1914년 1차 세계대전이 발발해 유럽은 장장 4년 동안 전화 속에 빠져들었다. 이 와중에 미국은 유럽 최대의 군수장비 공급업체로 탈바꿈해 떼돈을 벌었다. 전쟁은 유럽인들이 예상했던 것보다 훨씬 더 격렬하고 참혹했으며, 금전적 소모도 참전국의 재정을 파탄시킬 정도로 어마어마했다. 영국, 프랑스, 러시아를 주축으로 한 16개 연합국은 전쟁 경비를 충당하기 위해 미국에 거액의 빚을 져야만 했다. 그 결과 채권국인 미국의 산업 생산력은 비약적인 성장을 이룬 데 반해, 전후 독일 경제는 천문학적인 배상금 때문에 붕괴 위기에 이르렀다. 러시아는 10월 혁명을 핑계로 대미 채무를 무효화했고, 프랑스는 독일로부터 배상금을 받지 못했다는 이유로 미국과 영국에 채무 상환을 거부했으며, 영국도 프랑스와 러시아로부터 돈을 받지 못해 대미 채무를 갚을 수 없었다. 1918년, 연합국은 군사적으로는 승리를 거뒀지만 재정적으로 큰 어려움에 처해 말 그대로 '서브프라임 모기지 대출자'가 되었다.

채권자와 채무자 사이에 뒤얽힌 관계가 정리되지 않고 채무 및 배상금 관련 논쟁이 지지부진하면서 유럽 경제는 회복 불능 상태에 빠지고 미국도 수출 확대가 어려워졌다. 이런 국면은 1922년까지 지속됐다. 이때 영국에서 '양적완화' 조치를 생각해냈다. 즉 각국 중앙은행은 파운드화와 달러화를 준비통화로 보유하고 금 대신에 외화를 준비금으로 자국 통화를 발행하는 방법이었다. 이것이 '금환본위제도'의 유래이다. 달러화와 파운드화가 금과 동등한 지위를 가지면서 신용 창조 기반이 크게 확장됐다. 화폐, 특히 달러화 유동성이 심각한 과잉 상태를 보인 1920년대는 '광란의 20년대(Roaring Twenties)'로 불릴 만큼 번영이 극에 달했다.

그러나 자산이 급속도로 팽창한 1920년대에 정작 미국 총인구의 90%를 차지하는 중하층은 번영의 혜택을 전혀 누리지 못했다. 이들의 국민소득 분배 비율은 1917년의 60%에서 1927년에 50%로 하락했다. 반면에 상위 10% 부자의 국민소득 분배 비율은 1917년의 40%에서 1927년에 50%로 상승했다.[11] 미국 국내에서 내수 부진으로 더 이상 증대가 불가능해진 산업 생산력은 유럽 시장으로 대거 이전할 수밖에 없었다.

미국은 유럽에 과잉 공산품뿐만 아니라 값싼 달러 대출도 대량 수출했다. 유럽인들로 하여금 미국 제품을 더 많이 구매하게 만들어 미국 국내의 과잉 생산력을 해외로 한층 더 확장하기 위해서였다. 미국은 다른 한편으로 고관세 무역장벽을 설치해 자국 산업자본가의 이익을 보호하고 유럽 제품의 유입을 원천적으로 봉쇄했다. 그 결과 유럽은 달러화 부채는 점점 쌓여 가는데 부채 원리금을 상환할 돈을 벌 수 없는 처지가 돼버렸다. 아울러 값싼 달러는 유럽에서 경기 회복에 투입되지 않고 산업 생산을 제약해 자산 거품을 조장했다. 1920년대에 독일은 미국으로부터 빌린 달러화 자금을 부동산 프로젝트에 대거 투자해 도처에 수영장, 극장, 체육관은 말할 것도 없고 오페라 극장까지 건설했다. 이유는 매우 간단했다. 자산 가치가 더 빨리 상승하고 자산 증식을 통해 더 쉽게 돈을 벌 수 있었기 때문이다.

값싼 달러가 도처에 범람하자 미국과 유럽의 자산 거품은 점점 심해졌고 달러화 채무는 이미 상환 불가능할 정도로 급증했다. 1928년, Fed는 투기 억제를 위해 금리를 1.5%P 대폭 인상했다. 금리가 급등하자 디폴트 위기가 일촉즉발의 상황으로 치닫고 주식시장도 붕괴 직전에 이르러 급기야 1929년에 경제 대공황이 터졌다.

1930년대 초, 미국은 디폴트를 선언했고 영국은 금본위제를 폐지했으며 유럽 시장이 붕괴했다. 내수 부진과 외수 부족이 겹친 상태에서 미국의 과잉 생산력은 확장 공간을 찾지 못하고 최종적으로 자멸하고 말았다. 수많은 자본가들이 파산하고 수천 개에 이르는 은행도 문을 닫으면서 1,300만 명이 직업을 잃고 거리로 내몰렸다.

90%의 인구에게 소비력을 잃게 만드는 경제체는 스스로 붕괴할 수밖에 없다. 탐욕은 부의 분열을 초래하고 부의 분열은 최종적으로 탐욕을

매장시킨다.

미국은 1930년대 경제위기 대처 시에도 양적완화 정책을 시도했다. 뉴욕연방준비은행은 1929년 11월부터 1930년 6월까지 1차 양적완화를 실시하고 금리를 6%에서 2.5%로 낮추면서 은행 시스템에 5억 달러의 유동성을 공급했다. 덕분에 은행은 줄도산을 면했고 주식시장은 1930년 상반기에 50%나 반등했다.

1932년 2월, Fed는 미국 의회를 설득해 미국 국채를 준비통화로 만드는 데 성공했다. 이로써 역사상 처음으로 국채와 달러화가 견고하게 연동됐다. 미국 의회는 예로부터 Fed의 화폐 권력을 크게 경계해왔다. 언젠가는 Fed가 국채의 화폐화를 통해 재정 융자를 한 다음 화폐 권력을 이용해 지대 추구 행위를 하면서 정부를 꼭두각시로 만들고 달러화 가치를 뒤엎지 않을까 우려했기 때문이다. 이에 미국 법률은 달러화 발행과 관련해서 대단히 엄격한 규정을 세워놓았다. 예를 들어 100달러짜리 지폐를 발행한다면 반드시 40달러의 금과 60달러의 단기 상업어음을 담보물로 삼아야 했다. 법적으로 국채가 달러화의 담보물이 되는 것을 금지함에 따라 1932년 이전에는 달러화 발행과 관련해 국채의 지위가 상업어음보다 낮았다.

그러나 Fed는 위기를 빌미로 의회를 핍박해 국채 화폐화의 문을 열었다. 이로써 합법적으로 국채를 대량 매입하는 공개시장조작이 가능해졌다. 이때부터 달러화와 국채는 떨어질 수 없는 운명 공동체가 돼버렸다. 또한 Fed와 금융 자본가의 화폐 권력을 이용한 지대 추구 행위도 되돌릴 수 없는 추세로 굳어졌다. 1932년, Fed는 2차 양적완화를 실시해 10억 달러의 국채를 매입함으로써 은행 시스템에 막대한 유동성을 공급했다. 1932년에 미국 GDP 규모가 587억 달러인 것을 감안하면 현재 기준으로 (2013년 미국 GDP 16조 달러) 2,700억 달러의 양적완화를 실시한 셈이다. 역사상 유례없는 통화 확대에 힘입어 미국 증시는 101% 폭등했다.

1933년, 프랭클린 루스벨트 대통령은 취임하자마자 3차 양적완화를 전격적으로 단행해 금 1온스당 20.67달러의 법정 교환 비율을 35달러로 조정했다. 그러자 달러 가치는 무려 70% 하락하고 본원통화 공급량은 70% 증가했다. 벤 버냉키가 QE3을 통해 Fed 대차대조표상의 통화 공급량을 '배로 늘린 것'과 같은 수법이었다.

그러나 양적완화 정책은 미국 경제를 살리지 못했다. 케인즈의 재정적자 정책도 효과가 없기는 마찬가지였다. 1937년, 미국 경제는 더블딥에 빠져들었다.

1933년, 루스벨트 대통령 취임 당시 미국 실업자 수는 1,300만 명이었다. 1941년 2차 세계대전에 참전할 때에도 실업자 수는 여전히 1,000만 명을 넘었다. 1930년대에 8년 동안의 갖은 노력에도 불구하고 실업 문제를 해결하지 못했던 것처럼 2008년 금융위기 발생 후 6년이 지난 지금도 취업시장은 침체를 벗어나지 못하고 있다.

이런 미국 경제를 곤경에서 벗어나게 만든 계기는 아이러니하게도 2차 세계대전의 발발이었다. 수많은 노동력이 전쟁 기계로 전장에 파견되면서 미국의 실업 문제는 근본적으로 해결되었다.

전쟁은 부의 재분배 도구라고 할 수 있다. 이는 변하지 않는 사실이다. 전쟁은 참전국 정부로 하여금 부자 집단의 소득을 가난한 참전자에게 나눠주도록 강요한다. 즉 정부는 강제적으로 대규모적인 이전지급을 할 수밖에 없다. 90%의 가난한 집 자제들은 전시에 군인에게 지급하는 임금, 전후 제대 군인에게 지원하는 대학 등록금 및 군인 의료복지 등 전쟁을 계기로 금전적 지원과 보다 더 평등한 발전 기회를 제공받는다.

1940년대 초부터 상위 10% 부자 집단의 국민소득 점유율은 대폭 하락했다. 1927년의 50%에서 1942년에 35%로 하락했고, 1942년부터

1982년까지 미국 90%의 중하층은 국민소득의 약 67%를 차지했다. 상위 10%의 부자들이 국민소득의 33%밖에 차지하지 못한 이 시기가 바로 미국 경제가 최고의 안정과 호황을 누렸던 '40년 황금시대'였다.

하지만 이와 같은 부의 분배 메커니즘은 부자 집단의 불만을 샀다. 특히 미국 인구의 0.1%를 차지하는 최상위 부자의 불만은 최고조에 달했다. 1927년에 국민소득의 10%까지 점유했던 이들이 1975년에 이르러 국부의 2.6%밖에 차지하지 못하자, 급기야 부자 집단의 불만은 분노로 이어졌다.

1970년대에 록펠러 가문을 주축으로 한 미국의 지배집단은 사회적 부의 분배 메커니즘을 철저히 바꾸기로 결심했다. 대공황 이후로 서서히 수립된 복지국가 제도를 전복하고, 부자의 자산 확장을 방해하는 각종 걸림돌을 제거함으로써 예전처럼 소수의 부자 쪽으로 부가 집중되는 분배 구조를 만들기 위해 앞장섰다.

1973년, 존 록펠러는 《제2의 미국혁명(The Second American Revolution)》이라는 책을 통해 부의 재분배 혁명의 서막을 열었다. 록펠러는 개혁을 통해 정부 권력의 분권화를 실현해야 한다면서 '정부의 기능과 책임을 최대한 개인에게 이전할 것'을 주장했다. 그는 의도적으로 일련의 경제 사례를 인용해 정부의 금융, 상업 관리는 하등 필요가 없다는 사실, 사회복지에 대한 지원은 국가 재화의 낭비라는 사실을 강조했다. 또 자본이 그 어떤 제한도 받지 않고 마음대로 이익을 추구할 수 있도록 상응한 금융 시스템을 구축하는 것만이 국가 발전을 이끄는 원동력이라고 역설했다.

록펠러의 《제2의 미국혁명》은 부자들의 오랫동안 억눌려왔던 욕망에 불을 지폈다. 부자들의 사회적 부의 재분배에 대한 갈망은 미국 전역에서 신자유주의 바람을 일으켰다. 부자들이 방향을 제시하면 문인들이 떼를 지어 여론을 조성했다. 사상계, 학술계, 언론계 인사들까지 가담해 그야말로 폭발적인 정부 비판 운동을 벌였다. '저효율, 무능, 낭비, 적자, 인플레이션' 등 온갖 꼬리표를 붙여 정부를 한 푼의 가치도 없는 기관으로 매도했다. 상위 10% 부자들은 1970년대의 극심한 인플레이션에 불만을 가지고 있던 중하층을 교묘하게 이용해 금융 부문과 다국적기업에 대한 정부 규제까지 제거하고자 시도했다.

툭 까놓고 말해서 정부의 사회적 부의 재분배와 공공복지에 대한 지원은 부자들이 국부를 자유로이 지배하는 데 있어서 큰 걸림돌이었다. 부자에게 필요한 것은 오로지 약육강식의 원시 생태 환경이다. 이런 환경에서 정부는 부자들이 빈곤층의 부를 갈취하는 것을 제약할 수 없을뿐더러 가난뱅이들이 반항하지 못하도록 막아주는 의무까지 감당해야 했다.

부자 집단은 1976년부터 '제2의 혁명'에 본격적으로 돌입했다. 록펠러의 금전적 지원 아래 엘리트들이 설립한 '삼각위원회(Trilateral Commission)'는 거의 무명이나 다름없는 지미 카터 조지아주 주지사를 대통령 후보로 선출했다. 지미 카터가 대통령에 당선된 후 삼각위원회의 핵심 멤버 26명은 대통령 측근으로 포진했다. 이들 중 대부분은 카터 대통령과 일면식도 없던 사람들이었다. 카터 대통령 집권 이후부터 금융 규제도 서서히 완화되기 시작했다. 이후 레이건 대통령은 탈규제와 사유화에 중점을 둔 정책을 밀어붙였고, 조지 H. W. 부시 행정부도 레이건 정부의 정책을 이어받아 더 적극적으로 추진했다. 클린턴 행정부 시절에 도입한 '금융서비스 현대화법'은 금융 탈규제 정책의 완결판이었다. 이 법안으로 인해 정부는 금융업의 핵심 지대에서 철저하게 밀려났다. 이후의 조지 W. 부시 대통령은 한 술 더 떠 정부 권력을 울타리에 가둬넣을 것이라고 호언했다. 버락 오바마 역시 부자 집단의 기대를 저버리지 않고 빈부 격차를 미국 건국 이래 최고 수준으로 심화시켰다.

제도적 탐욕에 의해 모든 규제가 타파되기 시작했다. 경제의 모든 부문에서 정부 권력을 밀어내는 것은 기득권 그룹의 목표이다. 이들은 공공 부문 사유화, 금융 부문 자유화, 다국적기업 독점화, 은행의 거대화 등 모든 업종에서 '탈규제'를 요구하는 목소리를 한껏 높였다.

부자들이 주도한 제2의 혁명의 타깃은 당연히 정부와 가난한 사람들이다. 1978년부터 2008년까지 40년 사이에 부자의 국민소득 점유율은 점차 상승해 1927년 수준을 다시 회복했다. 상위 10% 부자들이 국민소득의 50%를 석권했고, 상위 0.1%의 최상위 부자들은 국민소득의 10.4%를 차지했다. 이와 동시에 미국의 재정적자가 갈수록 증가하고, 국채 보유고는 수직 상승했으며, 지방정부는 파산의 언저리에 이르렀다. 무엇보다 90% 중하층의 실질 소득이 1970년 수준으로 퇴보했다.

역사는 놀랄 만큼 비슷한 패턴을 반복한다. 상위 10%의 부자들이 국민소득의 50%를 차지하면서 부의 분열은 한계점을 돌파했다. 2009년에는 드디어 1930년대의 대공황과 비슷한 규모의 경제위기가 발생했다. 그리고 그때처럼 고용 회복이 어려워지고 양적완화 정책이 효과를 내지 못해 2013년에 이르러 빈부 격차는 2007년 때보다 더 심해졌다. 부자들의 국민소득 점유율은 감소하지 않고 오히려 증가했다.

오바마 대통령은 당선 연설에서 빈부 격차와 소득 불평등을 화두로 제시해 수많은 미국 국민의 심금을 울렸다. 빈부 격차 해소를 위해 흔들림 없고 과단성 있는 결심을 발표해 듣는 사람들을 크게 감동시켰다.

"빈부 격차는 우리의 민주를 왜곡하는 또 하나의 요인이다. 빈부 격차로 인해 극소수의 부자는 비싼 비용을 지불하는 로비와 정치 헌금의 무제한 공급을 통해 막강한 발언권을 얻었다. 빈부 격차로 인해 우리의 민주 제도는 최고가를 제시하는 자에게 팔려버렸다. 빈부 격차 때문에 절대다수의 미국 국민은 워싱턴 정부가 (부자의) 지배 아래 가난한 이들을 착취하는 정치 기계로 전락했다고 믿는다. 또 국민이 선출한 정치인들이 국민의 이익을 대변하지 않는다고 생각한다."[12]

이른바 미국 민주제도의 실상을 보면 위정자들은 국민 앞에서는 가난한 자들을 위하는 정부를 만들겠다고 번지르르하게 말한다. 그러나 정작 하는 행동은 말과 완전히 다르다. 말로만 호의를 베풀고 실행하지 않는 사람의 본보기를 꼽으라면 오바마 대통령이 단연 으뜸이다.

정부가 어떤 제도를 표방하고 어떤 개혁 조치를 취하든 간에 정부의 성격을 판단하는 궁극적인 기준은 바로 빈부 격차의 해소냐 악화냐에 달려 있다.

소득 불균형보다 더 심각한 자산 불균형

빈부 격차는 소득 분배의 심각한 불균형으로 나타날 뿐 아니라 자산 점유의 불균형을 통해 집중적으로 구현된다.

바링허우(80後)
덩샤오핑의 '한가구 한자녀 정책' 실시 이후인 1980년대에 태어난 중국의 젊은 세대.

베이징에서 거주하는 연수입 10만 위안의 '바링허우' 중산층의 경우 2008년 이전에 집을 샀다면 내 집 마련의 꿈을 쉽게 이룰 수 있었다. 그러나 2013년까지 집을 사지 않았다면 아마 평생 집 한 채를 장만하기 어려울 것이다. 부동산은 부의 양극화를 구분 짓는 경계선과 같다. 과감하게 경계선의 문턱을 넘어서면 눈앞에 또 다른 세계가 펼쳐지지만 넘어서지 못하면 평생 고민만 하다가 세월을 다 보낸다.

중국에서 부동산은 빈부 격차를 가늠하는 중요한 지표라고 할 수 있다. 반면 미국에서는 금융 자산이 부의 등급을 규정짓는 '보루'이다.

부자들이 1976년에 발기한 '부의 재분배 혁명'은 가장 먼저 화폐정책을 타깃으로 삼았다. 통화주의(Monetarism) 사상의 발상지인 시카고대학

은 록펠러재단의 기부금으로 설립된 학교로 유명하다. 이 통화주의 사상
은 부자들이 사회적 부를 탈취하는 데 큰 공로를 세웠다. 통화주의 사상
의 대표자인 밀턴 프리드먼(Milton Friedman)은 지배집단의 요구에 따라
직접 레이건 미국 대통령과 마거릿 대처 영국 수상에게 통화주의 통치철
학을 설파했다. 통화정책은 이들에 의해 모든 경제 문제를 해결할 수 있
는 '만병통치약'으로 신격화됐다.

앨런 그린스펀이 1987년 증시 악재에 대처하기 위해 출범한 통화완화
정책은 슈퍼 리치의 대대적인 환영을 받았다. Fed는 월스트리트에서 위
기만 발생하면 먼저 돈을 마구 찍어내는 방법으로 문제
를 해결했다. 유동성 공급과 금리 인하는 그린스펀의
가장 뛰어난 장기였다. Fed는 1980년대 말 S&L 위기
때부터 은행 시스템에 대규모 구제금융을 제공하기
시작해, 1990년대 롱텀캐피털매니지먼트 위기 발생
당시에는 헤지펀드에까지 구원의 손길을 내밀었다.
이어 서브프라임 모기지 위기가 발발하자 아예 금융
시스템 전체를 구제하고자 시도했다.

그린스펀의 후임으로 Fed 의장이 된 벤 버냉키는
한술 더 떠 은행에 대한 구제금융 규모를 역대 최고
수준으로 확대해버렸다. '대공황 전문가'인 그는 Fed
가 1929~1933년 사이에 필요한 만큼 돈을 풀어 은행
을 구제하지 않은 것이 최대 실책이었다고 지적했다.
이처럼 슈퍼 리치의 구미에 딱 맞는 주장을 펼쳤으니
부자들의 호응을 얻지 않을 리 없었다.

Fed의 정성어린 보살핌 아래 월스트리트 큰손들은
걱정의 씨앗을 싹 잘라버리고 돈벌이에만 매진했다.

S&L 위기
(the savings and loan crisis)
1980년대 미국의 저축대부조
합들은 저금리 상태에서 변동
금리 자금을 조달해 부동산을
담보로 높은 고정금리로 대출
해줌으로써 '땅 짚고 헤엄치는
장사'를 했다. 그러나 Fed가
금리를 인상하면서 변동금리
조건인 조달 금리가 고정금리
인 대출 금리보다 높아지자
저축대부조합 중 80~90%가
파산했다.

롱텀캐피털매니지먼트
(LTCM, Long-Term Capital
Management)
1990년대의 세계 최대 헤지
펀드. 미국 채권과 외국 채권
간 수익률 격차가 줄어들 것
으로 믿고 차익 거래에 나섰
으나 러시아 경제위기와 같은
예상치 못한 사태가 터지면서
수익률 격차가 오히려 급격히
확대되는 바람에 파산하고 말
았다.

돈을 벌면 자신의 것이 되고 손실은 국가에 넘기면 되니 두려울 것이 없었다. 중국의 염가 노동력 덕분에 30년 넘게 인플레이션이 발생하지 않은데다 장기적인 저금리 기조가 전 세계 금융시장에 정착돼 있어서 자산 가격의 폭등은 당연한 결과였다.

1980년대까지 겨우 수백억 달러의 자산을 보유했던 월스트리트 투자은행들은 초단기 융자 수단인 환매채와 상업어음 거래에 손을 대기 시작한 후, 잇따른 '채권 굴리기'를 통해 자산 규모를 끊임없이 확대했다. 2008년 금융위기 발생 전 투자은행들의 보유 자산 규모는 수조 달러에 달해 1980년대 대비 수백 배나 증가했다. 헤지펀드, MMF, 보험회사 등 다른 금융기관들도 손해를 볼 세라 앞다퉈 30년 만의 최대 '자산 부풀리기 향연'에 참여했다.

큰 잔치를 벌이려면 그럴듯한 메뉴가 있어야 한다. '자산 향연'의 메인 메뉴는 풍선처럼 점점 커지는 부채였다. 은행 장부상 대출은 자산으로 분류된다. 국가 채무, 지방 채무, 회사채, 소비 대출, 모기지론, 학자금 대출, 자동차 대출, 신용카드 대출 등 다양한 명목의 채무는 모두 부자들의 자산이었다. 금리의 꾸준한 하락과 더불어 자산 가치는 끊임없이 상승했다. Fed가 제로 금리를 유지한 데다 QE에 의한 채권 매입 효과까지 더해져 사실상 금리가 마이너스 수준으로 떨어지자 부자들의 자산 가치는 천정부지로 치솟았다.

1976년은 부의 분배 불균형이 시작된 전환점이라고 할 수 있다. 미국이 17세기 식민지 시대 때부터 1976년까지 350년 동안 축적한 총부채 규모는 5조 달러에 불과했다. 그러나 1976년 이후부터 불과 35년 사이에 미국의 부채는 10배 이상이나 증가했다. 35년 동안 축적한 부채가 350년 동안 축적한 부채의 10배였으니, 부채 성장률이 100배에 달한 것이다.

금융위기 발생 이후 미국의 부채 규모는 서서히 증가한 것이 아니라 순식간에 늘어났다. 2008년과 2009년 2년 사이에만 5조 달러의 부채가 새로 증가했다. 이는 1976년까지 350년 동안 축적한 부채 규모에 맞먹는 액수였다.

부채는 현금흐름에 압력을 발생시키는 요인이다. 마찬가지로 거액의 정부 부채와 가계 부채는 국민소득에 큰 압력으로 작용한다. 부채가 급증하면서 사회적 부의 흐름에도 변화가 생겼다. 부자 집단은 Fed를 등에 업고 거리낌 없이 가난한 이들의 부를 탈취하기 시작했다.

부채가 급속도로 증가하면서 주식시장에도 충분한 자금이 흘러들었다. 정부와 노조의 속박에서 벗어난 기업들은 직원 복지를 대폭 감축했고, 글로벌화 전략을 통해 인건비를 한층 더 줄이고 관세 격차를 이용해 거대한 이익을 얻었다. 다양한 요인에 힘입어 기업 이윤은 놀랄 정도로 성장했다. 더불어 30년 동안 지속된 증시의 강세장 덕분에 주식 배당금까지 꾸준히 받아 챙기면서 부자들의 지갑은 점점 더 두툼해졌다.

부자들은 원래 세금을 덜 낸다. 이것은 만고불변의 진리로 현대사회에도 그대로 적용된다. 자산과 소득 면에서 압도적인 우위를 차지함에도 불구하고 이에 대한 납세 부담은 대단히 적다. 이는 부자들이 남보다 더 빠르게 재산을 불리고 부의 분배의 룰 제정에 있어서 남들보다 더 큰 권력을 갖게 된 중요한 요인이다.

과세권은 정부 권력의 가장 중요한 부분이자 사회의 자율 균형을 유지하는 중요한 수단이기도 하다. 조세 불평등은 부의 분배 불균형을 초래할 뿐 아니라 빈부 격차라는 필연적인 결과를 만들어낸다. 한 사회의 제도적 탐욕 존재 여부를 가늠하는 중요한 기준은 바로 조세제도의 균형성 여부라고 할 수 있다. 조세제도가 균형을 잃으면 되돌릴 수 없는 부의 양극화가 초래된다. 동서고금을 막론하고 국가의 흥망성쇠는 조세제도의 균형성 여부에 의해 결정됐다고 해도 과언이 아니다.

지배집단의 탐욕과 타락은 존재 여부가 문제가 아니라 언제 표출되느냐가 문제이다. 사회제도는 건축물과 같아서 오랜 시간 햇빛과 바람, 눈과 비의 온갖 시련을 겪으면서 점점 노화한다. 기초가 튼튼하고 평소에 자주 유지 보수를 하는 건물은 더 오래 버틴다. 반면 오랫동안 수리하지 않거나 다른 용도로 담벼락을 허문 건축물은 빠르게 붕괴한다.

지배집단과 부자들이 자신만의 탐욕을 만족시키기 위해 절대다수의 이익을 제멋대로 짓밟을 때 가장 먼저 피해를 입는 것은 국가의 조세제도이다. 지금 부자들은 국가 조세제도 제정권을 가지고 있을뿐더러 불법 탈세 수단까지 장악하고 있다. 이를테면 권력을 이용해 자본 이득세를 대폭 낮추고 있다. 슈퍼 리치가 제2의 혁명을 발동하기 전인 1978년까지 미국의 자본 이득세율은 35%였는데, 1981년 레이건 행정부가 20%로 낮췄다.[13] 이어 2012년에는 15%로 다시 인하했다. 결과적으로 상속세는 부자에게 있으나 마나 한 세금이 돼버렸다. 부동산 세제 혜택 종류도 매우 다양하다. 심지어 주택담보 대출 이자도 세금 공제 범위에 포함된다. 이밖에도 세금을 회피할 수 있는 경로는 무궁무진하다. 물론 부자만 이 경로를 이용할 수 있다.

슈퍼 리치가 가장 흔히 사용하는 방법은 재단을 탈세 수단으로 악용하는 것이다. 예컨대 개인 자산의 전부나 일부를 재단에 '기부'하는 방식으로 과세소득을 줄인다. 재단 정관에 "가문의 후손에게 부결권 1표를 부여한다"는 조항만 넣으면 상속세, 증여세, 자본 이득세니 하는 온갖 세금을 홀가분하게 회피할 수 있다. 물론 재단은 매년 과학연구, 의료, 빈곤 구제 등 자선사업에 일정 액수를 기부해야 하지만 이런 기부금은 누진 소득세에 비하면 새 발의 피에 불과하다. 게다가 기부를 통해 인지도를 높이고 더 큰 발언권까지 행사할 수 있다. 그래서 미국에서는 '비영리(Non-Profit)'와 '비납세(Non-Taxation)'가 같은 뜻으로 통한다.

가장 먼저 재단을 탈세 수단으로 활용한 곳은 록펠러 가문이다. 〈워싱턴 포스트〉에 따르면 록펠러 가문은 두 세대에 걸쳐 대부분의 재산을 다양한 등급의 재단과 재단 산하 기업, 부설 기구 및 직간접적으로 지배하는 회사에 이전함으로써 방대한 규모의 재단 네트워크 시스템을 구축했다. 모든 재단은 재무 상태를 검사받거나 보고할 필요가 없으므로 정부 규제와 여론의 레이더망을 감쪽같이 피해 재산을 은닉할 수 있다.

이 가문의 후손인 넬슨 록펠러는 대통령 후보 경선에 출마한 1960년 대와 70년대에 개인 재산이 3,300만 달러라고 밝혔다. 그런데 아무도 그의 말을 믿지 않자 넬슨은 개인 재산이 2억 1,800만 달러라고 말을 바꿨다. 처음 밝힌 것보다 6배나 많은 액수다. 금본위 시대의 2억 1,800만 달러의 가치는 21세기 달러화보다 훨씬 높았다. 더 놀라운 사실은 이 재산이 록펠러 가문이 재산 대부분을 재단에 '기부'하고 남은 '용돈'에 불과했다는 점이다. 이토록 많은 재산을 보유했음에도 불구하고 넬슨은 1970년 대에 개인소득세를 한 푼도 내지 않았다. 결국 이 사실이 미국 상원에 의해 밝혀져 물의를 빚었다.

사실 록펠러 가문처럼 세계적으로 유명한 가문은 세계 부자 랭킹에 드는 일이 거의 없다. 록펠러 가문이 부의 혁명을 일으킨 1975년에 록펠러 재단의 재산을 관리하는 직원은 정규직만 154명에 달했고, 15명의 특급 재무 전문가가 700억 달러의 자산을 전적으로 관리했다. 얼마나 대단한 규모인지는 굳이 설명을 필요로 하지 않는다. 사실 1970년대 700억 달러의 가치는 현재의 700억 달러와 비교가 불가능하다. '록펠러 파일'에 의하면 1970년대 록펠러 가문 명의로 된 재단은 200개가 넘었고, 직간접적으로 지배하는 재단과 신탁회사는 수천 개에 달했으며, JP모건 체이스, 시티뱅크, 매뉴팩처러스하노버 등 대형 기업들을 실질적으로 지배했다. '석유왕'이라는 별명에 걸맞게 스탠더드오일을 비롯한 석유회사들도 다수

거느렸다. 이밖에도 미국의 100대 기업 중 37개, 20개 최대 교통운수회사 중 9개를 통제하고 있었고, 미국 최대 급수기업, 전력회사, 가스회사 및 4대 보험회사 중 3개를 지배했다. 여기에 미국 50개 대형 상업은행의 자산 25%와 50개 대형 보험회사의 자산 30%를 관리했다.[14]

이 모든 것은 슈퍼 리치가 부의 혁명을 발동하기 전의 일이었다.

오늘날 슈퍼 리치의 국민소득 점유율은 1970년대의 5배로 증가했다. 또 자산 증식에 의한 빈부 격차도 과거와 비교할 수 없을 만큼 벌어졌다. 채권시장과 주식시장 규모는 당시에 비해 각각 10배와 20배가 증가했다. 1970년대에 없었던 파생상품시장도 현재 수백조 달러 규모로 덩치가 커졌다. 이에 따라 슈퍼 리치의 특권도 정치와 법률을 마음대로 주무를 만큼 무소불위의 경지에 이르렀다.

슈퍼 리치는 국가의 부에 필적할 만큼 엄청난 재산을 보유하고 있지만 자진 납세하는 경우가 매우 드물다. 그렇다면 미국 정부는 산더미처럼 불어나는 재정적자, 부채, 사회보장기금, 의료보험 비용을 어떻게 충당하는가? 인구의 90%를 차지하는 중하층 미래 세대의 부를 가불하는 것 외에 다른 방법이 없다. 미국의 중하층 밀레니엄 세대는 극도로 불합리한 조세제도 아래 발전의 기회를 점점 잃고 있다. 아메리칸 드림이 빛이 바래지면서 잃는 것은 희망이요, 늘어나는 것은 불만이라 경제위기는 서서히 사회위기로 변질될 수밖에 없다.

부의 양극화는 미국만의 문제가 아니라 전 세계가 함께 해결해야 할 공동 과제이다. 부의 양극화는 지난 번 금융위기의 근원인 동시에 다음 번 경제위기의 도화선이지만 문제가 전혀 개선되지 않고 오히려 점점 더 심해지고 있다. 다음 위기가 언제 발발할지는 아무도 모른다. 그러나 확실한 것은 다음 위기가 더 큰 규모의 금융위기로부터 시작해 통화위기, 더 나아가 사회위기로 확산될 것이라는 사실이다.

역사를 거울로 삼으면 현재 우리 사회가 얼마나 기형적인지 바로 알 수 있다.

세계 경제는 회복 중일까? 정말 그렇게 보인다면 그것은 신기루에 불과하다는 사실을 깨닫기 바란다. 금융시장은 더 안전해졌을까? 정말 그렇게 느낀다면 그것은 폭풍전야의 고요함이라는 사실을 알기 바란다.

공기의 흔들림을 보아 하니 곧 폭풍우가 몰아칠 것이다.

맺는말

조지 W. 부시 전 미국 대통령은 권력과 관련해 다음과 같은 유명한 연설을 남겼다.

"수천만 년의 인류 역사를 통틀어 가장 귀중한 것은 눈부신 과학기술 성과도, 대가의 유명한 저작도, 정치인의 거창한 연설도 아니다. 그것은 바로 통치자를 길들이고, 민주적인 방식으로 통치자를 우리 안에 가둬넣은 것이다. 나는 지금 우리 안에서 당신들과 대화하고 있다."

부시 전 대통령의 말처럼 미국은 정부 권력을 우리 안에 가둬넣었다. 다만 그 우리는 국민의 이익을 대변하는 우리가 아니라 금전과 자본의 우리라는 것이다.

이는 곧 국가가 자본을 통제하느냐 아니면 자본이 국가를 통제하느냐의 문제이다.

민주의 형태는 물론 중요하다. 그러나 민주의 실질이 더욱 중요하다. 국민이 국가의 진정한 주인이 되려면 우선 부의 합리적인 분배가 이뤄져야 한다. 결과가 나쁘면 그 동안의 과정은 아무 의미도 없어진다.

클린턴과 오바마는 모두 서민 출신 대통령이다. 이들이 개인적인 노력을 통해 대통령 보좌에까지 오른 얘기는 흔히 아메리칸 드림의 대표적인 사례로 꼽힌다. 또 이들의 이야기는 수많은 젊은이에게 귀감이 된다. 그러나 서민 출신 대통령이라고 해서 미국 사회 90%의 서민의 운명을 바꿔놓을 수 있을까? 클린턴 행정부는 60년 넘게 금융시장의 안정을 지켜준 글라스 스티걸 법을 폐지한 결과, 거대한 금융 재앙을 초래했다. 무엇보다 서민층이 가장 심각한 피해를 입었다. 오바마 대통령은 월스트리트의 탐욕을 막겠다고 큰소리쳤지만 그가 제안한 도드 프랭크 법안은 월스트리트 큰손들에 의해 내용이 완전히 바뀌었다. 또 부의 불균형 해소를 위해 끝까지 노력하겠다고 말했으나 그의 두 차례 임기 내에 빈부 격차는 유례없이 심화됐다.

서민 대통령임에도 지배집단의 이익에 복종해야 한다는 사실은 개인적인 이상이나 신분과 모순되는 일이다. 그러나 결국 슈퍼 리치의 의지를 거스르지는 못한다. 클린턴은 서민층의 이익을 해쳤고, 오바마도 흑인의 처우를 개선하지 못했다. 예를 들어보자. 머지않은 장래에 중국계 미국인이 미국 대통령에 당선된다면 중미 관계 개선을 기대해도 될까? 물론 불가능하다. 중미 관계는 오히려 더 악화될 것이다. 대통령이라면 마땅히 '정확한 정치'를 해야 하고, 정확한 정치가 무엇인지는 슈퍼 리치가 결정하기 때문이다. 정부 권력을 금전과 자본의 '우리'에 가두는 것, 이것이 미국의 정확한 정치이자 미국이 세계 각국에 강요하는 정치적 방향이기도 하다. 미국의 뜻을 거스르지 않는 국가는 국제시장에서 찬사를 받는다.

오늘날의 이데올로기 논쟁은 더 이상 이데올로기 자체에 관한 논쟁이 아니라 부의 분배 제도에 관한 논쟁으로 바뀌었다. 전 세계의 슈퍼 리치는 99% 인류의 운명을 지배하고자 함께 힘을 모으고 있다. 1% 부자의 탐욕이 팽배할수록 99% 인류의 반항도 그만큼 커지게 마련이다. 2011년에 전 세계로 파급된 '월스트리트 점령' 시위는 단지 서막에 불과하다.

역사적으로 볼 때 일단 제도적 탐욕이 고착화되면 돌이킬 수 없는 부의 집중 추세가 나타나고 조세 불균형 현상이 날로 심각해진다. 그러면서 구조적 재정, 세수 적자가 발생해 정부가 도리 없이 증세 정책을 펴면 부담이 가중된 국민의 불만 정서는 극에 달한다. 증세 정책을 통해서도 재정지출 수요를 만족시키지 못할 경우 통화 증발은 불가피하다. 이때 유동성 증가로 인해 화폐 가치가 하락하면서 인플레이션이 발생하고, 이는 오히려 부자들의 욕망에 더 큰 불을 지피는 계기로 작용한다. 나아가 더 불합리한 조세제도와 심각한 재정적자를 초래하면서 화폐 가치를 한층 더 떨어뜨린다. 이 같은 악순환은 대중이 인플레이션과 과중한 조세 부담을 이기지 못해 반란을 일으킬 때까지 지속된다.

제도적 탐욕은 마치 암세포처럼 일정한 한계점에 이르면 모든 속박과 제약에서 벗어나 무한대로 팽창한다. 결국 다른 '세포'의 자원을 마구 빼앗아 나중에 중요한 '장기'를 망가뜨리고 경제체를 사망에 이르게 한다.

혹자는 화폐 가치 하락이 재정적자의 결과라고 말한다. 그런데 재정적자는 부의 50% 이상을 차지한 부자들의 세금 회피에 때문에 생긴 것이다. 따라서 화폐 가치 하락의 근본 원인은 부자들의 탐욕과 부의 집중에서 비롯된 것이다.

오늘날 미국에서 발생하는 모든 일들은 옛날에도 반복적으로 발생했다. 하늘 아래 신비한 일은 결코 없다. 제국의 흥망성쇠, 왕조의 세대교체는 동서고금에 예외 없이 발생한 일이었다.

미래는 역사 속에 있음을 기억하자!

제7장

탐욕으로 점철된
고대 로마의 쇠망사

사람들이 부자를 질투하는 상황이
확산되지 않도록 최선을 다해야 한다.
_키케로

들어가면서

이 책의 1장에서부터 6장까지는 미시적 관점에서 미국 경제의 현황에 대해 분석했다. 황금시장을 통해 화폐를 투시하고 주식시장을 통해 경제를 분석하며, 채권시장을 통해 자본을 이해하고 환매시장을 통해 금융을 탐색하며, 금리시장을 통해 위기를 탐지하고 주택시장을 통해 거품을 통찰하며, 취업시장을 통해 회복을 구분한다. 한마디로 부의 분배를 통해 인간의 탐욕을 조명한 것이라고 요약할 수 있다.

그렇다면 왜 미국이라는 국가에 대해 심층적인 해부가 필요한 것일까? 그 이유는 미국이 오늘날 세계의 맹주이자 제국 쇠망사의 산증인이기 때문이다. 18세기의 미국이 소년, 19세기의 미국이 청년, 20세기의 미국이 장년이라면 21세기의 미국은 노년에 비유할 수 있다.

인체의 노화는 신진대사가 느려지면서부터 시작되고, 제국의 몰락은 계급 변화가 정지되면서부터 시작된다. 기회란 미래의 재산이자 사회적 등급 상향의 꿈인데, 이 기회가 사라진다는 것은 곧 사회적 부가 더 이상 중하 계층으로 확산되지 않는다는 사실과 제국의 역사가 성쇠의 전환점에 이르렀다는 사실을 의미한다. 이 전환점을 넘어서는 순간 기회는 마이너스로 변해버리고 액운이 닥치게 된다. 부의 창출 규모가 줄어들면 부의 분배를 둘러싼 싸움은 더욱 치열해지고 소수의 탐욕이 다수의 복지를 짓밟는다. 결국 이는 다수의 반항, 반란과 유혈 전쟁을 초래해 제국이 멸망할 때까지 이어진다.

미국은 제국 성쇠의 전환점 부근에 와 있다. 이 장은 지난 역사 속의 비슷한 사례를 통해 향후 미국의 운명을 예측하고, 또 오늘날의 차이나 드림에 역사적인 근거의 틀을 제공하고자 한다.

이 장은 인류 최초로 화폐경제가 전성기를 구가했던 고대 로마를 역사적 참고로 삼아 '부의 분배'라는 큰 메스를 들어 지배집단의 탐욕을 해부하는 데 중점을 뒀다. 또 지배집단의 탐욕으로 인해 초래된 토지 집중, 조세 불균형, 재정 고갈, 화폐 가치 하락, 경제 침체, 자산 팽창, 계급 갈등, 군부의 타락, 내우외환 및 제국의 멸망에 이르기까지의 모든 역사적 사건을 조각조각 파헤치고자 한다. 이로써 오늘날의 문명에 표본을 제공하고 사람들에게 어떤 길을 선택해야 할지 방향을 제시해주고자 한다.

호민관 그라쿠스의 죽음

기원전 133년, 로마 호민관 티베리우스 그라쿠스(Tiberius Gracchus)는 평민을 위한 주장을 펼쳐 로마 시민의 열렬한 호응을 얻었다. 이에 반해 원로원과의 관계는 로마 전역에 소문날 정도로 악화됐다. 원로원 귀족은 그라쿠스를 이를 갈 정도로 증오해 그를 향한 공격 수위도 그가 생명의 위협을 느낄 정도로 점차 높아졌다.

로마의 정치적 분위기는 점점 험악해졌다. 반대파들은 그라쿠스를 누차 협박한 것도 모자라 그라쿠스의 친한 친구를 살해하기까지 했다.

그라쿠스의 뇌리에 다음 타깃은 분명 본인일 것이라는 불길한 예감이 스쳐지나갔다.

로마 군중은 그라쿠스의 안전을 지키기 위해 자발적으로 경호대를 조직하고 주야로 그라쿠스의 집을 호위했다. 비극의 그날 원로원은 그라쿠스의 개혁 법안을 재차 논의하고자 회의를 소집했다. 수백 명의 추종자는 그라쿠스를 회의장 앞까지 호송했다.

그라쿠스가 회의장에 들어서려 하자 원로원 귀족의 사주를 받고 미리

티베리우스 그라쿠스(재위 기원전 163~기원전 133년)

와 있던 노예들이 몽둥이를 든 채 그라쿠스의 앞길을 막았다. 현장은 삽시간에 소란스러워졌다. 그라쿠스가 큰소리로 구원을 요청했지만 그의 외침은 수많은 인파의 떠들썩한 다툼소리에 묻혀 들리지 않았다. 본능적으로 생명의 위협을 느낀 그라쿠스는 손으로 자신의 머리를 가리키며 멀리 있는 사람들에게 구원의 신호를 보냈다.

그 모습을 보고 누군가가 고함을 질렀다.

"그라쿠스가 왕관을 쓰려 한다. 그라쿠스는 독재자가 분명하다!"

또 다른 자는 즉시 회의장 안으로 뛰어 들어가 원로원 귀족들에게 고했다.

"그라쿠스가 왕관을 씌워달라고 요구합니다. 그는 독재자입니다."

이 한마디에 원로원 귀족은 분노에 치를 떨었고, 회의장 안은 그들의 욕지거리로 가득했다. 원로원 귀족은 몽둥이를 들고 출동 준비를 기다리고 있던 노비들을 이끌고 회의장 밖으로 달려 나왔다. 이어 그라쿠스와 그의 추종자를 향해 무차별 몽둥이세례를 퍼부었다. 회의장 밖에 있던 다른 원로원 귀족과 노예까지 합세해 그들을 공격했다. 삽시간에 선혈이 바닥을 흥건하게 적시고 여기저기에서 비명소리가 터져 나왔다.

그라쿠스는 그 자리에서 즉사했다.

폭도들은 그라쿠스의 시체를 끌고 거리를 행진한 후 나중에 티베르강에 던져버렸다. 로마 제국의 이 유명한 정치가는 장례도 치르지 못하고 불귀의 객이 되고 말았다.[1]

이날 그라쿠스와 함께 산 채로 맞아죽은 추종자는 300명이 넘었다. 이는 로마가 전제군주제를 폐지한 후 400년 만에 처음 발생한 대규모 유혈 사태였다. 당시 상황이 얼마나 참혹하고 끔찍했던지 로마 전역은 큰 충격에 빠졌다.

그라쿠스는 일반 평민이 아니었다. 그를 살해한 원로원 귀족과 마찬가지로 로마에서도 명성이 자자한 귀족 가문 태생이었다. 그라쿠스의 조부 티베리우스 셈프로니우스 그라쿠스는 로마의 명장으로 제2차 포에니 전쟁에서 카르타고의 원수 한니발을 격파해 '아프리카 정복자'로 불렸다. 그라쿠스의 조모 역시 일리리아 전쟁에서 용맹을 자랑해 로마인으로부터 '마케도니아 정복자'로 불린 유명한 장군 가문의 후손이었다. 그라쿠스의 아버지는 로마 공화정의 집정관을 역임했다. 집정관은 지금의 대통령과 비슷한 권력을 가진 자리였다. 또 그라쿠스의 어머니는 남편이 죽은 뒤 이집트 왕 포톨레마이오의 청혼을 물리치고 그라쿠스 삼남매의 양육에만 전념했다. 그라쿠스 부모의 사랑과 충정은 로마 역사에서 미담으로 전해지고 있다. 그라쿠스의 동생도 훗날 로마의 유명한 정치가로 성장했다. 그라쿠스의 누나는 제3차 포에니 전쟁에서 카르타고를 멸망시킨 스키피오 아에밀리아누스 아프리카누스와 결혼했다.

명문 집안에서 태어나 로마 공화정 정부의 요직을 담당하고 평민의 사랑을 받던 뼈대 있는 귀족이 어째서 같은 귀족 집단에 의해 살해당하고, 죽은 뒤에는 무덤에조차 묻히지 못하는 비참한 말로를 맞았을까?

더욱 믿기지 않는 사실은 그라쿠스를 죽이라고 지시한 사람이 바로 그의 고종사촌형인 스키피오 나시카(Scipio Nasica) 전 로마 집정관이자 당시의 대제사장이었다는 것이다.

그라쿠스의 비극적인 운명은 케네디 미국 전 대통령과 매우 흡사했다. 두 사람 모두 명문가 출신으로 지배 엘리트 그룹에 속했을 뿐 아니라 서민을 위한 정치를 펼치다가 비명에 죽었다. 이들이 죽임을 당한 이유는 권력 집단의 이익을 건드렸기 때문이다.

그라쿠스의 성장 과정

그라쿠스는 전통 있는 가문 출신답게 어릴 때부터 큰 뜻을 품었다. 조상들처럼 혁혁한 전공과 정치적 업적을 세워 당당하게 로마 정치의 중심 무대에 서는 것이 그의 꿈이었다. 로마는 예로부터 무공을 숭상했다. 그라쿠스 역시 정치에 입문하기 전에 먼저 군사적 활동에 종사했다. 제3차 포에니 전쟁이 발발하자 그는 자형인 스키피오 아에밀리아누스를 따라 아프리카로 출정해 로마의 오랜 숙적인 카르타고와 최후의 결전을 벌였다.

지중해 지역에서 한때 그리스의 최대 맞수였던 카르타고(지금의 튀니지 경내에 위치)는 막강한 해군력으로 서지중해의 패자로 군림했다. 또한 농업, 항해술, 무역이 발달해 일찍부터 카르타고 화폐는 지중해 지역에서 강세를 띠었다.

로마가 강력한 세력으로 부상함에 따라 지중해 패권을 둘러싼 로마와 카르타고 간의 쟁탈전은 점점 더 치열해졌다. 제1차 포에니 전쟁(기원전 264~기원전 241년)은 장장 23년 동안 지속됐다. 로마는 이 싸움에서 시칠리아 섬을 빼앗고 승리를 거뒀다. 그러나 양측 모두 심각한 손실을 입어 사상자 수가 알렉산더 대왕이 유라시아 대륙을 휩쓸었을 때보다 더 많았다는 기록이 있을 정도였다. 17년 동안 지속된 제2차 포에니 전쟁(기원전 218~기원전 201년)에서는 카르타고가 우위를 점했다. 이때 한니발이 지휘한 카르타고 대군은 이탈리아 반도를 휩쓸면서 로마군에 큰 타격을 입혔다. 나중에는 로마의 턱밑까지 진격해 제국의 안전을 위협했다. 유명한

칸네 전투에서는 한니발이 로마군 7만여 명을 섬멸해 인류 전쟁사상 하루 사망자 수가 가장 많은 전투로 기록됐다. 최종적으로 로마군은 전쟁에서 승리를 거두었지만 성인 남성 노동력의 5분의 1을 잃는 참혹한 대가를 지불해야 했다.

로마인에게 카르타고는 발 뻗고 편하게 잠을 이루지 못하게 할 정도로 위협적인 존재였다. 때마침 카르타고의 국력이 약화되자 로마는 이 틈을 타 제3차 포에니 전쟁(기원전 149~기원전 146년)을 일으켜 카르타고를 멸망시키려 했다. 로마 대군은 카르타고 성을 3년간이나 포위했으나 함락시키지 못했다. 그러자 로마군 사령관인 스키피오 아에밀리아누스가 카르타고와의 최후 결전을 선포했다. 그라쿠스는 선봉에 서서 용감무쌍하게 싸웠고, 가장 먼저 카르타고의 성벽을 올라갔다. 이로 인해 그는 로마 군대에서 가장 용감한 용사로 불리며 군인들의 존경을 받았다.

스키피오 아에밀리아누스는 후환을 완전히 없애고자 카르타고를 초토화시켰다. 이때 20만 명이 죽임을 당하고 살아남은 5만 명은 노예로 끌려갔다. 이로써 카르타고는 멸망하고 말았다. 스키피오 아에밀리아누스는 전쟁의 참혹상을 몸소 지켜보면서 눈물을 흘렸다. 그리고 로마도 언젠가는 똑같은 최후를 맞이할 날이 오지 않을까 염려했다. 그의 우려대로 역사는 놀랄 만큼 비슷한 패턴을 반복한다. 멸망한 카르타고의 폐허 위에 나라를 건설한 반달족이 455년에 로마를 침략하고 약탈한 것을 보면 말이다.

어쨌든 그라쿠스는 카르타고와의 전쟁에서 용맹을 떨치며 크게 이름을 날렸고, 이후 파격적으로 로마 제사단의 점술관에 임명됐다. 제사단의 점술관은 대단히 영예로운 자리였다. 훗날 로마의 최고 통치자가 된 율리우스 카이사르와 옥타비아누스 역시 젊은 시절에 제사단의 점술관으로 정치를 시작했다. 전 집정관이자 감찰관인 원로원 수석 원로 아피우스 클라우디우스는 우연히 그라쿠스의 취임식에 참석했다가 젊고 능력 있는 그라쿠스를 보고 한눈에 반했다. 그는 당장 딸을 그라쿠스에게 시집보내겠다고 약속했다. 그라쿠스도 클라우디우스의 제안을 흔쾌히 받아들여 그 자리에서 혼약을 맺었다.

명문가 후손에 혁혁한 전공을 세운 데다 장인의 전폭적인 지원까지 등에 업은 그라쿠스는 거칠 것 없이 승승장구했다. 그는 젊은 나이에 재무관에 임명된 데 이어 로마 집정관을 따라 멀리 스페인까지 출정했다. 그라쿠스는 바로 이 원정에서 로마 공화정에 감춰져 있는 중대한 위기를 발견했다.

그는 이탈리아 중부의 에트루리아를 지나갈 때 충격적인 장면을 목격했다. 사방이 온통 황량하게 버려진 토지와 폐허가 된 농장으로 가득한 데다 농민들은 막중한 채무와 농산물 가격 하락의 이중고를 견디지 못하고 잇달아 파산해버린 것이다. 로마 귀족과 대상인들은 이 틈을 타서 토지를 대거 겸병했고, 땅을 잃은 수많은 농민들은 살길을 찾아 유랑하는 신세가 돼버렸다.

그라쿠스는 몰락한 농촌 실상을 보고 큰 충격을 받았다. 당시 로마에서는 개인 자산을 일정하게 보유한 시민만이 참전이 가능했다. 따라서 로마 군대의 주요 구성원은 자작농이었다. 이들은 평소에는 자기 소유의 농지를 경작하다가 전시가 되면 자비로 무기를 갖춰 참전했다. 이 때문에 이들은 국가를 사랑하고 개인 재산을 투철하게 보호했다. 또한 이들은 법률이 부여한 권리를 향유했으며, 자신의 이익을 지키고 영예를 숭상하는 전통을 가지고 있었다. 이 몇 가지 복합적인 요인들이 로마 군대의 강력한 전투력을 자극했다. 나아가 로마 군대가 강적과의 전투에서 백전백승을 거둘 수 있었던 원동력이기도 했다. 상업국인 카르타고가 자작농을 주력으로 한 로마군에게 최종적으로 패배한 것도 모두 이 같은 이유 때문이었다. 군대의 전투력은 정신력이 결정한다. 양측의 군사력이 엇비슷한 상황에서는 국가와 재산에 대한 의존도가 상인보다 훨씬 더 큰 농민이 더 치열하게 싸울 수밖에 없다.

로마 농민의 경우 토지를 잃는 것은 바로 자유로운 로마 시민으로서의 존엄을 잃는 것이나 다름없었다. 한편 국가 입장에서는 전투력이 강한 군인의 손실과 전투력 약화를 의미했다. 승승장구하던 로마 군단은 아니나 다를까 카르타고를 멸망시킨 후 몇 년 사이에 군사력이 크게 약해져 스페인과의 전쟁에서 힘 한 번 써보지 못하고 대패하고 말았다.

로마군의 패배는 병사들의 사기 저하와 밀접한 연관이 있었다. 병사들은 고향에 있는 가족들로부터 막중한 채무 부담 때문에 토지를 헐값에 팔수밖에 없다는 소식을 듣고 심기가 크게 어지러워졌다. 또 부자들이 농민의 위급한 상황을 틈타 토지를 빼앗는 것을 보고 크게 분노했다. 이처럼 전장에서 구사일생으로 살아남아도 돌아갈 집이 없는데 어느 병사가 목숨을 걸고 싸울 마음이 있겠는가?

로마 공화정 치하에서의 빈부 격차는 점점 더 악화됐다. 토지 겸병이 갈수록 심해지자 대중의 불만도 점점 커졌다. 아울러 로마군의 해외 원정이 잦아지면서 전쟁 포로로 잡혀온 사람들은 노예로 전락해 로마 사회 각 분야에서 착취와 압박을 당했다. 상류층의 지나친 핍박은 노예들의 강렬한 반항심을 촉발시켰다. 퇴역하고 돌아온 노병들은 땅을 잃고 갈 곳이 없자 로마 성의 거리를 전전했다. 대중의 불만과 분노, 원한이 가득해지면서 로마 공화정 사회는 일촉즉발의 위기를 맞았다.

그라쿠스는 로마로 돌아온 후 공화정에 닥친 심각한 위기 상황을 목격하고 호민관이 되기로 결심했다. 그의 목표는 토지개혁을 통해 토지의 집중을 막고 농업을 발전시켜 국가의 근본을 단단하게 다지는 것이었다.

그라쿠스 형제의 토지개혁

그라쿠스는 연설가로서의 자질을 타고난 사람이었다. 게다가 온화하고 얌전한 외모는 그 어떤 상황에서도 절대 당황하지 않을 강한 자신감을 보여줬다. 그의 연설 내용은 국정과 시대의 병폐를 신랄하게 꼬집어 듣는 이들의 심금을 울렸다. 그는 호민관 선거에 출마했을 때 서민 정치를 지향한 감동적인 연설로 대중을 크게 감동시켰고, 호민관에 당선된 후에는 토지개혁에 관한 다음과 같은 연설로 농민의 열광적인 지지를 얻었다.

"산 속의 짐승과 숲 속의 새들도 보금자리를 가지고 있건만 로마를 위해 싸우고 죽어가는 사람들이 누릴 수 있는 것은 공기와 햇빛 외에는 아무것도 없습니다. 이들은 집도 땅도 없이 처자를 데리고 방랑하고 있습니다. 만약 사령관이 전쟁터에서 병사들에게 '적으로부터 신전과 조상의 무덤을 지키기 위해 싸워라'라고 호소한다면 그것은 거짓말입니다. 왜냐하면 이 많은 로마인 가운데 누구도 제단을 물려받거나 조상의 무덤을 가지고 있지 않기 때문입니다. 이들은 남의 부귀와 사치를 위해 싸우다가 죽어가는 것입니다. 사람들은 이들을 '세계의 지배자'라고 부르나 이들에게는 한 줌의 땅조차 없습니다."[2]

그라쿠스가 광범위한 대중의 지지를 업고 제정한 토지개혁 법안의 내용은 다음과 같다.

"공유지의 점유 면적을 1인당 최대 500유겔론(약 250헥타르)으로 정하고 전체 가족(아들 2명으로 한정한다)이 1000유겔론(약 500헥타르)을 넘지 못한다. 1,000유겔론이 넘는 부분은 국가에서 몰수해 땅이 없는 농민

유겔론
고대 로마의 토지 면적 단위.
1유겔론은 약 0.5헥타르.

에게 한 사람당 30유겔론(약 15헥타르)씩 나눠준다. 다른 사람의 땅을 빼앗지 못하고 남에게 양도해서도 안 되나 자식에게 물려줄 수는 있다. 농지

분배 3인 위원에게 우선 사유지와 공유지를 구분한 후 법정한도를 초과한 공유지를 몰수하고 분배토록 하는 독자적인 사법권을 부여한다."

이 소식이 전해지자 로마 원로원은 발칵 뒤집히고 상류층 귀족과 대상인들은 길길이 날뛰었다. 새로운 법이 시행되면 그들이 소유한 대량의 토지를 몰수당하고 개인 재산이 심각하게 잠식당할 것이 뻔했다.

그렇다면 당시 로마 상류층의 토지 점유 상황은 얼마나 심각했을까?

로마가 제2차 포에니 전쟁을 통해 약탈한 토지는 무려 400만 유겔론(약 200만 헥타르)에 달했다. 여기에 수차례의 영토 확장을 통해 편입한 땅까지 합치면 그 면적이 어마어마했다. 이 토지들은 이름만 '국유지'일 뿐 이미 오래전부터 귀족과 대상인들이 나눠 가졌다.

로마 역사상 개인이 공유지를 최대 500유겔론 이상 점유해서는 안 된다는 토지 법안은 예전에도 있었다. 따라서 그라쿠스의 '신'법은 사실상 '구'법을 재천명한 것에 불과했다. 문제는 로마의 귀족과 대상인들이 토지 점유 제한 법안을 안중에도 두지 않았다는 사실이다. 로마의 역사학자 아피아누스(Appianus)는 일찍이 이렇게 말했다.

"대상인과 귀족들은 채 분배하지 않은 토지를 대거 점유했다. 시간이 지나면서 이들은 더욱 대담해져 자신들이 보유한 토지를 빼앗기는 일은 영원히 없을 것이라고 장담했다. 그들은 인근 지역 가난한 사람들의 농지를 병탄했는데, 좋은 말로 설득해서 매입한 것도 있으나 폭력을 동원해 강제로 빼앗은 땅도 많았다. 나중에는 농지 점유 면적이 점점 커지면서 소규모의 전답이 아닌 농업과 목축업을 병행한 대농장 경영 형태를 취했다. 주요 노동력은 노예들이었다."[3]

그라쿠스 시대 귀족들은 방대한 양의 토지를 보유했다. 크라수스 무키아누스(Crassus Mucianus)는 10만 유겔론(약 5만 헥타르)의 토지를 소유했고, 폼페이의 맹우(盟友) 도미치우스도 최저 6만 유겔론(약 3만 헥타르)의 땅을

| 그라쿠스의 동생 가이우스가 토지개혁을 계속 추진했다.

점유했다. 카이사르, 크라수스, 키케로 등 귀족 가문들 역시 명실상부한 대지주였다. 이들의 토지는 대부분 공유지를 강점한 것이었다.

그런데 하룻강아지 범 무서운 줄 모르고 그라쿠스의 신법이 감히 귀족과 대상인들의 민감한 신경을 건드렸으니 그를 살려둘 리 있겠는가. 귀족 출신인 그라쿠스가 귀족 집단의 이익을 배신하자 원로원은 그를 '계급의 이단아'로 치부해 폭력이라는 극단적인 수단으로 제거한 것이다.

그러나 원로원의 극단적인 수법은 로마 민중의 큰 분노를 불러일으켰다. 그라쿠스의 동생인 가이우스 그라쿠스는 극도의 분노와 강렬한 정의감을 가지고 형의 유지를 이어받기로 결심했다. 그 역시 로마 민중의 대대적인 지원에 힘입어 기원전 122년에 호민관에 당선됐고, 이듬해에는 연임에 성공했다. 그는 그라쿠스의 개혁 정책을 토대로 토지 점유 제한 범위를 한층 더 확대했다.

그러나 가이우스도 그라쿠스처럼 비운을 면치 못했다. 원로원 귀족들은 군사들을 보내 가이우스의 목을 베고 토지개혁을 지지한 3,000여 명의 추종자를 학살해 티베르강 전체가 붉은 피로 물들었다.

그라쿠스 형제의 개혁이 실패로 막을 내린 뒤 로마 공화정의 제도적 탐욕은 더욱 거칠 것이 없어져 공유지의 사유화 속도는 더욱 빨라졌다. "부자들은 또 다시 토지 겸병에 열을 올리기 시작했다. 갖은 구실을 대서 강제로 땅을 빼앗자 농민들의 형편은 예전보다 더 악화됐다." 개개인의 탐욕이 모여 이익집단의 집단적 탐욕으로 변질됐을 때, 소수의 개혁가와 조직력이 부족한 민중의 힘으로 이들을 대처하기란 절대 불가능하다.

《세계사(A Global History)》를 쓴 스타브리아노스(L. S. Stavrianos)는 다음과 같이 개탄했다.

"티베리우스 그라쿠스와 가이우스 그라쿠스 형제는 용감하게 개혁을 단행했다. 두 사람은 경선으로 선출된 호민관이라는 지위를 이용해 온화한 방식으로 토지 분배 제도를 개혁하려고 했다. 그러나 과두 세력의 거센 반발에 부딪혔고, 반대파들은 심지어 폭력적 수단도 서슴지 않았다. …… 그라쿠스 형제의 비극으로부터 온화하고 질서 있는 개혁은 절대 성공할 수 없다는 사실을 알 수 있다."[4]

로마 공화정은 민주정치를 수호할 수 있는 마지막 기회를 놓쳐버렸다. 그라쿠스 형제의 개혁 실패는 로마 공화정의 멸망을 알리는 신호탄이 되었다. 이때부터 약 100년 동안 유혈 사태, 혁명, 대규모 내전이 빈발하면서 로마 공화정은 최종적으로 제정(帝政)으로 이행됐다.

지배집단의 탐욕은 로마 공화정의 와해를 부른 중요한 촉매제 역할을 했다.

근면으로 세워지고 탐욕에 의해
무너진 로마 공화정

로마의 가족 단위는 씨족(familia)으로 씨족연합이 민회(民會)를 구성했다. 민회 구성원이 곧 로마 시민인 공민이었고, 각 민회가 보유한 토지가 바로 로마의 영토였다. 따라서 로마의 주권은 자연적으로 민회와 공민에게 속했다. 국가 정치는 대소사를 막론하고 모두 전통적인 씨족 지배 체제를 모방했다. 로마의 황제는 민회에서 선출돼 민회의 가부장 역할을 했고,

원로원은 각 씨족의 장로로 구성돼 황제 자리가 비면 원로원이 섭정했다. 로마 시민은 황제 선출권을 가지고 있어서 공민 대회는 예로부터 황제의 권력 위에 군림했다. 시민의 주요 의무는 병역에 참여하는 것으로, 참전의 권리는 오직 시민에게만 주어졌다.

초기 로마에서는 공동 경작 제도를 실시했다. 경지는 공동 소유이고 사유재산은 '노예와 가축'으로 제한됐다. 로마법상 토지의 사유화는 허용되지 않았다. 이렇게 로마는 시민, 공유지, 시민군이라는 삼위일체의 굳건한 연결고리를 형성했다. 로마 군대가 막강한 전투력을 자랑했던 이유는 병사들 스스로 전쟁이 자신의 이익을 지키기 위해 싸우는 것임을 알았기 때문이다. 로마의 정치가로 집정관을 지냈던 카토(Marcus Porcius Cato)는 유명한 저서《농업론》에서 당시 로마 군단을 이렇게 묘사했다.

"가장 용맹하고 건장한 병사들은 모두 농민 출신이었다. 이들은 성실과 신의, 안정된 수익을 추구했다. 그렇다고 남들의 시샘을 사지도 않았다. 이 직업에 종사하는 사람 중 나쁜 마음을 가진 자는 극히 드물었다."

초기 로마는 농업국이라고 해도 과언이 아니었다. 로마인은 땅을 목숨처럼 소중하게 여겼다. 당시 로마에는 노예가 많지 않았기 때문에 토지 소유주들이 직접 농사를 지었다. 이들은 크고 작은 일을 막론하고 모두 손수 하면서 땅을 정성들여 다뤄 이민족으로부터 '훌륭한 농사꾼'이라고 조롱받기도 했다. 이들은 매일 이른 아침부터 저녁까지 부지런히 일했다. 일을 끝내고 집에 돌아온 뒤에는 꿀맛 같은 휴식을 즐겼다. 농부들은 한 달에 네 번씩 시내로 나가 농산물을 판매하고 농업 관련 일을 처리했다. 농부에게는 휴가가 따로 없었다. 그저 명절 때에만 신의 명령에 따라 농사일을 잠시 제쳐놓고 쉴 수 있었다. 이때에는 노예와 가축들도 함께 쉬었다. 이처럼 로마 사회는 농지와 뗄 수 없는 관계에 있었다. 심지어 로마의 문학도 농경을 묘사하는 과정에서 발단되었다.

역사상 많은 민족이 적과의 싸움에서 승리해 전리품으로 대량의 토지를 획득했다. 그러나 무력으로 빼앗은 땅을 지키기 위해 피를 흘리고 그 땅을 열심히 경작한 민족은 로마인밖에 없었다. 로마인은 아무리 전투에서 패해도 땅을 내주며 화친을 청하는 경우가 없다. 로마인의 강인한 정신력은 토지를 목숨처럼 사랑하는 마음으로부터 비롯된 것이다. 이는 로마가 상업국인 카르타고와의 싸움에서 최종 승리를 거둘 수 있었던 정신적 요인이기도 하다.

사방으로 정벌에 나서면서 로마의 영토는 끊임없이 확장됐다. 그런데 농민 인구는 전쟁으로 인해 갈수록 감소했고, 대신 농민이 아닌 평민의 인구가 꾸준히 증가했다. 그들은 로마법의 제약을 받지 않고 자유롭게 공유지를 나눠 가졌을 뿐 아니라 병역 의무도 없었다. 이에 농민들은 땅을 소유한 시민들도 공동으로 병역 의무를 지라고 요구했다. 정부는 개혁을 거쳐 토지 소유권을 재조사한 뒤 지적(地籍) 명부에 기초해 징병 명부를 새로 만들었다. 농민은 전답 보유 면적에 따라 각자 서로 다른 무기를 준비해 병역에 복무하게끔 규정됐다. 당연히 농민과 평민은 사이가 좋지 않았다. 그러나 농민들끼리는 서로의 평등한 권리를 인정했다. '자기 편'과 '외인'을 분명하게 구분하는 것, 이것이 로마인들이 굳이 고집한 기본 원칙이었다.

경제가 안정적으로 발전하고 로마의 부가 차곡차곡 쌓여가자 탐욕이라는 인간의 본성이 스멀스멀 기어 나오기 시작했다. 가장 먼저 로마인의 기본 원칙을 위배한 쪽은 황제와 세습 귀족들이었다. 이들은 공유지를 사사롭게 유용했을 뿐 아니라 무상으로 농민의 노동력을 착취해 더 많은 이익을 얻었다. 이때부터 사회적 부의 불균형이 나타나기 시작했다. 영토 확장 속도가 인구 증가 속도를 따라가지 못하자 그나마 나눠 가질 수 있는 토지가 점점 줄어들었다. 급기야 로마는 공유지를 개인에게 나눠주기 시작했다. 이 과정에서 이익을 가장 많이 얻은 쪽은 귀족들이었다. 귀족 집단은 재산과 권력을 충분히 끌어 모은 뒤 불공정한 토지 분배 제도에 대한 농민의 불만과 분노를 이용해 기원전 509년에 왕정을 폐지하고 공화정을 수립했다.

공화정 체제의 특징은 해마다 2명의 집정관을 투표로 선출하고 원로원의 평민 참여 비율을 높인 것이다. 나머지 국가 체제는 왕정과 별반 다르지 않았다. 특정 정치 체제를 평가할 때에는 명칭이나 타이틀만 봐서는 안 되고 체제가 어떻게 운행되는지, 또 최종적으로 누구에게 혜택이 돌아가는지 잘 살펴봐야 한다. 정치제도의 본질은 바로 국가의 부가 어떻게 분배되는지에 있다. 로마 귀족이 왕정을 폐지한 표면적인 이유는 부의 심각한 불균형 때문이었다. 그러나 결론부터 말하면 왕정에서 공화정으로 체제가 바뀐 뒤에도 부의 분배 불균형 문제는 전혀 호전되지 않았다.

집정관은 귀족 집단 이익의 대변인일 뿐이다. 공화정 역시 전형적인 귀족정치에 불과했다. 공화정 시대에는 귀족 집단이 왕을 대신해 국가 통치권을 장악하고 행사했다. 따라서 정권 토대는 왕정 시대보다 더 견고하고 탄탄했다. 그러나 귀족 집단의 집단적 탐욕이 왕정 시대보다 더 팽창하면서 부의 불균형 문제는 오히려 더 심각해졌다.

정치체제의 개혁은 로마 재정과 경제 분야에 큰 변화를 초래해 자본의 힘이 점차 국가 권력 위에 군림하기 시작했다. 왕정 시대에 로마 황제는 자본 세력의 지나친 확장을 견제했다. 심지어 농장 규모를 최대한 확대해 자본 이익집단과의 세력 균형을 맞추기도 했다. 공화정 체제로 이행한 후 새로운 귀족들의 탐욕은 점점 더 커졌다. 새로 시행된 정책들은 처음부터 끝까지 농민을 비롯한 중하층 이익을 침해하려는 목적으로 점철됐다. 대지주와 대상인들을 주축으로 한 귀족 통치자들은 파산 위기에 내몰린 농민 계급을 착취하는 데 혈안이 됐다.

정부는 급기야 농산물 거래에까지 개입하고 소금 전매제를 실시했다. 또 모든 간접세 징수를 일정한 실물 담보 능력을 갖춘 민간의 '징세 대행업자'에게 위탁했다. 당연히 돈 많은 귀족과 대상인들이 징세 대행업자의 역할을 담당했다. 이때부터 새로운 계급인 징세 대행업자가 빠르게 증가하기 시작했다.

'징세 청부제(tax farming)'는 국가 재정 세수의 일정 부분을 징세 대행업자에게 위탁해 징수하도록 하는 제도였다. 징세 대행업자는 규정된 액수만큼 국가에 세금을 납부한 다음 나머지 세수를 본인이 가질 수 있었다. 물론 지정 납세액은 한통속인 귀족과 대상인들이 결정한 것이라 이들이 어떤 짓을 했을지는 말하지 않아도 뻔하다. 징세 대행업자는 불과 몇 년 사이에 거부로 성장했다. 이들이 징세 청부업을 통해 얼마나 많은 돈을 벌었던지, "로마 부자들은 누구나 할 것 없이 공개적 혹은 비공개적으로 징세 대행 업무에 참여했다"는 기록이 있을 정도였다.[5] 두말할 필요도 없이 이들은 국가 세수를 약탈해 갑부가 된 것이었다. 징세 청부제의 폐해가 심각해지면서 로마 재정은 큰 타격을 입었다.

로마의 징세 대행업자 계층은 로마 공화정 시대 최초의 금융 거물이라고 할 수 있다. 이들은 국가 세수를 대거 잠식하는 과정에서 귀족 집단과 긴밀한 이익공동체를 형성하고 정치적 영향력을 크게 키워 마침내 국가 정책을 좌지우지할 수 있는 세력 집단으로 부상했다. 이들은 징세 대행 업무를 통해 한몫 단단히 챙긴 후 공유지에 눈독을 들였다.

로마는 왕정 시대부터 공유지에 대해 '점전제(占田制)'를 실시하기 시작했다. 다시 말해 토지를 가장 먼저 찜한 호족에게 사용권을 주고 이를 대대로 물려줄 수 있도록 한 것이다. 비록 정식 소유권은 없었으나 특별 사용권을 행사할 수 있었다. 토지 점유자는 규정상 수확량의 10% 또는 올리브나 포도주 생산량의 5%를 세금으로 납부해야 했다. 그러나 실제로 납부하는 아무도 사람은 없었다. 한마디로 호족 세력은 공유지를 공짜로 점유한 셈이었다.

공화정이 시작되면서 공유지에 대한 '점유권'은 토지 사유화 정책에 따라 '영구적인 소유권'으로 바뀌었다. 하지만 귀족과 호족을 제외한 일반 시민들은 이 혜택을 누릴 수 없었다. 물론 이 부분의 '토지세' 역시 징수되지 않았다. 공유지 면적이 대폭 줄어들고 세수 원천도 부족해진 상황에서 공유지를 점유한 호족들이 농지세를 내지 않자 국가의 조세 부담은 고스란히 소농들이 짊어져야 했다. 급기야 조세 부담을 견디지 못하고 비싼 이자를 지불하면서 돈을 빌리는 농민이 증가하기 시작했다. 소농의 세금을 갈취해 부자가 된 징세 대행업자가 이번에는 고리대금업자로 탈바꿈해 농민에게 돈을 빌려주었다.

로마의 법은 냉혹하고 무자비하기로 정평이 나 있다. 법적으로 토지 담보부 대출은 금지됐으나 개인의 채무는 허용됐다. 이 경우 흔히 사람의 몸을 담보로 삼았다. 채무자가 정해진 기간 내에 부채를 변제하지 못하면 채권자는 심지어 사람을 살해해 그 시체를 나누거나 채무자와 그 가족들을 외국에 노예로 팔 권리를 가졌다. 그럼에도 정부는 개인들 사이의 채무 문제에는 전혀 관여하지 않았다.[6] 징세 대행업자에서 고리대금업자로 변신한 이들은 아예 군사를 동원해 채무 불이행자를 체포하기도 했다.

채권자인 고리대금업자는 채무자인 소농에게 매우 위협적인 존재일 수밖에 없었다. 절망과 공포에 사로잡힌 채무자들은 도리 없이 농지를 채권자에게 양도했다. 빚을 지고 땅을 잃은 로마 농민 계급 사이에는 자연스럽게 절망과 불만 정서가 확산되기 시작했다. 사람을 죽이면 목숨으로 보상하고 빚을 지면 돈으로 갚는다고 했지만 로마 공화정 시대에 농민들은 "빚을 지면 목숨으로 갚아야 했다."

로마에 공화정 체제가 도입된 지 10여 년 만에 부의 양극화 현상이 절정으로 치닫자 급기야 도처에서 민란이 일어났다. 기원전 495년, 전쟁이 눈앞에 다가왔는데도 로마 정부는 '채무법'을 끈질기게 고집했다. 격분한 농민들은 참전을 거부했다. 로마 역사가 생긴 이래 시민이 공공연히 병역 이행을 거부한 것은 처음 있는 일이었다.

궁지에 몰린 집정관은 채무법 시행을 잠시 중지하고 감옥에 수감된 채무자를 모두 석방한 데 이어 채무자에 대한 체포를 금지시켰다. 다시 자유를 찾은 시민들은 전투에 참가해 강적을 물리쳤다. 그러나 전쟁이 끝나자마자 일시 중지됐던 채무법이 다시 시행돼 채무를 갚지 못한 많은 농민들은 감옥에 재수감됐다. 신의를 저버린 정부에 대한 농민의 분노는 극에 달했다. 이듬해 전쟁이 재차 발발했으나 아무도 전쟁터에 나가지 않았다. 집정관의 얄팍한 술수를 이미 꿰뚫어본 이상 누가 국가를 위해 목숨을 바치려 하겠는가.

결국 민중의 신임을 받는 전통 있는 씨족의 지도자가 독재관을 맡아 반드시 채무법을 개혁하겠다고 맹세하기에 이르렀다. 그제야 시민들은 다시 싸움터에 나가 승리를 거두고 돌아왔다. 그러나 농민들은 또 한 번 우롱 당했다. 원로원이 채무법 개혁안을 부결시켜버린 것이다. 더 이상 분노를 참지 못한 로마 시민들은 호민관의 인솔 아래 무장 폭동을 일으키려 로마로 쳐들어갔다.

원로원 귀족들은 일촉즉발의 위기 상황이 닥친 후에야 비로소 사태의 심각성을 깨달았다. 타협이 이뤄지지 않으면 내전으로 인해 국가 재정이 파산할 우려가 있었다. 게다가 시민 내부에서 계급 분열이 일어나면 군대도 반란을 꾀할 가능성이 컸다. 최악의 경우 10여 년 동안 지속된 공화정 체제가 멸망을 고하고, 기득권층이 가진 모든 것을 빼앗길지도 몰랐다. 위기감을 느낀 원로원은 결국 타협을 선택했다.

이번에 거둔 큰 승리로 로마 시민들은 평민 호민관을 선출할 수 있는 권리를 얻었다. 이 성과는 이후 100년 동안 로마 시민에게 용기를 북돋아 줬다.

농민에게 불리한 채무법이 폐지됐지만 상황은 별반 나아지지 않았다. 채무자에 대한 처벌 강도만 약해졌을 뿐 농민을 채무자로 전락시킨 토지 겸병과 세수 불균형이라는 근본 요인을 제거하지 못했기 때문이다. 따라서 부의 분배를 둘러싼 투쟁은 여전히 치열하게 지속됐다.

스푸리우스 베시리누스(Spurius Vecellinus)는 세 차례나 집정관을 역임하고 두 번이나 개선장군의 칭호를 받은 인물로, 귀족 중에서 그에 버금가는 사람을 찾기 어려웠다. 또한 그는 로마 최초로 '농업법'을 기초해 로마 공화정에 혁혁한 공로를 세웠다. 남달리 통찰력이 뛰어난 그는 로마가 직면한 부의 양극화 문제에 대해 "징세 대행업자가 국가 재정과 세수를 독점한 것이 국가를 곤경에 빠뜨린 핵심 요인이다"라고 지적했다.

징세 청부제로 인해 국가의 세수는 대거 유실됐고, 농민은 부당한 조세 부담 때문에 빚더미에 올라앉아 땅까지 빼앗겼다. 징세 대행업자는 세수를 집어삼킨 것도 모자라 토지까지 겸병해 양쪽으로 폭리를 얻어 거부가 되었다.

이에 스푸리우스는 재정 독점의 병폐에 직접 메스를 댔다. 그는 기원전 486년에 "전국의 공유지를 철저하게 조사해 공유지 일부를 농민에게 임대하고 임대료 수입은 국고에 귀속시켜 국가 재정에 보탠다. 나머지 공유지는 땅이 없는 농민에게 직접 나눠준다"는 개혁 법안을 제시했다. 이 법안의 요지는 국가 수입 증대 및 농민의 세수 부담 감소를 통해 이중으로 징세 대행업자를 압박하려는 것이었다. 국가와 국민에게 이로운 법은 국가와 국민을 해치는 이익집단에게 불리하게 마련이다. 결국 로마의 공신으로 추앙받던 스푸리우스는 황권을 노린다는 반역죄를 뒤집어 쓴 채 공개 처형됐다. 그의 관저 역시 폐허로 변해버렸다.

스푸리우스는 직위와 명성, 위세까지 갖춘 귀족이었지만 이익집단의 비위를 거스른 대가로 처참한 죽음을 맞이했다. 로마 공화정 시대의 잔혹한 계급투쟁의 일면을 보여주는 대목이다.

부는 사람을 미치게 만들고 탐욕은 사람을 흉악하게 만든다.

로마가 공화정 체제로 이행한 지 50여 년이 지난 후, 빈부 격차 문제는 더 이상 용인할 수 없을 정도로 악화됐다. 이에 따른 계급투쟁이 내전으로 비화할 위기에

| 참수당한 스푸리우스 베시리누스

처하자 양측은 드디어 기원전 451년에 '12표법(Law of the Twelve Tables)'을 제정했다. 양측이 한 발씩 물러서 타협점을 찾은 결과, 토지 겸병 문제는 근본적인 해결을 보지 못했으나 가혹한 채무법은 크게 완화됐다.

신법의 내용은 대략 다음과 같았다.

"부채를 판정 혹은 승인한 뒤 채무자에게 30일간의 상환 기간을 준다. 채권자는 기한 내에 빚을 갚지 못한 채무자를 체포해 지방 집정관에게 넘긴다. 채무가 면제되지 않은 한 채권자는 채무자를 구금, 수감할 수 있다. 단 채무자에게 음식을 제공해야 한다. 채권자가 여럿이면 채무자 한 사람의 재산을 나눠 가질 수 있다. 채권자는 대출 금리를 법정 상한선인 8.333% 이상으로 정하지 못한다. 이를 어길 경우 4배의 벌금을 부과한다. 고리대로 타인의 재물을 갈취하는 자는 절도죄보다 무겁게 처벌한다."[7]

로마 사회는 12표법을 통해 호족 세력과 평민 사이에 부의 분배를 둘

러싼 타협이 이뤄진 후부터 포에니 전쟁이 발발하기까지 약 200년 동안 안정적인 국면을 유지했다. 부의 양극화로 인해 생긴 토지 겸병과 채무 가중이라는 양대 고질병이 일정 정도 개선되면서 로마 공화정은 점차 안정을 되찾았다. 이때부터 로마는 국가의 근본을 견고하게 다지는 데 총력을 기울여 이탈리아 반도를 통일하기에 이르렀다.

그러나 기원전 264년 제1차 포에니 전쟁이 발발하면서 로마 사회의 부의 균형 상태가 깨져버렸다. 이 전쟁은 장장 23년간이나 지속됐고, 뒤따른 전쟁도 마찬가지로 장기간 이어졌다. 농민들은 장기간 출전하느라 고향에 있는 전답을 돌볼 겨를이 없었다. 자연히 농사일은 전부 아녀자와 노인 손에 맡겨졌다. 제2차 포에니 전쟁에서는 로마 성인 남성 중 5분의 1이 사망해 농촌 노동력의 심각한 부족까지 초래했다. 제3차 포에니 전쟁이 끝난 기원전 146년에 로마의 농업은 드디어 붕괴 직전에 이르고야 말았다.

로마 농민이 대거 파산하고 야탈한 토지가 급증하자 호족 세력은 오랫동안 억눌려왔던 욕망이 다시 꿈틀거렸다. 이들 사이에 토지 겸병이 급속히 확산되면서 조세 불균형은 더욱 심각해지고 농민의 채무 부담은 크게 가중됐다. 두 번째로 발생한 부의 양극화 현상은 1차 때보다 훨씬 더 심각했다.

포에니 전쟁이 끝난 후(기원전 146년)부터 그라쿠스 형제가 개혁을 추진하기까지(기원전 133년) 불과 13년 사이에 로마 공화정의 토지 겸병 붐은 그야말로 절정에 달했다. 호족 세력의 탐욕이 무한대로 팽창하자 농민의 분노와 증오도 극에 달했다. 결국 공화정 체제는 멸망의 나락으로 치닫기 시작했다.

기원전 121년, 그라쿠스 형제의 개혁이 철저한 실패로 막을 내린 뒤 로마 사회는 100년 동안 극심한 혼란 상태에 빠졌다. 도처에서 봉기, 폭동, 유혈 사태와 내전이 발생했다. 제1차 삼두정치를 펼친 3인의 거물(카이사르, 폼페이우스, 크라수스)은 권력을 차지하는 데 혈안이 돼 해마다 전쟁을 벌였다. 이어 제2차 삼두정치를 이끈 3인(옥타비아누스, 마르쿠스 안토니우스, 레피두스) 역시 패권을 두고 각축전을 벌여 수많은 사상자를 냈다.

로마 공화정은 살벌한 분위기 속에서 마침내 기원전 27년에 종말을 맞이했다.

대내적 약탈에서 대외 팽창으로 전환

로마가 마침내 궁지에서 벗어난 것은 국내에서 부의 분배 균형이 실현됐기 때문이 아니라 지배집단의 제도적 탐욕이 자국민에 대한 착취에서 대외 팽창으로 방향을 전환했기 때문이다.

로마는 이탈리아를 통일한 뒤 100년 동안 세 차례의 피비린내 나는 전쟁을 치렀다. 이 전쟁들을 통해 기어이 카르타고를 무너뜨리고 아프리카를 점령했다. 이어 동쪽으로 진군해 마케도니아를 정복하고 그리스 도시국가들을 지배했다. 여세를 몰아 소아시아와 시리아를 점령했으며, 나중에는 갈리아, 영국, 스페인, 이집트까지 함락하면서 유럽과 아시아, 아프리카 대륙을 아우르는 거대한 제국을 건설했다.

로마의 대외 팽창 시대(기원전 150~기원전 50년)에 가장 먼저 혜택을 누린 쪽은 귀족 계급이었다. 정복지로부터 얻은 대량의 전리품, 화폐, 공물, 노예, 가축, 농산물, 금은보화들은 대부분 귀족의 주머니에 들어갔다. 게다가 점령지가 로마 영토에 대거 편입되면서 로마 귀족 계급은 명실상부한 국제 대지주로 변모했다. 수많은 전답, 목장, 삼림, 호수, 어장, 광산, 채석장은 모두 로마 귀족들이 지배했다.

이밖에 대상인 계급도 대외 확장의 혜택을 톡톡히 봤다. 이들은 로마의 국유자산을 경영, 점유해 폭리를 얻었다. 또 식량, 의복, 무기 등 전쟁 필수품을 군대에 고가로 공급하고 정부와 장군, 병사들로부터 전리품을 헐값에 사들여 떼돈을 벌었다. 대외 팽창과 정복을 통해 로마에 새로 편입된 속주(屬州)들은 대상인 계급에게 무궁무진한 돈벌이 기회를 제공했다. 속주를 다스리는 원로원 출신 총독들은 원래부터 대상인들과 한통속인 데다 총독은 속주에서 무소불위의 지배권을 행사했다.

로마의 유명한 정치가 키케로(Marcus Tullius Cicero)는 시칠리아 총독을 기소하면서 다음과 같이 썼다.

"새롭고도 무원칙한 관리를 통해 농민으로부터 무수한 금전을 수탈하고 있다. 우리의 가장 충실한 맹우를 꼭 민족의 철천지원수를 대하듯 한다. …… 고대의 진귀한 예술품은 모두 이 총독의 손에 들어갔다. 이 가운데는 부유한 국왕들의 진상품도 포함돼 있다. 총독은 지배지의 귀중한 조각상과 예술품을 모두 빼앗는 것도 모자라 신성한 성전에까지 검은 손을 뻗쳤다. 원래는 시칠리아 사람들의 공동 소유가 돼야 할 신상(神像) 중에서 일정한 예술 가치를 지닌 것들을 모두 자기 소유로 만들었다."8

극악무도한 총독들과 탐욕에 눈먼 대상인들이 결탁하자 가랑잎에 불붙듯 온갖 부정부패가 성행했다. 이들은 함께 속주에서 징세 대행업에 나서 이익을 나눠 가졌고, 농민을 대상으로 토지 담보부 대출을 제공했다. 세금을 체납한 도시국가와 개인에게는 고리대금을 놓았다. 마르쿠스 브루투스(Marcus Junius Brutus)가 도시국가에 제공한 대출의 금리는 무려 48%에 달했다. 키케로는 이 사실을 알고 경악을 금치 못했다.

대상인들은 또 정부의 모든 외주 업무를 독점했다. 로마와 각 속주의 공공 건축, 도로 및 교량, 하수관, 역참, 화원과 묘포(苗圃), 대형 광장 등의 대형 프로젝트는 모두 대상인들이 맡아 건설했다. 징세 청부제와 마찬가지로 정부와의 관계만 잘 유지한다면 돈 액수 따위는 문제가 아니었다. 로마 정부에는 돈이 부족하지 않았으니 말이다. 대상인들은 이 돈으로 훗날 로마 제국의 기사 계급을 형성했다.

귀족과 기사 계급은 막대한 부를 긁어모았음에도 불구하고 머릿속에는 항상 '토지가 가장 안전한 자산'이라는 인식을 지우지 못했다. 이에 더 큰 규모의 토지 겸병이 들불처럼 일어났다. 공유지의 사유화가 계속되자 사유지 소유권 보호를 요구하는 목소리가 점점 높아졌다. 사유재산권 보호에 앞장 선 사람은 바로 키케로였다. 그의 주장은 다음과 같았다.

"행정관의 제일가는 임무는 모든 사람이 각자 재산의 주인임을 인정하는 것이다. 국가는 강제적으로 개인의 사유재산권을 침해해서는 안 된다. 헌정 국가와 자치 정부를 수립하는 목적은 사유재산권을 보장하기 위한 것임을 알아야 한다. 국가 사무를 처리하는 관리들은 한 사람의 재산을 빼앗아 다른 사람을 잘 살게 만드는 관행을 제지해야 한다. …… 사람들이 부자를 질투하는 현상이 확산되지 않도록 최선을 다해야 한다."

로마 제국 시대에는 공화정 시대와 다르게 대량의 노예들이 농촌의 주요 노동력으로 동원됐다. 끊임없는 정벌과 영토 확장에 따라 국내에 있던 수십만 명의 무산자들은 새로 편입된 아시아와 아프리카의 속주로 이주했고, 나머지 농민들은 소작농으로 전락했다. 기원전 마지막 30년 동안 로마의 해외 식민지 수는 무려 100개에 이르렀다. 이들 식민지로 이주한 성인 남성은 약 25만 명으로 로마 성인 남성 인구의 5분의 1을 차지했다. 로마 제국 시대의 시나 문학작품을 보면 로마의 농민 계급이 종적을 감춘 것과 관련해 감개를 토로하는 내용들이 많다. 이때에 이르러 공화정의 토대는 완전히 사라져버렸다.

당시 이탈리아의 사회 계급 상황은 다음과 같았다. 도시에는 상당한 부를 축적한 호족 세력이 살았다. 대부분이 대지주로 이탈리아와 로마에 넓은 면적의 비옥한 전답과 끝이 보이지 않을 정도로 광활한 목장을 보유하고 있었다. 수많은 노예들은 이들을 위해 부지런히 일했고, 그중에서도 전문 지식을 갖춘 노예들은 집사 자리를 얻어 대지주를 대신해 방대한 자산을 관리했다. 일부 호족은 도시에서 부동산업자로 발전했다. 주택이나 점포, 창고 임대를 통해 떼돈을 벌고 사치스런 생활을 했다.

징세 대행업자와 하청업자들은 금융가로 탈바꿈했다. 로마와 각 속주를 빈번하게 왕래하면서 황제, 원로원, 속주 총독을 모두 아우르는 방대한 인맥 네트워크를 형성했다. 이 인맥 네트워크를 토대로 징세 대행, 고리대금 및 은행 업무, 투자 등의 다양한 금융 사업을 전개했다. 로마 제국의 자금은 이들의 금융 네트워크를 통해 주야로 끊임없이 거대한 흐름을 형성했다.

예컨대 카스토르 신전 부근에 있는 광장은 매일 벌떼처럼 몰려드는 각양각색의 투기꾼들로 북적였다. 이곳에서 징세 대행업체의 주식과 채권을 매매하고 현금과 신용상품을 거래했다. 또 농장, 부동산, 점포, 선박, 화물 창고 및 각국에서 끌려온 노예와 가축 경매도 이곳에서 이뤄졌다.

광장 부근의 거리에는 다양한 가게들이 즐비하게 늘어서 있었다. 이곳에서 수많은 수공업자, 가게 점원, 부잣집 노예, 각지에서 온 대리상들은 고객을 상대로 다양한 수공업 제품과 농산품 판매에 열을 올렸다.

밝음과 어둠은 공존하는 법이다. 번영의 배후에도 어두운 구석은 있었다. 로마 제국에서 소수의 슈퍼 리치들이 기사 계급으로 재탄생할 때, 다른 한쪽에서는 방대한 규모의 유랑민 집단이 형성됐다.

후미진 골목에는 땅을 잃은 농민, 일자리를 잃은 무산자와 일자리를 찾지 못한 제대 군인들이 모여 살았다. 이들에게 남은 것은 불만과 절망, 증오뿐이었다. 누군가 돈만 준다면 투표권은 말할 것도 없고 주먹까지 팔아치울 준비가 돼 있었다. 키케로의 말대로 이들은 '기아에 시달리는 불쌍한 오합지졸로 국고를 축내는 무리들'이었다.

이 부류의 오합지졸들이 훗날 로마 군대에 대거 입대함으로써 로마 군단의 성격을 유랑민 집단에서 폭도 집단으로 바꿔버렸다. 나중에는 로마 제국의 전복을 꾀하는 가장 위험한 세력으로 부상했다.

로마 제국 시대의 화폐경제

로마의 군사적 확장은 동시에 화폐경제의 발달을 이끌었다.

로마 공화정은 농업을 근간으로 한 국가로 농사를 중시하고 상업을 천하게 여겼다. 따라서 이 시기에는 화폐경제가 발달하지 못했다. 로마 화폐의 변천사를 보면 이 사실을 알 수 있다.

로마 초기 300년 동안에는 이탈리아 반도의 그리스 식민지를 제외한 다른 지역에서는 화폐가 발행되지 않았다. 화폐 대신 소와 양이 상품 거래의 지불 수단으로 사용됐을 뿐이었다. 양 10마리의 가치는 소 1마리와 같았다. 후에 금속이 생산되면서 동이 소와 양을 대신해 가치 척도의 기능을 담당했다. 동의 계량 단위는 아스(AS, 로마식 파운드)로, 1아스는 약 328.9g이었다. 상업 문명을 고도로 중시한 그리스와 달리 로마의 초기 화폐는 각 지역에서 자체적으로 주조해 매우 조잡했다. 무역 규모와 거래량이 그리스에 훨씬 못 미쳤던 로마에서는 화폐의 정밀도와 순도에 대한 요구도 그다지 높지 않았다.

초기 로마에서는 청동으로 주조한 아스 동화가 유통됐다. 무게는 무려 5아스(약 1.6kg)로 휴대와 사용이 매우 불편했다. 화폐만 봐도 당시 로마의 상업이 그리스보다 훨씬 뒤처졌음을 알 수 있다. 그러나 상업의 점진적인 발전에 따라 화폐의 사용빈도가 늘어나면서 무거운 아스 동화는 일상적

기원전 5세기에 로마 정부가 발행한 아스 동화.
청동으로 주조했고, 무게는 50아스(약 1.6kg)였다.

인 소액 거래 수요를 만족시킬 수 없었다. 이에 등장한 것이 아스 동화보다 가볍고 정교한 아스 동전이었다. 무게가 약 272~341g인 아스 동전은 제1차 포에니 전쟁 발발 전까지 로마 공화정의 중심 화폐로 유통됐다.

포에니 전쟁(기원전 264~기원전 146년)은 로마의 경제 구도를 완전히 바꿔놓았다. 전쟁이 장기화되고 규모가 커지자 군인의 급여와 보급품 공급 수요가 한편으로는 화폐 주조를 가속화하고, 다른 한편으로는 로마 국내의 화폐 통일을 이끌었다. 그 이유는 어마어마하게 늘어나는 군량과 무기를 본국으로부터 운반하는 데 어려움을 겪었기 때문이다. 한마디로 로마 화폐경제의 발달을 촉진한 것은 상업이 아닌 전쟁이었다. 전쟁은 또 로마 국내 시장 통합에도 크게 기여했다. 통합 화폐가 통합 시장에서 유통되면서 로마는 실물경제 시대에서 화폐경제 시대로 진입했다.

화폐제도의 가장 두드러진 변화는 은본위제로 동본위제를 대체했다는 사실이다. 이에 무거운 아스 동전 대신 데나리온 은화(Denarius)가 점점 유통되기 시작했다. 예전에도 로마에 은화가 있었지만 주로 그리스인들이 이탈리아 남부와 시칠리아 섬에 있는 식민지에서 주조, 유통시킨 것이었다. 이 지역은 지리적으로 로마와 더 가까웠으나 그리스의 영향을 더 많이 받았

기원전 4세기~기원전 3세기 청동으로 주조한 아스 동전.
무게는 약 10아스였다.

다. 지역 화폐 역시 무겁고 조잡한 로마의 아스 동화보다 정교하고 가벼운 그리스 은화 드라크마(Drachma)를 모방해서 만들었다.

초기 로마인들이 은화를 만들지 않고 아스 동화를 주조한 것은 은을 싫어해서가 아니라 이탈리아 중북부 지대에 은광이 부족했기 때문이다. 그러나 로마 군단이 카르타고를 물리치고 스페인에 있는 카르타고 식민지를 지배하면서부터 스페인 경내에 있는 대형 은광을 독점해 떼돈을 벌었다.

로마는 군수품 공급에 어려움이 따르자 기원전 211년에 화폐 개혁을 단행하고 전국적으로 데나리온 은화를 통일 발행했다. 데나리온의 은 함유량은 4.5g(72분의 1 로마식 파운드)이고, 1데나리온의 가치는 아스 동화 10아스에 상당했다. 이때부터 데나리온 은화는 로마의 중심 화폐로 유통됐다.[9]

카이사르 시대(기원전 49~기원전 44년)에 이르러서는 아우레우스(Aureus) 금화가 발행됐다. 아우레우스의 금 함유량은 약 8g이고, 한 닢의 가치는 데나리온 은화 25개에 맞먹었다. 다만 아우레우스는 화폐 가치가 너무 커 시장에서 별로 유통되지 못했다. 대부분 고액 결제 무역이나 하사품 용도로 사용됐다.

▌로마 공화정 시대에 발행한 데나리온 은화

로마 군단과 데나리온 은화는 함께 지중해 양안을 휩쓸었다. 로마 군단은 한 지역을 점령할 때마다 가장 먼저 현지의 조폐국을 강제로 폐업시켰다. 간혹 소액 보조 화폐를 주조하도록 조폐국을 남겨두는 경우는 있었다. 이로써 로마 조폐국은 지중해 지역에서 최

▌카이사르 시대의 아우레우스 금화

대 규모를 자랑했다. 다른 조폐국들은 로마의 허락을 받아야 은화를 주조할 수 있었고, 반드시 로마 화폐제도의 기준에 부합해야 했다.[10]

기원전 150년부터 기원전 50년까지 로마가 대외 팽창을 실시한 100년 사이에 로마의 화폐 유통량은 10배나 증가했다. 유통된 화폐는 대부분 데나리온 은화였다. 유동성이 충분하게 공급되면서 로마의 상품시장과 경제 모델에도 큰 변화가 생겼다.

이집트산 밀과 아마, 갈대로 만든 종이, 카르타고와 시칠리아 지역에서 생산한 농산물, 소아시아의 양모, 목재와 양탄자, 갈리아산 곡물, 육류와 양털, 스페인 및 영국의 각종 광물, 발트해 지역에서 나는 호박, 모피와 노예, 사하라사막 이남 아프리카의 상아, 황금 및 아시아의 향료, 보석, 향신료와 중국산 실크 등이 로마로 끊임없이 공급되었다. 상품시장이 크게 활성화되자 로마의 경제 모델도 농업 기반의 생산형 사회에서 점차 상공업 위주의 소비형 모델로 바뀌기 시작했다.

로마의 물가는 저가의 외국산 곡물이 대거 유입되면서 깜짝 놀랄 정도로 하락했다. 당시 로마의 도시 인구는 100만 명에 달했고, 이밖에 상비군 수십만 명과 방대한 관료 체계를 먹여 살려야 했다. 이에 로마 제국은 사회 안정을 유지하는 기본 수단으로 곡물 가격을 의도적으로 낮추었다. 그러나 지나치게 낮은 곡물 가격은 자국 농업을 압살하는 부작용을 초래했다. 소농들은 시장경쟁력을 완전히 상실했고, 농지 가격 역시 바닥으로 하락하면서 농민의 대규모 파산이 불가피해졌다. 이는 곧 대상인들의 토지 겸병에 절호의 기회로 작용했다. 대지주들은 경작 기술을 개량하고 대량의 노예를 동원해 곡물 생산원가를 대폭 절감했다. 그럼에도 불구하고 외국산 저가 농산물과는 경쟁이 되지 않았다.

이에 로마 전역에서 식량 작물은 농장 노동자들이 일용할 양식을 얻기 위해 필요한 만큼만 수확하고, 수익성이 높은 경제 작물과 축산업 생산을 우선시하는 농업 체계가 형성됐다. 당시 로마 제국에서 가장 경쟁력이 높은 상품은 이탈리아산 포도주와 올리브유, 양모였다. 보편적으로 보면 로마의 농업경제 중에서 축목업의 수익성이 재배업보다 높았다. 재배업 중에서는 포도 농장의 이윤이 채마전이나 올리브 농장보다 높았고, 곡물 재배업의 수익성이 가장 낮았다. 당시 규모가 비교적 큰 전장(田莊)의 1유겔론당 밀 생산액은 38데나리온에 불과했다.[11]

은 1g의 가격을 4위안으로 가정하면 로마 제국 초기의 1데나리온은 15위안에 맞먹는다. 즉 당시 1유겔론당 곡물 생산액은 150위안(약 2만 9,000원)밖에 되지 않았다는 말이다.

로마는 농업이 외국산 저가 농산물에 의해 경쟁력을 완전히 잃은 상태에서 무역 균형을 이루기 위해 그나마 경쟁력 있는 상품인 포도주와 올리브유, 모직품 및 점차 우위를 점해가던 수공업 제품을 수출했다.

한편 이탈리아의 마졸리카(도자기)는 모든 도자기시장을 휩쓸었다. 또 새로 나온 유리 제품, 특히 색을 칠하고 꽃무늬를 조각한 유리 제품은 유리의 원산지인 시리아 시장에 큰 타격을 입혔다. 이탈리아 서북 지역은 야금업 중심지로 조성됐다. 청동과 은 제품이 만만치 않은 경쟁력을 확보했고, 농기구와 철제 병기는 로마 전역에서 판매됐다. 이밖에 이탈리아에서 생산한 철물 공구와 등잔, 진주, 보석, 방향제도 각지 시장에서 불티나게 팔렸다.

이처럼 이탈리아산 공산품은 일정한 경쟁 우위를 확보했음에도 불구하고 각 속주와 외국으로부터 홍수처럼 밀려드는 제품을 상대하기에는 역부족이었다. 로마는 점차 초대형 소비 도시로 변모했지만 이탈리아는 그저 로마의 외곽 지대에 불과했다. 로마의 기형적인 소비 구조는 자국의 강대한 생산력과 합리적인 무역에 기반을 둔 것이 아니라 속주에 대한 착취와 약탈에 힘입은 바 컸다.

로마 소비시장의 활성화와 더불어 고수익성 신흥 산업들이 우후죽순처럼 생겨났다. 당시 로마 부자들은 진기한 물건을 수집하고 동물을 기르는 취미가 있었다. 기록에 의하면 한 농장주는 닭, 오리, 거위, 공작새, 멧돼지 등 짐승들을 길러 매년 1,250데나리온씩 벌어들였다고 한다. 이는 농장 경영을 통해 얻은 수입보다 훨씬 많은 액수였다. 로마 정치가 바로의 《농업론》에도 조류 전문 농가에서 새 5,000마리를 키우며 한 마리당 3데나리온에 팔아 연수입 1,500데나리온을 올렸다는 내용이 나온다. 새를 키워 얻은 수익이 200유겔론 규모의 농장을 경영해 얻는 수익의 2배에 달했다. 진기한 조류를 키우면 더 많은 돈을 벌 수 있었다. 공작새 한 마리의 판매 가격은 50데나리온이었고, 수정된 공작새 알 가격도 무려 5데나리온이었다. 공작새 100마리를 길러서 낳은 알로 새끼 공작새를 부화시켜 팔아도 1년에 1만 5,000데나리온을 벌 수 있었다.

각 속주의 세금, 공물, 고리대금, 건설, 무역 등을 독점해 얻은 거액의 수익은 모두 로마로 흘러들었다. 이 자금이 다시 토지 겸병에 집중적으로 사용되면서 로마에는 대량의 슈퍼 리치들이 등장했다. 제1차 삼두정치를 이끌었던 크라수스의 경우 보유한 토지의 가치가 무려 4억 데나리온에 달해 로마 최고 갑부로 불렸다. 그는 본인의 재산으로 군단을 먹여 살리지 못하는 사람은 부자가 아니라는 말을 입버릇처럼 달고 다녔다. 당시 1개 군단을 유지하는 데는 1년에 150만 데나리온이 들었다. 카이사르 역시 대지주였는데, 그는 아프리카 출정을 앞두고 병사들에게 다음과 같이 약속했다.

"전쟁이 끝나면 병사 전원에게 꼭 땅을 분배해주겠다. 술라(로마의 정치가)처럼 다른 사람의 땅을 빼앗아서 나눠주는 것이 아니라 공유지와 내 소유의 땅을 병사들에게 나눠주고 필요한 도구도 공급하겠다."

4억 데나리온이면 밀 400~500만 톤을 살 수 있는 엄청난 액수였다.

17세기 영국 최고 갑부의 재산이 밀 2.1~4.2만 톤의 가치에 상당했으니, 로마 제국의 부자들은 1000년 뒤 영국 부자들보다 몇 백 배는 더 부자라는 얘기가 된다.

　로마 제국에서 부의 양극화 현상은 점점 더 심각해졌다.

　농업시대에 식량 생산은 공업시대의 제조업처럼 매우 중요한 지위를 차지했다. 농업이 위축되면 국가의 경제 기반도 무너지기 마련이다. 로마 제국은 생존을 위해 아시아와 아프리카 속주로부터 더 많은 농산물과 생활 물자를 들여와야만 했다. 그러면서도 동등한 가치의 상품으로 보상해주지 않자 급기야 속주 시민들의 불만을 불러일으켰다. 게다가 약탈과 폭력을 일삼으면서 변방 이민족과의 군사적 충돌이 잦아졌을 뿐 아니라 토지 겸병의 횡행으로 땅을 잃고 불만과 분노로 악이 받힌 유랑민들이 대거 대도시로 몰려들었다. 여기에 잔혹한 노예제도의 피해자인 노예들까지 가세하면서 로마 제국 곳곳에서 폭동 조짐이 나타나기 시작했다.

　로마 제국은 표면적으로 번영을 유지했지만 기형적 경제 구조와 불안정한 정치로 인해 화산 분화구 위에 앉은 것처럼 위험한 상태에 놓여 있었다. 그나마 사회 안정을 유지하려면 상비군 규모를 끊임없이 늘리는 수밖에 없었다. 그러나 군대에 지나치게 의존하게 되면 재정 부담이 가중되고 정권이 위험해지는 결과를 초래한다.

취약해진 화폐 순환 시스템

로마 제국 초기에 일반 병사의 급료는 매년 225데나리온 정도였다. 1개 군단의 인원수가 약 6,800명이었으니, 1개 군단을 먹여 살리려면 매년 150만 데나리온이 필요하다는 계산이 나온다. 또 제국 초기 상비군은 약

20만 명이었는데, 이처럼 방대한 군대를 유지하려면 매년 적어도 5억 데나리온의 군비를 지출해야 했다. 여기에 퇴역 군인의 퇴직금으로 들어가는 비용도 만만치 않았다. 그래서 제2차 삼두정치의 수뇌들은 퇴역 군인의 땅을 마련하기 위해 기존 토지 소유자들을 대거 착취하는 정책을 펼쳤다. 이로 인해 한때 이탈리아 정국이 혼란에 빠지기도 했다. 기원전 30년, 옥타비아누스는 같은 전철을 밟지 않기 위해 국가에서 돈을 출자해 퇴역 군인에게 땅을 사주는 방법을 선택했다. 이 부분의 지출만 2년 사이에 1억 5,000만 데나리온에 달해 사람들이 혀를 내둘렀다.

로마 제국의 관료 시스템을 먹여 살리는데도 막대한 지출이 소요됐다. 황제를 중심으로 한 정부 관료에서부터 수십 개 속주의 총독 및 이와 연결된 수십 개의 관료집단, 수천 개 도시를 다스리는 관리들까지 그 규모만도 엄청났다.

국가 재정으로 군대와 관료 체제를 유지하기도 버거운 상황에서 정부는 대중의 불만을 막기 위해 로마 시민 20만 명에게 무상으로 식량을 공급했다. 여기에 필요한 식량은 매년 이집트로부터 곡물 15만 톤을 수입했다. 게다가 명절 때마다 극장에서 서커스 공연을 벌이는 데 들어가는 '유흥비'만 수천만 데나리온을 지출했다. 이런 사회 안정 유지 비용은 정부의 재정 부담을 폭발적으로 증가시켰다. 만약 식량 무료 배급제를 폐지하면 어떻게 될까? 두말할 필요도 없이 수십만 명의 무산자와 실직자들이 폭동을 일으킬 것이 뻔했다. 이런 모험을 감수할 황제는 한 명도 없었기 때문에 식량 무료 배급제는 제국이 멸망할 때까지 쭉 지속됐다.

로마 제국은 군사적 확장을 통해 지중해 연안에서 수탈한 금과 은을 화폐로 만들어 상비군과 관료 시스템 및 로마 시민을 먹여 살리는 거대한 기계에 비유할 수 있다. 화폐는 주로 로마 수도와 군대 주둔지인 변방에 집중됐다가 정부 지출 및 군비 소비를 통해 제국의 경제 순환 시스템에 흘러들었다. 로마 제국은 피점령지 주민들이 화폐 사용을 일상화하도록 법적으로 규정했다. 이렇게 해서 속주와 피점령지에 분산된 화폐는 세수의 형태로 다시 제국 수도와 군대로 돌아왔다. 물론 이 과정에 막대한 부가 뒤따라온 것은 당연한 일이다.

이 화폐 순환 시스템의 최대 결함은 자연적인 무한 순환이 불가능하다는 것이었다. 제국 내에서는 태생적인 경제 불균형이 발생한 데다 지출이 생산을 초과하고 수탈하는 것이 창조하는 것보다 많았으며 화폐가 로마에 집중될 뿐 각 속주의 부는 점점 더 빠르게 유실됨에 따라 전반적인 생산력 저하를 초래했다. 로마 제국이 군사적 확장에 의존하던 시대에는 외부의 것을 빼앗아 내부의 부족한 부분을 보충하는 방법으로 경제의 대체적인 균형을 유지할 수 있었다. 그러나 영토 범위가 갈수록 미개하고 황량한 땅으로 확장되면서 이민족의 저항은 크게 거세졌다. 이에 군사적 비용은 급격하게 증가한 반면 약탈에 의한 수익은 점점 줄어들었다. 결국 로마 제국은 재정이 감당할 수 있는 손익분기점까지만 영토 범위를 확정했다.

그러나 일단 확장이 멈추면 화폐 순환 시스템에는 필연적으로 문제가 발생한다.

로마의 대외 팽창 전쟁은 공화정 시대에 기본적으로 끝이 났다. 로마 제국의 초대 황제 아우구스투스(옥타비아누스, 기원전 27~서기 14년)는 세계를 지배하려는 야심을 일찌감치 포기했다. 전쟁터에서 오랜 세월을 보낸 그는 심사숙고 끝에 정복이 불가능한 야만족에게 조금만 양보하면 로마의 존엄과 안전을 지킬 수 있다고 결론 내렸다.

당시 로마 제국의 장군들은 여전히 기세등등하게 파르티아 제국과 아시아 패권을 다투고 아라비아 반도 최남단의 예멘으로 쳐들어가며 에티오피아를 함락하려 남하해야 한다고 주장했다. 그러나 그들은 사막 원정에 나섰다가 결국 폭염과 혹서에 무릎을 꿇어야만 했다. 유럽 북부 정글에는 싸움에 능한 게르만족이 사는데, 정면공격을 피하고 유격전을 벌여 로마 군단을 기진맥진하게 만들었다. 또한 영국 '안토니누스 방벽(Antonine Wall)' 이북의 극한 기후 지대는 야만적인 토착민의 천하였다. 이들은 혹한과 폭설, 험준한 산령과 원시 삼림을 방패로 삼아 로마 군단에 끈질기게 대항했다. 먼 길을 걸어 지칠 대로 지친 로마 군단은 아무 소득 없이 돌아와야 했다.

로마 제국의 대외 팽창은 이미 한계에 다다랐다. 결국 아우구스투스 황제는 죽기 전에 로마의 국경을 서쪽으로 대서양 연안, 북쪽으로 도나우 강과 라인강, 동쪽으로 유프라테스강 그리고 남쪽으로는 아라비아와 아프리카 사막으로 정해 대자연의 지리적 한계를 국경으로 삼으라는 유언을 남겼다.[12]

아우구스투스는 원로원에 보낸 유언장에서 국가 세수와 재정지출에 관해 상세하게 열기했다. 안타깝지만 이 자료는 유실돼 전해지지 않는다. 에드워드 기번은 《로마제국 쇠망사》에서 로마 제국 각 속주의 경상수입이 매년 1,500만~2,000만 파운드(금본위제 시대의 파운드) 정도였다고 지적했다. 이를 로마 화폐로 계산하면 약 3.43억~4.58억 데나리온이다. 여기에는 1%의 재산세, 인두세와 곡물, 술, 기름, 육류 등의 세금이 포함돼 있었다. 속주의 경상수입만으로는 로마 제국의 군비 지출을 감당하기 어려웠다는 사실을 알 수 있다. 게다가 각급 정부의 지출, 도시 인프라 건설 비용과 일상적인 지출까지 포함하면 지출은 수입을 훨씬 초과했다.[13]

아우구스투스는 황제 자리에 오른 이후로 국가 재정 악화를 크게 우려했다. 정부 관료들에게 세수 부족 상태를 자주 언급하면서 필요할 경우 로마와 이탈리아의 세금을 늘릴 수도 있다는 뜻을 내비쳤다. 그는 로마 시민의 반발을 우려해 먼저 관세부터 시작해 점차 소비세와 재산세를 부과하는 점진적인 세제 개혁 방안을 준비했다. 이 무렵 로마의 귀족과 부자 집단은 이미 150년 넘게 그 어떤 세금도 납부하지 않았다.

아우구스투스는 기득권층의 강한 반대에도 불구하고 세제 개혁을 꿋꿋하게 추진했다. 우선 수입 상품에 대해 2.5~12.5%의 관세를 부과했다. 그러나 법률 규정과 관계없이 결과만 보면 수입관세의 피해자는 대상인이 아닌 최종 소비자였다.

세제 개혁의 또 다른 중대한 성과는 새로 도입한 소비세였다. 시민들의 반발을 의식해 소비세율은 적정선인 1% 미만으로 정했다. 과세 품목에는 토지와 부동산을 비롯한 대형 자산에서 서민의 일상용품에 이르기까지 시장에서 거래되거나 경매에 넘겨진 모든 물품이 포함됐다. 가격이 아무리 낮은 물건에도 세금이 부과됐다. 소비세 수입은 군비 지출에서 큰 부분을 차지했다.

이런 절박한 노력에도 불구하고 재정적자 상태는 개선되지 않았다. 아우구스투스는 마지막 수단으로 로마 부자 집단에게 5%의 상속세를 부과하기로 결정했다.

돈을 자유보다 더 중요하게 여기는 부자들은 상속세 도입 소식을 듣고 펄펄 뛰었다. 여기저기서 반대의 목소리가 거세게 튀어 나왔고, 심지어 아우구스투스를 '날강도'라고 욕하는 사람도 있었다. 아우구스투스가 산전수전을 다 겪고 병권을 비롯한 각종 대권을 손아귀에 틀어쥐어 호민관인 그라쿠스 형제와는 차원이 다른 권력자라 해도, 부자 집단의 이익을 건드리는 일에서는 유난히 신중을 기했다. 제도적 탐욕에 도전했다가 자칫 잘못하면 암살당하거나 폐위를 당할 수 있고, 심지어 유혈 사태나 내전이 일어날 가능성도 있기 때문이다.

아우구스투스는 일부러 상속세 과세 방안을 원로원에 넘겨 토론하도록 만들었다. 물론 원로원 귀족들은 이 방안을 수용하지 않았다. 그러자 아우구스투스는 원로원 귀족들에게 더 고집을 부렸다가는 토지세와 인두세까지 징세할 수 있다고 강하게 암시했다. 이는 광활한 토지 자산과 대량의 노예를 보유한 귀족과 대상인에게는 치명적인 협박이었다.

원로원 귀족들은 부자 집단의 대표 격으로 상속세를 납부할 생각이 눈곱만큼도 없었다. 그러나 군대의 깊은 신뢰를 받고 대권까지 거머쥔 아우구스투스 황제에게 공공연히 반대 의사를 표시할 수는 없었다. 어쨌든 상속세는 토지세와 인두세에 비해 훨씬 낮았기 때문에 귀족들은 이해득실을 따져본 뒤 아우구스투스의 세제 개혁 방안을 묵인했다.

아우구스투스는 이밖에도 데나리온의 은 함량을 공화정 시대의 4.5g에서 3.9g으로 줄이는 방법으로 통화 평가절하를 통해 재정지출을 확대했다.

이처럼 로마 제국 초기에는 증세와 통화절하 수단을 통해 대체적인 수지균형을 이룰 수 있었다.

잠복된 경제위기

로마의 전성기인 기원전 50년부터 서기 50년까지 대외 팽창의 전리품이 상당수 남아 있었고, 또 평화가 유지되면서 경제는 자연스럽게 회복됐다. 그러나 재정수지는 갈수록 늘어나는 지출로 인해 불균형 문제를 초래했다. 데나리온의 은 함유량은 네로 황제 통치 기간(54~68년)에 10% 줄어든 데 이어 트라잔 시대(98~117년)에는 15% 감소했다. 또 마르쿠스 아우렐리우스(161~180년) 시대에는 25% 감소하고, 2세기 말에는 50%나 줄어들었다.

이는 로마 제국의 화폐 시스템에 큰 문제가 발생했다는 사실을 의미했다. 당시 화폐 문제의 근원은 경제에 있었고, 경제의 토대는 농업이었다.

이는 즉 농업에 문제가 생겼다는 얘기였다.

로마 제국은 초기에 대외 팽창에 힘입어 번영을 구가했다. 대외 확장을 멈춘 뒤에는 경기 회복에 의존했고, 경기 회복이 완성되면 당연히 생산성 증대가 뒤따라야 했다. 그러나 이탈리아의 농업은 생산성 향상은커녕 오히려 파산 위기에 몰렸다. 농업경제 시대에 농업이 제자리를 지키지 못하면 이에 기초한 도시 문명과 상업의 번영은 전혀 기대할 수 없다.

로마의 농업 토대를 무너뜨린 주원인은 곡물 가격의 지나친 하락이었다. 옛말에 "곡식 값이 떨어지면 농민을 해친다"라고 했다. 로마 제국이 의도적으로 곡물 가격을 낮춘 이유는 방대한 규모의 도시 인구를 먹여 살리기 위해서였다. 특히 파산 후 도시로 몰려든 대량의 농민들이 문제였다.

아우구스투스 황제와 후임 황제들이 대대적으로 도시화 정책을 추진한 결과, 로마 제국 내에는 수천 개의 도시가 생겨났다. 우선 이탈리아의 1,197개를 필두로 갈리아 지역에 1,200개, 스페인에 700개, 아프리카 속주 네 곳에 650개, 그리스를 비롯한 동방에 약 900개 도시가 있었다. 로마 제국의 도시화 비율은 산업혁명 전의 인류 역사에서 단연 최고를 자랑했다.

"모든 길은 로마로 통한다"는 말 그대로 로마 수도와 각 대도시를 잇는 도로망이 형성됐다. 로마 광장을 시작점으로 이탈리아를 가로질러 각 속주와 제국의 변경까지 도로가 통했다. 안토니누스 성벽에서 로마까지, 다시 로마에서 예루살렘까지 쭉 이어진 도로망은 위대하다는 말이 무색하지 않을 정도였다. 로마 제국의 서북쪽에서 동남 변경까지 도로의 길이는 무려 4,080밀레(mille, 로마식 길이 단위)에 달했다. 험준한 산은 뚫어서 터널을 만들고, 급류가 흐르는 곳에는 다리를 놓았다. 높은 위치에 있는 도로에서는 주위 경관을 굽어볼 수 있었다. 자갈, 시멘트와 큰 돌덩이로 도로 바닥을 다졌을 뿐 아니라 로마 근처의 노면에는 몽땅 화강암을 깔았다.

도로를 이렇듯 견고하게 부설했기 때문에 2000여 년의 세월이 흐른 지금도 일부 구간에서는 별 탈 없이 화물 운송이 가능했다.[14]

2000여 년 전에 이토록 방대한 도시화 운동이 벌어졌다는 것은 한마디로 기적이다. 그러나 이것이 로마 제국의 경제에 얼마나 큰 부담을 줬을지 상상하기란 그리 어렵지 않다. 시대를 지나치게 앞선 도시화 운동은 로마 제국에 무거운 짐이 되었고, 특히 로마의 농업경제에 막대한 손실을 입혔다.

그렇다면 아우구스투스 황제는 무엇 때문에 국가의 근간인 농업경제를 희생시키면서까지 도시화 운동에 총력을 기울였을까?

아우구스투스는 황제에 오른 뒤 중국의 진시황이 직면했던 것과 비슷한 곤경에 처해 있었다. 즉 제국의 군사력은 광활한 영토를 정복할 정도로 막강했으나 방대한 제국을 효율적으로 통치하기에는 정부의 능력이 부족했던 것이다. 당시 로마 제국은 땅이 넓고 인구가 많은 데다 다양한 문화와 경제 방식이 공존하고 교통도 불편했다.

로마 제국과 진(秦)은 통일 초기에 생산력, 기술적 토대, 경제 수준, 사상 체계, 정치 구조를 막론하고 모든 분야에서 지배력을 제국 전체에 수직적으로 행사하는 일이 불가능했다. 진시황은 초기에 중앙집권적 수직 지배 구도를 구축하고자 강제적으로 군현제(郡縣制)를 도입했다. 그러나 국가 자체의 능력을 고려하지 않은 채 급하고 무모하게 이를 시도했다가 결국 실패했다. 중국에서 중앙집권 체제 기틀은 진시황 때부터 약 100년 동안의 반복적인 시도와 실패를 거쳐 한무제 시대에 비로소 확립됐다. 하지만 봉건시대가 종식될 때까지도 수직적 지배 체제는 확립하지 못했다. 중앙집권 국가에서 황제는 향신 계층을 통해서만 방대한 규모의 농민 계층에 대해 지배권을 행사

향신(鄕紳)
중국의 과거에 합격하고 임관하지 않은 채 향촌에서 살고 있는 자 또는 향촌의 퇴직 관리나 유력인사 등의 사회 계층. 이들이 향촌을 실질적으로 지배했다.

할 수 있었다.

　아우구스투스도 진시황과 마찬가지로 제국 시민에 대한 수직적 지배가 불가능했다. 그래서 선택한 것이 도시화였다. 이를 통해 제국 정부는 도시 연방을 통제하고, 도시 연방은 관할 지역 주민들을 지배했다. 이와 함께 가급적 많은 농촌인구를 도시로 이주시킴으로써 간접 지배의 목적을 달성할 수 있었다.

　요컨대 로마 제국의 도시화는 경제 발전의 산물이 아니었다. 통치자들이 덩치 큰 제국을 지배하기 위해 부득이하게 선택한 정치적 방안이었다. 또한 도시화 정책은 기득권층의 토지 겸병 수요와도 완벽하게 맞물려 이들의 탐욕을 만족시키는 데 크게 한몫했다. 한마디로 로마의 농업경제는 도시화 정책과 권력층 탐욕의 이중 피해를 입어 무너졌다고 해도 과언이 아니다.

　로마 제국의 속주인 이집트, 시칠리아, 아프리카, 스페인 등은 농업에 적합한 토양과 기후조건을 갖췄기 때문에 곡물 생산원가가 이탈리아보다 훨씬 낮았다. 이들 지역의 농산물이 로마에 대거 유입될 때 로마 정부는 관세를 높여 자국 농업을 보호해야 했지만 오히려 식량 수입을 허용하고 본토에서는 식량 생산을 포기했다. 이는 토지를 가장 안전하고 궁극적인 자산으로 여기는 귀족과 권력자에게 호재로 작용했다. 곡물 가격이 말도 안 되게 하락하면서 이탈리아의 농지 가격이 대폭 하락하고 중소 농가들이 줄줄이 파산하자, 귀족 집단은 이 틈을 타 대량의 토지를 점거했다.

　농민들은 땅을 잃은 후 대거 도시로 몰려가 유랑민으로 전락했다. 당시 도시 수공업은 아직 철저한 분업화가 이뤄지기 전이라 상당히 원시적이고 조잡했다. 따라서 고용 창출에 별 도움이 되지 못했다. 로마의 인구는 100만 명에 달했지만 이는 도시경제의 번영에 힘입은 것이 아니라 농업경제 파탄의 결과물이었다. 당시 20만 명의 성인 남성 시민이 정부로부터 무료로 구제 식량을 배급받았다는 것은 나머지 60만 명의 인구가 기아에 허덕였다는 사실을 의미한다. 도시의 무직자 유랑민 인구가 증가할수록 정부는 '사회 안정'을 유지하기 위해 식량 가격을 더욱 낮췄다. 이로써 이탈리아 농업의 파산을 가속화하고 토지의 대규모 겸병을 부채질했다. 결국 더 많은 무산자 농민들이 도시로 내몰리는 결과를 낳았다.

로마 경제는 더 이상 헤어 나올 수 없는 악순환에 빠져들었다.

로마 공화정 시대에는 이탈리아에서 농업위기가 발생했다. 그러나 제국 시대에는 로마 제국의 모든 속주에서 한꺼번에 농업위기가 발생했다. 주요 식량 생산지였던 갈리아(지금의 프랑스)는 도시화의 영향으로 포도 재배업으로 방향을 바꿨다. 오늘날 세계적으로 유명해진 프랑스 와인은 로마 제국 때부터 생산되기 시작한 것이다. 스페인에서는 올리브 나무를 대대적으로 재배했다. 나중에는 아프리카마저 올리브 재배 왕국이 돼버렸다. 이에 따라 전통 곡물 재배 면적은 점점 줄어들었다. 이와 함께 이들 지역에서도 토지 겸병 붐이 들불처럼 퍼져나갔다. 네로 시대에는 6개의 대지주 가문이 아프리카 영토의 절반을 점유하는 초유의 사태가 벌어지기도 했다.[15] 도시화 운동의 추진에 따라 제국 경내의 토지는 소수의 권력자에게 빠르게 집중되기 시작했다.

대지주들은 경영 사고 자체가 중소 지주와 완전히 달랐다. 이들은 로마 혹은 속주의 대도시에 거주하면서 본인 소유의 토지를 직접 살펴보는 일이 거의 없었고, 토지의 상태나 산출에 대해 관심조차 가지지 않았다. 심지어 공화정 시대에 대규모의 노예 인력을 동원해 농사를 지었던 농장주보다도 토지에 대한 관심이 적었다. 한편 로마 제국이 대외 확장을 멈춘 뒤 노예 공급 부족 현상이 심각해지면서 노예 가격이 폭등했다. 이로써 대량의 노예 인력에 의존해 농사를 짓던 시대는 종말을 고했다.

이런 상황에서 대지주에게 가장 쉬운 돈벌이 방법은 땅을 소작농에게 대여하고 소작료를 받는 것이었다. 소작농에게 땅을 맡긴 후에는 수리 건설이니, 토질 개량이니, 우량종 번식이니 하는 잡다한 일은 아예 관여하지 않았다. 이들에게 있어서 토지에 대한 투자는 부동산 투자처럼 가치 보존이 목적이었다. 또 가급적 조용히 사는 것이 최대 원칙인 이들에게 돈을 투자해 알뜰히 땅을 경작하는 것은 성격과 어울리지 않았다. 소작농의 경우도 남의 땅을 비옥하게 가꾸기 위해 자금을 투자할 이유가 없었을 뿐 아니라 그럴만한 경제력도 없었다. 한마디로 로마 제국의 농업 수확량 하락은 필연이 돼버렸다.

식량 공급 문제는 점차 로마 제국의 큰 골칫거리로 부상했다. 그리스와 소아시아에 식량을 공급하던 남부 러시아에서는 곡물 생산량이 눈에 띄게 줄어들었다. 또 이탈리아의 식량 공급원인 이집트, 시칠리아, 스페인, 아프리카에서는 포도와 올리브 재배 농장이 빠르게 증가하면서 곡물 생산량과 생산성이 크게 하락했다. 이로써 이탈리아의 식량 위기는 날이 갈수록 심각해졌다.

로마는 그나마 특별 혜택을 받아 식량이 부족하지 않았지만 다른 도시들은 이런 행운을 누리지 못했다. 제국 내에서 로마를 제외한 거의 모든 도시가 식량난에 허덕였다. 비옥한 토지를 보유한 도시도 예외가 아니었다. 급기야 기근이 들 때마다 사회는 큰 혼란에 빠졌다. 시민들은 정부와 의회의 안일한 대처에 비난을 퍼부었고, 정부는 식량을 매점매석한 대지주와 상인에게 비난의 화살을 돌렸다. 이에 로마 제국에서는 '식량 조달관'이 가장 위태한 관직이 되었다. 이들은 식량을 반드시 조달해야 할 뿐더러 식량 가격의 상승도 막아야 하는 막중한 임무를 수행해야 했다.

스페인은 올리브나무 재배 면적이 증가하면서 최상품 올리브유 수출지로 급부상했다. 스페인의 올리브유는 갈리아와 영국은 물론 다른 지역에까지 널리 수출돼, 원래 이탈리아가 점유했던 고급 올리브유 시장뿐 아니라 이탈리아 본토 시장마저 잠식했다. 아프리카산 올리브유는 품질이 스페인산보다 떨어졌으나 가격 면에서 충분한 경쟁력을 확보해 등유와 화장품 원료로 제국 전역에서 불티나게 팔렸다. 이탈리아산 올리브유는 이로 인해 저가품 시장마저 빼앗겼다. 심지어 소아시아와 시리아까지 올리브유 시장 쟁탈에 가담하면서 이탈리아산 올리브유의 입지는 더욱 위축됐다.

갈리아, 그리스, 소아시아 지역에서 모두 포도를 대량 재배하면서부터 와인 시장의 경쟁도 만만치 않았다. 공급 과잉 현상이 점점 심각해지자 도미티아누스 황제(81~96년)는 와인과 올리브유 생산 제한 명령을 내렸다. 이탈리아는 물론 각 속주에까지 새로 포도 농장을 짓지 못하게 한 데 이어, 기존 포도 농장 중 절반에서 다른 작물을 재배하도록 했다.

로마 제국의 의도적인 곡물 가격 인하 조치는 자원의 부적절한 분배와 농업위기를 초래했다. 토지 겸병으로 인해 곡물 생산량이 줄어들고 경제 작물이 과잉 공급되자, 농업에 기반을 둔 수공업 소비품 판매까지 부진해져 상업이 활기를 잃고 국가 세수도 대폭 줄어들었다.

공화정 시대에 이탈리아의 주요 수출품은 와인과 올리브유 및 공산품 등이었다. 이탈리아에서 생산된 다양한 공산품은 해외 시장에서 독보적인 우위를 점했다. 그러나 로마 제국 시대에 이르러 갈리아의 공업과 상업이 비약적으로 발전하면서 이탈리아를 추월하기 시작했다. 갈리아는 남, 서, 북 삼면이 바다여서 무엇보다 항구가 발달했고, 내륙의 하천 운송 역시 사방으로 통해 교통 여건이 매우 편리했다. 여기에 풍부한 자연자원을 바탕으로 이탈리아로부터 산업기술을 전수받아 서유럽 지역의 제조업 및 상업 중심지로 빠르게 부상했다. 갈리아산 제품은 갈리아 국내 시장은 말할 것도 없고 아프리카, 영국, 스페인, 게르마니아 시장까지 진출했다. 끝내는 이탈리아 공산품을 서유럽 시장에서 완전히 몰아내버렸다.

엎친 데 덮친 격으로 로마 상인과 제품은 동방에서도 환영받지 못했다. 고급품 시장에서는 소아시아와 시리아 속주에서 생산한 아마포, 고급 모직물, 고급 가죽제품, 정교한 식기, 고급 화장품과 향수, 조미료 및 염료 등이 절대적인 경쟁력을 확보해 이탈리아산 제품을 시장 밖으로 밀어냈다. 이후 이탈리아 상인들은 동방뿐 아니라 서방 시장에서도 종적을 감춰 버렸다.

이때에 이르자 이탈리아는 농업, 제조업 및 상업 분야에서 모두 우월적 지위를 잃었다. 금융업에서의 독점적 지위도 조만간 빼앗길 위기에 처했다. 산업 공동화 현상과 함께 토지 겸병 열기는 더욱 뜨거워졌다. 땅을 잃고 무산자가 된 농민들은 떼를 지어 도시로 밀려들었다. 도시 곳곳에 흩어져 살고 있던 유랑민들은 정부와 자신들의 토지를 빼앗은 부자 집단을 크게 증오했다. 삶이 고달픈 이들에게 남은 것은 사회에 대한 불만, 미래에 대한 절망 그리고 열화처럼 불타오르는 복수심뿐이었다.

로마 공화정 시대에는 땅과 재산을 가진 농민이 군대의 주축을 이뤘다면, 제국 시대에는 모든 것을 잃고 분노만 남은 무산자들이 대거 군단에 편입됐다.

군대 성격의 변질로 로마 정권은 더 위험한 위기를 예고했다.

군사독재 정치의 경제적 본질

에드워드 기번은 《로마제국 쇠망사》에서 로마 군대의 막강한 조직력과 전투력에 대해 이렇게 묘사했다.

"100명의 무장 인원으로는 농민 폭도 1만 명을 상대하기 어렵다. 그러나 체계적인 훈련을 받은 정예병 1만 명으로 구성된 로마 군단은 수도 인구 100만 명의 간담을 서늘하게 만들 수 있다. 로마 제국은 상비군 45만 명에 의지해 5,000만 명의 인구를 확실하게 지배했다."

로마 역사를 보면 군대에 의해 폐위되거나 살해당한 황제가 대단히 많다. 아마 세계 역사에서도 독보적일 것이다. 이는 로마에서 황제가 군대를 지휘한 것이 아니라 군대가 황제를 지배했다는 사실을 증명한다. 로마 제국 중후반에 이르러 이런 군대의 힘은 더욱 커졌다.

중국 속담에 "관리들의 핍박에 백성이 반란을 일으킨다"라는 말이 있다. 부의 불균형이 심해지고 사회적 모순이 극에 달하면 농민이 봉기를 일으켜 지배집단을 뒤엎고 왕조의 세대교체를 이루는 것이 상례이다. 그러나 로마 제국 시대에는 '농민 봉기'가 정치에 영향을 별로 미치지 못했다. 대신 군대에 의해 황제가 빈번하게 교체되거나 내전이 발발했다.

공화정 시대 로마 군대의 병사들은 대부분 중산층 자영농 출신이었다. 이들은 개인과 국가의 이익을 지키기 위해 용감하게 싸웠다. 그러나 제국 시대에 이르러 이탈리아 각 도시에 흘러든 실업 유랑민들이 군대에 대거 흡수되면서 군대의 성격 역시 고도로 조직화된 유랑민 집단으로 변질됐다. 하층민인 이들은 제국 경제가 번영을 구가할 때 경제성장의 혜택을 전혀 받지 못하고 오히려 목숨과도 같은 토지를 부자 집단과 권력자에게 빼앗겼다. 피지배계급인 이들은 또 지배집단이 도시에서 고급 문명 생활을 영위할 수 있도록 노동력과 세금을 꾸준히 제공하는 임무를 맡았다. 그 어떤 노력에도 불구하고 궁극적으로는 땅을 잃고 떠돌아다니는 유랑민으로 전락할 수밖에 없었던 분노와 불만은 군대 내부에서도 끊임없이 자생하고 확산됐다.

로마 황제는 원로원으로 대표되는 귀족 및 부자 집단과 권력 투쟁을 벌일 때마다 군대의 힘에 크게 의존했다. 네로 황제가 죽은 뒤 얼마 안 지난 69~70년에 로마에서 내전이 발발했다. 전쟁 중에 군대 자체의 강력한 힘을 실감하게 된 군인들은 귀족과 부자 집단에게 오랫동안 억눌려왔던 불만과 분노가 폭발하면서 잔혹하고 포악한 방법으로 귀족과 부자 집단을 징벌했다. 쌍방 군인들은 승패를 아랑곳하지 않고 가는 곳마다 귀족과 부자들을 살육했다. 이탈리아와 로마에 살던 공화정 시대의 공신 가문들이 모두 액운을 면치 못했다. 병사들의 광란적인 살육으로 인해 로마 제국 전체가 피비린내로 진동했다.

이것은 귀족과 부자 계급을 향한 대대적인 투쟁의 서막에 불과했다.

군인 출신인 베스파시아누스 황제(69~79년 재위)는 로마 군대의 상황을 누구보다 잘 알았기 때문에 군대의 정치적 성향과 야심을 크게 우려했다. 내전이 끝난 뒤 그는 군대를 재정비하기로 마음먹고 이탈리아 본토의 무산자 대신 속주에 있는 유산자들을 새로 군대에 편입시키고자 했다. 로마 제국은 과거에 이 방법으로 약 100년 동안 사회 안정을 유지한 바 있었다.

그러나 베스파시아누스 황제가 간과한 것이 있었다. 바로 이 시기에 이르러 이탈리아 본토에서 성행하던 토지 겸병이 모든 속주를 포함한 로마 제국 전체에 확산됐다는 사실이다. 이로 인해 유랑민 집거 지역은 이탈리아에서 로마 제국 전체로 확대됐다. 로마 군대는 또 다시 분노와 증오로 점철된 폭도 집단으로 전락하고 말았다.

로마 황제의 통치권은 두 가지 힘에 기초했다. 하나는 귀족과 부자 집단의 경제력이고, 다른 하나는 군대의 무장력이다. 만약 이 두 가지 힘 사이에 타협 불가능하고 첨예한 충돌이 발생한다면 황제는 후자를 선택할 수밖에 없다.

또 한 명의 군인 출신 황제 세베루스(193~211년 재위)는 이 점을 똑똑히 알고 있었다. 제2차 내전은 네로 황제가 죽은 후 발발한 제1차 내전보다 더 잔혹하고 오래 지속됐다. 세베루스는 무력을 동원해 내란을 평정하고 황제에 오른 다음 한 가지 진리를 깨달았다. 내전의 본질은 귀족 및 부자 집단과 군대로 대표되는 하층민 계급 사이에 사회적 부의 분배권을 빼앗기 위해 벌이는 치열한 힘겨루기라는 사실이다. 그가 제위에 등극할 수 있었던 것도 원로원이 아닌 군대의 지지를 등에 업었기 때문이다. 원로원은 군대의 압력에 못 이겨 울며 겨자 먹기로 세베루스를 황제 자리에 앉히는 데 동의했을 뿐이다.

이에 세베루스는 아들에게 남긴 유언장에서 이렇게 말했다.

"항상 단결하라. 군대를 분노케 하지 말라. 다른 자들은 상관하지 않아도 된다."

그는 군인의 급여와 보급품에 대한 지출을 대폭 늘리고 퇴역 군인에게 다양한 특권을 부여했다. 세베루스가 부자 집단에게서 갈취한 재물로 군인들의 환심을 사자 원로원과 부자 집단은 거세게 저항했다. 그러자 세베루스는 군대를 동원해 더 잔혹한 방법으로 이들을 탄압했다.

세베루스의 아들 카라칼라(211~217년 재위)는 즉위 후 아버지보다 한 술 더 떴다. 황권의 기초는 상층계급이 아닌 하층계급의 대표 군대에 있다고 공개적으로 선언했다. 그는 귀족계급을 멸시하고 적대시했을 뿐 아니라 부자 집단의 부를 수탈하기 위해 체계적인 과세 방안까지 마련했다. 반면에 하층계급의 조세 부담은 크게 경감시켰다.

카라칼라 황제는 귀족계급에게 정신적 타격을 가하고자 212년에 로마 제국 안의 모든 주민에게 시민권을 부여하는 그 유명한 '안토니우스 칙령'을 발표했다. 귀족계층의 정치적 특권을 박탈하는 것에 중점을 둔 이 법령은 군대와 하층민의 열광적인 호응을 얻었다. 이른바 계급 모순이라는 것은 본질적으로 사회적 부의 분배를 둘러싼 모순이다. 카라칼라 황제는 황권을 공고히 하고자 바로 이 계급 모순을 선동하고 이용하는 짓을 서슴지 않았다. 이는 당시 로마 제국이 부를 창출하는 가치 있는 일은 뒷전이고 백해무익한 계급투쟁에 몰두했다는 사실을 의미한다.

귀족들이 집필한 역사서에서 카라칼라 황제는 살인을 밥 먹듯 저지른 폭군보다 더 나쁜 인간으로 등장하고, 로마 역사상 가장 나쁜 황제로 불린다. 적을 많이 둔 그는 결국 암살당하고 말았다.

군대 세력은 카라칼라 황제가 암살당한 뒤, 40년 사이에 무려 57명의 황제를 갈아치울 정도로 기고만장해졌다. 이 많은 황제들 중에 제 명에 죽은 사람은 몇 안 되고 대부분 비명횡사했다. 이미 이성과 인내심을 상실한 군대는 귀족집단이 지배하는 사회질서를 마구잡이로 파괴해 회복 불능 상태로 만들어버렸다. 매일 전전긍긍하던 황제들은 조금이라도 군대의 불만을 사는 정책을 내놓았다가는 목숨을 부지하기 어려웠다.

토지 겸병을 통해 부유해진 부자 집단은 스스로 화를 자초한 끝에 잔혹하게 숙청되었다. 하지만 특권을 잃은 귀족과 부자 집단이라고 가만히 당하고 있지만은 않았다. 이들은 스스로의 이익을 보호하기 위해 군대 세력에 맞서 완강하게 저항했다. 이는 자연스럽게 끊임없는 내전으로 이어졌다. 군사독재 체제 아래 로마에서는 군대가 황권뿐만 아니라 제국 전체의 생존을 책임질 정도로 막강한 힘을 과시했다.

끊임없는 내란은 결국 외환을 불렀다. 로마 제국 주변의 이민족들은 로마가 강성하던 100년 동안 죽은 듯이 잠자코 있었다. 그러다가 로마 경제가 침체되고 내전이 끊이지 않으며 민심이 와해되자 기다렸다는 듯 사방에서 소란을 피우기 시작했다. 국경 지역에서 시작된 소요 사태는 나중에 제국 내부에 대한 대대적인 침공으로 이어졌다.

황제로서는 황권을 공고히 하기 위해 군사력을 강화해야 했고, 제국으로서는 침략자를 물리치기 위해 군비 지출을 늘릴 수밖에 없었다. 제국 초기 아우구스투스 황제 시대에는 로마의 상비군이 20여만 명에 불과했지만, 1인당 급여는 연간 225데나리온으로 국가 재정수입의 절반 이상을 차지했다. 100년 뒤인 카라칼라 황제 시대에는 상비군 규모가 45만 명으로 증가했고, 1인당 군인 급여도 750데나리온으로 껑충 뛰어 재정 부담이 100년 전에 비해 7배나 증가했다. 하지만 경제는 오히려 퇴보했다. 디오클레티아누스 집권 시기(284~305년)에는 장장 50년 동안의 내란으로 제국 경제가 붕괴 직전에 이르렀으나 상비군 규모는 60만 명으로 증가했다. 게다가 가혹하게 거둬들이는 온갖 세금으로 화폐 가치가 하루가 멀다 하고 하락하면서 악성 인플레이션을 피하지 못했다.

통화가치 하락과 하이퍼인플레이션

역사학자들은 서기 2세기가 로마 제국의 황금시대라고 말한다. 무엇보다 이 시기에는 이른바 '5현제'의 청렴하고 현명한 정치에 힘입어 물가가 안정됐다. 또 군대는 국가의 명령에 복종하고, 이민족은 제국 영토를 감히 넘보지 못했다. 그러나 따지고 보면 3세기에 로마 제국에서 발생한 정치위기, 경제위기, 사회위기, 군사위기는 모두 이 '최고의 전성기' 때부터 조성됐다고 해도 과언이 아니다.

로마 제국은 대외 팽창을 멈춘 뒤 바로 곤경에 직면했다. 당시의 농업 생산력으로는 방대하고 복잡한 도시 문명 체계를 유지하기 어려웠다. 더구나 도시화 정책을 강제적으로 추진하기 위해 농민을 지나치리만큼 착취했다. 이로 인해 곡식 값이 떨어지고 농민들이 피해를 입자 제국의 농업경제는 점차 파산으로 내몰렸다. 여기에 토지 겸병을 방임하는 정책 덕분에 부자 집단은 거리낌 없이 농민의 땅을 빼앗았다. 땅을 잃은 무산자 농민들은 도시로 몰려들었다. 도시 무직자 인구가 증가할수록 정부의 '사회 안정' 유지 비용도 증가했다. 제국으로서는 방대한 규모의 도시 인구를 먹여 살리기 위해 식량 가격을 더 낮춰야 했다. 이는 붙는 불에 부채질하듯 토지 겸병을 부추겼다. 또 무산자 유랑민들이 군대에 대거 흡수되면서 로마 군대는 불만과 증오로 점철된 폭도 집단으로 변질해갔다. 국가 정권이 위험에 빠진 것은 필연적인 결과였다.

5현제가 속주를 포함한 로마 제국 전역에서 적극적으로 추진한 도시화 운동은 경제의 자연적인 발전에 기초한 것이 아니라 통치자들의 정치적 필요에 의한 것이었다. 제국 역내에 구축한 거대한 도로망은 경제 수익을 내지 못했을 뿐 아니라 건설과 유지에 소요된 막대한 비용 때문에 속주들의 경제 부담만 가중시키는 꼴이 되고 말았다. 이로 인해 마이너스 현금흐름이 발생하자 화폐 순환이 정상적으로 이뤄지지 않았다. 그러자 정부가 온갖 세금을 거둬들이면서 경제는 활기를 잃었다.

5현제 중 한 명인 트라야누스(재위 98~117년)는 도나우강 유역에서 완충지대 역할을 하던 트라키아를 정복했다. 그런데 이 틈을 타 북방의 게르만족과 동방의 이란인이 로마 제국을 양면에서 협공하자 북부 변경의 형세가 복잡하게 변해버렸다. 트라야누스는 동방의 메소포타미아를 병합하기 위해 군사적 모험을 단행했으나 오히려 민족 갈등을 유발하는 원치 않은 결과를 낳았다. 비록 최종적으로 승리는 거뒀으나 국가 재정에 막대한 피해를 입히고 로마 제국은 파산의 위기에 내몰렸다.

농업이 쇠퇴하고 상업이 활기를 잃고 빈부 격차가 벌어지고 세원이 고갈되자, 로마 제국의 재정수지 부족 상태는 점점 더 심각해졌다.

117년, 트라야누스는 부득불 데나리온의 은 함유량을 아우구스투스 시대의 95%에서 85%로 낮추었다. 화폐 가치가 무려 10.5%나 평가절하된 것이다. 이는 엄청난 재정적자를 메우려고 제국 전역의 현금 소유자들에게 10.5%의 비공개 화폐세를 부과한 것과 다름없었다.

5현제 중 한 명이자 트라야누스의 후임으로 황제가 된 하드리아누스(재위 117~138년)는 난장판이 된 국면을 수습해야만 했다. 북부 변경에서는 이민족이 다시 쳐들어왔고, 영국에서는 새로운 전쟁이 폭발했으며, 모리타니에서는 전화가 끊이지 않았다. 메소포타미아, 이집트, 팔레스타인에서는 유대 민족이 유혈 폭동을 일으켰다. 전쟁 위험이 로마 제국의 코앞에 닥치자 하드리아누스는 결국 메소포타미아를 포기했다. 물론 그의 용기와 배짱이 부족해서가 아니라 당시 제국의 재정 능력으로는 정복 전쟁을 치르기 어려웠기 때문이다.

마르쿠스 아우렐리우스(재위 161~180년)가 즉위한 후에도 상황은 전혀 나아지지 않고 오히려 더 악화됐다. 아우렐리우스는 5현제 중 단연 으뜸으로 로마 역사상 가장 존경받는 황제이다. 그가 황제로서 일하는 바쁜 와중에도 짬짬이 시간을 내서 쓴 《명상록》은 후세에 널리 전해져 지혜의 가르침을 주고 있다. 그도 재위 시에는 트라야누스 못지않은 대규모 정예군을 동쪽으로 파견해 파르티아 정벌에 나섰다. 그러나 도나우강 유역의 게르만족이 로마를 침입하자 급히 서쪽으로 방향을 틀 수밖에 없었다. 이처럼 수차례의 대규모 전쟁을 거치면서 로마 제국의 재정은 또 다시 파산 위기에 직면했다.

아우렐리우스는 처음에 국민들에게 개인 재산을 팔아서 제국의 재정을 도울지언정 세금을 새로 부과하는 일은 없을 것이라고 맹세했다. 로마 제국의 재정위기가 점점 심화돼 경제가 파탄 날 지경에 이르자 그는 정말로 황실 재산을 팔았다. 그러나 개인 재산으로 국가 재정을 살린다는 것은 어불성설이다. 그는 밑 빠진 독에 물 붓는 자산 매각을 두 달 남짓 지속하다가 중단하고 말았다. 결국 백성과의 약속을 어기고 증세 정책을 단행했다.

당시 이민족과의 전쟁에서 승리한 병사들이 마르쿠스 아우렐리우스에게 급료 인상을 요구하자 그는 슬픈 표정으로 이렇게 대답했다.

"규정된 보수 외에는 더 지급할 수 없다. 더 많은 것을 바란다면 그대들의 부모와 친척의 피땀을 짜내야 한다. 신의 뜻이라면 황제의 자리를 내놓을 수도 있다."

아우렐리우스는 당시 제국 재정의 심각함을 잘 알고 있었다. 때문에 분노한 병사들이 꺼내들 수도 있는 쿠데타 카드의 위험을 감수하면서까지 그들의 요구를 솔직하게 거절했다.

로마 제국이 전쟁에서 승리를 거둔 대가로 속주들의 재정은 바닥 날 지경에 이르렀다. 스페인은 군사 증원을 수차례나 거부했다. 갈리아와 서부 지역의 다른 속주에서는 병역 거부자가 속출했고, 나중에는 화적질, 강도짓을 서슴지 않았다. 심지어 로마군과 공공연히 정규전을 벌이기까지 했다. 이집트에서는 병역과 부역, 세금을 피해 마을에서 도망쳐 나온 청장년들이 나일강 삼각주의 늪지대에 숨어살다가 나중에 군대를 조직해 반란을 일으켰다.

아우렐리우스 시대에 로마 제국은 이미 사방에 위기가 도사리고 있었고, 위험한 상황도 연이어 발생했다. 서기 180년, 황제는 도리 없이 데나리온의 은 함유량을 다시 75%로 낮췄다. 이로써 화폐 가치는 트라야누스 때보다 11.8% 하락했다.

마르쿠스 아우렐리우스가 세상을 떠난 지 불과 35년 만에 제국의 재정은 또 다시 파산 직전에 이르렀다. 군사독재자 세베루스가 몰수, 강제 기부 등 온갖 수단을 동원해 귀족들로부터 갈취한 재산을 그의 아들 카라칼라가 거의 다 탕진해버렸다. 카라칼라는 부친에게서 배운 대로 황권을 유지하기 위해 군대를 든든한 버팀목으로 삼았다. 그만큼 군비 지출도 엄청나게 증가해 제국의 재정수입으로는 감당하기 어려워졌다.

코앞에 닥친 재정위기를 해결하려면 화폐의 평가절하가 유일한 방법이었다. 그러나 카라칼라는 마르쿠스 아우렐리우스처럼 공공연하게 화폐 가치를 낮추지 않았다. 대신 215년에 새로운 화폐 '안토니우스 은화'를 발행했다. 일종의 화폐 개혁인 셈이었다.

안토니우스 은화는 크기가 데나리온보다 약간 더 컸고, 은 함량은 데나리온의 1.5배였다. 그러나 액면 가치는 데나리온 2개를 합친 것과 같아 화폐 가치를 단번에 25% 평가절하해버렸다. 이는 마르쿠스 아우렐리우스보다 화폐 가치를 두 배 넘게 낮춘 것이었다.

안토니우스 은화는 로마 역사상 최초의 '신용화폐'로 국가 신용으로 25%의 은 함량 부족분을 보충한 것이 특징적이다. 법적으로 화폐 가치를 규정한 이 방법은 은 함량을 낮춰 통화절하를 시도하던 전통 방식을 완전히 타파한 것으로 화폐의 역사에서 매우 중요한 의의를 지닌다. 이는 '유인원이 사람으로 진화한 것'에 비견할 만큼 획기적인 발상이었다.

안토니우스 은화의 등장은 로마 제국의 재정 상태가 이미 질적으로도 악화됐음을 의미했다.

로마 시민들도 바보가 아닌 이상 가만히 앉아서 피해를 당할 리 없었다. 사람들은 앞다퉈 데나리온 은화와 은괴를 사재기하기 시작했다. 상인들도 새 화폐의 은 함량을 기준으로 상품 가격을 인상하자 물가는 빠르게 상승하기 시작했다.

더 큰 문제는 이로 인해 정부의 신뢰가 바닥으로 추락했다는 사실이다. 시민들은 새 화폐 사용을 거부하고, 도처에서 정부에 대한 불만의 목소리가 높아졌다.

215년 카라칼라가 발행한 안토니우스 은화. 국가에서 가치를 절하시킨 로마식 '당이전(當二錢)'이라고 할 수 있다.

로마 제국이 더 이상 대외 팽창을 통해 금과 은을 약탈할 수 없게 된 데다 스페인에 있는 은광까지 고갈되자 시장에서는 은과 금이 종적을 감춰버렸다. 이렇게 시장에서 공포 심리가 확산되면서 상품 가격의 상승을 부채

서기 240년 순도 ~40%   서기 250년 순도 ~30%   서기 260년 순도 ~20%   서기 270년 순도 5% 미만

| 안토니우스 은화의 은 함량은 240년의 40%에서 270년에 4%로 빠르게 하락했다.

질했다. 전문용어로 설명하면, 시장의 가격 기대에 큰 변화가 생겼다는 말이다.

갈리에누스 시대(재위 253~268년)에 이르러 제국의 재정은 완전히 파탄 났다. 로마가 건국 이래 가장 심각한 위기에 봉착하자, 수십만 명의 게르만 군대가 이 틈을 타 로마성 아래까지 쳐들어왔다. 600여 년 만에 처음으로 벌어진 위급 상황이었다. 엎친 데 덮친 격으로 갈리아가 분열되고 동방 국가들은 독립을 선포했으며, 이집트는 로마 제국에서 분리되고 아프리카에서는 반란이 일어났다. 로마 제국은 금시라도 무너질 절체절명의 위기에 처했다.

반란을 평정하기 위해서는 군대를 출정시켜야 했지만 국고는 텅텅 비어 있었다. 유일한 방법은 화폐 발행량을 늘리는 것이었다. 결국 안토니우스 은화의 은 함량은 240년의 40%에서 270년에 4%로 폭락했다. 로마 화폐 역사상 최대의 평가절하 폭이었다.[16]

이밖에도 갈리에누스 황제는 대량의 저질 동전까지 발행했다. 말이 동전이지 사실 화폐라고 부르기도 부끄러운 2.48g짜리 얇은 구리 조각이었다. 심지어 은행에서도 이 화폐를 거부했다.

갈리에누스는 화폐 가치를 물리적 한계에 이를 정도로 평가절하했다.

이 황제는 결국 반란군의 손에 비참한 죽음을 맞았다.

사실 갈리에누스가 죽은 뒤 하이퍼인플레이션을 야기한 장본인은 아

갈리에누스(재위 253~268년)가 발행한 2.48g짜리 얇은 동전

우렐리아누스 황제(재위 270~275년)였다. 아우렐리아누스는 '군사 천재'라는 호칭에 걸맞게 5년밖에 안 되는 짧은 재위 기간 중 로마 영토의 3분의 2를 수복했다. 또 유럽, 아시아, 아프리카 대륙에서 게르만족의 침입을 평정하고 내부 분열을 막아 '세계의 재건자'라는 높은 평가를 받았다. 그러나 그는 제국 초유의 통화절하 정책 시행으로 하이퍼인플레이션을 초래해 로마 제국 화폐 시스템의 붕괴에 결정적인 역할을 했다.

274년, 막대한 군비 지출 때문에 골머리를 앓던 아우렐리아누스는 로마 역사상 가장 유명한 화폐 개혁을 단행했다. 중량 4.04g, 은 함량이 5%인 '아우렐리아누스 화폐'를 발행한 것이다.

그는 시민들의 신뢰를 얻기 위해 새로운 화폐 뒷면에 '20 대 1'을 의미하는 로마 자모 'XXI'를 새겨 넣었다. 즉 은 함량이 5%인 신 화폐 20개의 가치가 아우구스투스 시대의 1데나리온에 맞먹는다는 의미였다. 새로운 화폐는 국가신용에 의해 가치가 보증되고, 머지않은 미래에 아우구스투스 시대의 화폐 순도를 회복할 것처럼 보였다. 그러나 이 모든 것은 속임수에 불과했다.

사실 새 화폐의 가치는 시중에 범람한 안토니우스 은화(은 함량 4%)의

274년, 아우렐리아누스가 새로 발행한 화폐 뒷면에는 '20 대 1'을 의미하는 로마 자모 'XXI'와 그리스 자모 'KA'가 새겨져 있다.

가치와 비슷했다. 그러나 아우렐리아누스 황제는 카라칼라 황제보다 한 술더 떠 아우렐리아누스 화폐와 안토니우스 은화의 환율을 1 대 2로 규정했다. 이미 가치가 폭락한 안토니우스 은화 대비 새 화폐 가치를 100% 더

평가절하한 셈이었다.

이쯤 되자 온 나라가 발칵 뒤집혔다. 가치가 휴지조각이 돼버린 화폐를 누가 감히 보유하려고 들겠는가?

도처에서 사재기 열풍이 일었다. 물건 구매에 열을 올린다기보다 손에 있는 화폐를 처분하는 데 혈안이 됐다는 말이 더 정확할 것이다. 250년 동안 알듯 말듯 조금씩 상승하던 물가는 고삐 풀린 망아지처럼 갑자기 치솟기 시작했다. 식량난이 발생하고 상업이 마

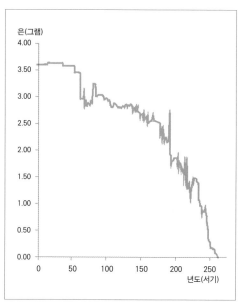

로마 제국 화폐 가치의 변화 그래프. 제국의 경제, 정치, 사회의 '건강'을 진단하는 '온도계'라고 해도 무방하다.

비됐으며, 도처에 마적떼가 창궐하고 인구가 급감했다. 서기 3세기에 이르러 로마 제국의 위기는 절정으로 치달았다.

이집트의 밀 가격은 1~3세기 사이에 2~3배 정도 올랐다. 즉, 물가 상승 속도가 그다지 빠르지 않았다. 그러나 250년 이후부터 밀 가격이 급등하기 시작해 280년을 전후해서는 30년 전보다 무려 10만 배가 폭등했다. 이는 유사 이래 최초로 발생한 하이퍼인플레이션이었다.

화폐 시스템 붕괴, 로마 제국의 종말을 알리다

디오클레티아누스 황제(재위 284~305년) 즉위 당시에 로마 화폐 시스템은 이미 붕괴해 제국마저 무너질 위기에 처했다.

디오클레티아누스는 화폐 시스템의 신용을 복구하기 위한 조치로 우선 고순도의 금화, 은화 및 보조 화폐를 발행했다. 그는 새 화폐가 하이퍼인플레이션을 근본적으로 억제하지는 못하더라도 최소한 물가 상승 속도는 늦춰주길 기대했다.

화폐가 없으면 경제가 없고 최종적으로 국가도 없다.

안타깝게도 디오클레티아누스가 발행한 화폐는 순도가 네로 시대 화폐와 비슷했지만 이미 수백 배나 폭등한 물가를 잡기에는 역부족이었다. 사실 알고 보면 이유는 간단하다. 우선 새 화폐가 시중 유통량에서 차지하는 비중이 너무 적었다. 또 악화와 양화 두 가지 화폐가 동시에 유통될 때 사람들은 흔히 양화를 감춰두고 세금을 납부할 때처럼 부득이한 경우에만 사용한다. 이에 반해 악화는 뜨거운 감자처럼 아무도 보유하려 하지 않기 때문에 유통 속도가 양화보다 훨씬 더 빠르다. 악화가 빠르게 유통되면 물가 상승을 부채질하는 것은 당연한 일이다.

디오클레티아누스가 발행한 새 화폐는 시중에 나타나자마자 순식간에 사라져버렸다.

로마 제국의 물가가 지속적으로 폭등한 근본 원인은 생산, 운송 및 상업 시스템이 마비됐기 때문이다. 이런 상황에서 단순히 화폐정책에만 의존해서는 파국으로 치닫는 경제에 브레이크를 걸 수 없다.

당초 목표로 했던 화폐 시스템 구하기 전략이 완전히 실패로 돌아가고 인플레이션 상황은 계속 악화됐다.

디오클레티아누스는 최후의 방법으로 행정적 수단을 통해 물가를 직접 잡기로 했다. 이것이 바로 301년에 시행된 유명한 '최고 가격 칙령'이다. 이 칙령에서 디오클레티아누스는 인플레이션의 근원이 경기 침체와 화폐 가치 하락에 있는 것이 아니라 상인들의 투기와 사재기에 있다고 지적했다. 또 제국 내에서 유통되는 모든 제품과 서비스의 상한 가격을 정하고 이를 어기는 자는 엄벌에 처한다고 규정했다. 그러나 문제는 정부에서 규정한 상한 가격이 생산원가보다 훨씬 낮았다는 사실이다. 만약 이 칙령을 강제로 시행한다면 시장에는 더 이상 상품이 존재하지 않는다.

한마디로 물가 통제는 불가능한 일이었다.

물가 통제 시도도 실패로 돌아가자 디오클레티아누스는 군대와 정부를 대상으로 배급제를 실시했다. 화폐 대신 실물을 세금으로 징수해서 이를 군대와 정부에 공급하고, 일반 서민들은 알아서 살라고 내버려둔 채 더 이상 인플레이션 억제 노력을 기하지 않았다.

제국의 생산력이 완전히 붕괴하자 버려지는 땅이 점점 증가하고 관개 공사도 돌보는 사람이 없어 방치됐다. 농업경제가 파산함에 따라 기근과 전염병이 만연하고 인구도 급격히 줄어들었다. 해상에는 해적들이 창궐했고 국제무역은 거의 중단됐으며 도시 상업은 헤어 나올 수 없는 심연으로 빠져들었다. 과거의 번영은 언제 존재했나 싶게 완전히 사라져버렸다. 웅대한 공공건물은 유지 보수가 되지 않아 황폐해졌고, 사통팔달했던 도로에는 잡초만 무성하게 자랐다.

얼마 남지 않은 부자들은 농촌에 있는 장원으로 대거 이주했다. 그들이 떠나면서 도시의 수공업자들까지 데리고 갔기 때문에 도시는 산업 활동 중심지 역할을 더 이상 할 수 없었다. 수공업 제품 수요도 장원이나 현지에만 국한됐다. 바둑알처럼 사방에 분포된 도시들은 경제가 활기를 잃으면서 폐허처럼 변해버렸다.

하이퍼인플레이션은 제국의 화폐경제를 멸망의 길로 이끌었다. 남은 것은 자급자족 형태의 봉건 할거 경제였다.

292년, 디오클레티아누스는 로마를 두 구역으로 나눠 황제 네 명이 다스리는 '사두정치' 체제를 수립했다. 이 상태로 100여 년 동안 잔명을 유지하다가 서로마제국은 멸망하고 말았다.

맺는말

"로마는 하루아침에 이루어지지 않는다"라는 말이 있다. 마찬가지로 로마는 하루아침에 멸망하지 않았다. 476년, 로마 제국은 종말을 맞이했다. 장장 2세기 동안 지리멸렬의 과정을 거쳐 나타난 최종 결과였다.

로마의 쇠망 원인에 대해서 1000년 이상 동안 무수히 많은 학자들이 온갖 분석과 연구를 통해 가지각색의 추측을 내놓았다. 그러나 아직까지 공인된 결론이 나오지 않은 상태에 있다. 프랑스 철학자 몽테스키외는 《로마의 흥망성쇠 원인론》에서 '너무 빨리 정복의 과업을 이루면서 정치적 자유를 잃은 것'이 로마의 쇠락을 불러온 주요 원인이라고 지적했다. 《로마제국 쇠망사》의 저자 에드워드 기번은 황제 집권의 정치체제를 로마 제국 쇠락의 요인으로 꼽으면서 "로마의 적은 내부에 있었다. 바로 폭도들과 군대였다"라고 말했다. 또 미국의 스타브리아노스는 《세계사》에서 로마 제국 경제의 '기질적 병변', 즉 노예제도가 로마 제국의 멸망을 초래했다고 주장했다. 이밖에 로마의 쇠망 원인을 찾기 위해 정치와 경제뿐만 아니라 종교, 오랑캐의 침입, 기후, 지리, 군사 등 다양한 측면에서 접근한 관점이 수두룩하다.

이 장은 로마 제국의 쇠망 원인에 대한 결론을 찾는 것이 목적이 아니다. 대신 새로운 질문을 하나 던지고 있다. 즉 귀족과 부자 집단의 무분별한 탐욕이 일으킨 부의 양극화가 로마의 몰락에 일조하지 않았는지를 판단하는 것이다.

유사 이래로 인류의 모든 활동은 '부의 창조'와 '부의 분배'의 범주를 기본적으로 벗어나지 않았다. 다른 활동은 모두 이 두 가지 기본 활동으로부터 파생됐다. 부의 창조의 전제는 생산성 향상이고, 부의 분배의 기본 원칙은 공평성과 합리성이다. 경제학에서는 흔히 전자를 연구하고, 정치학에서는 보통 후자에 더 큰 흥미를 가진다. 두 가지를 동시에 연구하는 것이 바로 정치경제학이다.

'부'를 운운할 때 빼놓을 수 없는 것이 '탐욕'이다. 부자의 탐욕은 교묘한 수단이나 힘으로 부를 빼앗는 것이다. 반면 가난한 자의 탐욕은 편한 것만 좋아하고 일하기를 싫어하는 것이다. 한마디로 '탐욕'을 정의하면 '불로소득을 지향하는 것', 다시 말해 온갖 수단과 방법을 동원해 자신에게 속하지 않는 부를 얻으려고 하는 욕망이 곧 탐욕이다.

탐욕은 병이 아니다. 탐욕은 인간의 본성이다.

불교에서는 탐(貪), 진(瞋), 치(痴)의 '3독(三毒)'을 인간의 모든 번뇌의 근원이라고 한다. 다른 말로 하면 탐욕은 사람들이 원하든 원하지 않든 영원히 인류 사회와 공존한다는 것이다. 따라서 역사상 모든 제국의 멸망을 초래한 궁극적인 원인은 탐욕이라고 해도 좋다. 로마 제국 역시 예외가 아니다. 로마 제국의 쇠망은 인간의 탐욕스러운 본성이 또 한 번 재현된 것에 불과하다.

아무리 좋은 제도라도 절대 탐욕을 근절할 수 없다. 다만 최대한 탐욕을 억제할 뿐이다. 소수의 부자가 다수의 빈자를 통치하는 것은 모든 사회의 공통적인 특징이다. 이와 반대되는 상황은 인류 역사에 아직 등장하지 않았다. 사회적 탐욕을 퇴치하는 데 반드시 필요한 것은 부자 집단의 끊임없는 소유욕과 부의 탈취를 향한 강렬한 충동의 억제이다. 부자 집단은 사회적 부의 분배 룰을 바꿀 수 있는 능력, 실력, 동기와 결심을 가지고 있기 때문이다. 물론 부자들이 자발적으로 탐욕을 억제할 수 있다면 가장 좋지만 인류 역사상 이런 비정상적인 경우는 거의 나타나지 않았다. 최악의 수단이지만 가난한 사람들이 힘을 모아 부자 집단의 탐욕을 억제시키는 것도 한 가지 방법이다. 빈부 양측 간 충돌이 사회적 혼란, 유혈 사태, 혁명으로 이어지지 않도록 적절하게 통제할 수 있는 정치제도 역시 좋은 제도라고 할 수 있다.

　로마 공화정 시대의 12표법은 바로 가난한 민중과 부자 집단이 치열한 충돌 끝에 타협을 거쳐 만들어낸 절충안이었다. 이 법이 내전을 막아준 덕분에 로마 공화정은 이후 200년 동안 안정을 유지할 수 있었다. 이때 로마의 사회제도는 자체적인 개선 능력을 가지고 있었다. 근본적으로 말하면 로마 공화정 시대에는 시민, 공유지, 군대로 구성된 삼위일체의 정치경제 체제가 국가의 근본 이익에 부합했기 때문에 왕성한 생명력을 가질 수 있었던 것이다.

　포에니 전쟁 발발 후 자영농들은 전장에 대거 투입됐지만 사상자가 막심했고 국가 재정 역시 막대한 손실을 입었다. 부자와 서민 간의 정치적 균형이 무너지면서 농민들은 부자 집단의 탐욕에 대항할 힘을 잃었다. 그 결과 부자 집단은 무분별한 토지 겸병을 일삼았고, 이는 심각한 후폭풍을 초래했다. 부의 양극화가 갑자기 심해지고 부자 집단의 힘이 커지면서 사회적 균형은 철저하게 파괴됐다. 이런 상황에서 그라쿠스 형제의 개혁 시도는 실패가 예정된 것이나 다름없었다. 피비린내 나는 내전이 잇따라 100년 동안 지속되다가 공화정 체제는 무너지고 말았다.

　뒤이어 나타난 로마 제국은 사실상 대외 팽창의 혜택에 힘입어 탄생한 '기형아'에 불과했다. 군사력은 지중해 연안 국가들을 정복할 정도로 막강했으나 정권 조직 능력은 방대한 제국을 통치하기에 역부족이었다. 로마 제국이 도시화 운동을 대거 추진한 것도 바로 이 때문이었다. 이를 통해 정부는 도시 연방을 통제하고, 도시 연방은 관할 지역 주민들을 지배하며, 가급적 많은 농촌인구를 도시로 이주시킴으로써 간접 지배의 목적을 달성하고자 했다. 로마 제국의 도시화는 결코 경제 발전의 산물이 아니었다. 통치자들이 덩치 큰 제국을 지배하기 위해 부득이하게 선택한 정치적 방안이었다.

기형적인 도시화 구조는 경제에 심각한 타격을 입혔다. 의도적인 식량 가격 낮추기로 인해 수익성이 없는 곡물 생산은 거의 중단됐고, 경제작물 생산이 기형적으로 증가했다. 또한 공산품시장은 가상적 호황을 누렸고, 상업과 무역은 허울 좋은 번영상을 보여줬으며, 자산 거품은 점점 부풀어 올랐다. 더 큰 문제는 부자 집단이 도시화 정책을 악용해 다시 탐욕에 불을 지핀 것이었다. 이에 따라 사상 초유의 토지 겸병 붐이 형성됐다. 결과적으로 사회적 부의 분배를 둘러싼 모순은 유례없이 첨예해졌다.

빈부 격차가 심해지면서 도처에서 민란이 일어났고, 군대는 폭도 집단으로 변질됐다. 부자 집단과 폭도 집단 사이에 무장 충돌이 빈번해져 내전과 유혈 사태가 끊이지 않았다. 이로 인해 로마 제국은 멸망의 운명을 피하지 못했다.

귀족과 부자 집단의 지나친 탐욕이 제국의 멸망으로 이어진 것은 서구 사회 특유의 현상이 아니다. 중국 역사에서도 탐욕이 왕조의 세대교체를 초래한 비슷한 사례를 찾아볼 수 있다.

제8장

북송의 쇠망사,
화려함 뒤에 숨겨진
어두운 이면

덕이 재능보다 높은 사람은 군자,
재능이 덕보다 뛰어난 사람은 소인이다.
_사마광

북송은 군사적 측면에서 보면 연약하고 무능한 왕조임에 틀림없다. 그러나 경제적 측면으로는 중국 역사상 최고의 부와 번영을 구가했다. 북송의 화폐경제는 봉건 역사에서 단연 최고였고, 북송의 도시 문명은 중세 시대 세계의 귀감이 됐다.

북송의 경제 규모는 당나라가 전성기를 구가했을 때보다 네 배나 더 컸다. 도시는 무려 1,800여 개에 달했고, 도시화 비율은 12%에 육박했다. 화폐경제 역시 봉건 역사상 전무후무한 수준으로 발전했다. 더 중요한 것은 북송의 도시화와 화폐화가 생산성 향상과 경제 성장의 자연적인 결과물이라는 사실이다. 이는 지배집단이 정치적 필요와 국방의 필요에 의해 도시화와 화폐화를 의도적으로 추진했던 로마와 선명한 대비를 이룬다.

발달된 도시 문명은 또한 과학기술과 문화예술의 발전을 이끌었다. 중국 고대 '4대 발명품' 중 세 가지는 북송 시대의 산물이었고, '당송팔대가(唐宋八大家)' 중 여섯 명이 북송 시대에 탄생했다. 북송은 세계 최초로 국가신용을 담보로 하는 지폐를 발행했고, 세계 최초의 금융어음시장을 설립했다. 1000여 년 전, 북송 수도인 개봉(開封)의 금융가는 오늘날 미국의 월스트리트에 버금가지 않았다.

중국과 서방은 문명, 역사, 정치, 문화, 언어, 종교 등 다양한 분야에서 큰 차이가 존재한다. 그러나 한 가지 상통하는 점이 있다. 그것은 바로 인간의 본성이다.

북송의 전성시대는 로마의 황금시대보다 약 1000년 늦게 나타났다. 하지만 로마 제국을 몰락으로 이끈 빈부 격차 문제는 1000년 뒤에도 역시 북송 왕조를 무너뜨린 치명적인 요인으로 작용했다. 그라쿠스 형제의 개혁이 실패하고 왕안석(王安石)의 신법이 요절한 원인은 정치제도가 자가 개선 능력을 상실했기 때문이다.

그 결과 로마와 북송에는 토지 겸병, 조세 불균형, 재정적자, 화폐 가치 하락, 내란과 외환의 똑같은 문제가 나타났고, 심지어 위기 발발 순서까지도 똑같았다.

역사는 놀랄 정도로 비슷한 패턴을 반복한다. 어쩌면 역사를 만들어가는 사람의 본성이 늘 똑같다는 말이 더 정확할지도 모른다.

북송, 인류 역사상 두 번째 화폐 문명을 꽃피운 왕조

유럽의 문명은 로마 제국의 멸망을 끝으로 1000년이 넘는 세월 동안 역사 속에 묻혀버렸다. 중세 유럽이 암흑기에 빠진 동안 아시아에서는 인류 역사상 두 번째 화폐경제가 찬란한 꽃을 피웠다.

서기 960년, 북송의 건국과 함께 위대한 시대의 서막이 열렸다.

로마 제국의 문명이 무력과 정복의 토대 위에 세워진 것이라면, 북송의 경제 성장은 생산성 향상과 평화적 발전의 결과물이라고 할 수 있다.

북송 시기의 획기적인 생산성 혁명은 먼저 에너지와 제철 산업에서 시작됐다.

중국은 춘추전국 시대부터 철을 제련할 줄 알았다(심지어 더 일찍 시작됐을 수도 있다). 그러나 북송 이전까지는 제철 원가가 상당히 높은 데다 생산량이 적고 품질이 낮았다. 또 철의 가격도 상당히 비싸 농업경제에 대규모로 보급되지 못했다. 제철업의 성장에 가장 큰 걸림돌로 작용한 것은 에너지 문제였다. 철을 제련하려면 목탄을 써야 했는데, 목탄은 소모량이 크고 열량이 제한돼 있었다. 북송 시기에 이르러 석탄의 대규모 채굴이 가능해진 동시에 산업에너지 자원으로 널리 사용되기 시작했다. 석탄으로 목탄을 대체한 에너지 혁명은 제철업의 폭발적인 성장을 이끌었다.

1078년, 신종(神宗) 연간에 북송의 철 생산량은 7만 5,000~15만 톤에 이르렀다. 이는 18세기 산업혁명 시작 전 유럽(러시아 포함) 전역의 철 생산량과 맞먹는 수치였다.[1] 또 중국 역사상 재정적으로 부강했던 성당(盛唐) 시기 철 생산량보다 3~4배가 많았다.

북송 시기 제철업은 총생산량이 엄청났을 뿐만 아니라 철저한 분업 시스템이 형성됐다. 신주(信州)는 강철로 만든 칼, 연주(兗州)는 농기구, 원주(原州)는 철제 의자, 뇌주(雷州)는 식기, 태원(太原)은 가위, 하간(河間)은 비도(蓖刀, 머리를 감고 빗는 도구), 뇌양(耒陽)은 바늘, 항주(杭州)는 못 생산으로 각각 유명했다. 각 지역별 '히트 상품'도 철저한 분업에 의해 생산됨에 따라 당시 철제품 종류는 매우 다양하고 생산량도 많았다. 당시 항주에는 쇠바늘만 전문적으로 파는 브랜드 매장이 있었고, 쇠못만 파는 전문 매장인 '정교작(釘鉸作)'에서는 매년 조선(漕船) 제조업에만 무려 60만 근의 쇠못을 납품했다.

제철업의 비약적인 발전은 제강업의 성장도 이끌었다. 관강, 백련강, 임동강 등 다양한 제강법이 광범위하게 응용됐다. 철강과 야금업의 발달은 농기구 생산기술 혁명으로 이어지고, 자연스럽게 농업 생산성을 크게 향상시켰다.

북송 때부터 쇠날을 단 철제 농기구가 대규모로 보급되기 시작했다. 풀 베는 도구인 체도(鑴刀)와 측도(側刀)의 날을 쇠날로 교체해 황무지 개간과 경작에 큰 도움이 됐다. 여기에 끌채가 곧은 구식 쟁기를 끌채가 굽은 쟁기로 개량해 땅을 깊이 갈고 가축의 힘을 줄였다.

관강(灌鋼)
선철과 탄소 성분이 거의 없는 연철을 함께 섞어 정련해 강철을 생산하는 방법.

백련강(百煉鋼)
단철을 여러 번 불에 넣어 단련함으로써 강철을 얻는 방법.

임동강(淋銅鋼)
구리를 이용해 강철을 제련하는 방법.

이 시기 무(畝, 약 100m²)당 곡물 생산량은 460근에 달했다. 이는 성당 시기의 2배, 전국 시대의 4배를 초과하는 양이었다.

농작물 생산량과 경지 면적의 증가는 인구의 대폭적인 증가를 이끌었다. 한(漢)나라 때 인구는 5,000만 명이었고, 당나라 개원(開元) 성세 시기의 인구는 6,000만

▌굽은 쟁기의 발명에 힘입어 경작 기술과 생산성이 크게 향상됐다.

명이었다. 이런 인구의 증가는 찬란한 한당(漢唐) 성세의 실현에 크게 기여했다. 북송은 인종(仁宗) 연간부터 인구 규모가 한나라를 추월해 성당 시기와 맞먹었다. 인구가 가장 많을 때에는 1억 명을 초과하기도 해 한당 성세 시기 인구의 2배를 웃돌았다. 이처럼 북송 시기에는 전대미문의 인구 성장률을 기록했다.

곡물 생산량 증가에 힘입어 인구만 폭발적으로 늘어난 것이 아니라 중국 역사상 최초의 도시화 물결도 일어났다.

북송 시기 도시 인구 비중은 12%에 달했다. 도시 총인구는 1,200만 명으로 역대 왕조들을 훌쩍 넘어섰다. 크고 작은 도시를 합치면 무려 1,800개가 넘었다. 당시 세계 각국 도시와 비교할 때 남경(南京), 양주(揚州), 성도(成都), 무창(武昌), 장사(長沙), 복주(福州), 광주(廣州) 등은 수십만 명의 인구를 보유한 특대형 도시였다. 인구 100만 명의 개봉(開封, 북송의 수도)과 항주(남송의 수도)는 초대형 도시로 불려도 전혀 손색이 없었다.

도시 인구의 급증은 상품으로서의 식량이 충분하게 공급됐기 때문에 가능한 일이었다. 이는 한편으로 화폐경제의 급격한 발전을 추진하는 데 원동력으로 작용했다. 세계 최대 규모의 도시화 운동은 중세 시대에 북송

경제를 세계 최고 수준으로 올려놓았다.

도시 사람의 생활방식은 농촌 사람과 완전히 달랐다. 도시 사람은 해가 뜨면 일하고 해가 지면 쉬는 따분한 일상에서 탈출해 보다 더 자유로운 생활을 선택했다. 우선 전문화된 분업을 통해 도시에서의 생존 토대를 마련하고, 매일 시장 거래를 통해 생활에 필요한 돈을 벌었다. 송나라 도시인은 사회적 분업을 통해 전문 지식을 습득하고 지식 폭을 넓혔으며, 시장 거래를 통해 정보 유통 속도를 가속화했다. 인구 밀집도가 높아지면서 새로운 사유와 새로운 발명, 새로운 수요를 끊임없이 만들어냈다.

인종 연간에 필승(畢昇)이 발명한 활판 인쇄술은 중세 시대의 '정보혁명'이라고 칭할 만했다. 이 발명은 정보 전달 비용을 대폭 낮추고, 사회의 각종 경제 활동의 생산성을 향상시키는 데 간접적으로 도움이 되었다.

생산성의 향상에 힘입어 상품 거래량과 거래 품목이 대폭 증가했을 뿐 아니라 더욱 광범위한 분야에서 소비 수요를 이끌어냈다.

도시인의 농산물 수요는 이미 배불리 먹는 것에서 좋은 것을 먹는 것으로 바뀌었다. 그러자 전통 곡물보다 수익성이 높은 경제작물 재배업이 빠르게 발달했다. 경제작물 중에서도 감귤과 여지(荔枝) 재배업이 가장 먼저 전통 농업 부문에서 떨어져 나와 독립적인 업종으로 성장했다. "귤밭 1무에서 얻는 이익이 논 1무의 이익보다 몇 배 더 많다"는 말이 있을 정도였다. 여지 품종은 무려 32가지에 달했는데, 복주(福州)에서만 25종이 재배됐다. "상인들은 (여지를) 팔아서 큰 이익을 얻었다. 재배농은 (여지를) 재배해 많은 돈을 벌었다. 한 해 동안의 여지 수출량도 수천 조에 달했다."[2]

이밖에 도시인의 필수 식품인 채소 재배 수익도 만만치 않았다. 채마전의 경제적 수익은 농지보다 훨씬 더 높았다. "채마전 1무가 농지 10무와 맞먹는다"는 말도 있었다. 송나라 시인 양만리(楊萬里)는 안휘(安徽) 동

〈청명상하도(淸明上河圖)〉. 북송 시기 도시인의 생활방식과 화폐경제의 번영상을 반영하고 있다.

릉(銅陵)의 강심도(江心島) 정가주(丁家洲)를 지날 때, '너비 300리에 달하는 섬 전체에서 무만 재배해 금릉(金陵)에 가져다 파는 것'을 보고 "300리 밖에 안 되는 섬이라고 웃지 마라, 이곳에서 나는 채소가 천만 명을 먹여 살린다."라는 글을 남겼다. 이는 당시 채소 재배업이 이미 고도로 집약화되고 먼 곳까지 수출됐다는 사실을 말해준다.

송나라의 도시인은 먹는 것뿐만 아니라 입는 것도 대단히 중시했다. 때마침 목화가 점차 보급되기 시작하자 면제품은 바로 도시인의 인기 상품으로 떠올랐다. 삼베가 중·저소득층의 필수 품목이었다면 부자들은 비단옷을 즐겨 입었다. 정부 차원에서 비단은 재정수입의 중요한 한 축을 담당했다. 정부가 걷는 10종의 직물 세금 중에서 견직물이 8종이나 됐을 정도였다.

1086년, 북송의 재정수입 가운데 견직물 징수량은 성당 시기의 3배인 2,445만 필에 달했다. 이런 견직물과 면직물, 마직물을 대량 생산하려면 철저한 분업이 필요했다. 북송 시기에 방직업에 전문적으로 종사하는 '기호(機戶)'가 나타난 것도 다 이 때문이었다. 방직업 분업이 이뤄지기 전에

| 송나라 〈경직도(耕織圖)〉에 등장한 화루기(花樓機, 고급 견직물을 짜는 기계)

는 직조공이 혼자 실을 잣고 천을 짜야 해서 직조공 한 사람당 1년에 천 20필밖에 생산하지 못했다. 그러나 기호가 나타난 뒤로 실을 잣는 일과 천을 짜는 일의 분업이 이뤄지면서 1인당 1년에 40필의 천을 짤 정도로 생산성이 대폭 향상됐다. 규모가 작은 기호는 직기 3~5대, 규모가 큰 기호는 직기를 600~700대나 보유했다. 전국적으로 기호는 10만 가구에 달해 북송 인구 200명에 한 명 꼴로 방직업에 종사했다.

생산성 향상은 제품 생산량 증가뿐만 아니라 품질 개선을 통해서도 반영된다. 후세 사람들은 당, 송, 원(元) 시기 견직물의 품질을 비교한 바 있다. 그 결과 "당나라 비단은 거칠면서 두꺼웠고, 송나라 비단은 부드럽고 얇았으며, 원나라 비단은 송나라 비단과 비슷했으나 실이 고르지 않았다"는 결론을 내렸다. 북송 도시인은 당시 세계에서 가장 좋은 천으로 만든 옷을 입었다고 할 수 있다.

의식주가 풍족해진 뒤에 생활의 질을 따지는 것은 인지상정이다.

북송 시대 도시인도 예외가 아니었다. 우선 도자기에 대한 수요가 급증했다. 도자기는 일상생활에 꼭 필요한 주방용품일 뿐만 아니라 인테리어용 소품이나 장식품으로도 많이 활용됐다. 송나라 도자기는 실용성과 미관이 모두 최고의 경지에 이르렀다. 또 도자기 생산 공정을 개선하고 보다 철저한 전문화 분업 시스템을 구축함으로써 생산성도 비약적으로 향상됐다. 토공(土工), 배공(坯工), 유공(釉工), 갑공(匣工), 소요공(燒窯工)은 각자 전문 업종을 형성했다. 도자기 공예 역시 꾸준히 발전했다. 예전에 갑발 속에 하나씩 넣어 굽던 '갑발법(匣鉢法)'은 송나라 때에 이르러 크기와 모양이 다른 여러 개를 거꾸로 포개 받침 위에 올려놓고 굽는 '복소법(覆燒法)'으로 바뀌면서 생산량의 폭발적인 증가를 이끌었다.

도자기는 서민과 부자의 수요를 두루 만족시킨 소비품이었다. 반면 퇴주 공예품, 나무뿌리 조각, 옥석을 비롯해 상아, 동물의 뼈나 뿔로 만든 공예품, 금이나 은으로 상감한 공예품, 자개 등의 수공예품은 오로지 사치품시장 수요를 만족시키기 위해 만들어졌다.

소비품 산업의 생산성이 대폭 향상되면서 상품 종류와 생산량은 공전의 규모를 기록했다. 이와 더불어 분업화와 전문화 수준도 유례없이 높은 수준에 이르렀다. 이로 인해 수당(隋唐) 시기에 112가지에 그친 업종이 송나라 때에는 약 4배나 증가한 414개에 달했다. 중국 속담에 "360개 업종마다 각자 전문가가 있다"라는 말은 아무래도 송나라 때 나온 것 같다.

상품시장의 번영과 화폐경제의 부상에 힘입어 전국에 지역별로 4대 시장이 형성됐다. 변경(汴京, 개봉을 일컬음)을 중심으로 하는 북방 시장, 소주와 항주를 중심으로 양광(兩廣, 광동과 광서) 지역을 아우르는 동남 시장, 성도(成都)를 중심으로 하는 천촉(川蜀) 시장 및 섬서(陝西)를 중심으로 하는 관롱(關隴) 시장이 바로 그것이다. 이 4대 시장은 또 성시(城市), 진시(鎭市),

| 송나라 때 만든 전함

허시(墟市)로 세분화된다. 크고 작은 시장들이 교차, 중첩되고 상하로 관통됐을 뿐 아니라 좌우로도 맞물려 거미줄처럼 복잡한 상품 유통망과 화폐 유통망을 형성했다.

상품 이동 방향을 살펴보면 농산물과 농업 부산물은 허시, 진시에서 성시로 밀려들었다. 또 수공업 소비품은 성시에서 농촌으로 확산됐다. 전국의 세수와 상품은 남쪽에서 북쪽, 서쪽에서 동쪽으로 이동해 최종적으로는 수도 변경에 집중됐다. 화폐는 수도에서 각 지역 시장으로 역류했다.[3]

변경 시장을 중심으로 한 상품의 전국적인 대규모 유통은 주로 내륙 운송 시스템에 의존했다. 따라서 북송 시기 조선(漕船)업도 대단히 발달했다. 북송 초년에 이미 조선 3,337척을 보유했을 정도였다. 경제 번영과 더불어 해외 무역과 해상 운송업도 빠르게 발전했다. 외항선의 최대 적재량은 무려 500톤에 달했고, 한꺼번에 500~600명의 인원을 실을 수 있었다. 조선업의 생산성도 놀랄 정도로 향상됐다. 온주(溫州)의 한 국영 조선소는 직원이 252명에 불과했으나 연간 생산량이 340척에 달해 거의 하루에 한 척 꼴로 만든 셈이었다.

조선업이 호황을 누리면서 대대로 조선업에 종사하는 갑부 가문도 많이 등장했다. 북송 정부는 민간에서도 선박 제조에 참여할 수 있도록 조선업의 시장경쟁을 허용했다. 이에 한때는 민간 조선소의 원양 선박 제조 규모가 국영 조선소를 초과하는 현상까지 나타났다.

북송 시기 도시에는 땔감, 곡식, 기름, 소금, 간장, 식초, 찻잎, 명주, 비단, 금, 은, 진주, 옥, 도자기, 칠기, 보석, 정자, 누각, 시, 술, 그림에 이르기까지 없는 것이 없었다. 이들은 물질적으로뿐만 아니라 정신적으로도 매우 풍요로운 생활을 누렸다. 북송 시기 경제생활에 일어난 변혁을 순서대로 정리하면 다음과 같다.

우선 제철업 생산성이 빠르게 향상되면서 농기구 생산기술의 비약적인 발전을 이끌었다. 이어 농업 생산성이 대폭 향상되자 농업인구가 도시로 대거 이전했다. 도시화, 상품화 및 화폐화의 열기 속에서 더 세밀하고 철저한 사회적 분업이 이뤄졌다. 더불어 광범위한 분야에서 생산성이 향상되고 거대한 소비 수요가 생겨났다. 이는 경제작물, 방직과 날염, 식품가공, 건축과 조선, 채광과 제련, 도자기와 칠기, 제지와 인쇄 및 농업 부산물에 이르기까지 다양한 업종의 전면적인 성장을 이끌었다. 도시 고용 비율이 증가하면서 농촌인구의 도시 이동 속도는 더욱 가속화됐다.

화폐경제의 발달은 사람들에게 물질적인 풍요를 가져다주었을 뿐 아니라 독창적인 사고방식을 기르는 데도 큰 도움을 줬다. '당송팔대가(唐宋八大家)' 중 여섯 명이 북송 시대에 탄생했고, 중국 고대 '4대 발명품' 중 세 가지가 북송 시대에 발명됐다. 중국 역사상 사상 논쟁이 가장 활발하게 이뤄졌던 춘추전국 시대는 화폐경제가 최초의 번영을 구가한 시대이기도 했다. 고대 그리스에서 소크라테스, 플라톤, 아리스토텔레스 등 유명한 철학자들이 배출된 시대 역시 리디아의 화폐경제가 가장 발달하고, 에게문명이 화려한 꽃을 피웠던 시대이다.

화폐경제는 화폐를 떠날 수 없다. 북송의 거대한 경제 머신을 움직이게 한 원동력은 바로 흐르는 물처럼 끊임없이 유통된 화폐였다.

유동성 과잉과 인플레이션

북송 시기에는 GDP 개념이 없었다. 그러나 북송과 성당의 주요 경제지표를 비교해보면 대략의 경제 규모를 알 수 있다. 우선 북송의 인구와 노동생산성은 성당의 2배에 달했고, 전체 경제 규모도 성당 시대의 약 4배에 이르렀다. 북송 시기에 도시화와 상품화 수준이 당나라를 훨씬 초월했다는 사실을 감안하면 북송의 화폐 공급량은 적어도 당나라의 4배에 달했을 것으로 추정된다.

그러나 북송 시기의 실제 통화 공급량을 알고 나면 깜짝 놀랄 것이다.

북송 시기에 매년 새로 증가한 통화량을 살펴보면, 995년에 동전 80만 관을 새로 주조한 데 이어 1000년을 전후해 125만 관을 새로 발행했다. 1007년에는 183만 관, 1045년에는 300만 관을 증발했다. 또 신종 원풍(元豊) 3년(1080년)에는 무려 506만 관이나 증발했다.[4]

이런 동전 외에도 매년 100만 관 이상의 철전(鐵錢)이 발행됐고,[5] 사천 지역에서는 지폐도 발행됐다(초기 유통량은 약 125만 관).

이에 반해 당 현종(玄宗) 천보(天寶) 연간(742~756년)에는 매년 화폐 발행량이 약 32만 관에 지나지 않았다. 또 헌종(憲宗) 원화(元和) 연간(806~820년)에는 13만 5,000관에 불과했다. 원풍 연간이 북송의 흥성과 쇠퇴의 전환점이었다면, 당나라는 현종 천보 연간이 쇠퇴의 길을 걷기 시작한 전환점이라고 할 수 있다. 이렇게 놓고 보면 북송 경제가 가장 번영했을 때의 통화 증가량이 당나라 경제가 전성기를 누린 시기 화폐 증가량의 19배 이상에 달한다는 결론이 나온다.

북송은 1085년까지 100여 년 동안 누계 1억 4,000만~1억 5,000만 관의 화폐를 주조했다. 여기에 개인이 몰래 주조한 화폐와 시중에 유통된 이전 왕조의 동전까지 합치면 총통화 규모는 무려 2억 5,000만~2억

6,000만 관에 달했다. 동전 개수로 계산하면(송나라 때는 동전 770개가 1관이었음) 약 2,000억 개의 동전이 발행됐다.

서한(西漢) 시기에는 동전 수천만 관을 가진 부자가 손에 꼽을 정도로 적었다. 그러나 북송 시대에는 수도에만 '천만 관의 부자'들이 수두룩했다. 말할 것도 없이 북송 시기 동전의 구매력이 한당 시기에 비해 대폭 하락했기 때문이다.

북송은 전성기 때 경제 규모가 당나라의 4배였지만 통화 공급량은 19배에 달했다. 이는 유동성 과잉 문제가 상당히 심각했음을 보여준다.

유동성 과잉의 결과물은 당연히 인플레이션이다.

"송나라 초년부터 인종 연간까지 물가는 떨어지지 않고 계속 올랐다. 물가지수도 초기의 100에서 1150까지 급등해 무려 11.5배나 상승했다. 신종 연간(왕안석이 신법을 실시하던 시기)에 물가는 다소 하락했다가 휘종 때부터 다시 상승하기 시작했다. 밀과 쌀의 물가지수는 각각 12배와 15배 상승한 1200과 1500에 이르렀다."[6]

남송의 문인 섭적(葉適)은 강소(江蘇)와 절강(浙江) 일대를 중점으로 북송과 남송의 물가 변화 상황을 비교하고 나서 다음과 같이 탄식했다.

"오(吳)와 월(越) 지역은 인구가 천하의 절반을 차지한다. 반면 땅은 천하의 절반이 되지 않는다. 그런데 식량과 직물 가격은 예전(북송 말)보다 세 배나 올랐다. 닭고기, 돼지고기, 채소, 목재, 초탄 가격은 5배 상승했다. 특히 땅값은 10배 폭등했다. 더구나 금싸라기 땅에 있는 주택과 비옥한 전답은 가격이 과거의 수십 배, 심지어 수백 배에 달하는데도 서로 사지 못해 안달하고 있다."

섭적이 북송 말에서 남송 초까지의 강남 물가에 대해 묘사한 위의 문장에서 주목해야 할 부분이 있다. 바로 부동산 가격이 빠르게 상승했다는 것이다. 위치가 좋은 지역의 주택 가격은 심지어 수십 배, 수백 배 폭등했다고 했다. 이는 유동성 과잉이 CPI(소비자물가지수) 상승보다 더 심각한 후폭풍, 다시 말해 자산 가격 인플레이션까지 초래했다는 사실을 설명한다.

게다가 과잉 공급된 화폐는 모든 사람에게 공평하게 분배되지 않았다. 자산 가격 팽창을 통해 소수에게만 빠르게 집중되면서 전답과 부동산은 말할 것도 없고 금융 자산 가격도 크게 폭등했다.

《동경몽화록(東京夢華錄)》은 이런 현실을 잘 반영하고 있다. 변경의 유명한 '금융가'인 남통가(南通街)의 호화스럽고 번창한 정경을 살펴보자.

"남통가에는 다양한 금융기관들이 즐비하게 늘어섰다. 시쳇말로 교인포(交引鋪, 요즘의 증권거래소에 상당함)라고 불리는 이곳에서 화폐, '염인(鹽引)', '염초(鹽鈔)', '다인(茶引)' 등 각종 유가증권이 거래돼 항상 문전성시를 이룬다. 남통가는 또 금, 은, 직물 등을 거래하는 장소로 점포마다 건물이 웅장하고 앞면이 탁 트여 바라보기만 해도 무시무시한 느낌을 받았다. 거래 규모는 걸핏하면 동전 수천만 개에 달해 사람들을 놀라게 했다."

게야 건당 거래액이 수만 관(동전 개수로는 수천만 개)에 달했다면, 이는 북송 화폐 공급량(북송 시기 동전 개수로 약 2,000억 개)의 5%에 달하는 어마어마한 액수이다. 2013년 중국의 총통화(M2)가 106조 위안인데, 북송 시기의 은행가들이 이의 5%에 해당하는 530억 위안을 굴렸다니 참으로 놀라지 않을 수 없다. 거래 규모가 이처럼 천문학적인 액수였다면 당시 변경 '금융가'의 부동산 가격도 예사 수준은 아니었을 것으로 추정된다.

한마디로 북송 시기 변경의 금융가는 규모와 영향력 면에서 오늘날 미국의 월스트리트에 절대 뒤지지 않았다.

북송 은행가들은 일반 부자가 아니라 당연히 슈퍼 리치이다. 그렇다면 북송 은행가들은 어떻게 그렇게 많은 부를 축적할 수 있었을까? 사실 북송의 은행가들이 돈을 버는 방식은 지금과 비슷했다. 수익성이 가장 높은 업무는 금융상품 거래였고, 전통적인 대출업(고리대금업)이 그 다음으로 수익성이 좋았다.

북송 은행가들은 일반 상품에는 흥미가 없었고 주로 금융 어음을 취급했다. 즉 정부의 전매품에 해당하는 소금 및 차의 파생금융상품인 교인과 염초 거래를 통해 큰돈을 벌었다.

은행가의 발흥

북송 시기 은행은 처음에 '태환포(兌換鋪)'로 불렸다. 이름 그대로 초기에는 화폐 태환업을 위주로 했다. 북송 시기에는 화폐경제가 고도로 발달했을 뿐만 아니라 화폐제도 역시 매우 복잡했다. 전국의 화폐 시스템은 사분오열된 할거 국면을 형성해 각 지역별로 서로 다른 화폐가 유통됐다.

화폐 종류를 보면 우선 금속화폐와 지폐로 나눌 수 있다. 금속화폐는 동전과 철전으로 구분됐다. 동전과 철전은 자체적으로 대전(大錢)과 소전(小錢)의 차이가 있었다. 게다가 금·은의 화폐 지위가 날로 올라갔고, 특히 은은 당나라 때보다 훨씬 더 중요하게 인식됐다. 이런 상황에서 전국 각지의 상품이 4대 시장을 중심으로 지역을 초월해 유통되자 자연스럽게 각 지역 화폐 간의 환산 수요가 나타났다. 이때 금, 은, 동, 철, 종이 등 다양한 재질의 화폐 태환 업무를 맡은 곳이 바로 태환포였다.

태환포 주인은 매일 다양한 화폐를 낮은 가격에 사서 높은 가격에 파는 방법으로 이익을 얻었다. 요즘 말로 하면 '단기 차익 매매' 사업에 종사했다. 그러다가 화폐 유통량의 급증과 더불어 금융시장에서 가장 중요한 역할인 '마켓메이커'로 발전해 화폐 교환을 위한 유동성을 공급했다. 이들은 시장 변화에 항상 촉각을 곤두세웠다. 심지어 시간별 미묘한 가격

차이조차도 이들의 예리한 눈을 벗어나지 못했는데, 이는 이들이 이런 미약한 가격 차이를 이용해 돈을 벌었기 때문이다. 이들 역시 미국 채권시장의 마켓메이커와 마찬가지로 자신의 주 고객층을 확보하고, 방대한 판매 루트를 구축했다. 북송 시기 시장 거래에 대해 가장 예민하게 반응했던 이 태환포 주인 집단이 훗날 최초의 은행가로 발전했다.

태종(太宗) 옹희(雍熙) 2년(985년), 북송 은행가들은 새로운 차익 거래 기회를 발견했다. 바로 화폐 태환 업무보다 수익성이 훨씬 더 높은 '교인'을 매매하는 것이었다.

연운십육주(燕雲十六州)
오대(五代) 시대에 석경당(石敬瑭)이 거란의 도움을 얻어 후진(後晉)을 창업할 때 그 보답으로 거란에게 넘겨준 땅.

송나라 태종 조광의(趙匡義)는 985년부터 북쪽의 요(遼)나라를 정벌하기 위해 비밀리에 3로(三路) 대군을 조직하고, 일거에 연운십육주를 수복한다는 야심찬 계획을 세웠다. 그는 이듬해 대군을 이끌고 기구관(崎溝關)에서 결전을 벌였지만 결과는 대패였다. 청사에 이름을 남긴 양가장(楊家將) 양업(楊業)조차 이 전투에서 패배했다. 그리고 남쪽으로 피난 가는 백성을 보호하기 위해 진가곡(陳家谷)에서 필사적으로 싸우다 끝내 전사했다.

"전쟁이 나면 말과 병사들이 움직이기에 앞서 그들이 먹을 양식을 먼저 준비한다"라는 속담이 있다. 북송 정부는 북방 전장에 군량과 마초를 조달하기 위해 상인들에게 병참 보급 업무를 맡겼다. 중국 봉건 역사상 최초로 정부 업무를 외부에 하도급한 사례이다. 물론 이는 화폐경제가 고도로 발달한 북송 시기였기에 가능한 일이었다. 정부 기능을 상업화하거나 사유화한 이 방식은 미국 신자유주의 이념에 완전히 부합했다. 더 정확하게 말하면 신자유주의 사상의 비조는 북송이라고 할 수 있다.

상인들은 자비로 대량의 군량과 마초를 사고 일꾼을 고용해 천리 밖의 변경 지역으로 운송했다. 이로써 정부는 한 가지 걱정을 덜 수 있었다.

"상인은 이익이 없으면 아침 일찍 일어나지 않는다"라는 말이 있다. 따라서 상인도 높은 이익의 유혹이 아니었다면 정부를 위해 목숨 걸고 일하지 않았을 것이다. 군량과 마초가 변경 지역에 도착하면 현지 시가 및 운송 거리에 따라 가격이 책정됐다. 그 다음 이를 기초로 다시 일정하게 가격을 올리는 특혜도 제공됐다. 변경 지역 정부는 군량과 마초의 최종 액수를 결정한 뒤 상인들에게 교인이라는 약속어음을 발행했다. 상인들은 수도로 돌아온 다음 이 어음을 관청에 제출하고 현금을 받았다. 충분한 현금을 보유하지 못한 정부는 상인들에게 현금 대신 염차(鹽茶) 어음을 지급하는 경우가 많았다. 사실 상인들이 노린 것도 현금이 아닌 바로 이 염차 어음이었다.

소금은 생활필수품이었고, 중국의 차 문화 역시 당나라 때 본격적으로 시작돼 북송 시기에 널리 성행했다. 이 시기에 도시의 부유한 중산층의 찻잎 수요는 그야말로 폭발적으로 증가했다. 이에 북송 정부는 소금과 차의 공급을 독점하고 주요 세원으로 삼았다. 한마디로 소금과 차는 폭리를 취할 수 있는 국가 전매품이었다. 정부는 1근당 2.5문(文, 동전 2개 반)에 소금을 사서 26문에 시장에 되팔아 무려 10배에 달하는 순이익을 올렸다. 찻잎 전매 수익률도 무려 100~300%에 달했다. 상인들은 염차 어음, 즉 '염인'과 '다인'만 가지고 있으면 국가 전매품인 소금과 차를 합법적으로 매매해 떼돈을 벌 수 있었다.

수도에서는 소금과 차의 현물을 바로 인수할 수 없었기 때문에 상인들은 먼저 염차 어음을 휴대하고 주관 부서에 가서 '비인(批引)'을 받았다. 요즘 말로 하면 어음에 직인을 찍는 것이다. 상인들은 또 주관 부서가 지정한 곳에서 소금과 차를 인수해 지정 지역에서만 판매해야 했다. 일반적으로 소금은 산서(山西) 해지(解池)의 해염(解鹽)을 매입했고, 찻잎은 강남에서 가져왔다. 상인들은 정부에서 지정한 지역에서만 소금과 차를 팔 수 있었기 때문에 만약 다른 지역에서 판매할 경우 엄벌에 처해졌다. 북송 정부가 염차 판매 지역을 지정한 목적은 당연히 염차 판매 수익을 독점하기 위해서였다.

똑똑한 상인들은 정부의 아웃소싱 업무를 차지하기 위해 치열한 경쟁을 벌였다. 정부를 대신해 군량과 마초를 운송하는 일이 먹을 것이 더 많았기 때문이다. 또 변경 지역의 관리들을 잘 '구워삶기만' 하면 군량과 마초 운송 가격을 매우 높게 책정 받을 수 있었다. 예를 들어 보리 한 말 가격이 내륙에서 30문이라면 변경 지역 관리는 원가, 운임, 가격 특혜 등 갖은 혜택을 다 붙여 1관 254문으로 가격을 책정했다. 가격 차가 무려 40배에 달했다. 가격을 높게 책정한 이유를 대자면 끝도 없었다. 운송 거리가 너무 멀다거나 길이 험하다거나 화적떼가 출몰했다거나 홍수가 범람했다거나 다리가 무너졌다거나 물 사태, 지진, 화재 등 자연재해를 입었다는 등의 핑계를 대면 그만이었다. 물론 조정에서는 이를 뻔히 알면서도 눈감아줬다. 변방에서 나라를 지키기 위해 목숨 걸고 고생하는 이들에게 떡고물 정도는 줘야 하지 않는가!

이렇게 되자 염차 어음의 가치는 크게 상승했다.

전국 각지에서 수많은 상인들이 이 소문을 듣고 벌떼처럼 군량과 마초 운송업에 동참했다. 입으로는 국가를 위하고 정부를 도와 힘을 낸다고 했으나 실상은 자신들의 주머니를 채우기 위한 수작이었다.

수도 은행가들 역시 염차 어음의 가치를 알아챈 후 조정의 관련 부서들을 찾아다니면서 로비를 펼쳤다.

"내력이 불분명하고 신용도 파악하기 어려운 외지 상인들에게 염차 어음을 맡기는 것은 위험한 일이다. 이들이 혹시 염차 어음을 이용해 투기를 하거나 지역을 넘어 불법 판매를 한다면 시장이 크게 혼란해질 것이 아니냐?"

수도에 오래 살면서 조정과 밀접한 관계를 맺은 은행가들의 말은 당연히 효력을 발휘했다. 조정은 은행가들의 의견을 수렴해 새로운 규정을 세웠다. 즉 염차 어음을 보유한 상인들은 반드시 수도에 있는 은행가를 담보인으로 세워야만 관련 부서의 비인을 받을 수 있다는 것이었다.

이렇게 되자 군량과 마초 운송 업무를 담당한 상인들은 부득불 수도로 달려가 은행가들에게 빌붙어야만 했다.

은행가들은 이 기회를 빌려 상인들에게 한 가지 제안을 했다.

"그대들은 너무 힘들게 돈을 번다. 염차 어음을 가지고 험산준령을 넘어 산서에 가서 소금을 가져오거나 천리 길을 걸어 강남에 가서 찻잎을 가져와야 한다. 더구나 이렇게 힘들게 매입한 소금과 차를 더 먼 곳까지 운송해 팔아야 한다. 도중에 화적떼라도 만나면 어떻게 되는가? 소금과 차의 품질이 나쁘면 어떻게 되는가? 폭우가 쏟아져 물건이 다 젖으면 어떻게 해야 하는가? 그까짓 돈 몇 푼 벌겠다고 반년 넘게 중국 땅의 절반을 전전하면서 온갖 고생을 할 필요가 있는가? 그대들에게 쉽고 빠르게 돈 벌 수 있는 방법을 제안하겠다. 그대들이 군량과 마초를 운송해서 얻은

┃ 북송 시기 해주 염지에서 소금을 만드는 장면

염차 어음을 차라리 우리 은행가에게 모두 할인 양도하는 것이 어떤가? 헛고생할 필요 없이 짭짤한 수입을 얻을 수 있으니 그대들과 우리에게 모두 득이 되는 방법 아닌가?"

상인들은 은행가들의 말에 일리가 있다고 생각하고 주저 없이 손에 든 염차 어음을 은행가들에게 팔았다. 수도의 은행가들은 이때부터 어음 거래를 시작했다. 태환포라는 명칭도 '금은교인태환포(金銀交引兌換鋪)'로 바꿨다. 이 부류의 은행가들은 송나라의 제2세대 은행가인 '교인은행가' 그룹을 형성했다.

간혹 융통성이 없거나 손해 보기 싫어하는 일부 상인들이 끝까지 염차 어음을 은행에 넘기지 않는다면, 은행가들은 서로 연합해 이런 상인들에게 담보를 제공하지 않았다. 은행의 담보를 받지 못한 상인은 관청의 비인을 받을 수 없었다. 관청의 비인을 받지 못한 염차 어음은 무용지물이나 다름없었다. 아무리 고집 센 상인이라도 이런 상황에서는 은행가들 앞에서 고개를 숙여야만 했다. 어음 할인율은 은행가들이 모여서 결정했다. 할인율은 20%일 때도 있었고, 30%일 때도 있었다. 한마디로 은행가들의 탐욕 정도에 따라 할인율이 결정됐다.

물론 이에 불복한 상인들이 조정에 상소문을 올렸지만 조정은 당연히 은행가들 편이었다. 게다가 은행가들은 금융시장 질서를 수호하기 위해서였다는 '정당한 명분'을 내세웠기 때문에 송사에서 지는 일이 없었다. 이후 은행가들이 담합해 눈엣가시 같은 상인이 더 이상 소금과 차 매매에 종사하지 못하도록 원천 봉쇄하기도 했다.

은행가의 손에 어음이 점점 더 많이 집중되면서 시장가격에 대한 통제력도 크게 강화됐다. 교인은행가들은 고리대금업과 전당포 같은 융자 업무도 겸업했기 때문에 수도의 자금 공급 시스템에 직접적인 영향을 끼쳤다. 이들은 어음을 매입하기 전에 먼저 융자 비용을 높이는 방법으로 금융긴축을 조성했다. 이어 가지고 있던 어음을 시장에서 대거 매각함으로써 가격 하락을 유도했다. 이 방법은 일거양득의 효과를 봤다. 우선 조정에 위압감을 줬고, 또 시중의 어음을 헐값에 매입할 수 있었다. 어음을 팔고자 할 때는 먼저 어음 가격을 끌어올려 투기꾼들을 끌어들인 다음 높은 값에 팔았다. 오늘날의 JP모건 체이스나 골드만삭스의 수법과 똑같았다.

조정의 원래 목적은 상인을 동원해 변경 지역에 마초와 군량을 조달함으로써 재정지출을 줄이려는 것이었다. 그래서 염차 어음이라는 미끼를 아무 부담 없이 던졌으나 약아빠진 상인들은 변방 지역의 관리들을 매수해 시가보다 7배 더 비싼 가격에 군량과 마초를 팔아 폭리를 취했다. 이 결과 정부가 동남 지역에서 징수한 세수 360만 관이 상인들의 주머니 속으로 들어갔다.

하지만 뛰는 놈 위에 나는 놈이 있는 법이다. 이번에는 상인보다 지능이 더 높고 수단이 훨씬 악랄한 은행가들이 끼어들어 상인들의 수익을 중도에서 가로챘다.

화폐경제 시대에는 화폐를 지배하는 사람이 시장을 지배한다. 북송의 문인과 관리들은 "군량을 사는 데 50만 관밖에 들지 않았는데도 동남 지역의 세수입 360만 관이 상인의 주머니에 들어갔다"고 개탄했다. 이는 즉 상인과 은행가들이 50만 관의 원가로 국가 세수 360만 관을 약탈했다는 얘기이다. 로마 공화정 시대에 징세 대행업자들이 정부의 징세 업무를 하도급 맡아 국가 세수를 착복하고 국민을 착취한 것과 본질적으로 똑같은 것이었다. 북송 왕조의 문인 정부와 로마 공화정의 귀족정권은 돈에 관해서는 상인과 은행가의 상대가 되지 못했다. 심지어 이들은 상인 및 은행가들과 한통속이 돼 공공재산을 횡령하기도 했다.

금권과 정권의 투쟁

대량의 염차 어음을 확보한 은행가들은 대염상(大鹽商)과 대차상(大茶商)이 돼 소금과 차의 유통 과정에서도 폭리를 취했다. 이들은 거액의 부를 축적한 뒤 세력이 더욱 막강해졌다. 거금으로 조정 관리들을 매수해 국가 정책을 좌지우지했고, 심지어 권세가 높은 사람에게 빌붙어 관료 시스템의 일원으로 신분 상승을 이룬 자도 있었다.

북송 시기에 전해지는 유명한 일화가 하나 있다. 인종이 황후 곽(郭)씨를 폐위했을 때였다. 그러자 수도의 한 대차상이 거금으로 후궁의 권력자를 매수해 본인의 딸을 궁중으로 들여보낸 다음 인종의 황후로 삼고자 했다. 이미 그의 든든한 후원자가 된 태후가 대차상의 딸을 황후로 추천하자 인종은 얼떨결에 승낙했다. 그런데 훗날 한 늙은 환관이 인종에게 이 대차상은 원래 대신의 노비였다고 넌지시 아뢰었다. 따라서 노비의 딸을 황후로 삼으면 황실의 체통에 부합하지 않는다고 바람을 넣었다. 인종은 그제야 정신을 차리고 여자를 궁에서 쫓아냈다. 일개 대차상이 돈으로 궁궐 안에 있는 태후까지 매수할 정도였으니, 북송 시대에는 "돈이면 귀신도 부린다"는 속담이 무색하지 않을 만큼 화폐의 영향력이 컸다는 사실을 알 수 있다.

1023년, 북송 정부는 마침내 차 관련 업무를 재정리하기로 결심했다. 우선 이자(李諮)의 건의를 받아들여 염차 어음인 교인 제도를 폐지하고 대신 '견전법(見錢法)'을 도입했다.

견전법의 핵심은 변경 지역 관리가 군량과 마초 운송 비용을 자체로 책정하던 것을 중앙 재정에서 보조금을 지급하는 형태로 바꾼 것이다. 새로운 법을 실시한 지 1년 만에 국가 재정지출은 무려 650만 관이나 줄었다. 염차 어음을 폐지함으로써 절감된 재정 및 세수가 1년 동안의 화폐 발행량(506만 관)을 초과한 것이다. 2013년 중국의 화폐 발행량에 대비해 보면 재정수입이 무려 13조 위안 증가한 셈이었다.

조정에서는 염차 어음이 이 정도의 폭리를 창출할 줄 꿈에도 몰랐다.

신법이 상인과 은행가의 기득 이익을 크게 침해하자 당연히 이들의 강한 반발에 부딪혔다. "상인은 손에 들어온 큰 이익을 잃고 도처에서 원성이 높아졌다." 이에 결국 국가와 국민에게 이로운 신법은 실시된 지 3년 만에 조정 내외 기득권층의 무차별 반격에 의해 폐지되고 말았다. 개혁 공신 이자는 관직을 강등 당했고, 그의 수하 심복은 변방으로 유배됐다. 이로써 교인 제도가 다시 부활했다.

북송 시기 슈퍼 리치 집단은 이미 조정을 좌지우지할 정도로 세력이 막강해졌다.

1036년, 인종은 다시 다법(茶法)을 개혁하기로 결심하고 이자를 재등용했다. 이자는 지난 번 사태가 맘에 걸려 인종에게 미리 못을 박았다.

"교인 제도를 재차 폐지할 경우 대상인들이 가만히 있지 않을 것입니다. 권세를 등에 업고 조정을 들쑤실 것이 분명하니, 그 어떤 방해에도 굴하지 않고 단호하게 신법을 추진해야 합니다."

얼마 후 이자는 황제의 직접적인 지지를 등에 업고 재차 옛 다법을 폐지했다. 그러나 좋은 날은 오래가지 않았다. 얼마 지나지 않아 대상인과 갑부들이 더욱 맹렬하게 반격을 개시하자 결국 신법은 또 다시 효력을 잃고 말았다.

다법은 북송 말년까지 입법과 폐지를 거듭 반복했다. 다법 관련 논란의 초점은 한마디로 차 전매를 통해 얻은 거액의 수익을 금권과 정권 중 누가 차지하느냐는 것이었다. 중앙집권제 봉건 왕조에서 금권이 국가 세수를 둘러싸고 정권과 쟁탈전을 벌일 정도로 강대해진 것은 솔직히 송나라 이전에는 상상조차 못할 일이었다.

다법뿐만 아니라 염법 개혁 역시 금융 거물들의 훼방으로 난항에 부딪혔다.

염법 개혁을 주도한 범상(范祥)은 '염초'로 '염인'을 대체하자고 건의했다. 즉 상인들이 변경 지역에서 발행한 어음 대신 현금으로 염초를 사게 하는 방법이었다. 이렇게 하면 상인들이 변경 지역 관리를 매수해 군량과 마초 가격을 높게 매기는 폐단을 없앨 수 있었다. 범상은 또 수도에 소금 가격을 관리하는 특별 감독기구인 '독염원(督鹽院)'을 설립할 것도 제안했다. 이는 금융 거물들의 소금값 조종 행위를 단속하고 소금 1근당 가격을 적정선인 35~40문으로 유지하기 위해서였다.

소금 가격이 안정되면 염초 가격도 따라서 안정된다. '염인'을 이용해 폭리를 취하는 행위를 원천봉쇄하고 염초 가격까지 안정적인 수준으로 유지하면 금융 거물들의 돈벌이 구멍은 완전히 막혀버리게 된다. 이에 금융 거물들이 거세게 반발하면서 범상은 좌천돼 외지로 쫓겨났다. 그러나 얼마 뒤 염초법은 조정에 복귀한 범상에 의해 다시 실시됐다. 북송 후기에 이르러 재정위기가 심각해지자 정부가 염초 발행량을 대폭 늘리면서 염초 가격은 대폭 하락했다.

소금과 차의 전매를 둘러싼 금융 거물과 조정 간의 투쟁은 채경(蔡京)이 집권하면서 비로소 막을 내렸다. 금융 거물들은 너 나 할 것 없이 채경 무리에 빌붙었다. 채경 역시 금융가들의 기대를 저버리지 않고 다법과 염법을 크게 개혁하면서 금융 거물들은 떼돈을 벌었다. 채경의 두터운 신임을 받은 위백추(魏伯芻) 무리는 수도의 금융 거물들과 한통속이 돼 상인들을 착취하기까지 했다. 위백추의 주도 아래 상인은 은행가에게 40%의 수수료를 지불해야 구권을 신권으로 교환할 수 있었다. 또 '신권과 구권을 섞어서 사용해야만' 소금과 차를 겨우 확보할 수 있었다. 걸핏하면 신권을 발행하는 채경 때문에 상인들은 울며 겨자 먹기로 은행가에게 수수료를 지불해야만 했다.

양털은 결국 양의 몸에서 난다. 상인이 은행가에게 바친 수수료는 소금 생산자와 차 재배농 및 소비자에게 전가됐고, 최종적으로 국가 세수의 손실을 초래했다.

반복적 대결 끝에 금권과 정권은 드디어 하나의 이익공동체를 형성했다. 금융 거물, 관료계급, 차 판매상과 소금 판매상들이 아예 한통속이 된 것이다. 화폐경제의 큰 물결 속에서 금융자본은 관료, 대상인, 대지주의 이익을 하나로 통합시켰다. 이로써 부와 권력을 모두 가진 대부호 계층이 탄생했고, 사회적 부를 집어삼키는 제도적 탐욕도 형성됐다.

대부호 계층은 국가의 부를 집어삼킨 뒤에 토지로 마수를 뻗쳤다. 얼마 지나지 않아 이들의 주도 아래 대규모 토지 겸병 붐이 일어나면서 이들은 북송 왕조의 명실상부한 대지주로 자리매김했다.

6~7%의 부자들이
60~70%의 토지를 점유하다

북송과 고대 로마의 토지 겸병 양상은 놀랄 정도로 비슷했다. 양대 제국에서 각각 두 차례의 토지 겸병 붐이 일어났고, 2차 토지 겸병 규모가 1차 때보다 훨씬 더 컸다. 1차 토지 겸병으로 인해 국가의 재정과 세수는 큰 손실을 입었다. 여기에 심각한 빈부 격차와 조세 불균형 현상이 나타나면서 개혁을 하지 않으면 정권이 위기에 빠질 상황에 이르렀다. 2차 토지 겸병은 1차 때보다 훨씬 더 광란적이었다. 부의 양극화가 극에 달하면서 정부의 신용은 바닥으로 추락했고, 가난한 사람들의 부자와 귀족집단에 대한 적개심이 고조됐다. 더 이상 개혁을 미루거나 개혁이 실패한다면 유혈 사태, 내전 및 외적의 침입을 부를 것이 뻔했다. 이는 최종적으로 제국의 몰락으로 이어진다.

로마에서는 징세 대행업자가 발흥하면서 토지 겸병이 시작됐다. 이들은 국가의 세수를 수탈해 사욕을 채웠다. 북송에서는 은행가가 염차 어음 매매를 통해 정부의 소금과 차 전매 수익을 삼켰다. 이들 역시 로마의 징세 대행업자와 마찬가지로 국민의 세금을 갈취해 토지 겸병 자금으로 삼았다.

북송 역사상 1차 토지 겸병 붐은 진종(眞宗)과 인종 통치 연간에 일어났다.

진종이 즉위한 이듬해(998년)에 요나라가 6차 남침 전쟁을 발동했다. 북송과 요나라의 군사적 충돌은 요나라가 9차 전쟁을 발동한 1004년까지 지속되다가 양국이 '전연(澶淵)의 맹약'을 체결한 다음 우호관계로 돌아서면서 비로소 종식됐다. 당시 북송은 요나라와의 전쟁 준비로 대량의 군량과 마초가 필요했기 때문에 교인 제도가 널리 시행됐다. 수도의 금융 세력 집단은 국가적인 재난 속에서 오히려 폭리를 얻었다.

염차 어음 제도는 985년부터 시작됐다. 비록 도중에 잠깐 중단된 적이 있었으나 서하(西夏)와의 전쟁이 막을 내린 1050년 전후까지 60여 년 동안이나 시행됐다. 이 기간에 상인과 은행가는 정부의 소금과 차 전매 수익을 싹쓸이해 자신의 주머니에 넣었다. 이렇게 얻은 거액의 자금은 대규모 토지 겸병을 위한 종잣돈으로 사용됐다.

당시에 유행한 "부자는 밭을 살 자격이 있고, 귀족은 밭을 점유할 힘이 있다"라는 말처럼, 조정은 토지 겸병에 대해 '자유방임' 정책을 실시했다. 이는 곧 조정이 부자와 귀족의 토지 겸병을 견제하지 않았다는 말이다. 이에 혹자는 북송 시기에 경제정책 자체가 없었다고 말하기도 했다. 이처럼 북송 정부는 경제에 전혀 개입하지 않았으니, 신자유주의 경제 모델의 선구자라고 해도 과언이 아니었다.

북송 건국 초기에 균전제가 붕괴함에 따라 원래 국가 소유였던 황무지와 미개간지는 누구든 먼저 점유한 다음 관청에 등록하고 제때에 세금만 납부하면 이 땅을 소유하는 것이 가능했다. 관청은 토지 소유자나 점유 면적에 대해 전혀 따지지 않았고, 아예 관심조차 없었다. 개인 간 토지 매매에 대해서도 방임하는 태도를 취했다. 거래 쌍방은 토지 문서를 관청에 등록한 후 관청의 공인에 도장을 찍고 계약세를 납부하면 거래가 성립됐다. 토지세는 새로 바뀐 소유자가 납부해야 했다.

관청의 도장을 찍지 않은 채 사사로이 토지 소유권 명의를 변경한 계약서는 '백계(白契)'라고 해서 합법성을 인정받지 못했다. 그러나 관청은 백계에 대해 관청에 등기하라고 강요했을 뿐 매매 자체에는 관여하지 않았다. 한편 개인은 공유지 소유권을 가질 수 없었다. 그러나 공유지를 경작하는 사람은 '전면권(田面權)'을 가지고 해당 토지를 매매할 수 있었다. 전면권은 요즘의 '소재산권'과 비슷한 개념이다.

소재산권
중국 정부의 승인을 받지 못하고 지방정부에서만 승인하는 소유권.

구분전(口分田)
매매가 허락되지 않는 국가 소유의 토지.

토지를 목숨처럼 중요시하는 봉건 시대에 북송 정부는 토지 매매에 대해 철저한 '자유방임' 정책을 취했다. 이는 상당히 이례적인 일이다. 중국 역사상 가장 개방적인 왕조로 불린 성당 시기에도 '구분전'을 팔면 1무당 곤장 20대씩 맞았고, 조상으로부터 물려받은 땅을 매매하려 해도 엄격한 제약이 뒤따랐다.

966년, 태조 조광윤은 다음과 같은 칙령을 내렸다.

"각지의 관리들은 백성들에게 뽕나무와 대추나무를 널리 심도록 권하라. 또 황무지를 개간하는 자에게는 온갖 잡세를 폐지하고 영원히 토지 조사도 실시하지 않겠다."

당시 북송은 전쟁으로 인해 인구가 줄어들고 국토가 폐허로 변해버렸다. 이런 상황에서 조광윤의 파격적인 토지정책은 백성의 열렬한 환영을 받았다. 이 덕에 북송 건국 초기에는 경제가 활기를 띠고 인구가 빠르게 증가했으며 토지 개간 면적이 대폭 증가했다. 이는 초기 자유방임의 토지정책이 효과적이었음을 설명한다. 그러나 개간할 땅이 거의 사라지자 인구는 많고 땅이 적어 생기는 문제가 날로 첨예해졌다. 토지정책을 더 이상 손보지 않는다면 토지 겸병이 기승을 부리고 빈부 격차가 심해질 것이 뻔했다.

가장 먼저 토지 겸병 열풍을 일으킨 쪽은 당연히 고관 귀족이었다. '땅을 점유할 힘이 있는' 이 집단은 교묘한 방법으로 농민의 땅을 대거 강점했다. 이들은 '비옥한 땅만 골라 점유'한 것은 물론이고 공유지도 가만 놔두지 않았다. 국가 소유의 목장, 학전, 공공 삼림까지 이들의 타깃이 됐고, 심지어 사찰의 '복전(福田)'도 눈독 들였다. 흉년이 들어 생계를 유지하기 어려워진 백성들은 땅을 담보로 내주거나 헐

학전(學田)
학교의 유지비, 운영비의 일부를 보충하기 위해 정부나 유력자로부터 기부 받은 학교 소유의 논밭.

값에 팔 수밖에 없었다. 고관 귀족들은 이 틈을 타 더욱 넓은 면적의 토지를 점유했다. 일부 토호들은 백성의 땅을 헐값에 차지하기 위해 일부러 둑을 무너뜨려 홍수를 일으키기도 했다. 북송 시기 1차 토지 겸병 붐은 그 기세나 규모, 수단 면에서 역대 왕조 중 단연 으뜸이었다.

거액의 부를 축적한 은행가와 대상인, 대지주 역시 관료계급의 선동 아래 행여 뒤질세라 토지 겸병 행렬에 가담했다. '땅을 살 자격이 있는 부자' 집단은 비록 후발 주자였으나 나중에는 선발 주자인 관료계급을 추월해 토지 겸병에서 주도적 위치를 차지했다. 고관 귀족의 자제 중에서 제 구실을 못하는 자들은 가산을 탕진하게 되면 조상이 물려준 넓은 옥답을 부자 집단에게 헐값에 넘기기도 했다. 한당 시대에 '호민(豪民)', '토지 겸병

의 무리'로 무시당하면서 관청으로부터 압박과 착취를 받던 무리는 북송 때에 이르러 마침내 만인의 부러움을 사는 '대전주(大田主)'로 탈바꿈했다.

북송 시기에 관료를 비롯해 은행가, 대상인, 대지주로 구성된 대부호 집단은 총인구의 6~7%밖에 되지 않았다. 그러나 이들은 국가 토지의 60~70%를 점유하고 국가의 전체 부의 절반 이상을 석권했다.[7]

전쟁도 치러야 하고 국가 운영도 책임져야 하는 정부로서는 막대한 지출을 감당하지 못하고 국고가 바닥나기에 이르렀다. 부자 집단이 세금을 적게 내니 가난한 서민들이 부담해야 하는 세금은 더욱 늘어났다. 이렇게 해서 온갖 잡세가 생겨나 백성들의 피해는 점점 심각해지고 송나라 중산층의 생활은 더욱 어려워졌다.

북송 드림의 파멸

1067년, 신종은 황제 자리에 올랐을 때 자신이 앉은 자리가 용좌가 아니라 바늘방석처럼 느껴졌다. 그는 개혁을 더 이상 미뤘다가는 송이라는 거대한 제국이 무너질지도 모른다는 불안감이 들었다. 이때 그가 오래전부터 눈여겨봤던 배짱 두둑하고 머리가 비상한 신하가 있었으니, 바로 왕안석(王安石)이었다.

왕안석은 오래전부터 이미 북송에 빈부 격차, 재정 고갈, 경제 위축, 조세 불균형의 심각한 문제가 존재한다는 사실을 알고 있었다. 그렇다면 당시 상황은 대체 얼마나 심각했을까?

우선 백성들의 생활의 질이 이전보다 훨씬 어려워졌다. 성인 둘과 자녀 셋으로 구성된 5인 가구 농민 가정을 기준으로 전답과 밭갈이 소, 농업 생산 도구를 완전히 갖췄다고 가정할 때, 온 가족이 먹고살려면 1년에

동전 1,000개. 당시 식량 276근 또는 소금 33근을 살 수 있는 액수였다.

28.8석(石, 송나라 때의 1석은 92근. 대략 46킬로그램)의 식량, 식량 1.2석에 상당하는 소금, 식량 3~4석에 해당하는 의류, 식량 3~4석에 상당하는 사료가 필요했다. 이밖에 농기구 수리 및 비료 구매에도 일정한 지출이 필요했다. 이렇게 계산하면 농가 1가구가 1년 동안 가장 기본적인 생활과 생산을 영위하는 데 드는 비용은 적어도 식량 36~38석이 필요하다는 결론이 나온다.

그러나 전통 농가의 가구당 토지 보유 면적은 인구의 증가로 인해 북송 초년의 95무에서 신종 연간에는 50무로 줄어들었다. 북방 지역 농지의 경우 각 무당 생산량은 약 2석이었다. 하지만 평작, 풍년, 흉년이 각각 3분의 1씩 차지한다고 가정하면 평균 수확량은 약 1석밖에 되지 않았다. 따라서 토지 50무를 보유한 농가의 1년 수확량은 약 50석이 되고, 종자로 사용할 곡식 5석 정도를 빼면 45석이 남는다. 여기에 온 가족의 1년 지출을 공제하면 약 7~9석이 남는다. 이를 화폐로 환산하면 약 2,100~2,700문이었다.

당시 농민들은 하세(夏稅)와 추세(秋稅)라고 해서 여름과 가을 두 차례에 걸쳐 약 500문의 세금을 납부했다. 위에서 사례로 든 농가의 경우 과세 부담이 많지 않다면 그나마 윤택한 생활을 할 수 있다. 그러나 신종 연간에 이르러 토지 겸병 현상이 심각해지면서 일반 농민의 조세 부담이 대폭 증가했다.

관청은 기본세를 징수할 때 변칙적인 수단으로 암암리에 세금을 올렸다. 예를 들어 조세 납부 품목을 임의로 바꾸거나 매우 불합리한 가격으로 실물을 현금으로 환산하는 이른바 '절변법(折變法)' 때문에 세금은 원래보다 훨씬 더 많아졌다. 진주(陳州)에서는 농민에게 하세를 곡물 대신 돈으로 납부하도록 규정했다. 당시 정부에서 정한 밀과 보리 한 말 가격은 100문이었고, 여기에 각종 비용이 붙으면 관청에서 정한 가격은 140문으로 올랐다. 하지만 시장가격은 50문에 불과했다. 결국 농민은 밀 서 말을 팔아야 한 말에 해당하는 세금을 낼 수 있었다. 관청은 또 소금 전매를 통해 폭리를 취하려고 강제로 농민에게 소금을 할당했다. 예컨대 시가가 30문인 소금을 100문에 팔아 3.3배의 이윤을 갈취하는 식이다. 그런 다음 관청은 소금을 밀로 환산해 다시 한 번 농민을 수탈했다. 수탈은 여기서 끝나지 않았다. 이번에는 밀을 현금으로 환산해 시가 30문에 불과한 소금은 350문으로 부풀려졌다. 이처럼 반복적인 절변을 거쳐 농민의 세금 부담은 무려 10여 배나 증가했다. 다른 주의 관청은 진주만큼 탐욕스럽지 않았으나 당시 절변법이 널리 성행한 것을 보면 농민의 세금 압력이 만만치 않게 상승했음을 알 수 있다. 이 때문에 국가에서 규정한 세액은 500문이었지만 농민의 실제 납세액은 이보다 수 배에 달했다.

기본세인 토지세 외에도 변칙적인 부가세가 무궁무진했다. 북송 정부는 북방 변경에 군량을 비축하기 위해 각 지방 관청에 강제로 군량미를 할당했다. 이때 관청은 1석당 겨우 300문에 식량을 수매해 농민은 이미 적잖은 손실을 입는다. 그런데 웃기는 것은 농민에게 지급해야 할 300문 중에서 4분의 1인 75문만 현금으로 지급하고, 나머지 4분의 3은 현금 대신 차로 지급했다는 사실이다. 그것도 1석당 겨우 112문으로 환산해서 말이다. 더 한심한 것은 37문 어치의 차도 현물이 아니라 차 어음인 '다인'으로 지급했다. 다인을 차로 교환하려면 먼 곳에 있는 차 재배지를 찾아가야 했기 때문에 농민들은 별 수 없이 다인을 헐값에 상인들에게 팔았다. 최종적으로 계산하면 농민은 식량 1석을 100문에 판 셈이었다. 할당량이 두세 석일 경우 농민의 손실액은 무려 400~600문에 달했다.

이밖에도 각 지방 관청에서는 온갖 잡세 명목으로 세금을 거둬 부를 축적했다. 원래 남당(南唐)의 영토였던 강남 지역에는 세금의 종류가 17종에 달했다. 소와 양을 비롯한 가축이나 식량, 전답을 매매할 때 내는 세금, 자비로 집을 지어도 내는 '목세전(木稅錢)', 살아 있는 소에게 부과되는 세금, 소가 죽은 뒤에 내는 '우피전(牛皮錢)', 여기에 분가할 때 납부하는 '벌전(罰錢)', 그리고 '호전(蒿錢)', '혜전(鞋錢)', '각전(脚錢)' 등 이름도 해괴망측한 별의별 세금이 다 있었다. 식구가 많은 집은 세금 외의 각종 부역에도 시달렸다. 이에 남송의 철학자 주희(朱熹)는 "과거 백성을 수탈하는 데 사용됐던 방법이 이 왕조에서 모두 동원됐다"고 개탄했다.

온갖 종류의 잡세가 성행하게 된 근본적인 이유는 바로 토지 겸병 때문이었다.

대부호의 대규모 토지 겸병은 일반 농민들에게 지극히 불리했다. 부자들은 땅을 점유하고도 세금을 거의 내지 않았기 때문이다. 《치평회계록(治平會計錄)》에는 "토지 면적을 기준으로 계산해보면 열의 일곱에 토지세가 부과되지 않았다"라고 기록되어 있다. 이는 곧 무려 70% 이상의 토지가 세금을 회피했다는 얘기이다. 당연히 그중 대부분은 대부호들의 땅이었다. 인종 초기부터 토지 겸병 열기가 뜨거워졌지만 부호들은 대량의 토지 매입 사실을 극력 비밀에 부친 채, 15~20무의 땅에 기껏해야 1무에 해당하는 세금만 납부했다. 인종 말년에 이르러서는 이런 관행이 더욱 심해졌다. "관리와 부자들은 엄청난 규모의 토지를 보유했음에도 습관적으로 이 사실을 숨겼다. 아무리 엄격한 법률도 이들의 행동을 제지하지 못했다"는 기록을 보면 대부호들이 보유 토지 면적을 속이고 세금을 회피한 정도가 얼마나 심했는지 알 수 있다. 이에 관청에 등록된 토지는 진종 연간의 524만 경(頃, 1경은 100무)에서 인종 연간에는 228만 경으로 급감했

다. 무려 절반 이상의 땅이 '증발'해버린 것이다.[8]

정부로서는 토지세 수입이 줄어들자 다른 방법으로 재정수입을 보충할 수밖에 없었다. 결과적으로 원래 대부호들이 납부해야 할 세금이 다양한 명목으로 일반 농민들에게 전가되기 시작했다.

서민들의 생활은 잡다한 살림을 위한 비용만 마련되면 별 불만이 없다. 그러나 농사를 지어도 기본적인 생활을 영위하기조차 어려워지자 문제가 발생했다. 풍년이 든 해에는 그나마 배를 굶지 않았지만 흉작이 든 해에는 달랐다. 생계를 유지하려면 토지를 담보로 이자율이 100~300%에 달하는 고리대금을 빌려야만 했다. 그래서 빚을 갚지 못해 땅을 빼앗기는 일이 비일비재했다.

북송 시대에 1인당 50무의 토지를 보유한 농가는 중산층에 속했다. 그러나 막중한 세수 부담 때문에 갈수록 많은 중산층 농민들이 땅을 팔고 토호의 소작농으로 전락했다. 토호는 이런 소작농으로부터 받은 소작료를 토지세로 국가에 납부했다. 살길을 찾아 밭을 팔고 토호에게 의탁한 소작농들은 결국 더 비참한 운명에 처했음을 깨달았다.

농민에게 땅을 소유하는 것보다 더 큰 꿈은 없다. 그러나 토지 겸병으로 인해 농민의 꿈은 완전히 깨지고 말았다.

북송 경제는 수천만 서민의 근면한 노동에 힘입어 한때 번영을 구가했다. 농민들은 처음에 생산에 대한 적극성이 상당히 높았고 발명과 창조에도 앞장섰다. 또 소비를 촉진하면서 여유로운 생활을 즐기고 미래에 대한 희망이 가득했다. 그러나 토지 겸병 열기가 심화된 후 아무리 노력해도 생활이 점점 쪼들리기만 하자 농민들은 의기소침해지고 미래에 대한 꿈을 잃었다.

백성의 꿈이 파멸되면 국가도 몰락하기 마련이다.

토지 겸병, 세수 불균형, 화폐 가치 하락의 삼중 압력을 견디지 못한 북송 경제는 점차 활기를 잃고 쇠퇴하기 시작했다. 백성의 재력은 고갈된 데 반해 정부의 지출은 수직으로 상승했다.

무엇보다 조정의 관리 수가 폭발적으로 늘어나면서 정부의 몸집이 커졌다. 태조 때의 3,000~5,000명에서 인종 연간에는 2만 명 이상으로 늘어났다. 또 초기에 22만 명에 불과했던 군대는 인종 경력(慶曆) 연간에 125만 명으로 증가했다. 군비 지출만 무려 4,800만 관에 이르러 조정 재정수입의 70~80%를 차지했다. 불필요한 인원이 불필요한 지출을 만들어낸 것이다. 아이러니하게도 당시 세계 최대 규모를 자랑한 이 군대는 대외 전쟁에서 단 한 번도 승리하지 못한 '백전불승'의 '신화'를 창조하기도 했다.

북송은 인종 경력 연간부터 연간 300만 관의 재정적자를 기록했다. 황우(皇祐) 연간(1049~1054년)에는 봉건 왕조의 주요 세원인 토지세 수입으로 재정지출을 감당하기에 역부족이 되었다. 화폐로 징수한 세금은 500만 관으로 목표치보다 무려 2,200만 관이나 부족했고, 직물세 수입은 380만 필로 목표치 500만 필에 못 미쳤으며, 곡물세 수입은 1,800만 석으로 887만 석이나 부족했다.

이에 조정의 세금 독촉이 심해지자 다급해진 지방 관리들은 절변법을 통해 백성의 세액을 몇 배로 부풀렸다. 온갖 잡세와 막중한 부역으로 백성의 노동 적극성이 크게 저하되면서 국가의 수입원이 단절될 위기에 놓였다. 이밖에 북송 정부는 상세(商稅) 세율도 대폭 인상했다. 북송의 경제 규모가 성당 시기의 4배에 달하고, 상업도 한당에 비해 크게 발달하긴 했으나 상업세 규모가 당나라의 10배를 초과할 정도로 지나치게 많았다. 인종 황우 연간에 북송의 상세 수입은 재정수입(1억 관)의 56%를 차지해 중국 역사상 처음으로 상업세 수입이 토지세 수입을 넘어섰다.

토지 겸병은 농민의 부담을 가중시켰을 뿐 아니라 노동에 대한 적극성을 잃게 만들었다. 이로써 국가의 부를 창출하는 '심장'이 제 기능을 상실하고 말았다. 또 기형적으로 높은 상업세 때문에 상품 유통이 정체되고 경제 '혈맥'이 막히면서 북송 왕조의 '체질'은 점점 허약해졌다. 화폐 가치 하락에 따른 자산 가격 인플레이션은 급기야 북송 경제 체제에 '고지혈', '고혈당', '고혈압'의 세 가지 고질병을 유발했다. 불행히도 병의 증상은 나날이 심해졌다.

엎친 데 덮친 격인 '돈가뭄' 사태

북송 화폐 가치가 빠르게 하락하자 대부호들은 자산 가치를 보존 내지 증식하기 위해서 화폐 자산을 실물 자산으로 전환했다. 그러자 시중의 화폐 유통량이 감소하면서 일반 농민에게 더 큰 피해를 주는 '돈가뭄' 사태가 터졌다.

북송에서 '돈가뭄(錢荒)'이라는 단어가 처음 등장해 조정과 재야의 큰 관심을 불러일으킨 것은 인종 경력 연간(1041~1048년)에 서하와의 전쟁을 치르면서부터였다. 1040년부터 1042년까지 북송은 서하와 세 차례의 큰 전쟁을 치렀으나 번번이 참패를 당했다. 북송 조정은 막대한 전비 지출을 충당하기 위해 통화 평가절하를 단행했다. 이에 사천 지방의 지폐인 '교자(交子)' 60만 관을 증발하고, 동전과 철전의 주조량도 대폭 늘려 가치를 하락시켰다. 인종 경력 연간에는 연속 8년 동안 '당십전(當十錢)'만 발행했다.

북송의 표준 동전은 '소평전(小平錢)'이었다. 당십

▌인종 시기에 발행한 소평전

▌인종 시기에 발행한 당십전

전은 소평전보다 크기가 한 사이즈 컸으나 동 함량은 소평전의 10배에 미치지 못했다. 그럼에도 불구하고 조정은 법적으로 소평전 10개와 당십전 1개의 가치를 똑같이 규정했다. 로마 제국이 안토니우스 화폐와 아우렐리아누스 화폐의 가치를 규정했던 것과 같은 방법이었다. 한마디로 당십전의 발행은 공공연하게 화폐 가치를 평가절하한 것에 불과했다. 화폐 가치가 하락하면서 시장에 불안 심리가 확산된 것은 당연한 일이었다. 똑똑한 상인들은 동 함량이 상대적으로 높은 소평전을 사재기하기 시작했고, 탐욕스러운 상인들은 당십전을 대거 불법 주조해 폭리를 취했다. 악화가 양화를 구축하는 것처럼 시중의 소평전 유동성은 점점 줄어들기 시작했다.

재정적자를 만회하려고 단행한 조치가 긍정적인 효과는커녕 여러 가지 폐단만 유발하자 조정은 깜짝 놀랐다. 목을 베고 유배 보내는 등 엄한 형벌로도 인간의 탐욕을 억제할 수는 없었다. 조정은 불법 주전을 막기 위해 당십전을 '당오전(當五錢)'으로 바꿨다. 그럼에도 불구하고 광란적인 투기 현상이 수그러들 기미를 보이지 않자 다시 '당삼전(當三錢)'을 발행했다. 그러나 효과는 전혀 나타나지 않고 폭리를 얻기 위한 불법 주전 행위는 여전히 성행했다. 나중에는 궁여지책으로 대전 1개가 소전 2개에 상당하는 '당이전'을 발행하고서야 비로소 투기 붐을 잠재울 수 있었다. 인간의 탐욕 앞에서는 엄한 법도 아무 소용이 없다. 다행히 이후 서하와의 전쟁이 일단락되면서 당십전 남발도 필요 없어졌다. 소평전이 다시 정상적으로 유통되기 시작하자 돈가뭄 현상은 다소 완화됐다.

그러나 훗날 재정 상태가 점점 더 악화됨에 따라 조정은 당십전을 다시 발행했다. 이번에도 시장에서는 불법 주전이 성행하고 인플레이션은 크게 악화됐다. 부득이한 상황에서 조정은 당십전을 당삼전, 당이전으로 평가절하할 수밖에 없었다. 하지만 이 무렵에 이르러 당이전은 위기 상황에 의례적으로 발행하는 화폐로 인식돼 가치가 크게 떨어졌다. 결국 함량

미달의 동전이 대규모로 증발되면서 북송 화폐 시스템은 장기적인 혼란에 빠지고 돈가뭄 현상도 심해지기 시작했다.

당십전에서 당이전에 이르기까지 다양한 염가 화폐들이 범람하자 소평전은 인기 화폐로 부상했다. 상인들은 대량으로 사들인 소평전을 녹여서 청동기로 만들었다. 이 청동기를 팔면 원가의 5배에 달하는 이익을 얻을 수 있었다. 화폐 가치가 하루가 다르게 하락하는 상황에서 청동기는 오늘날의 화전옥(和田玉)이나 비취처럼 투기 상품으로 각광받았다. 상인들을 '간상배'라고 멸시하던 관리들까지 떼돈을 벌 수 있는 좋은 기회를 놓칠세라 앞다퉈 이 행렬에 가담하자 조정은 급기야 관리의 청동기 주조를 금하는 명령을 발표했다.

악화가 양화를 구축하는 전제조건은 법적으로 악화와 양화의 가치가 동등할 때이다. 가치가 다르면 아무도 악화를 가지려 하지 않는다. 또 악화는 국가 권력을 등에 업어야만 양화를 구축할 수 있다. 양화는 악화에 의해 유통시장에서 밀려난 뒤 양화를 필요로 하는 곳에 집중된다. 당시 양화에 함유된 동 성분은 청동기로 재탄생함으로써 시장 가치를 제대로 인정받았다. 때로는 시장의 자산 팽창 기대에 의해 투기가 성행하면서 청동기 가격이 더 상승하기도 했다. 이것이 북송 사람들이 양화를 화폐 자체로 보유하지 않고 녹여서 청동기를 만든 이유였다.

▌휘종 시대의 소평전, 당이전 및 당삼전

▌휘종 시대의 협석(夾錫) 당이전

┃ 휘종 시대의 당오전

┃ 휘종 시대의 당십전

이밖에도 양화는 외국으로 대거 유출됐다.

북송의 소평전은 동의 실제 가치를 중요하게 여기는 서하와 요나라를 비롯해 외국으로 썰물처럼 빠져나갔다. 북송 정부는 돈가뭄을 해소하기 위한 방편으로 '전금법(錢禁法)'을 시행해 사사로운 동전 주조, 동전 폐기, 동전 수출 및 동전의 과잉 보유 행위를 모두 금지됐다. 전금법의 주요 목적은 동전의 유출과 폐기를 막는 것이었다. 성정이 '인자'하기로 소문난 인종조차 화폐 유출 문제에 대해서만은 인정사정이 없었다. "동전을 외국에 1관 이상 수출한 경우 주모자를 사형에 처한다."라는 칙령을 내렸다.[9] 인종 이전에는 동전을 5관 이상 외국에 가져간 자를 사형에 처했다. 그러나 결과만 놓고 보면 전금법은 전혀 효과를 거두지 못했다. 북송의 동전은 요나라와 서하에서 자국 화폐를 따로 발행하지 않아도 될 정도로 대량으로 자유롭게 유통됐다. 심지어 일본과 베트남에서도 북송 동전을 대대적으로 환영했다. "번이(番夷)들은 중국 화폐를 진국지보(鎭國之寶)로 여겨 자국 화폐와 구분해 따로 보관했다. 고로 번(番)에 들어간 자들은 중국 동전이 없으면 아무 일도 할 수 없었다. 번의 상인들도 중국 동전이 아니면 물건을 팔지 않았다"라는 기록이 이를 증명한다.

북송의 대문호 소철(蘇轍)은 화폐 유출과 관련해 "이익이 있는 곳으로 움직이는 기세는 아무도 말리지 못한다"라고 개탄한 바 있다.

함량 미달의 각종 대전들이 속출하자 소평전은 점점 더 부족해졌다. 대전 발행량이 많을수록 소전도 그만큼 빠르게 유실됐다. 심각한 인플레이션으로 급기야 소전 가치가 주조 원가 이하로 떨어지면서 북송의 동전 공급량은 빠르게 감소하기 시작했다. 북송 화폐 시스템은 이와 같은 무시

무시한 악순환에 빠져들고 말았다.

　화폐 가치 하락과 자산 가치 상승의 상호 작용에 의해 소평전이 유통시장에서 빠르게 사라지면서 돈가뭄 현상이 나타났다. 이런 현상은 경제가 상대적으로 발달한 강절(江淅) 지역에서 더 심각했다. 원인으로는 이 지역에서 소평전 유통량이 더 많았던 데다 대부호들이 돈을 녹여 청동기를 만드는 일에 혈안이 됐기 때문이다.

　강절 지역 농민들은 다른 지역 사람들보다 화폐경제에 대한 의존도가 강했다. 관청의 온갖 잡세와 변칙적인 토지세를 납부하려면 농부산물을 팔아 현금을 얻어야 했기 때문이다. 그런데 소평전 '가뭄' 사태로 인해 시장 유동성이 급감하면서 농부산물 가격이 크게 하락했다. 이미 궁지에 몰린 농민들에게는 엎친 데 덮친 격이 아닐 수 없었다.

　토지 겸병으로 인해 농민의 조세 부담이 가중됐고, 국가 재정은 부자들의 탈세와 정부 지출 증가로 인해 적자를 기록했다. 이에 정부는 재정 적자를 만회하기 위해 통화 평가절하를 단행했다. 화폐 가치가 하락하면서 자산 가격이 폭등하자 토지 겸병 열기는 더욱 뜨거워지고 동시에 돈가뭄 사태가 터졌다. 토지 겸병과 돈가뭄의 이중 악재는 농민을 더욱 곤경으로 몰아넣었다. 이 같은 악순환이 지속되면서 백성들은 도탄에 빠졌다.

　이것이 왕안석의 개혁을 앞두고 북송에서 벌어진 심각한 사회 · 경제적 위기였다.

왕안석 개혁의 실패 원인

1069년, 왕안석은 신종의 적극적인 지지 아래 역사상 유명한 정치개혁을 출범시켰다.

왕안석(1021~1086년)과 신종(재위 1067~1085년)

왕안석은 북송 경제의 폐
단을 날카롭게 파헤침과 동시
에 문제의 핵심에 접근한 해
결 방법을 내놓았다. 그는 우
선 "오늘날 (조정이) 일을 제대
로 할 수 없는 것은 재력이 부
족하기 때문이다"라고 분명하
게 지적했다. 또 개혁의 급선
무는 텅 빈 국가 재정을 보충하는 것이며, 이 문제를 해결하려면 재원을
늘리고 지출을 줄이는 방법밖에 없다고 단언했다.

왕안석은 재원 확대, 즉 '재정 관리'의 근본은 생산을 발전시켜 부를 창
조하는 것이라고 말했다. 그는 인종에게 올린 상주문에서 "지금의 급선무
는 재원을 확대하는 것입니다. 재원 확대의 근본은 농업을 발전시키는 것
입니다"라고 자신의 관점을 분명하게 피력했다. 그야말로 경제의 고질병
을 족집게처럼 짚어냈다고 할 수 있다. 북송 경제의 중심은 농업인데 농
업이 부진하니 모든 업종이 침체에 빠진 것이다. 그렇다면 어떤 방법으로
농업생산을 자극해야 할까? 이 문제에 대해 왕안석은 "농민의 질고(疾苦)
를 없애고, 토지 겸병을 억제하며, 농업 생산 기반을 정비하는 것이다"라
며 정곡을 찌르는 해결책을 내놓았다.

왕안석 경제사상의 핵심은 '토지 겸병' 억제이다. 사실 농민의 고통, 노
동 적극성 저하 및 생산 여건 악화의 원흉은 모두 토지 겸병에 있었다. 따
라서 먼저 '토지 겸병을 억제'해야만 농민의 고통을 없애고 생산 여건을
개선하는 일이 가능했다.

왕안석 신법의 내용을 보면 '농민 부담 경감'을 돌파구로 삼아 간접적
으로 토지 겸병을 억제하려고 한 것이 특징이다. '청묘법(靑苗法)'의 경우

를 보자. 이는 각 주와 현의 농민들이 가장 어려울 때 현지 관청에서 현찰 혹은 곡물을 빌려 경작한 다음 여름과 가을에 농업세와 함께 대부금을 갚게 하는 방법이었다. 대부금의 이자율은 20~30%로 정했다. 농민들은 보릿고개 때 관청으로부터 대출을 받아 어려운 시기를 넘길 수 있었다. 관청의 '저금리' 대출이 없다면 농민들은 금융가들로부터 고리대금을 빌릴 수밖에 없다. 언뜻 보기에 30%라는 정부 대출 금리가 매우 높은 것 같지만 100~300%에 달하는 고리대 금리에 비하면 새 발의 피였다. 게다가 고리대금을 빌리려면 농지를 담보로 제공해야 했다. 일단 빚을 갚지 못하면 담보로 제공한 토지는 고리대금업자에게 빼앗기게 된다. 요컨대 '청묘법'은 정부가 낮은 이자로 돈을 빌려줘 농민을 고리대금의 착취로부터 구제하는 것이 주요 목적이었다. 청묘법이 실시된 이후 농민들은 흉작이 든 해에도 "부자들에게 땅을 빼앗기지 않았다."

'면역법(免役法)'은 각 가구의 재산 상황, 토지 면적, 노동력 인구에 따라 노역의 양을 정하고 복역을 원치 않을 경우 노역 대신 '면역전(免役錢)'을 납부하도록 허용한 법이었다. 당연히 부자에게는 가난한 사람보다 더 많은 면역전이 할당됐다. 예로부터 부역은 농가에 큰 경제적 부담이었다. 변경 지키기, 궁전 및 황릉 건설, 관개수로 파기, 관청 심부름 등 잡다한 부역에 한 달 이상씩 끌려 다니면 농사일에 심각한 지장을 초래할 뿐 아니라 수공업과 상업의 노동력 공급에도 차질이 생겼다. 더 불공평한 것은 관료와 부자들이 납세와 복역 의무를 지지 않는 오랜 관습 때문에 부담이 고스란히 일반 농민들에게 지워졌다는 사실이다.

면역법은 불합리한 노역 분배의 틀을 깨뜨렸다는 점에서 의미가 있었다. 이로 인해 대부호들이 노역에 따른 경제 부담을 대부분 짊어지고 농민의 '질고'는 상당히 완화됐다. 더 중요한 성과는 면역전을 도입한 것이다. 면역전은 토지 면적을 기준으로 책정했다. 따라서 토지를 많이 보유한 사람일수록 돈을 더 많이 내야 했다. 마치 오늘날 부동산을 많이 소유한 사람에게 더 많은 액수의 부동산세를 부과하는 것처럼 말이다. 한마디로 면역법은 일반 농가의 고통을 덜어주는 직접적 효과뿐만 아니라 토지 겸병을 억제하는 간접적 효과도 가져왔다. 실제로 절강의 한 부자가 600관의 면역전을 냈다는 소식이 수도에 전해지자 조정 대신들은 아연실색했다. 이에 왕안석은 신종에게 "돈 600관을 내는 것이 무척 달갑지 않았을 것입니다. 그러나 토지 겸병을 억제하려면 이렇게 해야 합니다"라고 아뢰었다.

토지 겸병 억제의 가장 주요한 무기는 '방전균세법(方田均稅法)'이었다. '방전'은 전국의 토지를 다시 측량하는 것이고, '균세'는 방전 측량을 기초로 각 가구가 점유한 토지 면적과 비옥도에 따라 등급별로 토지세를 책정하는 것이다. 방전균세법은 부유층과 지방 관청의 극렬한 반대에 부딪혀 결국 북방의 일부 지역에서만 시행됐다. 북방 5개 성(省)은 전국 영토의 20%에 불과했으나 실제 측량 결과 논밭 면적은 전국의 54%를 차지하는 것으로 나타났다. 이를 통해 토지 면적을 속이고 세금을 회피하는 당시 부유층의 작태가 얼마나 심각했는지 알 수 있다. 만약 방전균세법이 전국적으로 시행됐다면 분명 토지 겸병 붐을 크게 억제했을 것이다.

이밖에 '균수법(均輸法)'과 '시역법(市易法)'은 상업 분야의 '겸병' 현상을 억제하고, 금융 거물과 갑부들의 가격 독점을 막고자 한 법안이었다. 한마디로 소상인들에게 자유경쟁 환경을 제공함으로써 국가 재정수입 증대와 백성의 부담을 경감시켜주려는 것이 주목적이다.

신법은 재원 확대와 함께 지출 절감도 중요하게 생각했다. 이를 위해 왕안석은 과감하게 군대 규모를 줄이고 군비를 축소했다. 우선 금군(禁軍, 수도 경비 부대)과 상군(廂軍, 지방 경비 부대)을 45만 명 감원하고, 상비군 숫자를 79만 명으로 줄였으며, 군비 지출을 최저 3분의 1 축소했다. 이밖에 정부 몸집을 줄이기 위해 전국의 주와 현을 새로 합병, 개편했다. 구체적으로는 주, 군(軍), 감(監, 송나라 때 지방 행정구역)의 기구 38개를 통폐합하고 127개의 현을 없앴다. 왕안석의 신법이 시행된 5년 동안, 북송의 재정은 큰 흑자를 기록했고 토지 겸병 열풍이 크게 수그러들었다. 무엇보다도 일반 농가의 세수 부담이 대폭 완화되었다.

왕안석의 신법은 토지 겸병을 직접적으로 억제하지 않았는데, 이는 어쩌면 왕안석의 전략이었을지도 모른다. 너무 직선적인 공격을 가하면 기득권층의 강력한 반발을 야기해 오히려 개혁에 방해가 된다고 생각했던 것은 아닐까. 그러나 각 조항들은 토지 겸병을 겨냥하지 않은 것이 없어서 부유층은 겉으로는 드러내지 못하고 속으로만 끙끙 앓았다.

북송 조정 관리 대부분은 "입으로는 가난한 사람들을 위한다고 말하나 실제로는 부자들 편이었다" 이와 달리 왕안석은 말뿐만 아니라 행동으로도 서민을 위한 정치를 펼쳤다. 이에 관리들은 그를 눈엣가시로 여겼다. 게다가 신법이 견고한 이익공동체를 이뤄 영욕을 같이하는 관료층과 부유층의 실제 이익을 침해하자 제도적 탐욕 집단도 강한 반격을 개시했다.

왕안석의 버팀목이 돼준 신종은 사실 포부만 컸지 재능이 모자라고 의지가 박약한 인물이었다. 군대를 5갈래로 나눠 서하로 진격했으나 결국 참패한 사실만 봐도 그의 용렬함을 잘 알 수 있다. 한마디로 신종은 나라를 잘 다스리겠다는 욕심만 많지, 재능이나 결단력은 매우 부족한 황제였다. 사마광(司馬光)을 비롯한 문인, 조정과 재야의 관료 계급과 부유층, 심지어 태왕태후와 태후까지 나서서 왕안석의 신법을 반대하자, 황위가 흔들릴 것을 우려한 그는 결국 신법 폐지를 결심했다.

왕안석은 신법을 실시한 지 5년 만에 무기력하게 관직에서 물러났다. 신종은 그가 물러난 뒤에도 신법을 공식적으로 폐지하지는 않았으나 개혁파들이 세력을 잃은 상황에서 중앙에서 지방에 이르기까지 신법을 착실하게 시행할 관리는 어디에도 없었다. 왕안석이 쫓겨난 뒤 신법은 결국 유명무실해졌다.

북송 정부가 대부호들의 권력을 제약할 수 있는 마지막 개혁은 실패로 막을 내렸다. 1085년, 사마광이 재상에 오른 후 신법을 완전 폐지하자 더 큰 규모의 탐욕이 서서히 확산되기 시작했다.

중국 역사에서 개혁에 성공한 사례가 극히 드문 이유는 개혁파의 힘이 이미 제도적으로 굳어진 탐욕을 깨뜨리기에 역부족이기 때문이다. 왕안석의 개혁이 실패한 근원도 그가 상대해야 하는 적수가 토지 겸병의 주도자인 소수의 부유층뿐만 아니라 조야 내외의 다양한 이익집단이 함께 얽혀 있는 제도적 탐욕이었기 때문이다. 진(秦)나라 효공(孝公)처럼 저돌적이고 강력한 의지가 없다면 개혁을 성공하기란 거의 불가능하다.

개혁과 변법(變法)은 사실상 자신의 몸에까지 칼을 대야 하는 혁명 아닌가.

탐욕의 마지막 광풍

후세 사람들은 채경(蔡京)을 '북송 6적(北宋六賊)' 중 단연 으뜸으로 꼽는다. 이 평가는 매우 적절하다. 그는 왕안석의 휘하에서 신법의 절대적인 지지자로 능력을 인정받았으며 일처리도 단호하고 신속했다. 그러나 바람에 따라 돛을 다는 데 능해 중국 역사에서는 전형적인 소인배로 기록돼 있다. 사마광은 《자치통감(資治通鑑)》에서 군자와 소인에 대해 "덕이 재능보다 높은 사람은 군자, 재능이 덕보다 뛰어난 사람은 소인"이라고 명확하게 정의했다. 그런데 그처럼 역사에 정통한 사람조차 어쩔 수 없이 소인배를 중용했으니 참으로 아이러니가 아닐 수 없다.

사마광이 왕안석의 신법을 반대한 것은 천하가 다 아는 사실이다. 그는 재상이 된 후 왕안석의 신법을 폐지하는 데 주력했다. 이에 왕안석의 개혁을 지지한 신법당 중견 인물들은 거의 모두 숙청당했고, 채경도 예외가 아니었다. 사마광은 가장 먼저 기득권층의 강렬한 불만을 야기한 면역법에 칼을 들이댔다. 즉각 전국에 면역법과 완전히 반대되는 과거의 '차역법(差役法)'을 5일 이내로 부활시키도록 명령했다.

사실 차역법을 실시하려면 모든 시행 세칙을 전면적으로 수정해야 했다. 그러나 관련 분야와 인원이 광범위하고 백성을 설득하거나 백성의 반발을 제압하는 일도 만만치 않았기 때문에 많은 지방관이 기일 내에 임무를 완수하지 못했다. 그런데 신법당의 대표주자인 채경은 기일에 맞춰 차역법을 완벽하게 부활시켰다. 이 일을 계기로 채경은 신법당의 유능한 인재에서 일약 구법당의 재능 있는 신하로 탈바꿈했다. 사마광 역시 채경을 눈여겨보면서 "사람들이 그대처럼 일을 해낸다면 천하에 못할 일이 어디에 있겠는가"라고 극찬했다.

사마광은 역사를 논평할 때에는 노련하고 예리한 안목을 갖췄지만 정무를 처리하기 위해서는 채경처럼 유능한 부하가 반드시 필요했다. 그런데 품행이 고결한 조정 관리들은 간에 붙었다 쓸개에 붙었다 하는 소인배를 극도로 싫어하던 터라 채경을 등용하는 것에 대해 크게 반대했다. 이에 사마광은 채경의 능력을 높이 인정하면서도 등용을 잠시 보류해야만 했다.

왕안석과 채경의 최대 차이점은 개혁의 방식이 아니라 개혁의 목적에 있었다. 왕안석은 세상을 잘 다스려 백성을 구제하고 국가에 충정을 바치기 위해 개혁을 추진했다. 반면 채경은 '개혁'의 명분을 내세우고, 심지어 개혁의 수단을 이용해 사리사욕을 채웠다. 소인배는 옳은 것과 그른 것, 정의로운 것과 불의한 것을 따지지 않는다. 본인에게 이득이 되면 틀린

채경(1047~1126년)과 휘종(재위1100~1126년)

것도 옳고, 불의한 것도 정의로운 것이 된다. 역사적으로 등장한 소인배 중에 뛰어난 재능을 갖추지 않은 사람이 없었으나 이들의 재능은 국가와 백성을 해치는 데 악용됐다.

소인배의 가장 큰 장점은 남보다 기회를 민첩하게 포착하고 잘 이용해 운명을 바꾼다는 것이다. 채경 역시 크게 다르지 않았다. 그는 예술 분야에 천재적인 재능을 지녔다. 새로 즉위한 휘종 역시 '서화의 대가'로 불릴 만큼 예술적 소양이 뛰어난 인물이었다. 이 사실을 알게 된 채경은 항주에서 진기한 서화 작품과 기석(奇石), 보물들을 수집해뒀다가 휘종의 측근 동관(童貫)이 남하했을 때 아낌없이 모두 바쳤다. 이렇게 해서 동관의 환심을 산 채경은 밤낮으로 그를 보필하고 온갖 감언이설로 비위를 맞췄다. 마침내 동관은 채경이 바친 서화 작품을 직접 황제에게 진상하도록 승낙했다. 휘종은 채경이 진상한 서화 작품이 대단히 마음에 들었다. 여기에 동관까지 옆에서 칭찬을 아끼지 않자 평소 채경에 대해 불쾌했던 인상이 눈 녹듯 사라졌다. 얼마 후 휘종은 채경을 수도로 불러들여 관직을 하사하고 함께 서화 예술을 토론하는 지우가 되었다.

재능이 뛰어난 채경이 황제의 총애까지 등에 업게 되면서 조정 대권이 그의 수중으로 들어왔다. 그러자 관료, 지방 유지, 금융 거물 및 대부호들이 앞다퉈 그에게 빌붙었다. 얼마 지나지 않아 조정에는 채경, 왕보(王黼), 동관, 양사성(梁師成), 주면(朱勔), 이언(李彦)을 주축으로 하는 '채경 집단'이 형성됐다. 휘종은 이들 무리의 든든한 배경이 돼주었다.

채경 집단은 휘종의 환심을 살 목적으로 국가 재정을 동원해 대대적인 건축공사를 벌였다. 궁전과 원림(園林), 도교 사원을 도처에 건설한 데 이어 응봉국(應奉局)과 조작국(造作局)을 설치하고 백성들을 강제로 동원해 빼어난 화석(花石, 아름다운 무늬가 있는 바위)을 수도 개봉으로 실어오도록 했다. 이밖에 연복궁(延福宮)을 짓고 간악을 만드는 데만 수만 냥을 허비했다. 채경은 정치적 업적을 쌓기 위해 서북 지역에서 함부로 전쟁을 일

으켜 군사들을 고생시켰다. 또 북방에서는 금(金)나라와 손잡고 요나라를 공격한답시고 설치다가 적을 집안에 끌어들이는 화마저 자초했다. 한마디로 채경은 국가 차원의 전략이나 계획은 안중에도 없었고, 사리사욕을 채우기 위해 국가를 위험에 빠뜨리는 짓도 서슴지 않았다.

물론 여기에는 막대한 자금이 필요했다. 채경 집단은 자금 마련을 위해 미친 듯이 재물을 수탈했다. 채경은 왕안석의 '계승자'를 자처하면서 신법 스타일의 정책을 극단적으로 시행했다. 그는 염법과 다법을 대대적으로 개혁해 지방 관청의 염차 전매 수익을 전부 중앙 재정에 집중시켰다. 지방 관청은 채경이 제정한 혹독하기 그지없는 '재정 관리' 지표를 달성하기 위해 더 혹독하게 백성을 착취했다. 지배층의 수탈이 심해지자 방랍(方臘)은 파산해서 오갈 데 없는 차농(茶農)들을 주축으로 반란을 일으켰다.

이와 동시에 채경 집단은 '서성소(西城所)'를 핵심으로 2차 토지 겸병 붐을 일으켰다. 이는 중국 봉건 역사상 최대 규모의 토지 겸병이기도 했다.

서성소는 원래 조정에서 국유지를 관리하기 위해 설치한 기구였다. 그러나 채경의 측근인 이언이 서성소 제일인자로 부임하면서부터 채경 집단이 국유지 규모를 늘려 사욕을 채우는 도구로 이용됐다. 그들은 남쪽으로 양성(襄城), 서쪽으로 민지(澠池), 북쪽으로 황하(黃河)에 이르는 광활한 면적의 민간 소유 토지를 '국유화'할 계획을 세웠다. 아마 인류 역사상 최

대 규모의 토지 국유화 계획이었을 것이다. 여기에 비하면 대부호들의 토지 겸병은 그야말로 새 발의 피에 불과했다.

채경 집단은 강제로 사유지 소유권자들의 땅문서를 거둬들인 뒤 몇 대 이전 심지어 100년 전에도 땅의 주인이었다는 사실을 입증하는 원시 계약서를 추적했다. 그런 다음 이런 계약서가 없는 땅은 모두 몰수해 국유지로 만들었다. 땅을 빼앗긴 사람들은 강제로 서성소와 소작 계약서를 체결하고 소작농으로 전락했다.

가끔 비옥한 전답을 발견하면 암암리에 사람을 시켜 현지 관청에 '해당 전답은 원래 황무지였고 땅문서는 위조한 것'이라고 거짓 신고를 하게 했다. 이 방법을 이용해 현(縣) 단위로 엄청난 면적의 토지를 국유화하자 백성의 원성이 여기저기서 튀어나왔다. 그럼에도 채경 집단은 아랑곳하지 않고 오히려 지방 관청에 명령을 내려 소란의 주모자들을 잡아들여 죄까지 물었다. 하남 확산(確山) 일대에서만 소란을 일으킨 양민 수천 명을 잡아들여 곤장으로 살해하고 이들의 토지 3.4만 헥타르를 겸병했다.

2차 토지 겸병의 규모가 얼마나 컸던지 항간에서는 "동남 지역의 재물과 세금은 모두 주면이 차지했고, 서북 지역의 재물과 세금은 이언이 가졌다. 천하의 재산은 모두 채경과 왕보의 손에 들어갔다"라는 말이 떠돌았다.

이 무렵 북송에서는 전쟁이 끊이지 않았다. 서북쪽에서 서하와 싸우고 북쪽에서 요나라와 대치했다. 또 남쪽에서는 방랍이 난을 일으키고 동쪽에서는 송강(宋江)이 반기를 들었다. 이에 조정은 골머리를 앓았고 국고는 텅텅 비었다.

하지만 탐욕에 눈이 먼 채경 집단은 화폐 가치를 대폭 절하해 천하의 재물을 마구잡이로 수탈했다. 그 결과 염차 어음의 과잉 발행으로 가격이 폭락했다. 채경 집단은 동전과 철전의 가치 역시 대폭 절하했다. 소평전,

당이전, 당삼전, 당오전 등 가지각색의 화폐를 대량으로 발행했으나 쓸 돈이 부족해지자 당십전을 다시 주조했다. 삽시간에 시장에 공포 심리가 확산되고 상인들은 가게 문을 닫아버렸다. 조정은 당십전이 제 기능을 발휘하지 못하자 악화 중에서도 악화인 협석전(夾錫錢)을 발행했다. 백성의 원성은 하늘을 찌를 정도로 높아졌다. 나중에는 휘종마저 가만히 보고만 있을 수 없었는지 "협석전의 위해는 당십전보다 훨씬 심하다"라고 인정했다.

화폐의 운명은 결국 국가의 운명이다. 제국이나 왕조가 번영에서 몰락으로 접어드는 결정적인 전환점에 있을 때, 화폐는 국가의 운명을 관측하는 가장 민감한 지표가 된다. 화폐 가치의 등락은 국가 재정 상태를 직접적으로 반영할 뿐 아니라 빈부 격차, 부의 겸병, 세수 불균형 및 사회 모순의 수위를 간접적으로 보여준다.

동전과 철전의 가치가 폭락하면서 북송의 화폐 시스템은 완전히 무너질 위기에 처했다. 그렇다면 세계 최초의 지폐 발행국인 북송이 금속화폐 대신 지폐를 유통시켜 화폐 시스템을 구제할 수 있지 않을까?

이 문제의 답을 알려면 먼저 북송 지폐의 기원에 대해 알아봐야 한다.

세계 최초의 지폐, 교자

965년, '천부지국'으로 불리는 성도(成都) 지역이 반세기가 넘는 오대십국(五代十國) 시대를 거쳐 북송 판도에 편입됐다. 예로부터 물산이 풍부하기로 유명했던 성도는 30여 년의 평화로운 발전을 거쳐 다시 중국 서부의 상업 중심지로 부상했다. 그러면서 천하에서 가장 부유한 고장인 양절(兩浙, 강소성 이

천부지국(天府之國)
땅이 비옥하고 천연자원이 풍부한 고장을 이름.

사천 철전 1관(1,000개)의 무게는 65근에 달해 시장 거래에서
큰 불변을 초래했다.

남과 절강성 전체)에 버금가는 번영상
을 보여줬다.

그러나 경제의 고속 성장에도 불
구하고 해결하지 못한 문제가 하나
있었다. 바로 무역의 발전을 가로막
는 화폐 문제였다.

동전이 부족한 사천 지역에서는
철전이 주요 지불 수단으로 사용됐
다. 그러나 철전은 무게가 너무 많이 나가 사용하기 불편했다. 비단 한 필
을 사려면 철전 2,000개를 지불해야 했는데 무게가 무려 130근이나 나갔
다. 비단 몇 필을 사려면 마차로 돈을 날라야 했다. 당시 관청은 동전 1개
로 철전 10개를 바꾸도록 규정했다. 동전 1관의 무게는 5근으로 이 동전
을 철전으로 바꾸면 65근이나 됐다. 이에 강절 지역에서는 동전 5근만
가지고 있으면 자유롭게 돌아다니며 물건을 살 수 있는 데 반해, 사천 사
람들은 장을 볼라 치면 65근이나 나가는 철전을 짊어지고 '행군'해야만
했다.

성도 사람들은 철전 사용의 불편함을 해소하기 위해 마침내 금융 혁신
을 단행했다. 그것이 바로 1000년 전후에 탄생한 세계 최초의 지폐 '교자
(交子)'였다.

이 방법을 생각해낸 주역은 성도 지역의 상인 16명이었다. 이들은 어
느 날 함께 모여서 무거운 철전을 지고 힘들게 다니며 장사하느니, 차라
리 철전을 창고에 보관해두고 대신 '어음'을 거래하는 편이 낫다고 생각
했다. 이들은 바로 행동으로 들어가 크기와 재질이 같은 종이 어음의 제
작에 들어갔다. 앞뒷면에 화폐 표시를 하고, 건물, 나무, 인물 등 도안을
그려 넣은 후 도장을 찍었다. 위조 방지를 위해 그들만이 알아볼 수 있는

'마크', 즉 "붉은색과 검은색의 먹을 사이 사이에 섞어 비밀스러운 표시를 해두었다." 금액란은 비워두고 필요할 때에 기입하도록 했다.

최초로 교자를 발행한 이 상인 16명은 '교자호(交子戶)'로 불렸다. 즉 사천 지역의 '교자 은행가'인 셈이었다.

이렇게 해서 16개 점포의 고객들은 교자호의 각 지점에 철전을 보관해두고 철전 액수를 적은 교자를 받았다. 예전에는 무거운 철전 꾸러미를 지고 다니다가 종이 한 장만 달랑 들고 다니면 되니 얼마나 홀가분한지 몰랐다. 교자호 분점의 관할 지역 내에서는 아무리 먼 곳이라도 교자

세계 최초의 지폐 교자(훗날 발행기관이 민영에서 관영으로 바뀌면서 명칭도 '전인(錢引)'으로 바뀌었다)

가 막힘없이 유통됐다. 현찰을 필요로 하는 사람들은 아무 때나 교자호를 찾아가 교자를 철전으로 교환할 수 있었다. 심지어 100만 관짜리 고액 교자를 들고 가도 눈 한 번 깜짝하지 않고 즉시 현찰을 내줬다. 다만 교자를 현찰로 바꿀 때 1관당 30문의 '인쇄비'를 내야 했다. 요즘 말로 하면 약 3%의 수수료를 지급한 것이다.

이 시기 성도 지역은 무역이 고도로 발달했을 뿐 아니라 상업 신용도 비교적 높았다. 16개 교자호들은 서로 왕래하면서 외상 거래를 하는 경우도 잦았다. 대량 거래를 하는 고객들은 교자호를 통해 자금을 이체하는 방식을 많이 이용했다. 교자호들은 매일 서로간의 채권과 채무를 상계한 후 그 차액에 해당하는 액수만큼 철전을 운송하고 결제했다. 이 방법으로 거래 비용을 대폭 절감했다.

16대 교자호는 각자 철전을 보관하는 창고를 따로 가지고 있었다. 이 창고에 보관된 철전이 성도 지역의 화폐 준비금 역할을 했다. 게다가 교자는 100% 철전을 담보로 발행됐기 때문에 신용도가 높았다. 당시의 교자호들은 오늘날의 JP모건 체이스나 HSBC 같은 금융계 거두라고 할 수 있고, 철전 창고는 미국 COMEX 금고와 같은 역할을 했다. 창고 관리자들은 매일 해당 교자호 우두머리에게 철전 재고와 교자 발행량을 보고했고, 교자호 우두머리들은 이를 관청에 등록했다.

그야말로 세계 금융사에 한 획을 그은 완벽한 화폐 발행 메커니즘이었다. 교자는 서방에 비해 600~700년이나 앞서서 출현한 세계 최초의 지폐였다.

교자의 발행으로 거래 과정에서 철전의 운송비는 거의 0으로 줄어들었다. 또 신용도가 높은 16대 교자호가 연대보증을 섰기 때문에 교자의 신용 위험을 걱정할 필요가 없었다. 거래 비용의 대폭적인 절감에 힘입어 사천 지역의 경제와 무역은 공전의 성장을 기록했다. 해마다 생사, 차, 쌀, 밀 수확 계절이 오면 상인들은 교자를 지니고 각지의 농촌을 돌아다니면서 장사를 했다. 무거운 철전 대신 교자를 사용했기 때문에 더 먼 곳으로, 더 홀가분하게 다니며 더 넓은 지역에 유통망을 구축할 수 있었다. 물자 유통량이 크게 늘어나면서 물가도 더욱 저렴해졌다.

한마디로 모든 것이 완벽했다.

그러나 교자는 탄생한 지 20년이 조금 지난 후부터 '변질'되기 시작했다. 인간의 탐욕, 특히 교자 은행가들의 집단적 탐욕이 교자의 신용을 서서히 좀먹기 시작했다.

입장을 바꿔 만약 당신이 교자 발행권을 쥐고 있다면, 또 감독하는 사람이 아무도 없다면 몰래 교자를 몇 장 더 만들거나 금액란에 액수를 늘려 기입해도 아무도 모를 것이 아닌가? 교자를 보유한 사람 중 교자호를 찾아가 철전을 태환하는 사람은 3분의 1 정도에 지나지 않았다. 그 이유로는 먼저 교자로 현찰을 바꾸는 일이 너무 귀찮았고, 또 교자호의 신용을 믿었으며, 마지막으로 지폐를 오래 쓰다 보니 이 방법이 습관이 되었기 때문이다.

교자호들은 매일 밤마다 창고에 무더기로 쌓여 있는 철전을 보면서 몸이 근질근질해졌다. 붓을 몇 번만 놀리면 내일은 이웃의 호화로운 저택이 내 재산이 되고, 모레는 시골의 비옥한 전답 수백 무를 손에 넣을 수 있었다. 게다가 금은보석, 비취, 마노 등을 힘들이지 않고 주머니에 넣는 것이 가능했다. 아마 교자호들은 처음 하루 이틀은 이런 생각을 잠깐 했다가 그래도 신용이 더욱 중요하다는 생각에 이성을 찾았을지 모른다. 그러나 이런 생각을 20년 넘게 지속했다면 어떻게 되겠는가? 정신적으로 '무기징역'을 선고받은 것처럼 고통스러웠을 것이다.

급기야 탐욕은 모든 것을 이겨냈다.

한 사람이 먼저 몰래 교자를 증발하는 방법으로 거액의 이익을 챙겼다면 나머지 교자호들도 가만히 있을 리가 없다. 어쨌든 20년 넘게 똑같은 유혹에 시달려온 사람들이 아닌가. 개별적인 탐욕이 집단적 탐욕으로 변질되면 그 기세를 막기 어렵다. 교자호들은 드디어 하나의 이익집단을 형성해 서로를 '엄호'해주었다. 또 관리들에게 뇌물을 주고 정부가 교자 발행에 관여하지 못하도록 차단했다. 물론 정부는 교자호들이 말썽만 부리지 않으면 모른 척하고 눈감아줬다.

교자 은행가들은 마침내 지폐 발행을 통해 아침 일찍부터 저녁 늦게까지 힘들게 장사하는 것보다 훨씬 더 높은 수익을 얻을 수 있는 방법을 알아냈다. 본전을 들이지 않고 짭짤한 수입을 얻는 이런 유혹은 감옥에 갇히고 목이 잘리는 한이 있어도 절대 멈출 수가 없다.

1000년 전 북송의 교자 은행가들이나 300년 전 서방의 골드스미스 은행가들, 월스트리트 은행가들도 모두 마찬가지였다.

이에 20여 년이 지난 뒤 교자 공급 과잉 문제가 갈수록 심각해졌다. 교자 보유자들도 바보가 아닌 이상 가만히 있지 않았다. 다만 정보의 비대칭으로 인해 제때에 필요한 행동을 취하지 못했을 뿐이다. 시장에 의혹과 공포 심리가 확산되면서 교자 거래 비용도 수직 상승하자 고객들은 더 이상 참지 못하고 교자를 들고 교자호로 대거 몰려가 현찰 인출을 요구했다. 은행가들은 문을 닫아걸고 대응하지 않았다. 심지어 어떤 은행가는 값나가는 물건들을 챙겨서 멀리 타향으로 도망가 버렸다. "많은 사람이 찾아와서 현금을 요구했다. 문을 닫아걸고 만나주지 않자 군중들이 크게 떠들어댔다." 현지 관청에서 조정을 시도했지만 교자호들은 "빚을 갚을 능력이 없다며 여기저기에서 소송을 제기했다." 결국 금융 질서가 어지러워질 것을 크게 우려한 성도 관청은 교자호들에게 폐업과 동시에 자산을 매각해 빚을 갚도록 명령했다.

20여 년 동안 옆에서 가만히 지켜만 보던 성도 관청은 '금융 혁신'의 산물인 지폐를 발행해 막대한 이익을 얻을 수 있다는 사실을 뒤늦게 깨달았다. 이에 조정에 교자는 좋은 화폐로 "오랫동안 민간에서 편리하게 사용됐다"고 강조했다. 다만 간사한 백성이 개인적으로 지폐를 발행해 문제가 생겼다면서 조정이 국가신용을 담보로 지폐를 발행한다면 백성의 대대적인 호응을 얻을 것이라고 주장했다. 궁극적으로는 '민간의 교자를 폐지하고 관영 지폐를 발행할 것'을 제안했다.

1023년 11월, 북송 건국 64주년을 맞이해 황제로 등극한 인종은 익주(益州)에 '교자무(交子務)'를 설치하고 인류 역사상 최초의 국가신용 화폐를 발행했다.

멈출 줄 모르는 탐욕

엄격한 의미에서 볼 때, 북송 정부가 발행한 교자는 순수한 '국가신용 화폐'가 아니다. 아무 때나 철전으로 교환할 수 있었기 때문이다. 어떤 의미에서는 1694년 잉글랜드은행이 실시한 조치의 '초기 버전'이라고 할 수 있다. 다른 점이라면 잉글랜드은행은 금본위제, 북송 교자는 '철 본위제'를 채택했다는 것이다.

관영 교자는 발행되자마자 주권 통화로서의 위엄을 뽐냈다. 우선 관청은 사천 지역 백성들과 다음과 같은 다섯 가지 규정을 약정했다.

1. 관영 교자 발행의 기초가 되는 모본을 엄격하게 관리한다. 익주 교자무는 화폐 발행을 책임지고, 익주 관찰사는 화폐 발행을 감독한다. 상호 견제로 균형을 이루면서 공평, 공정, 공개의 '3공' 원칙을 준수한다.
2. 교자 발행 상황을 반드시 기장한다. 각각의 발행 액수를 1관부터 10관까지 정확하게 등록하고 감사관의 재가를 받은 후 문서로 보관한다.
3. 교자 소지인이 현찰 인출을 요구할 때 액수와 상관없이 즉시 철전으로 교환한다. 1관당 수수료는 30문으로 한다. 회수한 교자는 장부에 해당 사항을 기입한 뒤 즉시 소각한다.
4. 교자 발행 준비금을 반드시 비치해둔다.
5. 2년에 한 번씩 새 교자를 발행해 구권으로 신권을 교환한다.

1023년 11월, 드디어 관영 교자가 첫 선을 보였다. 1차 발행량은 125만 6,340관이었다.[10] 준비금 액수는 철전 36만 관, 준비금 비율은 28.7%였다. 유통 지역은 사천으로 제한했고, 다른 지역에서는 여전히 동전이 주요 화폐로 유통됐다.

두말할 필요도 없이 관영 교자는 관리 수준과 공신력 면에서 민간 교자를 훨씬 능가했다. 여기에 북송 정부는 교자의 사용 편리성을 높이기 위해 1069년에 주로 사용되던 5관과 10관짜리 교자를 500문과 1관으로 하향 조정했다. 500문과 1관짜리 교자 발행 비율은 40%와 60%로 정했다. 이 소액권은 일반 백성의 일상생활에서 매우 편리하게 사용됨에 따라 큰 환영을 받았다. 이밖에 정부는 백성들이 교자로 각종 세금을 납부하도록 허용했다. 이에 따라 왕안석 신법 시기에도 청묘전(靑苗錢)과 면역전을 교자로 납부할 수 있었다. 또 교자는 소금, 차 및 주류 전매 비용, 상인의 출관비(出關費), 통행료, 상업세 등 유통 분야의 세금을 징수하는 데도 널리 사용됐다. 그 결과 사천 지역에서는 각계각층이 모두 교자를 즐겨 사용했다.

교자가 크게 환영받았던 가장 큰 이유는 관청에 충분한 준비금이 비치돼 있었기 때문이다. 이에 교자 가격이 하락하면 철전을 풀어 시중의 과잉 유동성을 흡수하고, 반대로 교자 가격이 지나치게 상승하면 즉시 교자 발행량을 늘려 가격 상승세를 억제했다. 이는 금본위 시대에 잉글랜드은행이 금 매매를 통해 파운드화 가치를 조절한 것과 똑같은 원리라고 보면 된다. 익주 교자무는 사실상 철전 유통 지역에서 '중앙은행' 역할을 했다.

1023년부터 1077년까지 54년 동안 관영 교자의 가치는 일관되게 안정적인 수준을 유지했다. 이 때문에 가끔 사람들이 교자만 요구하고 철전을 거부하는 사태가 벌어지기도 했다. 심지어 1관짜리 지폐를 사기 위해 철전 1관 100개를 지불하는 사람도 있었다. 지폐의 실제 가치가 액면가를 초과한 것이다. 대영제국이 전성기를 누릴 때의 파운드화, 2차 세계대전 종식 후의 미국에서 달러화 등이 발행 담보물인 황금보다 더 인기 있었던 것과 같은 현상이다.

신용은 금보다 더 중요하다. 지폐가 신용을 잃지 않으려면 지폐 발행자가 신용을 목숨보다 더 중요하게 여겨야 한다. 그러나 이는 개인에게 불가능한 일이고, 정부도 해낼 수 없는 일이다.

관영 교자는 1044년 처음으로 비밀리에 증발된 후, 1047년과 1051년에 재차 약속을 어겼다. 이유는 서하와의 전쟁 때문이었다.

서하 황제 이원호(李元昊)는 1040년부터 1042년 사이에 친히 대군을 이끌고 세 차례의 전쟁(삼천구三川口, 호수천好水川, 정천定川 전쟁)을 발동했다. 이 전쟁에서 그는 송의 주력군 4만 명을 섬멸해 북송의 조정과 재야를 발칵 뒤집어놓았다. 북송 조정은 서북 변방을 지키기 위해 급히 20만 명의 대군을 파견하고, 대량의 군수물자를 수송했다.

북송 정부는 이번에도 군량과 마초의 조달과 운송을 모두 상인에게 맡겼다. 상인들이 군량과 마초를 무사히 서북 변방까지 운송했으나 현지 관청에는 이들에게 지급할 현금과 염초가 부족했다. 그러자 북송 조정은 성도에 있는 익주 교자무를 통해 60만 관의 지폐를 추가 발행한 다음 섬서(陝西)로 운송해 상인들에게 지급했다. 그런데 훗날 새 지폐를 발행할 때 이 부분의 지폐를 회수하지 않은 것이 화근이었다.

이는 교자 발행량과 유통 범위에서 최초로 법적 규정을 어긴 사례였다.

관영 교자를 발행한 1023년부터 20년이 조금 더 지난 1044년에 관영 교자 공급 과잉 현상이 서서히 나타났다. 초기에는 증발 규모가 그다지 크지 않았기 때문에 시장에 별 영향을 주지 않고 물가 변동도 초래하지 않았다. 그러나 일단 약속을 어기게 되면 교자 발행자에게 도덕적 해이가 나타나 기하급수적으로 팽창하는 탐욕만 남는다.

1069년에 왕안석의 신법이 실시되자 정부는 재정수입 증대를 위해 '신구 지폐 동시 유통' 방안을 채택했다. 이에 2년에 한 번씩 시장에서 퇴출해야 할 구 교자가 신 교자와 동시에 유통되면서 시중의 유동성은 2배로 증가했다.

1077년부터 교자 가치는 뚜렷하게 하락하기 시작했다. 1관짜리 교자로 철전을 940문 내지 960문밖에 바꾸지 못해 지폐 가치 낙폭이 4~6%를 기록했다. 비록 교자는 사천 지역에서만 유통됐지만 교자 가치 하락세는 전국에서 통용된 다른 화폐의 하락세를 어느 정도 반영했다고 볼 수 있다.

왕안석 개혁 실패 후 북송의 국내 갈등은 점점 더 첨예해졌다. 그러나 대내외 형세를 잘못 판단한 신종은 1081년과 1082년에 전국의 재력을 동원해 다섯 갈래로 서하를 공격했다. 그러나 영주(靈州)와 영락(永樂)에서 참패를 당해 60만 명의 군사를 잃고 막대한 군비를 지출했다. 3년 뒤 몸과 마음이 지칠 대로 지친 신종은 시름시름 앓다가 유명을 달리했다.

1086년에 이르러 교자 가치는 10% 넘게 하락했다. 상황이 이 지경에 이르자 정부는 교자 가치를 안정시킬 의욕조차 잃었다. 돈이 부족할 때에는 마구 찍어내는 것이 가장 빠른 방법이 아닌가. 관리들의 탐욕이 굴레 벗은 말처럼 무한대로 팽창하자 교자 가치는 빠른 속도로 하락하기 시작했다.

1100년, 휘종이 즉위하고 채경이 정권을 잡았다. 황음무도한 황제와 탐욕에 눈이 먼 간신은 완벽한 '콤비'를 이뤘다. 1105년, 채경은 정치적 업적을 쌓기 위해 서북 지역에서 대규모 전쟁을 발동했다. 이때 북송 재정은 이미 고갈 위기에 처해 있었다.

채경 집단은 거액의 전비 지출을 충당하기 위해 지폐를 증발했다. 그러나 당시 교자는 사천 지역에서만 유통이 허용됐기 때문에 교자 증발을 이용해 전국의 재물을 수탈하기는 어려웠다. 이에 채경 집단은 교자의 유통 범위를 전국으로 확대하려고 적극적인 노력을 펼쳤다. "전국에서 전인 (錢引)을 사용하게 하고 신 화폐 발행을 허용했다." 이때부터 교자는 '전인'으로 이름이 바뀌었다. 서북 지역에 주둔하고 있던 군대의 군비 지출이 새로 발행한 지폐로 충당되면서 지폐 발행량은 수직 상승하기 시작했다. 채경 집단이 온갖 방법을 동원했음에도 전인은 사천과 서북 지역에서만 유통됐다. 다른 지역에서는 전인의 사용을 완강히 거부했다.

1105년, 전인의 발행량은 무려 2,656만 관에 달했다. 그럼에도 같은 해 540만 관을 추가 발행한 데 이어, 1107년에 또 554만 관을 증발했다. 게다가 '신구 지폐'가 동시에 유통되면서 지폐 유통량은 교자가 출범한 1023년 대비 40배나 급증했다. 신 화폐와 구 화폐의 교환 비율은 1 대 4에 불과했다. 지폐 가치가 무려 75%나 하락한 것이다. 이와 동시에 관청의 지폐 발행 담보물 제도도 폐지됐다.

지폐의 신용이 바닥으로 추락하자 백성들의 국가에 대한 신뢰도 완전히 무너져버렸다.

1110년 이후 성도 지역에서는 1관짜리 지폐로 철전 100개도 바꾸기 어려워졌다. 지폐제도는 붕괴의 언저리에 이르렀다.

1127년, 북송은 드디어 멸망했다.

맺는말

물은 배를 띄우기도 하나 반대로 뒤집기도 한다. 인간의 본성 역시 크게 다를 바 없다.

적당한 탐욕은 경제의 활성화에 도움이 되나 지나친 탐욕은 경제를 망친다.

건강한 사람의 몸 안에는 암세포가 있어도 암으로 발전하지 않는다. 건강한 몸 안에 있는 면역 시스템이 암세포의 성장을 억제하기 때문이다. 그러나 일단 인체 면역력이 떨어지면 암세포는 급속도로 번식해 다른 정상 세포의 영양분을 빼앗고 장기의 정상적인 기능을 파괴함은 물론 생명까지 앗아간다.

소수의 부자들은 끊임없는 부의 축적을 통해 국가 정책을 좌지우지하고 국가의 법률을 제멋대로 바꾼다. 이 정도로 세력이 강대해지면 더 많은 부를 차지하려는 욕심이 생긴다. 부의 분배에 불균형이 생기면 다수의 사람들은 경제 자원을 얻기 점점 어려워지면서 필연적으로 개인의 발전이 제약받고, 나아가 사회적 부의 창조 능력이 약화된다. 부의 분배 불균형이 극도로 심해져 소수 사람들이 사회적 부의 대부분을 차지할 경우 다수의 사람들은 부의 창조 기반을 잃고 경제는 점차 활기를 잃으며 정치가 부패해지면서 국민들은 꿈을 상실한다. 소수 사람들이 국가 제도와 법률의 보호 아래 다수 사람의 이익을 제멋대로 짓밟고 사회적 부를 분할할 때, 폭동과 혁명은 필연적으로 일어난다.

탐욕을 인간의 본성이라고 하는 이유는 그것이 바뀌지 않기 때문이다. 인간의 지식은 축적이 가능하고, 생산은 진보가 가능하고, 과학기술은 발명이 가능하고, 물질은 개선이 가능하고, 생활의 질은 향상이 가능하지만 인간의 탐욕스러운 본성은 영원히 진화하지 않는다.

이는 동서고금을 막론하고 누구도 어쩔 수 없는 인간의 한계이다.

북송 왕조와 로마 제국은 몰락의 원인, 과정, 결과까지 놀랄 정도로 비슷했다.

역사가 놀랄 정도로 비슷한 패턴을 반복하는 것은 역사를 만들어가는 사람의 본성이 놀랄 만큼 똑같다는 데 그 이유가 있다.

북송 정권은 군사적 실패로 멸망한 것이 아니라 민심을 잃었기 때문에 멸망했다. 북송의 국력은 재정 위기에 의해 무너진 것이 아니라 탐욕에 의해 무너졌다.

탐욕이 성행하면 토지 겸병이 일어난다. 토지가 집중되면 세수 불균형이 생긴다. 국고가 비면 화폐 가치가 하락한다. 또 백성의 재력이 고갈되면 내란과 외환이 잇따른다.

화폐를 살피면 탐욕이 보이고, 겸병이 일어나면 우환이 닥칠 것이라는 사실을 알 수 있다.

정치를 하는 사람이라면 한 번쯤 숙고해볼 필요가 있다.

제9장

차이나 드림이
아닌 것들

일부가 먼저 부자가 되라.

_덩샤오핑

들어가면서

1장부터 8장까지 고대 로마, 북송, 미국의 대표적인 문명 양상에 대해 중점적으로 분석했다. 로마 드림, 북송 드림, 아메리칸 드림은 각각 약 1000년의 기간을 사이에 두고 유럽과 아시아, 아메리카에서 그 눈부심과 화려함으로 동경의 대상이 됐다. 이 세 가지 '드림'은 인류 문명사에 출현한 세 차례의 화폐경제 전성시대를 각각 반영한다.

로마 드림과 북송 드림은 이미 완전히 사라져버렸다. 또 아메리칸 드림은 날개가 끊어져 실현 불가능해졌다. 세상에는 장기간 흥성한 다음 쇠퇴하지 않은 제국이 없다. 또 대대손손 영원히 이어지는 왕조도 없다. 낡은 문명은 항상 새 문명으로 교체된다.

새로운 문명은 반드시 새로운 꿈을 이끌어내고, 새로운 꿈은 새로운 번영을 창조한다.

지금은 차이나 드림이 동경의 대상이 되고 있다. 이에 다양한 각도에서 차이나 드림에 대해 해석하고 논평하고 갈망하는 사람이 점점 많아지고 있다. 향후에는 실천을 통해 차이나 드림에 더 새롭고, 더 풍부한 의미를 부여하는 사람이 많아질 것이다.

그러나 주지할 사실은 아름다운 꿈을 현실로 만들어가는 과정이 항상 순풍에 돛 단 듯 순조롭지만은 않다는 것이다. 이 길에는 가시덤불이 무성할 수도 있고, 첩첩의 난관이 가로막고 있을 수도 있다. 그렇다면 어떻게 해야 잘못된 길로 빠지지 않고 위험을 피해갈 수 있을까? 답은 하나밖에 없다. 반드시 역사를 스승으로 삼아야 한다.

이 장은 로마 드림, 북송 드림, 아메리칸 드림의 파멸을 교훈 삼아 차이나 드림의 실현 과정에 피해야 할 것들에 대해 이야기하고자 한다.

중국이 역사 교훈을 받아들이고 실패의 전철을 밟지 않는 한, 차이나 드림은 반드시 현실로 나타날 것이다.

로마 드림, 북송 드림, 아메리칸 드림의 파멸 교훈

로마와 북송, 미국은 인류 문명에 탁월한 공헌을 했다. 서기 50년에 인류 문명은 로마에서 가장 찬란한 꽃을 피웠다. 1050년에는 북송이 최고의 전성기를 구가했다. 1950년에는 미국이 중천에 뜬 해처럼 세계 최강의 국력을 자랑했다. 각자의 시대에 각국 국민들은 아름다운 꿈을 가지고 있었다.

그러나 만물은 극에 달하면 반드시 반전하고, 번성함도 극에 달하면 반드시 쇠망하기 마련이다. 화려함의 이면에는 항상 어둠이 깔려 있다. 무절제한 탐욕이 불러온 토지 겸병 붐과 부의 양극화는 국가를 몰락으로 이끄는 중요한 요인이다.

로마와 북송, 미국의 역사를 보면 모두 두 차례의 심각한 토지 겸병 또는 부의 겸병 현상이 나타났다.

로마 역사상 최초의 대규모 토지 겸병 붐은 제1차 포에니 전쟁 발발(기원전 264년)과 함께 시작돼 제3차 포에니전쟁이 끝난 뒤(기원전 146년) 절정에 달했다. 당시 로마 농민들은 장기간 전쟁터로 출정했기 때문에 고향에 있는 전답을 돌볼 겨를이 없었다. 또 전쟁으로 인해 희생된 농민의 수가 헤아릴 수 없이 많아지면서 농업경제는 파탄에 이르렀다. 귀족과 부자 집단이 이 틈을 타 농민들의 토지를 대거 강점하자 로마에는 심각한 부의 양극화가 나타났다.

로마 군단이 백전불패의 신화를 기록하면서 수많은 적국을 멸망시키고 엄청난 면적의 영토를 강점할 수 있었던 이유는 군대의 주요 구성원이 자작농이었기 때문이다. 이들은 개인의 땅과 국가의 재산에 대한 보호의식이 투철했고, 법률이 부여한 권리를 향유할 줄 알았으며, 국가를 사랑하고 영예를 중요시했다. 이처럼 개인과 국가가 떼려야 뗄 수 없는 견고한 이익공동체를 형성한 것이 로마 군단의 강력한 전투력을 이끌어낸 원동력이었다.

그러나 귀족과 부자 집단의 지나친 탐욕은 로마 공화정의 근간을 뿌리째 뽑아놓았다. 그라쿠스 형제의 개혁(기원전 133~기원전 121년)은 실패로 막을 내렸다. 로마 공화정의 '면역 시스템'은 이미 제 기능을 상실했고, 귀족과 부자 집단의 탐욕의 '암세포'는 광범위하고 빠르게 확산됐다. 그 결과 장장 100년 동안 피비린내 나는 내전이 지속돼 공화정 체제는 무너지고 말았다.

북송 시기 1차 토지 겸병 붐은 진종(재위 997~1022년) 후기에 시작돼 인종(재위 1023~1063년) 말년에 절정에 이르렀다. 토지 겸병에 대한 '자유방임' 정책은 귀족과 부자 집단의 탐욕을 한껏 부채질했다. '힘 있는 자'와 '돈 있는 자'들이 앞다퉈 땅을 빼앗거나 사들임으로써 결국 6%의 대부호가 전국 토지의 60~70%를 점유하기에 이르렀다.

북송의 경제 성장은 생산성의 대폭적인 향상에 힘입은 바 컸다. 제철업 생산성이 빠르게 향상돼 농기구 생산기술이 비약적인 발전을 이루면서 농업 생산성이 대폭 향상되고 곡물 생산량이 크게 증가했다. 이로써 도시화, 상품화, 화폐화의 3대 사회적 조류가 형성돼 공전의 부유한 도시 중산층을 배출했다. 이들은 선택의 자유를 누렸고 더 전문화된 분업화를 이룩했으며, 강력한 혁신 동력을 보유했고 다방면의 사회 정보를 풍부하게 받아들였다. 아울러 독립적인 사고방식을 가지고 독창적인 문화를 발전시켰으며 미래에 대한 아름다운 꿈을 꾸었다.

그러나 무분별한 토지 겸병이 시작되면서 세수 불균형이 심각해지고 국가 재정 부담이 크게 증가했다. 이런 부담은 고스란히 일반 서민에게 전가됐다. 재정이 바닥나면서 화폐 가치가 하락했다. 화폐 가치 하락은 토지 겸병을 더욱 부채질했다. 토지 겸병 열기가 뜨거워질수록 재정 위기는 더욱 악화됐다. 이 같은 악순환이 지속되면서 경제는 활기를 잃고 백성의 꿈도 파멸됐다. 여기에 왕안석 개혁(1069~1076년)의 실패는 북송이 돌이킬 수 없는 몰락의 길로 접어들었음을 의미했다.

미국 역사상 제1차 부의 집중 현상은 1차 세계대전(1914년) 때 나타나 1927년에 절정에 달했다. 미국 상위 10%의 부자들은 전쟁과 달러화 가치 상승 덕분에 떼돈을 벌었다. 미국의 과잉 산업 생산력은 자국에서 확장 공간을 찾지 못하고 유럽 시장으로 빠르게 확산됐다. 이 무렵 유럽 각국은 미국에 진 빚을 갚고 자국 경제를 살리기 위해 달러화 대출을 필요로 했다. 그러나 미국의 자본 이익집단이 거액의 이윤을 얻으려고 고관세 수입장벽을 설치하자 유럽 상품은 미국으로 흘러들지 못했다. 결국 유럽 각국의 달러화 채무는 기하급수적으로 팽창했고 디폴트라는 필연적인 결과로 이어졌다.

미국 정부 역시 부의 집중에 대해 방임하는 태도를 취했다. 그 결과 상위 10%의 부자 집단이 국민소득의 절반 이상을 차지하는 사태가 벌어졌다. 인구의 90%를 차지하는 서민들은 지속적인 소비력을 상실하고 미국 국내 시장은 침체에 빠져들었다. 유럽 각국 역시 연달아 달러화 채무 디폴트를 선언하면서 미국의 외수시장 역시 크게 축소됐다. 내수시장만으로는 과잉 생산력을 소화하기 어려워지자 산업 부문의 투자 수익성이 하락하고 은행의 부실 대출 비율은 크게 증가했다. 또 금융시장이 무너지고 공장들은 줄줄이 도산했으며, 은행이 문을 닫고 대량의 실업자가 생겨났다. 결국 1930년대의 대공황은 2차 세계대전의 단초를 열어놓았다.

로마, 북송, 미국의 귀족 및 부자 집단이 주도한 제1차 대규모 겸병은 유혈 사태, 전쟁 혹은 경제위기로 막을 내렸다.

제2차 겸병은 1차 때보다 그 규모가 훨씬 더 컸다. 흔히 제2차 겸병 현상을 일컬어 '제국의 마지막 광란'이라고 부른다. 대규모 겸병은 경제를 파괴하고 사회와 민심을 동요시켜 종국에는 제국 및 왕조의 붕괴와 문명의 몰락을 초래했다.

로마 제국의 도시화 정책은 경제의 자연적인 발전 결과가 아니라 지배 집단이 정치적, 군사적 필요에 의해 의도적으로 추진한 것이었다. 극도로 왜곡된 초저가 식량 가격은 이집트, 아프리카, 시칠리아, 스페인의 농업에 큰 피해를 입혔으며 이탈리아의 농업경제마저 파괴했다. 이는 1차 때보다 훨씬 더 큰 규모의 2차 토지 겸병 붐을 일으켰다.

로마 제국의 귀족과 부자 집단은 이탈리아 국내에서 광대한 면적의 토지를 강점한 것도 모자라 각 속주에까지 마수를 뻗쳐, 마치 고래가 물고기를 삼키듯 닥치는 대로 서민의 토지를 병탄했다. 심지어 아프리카에서는 6명의 슈퍼 지주들이 영토의 50%를 집어삼키는 현상이 벌어지기도 했다. 제국 시대의 토지 집중화 현상은 공화정 체제 때보다 훨씬 더 심각했다.

파산한 농민들은 도시로 몰려들어 위협적인 무산자 유랑민으로 전락했다. 마음속에 분노와 증오만 남은 노예들도 도시로 대거 밀려들었다. 로마 제국 도처에는 불만 붙이면 활활 타오를 마른 장작으로 가득했다.

정부는 도시 난민들을 무마하기 위해 부득불 무료 식량 배급제를 실시해야만 했다. 그 결과 식량 가격이 더 떨어져 농업 경제는 파탄 지경에 이르렀고 속주 백성들 역시 도탄에 빠졌다. 로마 제국 전역에서 토지 겸병이 절정으로 치닫고 사회모순은 일촉즉발의 위기를 맞았다.

억압이 있으면 저항이 있는 법이다. 억압이 심할수록 저항도 커진다. 변방에서는 이민족이 빈번하게 말썽을 일으키고 국내에서는 난민들이 들고 일어났다. 제국 정부는 언젠간 닥칠 내우외환에 대비해 방대한 규모의 상비군을 유지해야만 했다. 그러나 잦은 전쟁으로 인해 국가 재정이 고갈되고 병력이 크게 부족해지자 제국은 병력을 보충하기 위해 도시의 실업 유랑민을 대거 흡수할 수밖에 없었다. 군대의 주요 구성원이 자영농에서 유랑민으로 바뀌면서 군단의 성격도 부자 집단을 증오하는 폭도 집단으로 변질됐다.

황제는 원로원을 대표로 하는 부자 집단과 반복적인 권력투쟁을 벌이는 과정에서 갈수록 군대의 힘에 의존했고, 폭도 집단은 군대의 막강한 힘을 피부로 실감했다. 오랫동안 억눌려왔던 군인의 야성은 황제와 원로원 사이에 발생한 무력 충돌을 계기로 표출되었다. 내전 쌍방 군인들은 승패에 아랑곳하지 않고 도시의 부자 집단을 대상으로 무자비한 살육을 감행했다. 공화정 시대의 공신, 귀족, 갑부들 모두 액운을 면치 못했다. 부자 집단은 무분별한 탐욕 때문에 참혹한 대가를 지불했고, 로마 제국의 엘리트 계급도 크게 원기를 잃고 다시 일어서지 못했다.

로마 황제는 더 이상 군대의 사령관이 아니라 폭도 집단의 인질로 전락했다. 이후의 로마는 황위 찬탈, 내란과 외세의 핍박, 경기 침체, 재정 악화 및 화폐 가치 하락의 반복적인 암흑의 시간을 거쳐 드디어 멸망하고 말았다.

북송에서도 2차 토지 겸병 붐은 왕조 멸망의 전주곡이 됐다. 1100년에 즉위한 휘종이 채경 집단을 중용하면서 토지 겸병 붐은 절정으로 치달았다. 2차 토지 겸병 붐이 얼마나 심했던지 항간에서는 "동남 지역의 재물과 세금은 모두 주면이 차지하고, 서북 지역의 재물과 세금은 이언이 가졌으며, 천하의 재산은 모두 채경과 왕보의 손에 들어갔다"는 말이 떠돌정도였다.

채경 집단은 국가 재정이 바닥을 보이자 화폐 평가절하라는 전가의 보도를 꺼내들었다. 토지 겸병, 세수 불균형, 화폐 가치 하락의 삼중 압력은 급기야 방방곡곡에서 민란을 초래했다. 국내에서는 방랍이 난을 일으키고 양산박의 호걸 108명이 반기를 들었다. 그러자 서하와 요나라, 금나라가 북송 정세가 크게 어지러워진 틈을 타 쳐들어오면서 결국 북송은 금나라에 의해 멸망했다.

150년 동안 화려함과 부유함의 상징이던 북송 드림은 20년 조금 넘게 지속된 2차 토지 겸병으로 인해 완전히 파멸했다.

미국의 제2차 부의 집중화

미국의 제1차 부의 집중화는 1930년대 대공황과 전쟁이라는 결과를 낳았다. 2차 세계대전의 발발로 미국의 1,000만 노동력이 전쟁 시스템에 동원되면서 장장 10년 동안 미국을 괴롭히던 실업 문제가 해결되고, 정부 재정도 일반 서민들을 대대적으로 지원하는 쪽으로 방향을 선회했다. 정부는 유럽과 아시아 전장에 파견됐다 살아서 돌아온 수백만 명의 가난한 집 군인에게 대학 등록금, 직업 교육, 우선 취직, 퇴역 군인 의료복지 등 다양한 복지 혜택과 평등한 경쟁 기회를 제공했다. 한마디로 2차 세계대전 '덕분'에 미국의 빈부 격차 문제는 다소 완화됐다.

1940년대 초부터 1980년대 초까지 미국의 사회적 부는 합리적으로 분배됐다. 상위 10%의 부자들이 국민소득의 33%를 점유하고, 90%의 중하층은 나머지 67%를 나눠 가졌다. 조세 부담은 대체적으로 균형을 이뤘고, 국가 재정 역시 건전한 상태를 유지했다. 금본위제 아래에서 달러화는 여전히 강세 화폐로 큰 인기를 누렸다. 자산 버블도 거의 형성되지 않았고 사회 각 계층 간 상호 관계도 조화롭고 화목해 미국 경제는 전후 40년 동안 최고의 전성기를 누렸다.

그러나 이와 같은 부의 분배 체제는 부자 집단의 불만을 야기했다. 이들은 더 많은 부를 차지하기 위해 본격적인 행동을 개시했다. 이것이 바로 1970년대 중후반기에 미국 전역을 휩쓴 '신자유주의' 물결이다. 이들은 '제2의 미국 혁명', 즉 부의 재분배 혁명을 강력히 요구했다.

30년도 채 지나지 않아 미국의 제2차 부의 집중화 정도는 1927년 수준으로 급격히 악화됐다. 2008년의 금융위기는 상위 10%의 부자 집단이 국민소득의 50%를 석권하면 필연적으로 경제가 무너진다는 본보기를 보여주었다. 이는 1927년 상황과 완전히 흡사했다. 급기야 미국 시민들이 '월스트리트 점령' 운동에 나서면서 미국 사회의 계급 대립이 매우 첨예해졌다는 사실을 드러냈다.

미국 정부는 제도적인 개선을 위해 적지 않은 노력을 기울였다. 버락 오바마 미국 대통령은 빈부 격차 심화에 수차례 '선전포고'를 했고, 의회는 월스트리트 부자들의 부의 겸병을 막는답시고 도드 프랭크 법안을 요란하게 출범시켰다. 그러나 결과적으로 이 법안은 수많은 이해관계자의 농간에 의해 원래 모습을 잃고 말았다. 법안 내용이 원래의 분량보다 훨씬 방대해지고 복잡해졌을 뿐 아니라 핵심 조항에는 층층의 장애물이 설치됐고, 관건이 되는 실시 세칙에는 가지각색의 '예외 조항'과 '면책 조항'이 추가됐다. 또 법안이 언제 발효될지도 아직은 미지수이다. 이런 와중에도 미국의 빈부 격차는 지속적으로 심화되고 있다.

오바마의 금융 개혁은 사실상 실패했다고 볼 수 있다. 그의 또 다른 야심작인 의료 개혁 역시 중요한 문제는 회피하고 지엽적인 데만 매달린다는 비난을 받고 있다.

오바마가 야심차게 내놓은 의료보험 개혁안은 가난한 의료보험 미가입자 5,000만 명에게 보험회사에 보험료를 바치도록 강요하는 짓에 불과하다. 치솟을 대로 치솟은 의료비를 낮추는 것이 우선 과제인데도 이 문제에 대해서는 언급조차 하지 않고 있다. 보험회사, 제약회사, 의료 시스템으로 구성된 삼위일체의 탐욕 집단은 월스트리트의 거물들 못지않게 국민의 고혈을 빨아먹고 있다. 이들의 눈에는 '인간의 몸'이 일종의 자산, 즉 끊임없이 현금흐름을 발생시키는 최상의 '현금인출기'로 보일 뿐이다.

제약회사는 식품산업과도 손잡고 함께 돈벌이에 나섰다. 맥도날드, KFC 등에서 파는 고칼로리에 지방 함량이 높은 정크푸드는 대중의 건강을 해친다. 코카콜라, 펩시콜라와 같은 탄산음료는 위를 상하게 하고 치아를 썩게 만든다. 이밖에 유전자 조작 식품도 인체에 심각한 피해를 초래한다. 이런 음식을 습관적으로 섭취해서 환자가 많아지면 이제는 제약회사가 나선다. 이들은 특히 빨리 죽지도 않고 꾸준히 약을 써야 하는 고지혈증, 고혈압, 고혈당과 같은 만성 질환자를 좋아한다. 제약회사 입장에서 환자는 지속적으로 현금흐름을 창출해주는 '우량자산' 그 이상도 그 이하도 아니다.

미국의 처방약은 유럽과 일본의 동종 약품보다 가격이 50% 이상 더 비싸다. 미국 정부가 의약품 가격에 대해 '방임' 정책을 실시하기 때문이다. 미국을 제외한 대다수 선진국들은 제약회사가 멋대로 약값을 책정하지 못하도록 감독하고, 제약회사의 마진율을 일정 수준 이하로 통제하고 있다.

미국은 약값뿐만 아니라 의료비도 매우 비싸다.

미국의 의료비가 터무니없이 비싼 것은 익히 알려진 사실이다. 미국 〈타임〉은 2013년 2월 '의료비는 어떻게 우리를 살해하고 있는가'라는 제목의 글을 통해 미국의 무서운 의료비 실태를 폭로했다. 몇 가지 사례를 들어보면, 넘어져서 병원에 가면 의사가 15분 진찰하고 진료비 9,400달러를 청구한다. 또 등이 아파서 병원에 가 외래 진찰만 이용했는데도 8만 7,000달러라는 어마어마한 청구비가 나온다. 만약 암처럼 큰 병으로 병원을 찾으면 의료비가 90만 달러는 가볍게 넘는다.

미국의 병원비 책정 시스템은 거의 대부분 배후 세력의 조종을 받기 때문에 시장가격과 상당한 괴리를 보인다. 의사들은 비록 가격 책정에 직접 참여하진 않으나 의약품과 의료기기 구매 시 특정 기업 제품만 고집하는 경향이 강하다. 이들 기업이 의사들에게 엄청난 리베이트를 제공하기 때문이다. 이에 대해 〈타임〉은 "조사 결과에 의하면, 미국 인공 고관절 및 인공 무릎관절 시장의 75%를 점유한 4대 제약업체가 2002년부터 2006년 사이에 약 6,500건의 계약을 확보한 상담사들에게 8억 달러 이상의 리베이트를 지급했다"라고 폭로했다. 병원에서 환자에게 청구하는 각종 의약품과 의료기기 비용, 혈액 검사비, CT 비용 및 수술복 비용은 시장 적정가의 10배 이상에 달한다. 이른바 '비영리 병원'은 사실상 최대 '영리 기관'으로 바뀐 지 이미 오래다. 병원 고위층 경영자들의 연봉은 수백만 달러를 훌쩍 넘어 월스트리트 금융가들과 비교해도 손색이 없다.

의사의 연봉은 많게는 20만 달러에 달하지만 울며 겨자 먹기로 보험회사에 수익의 일부분을 '상납'해야 한다. 미국 의사들이 매년 지급하는 의료사고 보험료는 8~14만 달러로 연봉의 40~70%를 차지하기 때문에 이들은 환자를 잘 치료하는 것보다 원치 않는 소송에 휘말리지 않는 것이 우선순위이다. 한번 의료 소송을 당하면 파산을 면치 못한다. 병원에서는 의료사고 소송 건수를 잡기 위해 사방을 어슬렁거리는 변호사들이 심심 찮게 목격된다. 의사들은 환자의 병을 뻔히 알면서도 후환을 미리 방지하기 위해 이것저것 불필요한 검사를 지시하고 가장 비싼 약을 처방한다. 효과는 별로 없으나 뒤탈을 걱정하지 않아도 되는 방법으로 치료하는 것이다. 만약 의사가 보험회사에서 지정한 치료 방안, 처방, 투약량을 지키지 않으면 모든 책임을 스스로 져야 한다.

미국의 의료산업 사슬에서 제약회사와 의료기기 회사는 어떤 규제도 받지 않고 제멋대로 비용을 올릴 수 있다. 병원은 이 틈에 끼어 슬그머니 진료비를 올리고, 보험회사는 가만 앉아서 보험료를 대폭 인상한다. 이와 같은 악순환이 반복되면서 연방정부 재정수입의 60%가 의료산업에 지출되고 있다. 이는 25%를 차지하는 군비 지출보다 훨씬 많다. 또 환경, 농업, 에너지, 교육, 교통, 주택 등 분야의 종합 지출이라고 해야 재정수입의 12%밖에 차지하지 않는다. 이 때문에 거액의 의료비 지출이 미국 재정적자의 주요 원인으로 지목된다.

미국의 의료비 지출은 GDP의 18%를 차지해 다른 선진국의 2배에 달한다. 그러나 기대수명 효과를 놓고 보면 모든 선진국 가운데 가장 낮은 수준이다.

더 절망적인 것은 미국의 GDP 대비 의료비 지출 비중이 지난 40년 동안 한 번도 하락하지 않고 계속 상승했다는 사실이다. 100조 달러 규모의 잠재 부채 중에서 의료비 지출은 최대 비중을 차지한다. 향후에도 의료비 지출의 미국 부채에 대한 '기여도'는 꾸준히 상승할 것으로 전망된다.

미국의 의료 시스템은 로마 시대의 징세 청부제도와 정부 업무 하도급 제도를 점점 닮아가고 있다. 스펀지처럼 국민의 혈세를 빨아들이는 의료업을 개혁하지 않으면 국가 재정은 조만간 파탄이 날 것이다.

오바마 대통령도 미국의 의료비 폭등 문제가 얼마나 위험한지 잘 알고 있다. 하지만 그가 월스트리트 은행가들의 탐욕을 성토하면서도 정작 실제적인 규제 조치를 취하지 못한 것처럼 의료 시스템 역시 손대기가 만만치 않다.

미국 정부의 의료 시스템 '방임 정책'은 의료비의 지속적인 악성 팽창을 조장하는 근본 원인이다. 〈타임〉은 이 문제에 대해 다음과 같이 논평했다.

"미국 법률은 미국 정부가 의약품 가격을 규제하지 못하도록 사전에 차단했을 뿐만 아니라 최대 매수자(메디케어)가 가격 협상에 나서지 못하도록 규정했다. 미국 의회는 이런 방식으로 제약회사에 영구적인 특혜를 제공했다(제약회사들은 연구개발 리스크를 감안할 때 의약품 가격과 기업 이윤을 규제해서는 안 된다고 의회를 설득했다). 미국 의회는 또 미국 보건사회복지부 산하 의료보장본부가 제약업체들과 의약품 가격을 협상하지 못하도록 금지했다. 메디케어는 평균 가격을 확정한 후 이 가격에 6%의 커미션을 지급하면 된다."

이는 북송 시대 상인들이 변방에 군량과 마초를 운송하면 변방 관리들이 가격을 높게 쳐주는 것도 모자라 커미션을 지급했던 것과 그야말로 판박이라고 할 수 있다.

이토록 황당무계한 정책은 미국의 법률제도가 탐욕 앞에서 이미 효력을 잃었고, 미국의 국부가 소수의 부자들에게 집중돼 있다는 현실을 잘 보여준다.

미국의 제약회사와 보험회사는 대통령도 감히 건드릴 수 없다. 한 번은 오바마 대통령이 국유 보험회사를 설립해 민간 보험회사와 경쟁 구도를 만들자고 제안했다. 그러자 자유파와 보수파가 힘을 합쳐 오바마의 제안에 반발했을 뿐 아니라 언론까지 일제히 들고 일어나 오바마를 '사회주의자'로 매도하고 심지어 '나치'로 공격하기도 했다. 일부 흥분한 사람들은 공개적으로 오바마 암살을 선언했고, 총기를 지닌 채 오바마의 경선 집회에 뛰어든 사람도 있었다. 이에 깜짝 놀란 오바마는 즉시 자신의 제의를 철회했다. 그 결과 가장 중요한 의료비 지출 절감 문제를 비켜가게 되면서 의료 개혁은 유명무실해졌다.

미국에서 의료보험이 없는 사람들의 생활은 살얼음판을 걷는 것처럼 아주 위험하다. 병에 걸리면 바로 빈곤층으로 추락하는 것은 물론이고, 아예 파산하는 경우도 적지 않다. 그러나 보험료가 너무 비싸기 때문에 아직도 5,000만 명이 건강보험에 가입하지 못하고 있다. 한마디로 '오바마 케어'로는 의료비를 절대로 낮출 수 없고 국민의 혈세로 부자들 좋은 일만 시켜주는 꼴이 된다.

5,000만 명의 무보험자에게 의료보험에 의무적으로 가입하도록 규정한 오바마 케어는 사실상 보험회사의 주머니만 불려주는 제도라고 단언해도 좋다.

연수입이 5만 달러인데 의료보험이 없는 프리랜서의 경우를 보자. 그가 오바마 케어에 가입하면 매년 보험료 7,200달러를 지급해야 한다. 이는 정상적인 보험료의 4배에 달하는 액수이다. 게다가 병에 걸려 치료를 받으려면 먼저 1만 4,000달러를 자비로 납부해야 한다. 보험료와 의료비를 합치면 무려 2만 달러에 달해 세후 수입의 60%를 차지한다.

이것은 보험이 아니라 완전히 강탈이다. 오바마 케어는 국민을 위한 제도가 아니라 보험회사와 제약기업, 대

┃ 오바마 케어에 항의하는 시민들

형 병원들을 위한 제도에 지나지 않는다.

보험료가 비싸다고 가입을 거부할 수도 없다. 오바마 케어는 강제성 보험으로 미가입자에게 무려 연간 4,000달러의 벌금이 부과된다. 벌금을 내지 않으면 먼저 운전면허를 취소당한다. 자동차가 주요 교통수단인 미국에서 운전면허를 취소당하는 것은 두 다리를 잃는 것과 같다. 만약 24개월 동안 벌금을 체납하면 이번에는 체납자 소유의 부동산이 타깃이 된다. 벌금을 계속 미룰 경우 부동산을 빼앗길 수도 있다는 얘기가 된다. 빼앗기기 전에 집을 팔아버리면 되지 않는가? 천만의 말씀이다. 그전에 정부가 먼저 누적 벌금과 이자를 공제한다.

"의료 혜택은 유한하나 책임은 무한하다" 이것이 오바마 케어의 본질이다.

미국의 금융개혁은 수박 겉핥기로 끝났고, 의료 개혁 역시 본말이 전도됐다. 정부에게는 더 이상 부의 분배 구도를 바꿀 힘이 남아 있지 않다. 미국 제도가 자가 개선 능력이 뛰어난 제도라는 '신화'는 이제 완전한 옛말이 돼버렸다.

오바마는 임기 내에 두 차례의 중대한 개혁을 단행했으나 부의 집중화를 막지 못하고 오히려 재벌들의 더 큰 탐욕을 조장했을 뿐이다. 서민 출신의 대통령이 서민 정치를 펼치지 않았다. 오바마는 그라쿠스 형제의 용기는 물론 왕안석의 성품을 지니고 있지 않다.

미국에서 1980년대 초에 시작된 제2차 부의 집중화 열기는 2008년 금융위기를 거친 뒤에도 계속 뜨거워지고 있다. 통상적인 개혁을 통해서는 부의 겸병 붐을 잠재울 수 없다. 빈부 격차 갈등이 첨예해지면 다음번에 도래할 금융위기의 수위는 상상도 못할 수준이 될 것이다.

역사를 거울로 삼아 현재를 분석해보면, 미국은 부의 겸병, 조세 불균형, 재정 고갈, 화폐 가치 하락, 계급 대립 첨예화의 악순환에 빠져들었다.

차이나 드림이 아닌 것들

모든 역사는 현재 진행형이다. 각기 다른 대륙에 위치한 로마, 북송, 미국은 약 1000년의 기간을 사이에 두고 인류 역사에 출현한 세 차례의 화폐 경제 전성시대를 대표한다. 이 맥락을 따라가면 과거를 조명하고 현재를 분석해 미래를 조망할 수 있다.

차이나 드림의 윤곽을 완벽하게 그리려면 반드시 역사를 기준계로 삼아야 한다. 또 차이나 드림이 무엇인지 정의하기 전에 우선 차이나 드림이 아닌 것들을 알아볼 필요가 있다.

소수 권력자가 정권을 장악하고 엘리트들이 탐욕을 부리는 사회는 차이나 드림이 아니다.

사회적 부가 소수에게 집중되고 빈부 격차가 큰 사회는 차이나 드림이 아니다.

세수 부담이 불합리하고 국가 재정이 적자 상태인 사회는 차이나 드림이 아니다.

화폐 가치가 하락하고 자산 가격이 폭등하는 사회는 차이나 드림이 아니다.

백성의 재력이 고갈되고 내우외환이 잇따르는 사회 역시 차이나 드림이 아니다.

중국에는 독재자가 있는가? 지금은 없지만 미래에 나올 가능성이 있다.

1949년 신중국 건국 이후부터 약 30년 동안 중국 사회에서는 빈부 격차가 기본적으로 해소됐다. 중국 전역에서 대대적인 부의 재분배를 추진함으로써 중국 역사상 전무후무한 대규모의 빈부 균등을 실현했기 때문이다.

그렇다면 빈부 격차가 없다고 부강하고 번영하는 사회일까? 꼭 그렇다고 단정할 수는 없다.

인류 역사를 살펴보면 국가, 민족, 시대, 제도를 불문하고 사회계층 구조가 피라미드 형태를 띨 때 사회가 가장 안정적이었다. 즉 10%의 엘리트 그룹이 상층부를 형성하고 나머지 90%가 하층부에 위치해야만 사회가 안정될 수 있다. '누구나 완전한 평등을 누리는 사회'를 지향하고, 그 꿈을 실천에 옮기려고 노력한 사람은 어느 시대에나 항상 있었다. 그러나 '완전 평등 사회'는 지금껏 현실화된 적이 없다. 잠깐 나타난 적은 있으나 불안정성 때문에 오래 지속되지 못했다.

사람마다 근면함의 정도, 성격, 자질, 살아온 환경 및 얻게 되는 기회들이 다 다르기 때문에 최종적인 성과에도 필연적인 차이가 존재한다. 어느 사회에나 10% 정도의 근면하고 똑똑한 사람이 있다. 이들은 정책적인 제약을 받지 않는 한, 적극적인 노력과 열정으로 남보다 빠르게 두각을 나타낸다. 물론 부모나 가족 또는 사회관계의 덕을 입어 빠르게 성공하는 사람도 있을 수 있다. 그래도 이들 중 대부분은 본인의 근면한 노력과 공부, 총명한 자질에 힘입어 높은 사회적 신분을 얻고 남들보다 더 많은 부를 축적했다고 볼 수 있다. 이들은 부를 창출하는 사람들이자 사회의 진보를 추진하는 원동력이기도 하다. 사회를 이끄는 엘리트를 억압하고 박대하는 국가는 활기, 원동력, 기회, 꿈을 가질 수 없다.

덩샤오핑(鄧小平)이 제창한 '일부를 먼저 부유하게 만드는' 이른바 선부론(先富論) 정책은 중국의 사회 엘리트 그룹으로 하여금 적극성을 유감없이 발휘하게 만들었다. 이들 중 대다수는 남이 해보지 않은 일, 남이 가보지 않은 길을 과감하게 선택했다. 낡은 관습을 타파하고 지혜를 짜내 용감하게 혁신에 앞장선 대가로 사업을 크게 발전시켜 큰돈을 벌었다. 이들의 도발적인 행동은 활기를 잃고 칙칙해진 사회에 메기 효과를 일으켰다. 더 많은 사람들이 이들을 본받아 부자가 되려는 목표를 세우고 부의 창출

덩샤오핑은 '일부를 먼저 부유하게 만드는' 선부론을 제창했다.

에 대한 열정을 불태웠다. 전 사회적으로 부의 혁명이 무서운 속도로 진행되면서 중국은 드디어 빈곤으로부터 탈출했다.

본인의 노력으로 많은 부를 창조한 상위 10%의 엘리트들은 전 사회적인 격려와 보호를 받고, 부의 분배 과정에서 비교적 많은 몫을 가져야 마땅하다. 이는 국가가 근면함을 장려하고 게으름을 경계하는 취지일 뿐만 아니라 부의 창조를 독려하는 수단이기도 하다.

중국 사회는 1979년 개혁개방 추진 이후 다시 정상적인 상태를 회복했다. 지금까지 30여 년 사이에 경제의 고속 성장으로 사회적 재산이 폭발적으로 증대하고 사회계층이 새로 생겨났으며 대부호도 등장했다. 또한 이익집단의 세력이 가시화되고 빈부 격차 역시 현격하게 확대됐다. 이는 중국 사회에서 한편으로 경제 성장에 힘입어 더 많은 기회가 만들어지고, 또 다른 한편으로는 부의 겸병 조짐이 싹트는 중요한 전환점이라고 할 수 있다.

생산성이 빠르게 향상되고 경제가 번영을 구가하는 시기에는 부자가 빨리 부유해지고 서민이 천천히 부유해져도 부자에 대한 사회적 태도는 그저 부럽다는 정도에 그쳤다. 그러나 생산성 향상 속도가 둔화되고 일부 지역 또는 일부 업종만 크게 발전할 때는 부자는 더 빠른 속도로 부유해지는 데 반해, 서민의 실질 소득은 거의 제자리걸음을 한다. 이때에는 사회적 인식이 부자를 질투하는 쪽으로 바뀐다. 만약 생산성이 향상되지 않는 상황에서 부자가 창출이 아닌 겸병을 통해 사회적 부를 탈취하고 엄청난 이익을 얻게 되는 때는 진취적 성격이 무분별한 탐욕으로 변질된 경우이다. 이때 서민의 소득은 하락하고 사회적 인식은 부자를 증오하는 쪽으로 흐른다.

부자에 대한 '동경'이나 '질투' 내지 '증오'의 사회적 태도는 한꺼번에 나타나지 않고 점진적으로 표출된다. 1980년대와 90년대의 대부분 시기에는 전 사회적으로 부자가 선망의 대상이 되었다. 그러다가 2000년부터 금융위기 발생 전까지 부자를 질투하는 시선이 점차 증가했다. 2009년부터는 '처우푸(仇富, 원수 같은 부자들)'라는 단어가 빈번히 등장하기 시작했다. 이는 중국 경제 성장의 질과 양 및 수혜 범위에 서서히 변화가 생겼다는 사실을 단적으로 보여준다.

일반적으로 경제가 호황일 때에는 부자가 상대적으로 더 많은 부를 점유해도 사회적으로 용인이 된다. 그러나 일부 지역이나 일부 업종만 호황이라면 부자는 스스로 탐욕을 절제하고 사회적으로 허용되는 정상 비율에 따라 부를 나눠 가져야 한다. 한편 경기가 침체 내지 불황일 때에는 욕심을 버리고 부를 양보해야 한다. 그래야 대중의 정서를 안정시키고 '부자에 대한 증오심' 확산을 막을 수 있다. 또 일반 서민의 소득과 소비가 증가하면 장래에 부자에게도 더 큰 득이 될 수 있다.

그렇다면 상위 10%의 부자들이 국민소득의 몇 %를 점유해야 적정 수준이라고 할 수 있을까?

역사학자 황런위(黃仁宇)는《1587 만력 15년 아무 일도 없었던 해(萬曆十五年)》에서 중국의 데이터 관리 수준과 정밀도가 서방보다 한참 뒤처졌다고 지적한 바 있다. 틀린 말이 아니다. 옛날에도 그랬을 뿐 아니라 현재도 중국의 데이터 관리 수준은 서방에 한참 못 미치는 것이 사실이다.

중국의 국민소득 분배와 관련해서는 아직까지 정확한 통계 데이터가 나오지 않았다. 따라서 상위 0.1%, 1%, 10%의 부자들이 현재 국민소득의 몇 %를 점유하고 있는지 알 수 없다. 다시 말해 중국의 빈부 격차 문제가 얼마나 심각한지 알 길이 없다. 그러니 지난 60년이나 100년 동안의 상황을 이해하기란 거의 불가능하다. 이런 상황에서 학자들은 단지 감각에 의지해 의견을 피력할 뿐이고, 정부 역시 정확한 결정을 내리는 데 어려움을 겪고 있다.

그렇다면 북송 시대의 데이터를 빌려 부의 분배 비율에 대해 잠시 살펴보자. 인종 말년에 6%의 귀족과 부자 집단은 전국 토지의 60~70%를 차지해 국민소득의 절반 이상을 석권했다. 북송 정부는 부의 양극화가 갈수록 심해져 사회위기로 이어질 조짐이 보이자 토지 겸병을 억제하기 위해 왕안석 신법을 도입했다. 이 시기가 바로 인종의 성세(盛世)가 갓 끝났을 무렵이었다. 미국 역사를 살펴봐도 상위 10%의 부자 집단이 국민소득의 50% 이상을 점유할 때 경제가 붕괴하고 사회위기가 도래했다.

여러 가지 사실로 미뤄볼 때, 상위 10%의 부자 집단이 국민소득의 50% 이상을 점유하면 이들의 세력은 그 어떤 개혁에도 무너지지 않을 정도로 강대해지고, 제도적 오류를 시정하는 메커니즘이 완전히 제 기능을 상실해 국운은 전성기에서 쇠퇴기로 이르는 전환점을 맞이한다. 북송의 사회경제는 왕안석 개혁 실패 후 약 30년 동안 정체기에 머물러 있었다. 그러다가 부자 집단의 토지 겸병이 절정으로 치달으면서 이후 20년 사이에 빠르게 붕괴했다.

미국에서는 북송 때와 똑같은 현상이 일어나고 있다. 2008년 이후 미국의 상위 10% 부자의 국민소득 점유율은 이미 50%의 한계점을 돌파했다. 큰 전쟁이나 혁명이 발발하지 않는 한, 제도적 힘에 의해 현 상태를 변화시킨다는 것은 불가능하다는 얘기가 된다. 오바마의 금융개혁과 의료개혁이 모두 실패한 것이 바로 그 증거이다. 빈부 격차가 이토록 심한 상황에서는 경기 회복에 기대를 걸 수 없다. 설령 경기가 잠깐 호전되더라도 그것은 신기루처럼 일시적인 현상일 뿐이다. 어쩌면 미국은 앞으로

20~30년 동안 안정적인 국면을 유지할지도 모른다. 그러나 이 기간 동안 부의 양극화는 계속 심화돼 결국에는 급격히 악화될 수밖에 없다.

요컨대 '10%의 부자가 국민소득의 50%를 차지하는 현실'은 국가의 성쇠를 결정하는 한계점이라고 볼 수 있다. 이는 중국 정부가 기본적인 식량 자급 실현을 위해 경작지 면적의 마지노선을 18억 무로 정한 것처럼 상당히 중요한 의미가 있다. 책임감 있는 정부라면 부자의 탐욕이 이 임계점을 넘지 못하도록 죽을힘을 다해 막아야 한다. 이 한계점만 벗어나면 탐욕이 마치 암세포처럼 증식해 사회 자원을 무분별하게 약탈하고 국가를 몰락으로 이끈다.

중국은 국민소득 분배 원칙과 비율을 법적으로 명확하게 규정할 필요가 있다. 그렇지 않으면 국가의 장기적인 안정을 보장하기 어렵다.

부동산과 소득분배

신자유주의는 정부의 시장 개입을 완전히 부정한다. 국가 권력의 시장 개입은 시장경제의 효율성을 떨어뜨린다고 주장한다. 많은 사람들은 시장이 평평하다(flat)고 생각하지만 사실 시장은 영원히 굽어 있다.

정부가 경제에 대해 '자유방임 정책'을 취하면 반드시 부의 분배 불균형이 초래된다. 이는 역사적으로 증명된 사실이다. 대표적인 사례로 로마 제국의 '자유방임 경제' 정책, 북송의 '토지 겸병 허용' 정책 및 미국의 '탈규제' 정책을 꼽을 수 있다. 자유가 더 많이 허용된 사회일수록 부의 양극화가 더 심해지고, 결국 경기 침체와 국운의 쇠퇴로 이어진다.

유사 이래로 인류의 모든 활동은 '부의 창조'와 '부의 분배'의 범주에서 기본적으로 벗어나지 않았다. 다른 활동은 모두 이 두 가지에서 파생됐다. 부의 효율적인 창조에 대해 연구하는 학문은 경제학, 부의 합리적인 분배에 대한 이론은 정치학의 범주에 속한다. 부의 창조와 분배의 두 가지를 동시에 연구하는 것은 정치경제학이다. 따라서 정치경제학적인 측면에서 관찰해야만 국가 운명의 전반적인 면모를 환히 꿰뚫어볼 수 있다.

정부는 가급적 시장에 적게 개입하는 편이 좋다. 그러나 부의 분배 원칙을 강력하게 보호할 수 있어야 한다.

가장 현실적인 사례로 정부의 부동산시장 개입 문제를 들 수 있다. 정부는 부동산 가격을 규제해야 하는가? 정부는 어떻게 부동산시장을 관리해야 하는가?

시장 근본주의자들은 부동산 가격이 시장의 수급 관계에 의해 결정되도록 내버려둬야 한다고 주장한다. 부동산 가격이 아무리 치솟아도 사려는 사람만 있다면 그 가격은 합리적이라는 것이다. 따라서 정부는 부동산 가격을 규제할 이유가 없다는 결론이 나온다.

그러나 부의 분배 원칙에 비춰보면 위의 주장이 역사적 경험에 위배된다는 것을 알 수 있다. 북송 시대에 6%의 대부호들이 전국 토지의 60~70%를 차지했고, 로마 제국 시기에는 6대 초대형 지주들이 아프리카 영토의 절반을 강점했다. 이것이 과연 시장경제에 부합할까? 로마 제국과 북송 왕조의 멸망은 시장이 모든 것을 결정한다는 관점이 틀렸음을 단적으로 보여준다.

기형적인 부동산 가격은 중국 전역에서 부의 분배 불균형 문제를 초래했다. 특히 대도시에서 부의 양극화 현상이 더 심각해졌다. 부동산을 수십 채, 심지어 수백 채씩 보유한 '팡제(房姐, 부동산 언니)'나 '팡수(房叔, 부동산 삼촌)'는 그야말로 빙산의 일각일 뿐이다. 부동산시장에 보편적으로 존재하는 지나치게 높은 부동산 가격과 부동산 임대료는 부동산 비축량이 아닌 유통량의 부족으로 초래된 것이다.

이런 의미에서 부동산세는 꼭 필요한 세목이다. 부동산세가 없다면 부자들은 마치 북송 시대의 대부호들이 국토의 절반 이상을 차지하고도 세금을 전혀 내지 않은 것처럼 집을 대거 매입해놓고 집값이 상승하기만 기다리면 된다. 부동산 부자들은 임대료 수입에 별로 흥미가 없고 보유한 부동산을 팔려고도 하지 않는다. 화폐 가치가 끊임없이 하락해도 집값은 반드시 오르기 마련이기 때문에 늦게 팔수록 수지가 맞는다고 생각한다. 그래서 중국의 각 도시에는 빈집이 아주 많다. 공실률 문제만 봐도 황런위 교수의 '중국의 데이터 관리 수준이 엉망'이라는 관점에 수긍하지 않을 수 없다. 아직도 공실률을 정확하게 집계한 데이터가 없으니 말이다. 중국의 부동산 공실률은 얼마나 될까? 15%? 20%? 아니면 30%? 정확한 수치는 하늘이나 알 노릇이다.

중국에는 전국 단위의 부동산 정보 네트워킹 시스템이 아직 구축돼 있지 않다. 따라서 부동산이 어디에 얼마나 집중돼 있는지 자세한 상황을 알 도리가 없다. 이는 관련 기술이 부족해서가 아니라 이익집단의 의도적인 훼방 때문이다. 제도적 오류 시정 메커니즘이 부동산 분야에서도 번번이 효력을 잃고 있다는 사실을 알 만한 사람은 다 안다.

중국은 향후 전국 단위 부동산 정보 네트워킹 시스템을 구축할 수 있을까? 이는 현행 제도가 탐욕을 효과적으로 억제할 수 있을지를 시험하는 시금석이 될 것이다.

부동산 가격은 비축량이 아닌 유통량에 의해 결정된다. 가구 수가 100세대인 아파트 단지에서 딱 한 집만 집을 팔았다면 이 집의 판매가격이 곧 아파트 단지의 부동산 가격이라고 할 수 있다. 미국의 경우 매년 신규 주택과 기존 주택의 매매량은 주택 비축량의 3~4%에 불과하다. 다시 말해 주택 유통량은 비축량의 3~4%라는 얘기가 된다. 그런데 부동산시장에 50만 채의 매도 물량이 갑자기 쏟아진다면 어떻게 되겠는가? 1억 3,000만 채의 부동산시장가격에 큰 충격을 줄 것이 틀림없다. 매도 물량이 500만 채 급증한다면 어떻게 될까? 아마 미국의 부동산 가격은 순식간에 폭락할 것이다. 2013년 4월 12일, 월스트리트는 금 선물시장에 400톤의 매도 물량을 쏟아내 17만 톤 규모의 금시장가격을 역전시켰다. 사실 이에 앞서 월스트리트 매체가 시장 심리를 집중 공격한 것이 중요한 역할을 했다. 금시장에 공포 심리가 확산되면서 보유량의 0.3% 미만의 매도 물량으로도 가격 폭락을 초래할 수 있었다. 한마디로 가격을 결정하는 가장 중요한 요소는 시장 심리이다. 언론 매체는 시장 심리에 영향을 주는 중요한 도구라고 할 수 있다. 언론을 이용해 시장 심리에 일정한 영향을 끼친 다음 갑자기 집중 매도 공격을 감행하면 시장가격은 어마어마한 타격을 받아 종국에는 적은 물량으로 가격 역전을 꾀하는 효과를 거둘 수 있다.

1950년대 초, 덩샤오핑과 어깨를 나란히 했던 보수파의 거두 천윈(陳雲) 역시 이 방법으로 상하이에 수십 년 동안 둥지를 틀고 있던 투기 세력을 일거에 격파했다. 최근 몇 년 동안 중국 정부가 온갖 노력에도 불구하고 부동산 가격을 잡지 못한 이유는 '매복전'이 '조우전(遭遇戰)', '속결전'이 '지구전', '섬멸전'이 '소모전'으로 바뀌는 등 전략상 문제가 발생했기 때문이다. 시장 기대가 완전히 한쪽으로 치우친 상황에서 주택 구매 제한 정책이나 대출 규제 정책 같은 행정적 제재는 오히려 부동산 가격 상승 기대를 부추기는 꼴밖에 되지 않는다.

부동산세는 부의 불균형 분배를 바로잡는 '비장의 무기'이자 재정수입의 지속적인 증대를 꾀하는 데 반드시 필요한 수단이다. 인구의 대부분을 차지하는 서민의 이익을 보호하기 위해 처음 구매한 주택에 대해서는 부동산세를 면제한다. 또 두 번째로 구매한 주택에 대해서는 0.1% 정도의 상징적인 세율을 적용하면 도시 주민의 90% 이상이 보호 범위에 들어온다. 그리고 세 번째로 구매한 주택에 대해서는 기준에 따라 1% 정도의 부동산세를 과세한다. 그러나 투기 목적으로 부동산을 세 채 이상 보유한 자에 대해서는 세율을 2배로 높여 징벌적 성격의 세금을 부과한다.

마치 Fed가 QE 종료 의사를 내비쳐 금융시장을 출렁이게 만든 것처럼 부동산세 도입 소식만으로도 부동산시장에 큰 영향을 줄 수 있다. 대부분의 사람은 가격 상승을 기대하고 부동산을 매입한다. 그러나 가격 상승 기대 심리가 역전되면 잠재 구매자들은 즉시 부동산 매입을 중단하고 관망하는 태도로 돌아선다. 더 중요한 것은 부동산을 3채 이상 보유한 '팡제'나 '팡수'들이 부동산세 폭탄을 피하기 위해 보유 부동산을 매각할 수밖에 없다는 사실이다. 마치 4.12 금값 폭락 사태 때와 똑같은 상황이 연출되는 것이다. 가격 기대 심리가 바뀌고 부동산시장의 물량이 증가하면 부동산 수급 관계에 필연적으로 큰 변화가 생기게 된다.

부동산세의 도입으로 빈집 물량 중 5%가 부동산시장에 흘러든다면 부동산 가격에 진도 8에 버금가는 충격이 발생한다. 만약 빈집 중 10%가 부동산시장에 나온다면 소수의 '강성 수요자'를 제외한 나머지 잠재 구매자들은 모두 놀라 시장에서 철수할 것이다. 더 나아가 부동산세의 도입에 힘입어 빈집 중 20% 이상이 매도 물량으로 나온다면 아마 5년 뒤에는 도시 주민들 사이에 "부동산 투자는 돈벌이가 안

강성(剛性) 수요자
주거 환경이 좋지 않은 주택을 바꾸기 위해 주택을 새로 사고자 하는 강한 열망을 가진 사람들.

된다"는 말이 떠돌 것이다. 사실 중국 부동산의 절대적인 양은 심각하게 부족하지 않다. 다만 부동산 소유 구조가 불공평하고 수급 관계가 왜곡돼 있을 뿐이다. 가령 중국의 부동산 공실률이 0%라면, 즉 빈집이 하나도 없이 다 사람이 살고 있다면 중국의 농경지 점유, 환경오염, 에너지 및 자원 낭비 문제 등은 아마도 크게 개선될 것이다.

부동산산업에 불필요하게 묶여 있는 거대한 경제자원은 반드시 풀려나야 한다. 그래야 다른 산업들이 이 자원을 얻어 성장, 발전하고 더 많은

취업 기회를 제공함으로써 경제 번영을 이끌 수 있다.

부동산세의 도입은 부동산시장의 공실률을 낮추는 가장 효과적이고 경제적인 방법이다. 부동산세를 도입하면 부동산 보유 비용이 대폭 상승하기 때문에 부동산 수급 개선과 물량 부족 해결 효과가 곧바로 나타난다. 부동산세의 주요 목적은 세수정책을 통해 부의 분배 흐름을 조절하고 경제 자원의 균형적인 재배치를 도모하려는 데 있다.

중국의 부동산시장은 분명 평평하지 않고 심하게 왜곡돼 있다. 오바마의 의료개혁이 수박 겉핥기에 그친 것처럼 중국의 부동산세 도입도 난항을 겪고 있다. 이유는 마찬가지로 제도적 오류 시정 메커니즘이 효력을 잃었기 때문이다.

부동산세 추진의 가장 큰 걸림돌은 지방정부이다. 땅값이 오르면 집값도 오르고, 높은 집값은 역으로 땅값 상승을 부추긴다. 지방정부는 이런 토지 가격 상승의 최대 수혜자였다. 그런데 부동산세의 도입으로 인해 부동산 가격이 하락하면 땅값도 따라서 하락하므로 자연스럽게 지방 재정에 문제가 생기게 된다. 최근 많은 지방에서 인프라 사업에 거액을 투자했다. 이 자금은 대부분 융자나 은행 대출을 받은 것인데, 이런 부채를 떠받치는 토지 매각 수입이 줄면 큰 타격을 받을 것이 뻔하다.

금융 시스템도 부동산 가격 하락을 원치 않는다. 담보자산인 토지의 가격이 하락하면 건설업 대출과 주택 담보부 대출의 디폴트 비율이 상승하면서 자본금 부족을 초래하고 수익 창출 및 주가에 영향을 미친다. 이 밖에 부동산산업 사슬은 위아래로 수십 개 산업과 연결돼 있다. 금융 시스템은 이 수십 개 산업 분야에서도 톡톡한 이익을 얻고 있다. 그런데 부동산시장에 불경기가 닥치면 관련 산업의 자산 품질이 하락해 수익에 큰 타격을 입게 된다.

부동산 개발상은 직접 부동산을 통해 돈을 벌기 때문에 당연히 부동산세 도입에 공개적으로 반대 의사를 표시한다. 이에 반해 지방정부와 금융기관은 보이지 않는 곳에서 부동산을 이용해 떼돈을 버는 부류이다. 이들이 공통의 이익을 토대로 형성한 트라이앵글은 너무 견고해 깨기가 쉽지 않다. 중국 정부의 다양한 부동산 규제 정책이 이 트라이앵글 앞에서 속수무책이라는 것은 이미 예견된 일이었다.

탐욕은 인간의 본성이다. 따라서 멀리할 수는 있어도 막을 수는 없다. 공통 이익으로 다져진 트라이앵글의 방해를 뚫고 부동산세 도입을 효과적으로 추진하려면 금융혁신을 시도해볼 필요가 있다.

블랙스톤이 출시한 '임대료 담보부 증권'은 주택 임대료라는 현금흐름을 증권화한 상품이다. 주택 담보부 대출이라는 현금흐름을 증권화한 MBS나 미수금이라는 현금흐름을 증권화한 ABS와 성격이 같다. 모든 현금흐름을 증권화할 수 있다면 부동산세에 의해 고정적으로 발생하는 현금흐름도 증권화가 가능하다. 이것이 바로 '부동산세 담보부 증권'이다.

지금까지 부동산세의 증권화를 시도한 국가는 하나도 없었다. 그러나 새로운 시도가 곧 혁신이 아니던가. 더구나 부동산세 담보부 증권이 생기면 지방정부 역시 부동산세의 도입을 적극적으로 지지할 것이고, 나아가 금융기관도 새로운 수익원을 얻게 돼 마다하지 않을 것으로 보인다.

중국의 도시인구는 9억 명에 이르고 있다. 평균 4인 가구 기준으로 계산하면 도시 주민들은 약 1억 6,000만 채의 주택을 보유한 셈이다. 주택한 채당 가격을 100만 위안으로 가정하면, 중국의 부동산시장 규모는 무려 160조 위안에 달한다(미국의 부동산시장 규모는 약 23조 달러, 140조 위안임). 부동산세 평균 세율을 0.5%로 정할 경우 연간 부동산세 수입만 8,000억 위안에 이른다. 금융기관이 향후 10년 동안의 부동산세 수입을 패키지로 묶어 증권화하면 그 가치는 무려 8조 달러에 달한다. 은행, 증권사 및 기타 금융기관들이 이렇게 좋은 돈벌이를 놓치려 하겠는가? 요컨대 금융

시스템도 부동산세의 도입을 반대하지 않을 것이 분명하다.

가끔은 독으로 독을 다스려야 할 때도 있다. 탐욕으로 탐욕을 물리치는 방법이 억지로 탐욕을 억제하는 것보다 더 효과적일 수 있다.

지방정부의 입장에서 토지 매각 수입이 기본급이라면 부동산세 담보부 증권 수입은 보너스에 해당한다. 보너스 제도를 도입하면 당연히 기본급이 줄겠지만 총수입은 예전보다 증가하게 된다.

구체적으로 따져보자. 지방정부는 땅을 팔아 두 가지 수익을 얻는다. 하나는 토지 매각 수입이고, 다른 하나는 향후 이 땅에 짓게 될 주택이나 상가 등 부동산에 부과되는 부동산세 수입이다. 이때 금융 혁신을 통해 부동산세 담보부 채권을 발행한다면, 즉 지방정부가 향후에 얻게 될 부동산세 현금흐름을 미리 추산해 표준화된 증권 상품으로 만든 뒤 신용평가 기관으로부터 평가를 받고 금융시장에서 발행함으로써 자금을 조달할 수 있다. 지방정부는 이렇게 얻은 자금을 정부 예산에 편입하거나 필요한 분야에 지출하면 된다. 지방정부 입장에서는 예전에 없던 추가 수입이 생기는 셈이니 당연히 부동산세의 도입을 대대적으로 환영할 것이다. 지방정부는 아직까지 신용 채권 발행권을 갖지 못했다. 그러나 부동산세 담보부 증권이 나온 뒤에는 지방정부도 채권 담보부 융자가 가능해진다. 부동산세 담보부 증권의 본질은 지방정부의 향후 5년, 10년, 15년, 20년 동안의 부동산세 수입을 한꺼번에 할인 가격으로 현금화해 미래 수익을 금융시장의 투자자들에게 양도하는 것이다. 물론 지방정부는 '보너스'를 얻으려면 토지 매각 수입의 일부를 포기해야 한다. 채권 발행을 통해 2위안을 조달했다면 토지 매각 수입에서 1위안을 따로 떼어내 이전지급 전문 자금으로 사용해야 한다. 이 자금으로 땅을 잃은 농민에게 보조금을 지급하거나 농업 인프라에 투자할 수 있다. 이 자금은 지방정부 자체로 관리해도 되고, 중앙정부가 전국에 배분할 수도 있다.

자금 유통 방향을 살펴보면, 금융시장의 부자들과 부동산을 대량으로 보유한 사람들의 자금은 이전지급 전문 기금의 형태로 삼농(三農, 농민, 농업, 농촌을 일컬음) 사업에 공급된다. 이를 통해 농민의 소비력을 향상시키고 도시와 농촌 간 빈부 격차 완화에 유용하게 사용될 수 있다.

부동산세는 임대료와 다르다. 임대주택은 사람이 입주하지 않으면 임대료 현금흐름이 발생하지 않는다. 그러나 부동산세는 부동산 소유주에게 징수하기 때문에 현금흐름이 중단되지 않는다. 따라서 부동산세 담보부 증권은 블랙스톤의 임대료 담보부 채권보다 품질이 훨씬 더 우수하다. 동시에 부동산세 담보부 증권은 안전 투자를 선호하는 보험회사, 연금기금, MMF, 은행 재테크 부서 등에 우량 상품을 제공함으로써 금융기관은 상당한 이윤을 얻을 수 있다.

지방정부의 토지 매각 수입은 예산외 수입인 탓에 사용 시 투명성을 보장하기 어렵고, 투자 효율에도 필연적으로 문제가 발생한다. 이에 반해 부동산세 담보부 증권을 발행해 얻은 자금 중 일부로 토지 매각 수입을 대체하면 정부 예산을 확대할 수 있고, 자금 사용의 효율성을 높일 수 있다. 이로써 궁극적으로 더 많은 부가 창조된다.

이밖에 부동산세 담보부 채권을 이용해 지방정부를 효과적으로 감독할 수도 있다. 채권은 금융시장에서 거래된다. 따라서 채권 가격은 지방정부가 투자한 프로젝트의 가치를 시시각각 반영한다. 금융 애널리스트들은 채권 가격을 정확하게 판단하기 위해 일일이 가가호호 방문하면서 부동산 판매 비율, 부동산세 납부 상황, 실제 소유주에 대한 정보 등을 자세하게 분석하고 싶어 한다. 지방정부는 다음 번 융자 비용을 낮추기 위해서라도 모든 프로젝트에 대해 신중을 기할 수밖에 없다. 금융시장은 시시각각 정부의 성과에 대해 냉정한 평가를 내리기 때문이다. 가령 특정 부동산세 담보부 채권이 시장에서 외면 받고 가격이 폭락한다면 이는 정부의 해당 프로젝트가 실패했다는 사실을 의미한다. 이 경우 정부 관리들이 받는 스트레스는 만만치 않다.

금융시장이 지방정부를 감독하고 채권 가격이 정부 프로젝트의 성패를 평가하게 하는 방법은 사람에 의한 수직적 관리 메커니즘보다 훨씬 효과적이다.

도시화의 관건은 고용 창출

중국과학원은 '2012 중국 신형 도시화 보고서'에서 2011년 기준으로 중국의 도시화율이 처음으로 50%를 넘어 51.3%에 달했다고 밝혔다. 이는 중국 도시의 상주인구가 처음으로 농촌인구를 초과했다는 사실을 의미한다. 도시 상주인구에는 도시에서 반년 이상 생활한 농업 호적 인구도 포함된다. 만약 농업 호적의 농민공 인구 1억 8,000만 명을 제외한다면 중국의 실제 도시화율은 약 35% 정도에 그친다.

학계에서는 중국의 도시화율이 매년 1%만 상승해도 5조 위안 규모의 내수를 이끌어낼 수 있다고 낙관적으로 전망했다. 이 계산이 맞는다면 향후 중국의 도시화율이 10% 상승할 경우 50조 위안의 내수를 이끌어낼 수 있다는 얘기가 된다. 이는 중국의 GDP 규모와 맞먹는 액수이다.

이 논리대로라면 중국이 선진국으로 올라서는 것은 그다지 어렵지 않다. 농민들을 도시로 대거 이전시키기만 하면 GDP가 성장하고 도시화율도 증가해 경제도 번영할 테니 말이다. 그러나 이 같은 생각에는 로마 제국이 도시화 운동을 잘못 이해했던 것과 똑같은 논리적 오류가 존재한다. 요컨대 도시화는 경제 성장의 결과이지 원인이 아니다.

인위적으로 도시화를 추진한다면 도시로 대거 이전한 농촌인구는 오히려 경제 발전에 부담이 될 뿐이다. 이에 반해 경제 성장의 결과로 도시화가 이뤄진 경우에는 도시에 살고 있는 사람이 모두 각자 일자리를 가지고 도시 경제 발전에 기여할 수 있다.

중국이 도시화율을 높이려면 반드시 수억 개의 취업 기회를 창출해야 하고, 그것도 사회보험과 의료보험이 보장된 정규직 일자리여야 한다. 일자리가 없으면 수입이 없고, 수입이 없으면 내수 확대도 불가능하다. 도시에 거주하는 1억 8,000만 명의 농민공은 대부분 단기직, 임시직에 종사한다. 도시 주민들과 똑같이 사회보험과 의료보험 및 각종 복지 혜택을 향유하는 정규직 농민공은 절반 정도에 불과하다. 이는 곧 지난 30여 년 동안 도시에서 농민을 위해 창출한 정규직 일자리 수가 매년 평균 300만 개씩 9,000만 개에 불과했다는 얘기가 된다. 이는 중국 경제가 고속 성장세를 유지한 상태에서 현재까지 이룩한 도시화의 성과이다.

중국의 도시화율 목표가 2020년까지 55%였다. 그렇다면 2014년부터 6년 동안 1억 5,000만 개의 정규직 일자리를 창출해야 한다. 그래야만 도시에 이미 진출했거나 향후 진출할 농민공들을 도시인구로 편입시킬 수 있다. 매년 평균 2,600만 개의 정규직 일자리를 새로 창출해야 하는데, 이는 사실상 불가능하다.

중국 도시에서는 매년 약 1,000만 개의 취업 기회만 창출되고 있다. 그러나 2012년 기준으로 취업

▌ 농촌인구가 도시로 대거 몰려들고 있다.

대기 중인 도시인구는 무려 2,500만 명에 달하고, 이 가운데 대학 및 전문 대학 졸업생이 절반을 차지했다. 이는 중국의 도시화 목표를 실현하려면 도시와 농촌의 젊은이 5명이 일자리 하나를 놓고 경쟁을 벌여야 한다는 사실을 의미한다.

취업시장의 판도를 보면 1,100만 개의 중소기업이 도시 고용의 약 75%를 책임지고 있다. 중소기업의 고용 인원은 평균 13명에 불과하고, 평균 수명은 2.5년에 지나지 않는다. 그룹 형태의 기업이라고 해봤자 7~8년을 버티지 못한다. 게다가 2013년부터 파산 또는 폐업한 중소기업의 비중은 매달 증가해 15%에 육박했다. 중소기업은 대기업에 비해 금융, 세수, 정책적인 지원을 거의 받지 못한다. 오히려 대기업의 리스크 전가 용 '쓰레기통'으로 전락하는 기업이 점점 증가하고 있다. 대기업은 대금 지급을 질질 끌거나 약속어음 비중을 늘리는 방법으로 중소기업에 피해를 주고 있다. 중국 중소기업의 기업 자산 대비 미수금 비중은 50%가 넘어 국제 평균 수준인 20%를 훨씬 초과했다. 이런 열악한 생존 환경 때문에 중소기업의 창업 성공률은 40분의 1로 하락해 미국 중소기업의 창업 성공률 7분의 1에 한참 못 미쳤다.

중국은 55%의 도시화율 목표를 이룰 수 있을까? 이는 정부가 결정할 일도 아니고, 또 정부가 결정해서도 안 되는 문제이다. 이 목표의 완성 여부는 사선에서 허덕거리는 1,100만 개의 중소기업이 결정해야 한다. 중국의 도시화를 가로막는 주요 장애물은 도시에 오피스 빌딩과 상품 주택이 부족해서가 아니다. 오피스 임대료와 경영 비용을 부담할 수 있는 중소기업의 생존 환경이 날로 어려워진다는 데에 있다. 도시 고용이 증가하지 않는 한, '도시화'는 '빈민화'와 '난민화'에 그치고 말 것이다.

도시화를 추진하려면 고용 창출이 우선이다. 안정된 일자리 기회만이 농촌의 잉여 생산력을 점차 도시로 흡수할 수 있다. 이 과정은 30년 정도의 시간을 필요로 하며, 심지어 더 길어질 수도 있다. 중국은 이 과정을 반드시 거쳐야 도시화율 50%의 목표를 이룰 수 있다. 13억 인구를 보유한 대국이 산업화와 도시화를 실현한 선례는 아직까지 없었다. 이는 절대 단숨에 이룰 수 있는 목표가 아니다. 어쩌면 사람의 상상을 초월할 정도로 복잡하고 지난한 과정을 거쳐야 할지도 모른다.

주지해야 할 것은 중국이 도시화를 추진하는 과정에서 반드시 세계 경제의 형세 변화에도 관심을 가져야 한다는 사실이다. 만약 세계 경제가 급강하한다면 국제시장과 연결된 도시 경제 부문은 심각한 타격을 입고 일자리 수가 대폭 감소하게 될 것이다. 최악의 경우 1억 8,000만 농민공이 다시 농촌으로 돌아가야 하는 사태가 발생할 수 있다.

중국의 최대 위기는 위기의식이 없는 것이다. 중국은 지난 30년 동안 경제가 고속 성장을 이룩했고, 60년 동안 이렇다 할 금융위기도 겪지 않았다. 따라서 중국인들은 리스크 헤지에 대한 개념이 없다. 대다수 사람들은 경제가 단순히 선형으로 성장하고, 경제성장률이 7%냐 10%냐를 기준으로 경기의 호불호가 구분된다고 생각한다. 낙관적인 전망과 냉정한 현실 사이에 생기는 괴리에 대비한 정책이나 조치도 마련돼 있지 않다.

가령 어느 날 갑자기 1억 8,000만 명의 농민공 중 8,000만 명이 일자리를 잃고 농촌으로 돌아가야 하는 상황이 발생한다면 어떻게 될까? 베이징은 설 연휴에도 거리가 한산하고 행인이 드물 것이다. 또 장사꾼들은 벌이가 시원찮아 울상을 지을 수밖에 없다. 경제 불황기가 이와 꼭 같다. 중국은 아직 경제 불황을 경험하지 못했고, 또 경제 불황이 나타나지 않을 것이라고 믿는다. 그러나 경제 불황은 먼 나라 얘기가 아니다. 언제 갑자기 닥칠지 아무도 모른다.

중국인들은 "우환으로 살고 안락함으로 죽는다"라는 옛사람들의 지혜를 너무 잊고 사는 것은 아닌지 반성해볼 필요가 있다.

토지 이전과 농민 소득

미국의 천문학적인 재정 보조금 덕분에 전 세계적으로 식량 가격이 말도 안 되게 하락했다. 흡사 로마 시대를 방불케 한다.

미국이 의도적으로 식량 가격을 떨어뜨린 결과, 중국 농민은 로마 시대 당시 이탈리아 농민과 똑같은 곤경에 처했다. 농사가 잘 돼 10년 넘게 풍작을 거뒀는데도 농민의 소득은 전혀 증가하지 않았다. 수확량이 증가한 만큼 생산 비용도 증가했지만 농산물 가격은 국제시장가격 때문에 크게 억눌려 있다.

농산물 무역에서도 유통량이 보유량 가격을 결정한다. 미국의 옥수수, 콩, 밀 수출량은 각각 세계 총 무역량의 58%, 43%, 22%를 차지해 세계 식량 가격을 지배할 능력을 가졌다. 결과적으로 국제 식량 가격이 기형적으로 낮아지면서 로마 제국 때와 똑같은 문제가 초래됐다. 개발도상국은 농업 근간이 파괴되고 농업경제가 파산의 언저리에 이르렀다. 농민들은 대거 도시로 몰려가 각 대도시에서 빈민촌을 형성했다. 빈털터리가 된 농민들은 수출산업에 풍부한 염가 노동력을 제공하면서 미국을 비롯한 선진국들의 염가 상품 생산에 기여하고 있다.

다행히 중국은 옛날부터 농업의 중요성을 인식했기 때문에 다른 개도국처럼 농업경제가 파탄 지경으로 내몰리지는 않았다. 정부는 농업세 폐지, 농업 보조금 증액 등의 다양한 수단을 통해 농업경제를 지탱해주고 있다. 그러나 농사를 지어서는 돈을 벌 수 없다는 인식이 보편화됐고, 토지 이전으로도 이런 추세를 근본적으로 변화시키기는 어렵다.

로마 귀족들은 토지를 대량 겸병한 다음 생산량 증가에는 추호도 관심을 가지지 않았다. 정부가 의도적으로 식량 가격을 낮췄기 때문이다. 농민들이 농사를 지어 돈을 벌 수 없었던 것처럼 광활한 면적의 토지를 보유한 귀족들 역시 농업 경영을 통해서는 수익을 내기 어려웠다. 귀족들은 심지어 공화정 시대에 대규모 노예 인력을 동원해 농사를 지었던 농장주보다도 토지에 대한 관심이 적었다. 이들은 로마 또는 속주의 대도시에 거주하면서 본인 소유의 토지를 직접 살펴보는 일이 거의 없었다. 대지주에게 가장 쉬운 돈벌이 방법은 땅을 소작농에게 대여하고 소작료를 받는 것이었다. 소작농에게 땅을 맡긴 후에는 수리 건설이니, 토질 개량이니, 우량종 번식이니 하는 잡다한 일은 아예 관계하지 않았다. 이들에게 있어서 토지에 대한 투자는 부동산 투자처럼 가치 보존이 목적이었다. 또 가급적 조용히 사는 것이 최대 원칙인 이들에게 돈을 투자해 알뜰히 땅을 경작하는 것은 성격과 어울리지 않았다. 소작농 역시 남의 땅을 비옥하게 가꾸기 위해 자금을 투자할 이유가 없었을 뿐 아니라 그럴만한 경제력도 없었다. 한마디로 로마 제국의 농업 수확량 하락은 필연이 돼버렸다.

중국에서도 토지의 이전은 자연히 토지 집중으로 이어진다. 이전된 토지는 최종적으로 자본이 밀집된 곳에 집중된다. 이쯤에서 흥미로운 의문이 하나 생긴다. 자본의 본성은 이익 추구라고 하는데, 그렇다면 자본은 농업 이익도 추구할까? 다른 말로 하면 토지를 농업 생산에 이용할 경우 다른 용도로 사용할 때보다 더 많은 수익을 창출할 수 있을까?

식량 가격이 심각하게 저평가된 상황에서는 바보도 농사를 계속 지으려 하지 않을 것이다. 중국의 자본 부자들 역시 로마 제국의 귀족들처럼 베이징, 상하이 등 대도시에 거주하면서 중국 전역에 넓은 면적의 전답과 토지를 보유하고 있을 가능성이 크다. 이들은 보유한 토지를 식량 생산에 사용하더라도 직접 농사를 짓지는 않고 농사를 잘 짓는 농사꾼에게 임대해 관리하게 한다. 그런데 농사의 달인들이 본인 소유의 땅을 자본 부자들에게 팔고 흔쾌히 소작농으로 전락하는 이유는 간단하다. 돈의 유혹을 이기지 못했기 때문이다. 예전에 자기 농사를 짓던 농사꾼들이 지금은 남

미국 농민들은 기계화 영농 및 화학비료 사용 등의 조치를 취해 노동력 절감을 우선순위에 놓는다.

을 위해 일하고 소작료까지 바쳐야 하니 노동의 적극성이 높아질 리 만무하다.

자본 부자들이 토지에 투자한 목적은 말할 것도 없이 땅값 상승을 겨냥한 것이지, 절대로 농업생산의 수익을 목표로 한 것이 아니다. 따라서 토질 개선, 단위 면적당 생산량 증가, 수리·관개시설 공사 따위에는 관심도 없고 가급적 지출을 아끼려 한다. 남의 땅을 빌려 농사짓는 농부들 역시 당연히 기존의 인프라를 대충 이용하려 할 뿐 남의 땅에 투자하려 하지 않는다. 아마 1인당 수익을 대폭 높이는 대가로 단위 면적당 생산량이 줄어드는 경우도 있을 것이다. 미국에서 농민의 소득은 증가하는 데 반해 단위당 생산량은 감소하는 것처럼 말이다. 요컨대 토지가 집중됐다고 해서 농업 생산량이 꼭 증가하는 것은 아니다. 토지가 집중될수록 총생산량이 줄어드는 정반대의 결과가 나타날 수도 있다.

중국과 미국은 옛날부터 농업 생산성에 대한 목표가 달랐다. 중국 농업은 단위 면적당 생산량의 극대화, 즉 토지의 생산성을 추구한 데 반해 미국 농업은 1인당 생산량의 극대화, 다시 말해 노동생산성을 우선순위에 놓았다. 이는 세계 경지의 7% 미만으로 세계 인구의 22%를 먹여 살려야 하는 중국의 현실적 수요 때문이었다. 중국 농민들은 좁은 땅뙈기에서 농사일을 알뜰히 하는 방법으로 생산량을 높였다. 반면 미국 농민들은 기계화 영농 및 화학비료 사용 등의 조치를 취해 노동력 절감을 우선순위에 놓았다. 미국은 1인당 경지 면적이 넓기 때문에 농업 생산 비용을 따지면 얼마 되지 않는다. 그러나 중국은 1인당 경지 면적이 매우 좁아서 농업 생산 비용 부담이 만만치 않았다.

그렇다면 중국은 왜 농업 생산성 목표를 바꾸려고 하지 않을까? 중국이 만약 미국을 답습해 토지 생산성 대신 노동생산성을 추구한다면 지금처럼 식량 자급을 이어가기란 불가능하다. 그때가 되면 누가 중국의 이 많은 인구를 먹여 살릴 수 있겠는가? 세계 식량시장의 정세는 변화무쌍해 예측하기 어렵다. 영토 문제를 둘러싼 국제 관계도 어떤 방향으로 흘러갈지 아무도 모른다. 가령 어느 날 중국과 일본 사이에 댜오위다오를 둘러싼 군사적 충돌이 발생한다면 미국은 군대를 파병하지 않고도 쉽게 중국을 굴복시킬 수 있다. 대중 식량 수출을 중단한다고 선포하기만 하면 문제가 해결된다. 더구나 중국이 현재 직면한 분쟁 지역은 댜오위다오 한 곳만이 아니다.

식량 안전 보장은 경제적 문제일 뿐 아니라 국운의 흥망과도 관계된 중요한 문제이다.

세계적 투자 전문가 짐 로저스는 농업과 식량 산업에 장기적으로 주목해야 한다고 말했다. 그 이유로 전 세계 농업인구의 노령화 문제가 도시에 비해 훨씬 심각하다는 점을 꼽았다.

세계 각국 농업인구의 평균 연령을 보면 미국이 58세, 유럽은 60세, 일본이 62세이다. 젊은 층은 대부분 도시 생활을 선호하지, 따분하고 재미없는 농촌 생활을 원하지 않는다. 개발도상국은 미국이 값싼 식량을 대거 수출하면서 농업경제가 피폐해지고 청장년 노동력이 대거 유실됐다. 이런 '말대 농민' 현상은 중국만의 특별한 경우가 아니다. 10년 뒤 선진국 농업인구의 평균 연령은 70세에 달하고, 개도국은 농촌인구가 대거 유실돼 농지가 황무지로 변하지 않을까 예상해본다. 그때에 이르러 세계 인

말대 농민(末代農民)
젊은이들이 도시로 진출하고 농촌에 고령의 농업인구만 남은 상태.

구는 어림잡아도 지금보다 10억 명 증가한 80억 명에 이를 것이다. 농업 노동력의 고령화는 필연적으로 농업 생산성의 하락을 초래한다. 세계 인구는 계속 증가하고 있는데 식량 공급과 수요 사이의 구조적 모순이 격화된다면, 국제 식량 가격의 대폭적인 상승은 단지 시간문제일 뿐이다.

중국은 10년 뒤에 수입 식량에 의존해 14억 인구를 먹여 살릴 수 있을 것이라고 꿈도 꾸지 말아야 한다.

이런 이유 때문에 중국의 농업에서는 1인당 생산량보다 단위 면적당 생산량이 훨씬 더 중요하다. 중국 농업은 토지 생산성을 우선시하는 목표를 바꿔서는 안 된다.

중국 정부는 이를 전제로 향후 10년 동안의 토지 이전 범위를 명확히 규정할 필요가 있다. 무분별한 영농 규모화와 토지의 집중을 방임해서는 안 된다. 자본 부자들이 자본시장을 통해 농업에 간접 투자하는 것은 허용하되, 대규모의 토지를 직접 소유하지 못하도록 소유 규모를 제한해야 한다. 또한 중국 정부가 정한 18억 무의 경작지 면적 마지노선을 반드시 사수해야 한다.

중국의 식량 안전을 보장하기 위해서는 농민의 큰 희생이 뒤따라야 하므로 여기에는 반드시 적절한 보상이 이뤄져야 한다. 가장 직접적인 방법은 농민 소득 보상제이다. 농민 소득이 대폭 증가하면 내수시장 활성화, 경제 모델 전환, 빈부 격차 해소에 큰 도움이 된다. 8억 농민의 1인당 소득이 1,000위안만 증가해도 셔츠 8억 벌, 신발 8억 켤레, 휴대폰 8억 대에 해당하는 새로운 구매력이 생긴다. 소비 규모를 따지면 이들은 억만장자 8,000명보다 경제에 더 크게 기여할 수 있다. 특히 농민 8억 명의 소비가 폭발하면 규모 효과가 일어나 새로운 사회적 분업과 취업 기회를 만들어 낼 수 있다.

'생산 과잉'은 '거짓 명제'라고 해도 틀리지 않는다. 인류 역사상 '부의 과잉' 문제는 한 번도 나타난 적이 없다. 다만 빈부 격차로 인해 절대다수 인구가 소비력을 잃었을 뿐이다. 중국의 8억 농민이 적절한 보상을 받게 된다면 수출 주도형 경제로 인해 국내의 부가 외국으로 유출되는 현상도 막을 수 있다.

미국은 2차 세계대전 발발 후 수천만 명의 실업자와 수백만 명의 빈민 자제들을 강제로 전장에 파견하고 이들을 지원하는 정책을 펼침으로써 빈부 격차를 완화시켰다. 이를 계기로 미국 경제는 40년 동안 전성기를 누렸다. 그렇다면 중국은 평화 시대에 도농 간 빈부 격차를 과연 줄일 수 있을까? 이는 향후 중국 경제의 지속적인 성장 여부를 판가름하는 중요한 문제이다.

농민 소득 보상제는 심각하게 왜곡된 국제 식량 가격을 어느 정도 바로잡아준다. 농민의 소비력이 증가하면 도시의 상품, 서비스 경제가 활성화되고 취업 기회도 안정적으로 늘어난다. 이는 역으로 농촌의 잉여 생산력을 흡수해 안정적이고 지속 가능한 도시화를 추진할 수 있다. 국제 식량 가격이 반발적 반등을 시작하면 농민들이 시장에서 큰 수익을 얻을 수 있으므로 농민 소득에 대한 보상을 점진적으로 줄이면 된다.

농민 보상 대책은 정부만 책임질 일이 아니라 필요 시에는 자본시장의 힘까지 동원해야 한다. 이익을 좇아 움직이는 자본을 가장 필요한 곳으로 인도하는 것은 금융 혁신이 제 역할을 발휘할 수 있도록 공간을 만들어주는 것이기도 하다.

농민 소득이 완만하게 증가하는 주요 원인은 자연재해와 시장 변화 때문이다. 현재 중국 보험회사들은 이미 농업 소득보험을 비롯해 농업보험을 취급하고 있다. 농업 소득보험은 자연재해로 인한 손실에 대해 보험금을 지급하는 전통 농업보험과 시장가격 변동으로 인한 손실을 보상해주는 시장가격 보험을 결부시킨 새로운 보험 상품이다. 농업 생산이 손실을 입은 경우 그해 실제 수확량과 도매시장의 평균 단가를 곱해서 총수입을 계산한 뒤, 평년작인 해의 수입과 비교해 차액 부분에 대해 보험금을 지급하는 방식이다.

소득보험은 꽤 괜찮은 발상이지만 보험료가 비싸다는 단점이 있다. 이를테면 상하이 쑹장(松江) 지역에서 출시한 소득 보험상품은 보험료가 35만 위안, 보험금은 260만 위안이다. 보험료가 너무 비싸기 때문에 정부에서 보조금 형태로 보험료 일부분을 지원하지 않는 한, 농민들은 보험에 가입하기 어렵다.

당연한 말이지만 보험료가 너무 낮으면 보험회사는 돈을 벌지 못한다. 자연재해 발생 빈도가 증가하고, 시장 변화도 점점 예측하기 어려워지기 때문이다. 그렇다면 보험료를 대폭 낮춰 전국 농민들을 모두 소득보험의 수혜자로 만들 방법은 없을까? 물론 금융 혁신을 통해 방법을 생각해낼 수 있다.

자연재해와 시장 변화는 중국 전역 또는 모든 농산물 분야에서 동시에 발생하지 않는다. 따라서 지역별, 농산물별로 리스크를 분담하면 소득보험의 평균 가격을 대폭 낮출 수 있다. 굳이 제안하자면 보험회사는 서로 다른 지역의 소득보험 계약을 하나의 자산풀(asset pool)로 집중시킨 뒤 신탁회사 혹은 투자은행과 협력해 리스크와 수익을 합리적으로 배분하는 조건으로 증권 상품을 만들어 금융시장에서 판매하면 된다.

보험회사는 보험료의 일부만 벌고 나머지 리스크와 수익을 투자자에게 분산시키면서 증권시장에서 조달한 자금을 계속 굴려 업무 규모를 확대할 수 있다. 금융시장에는 신용부도 스와프(CDS)라는 파생상품이 있다. 기업의 디폴트에 베팅하는 보험 성격의 상품이다. 그렇다면 농민 소득보험 증권은 자연재해와 시장 변화에 베팅하는 파생상품으로 이해하면 된다. 이 증권을 매입한 투자자는 사실상 보험회사의 업무에 개입한 것과 같다. 개별 보험은 밑질 때도 있고 벌 때도 있지만 다양한 지역의 다양한 보험 종목을 아우르는 종합증권은 손해를 보지 않는다. 채권이 많이 팔릴수록 보험료가 낮아지고 더 많은 농민들이 혜택을 받을 수 있다. 종합해보면 보험회사는 이를 통해 업무 개발 비용을 벌어들이고, 농민에게 지급하는 보험금과 보상금은 금융시장에서 조달이 가능하다. 한편 투자자는 풍작 확률에 따른 수익을 얻을 수 있다.

농업 소득보험 증권화는 세계적으로 아직 선례가 없다. 그러나 과감하게 한 번 시도해볼 만하다. 농민 소득을 증대시키고 재정 부담을 줄일 수 있으니, 부자들이 농민에게 직접 이전지급을 한 것과 똑같은 효과를 기대할 수 있다. 개인과 국가에 모두 이로운 일인데 망설일 필요가 있겠는가?

농민이 먼저 부유해져야만 내수를 확대해 경제 모델의 전환을 실현하고 도시화를 지속적으로 추진할 수 있다.

확고한 신념은 꿈을 이루게 한다

1980년대를 풍미했던 중국 드라마 〈곽원갑(霍元甲)〉에 인상 깊은 장면이 나온다. 한번은 곽원갑이 배를 타고 강을 건너던 중 배가 갑자기 암초에 부딪히는 바람에 물에 빠지고 말았다. 그는 수영을 할 줄 몰랐기 때문에 살려달라고 계속 몸부림쳤다면 결국 힘이 빠져 익사할 수도 있는 위급한 상황이었다. 하지만 곽원갑은 냉정을 되찾고 침착하게 호흡을 가다듬은 다음 물속으로 잠수해 커다란 돌덩이를 들고 일어섰다. 그리고 한 걸음 두 걸음 강기슭을 향해 천천히 발걸음을 옮겼다. 곽원갑이 무사히 위험에서 벗어나는 이 장면은 수많은 시청자의 뇌리에 깊이 각인됐다. 실제로 물에 빠졌을 때 곽원갑의 행동을 모방해 목숨을 건진 사례도 있었다고 한

■ 1980년대를 풍미했던 드라마 〈곽원갑〉

다.

곽원갑이 살아날 수 있었던 비결은 위험한 상황에서도 절대 당황하지 않고 확고한 의지로 한 걸음씩 곤경에서 빠져나왔기 때문이다.

옛말에 "장군이 되는 방법은 먼저 마음을 다스리는 것이다. 태산이 눈앞에서 무너져도 안색 하나 변하지 않고, 사슴이 눈앞에서 날뛰어도 눈 하나 깜박이지 말아야 한다. 그런 뒤에야 이해관계를 제압할 수 있다"라고 했다.

이것이 곧 확고한 신념과 집중력의 힘이다.

장군뿐만이 아니라 뛰어난 기업가도 확고한 신념과 집중력의 소유자라고 할 수 있다.

중국 첨단기술 산업의 대표주자인 화웨이(華爲)의 창업주 런정페이(任正非)가 대표적인 인물이다.

걸출한 기업가라고 해서 나면서부터 굳은 신념을 가진 것은 아니다. 사람은 누구나 유혹 앞에서 흔들리고 주저할 때가 있다. 기업가 역시 높은 이윤 앞에서 무감각해지기는 어렵다. 중국에서 부동산 투기가 성행할 때 런정페이도 한때 흔들린 적이 있었다. 인간의 탐욕스러운 본성은 때때로 기업가의 신경을 자극해 유혹 앞에 무너지게 한다. 회사 규모가 빠르게 확장할 때 기업가의 탐욕도 따라서 빠르게 팽창한다. 이때 자칫하면 자기 자신을 잃고 잘못된 길로 들어설 수 있다. 다른 선택의 여지가 없이 오로지 살기 위해 발버둥 치던 초창기와 회사가 어느 정도 규모를 갖췄을 때보다 이해득실을 따져가면서 큰 고민을 할 때가 바로 이 시기인 것이다.

화웨이는 유달리 경쟁이 치열한 통신업계에서 막강한 실력을 갖춘 다국적기업들과 경쟁하며 극단적이라고 할 만큼 강한 위기의식을 가지고 있었다. 통신업보다 수익성이 높고 경쟁이 적은 업종으로 옮기고 싶은 충동도 적지 않게 느꼈다. 압력과 유혹은 의지를 시험하는 시금석이다. 일단 큰 이치를 깨닫고 나면 더 이상 의지가 흔들리는 일은 없다. 런정페이를 비롯한 화웨이 고위층 경영자들은 최종적으로 '눈앞에서 날뛰는 사슴'의 유혹에서 빠져나왔다. 드디어 마음을 가라앉히고 '꿈'이라는 큰 돌덩이를 안고 휘황찬란한 미래를 향해 차분히 걸음을 옮기기 시작했다.

중국에는 돈을 잘 버는 기업이 많다. '돈'을 우선순위에 놓는 기업주는 그냥 '사장'일 뿐 기업가로 불릴 자격이 없다. 기업가로서의 꿈을 품고 빈손으로 시작해 '상업 제국'을 건설한 사람은 '우수한 기업가'라고 할 만하다. 한편 확고한 의지로 오직 하나의 목표에만 전념하면서 평생 한 가지 사업만 잘하기 위해 노력하는 사람이야말로 '걸출한 기업가'란 칭호에 부끄럽지 않다. 이 경지에 도달한 기업가는 중국에서 찾아보기 어렵다.

'훌륭한 기업'이 다 '위대한 기업'인 것은 아니다. 100년 이상 한 우물만 꾸준히 파는 끈기 있는 기업만이 위대하다라는 평가를 받을 수 있다.

중국의 민간 기업 중에서는 롄샹(聯想), 신시왕(新希望), 푸야오(福耀), 완다(萬達), 후이위안(匯源) 등이 훌륭한 기업에 속한다. 이들 기업은 수십 년 동안의 힘든 창업 과정을 거쳐 현재 일정한 입지를 확보했고, 시대의 조류에 휩쓸리지 않고 고집스럽게 본업에만 주력했다. 이들 기업은 향후 위대한 기업으로 성장할 자질을 갖췄다고 할 수 있다.

중국에는 적어도 10개 이상의 위대한 기업이 필요하다. 정부의 지원을 등에 업지 않고 독점에 의존하지 않고 온전히 자신의 확고한 의지와 집중력에 힘입어 국제시장에서 절대적인 경쟁력을 확보한 위대한 기업들이 없으면 중국은 '위대한 국가'가 되기 힘들다.

이것이야말로 차이나 드림의 진정한 도전 과제이다.

독일에는 100년 이상의 역사를 자랑하는 제조업 기업이 1만 개가 넘는다. 삼대, 심지어 오대가 한 분야에 매진해 더욱더 완벽을 추구한다. 이들은 매일 끊임없이 디테일한 부분을 개선하고, 생산 공정의 최적화 방안과 기술 업그레이드 방안 연구를 필생의 업으로 삼는다. 이들은 끝없이 완벽함을 추구하고 다른 곳에 한눈을 팔지 않는다. 기업들의 이와 같은 확고부동한 신념에 힘입어 독일 제조업은 세계시장에서 독보적인 경쟁력을 확보했다.

일본에도 100년 전통을 자랑하는 기업이 1만 개에 달한다. 이들은 대기업 주위에 포진되어 매일 불평불만 없이 묵묵히 똑같은 일을 반복한다. 한 세대가 청춘을 다 바치면 다음 세대가 뒤를 이어 계속 본업에 매진한다. 이들이 주도면밀한 서비스와 흠잡을 데 없는 부품을 공급하기 때문에 일본 대기업들도 전 세계 고객을 유치할 수 있는 것이다.

오늘날의 미국과 과거의 영국도 갓 발흥하기 시작했을 때 확고한 신념과 집중력으로 수차례 기술 혁명을 이끌어내고 지속적으로 새로운 시장을 개척했다.

영국은 제조업 기업들의 의지가 무너지고 집중력이 분산되면서부터 몰락의 길로 들어섰다. 산업혁명이 가져다준 엄청난 이익의 유혹 앞에서 나아갈 방향을 잃었던 것이다. 당시 영국에서는 '화폐 만능주의'가 팽배하며 산업경제가 쇠퇴하고 금융업이 호황을 누렸다. 금리 자본주의가 성행하면서 영국 기업들은 쉽고 빠르게 자산 가치를 불릴 수 있는 금융 투자를 선택했다. 힘들고 고된 제조 부문은 모두 미국으로 이전했다. 그 결과 '해가 지지 않는 나라'로 불리던 대영제국의 경제는 두 차례 세계대전의 시련을 견디지 못하고 큰 타격을 입었다.

미국은 19세기 말 영국의 전철을 그대로 밟고 있다. 월스트리트에 더 많은 이익이 집중될수록 경제는 더 큰 손실을 입고 자산 버블이 팽창하고 산업자본은 빠르게 유실됐다. 미국 기업들은 자산 가치가 빠르게 증식하는 것을 보며 기쁨에 도취되어 있다. 1970년대 및 20세기 초에 산업 분야에서 열심히 부를 창출하던 의지와 집중력은 온데간데없이 사라져버렸다. 과학자와 엔지니어는 더 이상 인기 직업이 아니다. 우수한 인재들은 앞다퉈 은행가 아니면 변호사로 말을 갈아타고 있다.

안일함과 쾌적함을 추구하는 것은 인지상정이다. 그러나 부는 근면함과 집중력이 있는 쪽으로 흘러간다.

바야흐로 전 세계적으로 화폐가 범람하고 자산 버블이 심각해진 시대에 산업경제 기반은 뿌리째 흔들리고 있다. 근면한 사람은 비웃음을 당하고 근검절약은 더 이상 미덕이 아니다. 투기가 성행하고 '부자 되는 것'이 만인의 공통 이상이 돼버렸다. 탐욕이 공중도덕을 삼켜버리고 갖은 수단으로 재물을 탈취하는 자들이 부러움의 대상이 됐다. 기업가들은 의지가 박약해지고 개인은 집중력이 떨어졌다. 화폐의 홍수 속에서 전 사회가 중심을 잃고 조류에 휩쓸리고 있다.

이 책은 필자의 모든 심혈을 바친 작품이자 나 자신을 새롭게 발견하게 해준 책이다.

분명히 잘 생각해보고 말했는데 말하고 난 뒤 실수를 발견하는 경우가 있다. 또 말로 분명히 잘 설명했는데 글로 쓰고 난 뒤 문제점을 발견하는 경우도 있다. 생각은 위로 뜀박질하는 불꽃과 같고, 말은 즉흥적으로 내뱉는 논리적 편린이다. 오로지 글만이 사상 체계의 침전물이라고 할 수 있다.

뜨거운 열정으로 집필을 시작했을 때에는 이후의 작업이 이토록 고생스러울지 꿈에도 생각지 못했다. 장(章)을 시작할 때마다 처음에는 관련 데이터와 정보, 지식을 충분히 준비했다고 여겨 자신감이 넘쳤다. 그러나 정작 펜을 들고 나서야 비로소 이 모든 것들이 진정으로 내 것이 아니라는 사실을 발견했다. 이 모든 것들은 마치 왕성한 생명력을 가진 개미처럼 내 머릿속을 마구 헤집으면서 애써 준비해뒀던 생각의 실마리들을 형체도 없이 망가뜨려버렸다. 더 많은 지식을 동원할수록 사고력은 점점 더 마비되었다. 나는 정신적 혼란 상태에서 벗어나기 위해 마치 물에 빠진 사람처럼 죽기 살기로 몸부림쳤다. 그럼에도 주와 부를 구분하는 실마리를 잡지 못했고 논리의 원천을 찾을 수 없었으며 추리 방향을 전혀 분간하지 못했다. 오직 방대한 양의 정보가 파도처럼 밀려와 머리를 어지럽히고 정력을 소모시켰다. 애초의 자신감은 바닥으로 추락하고 조급증, 낙담, 절망이 얼마 남아 있지 않은 내 의지를 잠식했다.

이제 노력을 포기하고 될 대로 되라는 심정으로 모든 것을 내려놓으려는 순간, 갑자기 뇌리에 물에 빠진 곽원갑의 모습이 떠올랐다. 커다란 돌덩이를 안고 한 발자국씩 강기슭을 향해 걸어가는 그의 모습이 선명하게 나타나자 갑자기 머리가 맑아지는 느낌이 들었다. 내 주위의 엉망으로 뒤엉켜 있던 모든 것이 천천히 제 가닥을 찾아가고, 급하게 제멋대로 흘러가던 생각도 차차 정리되기 시작했다. 마치 물속에 빠진 곽원갑에 빙의된 것처럼 나는 자신감과 의지를 모두 잃은 상황에서도 몸부림치지 않고 마음을 가다듬었다.

그러자 드디어 '기적'이 일어났다. 내 머릿속에서 핵심 데이터들이 미약하게나마 반짝이기 시작했고, 중요한 디테일들이 선명하게 윤곽을 드러냈다. 중점과 중점을 연결하고 단서와 단서 사이에 인과관계를 성립시키자 논리의 원천도 점차 표면으로 드러났다. 나는 드디어 어둠의 터널 저 끝에 있는 밝은 빛을 보았다. 그리고 걸어서 어둠의 터널을 벗어나니 그곳에는 햇살이 부서지는 새로운 세계가 펼쳐져 있었다.

마침내 매 장과 절의 내용을 빈틈없이 논리적으로 연결시키는 작업을 마치고 나자, 갑자기 우리 인생도 이와 같다는 생각이 들었다. 확고한 신념과 의지를 가진 사람만이 겹겹의 난관을 뚫고 다른 사람이 경험할 수 없는 색다른 기쁨을 느낄 수 있지 않을까.

옛말에 "마음을 다스려야 이해관계를 제압할 수 있다"고 했다. 이른바

'마음을 다스리는 것'은 모든 잡념을 버리고 모든 망상을 물리치고서 '만 가지 어려움이 두렵지 않고, 아홉 번 죽어도 후회하지 않는' 마음가짐으로 인생의 모든 에너지를 한 가지 가치 있는 일에 쏟아 붓는 것을 의미한다. 마음 다스림이 어떤 경지에 이르면 의지와 신념도 그만큼 확고해진다. 확고한 의지를 가진 사람만이 이해관계를 정확하게 따져 이로움을 좇고 해로움을 피할 수 있다.

동서고금을 막론하고 성공한 사람들에게는 한 가지 공통점이 있다. 그들은 마음 다스리기의 명수이자 굳은 의지와 신념의 소유자라는 사실이다. 어느 누구도 자신의 목표를 결코 모르지 않는다. 다만 효과적으로 마음을 다스릴 수 없어서 유혹에 쉽게 흔들리고 이로움보다 해로움을 선택하며 본인의 잠재력을 최대한 발휘하지 못하는 것이다.

유혹을 이기기란 분명 쉽지 않은 일이고, 갖은 방해를 물리치는 것도 뜻대로 되지 않는다. 그러나 따지고 보면 이 모든 것은 결국 마음속에 잡념이 너무 많고 망상이 지나쳐서 정신을 고도로 집중하지 못하기 때문에 생기는 것이다. 이런 상황에서는 훌륭한 스승과 유익한 벗이 매우 중요한 역할을 한다.

'화폐전쟁 시리즈'를 집필하는 과정에서 내게 훌륭한 스승과 유익한 벗 역할을 해준 사람이 정잉옌(鄭鶯燕) 도서기획자였다. 이 분은 도서의 기획 출간에 일가견이 있을 뿐만 아니라 꿈을 현실에 접목시킬 줄도 알았다. 지난 몇 년 동안 그녀는 책 전체가 양질의 내용과 사상으로 점철되도록 고집해 조금의 오류도 허용하지 않았다. 필자가 정신이 나가 있을 때마다 그녀는 항상 '일생에 한 가지 일만 제대로 해내는 사람은 대단한 사람'이라고 나를 독려했다. 이 말을 백 번 넘게 듣고 이 말뜻을 천 번 넘게 생각하면서 많은 것을 배웠다. 그녀의 격려 덕분에 머릿속을 헷갈리게 만드는 수없이 많은 잡념과 망상들이 더 커지지 못하도록 미리 차단할 수 있었다. 오랜 기간 동안 수없이 많은 실패를 경험하면서 그녀의 선견지명에 탄복한 적도 한두 번이 아니었다.

인생의 지름길이란 무엇일까? 바로 굽은 길을 적게 걷는 것이다. 하지만 훌륭한 스승과 유익한 벗은 몸에 좋은 쓴 약처럼 가차 없는 꾸짖음으로 바른 길을 제시해준다. 평생을 살면서 이런 벗을 만나지 못한 사람은 참으로 불쌍한 사람이다.

훌륭한 스승과 유익한 벗은 나로 하여금 모든 잡념과 망상을 물리치도록 도와주었고, 항상 나 스스로를 정확히 이해하도록 깨우침을 주었다. "지금 화폐전쟁 시리즈가 폭발적인 인기를 얻고 있지만 이것이 모든 것을 말해주지는 않는다. 20년, 30년 뒤에도 이 책이 젊은이들의 사랑을 받는 것이야말로 중요한 의미가 있다."

그야말로 두 눈을 번쩍 뜨게 만드는 날카로운 지적이었다. 이 말을 듣고 갑자기 내게 남은 시간이 얼마 없다는 위기의식이 생겨났다.

베이징 샹산(香山)에서 홀로 창작에 정진하던 중, 아내와 딸이 여름방학을 이용해 나를 찾아왔다. 덕분에 가족과 내 인생에서 가장 따뜻하고 행복한 한 달을 보낼 수 있었다. 비록 콧구멍만 한 비좁은 방이었으나 그 속에서 우리의 대화 소리와 웃음소리는 끊이지 않았다. 나는 물질적으로 극히 간소한 삶을 살면서 마음속으로 세상에서 가장 큰 행복과 기쁨을 느낄 수도 있다는 새로운 사실을 발견했다. 나와 아내는 매일 딸애를 데리고 샹산 기슭에 있는 노점을 구경하고 올라왔다. 가끔 마음에 드는 몇 위안짜리 물건을 사고 기뻐하는 딸을 보면서 우리도 덩달아 기분이 좋아졌다. 물질적인 껍데기를 벗어버리고 느껴보는 혈육의 정은 그토록 순수하고 진했다.

늦봄부터 추운 겨울까지 매일 밤을 꼬박 새면서 연구에 연구를 거듭한 결과, 미래의 세계 경제 추세에 대해 대략적인 그림이 그려졌다. 드디어 작업을 끝내고 샹산에서 내려왔을 때, 햇빛은 조금씩 강하게 찬란한데 멀리 지평선 위로 검은 구름이 서서히 몰려오고 산바람이 조금씩 강하게 불어오기 시작했다.

쑹훙빙

인간은 기본적으로 동물과 비교하기 어려울 만큼 탐욕스럽다. 배가 부르면 아무리 맛있어 보이는 먹잇감이 주변에 지나다녀도 거들떠보지 않는 사자의 관용을 기대하는 것은 그야말로 언감생심이다. 도토리를 숨겨놓고 먹는 다람쥐가 애교스러울 정도다. 이러니 하나라도 더 가지려고 눈에 불을 켠 채 수단과 방법을 가리지 않는 사람을 욕할 수 없다. 성인군자나 '나물 먹고 물 마시려고' 작정한 고결한 선비 외에 과연 누가 탐욕이라는 본성을 외면할 수 있을까? 99개를 가진 부자가 1개를 가진 빈자의 주머니를 호시탐탐 노린다는 말이 괜히 있는 것은 아니다.

아이러니하게도 인간의 탐욕은 역사의 진보와 발전에 결정적으로 기여했다. 과학과 기술의 진보 및 발전, 생산성의 지속적인 향상, 이를 통한 부의 창조 등에 동기부여를 한 측면이 있다. 그러나 인간의 탐욕은 부정적인 측면이 훨씬 더 많다. 수단과 방법을 가리지 않는 약탈, 개인과 집단의 극단적 이기주의에 따른 투기와 사기 등이 언제, 어디서나 인류의 역사를 관통했다. 끊이지 않는 전쟁, 갈수록 커지는 개인, 집단, 국가 간의 빈부 격차 등이 그 결과물이다. 최근 들어서는 가진 자 1%의 행복을 위해 99%가 희생하는 구도인 신자유주의의 대두로도 이어지고 있다. 최종적으로는 부가 기형적으로 분배되고 사회의 경제 활력이 떨어지는 최악의 상황이 도래할 수밖에 없다.

이 책은 바로 이런 점에 착안해 곳곳에서 인간의 탐욕이 부의 분배를 왜곡시켜 세계 경제를 망친다는 논리를 전개하고 있다. 특히 미국의 신자유주의가 세계 경제를 망치고 더불어 인류를 불행하게 만들 가능성이 크다는 주장을 편다. 이 논지에 정당성을 부여하기 위해 로마 시대와 중국 역사상 가장 자본주의적이었다는 송나라의 사례를 따로 장(章)을 할애해 언급하고 있다. 솔직히 틀린 주장과 사례는 아닌 듯하다. 북송의 쇠망사를 다룬 제8장은 사료로서의 가치도 상당하다. 여기에 "행복은 돈이 아니다"라는 상당히 철학적이고 은근한 저자의 주장을 책 곳곳의 행간에서 읽을 수 있는 것도 장점이다.

다만 전문적인 내용을 다루고 있어 독자들에게는 다소 어렵게 느껴질 수 있다. 역자 역시 이로 인해 번역에 애를 먹었다. 하지만 금융이라는 것이 원래 쉽지 않은 학문 분야에 속한다는 사실을 감안하면 이해의 소지가 없는 것도 아니다. 꼼꼼하게 잘 읽으면 전체적인 내용과 저자가 전하고자 하는 메시지의 정수를 고통스럽지 않게 섭취하는 것이 충분히 가능하다. 전작들에 비해 가장 최근의 일들을 사례로 들고 있다는 점에서도 시사하는 바가 크다. 일독 이상을 해도 괜찮은 책이라고 감히 추천하고 싶다.

홍순도

제 1 장_____

1 Thomas Pascoe, The Gold Price Crash is Further Evidence of Market Rigging, The Telegraph Blogs, April 16, 2013.

2 상하이 금거래소, 2013년 4월 월보, 결제표.

3 Timothy Green, The New World of Gold, George Weidenfeld and Nicolson, London, 1982, p108.

4 같은 책, p121.

5 같은 책, p125.

6 Liaquat Ahamed, Lords of Finance, The Penguin Press, New York, 2009, p448.

7 Timothy Green, The New World of Gold, George Weidenfeld and Nicolson, London, 1982, p136.

8 피터 쉬프(Peter Schiff), 〈금융위기 불대응은 왜 당연한가(Why the Meltdown Should Have Surprised No One)〉, 미제스연구소[Ludwig von Mises Institute(LvMI)]에서의 연설문, 2009년.

9 Ambrose Evans-Pritchard, ECB mulls negative rates as Europe's economic crisis deepens, The Telegraph, Dec 6, 2012.

10 Robert Lenzner, The Germans Want Their Gold Reserves Back In Germany, Forbes, Jan 19, 2013.

11 Checking the Vaults: Germans Fret about Their Foreign Gold Reserves, Der Spiege, May 14, 2012.

12 Queen Questioned Financial Crisis, BBC News, Dec 13, 2013.

13 Terrence Duffy, President and Executive Chairman of CME Group Inc,. on Bloomberg TV(April 29, 2013).

14 Paul Craig Roberts, The Assault on Gold, PaulCraigRoberts.org, April 4, 2013.

15 Eric King Interviewed with Dr. Philippa "Pippa" Malmgren, King World News, June 7, 2013.

제 2 장_____

1 Scott Patterson, Dark Pools: The Rise of the Machine Trades and the Rigging of the US Stock Market, Crown Business, June, 2012.

2 FactSet Earnings Insight Report, Bottom up EPS Estimates: Current & Historical, Nov 1, 2013.

3 Standard & Poor's, Current S&P 500 Real Sales Growth.

제 3 장_____

1 Manmohan Singh, Peter Stella, The (other) deleveraging: What economist need to know about the modern money creation process, July 2, 2012.

2 같은 자료.

3   Dept of Treasury, Office of Dept Management, 2013 fiscal year Q2 report.

제 4 장_____

1   Ambrose Evans-Pritchard, BIS veteran says global credit excess worse than pre-Lehman, The Telegraph, Sep 15, 2013.

2   Andy Kessler, The Fed Squeezes the Shadow-Banking System, Wall Street Journal, May 22, 2013.

3   BIS Report, Asset encumbrance, financial reform and the demand for collateral assets, May, 2013.

4   《화폐전쟁》제6장.

5   Office of Debt Management, Fiscal year 2013 Q2 Report-US Treasury Department.

6   Henny Sender and Stephen Foley, Details of Detroit's troubles come to light, Financial Times, July 25, 2013.

7   Quarterly Report on Bank Derivatives Activities, Office of the Comptroller of the Currency, 2013.

제 5 장_____

1   William C. Dudley, Housing and the Economic Recovery, Remarks at the New Jersey Bankers Association Economic Forum, Iselin, New Jersey, Jan 6, 2012.

2   Morgan Brennan, Wall Street Buying Adds to Housing Boomin, Forbes, June 24, 2013.

3   Craig Karmin, Blackstone to Buy Stakes in Apartment Complexes From GE

Unit, Wall Street Journal, Aug 12, 2013.

4   Alejandro Lazo, Inland Empire housing is more affordable but still out of reach, Los Angeles Times, Feb 16, 2013.

5   같은 자료.

6   Ruth Simon, Student-Loan Load Kills Startup Dreams, Wall Street Journal, Aug 13, 2013.

제 6 장_____

1   Elizabeth Williamson and Damian Paletta, Obama Urges Bankers to Back Financial Overhaul, Wall Street Journal, Sep 14, 2013.

2   같은 자료.

3   Katy Burne, Making Waves Against "Whale", Wall Street Journal, April 10, 2012.

4   The Dodd-Frank act Too big not to fail, Economist, Feb 18, 2012.

5   McDonald's Hires 62,000 in U.S. Event, Bloomberg, April 28, 2011.

6   80 percent of U.S. adults face near-poverty, unemployment, survey finds, CBS News, July 28, 2013.

7   David Stockman, The Great Deformation, PublicAffairs, 2013, Chapter 32.

8   William Engdahl, The Fracked-up USA Shale Gas Bubble, Global Research 13 March 2013.

9   같은 자료.

10 Guy Chazan, Peter Voser says he regrets Shell's huge bet on US shale, Financial Times, October 6, 2013.

11 Anthony Atkinson, Thomas Piketty and Emmanuel Saez, Top Incomes in the Long Run of History, Journal of Economic Literature 2011, 49: 1, 3-71.

12 Obama's Income Inequality Speech, Dec 6, 2011.

13 Robert Lenzner, The Top 0.1% Of The Nation Earn Half Of All Capital Gains, Forbes, Nov 20, 2011.

14 Gary Allen, The Rockefeller File, Buccaneer Books, Inc. 1976.

제 7 장_____

1 Daron Acemoglu, James Robinson, Why Nations Fail, Crown Business, 2012, Chapter 6.

2 Plutarch, Life of Tiberius Gracchus, Loeb Classical Library edition, 1921.

3 Appian, Roman History: The Civil Wars Book I-Ip7-13.

4 스타브리아노스, 《세계사》 상권 p126, 베이징대학출판사, 2006년.

5 Theodor Mommsen, The History of Rome, Vol 3, JM Dent and Sons Ltd, 1920, Chapter 12.

6 Theodor Mommsen, The History of Rome, Vol 1, JM Dent and Sons Ltd, 1920, Chapter 11.

7 Sidney Homer and Richard Sylla, A History of Interest Rate, John Wiley & Sons, 2005, Chapter 4.

8 스타브리아노스, 《세계사》 상권 p125, 베이징대학출판사, 2006년.

9 The New Deal in Old Rome, HJ Haskell, Alfred K Knoff New York 1939.

10 Theodor Mommsen, The History of Rome, Vol 3, JM Dent and Sons Ltd, 1920, Chapter 12.

11 같은 자료.

12 Edward Gibbon, The History of the Decline and Fall of the Roman Empire, Northpointe Classics, 2009, Chapter 1.

13 같은 자료.

14 같은 자료.

15 미하엘 로스토프체프(Rostovtzeff, M. I), 《로마 제국의 사회경제사》 p149, 상우(商

務)인서관, 2009년.

16 Glyn Davies, History of Money, University of Whales Press, 2002, p97~98.

제 8 장_____

1 치샤(漆俠),《송대 경제사》, 중화서국(中華書局), 2009, p561.

2 같은 책, p158~159.

3 같은 책, p1000.

4 펑웨이신(彭威信),《중국 화폐사》, 상하이런민출판사(上海人民出版社), 2007, p294.

5 왕성둬(汪聖鐸),《양송 화폐사》, 사회과학문헌출판사, 2003, p342.

6 치샤,《송대 경제사》, 중화서국, 2009, p1105.

7 같은 책, p52.

8 같은 책, p259.

9 왕성둬,《양송 화폐사》, 사회과학문헌출판사, 2003, p178.

10 같은 책, p620.